Die Geschichte Roms

DIE GESCHICHTE

ROMS

RÖMISCHE UND GRIECHISCHE
HISTORIKER BERICHTEN

Textauswahl und -bearbeitung
von Hans Jürgen Hillen,
mit Einführungstexten
von Gerhard Fink

Artemis & Winkler

Bibliographische Information der Deutschen Bibliothek
Die Deutsche Bibliothek verzeichnet diese Publikation
in der Deutschen Nationalbibliographie; detaillierte bibliographische Daten
sind im Internet unter http://dnb.ddb.de abrufbar.

INHALT

EINFÜHRUNG

Drei Großreiche, so schreibt der heilige Augustinus, hatte Gott der Herr bei den Völkern des Ostens entstehen und wieder vergehen lassen, das babylonische, das persische und das besonders kurzlebige Alexanders des Großen. Nun sollte sich auch im Westen ein Weltreich erheben, das vierte und letzte, mit dessen Ende zugleich das Ende dieser Welt kommen würde. Dafür aber sollte es besonders lange bestehen.

Als der Heilige das niederschrieb, stand Rom schon über tausend Jahre und war aus einer ziemlich unbedeutenden Siedlung am Tiber zu einer Metropole geworden, die über den gesamten Mittelmeerraum, über drei Erdteile, ihre Herrschaft ausgedehnt hatte und deren Heere selbst das ferne Britannien, das wilde Germanien und das heutige Rumänien für kürzere oder längere Zeit niederhielten.

Dieser phänomenale Aufstieg, diese unglaubliche Erfolgsgeschichte war freilich immer wieder von schweren, existenzbedrohenden Krisen und vernichtenden Niederlagen unterbrochen worden, von Schicksalsschlägen, denen – davon waren die Römer überzeugt – jedes andere Volk nicht standgehalten hätte. Daß sie selbst in der äußersten Not nicht verzweifelten, schrieben sie ihrer besonderen *constantia,* ihrer Standfestigkeit, und ihrer *virtus* zu.

In *virtus* steckt *vir,* der Mann, doch die Wiedergabe mit »Mannhaftigkeit« wirkt matt. Im Rückblick auf ihre im Nebel der Sage liegende, aber doch gewiß ruhmvolle Vergangenheit waren die Römer ganz sicher: Ihre Ahnen, die *maiores* (»Älteren«), waren regelrechte Supermänner gewesen.

> »... solchen Männern war keine Plage ungewohnt, kein Ort zu abweisend oder zu steil, kein Feind in Waffen fürchterlich. Ihre *virtus* hatte alles bezwungen.
> (Der römische Historiker Sallust, Coniuratio Catilinae 7,5)

Folgerichtig handeln viele Geschichten aus der Frühzeit Roms von ganz unglaublichen Heldentaten: Da hält Mucius, den man später Scaevola, den Linkshänder, nannte, seine Rechte ungerührt in ein Becken voll glühender Kohlen, da weihen sich Heerführer feierlich den Unterirdischen und stürzen sich dann, todesbereit, mitten unter die andrängenden Feinde, um dem eigenen Heer den Sieg zu sichern, da stürzt sich gar ein junger Mann namens Marcus Curtius in voller Waffenrüstung samt seinem Streitroß in einen Abgrund, der sich plötzlich auf dem Forum aufgetan hat. Warum? Ein Orakel hatte verkündet, dieser klaffende Spalt werde sich erst schließen, wenn man ihm das Beste, was Rom habe, zum Opfer bringe. Was aber, so dachte sich Curtius, hat Rom Besseres, als seine heldenhaften Krieger?

Wenn auch diese Geschichten weitestgehend erfunden sind, wird man doch jenen frühen Römern, die sich inmitten anderer Stämme und Völker nicht nur behaupteten, sondern mit Zähigkeit und Energie das Territorium ihres Stadtstaates erst über Mittelitalien, dann über den Süden und den Norden ausdehnten, besondere Qualitäten nicht absprechen dürfen.

Es zeugt schon von einer erstaunlichen Verbissenheit, daß Rom über Jahrzehnte – nach der Sage gar über Jahrhunderte – mit der mächtigen Etruskerstadt Veji im Krieg lag, bis es endlich gelang, dieses Bollwerk, das die Expansion nach Norden verhinderte, einzunehmen und zu zerstören.

Wenige Jahre nach diesem Triumph mußte der junge Staat einen schweren Rückschlag hinnehmen: Gallier zersprengten das römische Aufgebot an der Allia, nahmen – bis auf das Kapitol – die Stadt ein und brannten sie weitgehend nieder. Ihren Abzug ließen sie sich dann teuer bezahlen. Der Schock der Niederlage war so schwer, daß die führenden Männer Roms ernsthaft erwogen, das Ruinenfeld am Tiber aufzugeben und sich auf dem Burgberg von Veji eine sicherere Bleibe zu suchen. Nach hitzigen Debatten machte man sich doch an den Wiederaufbau der Stadt und umgab sie mit Mauern.

Nach einigen relativ ruhigen Jahrzehnten, in denen Rom wieder erstarkte, folgten neue Kriege, gegen den Bund der Latiner, gegen das Bergvolk der Samniten, das mit Etruskern, Galliern, Marsern und Umbrern im Bunde war,

und schließlich gegen den König Pyrrhos von Epirus, der sich als »neuer Alexander«, so wie dieser im Osten, im Westen ein Großreich zusammenerobern wollte.

Damals bekamen die Römer zum ersten Mal Elefanten zu Gesicht, Kriegselefanten. Uninformiert, wie sie waren, nannten sie die Tiere »Rinder aus Lukanien«. Sie hatten, angeblich, auch keinen besonderen Respekt vor ihnen.

Kaum war Pyrrhos abgezogen, da bahnte sich der Konflikt mit dem ehedem befreundeten Karthago an, der, nach drei erbittert geführten Kriegen, mit dessen Vernichtung endete. Zwischendurch stand freilich nicht die reiche Handelsstadt, sondern Rom vor dem Abgrund, als der geniale Feldherr Hannibal in spektakulären Schlachten die römischen Legionen schlug und bei Cannae, wie es schien, Roms letztes Aufgebot vernichtete.

Hier bewährte sich die eingangs erwähnte *constantia* der Römer: Sie gaben nicht auf, sie machten auch nicht dem Konsul, der die hauptsächlich von ihm verschuldete Niederlage überlebt hatte, den Prozeß, sondern dankten ihm, daß er nicht an Roms Sache verzweifelt sei.

Vor dem letzten der drei Karthagerkriege griff Rom nach Osten aus, bezwang Makedonien und Antiochos, den Herrscher über große Teile Vorderasiens, den die Geschichte etwas unbegründet »den Großen« nennt.

Die ständigen Kriege und die rasante Ausdehnung des Herrschaftsgebiets mehrten den Reichtum der herrschenden Klasse; die einfachen Leute, zumal die Bauern, die Jahr für Jahr im Feld standen, verarmten dagegen und sanken zum mittellosen Proletariat herab.

> »Die wilden Tiere in Italien haben ihre Höhlen, doch freie Bürger Roms haben keinen Platz, wo sie ihr Haupt hinlegen können.«
> (Tiberius Gracchus in einer Rede vor dem Volk; Plutarch, Tiberius Gracchus 9,4)

Zwar hatte es schon in Roms Frühzeit soziale Spannungen gegeben, hatten die Plebejer gegen die Patrizier um eine Erweiterung ihrer Rechte kämpfen müssen, doch diese Massenarmut schuf ganz neue Probleme. Die beiden Gracchen, idealistische Reformer, versuchten sie zu lösen, scheiterten aber am Widerstand des Adels.

Während es im Inneren noch gärte und rumorte, kam von außen eine neue Bedrohung auf Rom zu, die wandernden Stämme der Kimbern und Teutonen. Als Retter des Staats erschien Marius, der sich bald als innenpolitischer Versager erwies und durch den Konflikt mit Sulla eine erste, ungemein blutige Phase des Bürgerkriegs auslöste.

Sieger war am Ende Sulla, der erbarmungslos seine Gegner ausschaltete, den Staat in seinem Sinn ordnete und sich dann ins Privatleben zurückzog. Nach ihm bestimmten Pompejus, der Große, und Crassus, der Reiche, die politische Szene. Zu ihnen kam als cleverer Aufsteiger Gajus Julius Caesar, der mit den beiden mächtigen Männern das sogenannte erste Triumvirat schloß. In der Folge konnte Caesar das reiche Gallien erobern und sich eine Machtbasis sichern, von der aus er dem ihm zunehmend entfremdeten Pompejus Paroli bieten konnte.

> »Auch du, mein Sohn?«
> (Caesar an den Iden des März 44 v. Chr. zu Brutus, einem seiner Mörder)

Es kam zum Bürgerkrieg, in dem Caesar siegte; das Amt eines Diktators auf Lebenszeit genügte ihm noch nicht; er strebte nach der Königskrone und wurde ermordet.

Nach der Beseitigung des »Tyrannen« wurde aber nicht die alte Republik wiederhergestellt, sondern es kam zu einer neuen, äußerst blutigen Phase der Bürgerkriege, aus der Caesars Erbe Octavian, der spätere Kaiser Augustus, als Sieger hervorging.

Er brachte dem erschöpften Imperium den lange ersehnten Frieden, der, von kurzen Unterbrechungen und einer echten Katastrophe abgesehen, mehr als ein Jahrhundert andauern sollte. Freilich blieb auch in dieser Zeit Rom von inneren Krisen nicht verschont: Es erlebte den mißtrauischen Tiberius, den verrückten Caligula, den schrulligen Claudius und, als zweites Opfer des sogenannten Caesarenwahns, Nero, der vom Hoffnungsträger zum Monster mutierte. Das nächste Jahrhundert begann hoffnungsvoll mit dem tatkräftigen Trajan, unter dem das Reich seine größte Ausdehnung erreichte, aber bereits sein Nachfolger mußte sich eingestehen, daß die Sicherung so ferner Grenzen über Roms Kräfte ging, und er ließ eben eroberte Gebiete räumen. Bald zogen auch neue Gewitterwolken auf: Die germanischen Markomannen bedrohten die Donaugrenze, die Pest wütete im Reich, und auf Marc Aurel, den Philosophen auf dem Kaiserthron, folgte sein, milde gesagt, exzentrischer Sohn Commodus.

Die wachsende Bedrohung von außen, vor allem durch Germanenstämme und das neupersische Reich im Osten, aber auch innere Konflikte, die an Härte und Umfang zunehmende Verfolgung der Christen und die Machtkämpfe unter den von verschiedenen Heeresteilen erhobenen »Soldatenkaisern« zerrissen das Imperium und brachten es wirtschaftlich an den Rand des Abgrunds. Ein Tiefpunkt war erreicht, als Kaiser Valerian III. in persische Gefangenschaft geriet und nicht mehr freikam!

Überraschend gelang es dem energischen Diocletian, das Reich mit harter Hand zu stabilisieren, und Constantin der Große suchte den inneren Frieden durch Duldung des Christentums zu sichern. Zugleich ergriff er eine Reihe von Zwangsmaßnahmen, z.B. die Bindung der Bauern an die Scholle und den Innungszwang der Handwerker.

Der Versuch Julians, »des Abtrünnigen«, den alten Götterglauben wieder zu beleben, blieb Episode: Der Kaiser fand auf einem Feldzug gegen die Perser den Tod. Bald danach erschütterten die Stürme der Völkerwanderung das Imperium, verlor Kaiser Valens im Kampf mit den Westgoten Sieg, Heer und Leben. Danach gelang es dem tüchtigen Theodosius, das Ruder noch einmal herumzureißen, doch er starb bald, nachdem er das Reich unter seinen Söhnen geteilt hatte. Während der Ostteil mit der Hauptstadt Konstantinopel sich noch über ein Jahrtausend zu behaupten vermochte, trudelte der Westen unter dem Kindkaiser Honorius von Krise zu Krise: Der Hof flüchtete aus Mailand in das durch Sümpfe geschützte Ravenna, als der Westgote Alarich plündernd durch Italien zog und 410 sogar Rom einnahm! Für die Zeitgenossen war das ein welterschütterndes Ereignis, aber noch nicht das Ende des Westreichs; das kam erst 476, als der Germane Odoacer den letzten römischen Kaiser, Romulus Augustulus, entthronte. Die Welt ging damals nicht unter, aber bald wurde es ziemlich dunkel im alten Europa.

VORGESCHICHTE UND KÖNIGSZEIT

Vor 753 und 753–509 v. Chr.

ETRUSKER UND RÖMER

Rom ist, wie man weiß, auf sieben Hügeln erbaut; zwei davon waren schon sehr früh besiedelt, das Kapitol und der Palatin. Zwischen ihnen lag ein sumpfiges Tal, in dem ein Teil jener ersten »Römer« seine Toten begrub. Als die Etrusker, von denen unklar ist, ob sie ein altitalisches Volk oder Einwanderer waren, nach Süden ausgriffen, brachten sie auch jene Siedlungen am Tiber in ihre Gewalt, gaben ihnen einen etruskischen Namen und setzten ein Herrschergeschlecht ein. An diese Fremdherrschaft erinnerten sich die Römer später nur ungern und ließen sich lieber einreden, sie hätten einen geflüchteten Trojanerhelden als Stammvater und Stadtgründer, den frommen Aeneas, der – das machte besonderen Eindruck – seinen alten Vater auf den Schultern aus seiner von den Griechen eroberten Vaterstadt getragen hatte. Freilich wollte die angenommene Zeit des Trojanischen Kriegs – das 12. Jahrhundert v. Chr. – und die auf den 21. April 753 v. Chr. datierte Stadtgründung nicht so recht zusammenpassen. Also füllte man die Zeit nach der Ankunft des Aeneas mit einer ganzen Reihe von Königen und ließ sich auch einen neuen Stadtgründer, Romulus, einfallen, dem sechs weitere Könige folgten: erst der fromme Numa, der die kultische Ordnung begründete, dann wieder zwei Krieger, Tullus Hostilius, der die angebliche Mutterstadt Roms, Alba Longa, einnahm und zerstörte, und Ancus Marcius, der die Latiner bezwang. Besonders Interesse verdienen der fünfte und der siebte König, weil ihr Name, Tarquinius, überdeutlich an die Etruskerstadt Tarquinii erinnert. Allerdings bestritt man in Rom, daß der ältere, »gute« Tarquinius, der mit einem Abzugsgraben, der Cloaca Maxima, das sumpfige Forumstal entwässert und das Fundament des Haupttempels auf dem Kapitol gelegt hatte, ein Etrusker gewesen sei; nein, der war ein Grieche aus Korinth. Ihm folgte angeblich der Sohn einer Sklavin, Servius Tullius, und dann, als letzter König, Tarquinius mit dem Beinamen Superbus, der Überhebliche. Der wurde von tapferen Männern unter Führung des Junius Brutus gestürzt; von nun an war Rom Republik.

Die im folgenden zusammengestellten Texte, vor allem aus Livius, der die sagenhafte Frühgeschichte Roms ausführlich behandelte, fügen sich in dieses skizzierte Schema, doch lassen sich auch Spuren einer gegenläufigen Geschichtsdarstellung aus der Sicht der Etrusker nachweisen.

Eine davon findet sich in einer Rede, die Kaiser Claudius im Jahr 48 n. Chr. vor dem Senat mit dem Ziel hielt, gallischen Adligen das römische

Bürgerrecht zu verleihen. Er begründete seinen Antrag so: Schon immer habe Rom bedeutenden Männern von auswärts Anteil am Staatswesen gegeben, beispielsweise sei der König Servius Tullius nicht, wie man in Rom glaube, ein Sklavenkind, sondern – nach etruskischen Quellen – ein Etrusker gewesen und habe ursprünglich Mastarna geheißen. Zusammen mit seinem Waffenbruder Caelius Vibenna habe er viele Kämpfe bestanden; später sei er nach Rom gezogen, habe den Hügel besetzt, der jetzt, jenem Freund zu Ehren, Caelius heiße, und schließlich als König zum größten Nutzen des Staats regiert.

Tacitus, der die Ansprache des Kaisers in seinen »Annalen« referiert, spart diese Passage aus, doch ein Zufall hat sie erhalten: Auf Bronzetafeln fanden sich Teile der Rede 1524 in Lyon, der Geburtsstadt des Claudius. Die gelehrte Welt nahm sie zunächst nur als Beleg für die abgelegenen Interessen des als schrullig und weltfremd verrufenen Kaisers.

Doch 1857 wurden in einem Grab bei der alten Etruskerstadt Vulci Malereien mit Beischriften entdeckt, die die Aussagen des Claudius in einem neuen Licht erscheinen ließen. Kämpfe waren dargestellt und die Befreiung eines Gefangenen. Der Mann wird Caile Vipinas genannt, sein Retter Macstrna; ein Avle Vipinas ist dabei und ein Marce Camitlnas erschlägt den Cneve Tarchunies Rumach – das heißt Gnaeus Tarquinius aus Rom!

Jener Avle scheint identisch zu sein mit einem Avile Vipiiennas, der in der Mitte des 6. Jahrhunderts seinen Göttern ein Gefäß mit Inschrift weihte – Scherben fand man 1939 in Veji.

Aus dem Text des Claudius und der Bildfolge läßt sich erschließen, daß ein sonst unbekannter römischer Herrscher aus dem Tarquinierclan von anderen etruskischen Heerführern beseitigt wurde und jener Mastarna den Thron bestieg, allerdings nicht als absoluter Monarch, sondern als höchst moderner Reformer, der Rom Sicherheit und Ordnung brachte.

Wer ihm folgte, ist ungewiß; nach der römischen Überlieferung war es wieder ein Tarquinier, der berüchtigte Superbus. Mit ihm aber, sagten die Römer, endete die Etruskerherrschaft, denn der Versuch des Königs Lars Porsenna aus der mächtigen Stadt Clusium, die Tarquinier zurückzuführen, scheiterte an der todesmutigen Kampfbereitschaft der jungen Republik. Die Wirklichkeit war wohl weniger heroisch: Porsenna besetzte die Stadt, dachte aber nicht daran, sie den Tarquiniern zurückzugeben. Um das unruhige Rom nicht wieder zu verlieren, regierte der neue König mit harter Hand. Unter anderem verbot er, wie uns Tacitus verrät, den Gebrauch von Eisen – außer beim Ackerbau.

Bei dem Versuch, seinen Machtbereich nach Süden auszuweiten, geriet Porsenna mit der Griechenstadt Kymai (Cumae) in Konflikt. Sein Sohn Arruns erlitt nach anfänglichen Erfolgen eine herbe Niederlage und verlor das Leben. Damit war Porsennas Position empfindlich geschwächt – Zeit für Rom, sich seiner zu entledigen!

Allerdings waren die Adelsfamilien, die nun die Republik lenkten und die Führungskräfte stellten, Etrusker! Selbst die etruskerfeindliche römische Annalistik kann nicht verschweigen, daß Brutus, der Nationalheld, angebliche Befreier und erste Konsul, Etrusker war. Der latinischen Mittel- und Unterschicht gelang es nur allmählich, sich einen Anteil an der Macht zu sichern.

Selbst wenn es bei der Verbannung des letzten Tarquiniers und bei der Erhebung gegen Porsenna wirklich so heldenhaft zugegangen sein sollte, wie uns Livius glauben machen will, dann waren die Helden keine Latiner, keine Römer. Rom blieb auch über das angebliche Revolutionsjahr 509 v. Chr. hinaus eine etruskische Stadt, in der sich allerdings noch stärker als in anderen Etruskerstädten der Adel gegen die Monarchie stellte. Der erste Schritt hin zur *res publica* war der jährliche Wechsel der Amtsträger, deren höchster zuerst der *praetor* war. Später führte man das Kollegialitätsprinzip ein und nannte die führenden Männer *consules*.

Aeneas mit seinem Vater bei der Flucht aus Troja
(Veji, 4. Jh.)

AENEAS GRÜNDET ROM Sall., Cat. 6,1

Die Stadt Rom gründeten und besaßen anfangs
die Trojaner, die als Flüchtlinge unter Führung
des Aeneas ohne feste Wohnsitze umher-
schweiften.

AENEAS IN LATIUM Liv. 1, 1,1 – 2,6

Nach der Einnahme Trojas mußte Aeneas aus
seiner Heimat fliehen; aber ihn leiteten Schicksalssprüche zu einem bedeutenden Neuanfang.
Zuerst kam er nach Makedonien, von dort
wurde er auf der Suche nach Wohnsitzen nach
Sizilien verschlagen, von Sizilien aus nahm er
mit seiner Flotte Kurs auf das Laurentische Gebiet. Hier gingen die Trojaner an Land. Nach
einer fast endlosen Irrfahrt besaßen sie außer
ihren Waffen und ihren Schiffen nichts mehr,
und als sie daher die Felder plünderten, liefen
der König Latinus und die Aboriginer, die damaligen Bewohner dieser Gegend, bewaffnet
aus der Stadt und von den Feldern zusammen,
um die Ankömmlinge an ihrem gewaltsamen
Vorgehen zu hindern.

Als die Heere schon zur Schlacht aufgestellt
dastanden, trat Latinus, bevor die Signale ertönten, inmitten der Ranghöchsten vor und rief
den Führer der Ankömmlinge zu einer Unterredung heraus. Dann fragte er ihn, wer sie
seien, woher und warum sie von daheim aufgebrochen seien und was sie gesucht hätten, als
sie im Laurentischen Gebiet an Land gegangen
seien. Als er hörte, daß es sich bei der Menge
um Trojaner handle, daß ihr Führer Aeneas sei,
der Sohn des Anchises und der Venus, daß sie

nach der Einäscherung ihrer Vaterstadt ihre Heimat verlassen hätten und einen Wohnsitz und eine Stelle für die Gründung einer Stadt suchten, beeindruckte ihn der berühmte Name des Volkes und des Mannes sowie die Tatsache, daß er zum Krieg wie zum Frieden gleichermaßen bereit war; er reichte ihm die Hand und besiegelte so ihre Freundschaft für die Zukunft. Darauf wurde zwischen den Führern ein Vertrag geschlossen, und die Heere begrüßten sich gegenseitig. Aeneas genoß die Gastfreundschaft des Latinus; dieser ließ eine familiäre Verbindung auf die zwischen den Völkern folgen und verheiratete seine Tochter Lavinia mit Aeneas. Das bestärkte die Trojaner in der Hoffnung, endlich einen dauerhaften und festen Wohnsitz gefunden zu haben und damit ihre Irrfahrt beenden zu können. Sie gründeten eine Stadt; Aeneas nannte sie nach seiner Frau Lavinium.

Hierauf wurden die Aboriginer und die Trojaner zugleich angegriffen. Turnus, der König der Rutuler, dem Lavinia vor der Ankunft des Aeneas versprochen gewesen war, trug schwer daran, daß ein Ankömmling ihm vorgezogen worden war, und fing mit Aeneas und Latinus zugleich Krieg an. Keines der beiden Heere schied froh aus diesem Kampf. Die Rutuler wurden besiegt, die siegreichen Aboriginer und Trojaner verloren ihren Führer Latinus.

Danach hatten Turnus und die Rutuler kein Selbstvertrauen mehr und suchten ihre Zuflucht bei der in voller Blüte stehenden Macht der Etrusker und ihrem König Mezentius, der in Caere herrschte. Der war schon von Anfang an keineswegs erfreut gewesen über das Entstehen der neuen Stadt und glaubte jetzt, die Macht der Trojaner wachse bei weitem mehr, als mit der Sicherheit der angrenzenden Nachbarn zu vereinbaren sei; daher schloß er nicht ungern ein Waffenbündnis mit den Rutulern.

Um die Aboriginer im Hinblick auf das Schrecknis eines so großen Krieges für sich zu gewinnen und damit alle nicht nur nach demselben Recht lebten, sondern auch denselben Namen trügen, nannte Aeneas die beiden Völker Latiner. Seitdem standen die Aboriginer an Eifer und Treue gegenüber dem König Aeneas den Trojanern nicht nach.

Auf diese Gesinnung der von Tag zu Tag mehr zusammenwachsenden beiden Völker verließ sich Aeneas. Obwohl er den Krieg von den Mauern aus hätte abwehren können, führte er seine Truppen zur Schlacht hinaus. Der Kampf ging dann für die Latiner günstig aus, für Aeneas war es das letzte, was er auf Erden vollbracht hat. Begraben liegt er, wie auch immer man ihn nennen darf und soll, am Ufer des Numicus; man ruft ihn als Jupiter Indiges (*den heimischen Jupiter*) an.

ASCANIUS GRÜNDET ALBA LONGA Liv. 1, 3,3–4

Weil Lavinium von Einwohnern überquoll, überließ Ascanius, der Sohn des Aeneas, die für die damaligen Verhältnisse schon blühende und mächtige Stadt seiner Stiefmutter und gründete selbst eine andere, neue dicht am Albaner Berg, die nach ihrer Lage – die Stadt zog sich auf einem Bergrücken hin – Longa Alba (*Lang-Alba*) genannt wurde. Zwischen der Gründung von Lavinium und der Anlage der Tochterstadt Alba Longa lagen etwa dreißig Jahre.

DIE GEBURT UND JUGEND DES ROMULUS UND REMUS Liv. 1, 4,1–9

Numitor, der König von Alba Longa, wurde von seinem Bruder Amulius vom Thron gestoßen. Um seine Herrschaft zu sichern, tötete Amulius den Sohn seines Bruders und machte dessen Tochter Rea Silvia zur Vestalin; damit war sie zur Jungfräulichkeit verpflichtet.

Aber das Schicksal wollte die Entstehung Roms. Der Vestalin wurde Gewalt angetan, und als sie Zwillinge zur Welt gebracht hatte, gab sie Mars als den Vater ihrer zweifelhaften Nachkommenschaft an, sei es, daß sie wirklich daran glaubte, sei es, weil es ehrenvoller war, einem Gott die Schuld zu geben. Aber weder Götter noch Menschen retteten sie selbst und ihre Nachkommenschaft vor der Grausamkeit des Königs. Die Priesterin wurde gefesselt und in Haft genommen; die Knaben befahl der König in fließendes Wasser zu schaffen.

Durch göttliche Fügung war der Tiber über die Ufer getreten, auf den überschwemmten Flächen bewegte sich das Wasser kaum von der Stelle. Nirgendwo konnte man an den eigentlichen Lauf des Flusses heran; aber die Männer, die die Kinder brachten, durften hoffen, diese könnten untergehen, wenn das Wasser auch noch so träge floß. So setzten sie, als wenn sie sich damit des könig-

Romulus, Martis f(ilius), rex / König Romulus, der Sohn des Mars.
Anfang des Triumphliste auf dem Forum

lichen Auftrags entledigt hätten, die Knaben in der nächsten Lache aus, wo jetzt der Ruminalische Feigenbaum steht – man sagt, er habe früher der Romularische geheißen. Damals war in dieser Gegend eine ungeheure Einöde.

Es hält sich die Sage, als das seichte Wasser den schwankenden Trog, in dem die Knaben ausgesetzt waren, aufs Trockene gesetzt hatte, habe eine durstige Wölfin aus den umliegenden Bergen auf das Wimmern der Kinder hin ihren Weg geändert. Sie habe den Kindern ihre Zitzen gereicht und sei dabei so sanft gewesen, daß der Aufseher der königlichen Herden – man sagt, er habe Faustulus geheißen – sie fand, wie sie die Knaben mit der Zunge leckte. Er habe diese zu den Stallungen gebracht und seiner Frau Larentia zum Aufziehen gegeben. – Manche glauben auch, Larentia sei, weil sie sich jedem hingab, bei den Hirten »Wölfin« genannt worden; das sei der Ansatzpunkt für das Wundermärchen gewesen.

So gezeugt und so erzogen, blieben sie, als sie älter wurden, nicht tatenlos in den Stallungen und bei den Herden, sondern durchstreiften jagend Berg und Tal. Das stärkte ihre Körperkraft und ihren Mut, und sie bestanden nicht mehr nur den Kampf mit den wilden Tieren, sondern griffen auch mit Beute beladene Räuber an, verteilten den Raub an die Hirten und trieben mit diesen – die Schar der jungen Leute wuchs von Tag zu Tag – ernsthafte und lustige Dinge.

DIE GRÜNDUNG ROMS UND DER TOD DES REMUS Liv. 1, 6,3 – 7,3

Als Romulus und Remus herangewachsen waren, erschlugen sie Amulius und machten ihren Großvater Numitor wieder zum König von Alba Longa.

753 v. Chr.
1 a. u. c.
(ab urbe
condita /
seit Gründung
der Stadt)

Nachdem Romulus und Remus Numitor die Herrschaft in Alba übertragen hatten, ergriff sie das Verlangen, in der Gegend, wo sie ausgesetzt und wo sie erzogen worden waren, eine Stadt zu gründen. Und in der Tat war die Menge der Albaner und der Latiner zu groß; dazu waren noch die Hirten gekommen; sie alle zusammen ließen zweifellos erwarten, daß Alba und daß Lavinium klein sein würden im Vergleich mit der Stadt, die man gründen wollte.

Gestört wurden diese Vorstellungen dann von dem Erbübel, der Herrschsucht, und es entwickelte sich daraus ein häßlicher Streit, der aus einem ziemlich harmlosen Anlaß hervorging. Weil sie Zwillinge waren und die Rücksicht auf das Recht des Älteren die Entscheidung nicht herbeiführen konnte, sollten die Götter, unter deren Schutz die Gegend stand, durch Zeichen beim Vogelflug bestimmen, wer der neuen Stadt den Namen geben und wer sie nach ihrer Gründung regieren sollte. Daher nahm Romulus das Palatium, Remus den Aventin als Beobachtungspunkt, um den Vogelflug zu befragen.

Zuerst soll Remus ein Zeichen erhalten haben, sechs Geier; das Zeichen war

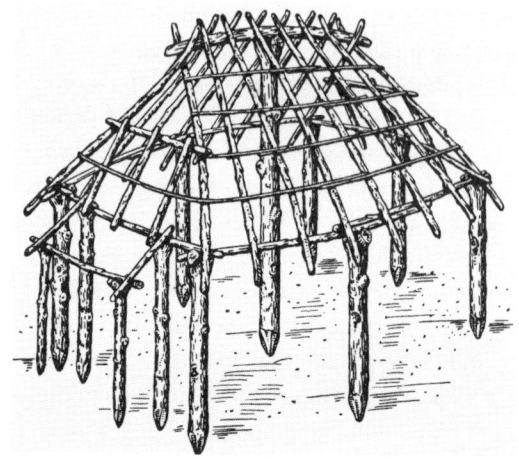

Spuren einer Hütte auf dem Palatin (8. Jh.)   Rekonstruktion des Gebälks

bereits gemeldet, da hatte sich dem Romulus die doppelte Anzahl gezeigt, und beide waren von ihrem Anhang als König begrüßt worden. Die einen leiteten den Anspruch auf die Königswürde von dem früheren Zeitpunkt ab, die anderen dagegen von der Anzahl der Vögel. Darüber gerieten sie in Streit, und die zornige Auseinandersetzung führte zu blutigem Kampf; dabei wurde Remus im Getümmel getroffen und fiel.

Bekannter ist die Überlieferung, Remus sei, um sich über seinen Bruder lustig zu machen, über die neuen Mauern gesprungen; daraufhin habe ihn Romulus in seinem Zorn erschlagen und ihn dazu noch mit den Worten verhöhnt: »So soll es künftig jedem ergehen, der über meine Mauern springt.« So gewann Romulus allein die Herrschaft; die neugegründete Stadt wurde nach ihrem Gründer benannt.

DER RAUB DER SABINERINNEN Liv. 1, 9,1 – 10,1

Schon war das römische Gemeinwesen so stark, daß es jeder der Nachbargemeinden im Krieg gewachsen war. Aber da es an Frauen fehlte, konnte die Größe nur ein Menschenalter andauern; denn sie hatten weder daheim Hoffnung auf Nachkommenschaft noch gab es mit den Nachbarvölkern rechtliche Abmachungen zum Eingehen einer Ehe. Da schickte Romulus auf Anraten der Väter Gesandte zu den Nachbarvölkern rundum, die für das neue Volk um ein Bündnis und um das Recht zum Eingehen von Ehen bitten sollten.

Nirgendwo wurden die Gesandten freundlich angehört. So sehr verachtete man sie; zugleich fürchtete man aber auch für sich und seine Nachkommen die große Macht, die da in ihrer Mitte heranwuchs. Von den meisten wurden sie mit der Frage entlassen, ob sie etwa auch für Frauen eine Freistatt[1] geschaffen hätten; denn das erst würde eine Ehe unter Ebenbürtigen sein. Das nahm die römische Jugend übel auf, und ohne Zweifel begann die Sache auf Gewalt hinauszulaufen.

Um dafür einen geeigneten Zeitpunkt und einen passenden Ort zu schaffen, ließ Romulus sich seine Verärgerung nicht anmerken und bereitete mit Fleiß feierliche Spiele vor. Dann ließ er den Nachbarn das Schauspiel ankündigen. Man traf alle Anstalten, soweit man es damals verstand und konnte, es zu einem glänzenden und mit Spannung erwarteten Fest zu machen. Viele Menschen strömten zusammen, auch mit dem Wunsch, die neue Stadt zu sehen, besonders die nächsten Nachbarn aus Caenina, Crustumeria und Antemnae; ferner kam die ganze Bevölkerung der Sabiner mit ihren Kindern und Frauen. Sie wurden gastlich in die Häuser eingeladen, und nachdem sie die Lage und die Mauern und die ganze Stadt mit ihren vielen Häusern gesehen hatten, staunten sie, in wie kurzer Zeit Rom gewachsen war.

Als die Zeit des Schauspiels gekommen war und ihre Aufmerksamkeit und ihre Blicke ganz darauf gerichtet waren, da brach, wie verabredet, die Gewalt los, und auf ein Zeichen hin liefen die jungen Römer nach allen Seiten auseinander, um die Mädchen zu rauben. Das Spiel war durch den Schrecken zu Ende, verstört liefen die Eltern der Mädchen davon, klagten über die Verletzung des Gastrechts und riefen den Gott an, zu dessen Fest und zu dessen Spielen sie gekommen seien, widerrechtlich und treulos getäuscht.

Die geraubten Mädchen waren wegen ihres Schicksals nicht weniger verzweifelt und nicht weniger empört. Aber Romulus ging selbst von einer zur anderen und wies darauf hin, daß es infolge der Überheblichkeit ihrer Väter dazu gekommen sei, die den Nachbarn jede eheliche Verbindung verweigert hätten. Sie würden jedoch in rechtmäßiger Ehe leben. Sie sollten doch ihren Zorn besänftigen und denen, denen der Zufall sie in die Hand gegeben habe, auch ihr Herz schenken. Oft habe sich aus Unrecht im Laufe der Zeit ein gutes Einvernehmen entwickelt, und sie würden um so bessere Männer haben, als sich jeder einzelne Mühe geben werde, sie über den Verlust ihrer Eltern und ihrer Heimat hinwegzutrösten. Dazu kamen Schmeicheleien der Männer, die ihre Tat mit leidenschaftlicher Liebe entschuldigten. Bald waren die geraubten Mädchen einigermaßen versöhnt.

DER KAMPF MIT DEN SABINERN Liv. 1, 11,5 – 13,8

Die Bewohner der Nachbargemeinden und die Sabiner wollten den Raub ihrer Töchter nicht hinnehmen. Die Männer von Caenina, Crustumerium und Antemnae zogen getrennt gegen Rom und wurden von Romulus mühelos geschlagen.

Als letzte begannen die Sabiner den Krieg, und das war bei weitem der schwerste. Sp. Tarpejus hatte das Kommando über die Burg von Rom. Dessen junge Tochter wurde von Tatius, dem König der Sabiner, mit Gold bestochen, Bewaffnete in die Burg hineinzulassen; sie war damals zufällig vor die Mauern gegangen, um für eine Opferhandlung Wasser zu holen. Kaum waren sie eingelassen, da warfen sie ihre Schilde auf das Mädchen und brachten es so um; es sollte doch so aussehen, als sei die Burg mit Gewalt genommen worden, oder sie wollten damit ein Exempel statuieren, daß ein Verräter nie damit rechnen dürfe, daß man ein ihm gegebenes Wort halte.

Jedenfalls war die Burg jetzt in der Hand der Sabiner. Als sich tags darauf das römische Heer zur Schlacht formierte und das ganze Gelände zwischen dem Palatin und dem Kapitol füllte, stiegen sie nicht eher in die Ebene hinab, bis die Römer, getrieben von dem wütenden Verlangen, die Burg zurückzugewinnen, gegen die vor ihnen liegende Höhe anrückten. Männer von Rang rissen auf beiden Seiten zum Kampf mit, bei den Sabinern Mettius Curtius, bei den Römern Hostius Hostilius. Dieser konnte durch seinen Mut und seine Kühnheit in vorderster Linie erreichen, daß die Römer sich trotz ihrer ungünstigen Position behaupteten. Als Hostius fiel, kam die römische Schlachtreihe sofort ins Wanken und wurde bis zum alten Tor des Palatiums gejagt. Auch Romulus selbst wurde von der Masse der Fliehenden mit fortgerissen; da erhob er seine Waffen zum Himmel und rief: »Jupiter, auf das Vogelzeichen hin, das du mir geschickt hast, habe ich hier auf dem Palatium die ersten Grundmauern für die Stadt gelegt. Die Burg ist bereits, durch einen Frevel erkauft, in der Hand der Sabiner. Jetzt kommen sie von dort bewaffnet heran und haben die Mitte der Talsenke schon überschritten. Doch du, Vater der Götter und Menschen, halte die Feinde wenigstens von diesem Platz hier fern, nimm den Römern die Furcht und bringe die schimpfliche Flucht zum Stehen! Hier gelobe ich dir als dem Jupiter Stator (*Fluchthemmer*) ein Heiligtum zum Zeichen für die Nachwelt, daß deine Hilfe die Stadt gerettet hat.« Nach diesem Gebet rief er, als hätte er gespürt, daß seine Bitten erhört wurden: »Hier, Römer, sollt ihr auf Geheiß Jupiters, des Besten und Größten, haltmachen und den Kampf wiederaufnehmen.« Und wie auf Befehl einer Stimme vom Himmel machten die Römer halt; Romulus selbst eilte in die vorderste Linie.

Mettius Curtius war auf sabinischer Seite als erster von der Burg herabgestürmt und hatte die Römer in wilder Flucht über den ganzen Raum, den jetzt das Forum einnimmt, vor sich hergetrieben. Jetzt war er nicht mehr weit vom Tor des Palatiums entfernt und rief: »Wir haben sie besiegt, die treulosen Gastgeber, die feigen Feinde. Jetzt merken sie, daß mit Männern zu kämpfen etwas ganz anderes ist als Mädchen zu rauben.« Noch während er so prahlte, griff Romulus ihn mit einer Schar der kampflustigsten jungen Männer an. Mettius kämpfte da gerade zu Pferde; um so leichter war er davonzujagen. Die Römer setzten ihm nach. Auch eine andere römische Kampfgruppe, durch die Kühnheit ihres Königs angefeuert, schlug die Sabiner in die Flucht. Mettius stürzte, da sein Pferd bei dem Lärm der Verfolger scheute, in einen Sumpf. Dieses Ereignis hatte auch die anderen Sabiner abgelenkt, da ein so bedeutender Mann in Gefahr schwebte. Man winkte und rief ihm zu, die Anteilnahme so vieler gab ihm neuen Mut, und er konnte sich retten.

Die Römer und die Sabiner nahmen in der Mitte der Talsenke zwischen den beiden Anhöhen den Kampf wieder auf. Aber es stand besser für die Römer.

Da verdrängte das schreckliche Geschehen bei den Sabinerinnen, deren Raub Anlaß zum Krieg gegeben hatte, die natürliche Angst der Frauen, und mit aufgelösten Haaren und zerrissenen Kleidern wagten sie es, sich zwischen die fliegenden Geschosse zu werfen; von der Seite her drangen sie vor und trennten die feindlichen Linien, und sie beschwichtigten die Zornigen, indem sie hier ihre Väter, dort ihre Männer anflehten, sie sollten sich doch nicht als Schwiegerväter und Schwiegersöhne mit frevelhaft vergossenem Blut beflecken und die Kinder, die sie erwarteten, nicht mit dem Makel eines Mordes in ihrer Familie belasten, die einen die Schar ihrer Enkel, die anderen die ihrer Kinder. »Wenn euch aber die Verschwägerung miteinander, wenn euch die eheliche Verbindung nicht paßt, dann richtet doch euren Zorn gegen uns! Wie sind ja der Anlaß des Krieges, wir der Anlaß der Wunden und des blutigen Todes unserer Männer und unserer Väter. Besser, wir sterben, als daß wir ohne einen von euch als Witwen oder als Waisen leben.« Das wirkte auf die Masse wie auf die Anführer. Man hörte kein Wort mehr, und plötzlich herrschte Ruhe. Dann traten die Anführer vor, um einen Vertrag zu schließen. Sie schlossen nicht nur

Mettius Curtius

Frieden, sondern vereinigten auch die beiden Völkerschaften zu einer. Die Königswürde teilten sie miteinander; alle Herrschergewalt verlegten sie nach Rom. Um in der so geschaffenen Doppelstadt den Sabinern doch auch etwas zu geben, wurden die Bürger nach Cures, dem Hauptort der Sabiner, »Quiriten« genannt. Und zum Andenken an diese Schlacht nannten sie die Stelle, wo das Pferd sich aus dem tiefen Sumpf herausgearbeitet und dem Curtius wieder Boden unter die Füße gegeben hatte, Curtius-Lache.

Der nach einem so traurigen Krieg unvermutet eingetretene heitere Friede machte die Sabinerinnen ihren Männern und Vätern und vor allem dem Romulus selbst noch lieber. Die beiden Könige regierten nicht nur gemeinsam, sondern auch in Eintracht.

7. Juli 716 v. Chr. 38 a. u. c. DIE APOTHEOSE DES ROMULUS Liv. 1, 16,1–8

Als Romulus nach seinen unsterblichen Taten zur Musterung des Heeres auf dem Marsfeld beim Ziegensumpf eine Heeresversammlung durchführte, brach plötzlich mit lautem Tosen und Donnern ein Unwetter los und hüllte den König in einen so dichten Sturzregen, daß die Versammelten ihn nicht mehr sehen konnten; und danach war Romulus nicht mehr auf Erden. Als sich der Schrecken schließlich gelegt hatte und nach diesem Gewittersturm das Tageslicht heiter und ruhig zurückkehrte, sahen die Männer von Rom den Platz des Königs leer; sie glaubten zwar den Senatoren, die direkt dabeigestanden hatten, voll und ganz, daß der Sturm ihn emporgerissen habe, waren aber doch eine Zeitlang sprachlos vor Kummer, als hätte die Angst, nunmehr verwaist zu sein, sie gelähmt. Einige wenige machten den Anfang, dann grüßten sie alle Romulus als Gott, von einem Gott gezeugt, als König und Vater der Stadt Rom; und sie flehten um seinen Beistand, daß er huldvoll und gnädig sein Volk immerdar behüten möge.

Es gab aber, glaube ich, auch damals schon einige, die im stillen die Senatoren beschuldigten, den König eigenhändig in Stücke gerissen zu haben. Denn auch diese Version breitete sich aus, wenn auch nur in ganz dunklen Andeutungen. Jene andere dagegen setzte sich allgemein durch infolge der Bewunderung, die der Mann genoß, und infolge des Schreckens, der die Menschen befallen hatte.

Und die Sache soll auch durch den klugen Einfall eines einzelnen Mannes noch glaubhafter geworden sein. Denn während die Bürgerschaft durch den Schmerz über den Verlust ihres Königs aufgewühlt war und den Senatoren grollte, trat Proculus Julius, eine gewichtige Autorität auch in einer so bedeutenden Sache, vor die Volksversammlung und sagte: »Mitbürger, heute beim ersten Licht des Tages kam Romulus, der Vater dieser Stadt, plötzlich vom Himmel herab und trat mir entgegen. Als ich, von Schauer durchbebt und in tiefer Ehrfurcht vor ihm stand und ihn bat, ihm ins Antlitz blicken zu dürfen, sagte er: ›Geh und verkünde den Römern, es sei der Wille der Himmlischen, daß mein Rom das Haupt des Erdkreises sei. Sie sollen also das Kriegswesen pflegen, und sie sollen wissen und es an ihre Nachkommen weitergeben, daß keine Macht der Welt den Waffen Roms widerstehen kann.‹ Nach diesen Worten«, sagte er, »entschwand er in die Höhe.« Es ist erstaunlich, wieviel Glauben der Mann mit dieser Mitteilung fand und wie der Schmerz um Romulus beim Volk und beim Heer gelindert wurde, nachdem seine Unsterblichkeit als erwiesen galt.

L. TARQUINIUS PRISCUS KOMMT NACH ROM Liv. 1, 34,1–12

Unter der Regierung des Ancus[2] zog Lucumo, ein Mann mit großem Tatendrang und ungeheurem Reichtum, nach Rom, hauptsächlich weil er hoffte, hier zu der ersehnten hohen Ehrenstellung zu kommen, die er in Tarquinii nicht hatte erreichen können – denn er stammte auch dort nicht aus einer eingesessenen Familie.

Er war ein Sohn des Demaratos aus Korinth. Dieser hatte wegen innerer Unruhen seine Heimat verlassen müssen und sich in Tarquinii angesiedelt. Dort hatte er geheiratet und zwei Söhne bekommen; sie hießen Lucumo und Arruns.

Lucumo überlebte seinen Vater und erbte das gesamte Vermögen; Arruns dagegen starb vor seinem Vater und ließ seine Frau schwanger zurück. Der Vater überlebte diesen Sohn nur kurze Zeit; er starb, ohne zu wissen, daß seine Schwiegertochter ein Kind erwartete, und ohne seinen Enkel im Testament zu bedenken. Der Knabe, der dann nach dem Tode seines Großvaters zur Welt kam und keine Aussicht auf einen Anteil an dem Vermögen hatte, erhielt wegen seiner Armut den Namen Egerius.

Lucumo, dem Erben des gesamten Vermögens, stärkte der Reichtum das Selbstbewußtsein. Dieses nahm noch zu, als er Tanaquil, eine Frau aus den höchsten Kreisen, heiratete, die sich nicht leicht damit abfinden konnte, daß die Familie, in die sie hineingeheiratet hatte, unbedeutender war als die, aus der sie kam. Da die Etrusker auf Lucumo als Sohn eines eingewanderten Mannes herabsahen, wurde diese Zurücksetzung für sie unerträglich; sie vergaß die angestammte Liebe zu ihrer Vaterstadt, und nur um ihren Mann geehrt zu sehen, beschloß sie, von Tarquinii wegzuziehen. Rom schien zu diesem Zweck am ehesten geeignet. In diesem neuen Volk, wo der gesamte Adel schnell emporgekommen sei und auf Leistung beruhe, werde ein tapferer und tatkräftiger Mann seinen Platz finden. Dort sei schon der Sabiner Tatius König gewesen; den Numa[3] habe man von Cures auf den Thron geholt; auch Ancus habe eine Sabinerin zur Mutter und sei ein Adliger mit nur einem einzigen Ahnenbild, dem Numas[4]. Sie konnte ihren Mann leicht bereden, der voller Ehrgeiz und für

Vornehme Etruskerin (Tarquinia, 4. Jh.)

den Tarquinii ja nur Heimat mütterlicherseits war. Sie nahmen also ihren Besitz und zogen weg nach Rom.

Man war gerade am Janiculum angekommen. Lucumo saß mit seiner Gemahlin auf dem Wagen – da schwebte ein Adler mit ausgebreiteten Schwingen sanft herab und trug seine Filzkappe davon; dann flog er laut kreischend über dem Wagen und setzte ihm die Kappe wieder richtig auf den Kopf, als sei er von den Göttern zu diesem Dienst geschickt worden. Darauf entschwand er in den Lüften.

Tanaquil soll dies hocherfreut als eine Prophezeiung aufgefaßt haben; war sie doch, wie die Etrusker allgemein, eine Frau, die mit himmlischen Zeichen vertraut war. Sie fiel ihrem Mann um den Hals und forderte ihn auf, das Größte und Schönste zu hoffen: dieser Vogel sei aus dieser Himmelsrichtung[5] und als Bote dieses Gottes[6] gekommen; am Scheitel eines Menschen habe er ein Zeichen gegeben, habe die Zier, die auf einem menschlichen Haupt saß, weggehoben, um sie auf göttliches Geheiß demselben Mann wieder aufzusetzen.

Mit diesen hoffnungsvollen Gedanken fuhren sie in die Stadt hinein. Nachdem sie dort Wohnung genommen hatten, gaben sie als Namen L. Tarquinius Priscus an. Daß er neu zugezogen und so reich war, machte ihn für die Römer interessant. Er half aber auch selbst dem Glück nach, indem er freundlich mit den Leuten redete, leutselig Einladungen gab und durch Gefälligkeiten sich verpflichtete, wen er konnte. Schließlich drang sein Ruf auch bis in das Haus des Königs. Von dieser bloßen Bekanntschaft hatte er es beim König durch Dienste, bei denen er sich großzügig und geschickt zeigte, bald zu einer engen und vertrauten Freundschaft gebracht, so daß er in gleicher Weise bei staatlichen wie bei privaten Beratungen im Krieg und Frieden hinzugezogen wurde und daß ihn der König schließlich als einen bewährten Mann testamentarisch zum Vormund seiner Kinder bestellte.

Nach dem Tode des Ancus bewarb sich Tarquinius um die Königsherrschaft und wurde gewählt.

DIE JUGEND DES SER. TULLIUS Liv. 1, 39,1–4

In der Regierungszeit des Tarquinius Priscus gab es im Königshaus ein Zeichen vom Himmel, wunderbar als Erscheinung und in seinem Ausgang. Einem schlafenden Jungen namens Ser. Tullius[7], heißt es, habe das Haupt in Flammen gestanden, und viele hätten dies gesehen. Auf das laute Geschrei, das aufgrund der so seltsamen Begebenheit entstand, sei das Königspaar herbeigeeilt, und als einer aus der Dienerschaft Wasser zum Löschen brachte, sei er von der Königin zurückgehalten worden. Als die Aufregung sich dann legte, habe sie verboten, den Jungen zu bewegen, bis er von selbst aufwache; und sogleich sei mit dem Schlaf auch die Flamme von ihm gewichen. Da nahm Tanaquil ihren Mann beiseite und sagte ihm: »Siehst du diesen Jungen da, den wir in so niedrigen Verhältnissen aufziehen? Es ist augenscheinlich, daß er einmal, wenn es zweifelhaft um uns steht, unser Licht, und wenn das Königshaus in Not gerät, unser Schutz sein wird. Daher wollen wir ihn, der dem Staat und uns ungeheure Ehre zu machen verspricht, mit all unserer Liebe aufziehen.« Von da an hätten sie den Jungen wie ihr eigenes Kind behandelt und ihn in den Fertigkeiten unterrichten lassen, durch die der Geist sich zu einer Lebensform entfaltet, wie sie einer hohen Stellung angemessen ist. Es gelang ohne weiteres, weil den Göttern daran lag. Servius entwickelte sich zu einem jungen Mann von wahrhaft königlicher Art, und als sich Tarquinius nach einem Schwiegersohn umsah, konnte von den jungen Männern Roms keiner auf irgendeinem Gebiet einem Vergleich mit ihm standhalten, und der König verlobte seine Tochter mit ihm.

DAS ATTENTAT AUF L. TARQUINIUS PRISCUS UND DER REGIERUNGSANTRITT DES SER. TULLIUS Liv. 1, 40,1 – 41,7

578 v. Chr.
176 a. u. c.

Es war etwa das achtunddreißigste Jahr nach dem Regierungsantritt des Tarquinius, und Ser. Tullius genoß nicht nur beim König, sondern auch beim Senat und beim einfachen Volk bei weitem das größte Ansehen. Die beiden Söhne des Ancus hatten es zwar schon immer als äußerst empörend empfunden, daß sie durch die Tücke ihres Vormundes um die Königswürde, die ihr Vater gehabt hatte, betrogen worden waren.[8] Jetzt aber steigerte sich ihre Empörung über alle Maßen, wenn sie sich vorstellten, daß die Königswürde nicht einmal von Tarquinius an sie zurückfallen werde. Sie beschlossen daher, eine solche Schmach zu verhindern. Aber der Schmerz über das erlittene Unrecht lenkte ihren Zorn mehr auf Tarquinius selbst als auf Servius; darum trachteten sie dem König selbst nach dem Leben.

Unter den Hirten suchten sie die beiden verwegensten für die Untat aus. Diese inszenierten im Vorhof des Königshauses einen Streit, machten dabei so viel Lärm, wie sie nur konnten, und lenkten so die Aufmerksamkeit aller königlichen Diener auf sich. Dann riefen sie beide, der König solle entscheiden, und ihr Geschrei drang bis ins Innere des Königshauses; da wurden sie vor den König gerufen und gingen hinein. Erst schrien sie beide und brüllten miteinander um die Wette; von einem Liktor zurechtgewiesen und aufgefordert, nacheinander zu sprechen, hörten sie endlich auf, sich ins Wort zu fallen. Einer begann dann, wie es abgesprochen war, die Sache vorzutragen. Als der König seine ganze Aufmerksamkeit auf ihn richtete, zog der andere ein Beil hervor und hieb es ihm in den Kopf, ließ die Waffe in der Wunde stecken, und beide stürzten nach draußen.

Während die Umstehenden den sterbenden Tarquinius auffingen, ergriffen die Liktoren die flüchtenden Attentäter; dabei kam es zu Geschrei, die Leute liefen zusammen und fragten verwundert, was los sei. Bei dem Tumult befahl Tanaquil, das Königshaus zu schließen, und schickte alle Augenzeugen weg. Eifrig besorgte sie alles, was zur Behandlung einer Wunde nötig ist, als wenn noch Hoffnung bestände; gleichzeitig aber traf sie andere Vorkehrungen für den Fall, daß es keine Hoffnung mehr gebe. Sie ließ eilends den Servius rufen, führte ihn vor den schon fast verbluteten Mann, nahm dann seine Hand und flehte ihn an, nicht zuzulassen, daß der Tod seines Schwiegervaters ungerächt bleibe und daß seine Schwiegermutter zum Gespött ihrer Gegner werde. »Dir, Servius«, sagte sie, »gehört jetzt der Thron, wenn du ein Mann bist, nicht denen, die mit gedungenen Mördern die gemeine Untat begangen haben. Laß dich von den Göttern führen, die einst deinem Haupt Ruhm verheißen haben, als sie es mit göttlichem Feuer umgaben! Wenn deine eigene Entschlußkraft gelähmt ist, weil alles so plötzlich kommt, so folge doch meinem Rat!«

Als der Lärm der herandrängenden Menge kaum mehr zu ertragen war, wandte sich Tanaquil vom oberen Stockwerk des Hauses aus durch die Fenster an das Volk. Sie forderte die Leute auf, guten Muts zu sein. Der König sei durch den unvermuteten Hieb nur betäubt worden; die Waffe sei nicht tief eingedrungen; er sei bereits wieder bei Bewußtsein. Man habe das Blut abgewischt und die Wunde untersucht; alles sehe gut aus. Sie sei sicher, daß sie ihn schon in den nächsten Tagen wieder persönlich zu Gesicht bekommen würden. Er fordere das Volk auf, inzwischen auf das Wort des Ser. Tullius zu hören; der werde Recht sprechen und die übrigen Aufgaben des Königs wahrnehmen.

Servius zeigte sich im Königsmantel und von Liktoren begleitet, und auf dem Stuhl des Königs sitzend, entschied er einige Fälle selbst, bei anderen tat er so, als wolle er erst den König konsultieren. So spielte er einige Tage lang – Tarquinius war bereits verschieden, sein Tod wurde aber geheimgehalten – die Rolle des Stellvertreters und festigte seine Macht. Dann erst wurde das Ereignis bekanntgegeben, indem man im Königshaus die Totenklage erhob.

Servius herrschte, von einer starken Leibwache beschützt, als erster, ohne vom Volk gewählt zu sein, aber mit Zustimmung des Senats. Die Söhne des

Ancus waren zu dem Zeitpunkt, als nach der Ergreifung ihrer Handlanger gemeldet wurde, der König lebe und Servius habe so viel Macht, nach Suessa Pometia ins Exil gegangen.

DAS ENDE DES SER. TULLIUS Liv. 1, 47,1 – 48,7

Die beiden Töchter des Servius waren mit den Brüdern Arruns und L. Tarquinius[9] vermählt worden; dabei hatte die von maßloser Herrschsucht besessene Tullia den wenig energischen Arruns zum Mann erhalten, ihre sanfte Schwester den tatendurstigen Lucius. Mit ihren Partnern unzufrieden, brachten die beiden ehrgeizigen Charaktere ihre Ehegatten um und heirateten einander.

Von jetzt an war der alte Servius und seine Stellung als König von Tag zu Tag stärker bedroht; denn schon sann das Weib nach der einen Untat auf eine neue. Tag und Nacht ließ sie ihrem Mann keine Ruhe, damit die vorausgegangenen Morde nicht umsonst gewesen seien: Ihr habe nicht jemand gefehlt, dessen Frau sie heiße und mit dem sie stillschweigend in Knechtschaft lebe; ihr habe einer gefehlt, der glaube, er sei der Herrschaft würdig, der es nicht vergessen habe, daß er ein Sohn des Tarquinius Priscus sei, und der die Herrschaft lieber besitzen als auf sie hoffen wolle. Mit diesen und anderen Vorwürfen hetzte sie den jungen Mann auf und konnte selbst keine Ruhe finden bei dem Gedanken, daß sie, eine Frau aus königlichem Blut, nicht den Einfluß haben solle, einem zur Herrschaft zu verhelfen oder sie einem zu nehmen, während Tanaquil, eine Frau aus der Fremde, durch ihre Energie so viel geschafft habe, daß sie zweimal hintereinander einem zur Herrschaft verhalf, zunächst ihrem Mann und dann ihrem Schwiegersohn.

Durch diese rasende Leidenschaft seiner Frau getrieben, ging Tarquinius bei den Senatoren vor allem der jüngeren Familien reihum und bat sie um ihre Unterstützung. Er rief ihnen in Erinnerung, was sein Vater ihnen Gutes getan, und forderte dafür den Dank; die jungen Männer suchte er durch Geschenke zu gewinnen. Durch die ungeheuren Versprechungen, die er selbst machte, und durch Vorwürfe gegen den König wuchs sein Einfluß überall.

Als dann schließlich der Zeitpunkt zum Handeln gekommen schien, stürmte er, umgeben von einer Schar Bewaffneter, auf das Forum. Alle waren daraufhin von lähmendem Entsetzen befallen. Er aber saß vorne in der Curie auf dem Stuhl des Königs und befahl, die Senatoren durch einen Herold in die Curie zum König Tarquinius zu rufen. Sie fanden sich unverzüglich ein, die einen schon zuvor darauf vorbereitet, die anderen aus Angst, nicht zu erscheinen könne schlimme Folgen haben, von dem ungewöhnlichen und erstaunlichen Vorgang wie betäubt und in dem Glauben, um Servius sei es bereits geschehen.

Hier hielt Tarquinius eine Schmährede auf Servius und begann mit seiner niedrigen Herkunft: Als Sklave und Sohn einer Sklavin habe er nach dem unwürdigen Tod seines Vaters ohne das früher übliche Interregnum, ohne Wahlakt, ohne Abstimmung durch das Volk, ohne Bestätigung durch den Senat, sondern nur aus der Hand einer Frau die Königsherrschaft in Besitz genommen. Von solcher Abkunft und auf solche Weise König geworden, habe er die unterste Schicht, aus der er ja selbst stamme, begünstigt und aus Haß gegen die hohe Stellung anderer den Vornehmen ihre Ländereien geraubt und sie an den Abschaum des Volkes verteilt. Alle Lasten dagegen, die früher gemeinsam getragen worden seien, habe er auf die Ersten der Bürgerschaft abgewälzt. Den Zensus habe er eingeführt, um den Besitz der reicheren Leute kenntlich zu machen und dem Neide auszusetzen und um ihn zur Verfügung zu haben und davon den Bedürftigsten Geschenke machen zu können, sobald er es wolle.

Mitten in dieser Rede erschien Servius, durch die alarmierende Nachricht aufgeschreckt. Schon von der Vorhalle der Curie aus rief er mit lauter Stimme: »Was geht hier vor, Tarquinius? Mit welcher Dreistigkeit hast du es gewagt, während ich noch lebe, die Väter zusammenzurufen und meinen Platz einzunehmen?« Jener entgegnete darauf trotzig, er sitze auf dem Platz seines Vaters; mit viel größerem Recht als ein Sklave sei der Sohn des Königs Erbe des Throns; lange genug habe jener sein freches Spiel getrieben und seine Herren verhöhnt. Hier erhoben die Anhänger beider lautes Geschrei, und das Volk drang in die Curie ein; es war offensichtlich, daß die Herrschaft dem gehören würde, der jetzt Sieger blieb.

Da packte Tarquinius, den jetzt auch die Situation selbst dazu zwang, das Äußerste zu wagen, als der weitaus Jüngere und Stärkere den Servius um den Leib, trug ihn aus der Curie hinaus und warf ihn die Stufen hinab. Dann begab er sich in die Curie zurück, um den Senat beisammenzuhalten. Die Diener des Königs und seine Begleiter ergriffen die Flucht. Er selbst wurde, als er den Heimweg antrat, von den Schergen des Tarquinius auf der Flucht eingeholt und umgebracht. Man glaubt, daß dies auf Anraten der Tullia geschah; denn es paßt ja auch zu ihrer sonstigen Rolle bei der Freveltat. Sie kam jedenfalls mit einer Kutsche auf das Forum gefahren, rief ohne Scheu vor der Versammlung der Männer ihren Mann aus der Curie heraus und war die erste, die ihn als König begrüßte. Er gebot ihr, sich aus diesem Getümmel zu entfernen. Als sie daraufhin nach Hause zurückfuhr und den höchsten Punkt des Cyprius Vicus erreichte und dann nach rechts in den Urbius Clivus abbiegen wollte, um auf den Esquilin zu fahren, weigerte sich der Wagenlenker zitternd, zog die Zügel an und wies seine Herrin auf die Leiche des Servius hin, der da lag. Es soll dann zu einem abscheulichen und unmenschlichen Frevel gekommen sein, und der Ort bewahrt die Erinnerung daran – man nennt ihn Sceleratus Vicus (*Frevelgasse*); hier soll Tullia, ganz von Sinnen und getrieben von den Rachegeistern ihrer Schwester und ihres Mannes, mit dem Wagen über den Leichnam ihres Vaters gefahren sein und einen Teil des bei dem Mord an ihrem Vater vergossenen Blutes mit ihrem blutverschmierten Fahrzeug, auch selbst besudelt und bespritzt, zu ihren und ihres Mannes Hausgöttern mit heimgebracht haben.

BRUTUS UND DIE TARQUINIUSSÖHNE IN DELPHI Liv. 1, 56,4 – 13

Während Tarquinius mit dem Bau des Jupitertempels, der Anlage der Cloaca Maxima, dem Errichten von Sitzen im Circus und der Gründung von Pflanzstädten in Signia und Circeji beschäftigt war, erschien ein schreckliches Zeichen: Eine Schlange, die aus einer hölzernen Säule herausglitt, ließ alles im Königshaus voller Schrecken davonstieben; beim König selbst aber löste sie nicht so sehr plötzliche Angst aus, sondern erfüllte ihn mit bangen Sorgen. Während bei Zeichen vom Himmel, die die Allgemeinheit betrafen, nur etruskische Seher hinzugezogen wurden, geriet er durch diese Erscheinung, als wenn sie nur sein Haus beträfe, außer Fassung und beschloß daher, nach Delphi, dem berühmtesten Orakel der Welt, zu schicken. Weil er aber die Auskünfte, die das Orakel erteilen würde, keinem andern anzuvertrauen wagte, schickte er durch die damals noch unbekannten Länder und über die noch unbekannteren Meere zwei seiner Söhne nach Griechenland.

Titus und Arruns machten sich auf die Reise. Als Begleiter wurde ihnen L. Junius Brutus mitgegeben, ein Sohn der Tarquinia, der Schwester des Königs, ein junger Mann, der seiner Natur nach ganz anders war, als er sich gab. Da er gehört hatte, daß die führenden Männer der Bürgerschaft, darunter sein eigener Bruder, von seinem Onkel ermordet worden waren, beschloß er, dem König weder durch seinen Geist Anlaß zur Furcht zu geben noch in seinen Vermögensumständen Anlaß zur Begehrlichkeit, um dadurch, daß man ihn verachtete, sicher zu sein, wo das Recht ja keinen ausreichenden Schutz biete. Er hatte also mit Absicht die Rolle eines Tölpels übernommen und überließ sich und seine Habe dem König als Beute. Auch den Beinamen Brutus (der

Die Mündung der Cloaca Maxima in den Tiber

Blöde) ließ er sich gefallen, damit unter dem Deckmantel dieses Beinamens der Geist, der dem römischen Volk die Freiheit bringen sollte, unerkannt auf seine Stunde warten konnte.

Dieser Mann wurde damals von den Tarquiniern nach Delphi mitgenommen, mehr als Zielscheibe ihres Spottes denn als Begleiter; als Geschenk soll er dem Apollon einen goldenen Stab gebracht haben, der in einem zu diesem Zwecke ausgehöhlten Stock aus dem Holz der Cornelkirsche steckte, ein verschlüsseltes Abbild seines Wesens.

Nachdem man in Delphi angekommen war und die Aufträge des Vaters erledigt hatte, überkam die jungen Männer das Verlangen zu fragen, an welchen von ihnen die Herrschaft in Rom fallen werde. Es heißt, aus der Tiefe der Höhle sei eine Stimme erklungen: »Das höchste Amt in Rom wird haben, wer von euch, ihr jungen Männer, als erster die Mutter küßt.« Damit Sextus, der in Rom zurückgeblieben war, von dem Orakelspruch nicht Kenntnis erhielt und von der Herrschaft ausgeschlossen blieb, befahlen die Tarquinier strengstes Stillschweigen; sie selbst aber überließen es untereinander dem Los, wer, wenn sie nach Rom zurückgekehrt seien, der Mutter den ersten Kuß geben dürfe. Brutus glaubte, daß die Worte der Pythia etwas anderes bedeuteten, tat so, als wenn er ausgerutscht und hingefallen wäre, und berührte die Erde mit einem Kuß, weil sie ja die gemeinsame Mutter aller Sterblichen sei. Dann kehrte man nach Rom zurück, wo gerade die Vorbereitungen für einen Krieg gegen die Rutuler in vollem Gange waren.

509 v. Chr. DIE SCHÄNDUNG DER LUCRETIA
245 a.u.c. UND DAS ENDE DER KÖNIGSHERRSCHAFT Liv. 1, 57,3 – 60,2

Tarquinius griff aus Beutegier die reiche Rutulerstadt Ardea an.

Man versuchte, Ardea im ersten Ansturm zu nehmen. Als das nicht gelang, begann man den Feind mit Einschließung und Belagerungswerken zu bedrängen. Im dortigen Standlager gab es, wie dies ein eher langer als scharf geführter Krieg mit sich bringt, recht viel Freiheit, zu kommen und zu gehen, jedoch mehr für die Führer als für die einfachen Soldaten. Namentlich die Königssöhne vertrieben sich gelegentlich untereinander die Zeit mit Gastmählern und Gelagen.

Als sie einmal bei Sex. Tarquinius zechten, wo auch Tarquinius Collatinus, der Sohn des Egerius, mit bei Tisch war, kam die Rede auf ihre Frauen, und jeder lobte die Seine in den höchsten Tönen. Daraus entbrannte Streit, und Collatinus erklärte, es bedürfe keiner Worte; in wenigen Stunden könne man wissen, wie sehr seine Lucretia die anderen übertreffe. »Wenn das Feuer der Jugend in uns ist«, sagte er, »warum schwingen wir uns dann nicht auf die Pferde

Etrusker beim Gelage (Tarquinia, 4. Jh.)

und sehen persönlich nach, wie unsere Frauen sind? Als das sicherste Zeichen dürfte für jeden gelten, was es zu sehen gibt, wenn der Mann unerwartet auftaucht.« Sie waren vom Wein erhitzt. »Nichts wie los!« riefen alle, und im Galopp sprengten sie nach Rom.

Als sie dort eintrafen, brach bereits die Dunkelheit herein; sie ritten dann noch weiter nach Collatia, wo sie Lucretia keineswegs so vorfanden wie die Schwiegertöchter des Königs – diese hatten sie angetroffen, wie sie sich bei einem verschwenderischen Gastmahl mit Gleichaltrigen die Zeit vertrieben –, sondern sie saß noch spät in der Nacht, mit der Wolle beschäftigt, im Innern des Hauses unter ihren bei Lampenlicht arbeitenden Mägden. Im Streit um die Frauen trug Lucretia den Preis davon. Der heimkommende Mann und die Tarquinier wurden freundlich empfangen; der Ehemann lud als Sieger in aufgeräumter Stimmung die Königssöhne ein. Hier ergriff den Sex. Tarquinius das böse Verlangen, Lucretia Gewalt anzutun. Ihn reizte ihre Schönheit, aber mehr noch ihre erwiesene Sittsamkeit. Vorerst jedoch kehrten sie von dem nächtlichen Abenteuer einer jugendlichen Laune ins Lager zurück.

Wenige Tage danach kam Sex. Tarquinius ohne Wissen des Collatinus mit nur einem Begleiter nach Collatia. Dort wurde er freundlich aufgenommen, da man von seiner Absicht nichts ahnte, und nach dem Mahl in das Gästezimmer geführt. Als er den Eindruck hatte, es sei ringsum hinreichend sicher und alles liege in tiefem Schlaf, trat er, glühend vor Verlangen, mit blankem Schwert zu der schlafenden Lucretia, drückte seine Linke der Frau auf die Brust und sagte: »Still, Lucretia! Ich bin es, Sex. Tarquinius. Ich habe eine Waffe in der Hand. Du stirbst, wenn du einen Laut von dir gibst.« Während die Frau, aus dem Schlaf aufgeschreckt, nirgends Hilfe, nur den drohenden Tod vor Augen sah, gestand ihr Tarquinius seine Liebe, bettelte, mischte Drohungen unter seine Bitten und suchte mit den verschiedensten Mitteln auf das weibliche Gemüt einzuwirken. Als er sah, daß sie fest blieb und nicht einmal durch die Todesangst zu bewegen war, brachte er zu der Angst auch noch Schande ins Spiel; wenn sie tot sei, erklärte er ihr, werde er einen Sklaven töten und nackt neben sie legen, damit es heiße, sie sei bei schimpflichem Ehebruch getötet worden. Nachdem durch diese schreckliche Drohung die wilde Begierde über die beharrliche Sittsamkeit triumphiert hatte und Tarquinius, außer sich vor Freude, wieder weggeritten war, sandte Lucretia in ihrem Schmerz über diese so verruchte Tat ein und denselben Boten nach Rom zu ihrem Vater und nach Ardea zu ihrem Mann: Sie sollten jeder mit einem treuen Freund kommen; es müsse sein, und Eile tue not; etwas Furchtbares sei geschehen.

Sp. Lucretius kam mit P. Valerius, einem Sohn des Volesus, Collatinus mit L. Junius Brutus, mit dem er gerade auf dem Rückweg nach Rom gewesen war, als der Bote seiner Frau ihn traf. Sie fanden Lucretia in tiefer Trauer in ihrem Schlafzimmer sitzen. Beim Eintreffen der Ihren kamen ihr die Tränen, und als ihr Mann sie fragte: »Es geht dir hoffentlich gut?«, gab sie zur Antwort: »Keineswegs! Denn wie kann es einer Frau gut gehen, die ihre Ehre verloren hat? Du findest die Spuren eines fremden Mannes in deinem Bett, Collatinus. Aber nur mein Leib ist befleckt, mein Herz ist frei von Schuld; mein Tod wird es beweisen. Doch versprecht mir in die Hand, daß der Ehebrecher nicht ungestraft davonkommt. Es ist Sex. Tarquinius, der, aus einem Gastfreund zum Feind geworden, sich letzte Nacht bewaffnet mit Gewalt hier einen Genuß verschafft hat, der mir und – wenn ihr Männer seid – auch ihm Verderben bringen wird.«

Der Reihe nach gaben alle ihr Wort. Sie trösteten die Tiefbekümmerte, indem sie die Schuld von ihr, die gezwungen worden war, auf den abwälzten, der das Verbrechen begangen hatte: Der Geist sündige, nicht der Leib, und wo es keine Absicht gegeben habe, da gebe es auch keine Schuld. »Seht ihr zu«, sagte sie, »was jener verdient. Ich kann mich zwar von der Sünde freisprechen, der Strafe aber will ich mich nicht entziehen; und es soll künftig keine Frau, die ihre Ehre verloren hat, unter Berufung auf Lucretia weiterleben.« Damit stieß sie sich ein Messer, das sie unter ihrem Kleid verborgen hatte, ins Herz, sank über der Wunde zusammen und fiel sterbend zu Boden. Ihr Mann und ihr Vater schrien auf.

Während jene von Trauer überwältigt waren, zog Brutus das Messer aus der Wunde der Lucretia, hielt es bluttriefend vor sich und rief: »Bei diesem Blut, das bis zu der Entehrung durch den Königssohn das reinste war, schwöre ich, und ich rufe euch, ihr Götter, zu Zeugen: Ich werde L. Tarquinius Superbus mitsamt seinem verruchten Weib und seiner ganzen Nachkommenschaft mit Schwert und Feuer und jeder möglichen Gewalt verfolgen und nicht zulassen, daß diese oder jemand anders in Rom als Könige herrschen.« Darauf reichte er das Messer dem Collatinus, dann dem Lucretius und dem Valerius. Diese konnten sich das Wunder nicht erklären, wie der neue Geist in die Brust des Brutus gekommen war. Sie leisteten den Schwur, wie er ihnen vorgesprochen worden war. Ihre Trauer schlug dann ganz und gar in Zorn um, und als Brutus sie aufrief, jetzt gleich das Königtum zu stürzen, folgten sie ihm als ihrem Führer.

Sie trugen die Leiche der Lucretia aus dem Haus und brachten sie auf den Marktplatz. Durch die Verwunderung über diese unerhörte Tat und die Empörung darüber zogen sie, wie es zu gehen pflegt, die Menschen herbei. Jeder fand eigene Worte der Klage über das Verbrechen des Königssohnes und die Gewalttat. Tiefen Eindruck machte der Schmerz des Vaters, aber auch Brutus, der ihre Tränen und ihre müßigen Klagen tadelte und sie aufrief, wie es sich für Männer und für Römer zieme, zu den Waffen zu greifen gegen Leute, die es gewagt hätten, sich wie Feinde zu benehmen. Die kampflustigsten der jungen Männer hatten sich schon von sich aus bewaffnet eingefunden; auch die übrige Jugend schloß sich an. Sie ließen dann eine Besatzung in Collatia und stellten Posten an die Tore, damit niemand diese Erhebung dem Königshaus melden könne. Die übrigen zogen in Waffen unter Brutus' Führung nach Rom.

Als man dort eintraf, löste die bewaffnete Menge überall, wo sie vorbeizog, Schrecken und Unruhe aus; als die Leute dann aber sahen, daß maßgebliche Männer aus der Bürgerschaft den Zug anführten, sagten sie sich, das könne nicht ohne Bedeutung sein, was auch immer es sei. Das schreckliche Geschehnis erregte die Gemüter in Rom nicht weniger, als es das in Collatia getan hatte. Also eilte man aus allen Teilen der Stadt auf das Forum. Sobald man dorthin gekommen war, rief ein Herold das Volk vor den Tribunen der Reiterei – dieses Amt hatte Brutus damals gerade inne. Er hielt dort eine Rede, aus der keineswegs mehr der Charakter und der Geist sprach, den er bis zu diesem Tag vorgetäuscht hatte; er sprach von der Gewalttat und der zügellosen Begierde des Sex. Tarquinius, von der abscheulichen Schändung der Lucretia und ihrem beklagenswerten blutigen Tod, von dem Verlust, den Lucretius erlitten hatte, für den empörender und beklagenswerter noch als der Tod der Tochter die Ursache dieses Todes sei. Dann kam er auf die Überheblichkeit des Königs selbst zu sprechen und auf das Elend und die Mühen des einfachen Volkes, das er zum Ausheben von Gräben und Entwässerungskanälen unter die Erde geschickt habe; römische Männer, Sieger über alle Völker ringsum, habe er aus Kriegern zu Bauarbeitern und Steinmetzen gemacht. Er erinnerte an die empörende Ermordung des Königs Ser. Tullius und wie dessen Tochter mit ihrem verruchten Wagen über den Leichnam ihres Vaters gefahren war, und rief die Götter an, die die Eltern rächen. Indem er diese und andere, noch schrecklichere Dinge erwähnte, brachte er die erregte Menge dazu, daß sie dem König die Herrschaft aberkannte und L. Tarquinius mit Frau und Kindern in die Verbannung schickte. Brutus selbst stellte aus den jungen Männern, die sich freiwillig meldeten, eine Truppe zusammen und bewaffnete sie und machte sich dann auf den Weg nach Ardea zum Lager, um das Heer gegen den König aufzuwiegeln.

Die Befehlsgewalt in der Stadt überließ er Lucretius, der schon zuvor vom König als Stadtkommandant eingesetzt worden war. Während dieser Unruhen flüchtete Tullia aus ihrem Haus. Wo sie auftauchte, wurde sie von Männern und Frauen verflucht, die die Rachegeister der Eltern auf sie herabriefen.

Als Berichte von diesen Ereignissen ins Lager gelangten und der König, voller Unruhe über die neue Lage, sich nach Rom aufmachte, um die Erhebung niederzuwerfen, schlug Brutus – er hatte nämlich sein Herankommen bemerkt – einen anderen Weg ein, um ihm nicht zu begegnen, und fast zur selben Zeit kamen auf verschiedenen Wegen Brutus nach Ardea und Tarquinius nach Rom. Für Tarquinius blieben die Tore verschlossen, und ihm wurde die Verbannung verkündet; den Befreier der Stadt dagegen nahm man im Lager jubelnd in Empfang, und die Königssöhne wurden von dort vertrieben.

DIE FRÜHE REPUBLIK

509 – 367 v. Chr.

STÄNDEKÄMPFE, GALLIERSTURM

Lassen wir uns nicht von einem vertrauten Wort täuschen: Eine »Republik« in modernem Sinn war das frühe Rom ganz gewiß nicht. Es gab eine privilegierte Oberschicht, die *patres* (»Väter«) und eine zahlenmäßig weit größere, zunächst ziemlich rechtlose Unterschicht, die Plebs. Da sich aus dieser das Fußvolk für die Kriege des Stadtstaates rekrutierte, konnten die Plebejer mit einiger Aussicht auf Erfolg um größere Rechte im Staat kämpfen und dabei, als äußerstes Mittel, auch die *secessio*, den geschlossenen Auszug aus der Stadt, einsetzen.

Das wichtigste Zugeständnis der Patrizier nach diesem »Generalstreik« war die Einrichtung des Volkstribunats. Aus zunächst zwei Tribunen wurden im Lauf der Zeit zehn; sie schützten die Plebs vor willkürlichen Maßnahmen der Behörden und Gerichte und genossen seit 449 das Privileg der Unverletzlichkeit (*sacrosanctitas*).

In der Mitte des 5. Jahrhunderts v. Chr. erzwangen die Plebejer eine Kodifikation des bisher von patrizischen Richtern gewohnheitsmäßig angewandten Rechts in Gestalt des Zwölftafelgesetzes und kurz darauf die Zulassung von Ehen zwischen Angehörigen der beiden Stände.

> »SI NOX FURTUM FAXIT – SI IM OCCISIT – IURE CAESUS ESTO.«
> »Wenn er nachts Einbruch macht – wenn er ihn tötet – zu Recht getötet soll er sein.«
> (Aus dem Zwölftafelgesetz)

Dem Zehnmännerkollegium, das die zwölf Tafeln erstellte, stand Appius Claudius vor, den spätere Überlieferung als hochfahrend, lüstern und kriminell schildert. Was davon wahr ist, muß unentschieden bleiben; vielleicht ist die ganze rührende Geschichte von Verginia, die Lessing als Vorbild für seine Emilia Galotti diente, eine Erfindung.

Ein knappes Jahrhundert später erhielten die Plebejer Zugang zum Konsulat, um 300 zu den Priesterämtern, und 287 wurden die Beschlüsse der Plebs, die Plebiscita, den von Senat beschlossenen Gesetzen gleichgestellt.

Diese inneren Konflikte, die sich generationenlang hinzogen, scheinen Roms Expansion nicht wesentlich behindert zu haben: In nur sechzehn Tagen beendete angeblich Lucius Quinctius Cincinnatus, der vom Pflug weg zur Diktatur berufen worden war, 458 einen Krieg mit dem benachbarten Volk der Aequer, und 396 feierte Marcus Furius Camillus seinen Triumph über das jahrzehntelang bekämpfte Veji.

Dessenungeachtet mußten die Römer und die mit ihnen verbündeten Latiner (Vertrag von 493) bis weit ins 4. Jahrhundert hinein ständig Vorstöße der landhungrigen und beutegierigen Bergstämme in die fruchtbaren Ebenen Latiums abwehren.

Camillus ist der erste Römer, der aus dem Dunkel sagenhafter Überlieferung als historische Persönlichkeit faßbar hervortritt, und ohne Zweifel der bedeutendste Politiker und Heerführer der frühen Republik. Trotzdem wird die Serie seiner Siege und hohen Staatsämter unterbrochen, angeblich, weil Camillus Beutestücke aus Veji für sich selbst beiseite schaffte und, deswegen verurteilt, in die Verbannung ging. Währenddessen nahm das Unheil seinen Lauf.

Aius Locutius, den redenden Sprecher, nannten die Römer eine Gottheit, der an der Neuen Straße in Rom ein bescheidenes Tempelchen geweiht war. Den seltsamen Namen erklärte die Sage so: Eines Tages kam ein gewisser Marcus Caedicius aufgeregt zu den Tribunen und sagte: »Letzte Nacht, in der Via Nova, habe ich plötzlich eine Stimme gehört, viel lauter und ganz anders als die eines Menschen. Die hat mir befohlen, euch zu melden, daß die Gallier anrücken und daß ihr Mauern und Tore instandsetzen sollt.«

Diese Warnung nahm man nicht ernst, vielleicht, weil Caedicius nur ein Plebejer war, vielleicht, weil man von den Galliern zu wenig wußte, vielleicht auch, weil das junge Rom zu jener Zeit vor Selbstsicherheit beinahe platzte: Hatte nicht der Diktator Marcus Furius Camillus über Etrusker, Volsker und Aequer triumphiert? Nun zogen alle anderen Gegner die Köpfe ein und suchten sich mit den Siegern zu arrangieren. Weshalb sollte man sich da vor dumpfen Barbaren fürchten, die weit im Norden hausten?

Immerhin, diese Gallier waren schon in die Poebene eingefallen und drängten die Etrusker zurück. Außerdem hieß es, ein Etrusker habe diese struppigen Wilden dadurch herbeigelockt, daß er ihnen Wein lieferte. Der schmeckte den Galliern – ausgemachten Trunkenbolden – dermaßen, daß es sie mit Macht dahin zog, woher er kam.

Darum also stießen sie nun ins Herz Etruriens vor und jagten durch ihre Größe, ihre fremdartige Tracht und Bewaffnung den Einwohnern von Clusium solche Angst ein, daß diese den römischen Senat zu seiner größten Überraschung um Hilfe baten. Diese Bitte wurde ihnen zwar abgeschlagen, doch gab man ihnen immerhin drei Gesandte mit, die den Konflikt diplomatisch entschärfen sollten. Als dieser Versuch mißlang, ließen die Römer, alles junge Heißsporne aus dem Hochadel, sich dazu verleiten, in die Schlacht zwischen den Clusinern und den Galliern einzugreifen. Dieser offenkundige Bruch des Völkerrechts, sagt man, erbitterte die Barbaren dermaßen, daß sie beschlossen, sich an Rom zu rächen.

Dort war man auf einen Waffengang weder gefaßt noch vorbereitet. Hinzu kam, daß der tüchtige Camillus in die Verbannung gegangen war.

Es war somit kein Wunder, daß das eilig zusammengetrommelte römische

»Das ist ein Volk, dem die Natur Körpergröße und Angriffslust, aber wenig Ausdauer geschenkt hat. Darum setzen sie in jeder Schlacht mehr auf den Schrecken, den sie verbreiten, als auf ihre wirkliche Kampfkraft.«
(Camillus über die Gallier bei Livius)

Aufgebot, das – entsetzlich! – ohne die üblichen Opfer und Zeremonien in die Schlacht zog, beim ersten Ansturm der furchtbar brüllenden, halbnackten Barbaren schmählich die Flucht ergriff. Dabei hastete der größere Teil nicht nach Rom, sondern in das durch seine Lage besser geschützte Veji.

Drei Tage nach dem Debakel rückten die Gallier, ohne auf Widerstand zu stoßen, in Rom ein, das sie plünderten und in Brand steckten. Da die Besatzung auf dem Kapitol nicht aufgab und ein Sturmangriff scheiterte, mußten sich die Gallier zwischen den Ruinen auf eine Belagerung einrichten, die sich lange hinzog. Währenddessen sammelten sich in Veji die Truppen, die Rom entsetzen sollten.

Als Führer wünschten sie sich den verbannten Camillus, wollten sich aber zuvor der Zustimmung des Senats versichern – und der saß auf dem Kapitol. Also mußte man einen Boten dorthin senden. Es fand sich ein verwegener Freiwilliger, der sich auf einem großen Stück Kork den Tiber hinabtreiben ließ und über eine steile Felswand zur Burg hinaufstieg. Dabei wurde er entweder von feindlichen Posten beobachtet oder hinterließ Spuren, die ihn verrieten. Jedenfalls kletterte in einer der folgenden Nächte, als die erschöpften Verteidiger alle schliefen, ein gallischer Stoßtrupp jene Wand hoch. Schon hatten die ersten unbehelligt die Höhe erreicht, als plötzlich Gänse schnatterten, wild mit den Flügeln schlugen und die Besatzung aus dem Schlaf schreckten. Es waren der Göttin Juno heilige Tiere, die man trotz des immer drückenderen Mangels an Eßbarem verschont hatte. Sie haben die römische Sache gerettet, und natürlich die Krieger, denen es gelang, die Angreifer abzuwehren und in die Tiefe zu stürzen. Die Gallier gaben trotz dieser Schlappe die Belagerung nicht auf, auch nicht, als in ihrem Lager eine Seuche ausbrach und viele Opfer forderte. Immerhin zeigten sie sich zu Verhandlungen mit den Römern bereit, die, wie sie meinten, der Hunger längst mürbe gemacht haben mußte. Dem widersprachen jene heftig und warfen sogar von dem wenigen Brot, das sie noch hatten, einiges über die Mauer, damit der Feind glauben sollte, sie litten noch keinen Mangel. Aber auch diese List half nichts.

Da die erwartete Entsatzarmee nicht kam und die Not unerträglich geworden war, schlossen der Militärtribun Quintus Sulpicius und der Gallierhäuptling Brennus einen Vertrag des Inhalts, daß die Gallier nach Zahlung von tausend Pfund Gold die Belagerung aufheben und Rom verlassen würden. Beim Abwiegen des Lösegeldes stellte sich heraus, daß sie falsche, das heißt viel zu schwere Pfundgewichte mitgebracht hatten. Sulpicius prote-

Die Schlacht an der Allia, einem Nebenfluß des Tibers, wurde nach römischer Überlieferung am 18. Juli des Jahres 364 seit Gründung der Stadt geschlagen, was dem Jahr 390 v. Chr. entspräche. Diese Niederlage und die folgende Eroberung Roms war spektakulär genug, daß sogar griechische Geschichtschreiber sie zur Kenntnis nahmen. Deren Angaben legen eine spätere Datierung – nach Polybios 387/386 v. Chr. – nahe.
Die zahlreichen Details, die der römische Historiker Livius mitteilt, sind höchstwahrscheinlich später in der Absicht erfunden, diese erste schwere Blamage der jungen Stadtrepublik als göttliche Strafe für Fehlverhalten zu erklären. Der 18. Juli war deswegen im römischen Kalender ein schwarzer, ein Unglückstag, an dem nichts Wichtiges unternommen werden durfte.

stierte energisch, doch Brennus lachte nur schallend und legte auch noch sein Schwert in die Waagschale. Dabei rief er: »Vae victis! – Wehe den Besiegten!«

Allerdings konnte er sich über seinen Betrug und den Goldschatz nicht lange freuen, denn nun – endlich! – erschien Camillus mit seinem Heer als Retter auf der Bildfläche und zahlte den Galliern all ihre Untaten furchtbar heim.

Dieses filmreife Finale ist eine späte Erfindung, doch wenn auch die Rache ausblieb und das Gold für immer verloren war, konnten die Römer von Glück sagen: Den Galliern, die sie so schwer geschlagen und gedemütigt hatten, lag nur an reicher Beute; sie konnten und wollten Rom und Mittelitalien nicht auf Dauer beherrschen, solange die Poebene nicht fest in ihrer Hand war. Zum Glück für Rom hatten ihre Überfälle auch dessen feindliche Nachbarn geschwächt, so daß diese bei bald wieder aufflammenden Kämpfen nicht die Kraft zu seiner Vernichtung aufbrachten. Für die Römer selbst war der schwere Schock heilsam: Sie zogen nun Mauern hoch, wie es Aius Locutius geboten hatte, bauten die Stadt wieder auf und führten neue Kriege, auch gegen die Gallier, die für Jahrhunderte ihre Angstgegner blieben. Sie waren eben gar zu groß und wild!

AUS EINEM VERTRAG ZWISCHEN ROM UND KARTHAGO

Polyb. 3, 22,1.4.11–12

509 v. Chr.
245 a.u.c.

Der erste Vertrag zwischen Römern und Karthagern … lautet ungefähr so:
»Unter folgenden Bedingungen soll Freundschaft bestehen zwischen den Römern und den Bundesgenossen der Römer und den Karthagern und den Bundesgenossen der Karthager: … Die Karthager sollen sich keine Übergriffe erlauben gegen die Leute von Ardea, Antium, Lavinium, Circeji und Tarracina noch sonst gegen irgendeinen von den Latinern, soweit sie den Römern untertänig sind. Sie sollen sich auch von den Städten der Latiner fernhalten, die den Römern nicht untertänig sind. Wenn sie aber eine einnehmen, sollen sie diese den Römern unversehrt übergeben.«

um 506 v. Chr.
248 a.u.c.

PORSENNAS ANGRIFF AUF ROM Liv. 2, 9,1–4; 10,1–11

Die Tarquinier hatten bei Lars Porsenna, dem König von Clusium, Zuflucht gefunden. Sie baten den König, doch nicht zuzulassen, daß sie, Abkömmlinge von Etruskern, gleichen Blutes und gleichen Namens, in Armut und Verbannung lebten, und mahnten ihn, die aufkommende Unsitte, Könige zu vertreiben, nicht ungeahndet zu lassen. Porsenna glaubte, es sei eine Ehrensache für die Etrusker, daß in Rom ein König herrsche, und vor allem ein König aus einem etruskischen Geschlecht. Daher rückte er mit seinem Heer vor Rom.

Als die Feinde da waren, zogen alle vom Land in die Stadt, die Stadt selbst sicherte man durch Verteidigungsposten. Einiges schien durch die Mauern geschützt, anderes durch den Tiber. Aber die Pfahlbrücke hätte beinahe den Feinden einen Weg eröffnet, wäre nicht *ein* Mann gewesen, Horatius Cocles; an ihm hatte das Glück der Stadt Rom an diesem Tag einen Beschützer. Er befehligte zufällig den Posten auf der Brücke. Als er sah, daß das Janiculum in einem Überraschungsangriff genommen war und die Feinde von dort in vollem Lauf herunterstürmten, die Schar seiner Leute aber voller Angst die Waffen wegwerfen und davonlaufen wollte, packte er sie einzeln, stellte sich ihnen in den Weg, beschwor sie bei Göttern und Menschen und versicherte ihnen, es sei sinnlos, den Posten zu verlassen und zu fliehen; denn wenn sie über die Brücke gingen und diese hinter sich ließen, würden bald mehr Feinde auf dem Palatium und dem Kapitol sein als jetzt auf dem Janiculum. Daher forderte er sie eindringlich auf, die Brücke mit Eisen und Feuer und jedem möglichen Mittel zu zerstören; er werde den Angriff der Feinde auffangen, soweit ein einzelner Mann Widerstand leisten könne.

Dann ging er nach vorne an den Zugang zur Brücke. Unter den Männern, die man dem Kampf ausweichen und den Rücken kehren sah, fiel er auf, wie er seine Waffen zum Nahkampf gegen den Feind erhob, und er setzte die Feinde durch diese bewundernswerte Kühnheit in Erstaunen. Zwei Männer jedoch hielt das Ehrgefühl an seiner Seite, Sp. Larcius und T. Herminius. Zusammen mit diesen hielt er dem ersten gefährlichen Ansturm und dem wildesten Kampfgetümmel kurze Zeit stand; dann, als nur noch ein kleiner Teil der Brücke übrig war und die Leute, die das Abreißen besorgten, sie zurückriefen, nötigte er auch seine beiden Kameraden, sich in Sicherheit zu bringen.

Hierauf warf er drohend grimmige Blicke auf die etruskischen Adligen und forderte sie bald einzeln zum Kampf heraus, bald schrie er sie alle an: Als Sklaven von selbstherrlichen Königen, die an ihre eigene Freiheit nicht dächten, kämen sie daher, die Freiheit anderer zu unterdrücken. Sie verharrten kurz, während einer dem anderen durch Blicke bedeutete, den Kampf zu beginnen. Schließlich brachte die Scham Bewegung in ihre Reihen, und mit Geschrei schleuderten sie von allen Seiten ihre Geschosse auf den einen Feind. Als diese alle in dem vorgehaltenen Schild steckenblieben und er nicht weniger entschlossen breitbeinig dastand und die Brücke behauptete, versuchten sie nun im Nahkampf den Mann wegzudrängen; aber das Krachen der einstürzenden Brücke und der laute Jubel der Römer über das Gelingen ihres Zerstörungswerkes brachte die Feinde unversehens aus der Fassung und hielt ihren Angriff auf. Da rief Cocles: »Vater Tiberinus, ich bitte dich in heiliger Scheu, nimm diese Waffen und diesen Mann gnädig in deine Fluten auf!« Und so, bewaffnet wie er war, sprang er in den Tiber und schwamm unter einem Hagel von Geschossen unverletzt zu den Seinen hinüber.

In Wirklichkeit gelang es Porsenna, Rom zu besetzen. Den Römern wurde der Besitz von Waffen verboten.[1] Im Gebiet des Forum Boarium und des Forum Romanum sind Zerstörungsspuren aus der Zeit um 500 entdeckt worden.

um 506 v. Chr.
248 a. u. c. ## C. MUCIUS SCAEVOLA Liv. 2, 11,1; 12,1 – 13,4

Nachdem Porsenna beim ersten Versuch zurückgeschlagen worden war, gab er seine Absicht, die Stadt zu erstürmen, auf und ging zur Belagerung über. Er legte eine Besatzung auf das Janiculum und schlug selbst in der Ebene an den Ufern des Tiber, sein Lager auf. ...

Die Belagerung zog sich schon eine Zeitlang hin, das Getreide war knapp und sehr teuer; und Porsenna hatte Hoffnung, die Stadt durch bloßes Abwarten in die Hand zu bekommen. C. Mucius, einem jungen Adligen, schien es schmachvoll, daß das römische Volk in der Zeit der Knechtschaft, als es unter Königen lebte, in keinem Krieg und von keinem Feind je belagert worden war, daß es jetzt aber, wo es frei war, von denselben Etruskern belagert wurde, deren Heere es oftmals geschlagen hatte; er glaubte daher, man müsse diese Schmach durch eine große und verwegene Tat tilgen, und beschloß, zunächst auf eigene Faust ins Lager der Feinde einzudringen. Dann aber kamen ihm Bedenken: Wenn er ohne Auftrag der Konsuln und ohne einen Mitwisser gehe, könne er von den römischen Wachen gefaßt und als Überläufer zurückgeschleppt werden, und die gegenwärtige Situation der Stadt werde den Verdacht erhärten. Daher begab er sich zum Senat und sagte: »Senatoren, ich will über den Tiber gehen und womöglich in das Lager der Feinde eindringen, doch nicht um zu rauben und um ihnen unsererseits ihre Plünderungen heimzuzahlen; ich denke, wenn mir die Götter helfen, an eine größere Tat.« Der Senat gab seine Einwilligung. Den Dolch im Gewande verborgen, zog er los.

Als er ankam, stellte er sich in der Nähe des königlichen Feldherrnsitzes in das dichteste Gedränge. Dort wurde gerade den Soldaten der Sold ausgezahlt; ein Schreiber, der neben dem König saß und fast genauso prächtig gekleidet war, hatte viel zu tun, und die Soldaten wandten sich allgemein an ihn. Mucius scheute sich zu fragen, wer von den beiden Porsenna sei, um sich nicht dadurch, daß er den König nicht kannte, selbst zu verraten, und wie das blinde Schicksal es wollte, stach er anstatt des Königs den Schreiber nieder.

Durch die aufgeregte Menge bahnte er sich mit dem blutigen Dolch den Weg und wollte entfliehen; doch auf das Geschrei hin kam es zu einem Auflauf, die Leibwächter des Königs ergriffen ihn und schleppten ihn zurück, und er wurde vor den Richterstuhl des Königs gestellt. Auch jetzt, wo ihm ein so schreckliches Geschick drohte, war er mehr furchterregend als furchtsam. »Ich bin ein römischer Bürger«, sagte er, »ich heiße C. Mucius. Als Feind wollte ich den Feind töten; und ich habe zum Sterben nicht weniger Mut, als ich zum Töten hatte. Tapfer handeln, aber auch tapfer leiden, das ist Römerart. Und ich bin nicht der einzige, der diese Absichten dir gegenüber verfolgt; hinter mir steht eine lange Reihe Männer, die nach der gleichen Ehre trachten. Wenn du also Lust hast, dann mach dich bereit, Stunde um Stunde um dein Leben zu kämpfen und einen Feind mit einem Dolch im Eingang zu deinem Königszelt zu haben. Das ist der Krieg, den wir, die Jugend Roms, dir erklären. Nicht vor einem aufmarschierten Heer, nicht vor einer Schlacht mußt du dich fürchten; dir allein gilt's, und immer nur mit einem einzigen wirst du es zu tun haben.«

Zornentbrannt und durch die Gefahr erschreckt, befahl der König drohend, um ihn herum Feuer zu legen, wenn er nicht schleunigst erkläre, was für Anschläge er ihm da in Andeutungen androhe. Da sagte Mucius: »Schau her, damit du merkst, wie unwichtig der Körper für die ist, die großen Ruhm vor Augen haben«, und legte seine rechte Hand in das Feuer eines Opferbeckens.

Als er sie verbrennen ließ, wie wenn er nichts dabei spürte, sprang der König, durch diese erstaunliche Tat wie vom Blitz getroffen, von seinem Sitz, befahl, den jungen Mann vom Altar wegzureißen, und sagte: »Geh nur, du hast es gewagt, dir selbst mehr anzutun als mir. Ich würde dir zu deiner Tapferkeit Glück wünschen, wenn diese Tapferkeit meinem Vaterland diente. Jetzt werde ich nicht nach Kriegsrecht mit dir verfahren; ich lasse dich unangetastet und unverletzt von hier weg.« Da sagte Mucius, sozusagen in Erwiderung der Großmut: »Da die Tapferkeit bei dir geachtet wird, sollst du für deine Großzügigkeit von mir erfahren, was du mit Drohen nicht erreicht hast. Zu dreihundert jungen Männern aus dem römischen Adel haben wir uns verschworen, diesen Weg gegen dich zu beschreiten. Auf mich ist das erste Los gefallen; die übrigen werden, wie es auch den ersten ergehen mag, jeder zu seiner Zeit dasein, bis das Schicksal dich preisgibt.«

Nachdem Mucius entlassen worden war, der später wegen des Verlustes seiner rechten Hand den Beinamen Scaevola (Linkshänder) erhielt, folgten ihm Gesandte Porsennas nach Rom. Die Gefahr, vor der ihn beim erstenmal nur der Irrtum des Attentäters geschützt hatte, und der Gedanke, daß er immer wieder diesen Kampf bestehen müsse, solange es noch Verschwörer gebe, hatte ihn so erschüttert, daß er von sich aus den Römern Friedensbedingungen anbot. Bei den Bedingungen wurde vergeblich über die Wiedereinsetzung der Tarquinier in die Herrschaft verhandelt. Porsenna hatte dies den Tarquiniern nicht abschlagen können, wußte aber genau, daß die Römer es ablehnen würden. Die Römer wurden genötigt, Geiseln zu stellen, wenn sie wollten, daß die Besatzung vom Janiculum abgezogen wurde. Unter dieser Bedingung kam der Friede zustande; Porsenna zog sein Heer vom Janiculum ab und räumte das römische Gebiet.

504 v. Chr.
250 a.u.c.
DIE SCHLACHT BEI ARICIA Liv. 2, 14,5–9

Porsennas Sohn Arruns zog mit einem Teil seiner Truppen gegen Aricia. Das kam für die Bewohner der Stadt völlig überraschend und löste bei ihnen zunächst Bestürzung aus. Dann riefen sie Hilfstruppen aus den Gemeinden Latiums und aus Cumae herbei, die ihnen so viel Hoffnung gaben, daß sie eine Entscheidungsschlacht wagten. Gleich bei Beginn des Kampfes griffen die Etrusker mit solchem Schwung an, daß sie die Ariciner in die Flucht schlugen. Doch die Kohorten aus Cumae begegneten der Wucht des Angriffs mit geschickter Taktik, wichen nur etwas aus, machten dann eine Schwenkung und fielen dem wild vorpreschenden Feind in den Rücken. So wurden die Etrusker, die beinahe schon den Sieg errungen hatten, von zwei Seiten niedergemetzelt. Sie verloren ihren Führer, und nur ein ganz kleiner Teil wurde waffenlos und in hilfsbedürftigem Zustand nach Rom verschlagen; denn es gab keinen näheren Zufluchtsort. Hier wurden sie freundlich aufgenommen und auf verschiedene Quartiere verteilt. Nachdem ihre Wunden behandelt waren, zog ein Teil nach Hause und rühmte die Wohltaten der Gastgeber. Viele aber hielt die Liebe zu ihren Gastgebern und zu der Stadt in Rom. Man wies ihnen zum Wohnen eine Gegend an, die man später *Tuscus Vicus* (Etruskerviertel) nannte.

DIE SCHLACHT AM REGILLUS-SEE Liv. 2, 19,3–5; 20,10–13

15. Juli 499 oder 496 v. Chr. 255 oder 258 a.u.c.

Tarquinius wagte damals nach vielen Schlachten und Niederlagen den letzten Wurf im Spiel. Die meisten Latinergemeinden und viele italische Völkerschaften hatten sich ihm angeschlossen. Was sie trieb, war allerdings nicht Liebe zu Tarquinius, sondern neidische Furcht vor Roms wachsender Macht, welche sie auf diese Weise zu brechen hofften.

Der Diktator A. Postumius und der Magister equitum T. Aebutius rückten mit starken Kräften an Fußvolk und Reiterei aus und stießen am Regillus-See im Gebiet von Tusculum auf den Heereszug der Feinde. Weil man hörte, die Tarquinier befänden sich im Heer der Latiner, ließen sich die Römer in ihrem Zorn nicht halten und stürzten sich sogleich in den Kampf. Die Schlacht war dann auch erheblich härter und blutiger als andere. ... Als das Fußvolk schon ermattet war, eilte der Diktator zu den Reitern und beschwor sie, von den Pferden zu steigen und den Kampf zu übernehmen. Sie gehorchten aufs Wort, sprangen von ihren Pferden, stürmten nach vorn und deckten mit ihren Rundschilden die Leute der ersten Reihe. Sofort faßte die Linie des Fußvolks wieder Mut, als sie sah, daß die Jugend des Adels in gleicher Kampfesart die Gefahr mit ihnen teilte. Jetzt endlich wurden die Latiner zurückgedrängt, und entmutigt geriet ihre Schlachtreihe ins Wanken. Den Reitern wurden ihre Pferde zugeführt, damit sie dem Feind nachsetzen konnten; ihnen folgte auch das Fußvolk. Da soll der Diktator, der sich keine göttliche und menschliche Hilfe entgehen lassen wollte, dem Castor einen Tempel gelobt[2] und dem Soldaten, der als erster und der als zweiter ins Lager der Feinde eindrang, Belohnungen versprochen haben. Und der Eifer war so groß, daß die Römer mit demselben Anlauf, mit dem sie den Feind geworfen hatten, auch sein Lager nahmen.

Livius berichtet nur das reale Geschehen der Schlacht. Nach der Legende wurde sie durch das direkte Eingreifen der Dioskuren entschieden:

Die Sage erzählt, daß in jener Schlacht auch die Dioskuren erschienen seien. Unmittelbar nach dem Kampf aber habe man sie, auf schweißtriefenden Ros-

Plut., Cor. 3,5–6

Tempel des Castor und Pollux auf dem Forum. Der Tempel wurde vom Diktator A. Postumius Albinus in der Schlacht gelobt und am 27. Januar 484 geweiht. Die heute noch stehenden Säulen stammen von einer Erneuerung des Tempels durch Tiberius im Jahre 6 n. Chr.

Römische Münze mit Castor und Pollux als Doppelkopf

sen, auf dem Forum den Sieg verkünden sehen. Dort, neben der Juturna-Quelle, steht heute der Tempel, den man ihnen errichtet hat. Seither ist auch der Tag dieses Sieges, der 15. Juli, den Dioskuren geweiht.

DER BEGINN DES STÄNDEKAMPFES Liv. 2, 23,1 – 24,8

495 v. Chr.
259 a.u.c.

Es drohte ein Krieg mit den Volskern, dazu war die Bürgerschaft in sich selbst uneins, und in ihr brannte der Haß zwischen den Patriziern und den Plebejern, vor allem wegen der Menschen, die ob ihrer Schulden in Schuldknechtschaft waren. Die Leute machten ihrem Unmut Luft, daß sie draußen für die Freiheit und die Macht kämpften, zu Hause aber von ihren Mitbürgern zu Gefangenen gemacht und unterdrückt würden. Diesen Haß, der ohnehin schwelte, brachte das beispiellose Unglück eines einzelnen zum Auflodern.

Ein alter Mann stürzte mit den Zeichen all seines Elends auf das Forum. Seine Kleidung war mit Schmutz bedeckt, aber schrecklicher noch war der Anblick seines blassen, abgemagerten Körpers. Dazu gaben ihm sein herabhängender Bart und die Haare ein verwildertes Aussehen. Man erkannte ihn aber trotzdem, obwohl er so heruntergekommen war; die Leute sagten, er sei Centurio gewesen, bedauerten ihn allgemein und rühmten seine Waffentaten. Er selbst zeigte zum Beweis dafür, daß er an einer Reihe von Orten ehrenvoll gekämpft hatte, seine Narben vorne auf der Brust. Als man ihn fragte, warum er so aussehe und warum er so heruntergekommen sei, sagte er, während die Menge sich fast wie bei einer Volksversammlung um ihn drängte: Er sei im Sabinerkrieg Soldat gewesen; bei den Verwüstungen auf dem Land habe er die Ernte verloren, auch sein Hof sei in Brand gesteckt, alles geplündert und das Vieh weggetrieben worden; da habe man ihm zur Unzeit die Kriegssteuer abverlangt, und er habe Schulden machen müssen. Die seien durch die Zinsen hoch angewachsen und hätten ihn zuerst um das von seinem Vater und seinem Großvater ererbte Land gebracht, dann um sein sonstiges Hab und Gut. Schließlich sei er von seinem Gläubiger nicht in Knechtschaft genommen, sondern ins Arbeitshaus und in die Folterkammer geführt worden. Dann zeigte er seinen Rücken, der schrecklich anzusehen war wegen der frischen Striemen von Peitschenhieben.

Als die Leute das sahen und hörten, erhob sich ein gewaltiges Geschrei. Der Tumult beschränkte sich nicht auf das Forum, sondern breitete sich überall in der ganzen Stadt aus. Männer in Schuldhaft mit und ohne Fesseln stürzten von allen Seiten auf die Straße und baten die Bürger um Schutz. Überall fanden sich Leute, die sich gern dem Aufruhr anschlossen. In vielen Gruppen eilte man mit Geschrei zum Forum. Die Patrizier, die gerade auf dem Forum waren und in diese Menge gerieten, kamen in große Gefahr. Und es wäre zu Handgreiflichkeiten gekommen, wenn nicht eilends die Konsuln P. Servilius und App. Claudius dazwischengetreten wären, um den Aufruhr niederzuhalten.

Doch die Menge wandte sich nun an sie und wies auf ihre Fesseln hin und auf ihr sonstiges Elend. Das sei also der Dank, riefen sie, und jeder wies vorwurfsvoll auf seinen Kriegsdienst hin, den der eine hier, der andere dort geleistet hatte. Mehr drohend als bittend forderten sie die Einberufung des Senats.

Nur nach und nach kamen die Senatoren, ungewiß, ob Fernbleiben oder Kommen mehr Gefahr heraufbeschwöre. Als der Senat endlich beschlußfähig war, konnten sich nicht nur die Senatoren, sondern sogar die Konsuln selbst nicht einigen. Appius, ein Mann von heftigem Temperament, meinte, man müsse von den Machtbefugnissen der Konsuln Gebrauch machen; wenn man den einen oder anderen herausgreife, werde der Rest Ruhe halten. Servilius dagegen, der mehr zu milden Maßnahmen neigte, glaubte, die erregten Gemüter umzustimmen, sei sicherer und vor allem leichter, als sie zu demütigen.

Unterdessen ein anderer, noch größerer Schrecken: Latinische Reiter sprengten heran mit der alarmierenden Nachricht, die Volsker kämen mit einem kampfbereiten Heer, um die Stadt anzugreifen. Die Plebejer jubelten vor Freude und sagten, jetzt griffen die Götter ein, um den Hochmut der Patrizier zu bestrafen. Einer bestärkte den anderen darin, sich nicht zum Kriegsdienst zu melden. Sie würden lieber mit allen zusammen zugrunde gehen als allein. Die Patrizier sollten doch Soldat werden, die Patrizier sollten zu den Waffen greifen, damit diejenigen, die den Lohn einheimsten, auch die Gefahren des Krieges trügen. Der Senat aber, bedrückt und in Unruhe, in zwiefacher Furcht vor den Mitbürgern und vor dem Feind, bat den Konsul Servilius, dessen Art beim Volk mehr Anklang fand, den Staat von den so großen Schrecknissen, die ihn bedrängten, zu befreien.

Da entließ der Konsul den Senat und trat vor die Volksversammlung. Hier erklärte er, den Patriziern liege daran, daß der Plebs geholfen werde. Aber bei der Beratung sei eine Gefahr für das Staatsganze dazwischengekommen. Wo die Feinde fast an den Toren ständen, könne man doch nicht etwas anderes früher behandeln als den Krieg; und selbst, wenn es einige Erleichterungen gebe, sei es für die Plebs nicht ehrenhaft, erst dann für das Vaterland zu den Waffen gegriffen zu haben, nachdem sie den Lohn erhalten habe, und für die Patrizier sei es nicht ganz schicklich, mehr aus Furcht als späterhin aus freien Stücken den Mitbürgern in ihrer bedrängten Lage geholfen zu haben. Er machte seine Rede dann durch eine Verordnung glaubhaft, in der er anordnete, keiner dürfe einen römischen Bürger in Fesseln oder eingesperrt halten, ohne daß er die Möglichkeit habe, sich bei den Konsuln zum Kriegsdienst zu melden, und keiner dürfe das Hab und Gut eines Soldaten, solange dieser im Felde stehe, in Besitz nehmen oder verkaufen und seine Kinder oder Enkel behelligen. Nachdem dieser Erlaß verkündet worden war, meldeten sich alle Anwesenden, die eine Schuldverpflichtung eingegangen waren, auf der Stelle zum Kriegsdienst, und überall in der ganzen Stadt stürzten sie aus den Privathäusern, weil ein Gläubiger keine Macht mehr hatte, einen Schuldner zurückzuhalten, und eilten zum Forum, um den Fahneneid zu leisten. Es war eine große Schar, und im Krieg mit den Volskern stellten sie mit ihrer Tapferkeit und Einsatzbereitschaft alle anderen in den Schatten.

Nachdem die Volsker geschlagen und Einfälle der Sabiner und der Aurunker abgewehrt worden waren, wurden die Erwartungen der Leute nicht erfüllt. Wer zuvor in Schuldknechtschaft gewesen war, wurde seinem Gläubiger wieder überantwortet, andere wurden neu zur Schuldknechtschaft verurteilt. Die Plebejer nahmen das aber nicht mehr hin. Da sie von den Konsuln und dem Senat keine Hilfe zu erwarten hatten, rotteten sie sich zusammen, sobald ein Schuldner vor Gericht gezogen wurde. Man konnte dann die Entscheidung des Konsuls vor Lärm und Schreien nicht mehr hören, und wenn er die Entscheidung getroffen hatte, wurde sie von keinem beachtet.

DER AUSZUG DER PLEBS AUF DEN HEILIGEN BERG Liv. 2, 31,7 – 33,2   494/493 v. Chr.
260/261 a.u.c.

Im folgenden Jahr verweigerten die Plebejer geschlossen den Kriegsdienst. Erst als M'. Valerius zum Diktator ernannt wurde und eine Lösung des Problems versprach, gaben die Leute nach.

Nachdem die Aequer, die Volsker und die Sabiner besiegt und die Truppen zurückgekehrt waren, setzte der Diktator im Senat die Frage auf die Tagesordnung, was mit den Männern geschehen solle, die eine Schuldverpflichtung hätten. Als eine Behandlung dieser Frage abgelehnt wurde, legte er die Diktatur nieder.

   Die Senatoren befiel Angst, daß es nach einer Entlassung des Heeres wieder zu geheimen Versammlungen und Verschwörungen komme. Sie meinten, obwohl die Aushebung durch den Diktator vorgenommen worden sei, seien die Soldaten doch noch durch den Fahneneid gebunden, weil sie ihn auf die Konsuln abgelegt hätten, und gaben unter dem Vorwand, die Aequer hätten den Krieg wiederaufgenommen, den Legionen den Befehl, aus der Stadt auszurücken. Dadurch wurde das Ausbrechen des Aufruhrs beschleunigt. Zuerst soll davon die Rede gewesen sein, die Konsuln umzubringen, damit sie von ihrem Fahneneid entbunden würden; als man ihnen dann klarmachte, daß eine Bindung durch ein Verbrechen nicht aufgehoben werde, sollen sie auf Veranlassung eines Mannes namens Sicinius ohne Befehl der Konsuln zum Heiligen Berg abgezogen sein – er liegt jenseits des Anio, drei Meilen von der Stadt entfernt. Hier blieben sie ohne einen Führer eine Reihe von Tagen in einem mit Wall und Graben befestigten Lager, hielten Ruhe, nahmen nichts, als was sie zum Lebensunterhalt brauchten, und wurden weder provoziert noch provozierten sie ihrerseits.

Ein ungeheurer Schrecken herrschte in der Stadt, und einer hatte Angst vor dem andern. Die von ihren Leuten in der Stadt zurückgelassenen Plebejer fürchteten eine Gewalttätigkeit der Patrizier; die Patrizier fürchteten die in der Stadt zurückgebliebenen Plebejer und wußten nicht, ob sie lieber wollten, daß sie blieben oder daß sie weggingen. Wie lange aber werde die Menge, die weggezogen sei, ruhig bleiben? Was werde geschehen, wenn in der Zwischenzeit ein Krieg von außen hereinbreche? Sie glaubten, es bleibe ihnen nur eine Hoffnung: die Eintracht der Bürger; die müsse um jeden Preis wiederhergestellt werden.

Daher beschlossen sie, Menenius Agrippa als Unterhändler zu den Plebejern zu schicken, einen beredten Mann, der bei der Plebs, aus deren Mitte er stammte,[3] beliebt war. Er wurde ins Lager geschickt und soll dort in der damaligen altertümlichen und schlichten Art zu reden nichts anderes getan haben, als daß er folgende Geschichte erzählte: Zu der Zeit, als im Menschen nicht wie jetzt alles im Einklang miteinander war, sondern von den einzelnen Gliedern jedes für sich überlegte und für sich redete, hätten sich die übrigen Körperteile darüber geärgert, daß durch ihre Fürsorge, durch ihre Mühe und Dienstleistung alles für den Bauch getan werde, daß der Bauch aber in der Mitte ruhig bleibe und nichts anderes tue, als sich der dargebotenen Genüsse zu erfreuen. Sie hätten sich daher verschworen, die Hände sollten keine Speise mehr zum Munde führen, der Mund solle, was ihm dargeboten werde, nicht mehr aufnehmen und die Zähne sollten nicht mehr kauen. Indem sie in diesem Zorn den Bauch durch Hunger zähmen wollten, habe zugleich die Glieder selbst und den ganzen Körper schlimmste Entkräftung befallen. Da sei dann klargeworden, daß auch der Bauch eifrig seinen Dienst tue und daß er nicht mehr ernährt werde als daß er ernähre, indem er das Blut, von dem wir leben und stark sind, gleichmäßig auf die Adern verteilt, in alle Teile des Körpers strömen lasse. Indem Agrippa dann einen Vergleich anstellte, wie ähnlich der innere Aufruhr des Körpers dem Zorn der Plebs gegen die Patrizier sei, habe er die Menschen umgestimmt. Dann begann man über die Aussöhnung zu verhandeln, und man einigte sich auf die Bedingung, daß die Plebs eigene heilig-unverletzliche Beamte haben solle, denen das Recht der Hilfeleistung gegen die Konsuln zustehe, und daß es einem Patrizier nicht erlaubt sein solle, dieses Amt zu bekleiden. So wurden zwei Volkstribunen gewählt, C. Licinius und L. Albinius.[4]

AUS DEM VERTRAG ZWISCHEN DEN RÖMERN UND DEN LATINERN Dion. Hal. 6,95,1–2

493 v. Chr.
261 a.u.c.

Zur gleichen Zeit wurde ein Friedens- und Freundschaftsvertrag mit allen Latinergemeinden abgeschlossen. Die Bestimmungen des Vertrags waren folgende: »Zwischen den Römern und allen Latinergemeinden soll Friede herrschen, solange Himmel und Erde bestehen. … Sie sollen im Kriegsfall einander mit allen Kräften beistehen. Von der Beute aus gemeinsam geführten Kriegen sollen beide Seiten den gleichen Teil erhalten. …«

DIE DIKTATUR DES CINCINNATUS Liv. 3, 26,5 – 27,5

458 v. Chr.
296 a.u.c.

458 mußten die Römer zugleich gegen die Aequer und die Sabiner kämpfen. Der Konsul Minucius wurde von den Aequern in seinem Lager eingeschlossen.

Als die Nachricht in Rom eintraf, die man so wenig erwartet hatte, herrschte so große Angst und so große Unruhe, als wenn die Feinde die Stadt und nicht das Lager umschlossen hielten; man rief den Konsul Nautius[5] herbei. Er schien aber zu wenig Schutz zu bieten; so beschloß man, einen Diktator zu ernennen, der die gefährliche Situation retten solle, und L. Quinctius Cincinnatus[6] wurde mit allgemeiner Zustimmung zum Diktator ernannt.

Er bestellte jenseits des Tiber, genau gegenüber der Stelle, wo jetzt die Schiffswerften sind, einen Acker von vier Morgen. Dort trafen ihn die Gesandten, mit einer Arbeit auf dem Feld beschäftigt. Nachdem man sich gegenseitig begrüßt hatte, baten sie ihn, er solle in der Toga die Aufträge des Senats anhören. Er wunderte sich und fragte nachdrücklich: »Es ist doch nichts passiert?« Dann forderte er seine Frau Raecia auf, eilends die Toga aus der Hütte zu bringen. Sobald er sich den Staub und den Schweiß abgewischt hatte und mit der Toga bekleidet vortrat, wünschten die Gesandten ihm Glück und begrüßten ihn als Diktator, riefen ihn in die Stadt und teilten ihm mit, was für ein Schrecken im Heer herrsche. Ein Schiff war vom Staat für Quinctius bereitgestellt. Nach der Überfahrt kamen ihm seine drei Söhne aus der Stadt entgegen

Italischer Bauer beim Pflügen (4. Jh.)

und nahmen ihn in die Mitte, darauf seine anderen Verwandten und seine Freunde, dann der größte Teil des Senats. Von dieser Menge umgeben, wurde er nach Hause geleitet, wobei die Liktoren voranschritten. Auch aus der Plebs lief eine gewaltige Menge zusammen. In jener Nacht geschah in der Stadt nichts, nur daß man Wache hielt.

Als der Diktator am nächsten Tag noch vor Sonnenaufgang aufs Forum kam, ernannte er den L. Tarquinius zum Magister equitum, einen Mann aus einer patrizischen Familie; er hatte allerdings den Kriegsdienst wegen seiner Armut als Fußsoldat geleistet, aber doch im Felde als der weitaus Erste unter der jungen Mannschaft von Rom gegolten. Mit dem Magister equitum kam er in die Volksversammlung, ordnete das Aussetzen der Rechtsprechung an, befahl, die Läden in der ganzen Stadt zu schließen, und verbot, daß jemand irgendeine Privatangelegenheit betrieb. Dann sollten alle, die im wehrfähigen Alter waren, sich vor Sonnenuntergang bewaffnet auf dem Marsfeld einfinden mit Brot für fünf Tage und mit zwölf Schanzpfählen. Die für den Kriegsdienst zu alt waren, sollten für einen Soldaten aus der Nachbarschaft das Brot backen, während der seine Waffen in Ordnung brachte und sich die Schanzpfähle beschaffte. So verteilte sich die junge Mannschaft, um die Schanzpfähle zu beschaffen. Sie nahmen sie, wo es für jeden am nächsten war; gehindert wurde niemand; und voll Eifer stellten sich alle auf die Anordnung des Diktators zur Verfügung.

Am Abend brach Cincinnatus mit dem Heer auf, erreichte gegen Mitternacht die feindlichen Stellungen, umzingelte sie und ließ das Kampfgeschrei erheben. Minucius erkannte, daß ein Entsatzheer herangekommen war, und griff sogleich den Einschließungsring der Aequer an. Bei Tagesanbruch drang auch der Diktator von allen Seiten auf sie ein. Die Aequer kapitulierten und mußten unter dem Joch abziehen. Cincinnatus kehrte im Triumph nach Rom zurück und legte am sechzehnten Tag die Diktatur nieder.

VERGINIA Liv. 3, 44,1 – 48,6

449 v. Chr.
305 a.u.c.

Auf Drängen der Plebs wurde 451 eine Zehnerkommission eingesetzt, die für alle verbindliche Gesetze aufzeichnen sollte. Nachdem diese Männer, von denen App. Claudius der einflußreichste war, zehn Gesetzestafeln auf dem Forum aufgestellt hatten, wünschte das Volk, daß auch für das Jahr 450 eine Zehnerkommission gewählt werde, damit die Aufzeichnung der Gesetze zum Abschluß komme. App. Claudius setzte seine Wiederwahl durch und erreichte zugleich, daß ihm Männer an die Seite gestellt wurden, die ihm hörig waren. Danach begann ein Schreckensregiment, das sich auch 449 fortsetzte, da die Decemvirn sich weigerten zurückzutreten.

In der Stadt kam es durch wollüstiges Verlangen zu einer Freveltat, die nicht weniger gräßlich ausging als jene, die durch die Schändung und den gewaltsamen Tod der Lucretia die Tarquinier aus der Stadt und der Herrschaft vertrieben hatte.

Den App. Claudius packte das Verlangen, eine junge Plebejerin zu verführen. Der Vater des Mädchens, L. Verginius, stand als Centurio am Algidus[7], als Bürger wie als Soldat ein vorbildlicher Mann. Er hatte seine Tochter mit dem ehemaligen Tribunen L. Icilius verlobt, einem tatkräftigen Mann, der seine Tüchtigkeit im Kampf für die Plebs unter Beweis gestellt hatte. Dieses herangewachsene Mädchen, das außerordentlich schön war, suchte Appius, vor Begier wie von Sinnen, mit Geld und mit Versprechungen zu verlocken. Als er aber merkte, daß ihm alle Wege durch ihr Schamgefühl versperrt waren, verfiel er auf grausame und tyrannische Gewalt. Er gab seinem Klienten M. Claudius den Auftrag, das Mädchen als seine Sklavin zu beanspruchen und nicht nachzugeben, wenn welche eine einstweilige Entscheidung zugunsten der Freiheit forderten; er glaubte nämlich, weil der Vater des Mädchens nicht da sei, habe das Unrecht freie Bahn.

Als das Mädchen auf das Forum kam – denn dort waren in Zelten die Grundschulen –, berührte der Mann, der sich zum Werkzeug der Wollust des Decemvirn hergab, sie mit der Hand, bezeichnete sie als Tochter seiner Sklavin und als seine Sklavin und forderte sie auf, ihm zu folgen; wenn sie zaudere, werde er sie mit Gewalt wegschleppen. Während das Mädchen vor Angst erstarrte, kam es auf das Geschrei der Amme, die den Schutz der Mitbürger anrief, zu einem Auflauf. Der bekannte Name ihres Vaters Verginius und ihres Bräutigams Icilius wurden immer wieder genannt. Deren Beliebtheit nahm die Bekannten für das Mädchen ein, das Empörende der Situation die Menge. Schon war sie vor Gewalt sicher. Da sagte der, der sie als seine Sklavin beanspruchte, es sei nicht nötig, die Menge aufzuhetzen; er werde den Weg des Rechts beschreiten, nicht den der Gewalt. Er rief das Mädchen vor Gericht. Die Umstehenden rieten ihr, mitzugehen, und man gelangte vor den Richterstuhl des Appius.

Der Antragsteller spielte seine dem Richter bekannte Rolle – vor dem Erfinder der Geschichte: Das Mädchen sei in seinem Hause geboren, durch einen Diebstahl von dort in das Haus des Verginius gekommen und diesem untergeschoben worden. Das habe er durch eine Anzeige erfahren und bringe es vor, und er werde es beweisen, sogar wenn Verginius selbst Richter sein sollte, dem man in dieser Affäre noch übler mitgespielt habe. Für jetzt sei es recht und billig, wenn die Magd ihrem Herrn folge. Die Freunde des Mädchens wiesen darauf hin, daß Verginius im Dienste des Staates abwesend sei. Er werde innerhalb von zwei Tagen dasein, wenn es ihm gemeldet werde. Es sei unbillig, daß einer in Abwesenheit in Gefahr gerate, sein Kind zu verlieren. Und sie forderten, die Sache offenzulassen und bis zur Ankunft des Vaters zu vertagen.

Appius erklärte, bei einem Mädchen, das noch in der Hand des Vaters sei, gebe es keinen anderen, gegenüber dem der Herr mit seinem Besitzanspruch zurückstehe.[8] Der Vater solle also herbeigeholt werden. In der Zwischenzeit solle der Mann, der Anspruch auf das Mädchen erhebe, seinen Rechtsanspruch nicht verlieren; er könne das Mädchen mitnehmen; nur müsse er versprechen, es bei der Ankunft des angeblichen Vaters wieder vorzuführen. Während viele gegen die Ungerechtigkeit dieser Entscheidung murrten, aber kein einziger Einspruch zu erheben wagte, kamen P. Numitorius, der Großvater des Mädchens, und ihr Verlobter Icilius hinzu. Man machte ihnen in dem Gedränge Platz, weil die Masse glaubte, vor allem durch das Dazukommen des Icilius könne man dem Appius Widerstand leisten; aber ein Liktor erklärte, die Entscheidung sei gefallen, und suchte den laut protestierenden Icilius zurückzudrängen. Auch einen sanften Charakter hätte ein so abscheuliches Unrecht in flammende Empörung versetzt. »Du mußt mich von hier schon mit dem Schwert zurückdrängen, Appius«, rief er, »wenn du erreichen willst, was du verheimlicht wissen möchtest, und ich dazu schweigen soll. Ich will dieses Mädchen heiraten, und ich will eine keusche Braut haben. Rufe daher alle Liktoren zusammen, auch die deiner Amtsgenossen; laß die Ruten und Beile bereithalten. Die Verlobte des Icilius wird nicht außerhalb des väterlichen Hauses bleiben. Wenn ihr auch der römischen Plebs die Hilfe der Tribunen und das Recht zur Berufung genommen habt,[9] diese beiden Bollwerke für den Schutz der Freiheit, so ist damit eurem wollüstigen Begehren doch noch nicht unumschränkte Gewalt auch über unsere Kinder und Frauen gegeben. Wütet nur gegen unsere Rücken und gegen unsere Nacken. Die Keuschheit wenigstens soll sicher sein! Wenn gegen dieses Mädchen Gewalt angewandt wird, werde ich die anwesenden Mitbürger für meine Verlobte, wird Verginius die Soldaten für seine einzige Tochter, werden wir alle Götter und Menschen um Schutz anflehen, und du wirst diese Entscheidung nur über unsere Leichen durchsetzen. Ich fordere dich auf, Appius, dir noch und noch zu überlegen, wie weit du gehst. Sobald Verginius gekommen ist, mag er sehen, was er für seine Tochter zu tun hat. Dies soll er aber wissen: Wenn er dem Anspruch dieses Menschen nachgibt, muß er für seine Tochter einen anderen Mann suchen. Ich werde den Freiheitsanspruch für meine Verlobte verfechten und werde eher mein Leben lassen als ihr meinen Schutz versagen.«

Die Menge war aufgebracht, und es schien zu Gewalttätigkeiten zu kommen. Die Liktoren hatten Icilius umstellt. Es ging jedoch nicht über Drohungen hinaus, weil Appius sagte, es gehe dem Icilius gar nicht um die Verteidigung der Verginia, sondern als ein ruheloser Mensch, der sich auch jetzt noch wie ein Tribun fühle, suche er eine Gelegenheit zum Aufruhr. Er werde ihm aber an diesem Tag keinen Anlaß bieten. Doch damit er wisse, daß das nicht seiner Frechheit, sondern der Abwesenheit des Verginius und seiner Achtung vor der Vaterschaft und der Freiheit zu verdanken sei, werde er den Fall heute nicht entscheiden und auch keinen Zwischenentscheid treffen. Den M. Claudius werde er bitten, nicht auf sein Recht zu pochen und zuzulassen, daß das Mädchen bis zum nächsten Tag in Obhut genommen werde. Wenn aber der Vater am nächsten Tag nicht da sei, dann – das kündige er dem Icilius und seinesgleichen an – werde der Gesetzgeber für sein Gesetz eintreten und der Decemvir werde es an Festigkeit nicht fehlen lassen. Er werde jedenfalls nicht die Liktoren seiner Amtsgenossen zusammenrufen, um die Anstifter des Aufruhrs in die Schranken zu weisen; er werde sich mit seinen Liktoren begnügen. Als das Unrecht nun hinausgeschoben worden war und die Freunde des Mädchens beiseite gegangen waren, beschloß man zuallererst, daß der Bruder des Icilius und der Sohn des Numitorius, zwei tatkräftige junge Männer, sich von dort geradewegs zum Tor aufmachen und den Verginius, so schnell es nur gehe, aus dem Lager herbeirufen sollten. Das Wohl des Mädchens hänge davon ab, daß er am nächsten Tag als Beschützer vor dem Unrecht rechtzeitig zur Stelle sei. Sobald man es ihnen aufgetragen hatte, machten sie sich auf und brachten die Nachricht in wildem Galopp zum Vater.

Der Kläger drängte den Icilius, das Mädchen in Obhut zu nehmen und Bürgen zu stellen, und dieser entgegnete, gerade darüber spreche man im Augenblick, und suchte mit Bedacht die Zeit hinzuziehen, damit unterdessen die Boten, die ins Lager geschickt worden waren, einen Vorsprung bekommen konnten. Die Menge hob überall die Hände, und jeder gab zu erkennen, daß er bereit sei, für Icilius zu bürgen. Und jener sagte unter Tränen: »Ich danke euch; morgen werde ich eure Hilfe in Anspruch nehmen, jetzt habe ich genug Bürgen.« So wurde Verginia in Obhut genommen aufgrund der Bürgschaft ihrer Verwandten. Appius wartete noch ein bißchen, damit es nicht so aussah, als habe er nur wegen dieser Sache den Richtersitz eingenommen. Nachdem aus Interesse an dem einen Fall alles andere in den Hintergrund getreten war und keiner sich an ihn wandte, ging er wieder nach Hause und schrieb seinen Amtsgenossen ins Lager, sie sollten Verginius keinen Urlaub geben und ihn sogar unter Bewachung stellen. Der schurkische Plan kam jedoch zu spät. Verginius hatte schon Urlaub genommen und war in der ersten Nachtwache aufgebrochen, als am nächsten Tag in der Frühe der Brief, ihn festzuhalten, vergeblich abgeliefert wurde.

In der Stadt stand beim ersten Morgengrauen die Bürgerschaft in gespannter Erwartung auf dem Forum. Verginius hatte ein Trauergewand angelegt und führte seine Tochter in abgetragener Kleidung auf das Forum, begleitet von einigen Frauen und mit einer ungeheuren Menge von Freunden. Er begann dort herumzugehen und die Menschen bei der Hand zu fassen und ihre Hilfe nicht nur als eine Gefälligkeit zu erbitten, sondern sie als etwas zu fordern, was man ihm schulde. Er stehe für ihre Kinder und Frauen Tag um Tag im Kampf, und es gebe keinen Mann, von dem sich mehr kühne und tapfere Taten im Krieg anführen ließen. Was nütze das aber, wenn sein Kind, obwohl die Stadt unversehrt sei, über sich ergehen lassen müsse, was man bei einer Eroberung als das Äußerste befürchte. Ganz ähnlich äußerte sich Icilius. Die Frauen der Begleitung bewegten durch ihr stilles Weinen mehr, als irgendein Wort vermocht hätte.

Von alledem ungerührt – es war eher Tollheit als Liebe, was ihn so sehr verwirrt hatte –, stieg Appius auf die Richtertribüne. Als sich der Kläger auch noch kurz darüber beschwerte, daß er am Vortag aus Parteilichkeit sein Recht nicht erhalten habe, fuhr Appius ihm ins Wort, noch bevor jener seine Forderung zu Ende bringen konnte oder Verginius Gelegenheit zu einer Entgegnung erhielt, und entschied einstweilen zugunsten der Sklaverei.

Erstaunt über diese gräßliche Tatsache waren alle zunächst starr vor Entsetzen, und eine Zeitlang herrschte Schweigen. Als dann aber M. Claudius Anstalten machte, das Mädchen zu ergreifen, um das herum die Frauen standen, und ihm jämmerliches Wehklagen der Frauen entgegenschlug, streckte Verginius seine Hände zu Appius und rief: »Dem Icilius habe ich meine Tochter verlobt, Appius, nicht dir, und zur Hochzeit habe ich sie erzogen, nicht zur Schändung. Hältst du es für recht, daß man sich nach Art des Viehs und der wilden Tiere zur Paarung bald auf die eine, bald auf die andere stürzt? Ob diese hier das dulden werden, weiß ich nicht; aber ich hoffe, daß die es nicht dulden werden, die Waffen haben.«

Als der Mann, der das Mädchen für sich beanspruchte, von der Schar der Frauen und der um das Mädchen herumstehenden Freunde zurückgedrängt wurde, gebot der Herold Schweigen. Der Decemvir, außer sich vor Begier, sagte, er habe nicht nur aus der gestrigen Schmährede des Icilius und der Heftigkeit des Verginius, wofür der das römische Volk zum Zeugen habe, sondern auch durch zuverlässige Aussagen erfahren, daß während der ganzen Nacht in der Stadt Zusammenkünfte stattgefunden hätten, um einen Aufruhr zu entfachen. Deshalb sei er im Wissen um diesen zu erwartenden Kampf mit Bewaffneten hergekommen, nicht um einen ruhigen Bürger zu verletzen, sondern um die, welche die Ruhe der Bürgerschaft störten, kraft der Hoheit seines Amtes in die Schranken zu weisen. »Daher wird es besser sein, sich ruhig zu verhalten. Geh, Liktor«, sagte er, »dränge die Schar zurück und bahne dem Herrn den Weg, seine Sklavin zu ergreifen.« Als er das voll Zorn mit donnernder Stimme gerufen hatte, ging die Menge von selbst auseinander, und verlassen, eine Beute des Unrechts, stand das Mädchen da.

Jetzt, als Verginius nirgendwo mehr Hilfe sah, sagte er: »Ich bitte dich, Appius, verzeihe zunächst dem Schmerz eines Vaters, wenn ich dich zu hart angefahren habe. Dann laß mich hier im Angesicht des Mädchens die Amme befragen, wie die Sache sich verhält, damit ich, wenn ich zu Unrecht als Vater bezeichnet worden bin, mit größerer Gelassenheit von hier weggehe.« Als er die Erlaubnis erhielt, führte er seine Tochter und die Amme beiseite in die Nähe des Heiligtums der Cloacina zu den Läden, die jetzt »die Neuen« heißen. Hier entriß er einem Metzger das Messer und rief: »Auf diese einzige Art, die mir möglich ist, Tochter, bewahre ich dir die Freiheit.« Dann durchbohrte er die Brust des Mädchens und rief, zur Gerichtstribüne zurückgewandt: »Dich, Appius, und dein Haupt verfluche ich mit diesem Blut.«

Bei dieser grausigen Tat erhob sich ein Schrei. Aufgeschreckt befahl Appius, den Verginius zu ergreifen. Der aber bahnte sich mit dem Messer, wo er ging, einen Weg, bis er, auch durch die Menge der ihm folgenden Menschen geschützt, zum Tor gelangte.

Appius flüchtete vor der empörten Menge in ein Haus in der Nähe des Forums. Als Verginius im Lager von dem Vorgefallenen berichtete, sagte sich das Heer von den Decemvirn los und zog nach Rom. In Verhandlungen mit dem Senat erreichten die Soldaten und das Volk den Rücktritt der Decemvirn. Appius und ein weiterer Decemvir nahmen sich das Leben, die übrigen gingen in die Verbannung.

DIE EINNAHME VON VEJI Liv. 5, 19,1–3.9–11; 21,1–7.10–14

396 v. Chr.
358 a.u.c.

Seit der frühesten Königszeit ist immer wieder von Kriegen zwischen Rom und Veji und von Plünderungszügen beider Seiten berichtet. Der letzte und entscheidende Waffengang soll 405 begonnen haben. Die Überlieferung von der zehnjährigen Belagerung der Stadt ist wohl in Anlehnung an die zehnjährige Belagerung Trojas entstanden.

396 wurde M. Furius Camillus zum Diktator ernannt, der Feldherr, der vom Schicksal dazu ausersehen war, Veji zu zerstören und seine Vaterstadt zu retten;

er ernannte P. Cornelius Scipio zum Magister equitum. Der Wechsel im Oberbefehl hatte plötzlich alles verändert; man schöpfte neue Hoffnung, faßte neuen Mut.

Vor Veji ließ Camillus die Bastionen dichter aneinanderlegen, unterband die Plänkeleien, zu denen es immer wieder ohne jeden Plan zwischen der Mauer und dem Wall kam, indem er anordnete, keiner dürfe ohne Befehl kämpfen, und setzte die Soldaten statt dessen zu Schanzarbeiten ein. Von allen Werken war das weitaus größte und mühsamste ein unterirdischer Gang, den man zur Burg der Feinde zu führen begonnen hatte. Damit diese Arbeit nicht unterbrochen würde und die beständige Arbeit unter der Erde nicht immer wieder dieselben erschöpfte, teilte er die Schanzarbeiter in sechs Gruppen ein. Jedesmal sechs Stunden mußten sie reihum arbeiten; Tag und Nacht gab es nie eine Unterbrechung, bis man den Weg zur Burg gebahnt hatte.

Dann rückte der Diktator aus, nachdem er das Auspizium durchgeführt hatte, und rief: »Unter deiner Führung, Pythischer Apollon, und von deinem Willen getrieben, schreite ich zur Zerstörung der Stadt Veji, und ich gelobe dir den zehnten Teil der Beute von hier. Zugleich bitte ich dich, Königin Juno, die du jetzt Veji bewohnst, uns, den Siegern in unsere Stadt zu folgen, die bald auch die deine sein wird und wo dich ein deiner Größe würdiges Heiligtum aufnehmen soll.« Nach diesem Gebet griff er mit seinen überlegenen Kräften die Stadt von allen Seiten an, damit sie um so weniger die Gefahr bemerkten, die von dem unterirdischen Gang aus heraufzog.

Apollo-Statue aus Veji (Ende des 6. Jh.s)

Die Bewohner von Veji wußten nicht, daß man die Götter schon zu einem Anteil der bei ihnen zu machenden Beute herbeigerufen hatte, daß andere, durch Gelübde aus ihrer Stadt herausgerufen, nach Heiligtümern bei den Feinden und neuen Wohnsitzen Ausschau hielten und daß dieser Tag ihr letzter sei. Nichts fürchteten sie weniger, als daß die Mauer durch einen unterirdischen Gang unterwühlt und die Burg schon voll von Feinden sei; so eilten sie jeder für sich bewaffnet auf die Mauern und fragten sich verwundert, was es zu bedeuten habe, daß die Römer jetzt, wie von plötzlicher Raserei ergriffen, tollkühn gegen die Mauern anrannten, nach dem so viele Tage lang keiner von ihnen aus den Stellungen herausgekommen sei.

Der unterirdische Gang war zu diesem Zeitpunkt mit ausgesuchten Soldaten angefüllt und spie plötzlich im Tempel der Juno, der auf dem Burghügel von Veji lag, Bewaffnete aus. Ein Teil von ihnen griff die Feinde von hinten an, ein Teil riß die Riegel der Stadttore auf, ein Teil warf Feuer in die Häuser, während Frauen und Sklaven von den Dächern herab Steine und Ziegel schleuderten. Von Geschrei war alles erfüllt mit den unterschiedlichen Stimmen derer, die Schrecken verbreiteten, und derer, die von Panik erfaßt waren, worunter sich noch das Gejammer der Frauen und Kinder mischte. Im Nu waren die Bewaffneten überall von der Mauer hinabgeworfen und die Tore geöffnet, und während die einen in geschlossener Formation eindrangen, andere auf die verlassenen Mauern stiegen, füllte sich die Stadt mit Feinden. Überall wurde gekämpft; dann, als schon viel Blut geflossen war, flaute der Kampf ab, und der Diktator ließ durch Herolde verkünden, man solle die Unbewaffneten schonen; das war das Ende des Blutvergießens. Die Unbewaffneten begannen sich dann zu ergeben, und die Soldaten verteilten sich mit Erlaubnis des Diktators zum Plündern.

Auf dem Gebiet von Veji wurden vier neue Tribus eingerichtet, das Land besitzlosen Bürgern zugeteilt.

DIE BESETZUNG ROMS DURCH DIE GALLIER Liv. 5, 41,1–10

386 v. Chr.
368 a. u. c.

Um 400 drangen gallische Scharen in Italien ein. Eine Gruppe von ihnen stieß bis Mittelitalien vor. Am 18. Juli 386 wurde das römische Heer, das sich ihnen an der Allia entgegenstellte, vernichtend geschlagen. Entsetzen ergriff die Stadt. Viele, vor allem Plebejer, flohen aufs Land. Die Kultgegenstände wurden zum Teil vergraben, andere schafften die Priester nach Caere. Die wehrfähigen Männer zogen mit Frauen und Kindern auf die Burg und das Kapitol, die Älteren blieben in der Stadt zurück.

In Rom waren alle Vorkehrungen zum Schutz der Burg getroffen, soweit es die Umstände erlaubten. Die Schar der Alten war in ihre Häuser zurückgekehrt und erwartete, zum Sterben bereit, die Ankunft der Feinde. Diejenigen unter ihnen, die kurulische Ämter bekleidet hatten, wollten mit den Zeichen ihres ehemaligen Glücks, ihrer Ämter und ihrer Tapferkeit sterben und hatten daher das ehrwürdige Gewand angelegt, das die tragen, die die Wagen mit den Götterbildern geleiten oder einen Triumph feiern, und saßen so auf Elfenbeinstühlen in der Mitte ihrer Häuser.

Da bei den Galliern im Laufe der Nacht die Anspannung des Kampfes abgeklungen war und sie auch die Stadt jetzt nicht im Sturm und mit Gewalt nahmen, kamen sie ohne Wut und leidenschaftliche Erregung am nächsten Tag durch die offenstehende Porta Collina in die Stadt, gelangten auf das Forum, und ließen ihre Blicke ringsum zu den Tempeln der Götter und der Burg schweifen, die allein nach Krieg aussah. Dann ließen sie eine mäßig starke Truppe zurück, damit von der Burg oder dem Kapitol aus kein Angriff auf sie erfolgte, wenn sie sich zerstreut hatten, und verteilten sich zum Beutemachen über die menschenleeren Straßen; ein Teil stürzte gruppenweise in die nächsten Häuser, ein anderer Teil strebte zu den am weitesten entfernten hin, als ob gerade sie unangetastet und mit Beute vollgestopft wären. Doch durch die Stille in Schrecken versetzt, sie könnten beim Umherstreifen in einen Hinterhalt der Feinde fallen, kehrten sie von dort aus haufenweise wieder zum Forum und in die nächste Umgebung des Forums zurück. Hier waren die Häuser der Plebejer verriegelt, während die Säle der Großen offenstanden. Doch sie zauderten noch mehr, in die offenstehenden Häuser einzudringen als in die verschlossenen; denn sie blickten voll Ehrfurcht auf die Männer, die in den Vorhallen ihrer Häuser saßen und außer durch ihre Kleidung und ihre Erscheinung, die übermenschliche Würde ausstrahlte, auch durch die Hoheit, die aus ihren Mienen und dem Ernst ihres Antlitzes sprach, Göttern glichen.

Als sie nun vor ihnen wie vor Götterbildern standen, soll M. Papirius, einer von ihnen, einem Gallier, der seinen langen Bart, wie ihn damals alle trugen, betastete, mit seinem Elfenbeinstab auf den Kopf geschlagen und dadurch dessen Zorn erregt haben. Mit ihm nahm das Blutbad seinen Anfang, die übrigen wurden auf ihren Stühlen erschlagen. Nach der Ermordung der führenden Männer wurde dann kein Mensch mehr geschont, die Häuser wurden geplündert und, nachdem alles herausgeholt war, in Brand gesetzt.

386 v. Chr. DIE RETTUNG DES KAPITOLS
368 a.u.c. DURCH DIE HEILIGEN GÄNSE DER JUNO Liv. 5, 47,1–6

Ein Angriff der Gallier auf das Kapitol und die Burg blieb erfolglos. – In Veji sammelten sich unterdessen die Überlebenden aus der Schlacht an der Allia, andere, die die Stadt rechtzeitig verlassen hatten, und Freiwillige aus Latium. Diese Streitmacht hoffte, Rom den Galliern wieder entreißen zu können; Camillus sollte sie dabei führen. Der befand sich aber als Verbannter in Ardea; man hatte ihn zu Unrecht beschuldigt, einen Teil der Beute von Veji unterschlagen zu haben, und er war freiwillig in die Verbannung gegangen. Auch in der jetzigen Situation wollte man ihn nicht zurückholen, ohne den Senat zu befragen. Der junge Pontius Cominius schlich sich daher bei Nacht unbemerkt auf das Kapitol, erhielt die Zustimmung des Senats zur Rückberufung des Camillus und zu seiner Ernennung zum Diktator und gelangte mit diesem Bescheid zurück nach Veji.

Während dies in Veji geschah, befand sich die Burg von Rom und das Kapitol in ungeheurer Gefahr. Denn sei es daß die Gallier die menschliche Fußspur bemerkt hatten, wo der Bote aus Veji hinaufgestiegen war, oder da sie von sich aus bei der Kapelle der Carmentis einen Fels entdeckt hatten, der einen Aufstieg zuließ: sie kletterten jedenfalls in einer ziemlich hellen Nacht hinauf, nachdem sie einen Mann ohne Waffen vorausgeschickt hatten, der den Weg erkunden sollte. Wenn es schwierig wurde, reichten sie die Waffen weiter, stützten sich gegenseitig, hoben und zogen einander abwechselnd in die Höhe, wie es das Gelände forderte, und gelangten in solcher Stille bis zur Höhe, daß sie nicht nur von den Wachen nicht bemerkt wurden, sondern nicht einmal die Hunde aufweckten, obwohl doch dieses Tier bei nächtlichen Geräuschen leicht unruhig wird. Doch die Gänse vermochten sie nicht zu täuschen, die der Juno heilig waren und daher trotz größten Nahrungsmangels nicht angetastet wurden. Das war die Rettung; denn durch ihr Geschnatter und ihr lautes Flügelschlagen wurde M. Manlius geweckt, der drei Jahre zuvor Konsul gewesen war, ein im Krieg verdienter Mann. Er griff zu den Waffen, alarmierte zugleich die übrigen, ging hin und stürzte, während die anderen noch aufgeregt hin und her liefen, einen Gallier, der schon auf der Höhe Fuß gefaßt hatte, durch einen Stoß mit dem Schildbuckel hinab. Während er den Halt verlor und sein Fall auch die nächsten mit ins Verderben riß, erschlug Manlius andere, die in ihrer Bestürzung ihre Waffen hatten fallen lassen und sich mit ihren Händen an den Felsen klammerten, an dem sie hingen. Jetzt hatten sich auch andere eingefunden und verjagten mit Geschossen und Schleudersteinen die Feinde, die ganze Schar verlor den Halt und stürzte in die Tiefe.

Als der Kampflärm sich dann gelegt hatte, gönnten sie sich den Rest der Nacht Ruhe, soweit sie das in ihrer Verwirrung konnten; denn auch als die Gefahr vorbei war, hielt die Erregung immer noch an.

DAS LÖSEGELD FÜR DEN ABZUG DER GALLIER Liv. 5, 48,7 – 49,6   386 v. Chr.
368 a.u.c.

Als bei den Eingeschlossenen schließlich mit der Nahrung auch die Hoffnung schwand und, wenn sie auf Posten zogen, die Waffen den schwachen Körper fast niederdrückten, verlangte das Heer, daß man entweder kapituliere oder sich loskaufe, ganz gleich unter welchen Bedingungen. Zudem ließen die Gallier recht deutlich erkennen, daß sie sich für einen nicht allzu hohen Preis dazu verstehen könnten, die Belagerung einzustellen.[10] Da fand eine Senatssitzung statt, und die Tribunen erhielten den Auftrag, ein Abkommen zu treffen. Daraufhin wurde die Sache zwischen dem Militärtribunen Q. Sulpicius und Brennus, dem Häuptling der Gallier, in einer Unterredung zum Abschluß gebracht, und 1000 Pfund Gold wurden als Lösegeld für das Volk vereinbart, das später einmal über die Völkerschaften herrschen sollte. Zu der an sich schon höchst schimpflichen Sache kam noch eine besondere Schmach hinzu: Die Gallier brachten falsche Gewichte heran, und als der Tribun sie zurückwies, legte der unverschämte Gallier noch sein Schwert zu den Gewichten, und man mußte das für die Römer unerträgliche Wort hören: »Wehe den Besiegten!«

Es war für die Römer ein schwer zu ertragendes Ärgernis, daß sie den Abzug der Gallier durch die Zahlung eines Lösegeldes hatten erkaufen müssen. So bildete sich die Legende, Camillus habe die Zahlung im letzten Augenblick verhindert und die Stadt mit Waffengewalt befreit:

Doch Götter und Menschen bewahrten die Römer davor, als Losgekaufte leben zu müssen. Denn noch war der abscheuliche Preis nicht ganz entrichtet, weil man infolge des Wortwechsels noch nicht alles Gold hatte abwiegen können, da kam durch eine glückliche Fügung der Diktator hinzu. Er befahl, das Gold aus dem Weg zu schaffen, und forderte die Gallier auf, sich zu entfernen. Als diese sich weigerten und sagten, sie hätten ein Abkommen getroffen, sagte er, dieses Abkommen sei ungültig, weil es nach seiner Ernennung zum Diktator von einem Beamten niederen Ranges ohne seinen Auftrag geschlossen worden sei, und erklärte den Galliern, sie sollten sich zum Kampf fertigmachen. Seinen eigenen Leuten befahl er, das Gepäck auf einen Haufen zu werfen, die Waffen zur Hand zu nehmen und mit dem Schwert, nicht mit Geld die Vaterstadt zurückzugewinnen, die Heiligtümer der Götter vor Augen sowie ihre Frauen und Kinder, den durch die Leiden des Krieges geschändeten Boden der Vaterstadt und alles, was zu verteidigen, zurückzuholen und zu rächen eine heilige Pflicht sei. Dann formierten er das Heer zur Schlacht, so gut die Beschaffenheit des Platzes es zuließ auf dem Boden der halbzerstörten Stadt, der schon von Natur aus uneben war, und sorgte dafür, daß seine Soldaten alle Vorteile hatten, die man nach den Regeln der Kriegskunst wählen und ins Auge fassen konnte. Die Gallier, durch die neue Situation verwirrt, griffen zu den Waffen und stürmten mehr in Wut als nach einem Plan gegen die Römer. Aber schon hatte sich das Schicksal gewendet, schon förderten die Macht der Götter und menschliche Maßnahmen die römische Sache. Daher wurden die Gallier beim ersten Zusammenstoß mit ebensowenig Mühe geschlagen, wie sie an der Allia gesiegt hatten. In einer zweiten Schlacht, die eher diesen Namen verdient, wurden die Gallier dann am achten Meilenstein der Straße nach Gabii, wo sie sich nach ihrer Flucht gesammelt hatten, unter der Führung und dem Oberbefehl desselben Camillus besiegt. Hier gab es ein einziges Blutbad; das Lager wurde genommen, und nicht einmal ein Bote der Niederlage blieb am Leben.

DIE BEIDEN TÖCHTER DES M. FABIUS AMBUSTUS UND DER KAMPF DER PLEBEJER UM ZUGANG ZUM KONSULAT Liv. 6, 34,1 – 35,5

376–367 v. Chr.
378–387 a.u.c.

Je mehr infolge des günstigen Verlaufs der Kriege in diesem Jahr draußen überall Ruhe herrschte, desto mehr wuchs in der Stadt von Tag zu Tag die Macht der Patrizier. Daher hatten nicht nur die kleinen Leute, sondern auch die Führer der Plebs den Mut verloren und sich mit den Verhältnissen abgefunden.

Damit die Freude der Patrizier darüber nicht zu groß wurde, kam es, wie es immer wieder geschieht, zu einer kleinen Begebenheit, die ein bedeutsames Ereignis zur Folge hatte. M. Fabius Ambustus, ein Mann, der nicht nur unter seinesgleichen Einfluß besaß, sondern auch bei der Plebs, weil er bei diesen Leuten keineswegs als Verächter ihres Standes galt, hatte zwei Töchter, von denen die eine mit Ser. Sulpicius verheiratet war, die jüngere mit C. Licinius Stolo, einem angesehenen Mann, allerdings einem Plebejer.

Als die beiden Schwestern im Haus des Militärtribunen[11] Ser. Sulpicius sich im Gespräch miteinander die Zeit vertrieben, wollte es der Zufall, daß der Liktor des Sulpicius, als dieser vom Forum nach Hause zurückkehrte, mit dem Rutenbündel an die Tür schlug, wie es üblich ist. Die jüngere Fabia, die mit dieser Sitte nicht vertraut war, schrak dabei zusammen. Das brachte ihre Schwester zum Lachen; sie wunderte sich nämlich, daß ihre Schwester nichts davon wußte. Doch dieses Lachen drückte seine Stacheln in das durch kleine Dinge zu bewegende weibliche Gemüt.

Als ihr Vater sie, die von dem frisch an ihrem Herzen nagenden Kummer verstimmt war, zufällig sah, fragte er sie: »Ist alles in Ordnung?« Sie wollte die Ursache ihres Kummers verbergen; doch durch freundliches Nachfragen brachte ihr Vater sie dazu, daß sie zugab, der Grund ihres Kummers sei, daß sie an einen nicht ebenbürtigen Mann gebunden sei und in ein Haus geheiratet habe, zu dem weder Rang noch Einfluß Zutritt hätten. Ambustus tröstete daraufhin seine Tochter und forderte sie auf, guten Muts zu sein; demnächst werde sie in ihrem Haus dieselben Ehren sehen, die sie bei ihrer Schwester sehe. Dann begann er mit seinem Schwiegersohn Pläne zu schmieden; sie zogen auch L. Sextius hinzu, einen tüchtigen jungen Mann, dem zu einer aussichtsreichen Karriere nichts fehlte als eine patrizische Herkunft.

Eine günstige Gelegenheit für eine Änderung der Verhältnisse schien gegeben aufgrund der ungeheuren Menge der Schulden, eines Übels, bei dem die Plebs auf Erleichterung nicht hoffen konnte, es sei denn, sie brachte ihre Leute in das höchste Amt.

Für den Augenblick, beschloß man, sollten sie Volkstribunen werden, in diesem Amt sollten sie sich dann selbst den Weg zu anderen Ämtern bahnen. Nachdem C. Licinius und L. Sextius zu Tribunen gewählt waren, kündigten sie lauter Gesetze gegen die Macht der Patrizier und zum Vorteil der Plebs an. Eines betraf die Schulden: vom Kapital sollte das abgezogen werden, was an

Zinsen gezahlt worden war, und der Rest sollte innerhalb von drei Jahren in gleichen Raten getilgt werden. In einem zweiten ging es um den Umfang des Landbesitzes: keiner sollte mehr als 500 Joch Ackerland besitzen.[12] Ein drittes: es sollten keine Militärtribunenwahlen mehr stattfinden, und von den Konsuln müsse auf jeden Fall einer aus der Plebs gewählt werden. Das alles war von ungeheurer Bedeutung und ließ sich ohne heftigsten Kampf nicht durchsetzen.

Die Auseinandersetzungen zogen sich bis 367 hin; dann wurden die Gesetze des Licinius und des Sextius angenommen. Die Patrizier setzten als Preis für ihre Einwilligung durch, daß zwei neue Ämter eingerichtet wurden, die nur ihnen offenstanden: die Prätur und die kurulische Ädilität. Für 366 wurde L. Sextius zusammen mit L. Aemilius Mamercus zum Konsul gewählt; C. Licinius wurde 361 Konsul.

DIE MITTLERE REPUBLIK

367 – 264 v. Chr.

ZEIT DER HELDEN

Im Jahr 356 wurde Alexander der Große geboren, der 334 seinen grandiosen Siegeszug begann; nach seinem frühen Tod brachen die blutigen Diadochenkriege aus, entstanden die Königreiche des Hellenismus. Um 300 gründeten Zenon und Epikur die beiden Philosophenschulen, die in den folgenden Jahrhunderten den Ton angeben sollten, die Stoa und den Epikureismus; Menander, der bedeutendste Dichter der Neuen Komödie, stand auf dem Höhepunkt seines Schaffens – aber warum erwähnen wir das alles? Um des Kontrasts willen! Denn während die griechische Welt für uns im hellen Licht der Überlieferung liegt, herrscht in Rom immer noch ziemliches Dunkel, und während in Griechenland Kunst und Literatur ihren Zenit bereits überschritten haben, hat Roms Literaturgeschichte noch gar nicht begonnen.

Angesichts der immer noch höchst dürftigen Überlieferung griffen die frühen römischen Historiker gern auf Sagenhaftes zurück; der älteste von ihnen, Fabius Pictor, der zur Zeit des Hannibalkriegs griechisch schrieb, scheint dabei noch am wenigsten geschwindelt zu haben; spätere plagten da kaum noch Skrupel, wenn man nur die Vergangenheit so heldenhaft wie möglich darstellen konnte.

Die Geschichten vom Opfertod des Marcus Curtius, von der Devotion des Decius Mus, von der Hinrichtung des siegreichen Titus Manlius auf Befehl des eigenen Vaters und von dem ähnlich gelagerten Fall des Fabius Rullianus mögen somit wohl einen historischen Kern haben, wurden aber auf jeden Fall phantastisch ausgeschmückt und dienten dem Zweck römischer Selbstverherrlichung: Solcher Opfermut, solche Tapferkeit, solch unerbittliche Strenge herrschten im alten Rom! Spätere nahmen's hin, und so finden wir Curtius, Decius und Manlius in der Gesellschaft von Mucius Scaevola, Verginius etc. auf Wandbildern, Ofenkacheln und Historiengemälden.

Allerdings bleibt es, auch wenn man sich allein an die nackten Fakten hält, eine bewundernswerte Leistung, wie die Römer in wenigen Jahrzehnten ihre Macht über den größten Teil Italiens ausdehnten. Galliereinfälle um 360 und 350 führten zur Erneuerung und Festigung des Bündnisses mit den Latinern; die kriegerischen Volsker wurden zurückgedrängt. 343 stellte sich Kampanien, von den Samniten bedrängt, unter römischen Schutz. Gleich darauf soll der erste Krieg mit den Samniten (343–341) ausgebrochen sein, dessen Historizität umstritten ist. Dann geriet Rom in Konflikt mit den Latinern, die die römischen Vormachtansprüche nicht länger hinnehmen und als gleichberechtigte Partner behandelt werden wollten. In einem für beide Seiten verlustreichen Krieg (340–338) behielten die Römer die Oberhand und schlossen mit den einzelnen Städten Separatverträge, die diesen bald mehr, bald weniger Rechte einräumten.

Als die Römer ihre Macht immer weiter nach Süden ausdehnten und auf von den Samniten beanspruchtem Gebiet die Kolonie Fregellae gründeten, kam es zum zweiten Krieg mit den Samniten (326–304). In ihm mußten die sieggewohnten Römer eine schlimme Demütigung hinnehmen, als ihr Heer bei Caudium in eine Falle geriet. Doch sogar diese schlimme Blamage nützt Livius noch für ein Stück Selbstdarstellung: Als der Samnitenfeldherr seinen Vater, einen altersweisen Mann, um Rat fragt, wie er am besten mit der glücklichen Situation umgehen solle, empfiehlt dieser, die eingekesselten Römer sofort unversehrt ziehen zu lassen. Der Vorschlag wird als ganz unsinnig verworfen – da rät der Alte, alle Römer zu töten! Auch das stößt auf Unverständnis, um man verlangt eine Erklärung. »Besser wäre es«, meint da der alte Samnite, »sich das Römervolk durch Großzügigkeit zu verpflichten; will man das nicht, dann sollte man es auf Jahrzehnte hinaus schwächen. Ein Drittes gibt es nicht, denn es ist die Art der Römer, auch nach schweren Niederlagen nicht zu ruhen, bis sie sie ihren Gegnern schmerzlich heimgezahlt haben.«

In der letzten Phase des Kriegs hatten sich die Römer auch der Etrusker zu erwehren, die, beunruhigt über die Expansion ihrer alten Feinde, zu einiger Geschlossenheit fanden.

Sechs Jahre nach dem Friedensschluß, der Roms Eroberungen sicherte, flammte der Konflikt mit den Samniten noch einmal auf; auch Etrusker und Gallier griffen ein, so daß ein gewaltiges Heer aus Umbrien gegen Rom zog; dieses wurde bei Sentinum vom römischen Aufgebot geschlagen; dabei sollen 100 000 Feinde gefallen sein. Dessenungeachtet zogen sich die Kämpfe mit der Dreierkoalition noch einige Jahre hin. Dabei wurde der gallische Stamm der Senonen aus seinem Siedlungsgebiet verdrängt und der *ager Gallicus*, das gallische Land, an römische Kolonisten verteilt.

Roms wachsende Macht fühlten auch die Griechenstädte Unteritaliens, teils als Bedrohung, teils als Rückhalt bei Angriffen italischer Völkerschaften. Während Thurii und Regium römische Besatzungen aufnahmen und im Krieg mit den Lukanern Waffenhilfe leisteten, stellte sich das mächtige Tarent gegen Rom und gewann in König Pyrrhos einen respektablen Verbündeten.

Pyrrhos, der König von Epirus im Nordwesten Griechenlands, beteiligte sich auf Seiten des Diadochen Antigonos des Einäugigen und seines Sohnes Demetrios, des Städtestürmers, an deren wechselvollen Kämpfen; er heiratete die Tochter Ptolemaios' I., des Herrschers über Ägypten, und nach deren Tod die des sizilianischen Tyrannen Agathokles, gewann und verlor Besitz in Griechenland und auf den Inseln und ließ sich dann auf den Krieg mit den Römern ein; schwere Verluste und die Bitte der sizilianischen Griechen, ihnen gegen die Karthager zu helfen, ließen ihn den Feldzug abbrechen. Auf Sizilien nahm er rasch die meisten Stellungen der Karthager ein, machte sich dann aber durch seine Strenge verhaßt und wandte sich erneut gegen die Römer, die ihn 275 bei Benevent besiegten. Er kehrte nach Epirus zurück und fand den Tod beim Straßenkampf im griechischen Argos.

Auf römischer Seite traten ihm mit Appius Claudius Caecus und Gaius Fabricius zwei markante Persönlichkeiten gegenüber.

Appius Claudius hatte sich durch die Anlage der ersten Wasserleitung und den Ausbau der Straße, die heute noch seinen Namen trägt, große Verdienste erworben; als Zensor griff er zu geradezu revolutionären Maßnahmen, als er den Söhnen von Freigelassenen den Eintritt in den Senat ermöglichte und Grundbesitzlose die Tribus wählen ließ, der sie angehören wollten.

Als dann Pyrrhos aufgrund eines Hilferufs der Tarentiner in Italien erschien, bei Herakleia das römische Aufgebot schlug und bis in die Nähe von Rom vorstieß, war es der damals schon erblindete Appius, der die Forderungen des königlichen Abgesandten Kineas in einer berühmten Rede zurückwies.

Die Rede wurde aufgezeichnet – noch Cicero las sie – und darf als erstes Zeugnis römischer Beredsamkeit gelten.

»... daß sich Leute fanden, die den Appius Caecus mehr als Cato bewunderten.«
(Tacitus, Dialogus de oratoribus 18,4)

Von Gaius Fabricius Luscinus wissen wir, daß er alle hohen Staatsämter bekleidete, mehrfach Triumphe feierte und an den Verhandlungen mit Pyrrhos maßgeblich beteiligt war. Von seiner Unerschrockenheit, Schlagfertigkeit, Bedürfnislosigkeit und Unbestechlichkeit wurden wahre Wunderdinge erzählt.

Wunderbares wird auch von der Einführung des Aesculap-Kults berichtet. Dort, wo nach der Sage der Gott in Schlangengestalt an Land ging, auf der Tiberinsel, wo einst sein Tempel stand, befindet sich noch jetzt – so zäh kann Tradition sein – ein altes Krankenhaus.

362 v. Chr. **M. CURTIUS** Liv. 7, 6,1–5 ; Zonar. 7,25
392 a.u.c.

Im Jahre 362 soll durch ein Erdbeben oder durch eine andere Kraft das Forum ungefähr in der Mitte in unermeßliche Tiefe eingebrochen sein, wobei sich ein weiter Spalt bildete. Diesen Schlund konnte man durch das Hineinwerfen von Erde, die jeder für sich heranschaffte, nicht auffüllen, bis man auf die Mahnung der Götter hin zu fragen begann, womit das römische Volk am meisten ausrichte; denn das müsse an dieser Stelle geweiht werden, verkündeten die Seher, wenn man wolle, daß der römische Staat ewig sei. Da wies, wie es heißt, M. Curtius, ein junger Mann, der sich im Krieg hervorgetan hatte, die Leute zurecht, die bezweifelten, daß es ein Gut gebe, das für die Römer bezeichnender sei als Waffen und Mannesmut; als Stille eingetreten war, richtete er den Blick auf die Tempel der Götter, die am Forum aufragen, und auf das Kapitol, breitete die Hände bald zum Himmel aus, bald gegen den offenen Erdspalt zu den vergöttlichten Geistern der Toten und weihte sich als Opfer. Dann stürzte er sich, auf seinem Pferd sitzend, das er, so schön er konnte, geschmückt hatte, mit seinen Waffen in die Tiefe, und die Menge der Männer und Frauen warf Gaben und Früchte über ihn. Kaum war dies geschehen, da schloß sich der Erdspalt.[1]

361 v. Chr. **DER KAMPF DER T. MANLIUS MIT EINEM GALLIER** Liv. 7, 9,6 – 11,1
393 a.u.c.

Gallische Scharen suchten 361–358 erneut Latium heim.

Die Gallier hatten am dritten Meilenstein der Via Salaria jenseits der Aniobrücke ihr Lager. Der Diktator T. Quinctius Poenus rückte mit einem gewaltigen Heer aus der Stadt aus und schlug auf dem diesseitigen Ufer des Anio sein Lager auf. Eine Brücke lag in der Mitte, und keine der beiden Parteien riß sie ab, um nicht ein Zeichen von Furcht zu geben. Häufig kam es zu Kämpfen um den Besitz der Brücke, und es konnte bei der Ungewißheit über das Kräfteverhältnis nicht sicher entschieden werden, wer sie behaupten würde. Da trat ein Gallier von ungewöhnlicher Körpergröße auf die leere Brücke und rief, so laut er konnte: »Der tapferste Mann, den Rom jetzt hat, auf, er soll vortreten zum Kampf, damit der Ausgang zwischen uns beiden zeigt, welches Volk im Krieg das bessere ist.«

Lange herrschte unter den Tüchtigsten der römischen Jugend Schweigen, da sie sich scheuten, den Kampf zu verweigern, aber auch das außerordentliche Los der Gefahr nicht suchen wollten. Da begab sich T. Manlius von seinem Posten zum Diktator und sagte: »Ohne deinen Befehl, Feldherr, würde ich niemals außerhalb der Reihe kämpfen, auch nicht, wenn ich sähe, daß der Sieg sicher wäre. Doch wenn du es erlaubst, will ich diesem Untier, weil es so wild vor den Feldzeichen der Feinde herumspringt, zeigen, daß ich aus der Familie komme, die den Zug der Gallier vom Tarpejischen Felsen hinabgeworfen hat.« Da sagte der Diktator: »Gepriesen sei deine Tapferkeit, T. Manlius, und deine Liebe zum Vaterland. Geh hin und erweise mit der Hilfe der Götter den römischen Namen als unbesiegbar.«

Altersgenossen wappneten sodann den jungen Mann; er nahm den Schild der Fußsoldaten, gürtete sich mit dem spanischen Schwert, das für den Nahkampf handlich ist. Gewappnet und ausgerüstet führten sie ihn gegen den Gallier, der tölpelhaft vergnügt war und sogar die Zunge zum Spott herausstreckte. Sie zogen sich dann auf ihren Posten zurück, und die beiden Bewaffneten wurden in der Mitte mehr wie zu einem Schauspiel als nach dem Gesetz des Krieges alleingelassen, nach Eindruck und Aussehen für den Beurteiler keineswegs gleich. Der eine, mit einem riesigen Leib, glänzte in seinem bunten Gewand und seinen bemalten und mit Goldeinlagen verzierten Waffen. Der andere eine mittelgroße Soldatengestalt, sein Äußeres bescheiden mit Waffen, die mehr handlich als ansehnlich waren; kein Singen, kein Umherspringen und eitles Schwingen der Waffen, aber ein Herz voll Mut und stillem Zorn; seine ganze Wildheit hatte er für die Entscheidung des Kampfes selbst aufgehoben.

Sterbender Gallier

Als sie zwischen den beiden Heeren standen und so viele Menschen ringsum in Hoffnung und Furcht schwebten, streckte der Gallier, wie ein Felsbrocken in die Höhe ragend, mit der Linken den Schild gegen die Waffen des
herankommenden Feindes vor und ließ mit ungeheurem Getöse sein Schwert
erfolglos zum Hieb niedersausen. Der Römer stieß, die Schwertspitze empor-
gerichtet, mit seinem Schild den unteren Rand des gegnerischen Schildes weg,
schob sich mit seinem ganzen Körper zwischen den Feind und seinen Schild,
wodurch er die Gefahr einer Verwundung ausschloß, versetzte ihm rasch hintereinander den einen und anderen Stich in den Bauch und in die Weichen und
streckte den Feind nieder, der beim Hinstürzen ungeheuer viel Platz einnahm.
Die Leiche des Daliegenden verschonte er von jeder weiteren Mißhandlung
und nahm ihr nur den Halsreif (*torques*), den er, mit Blut bespritzt, sich um den
Hals legte. Bleiches Entsetzen und Verwunderung hatte die Gallier erstarren
lassen. Die Römer stürmten freudig erregt von ihren Posten ihrem Kameraden
entgegen und geleiteten ihn unter Glückwünschen und Lob zum Diktator.
Unter den kunstlosen Soldatenscherzen, die fast wie Verse klangen, hörte man
den Namen Torquatus (der mit dem Halsreif). Er wurde dann allgemein gebraucht und ein Ehrenname auch für seine Nachkommen und seine Familie.
Der Diktator fügte noch einen goldenen Kranz als Auszeichnung hinzu und
hob vor der Heeresversammlung diesen Kampf durch einzigartiges Lob hervor.

Dieser Zweikampf war für den Ausgang des ganzen Krieges von so großer
Bedeutung, daß das Heer der Gallier in der nächsten Nacht hastig das Lager
verließ und in das Gebiet von Tibur zog. Von dort gingen sie bald nach Kampanien hinüber.

340 v. Chr. EIN TRAUMGESICHT ZU BEGINN DES LATINERKRIEGES Liv. 8, 6, 8–13
414 a. u. c.

Die Konsuln T. Manlius Torquatus und P. Decius Mus hoben zwei Heere aus,
zogen durch das Gebiet der Marser und Paeligner, und nachdem noch ein Heer
der Samniten zu ihnen gestoßen war, schlugen sie bei Capua, wo sich schon die
Latiner und deren Bundesgenossen eingefunden hatten, ihr Lager auf. Hier sollen beide Konsuln im Schlaf das gleiche Traumgesicht gehabt haben, einen
Mann von übermenschlicher Größe, der sagte, auf der einen Seite sei der Feldherr, auf der anderen das Heer dem Totenreich und der Mutter Erde verfallen.
Bei welchem Heer der Feldherr die Legionen der Feinde und dazu sich selbst
zum Opfer weihe, bei dem Volk und auf der Seite werde der Sieg sein. Als die
Konsuln diese nächtlichen Gesichte einander mitgeteilt hatten, beschlossen sie,
um den Zorn der Götter abzuwenden, Opfertiere zu schlachten, zugleich aber
auch, wenn aus den Eingeweiden dasselbe prophezeit werde wie das, was sie im
Traum gesehen hatten, dann solle einer der beiden Konsuln die Schicksalssprüche erfüllen. Wo die Antworten der Haruspices mit der stillen Überzeu-

gung, die schon tief in ihrem Innern saß, übereinstimmten, zogen sie die Legaten und Tribunen hinzu, legten ihnen die Befehle der Götter offen dar, damit
der freiwillige Tod eines Konsuls das Heer im Kampf nicht erschrecke, und
verabredeten untereinander, daß auf der Seite, auf der das römische Heer zu
weichen beginne, der Konsul sich für das römische Volk und seine Mitbürger
zum Opfer weihen solle.

DIE UNERBITTLICHE STRENGE DES T. MANLIUS
GEGEN DEN EIGENEN SOHN Liv. 8, 6,14 – 7,12

340 v. Chr.
414 a.u.c.

Im Kriegsrat wurde besprochen, wenn jemals ein Krieg unter einem strengen
Kommando geführt worden sei, so solle jetzt die militärische Disziplin wieder
auf den alten Stand gebracht werden. Die Sorge wurde noch dadurch verschärft, daß man gegen die Latiner Krieg führen mußte, die in ihrer Sprache,
ihren Sitten, der Art der Bewaffnung und in ihrer militärischen Organisation
mit ihnen selbst übereinstimmten: Soldaten waren mit Soldaten, Centurionen
mit Centurionen, Tribunen mit Tribunen als Kameraden und Kollegen am selben Standort, oft sogar in denselben Manipeln miteinander vereinigt gewesen.
Damit die Soldaten unter diesen Umständen keinem Irrtum erlagen, ordneten
die Konsuln an, keiner dürfe außerhalb seiner Formation gegen den Feind
kämpfen.

Zufällig stieß unter den übrigen Schwadronsführern, die zum Erkunden
nach allen Seiten ausgeschickt worden waren, T. Manlius, der Sohn des Konsuls,
mit den Reitern seiner Schwadron über das Lager der Feinde hinaus vor, so daß
er kaum mehr einen Speerwurf vom nächsten Posten entfernt war. Dort lagen
Reiter aus Tusculum; das Kommando über sie hatte Geminus Maecius, ein
Mann, der durch seine Herkunft, noch mehr aber durch eigene Taten berühmt
war. Sobald er die römischen Reiter und den Sohn des Konsuls an ihrer Spitze
erkannte – denn alle, jedenfalls die angesehenen Männer, waren miteinander
bekannt –, rief er: »Wollt ihr Römer mit einer einzigen Schwadron gegen die
Latiner und deren Bundesgenossen Krieg führen? Was werden unterdessen die
Konsuln, was die beiden konsularischen Heere unternehmen?« »Sie werden im
rechten Augenblick dasein«, sagte Manlius, »und mit ihnen wird Jupiter selbst
dasein, der Zeuge der von euch verletzten Verträge, der mehr kann und vermag.
Wenn wir am Regillus-See gekämpft haben, bis ihr genug hattet, werden wir
auch hier bestimmt erreichen, daß euch unsere Schlachtreihe und der Kampf
mit uns nicht allzuviel Freude macht.« Darauf Geminus, der von seinen Leuten
weg ein wenig vorgeritten war: »Willst du selbst denn, bis dieser Tag kommt, an
dem ihr in einem großen Unternehmen eure Heere bewegt, dich mit mir messen, damit man jetzt gleich aus dem Ausgang des Kampfes zwischen uns beiden
ersieht, wie sehr der latinische Reiter dem römischen überlegen ist?« Das unge-

stüme Herz des jungen Mannes bestimmte entweder der Zorn oder die Scham, den Kampf zu verweigern, oder die unüberwindliche Macht des Schicksals. Er vergaß daher den Befehl seines Vaters und die Anordnung des Konsuls und stürzte sich Hals über Kopf in diesen Kampf.

Nachdem die übrigen Reiter sich wie zu einem Schauspiel zurückgezogen hatten, ließen sie in dem freien Raum, der dazwischenlag, ihre Pferde gegeneinander ansprengen. Und als sie mit eingelegten Lanzen zusammentrafen, glitt die Lanze des Manlius über den Helm des Feindes, die des Maecius über den Nacken des Pferdes weg. Sie rissen darauf die Pferde herum, und da Manlius sich als erster zur Wiederholung des Stoßes erhob, konnte er seinen Spieß dem Pferd zwischen die Ohren bohren. Sobald das Pferd diese Wunde spürte, stieg es mit den Vorderbeinen hoch, schüttelte mit großer Gewalt seinen Kopf und warf den Reiter ab. Als der, auf seinen Schild und seine Lanze gestützt, sich von dem schweren Sturz erheben wollte, traf Manlius ihn in die Kehle, so daß die Waffe durch die Rippen wieder herauskam, und spießte ihn an den Boden. Dann nahm er ihm die Rüstung, kehrte zu seinen Leuten zurück und eilte mit seiner vor Freude jubelnden Schwadron zum Lager und hier sogleich zum Feldherrnzelt, zu seinem Vater.

»Vater«, sagte er, »damit alle wirklich anerkennen, daß ich von deinem Blut bin, bringe ich diese erbeutete Reiterrüstung, die ich, herausgefordert, dem erschlagenen Feind genommen habe.« Als der Konsul das hörte, wandte er sich sogleich von seinem Sohn ab und ließ mit der Trompete eine Heeresversammlung einberufen. Sobald diese in voller Zahl zusammengetreten war, sagte er: »Da du, T. Manlius, weder den Befehl der Konsuln noch die Autorität des Vaters geachtet und entgegen unserer Anordnung außerhalb deiner Formation gegen den Feind gekämpft und, soviel an dir lag, die militärische Disziplin, auf der bis zu diesem Tag der römische Staat beruhte, aufgehoben und mich in diese Zwangslage versetzt hast, entweder den Staat oder mich und die Meinen aus den Augen verlieren zu müssen, sollen lieber wir für unsere Vergehen gestraft werden, als daß der Staat unter so großem Schaden für unsere Verfehlungen büße. Wir werden der Jugend ein trauriges, aber für die Zukunft heilsames Beispiel sein. Zwar bewegt mich die angeborene Liebe zum Sohn, dazu auch dieser Beweis von Tapferkeit bei dir, der durch ein eitles Bild des Ruhmes fehlgeleitet wurde. Aber da die Befehlsgewalt der Konsuln notwendigerweise entweder durch deinen Tod bestätigt oder durch deine Straflosigkeit für immer aufgehoben wird, möchte ich glauben, daß nicht einmal du, wenn etwas von unserem Blut in dir ist, dich weigerst, die durch deine Schuld verletzte militärische Disziplin durch deine Bestrafung wiederherzustellen. Geh, Liktor, binde ihn an den Pfahl!«

Alle waren außer sich über diesen gräßlichen Befehl, jeder sah die Beile nicht anders als gegen sich gezückt, und sie hielten mehr aus Furcht als aus Fügsamkeit Ruhe. Während sie daher gleichsam in Erstaunen versunken und in

Schweigen erstarrt dagestanden hatten, erhoben sich plötzlich, nachdem der Nacken getroffen war und das Blut hervorschoß, die Stimmen in einer so ungehemmten Klage, daß man weder mit Wehgeschrei noch mit Verwünschungen sparte und die Leiche des jungen Mannes, bedeckt mit der erbeuteten Rüstung, so feierlich ein Begräbnis mit militärischen Ehren begangen werden kann, auf einem Scheiterhaufen, den man vor dem Lager errichtete, verbrannte und daß »Befehle wie von Manlius« nicht nur damals in Schauder versetzten, sondern auch für die Zukunft ein bedrückendes Beispiel bildeten.

DER OPFERTOD DES P. DECIUS MUS IN DER SCHLACHT AM FUSS DER VESCINER BERGE Liv. 8, 9,1–12

340 v. Chr.
414 a. u. c.

Bevor die römischen Konsuln zur Schlacht ausrückten, brachten sie ein Opfer dar. Dem Decius soll der Haruspex den Kopf der Leber gezeigt haben, der auf der Seite für die eigene Partei eine Kerbe hatte; im übrigen sei das Opfer den Göttern angenehm gewesen; Manlius habe mit einem außerordentlich günstigen Ergebnis geopfert. »Dann ist ja alles gut«, sagte Decius, »wenn das Opfer meines Kollegen ein günstiges Ergebnis gebracht hat.«

So rückten sie in die Schlacht. Manlius kommandierte den rechten Flügel, Decius den linken. Zunächst wurde der Kampf auf beiden Seiten mit gleichen Kräften und derselben Glut der Begeisterung ausgetragen. Dann konnten auf dem linken Flügel die römischen Hastati[2] dem Ansturm der Latiner nicht mehr standhalten und zogen sich auf die Principes[3] zurück.

In dieser beängstigenden Situation rief der Konsul Decius den M. Valerius mit lauter Stimme an: »Wir brauchen die Hilfe der Götter, M. Valerius. Wohlan, du vom Staat bestellter Pontifex des römischen Volkes, sprich mir die Worte vor, mit denen ich mich für die Legionen zum Opfer weihen kann.« Der Pontifex forderte ihn auf, die purpurverbrämte Toga anzulegen und mit verhülltem Haupt, eine Hand unter der Toga zum Kinn emporgestreckt, auf einem Speer stehend, den man unter seine Füße gelegt hatte, also zu sprechen: »Janus, Jupiter, Vater Mars, Quirinus, Bellona, ihr Laren, ihr neu aufgenommenen Götter, ihr alteingesessenen Götter, ihr Götter, die ihr Macht habt über uns und die Feinde, und ihr vergöttlichten Geister der Toten, euch bete und flehe ich an und bitte euch inständig um die Gnade, daß ihr dem römischen Volk Macht und Sieg verleiht und den Feinden des römischen Volkes der Quiriten Furcht, Schrecken und Tod bringt. Wie ich es mit meinen Worten ankündige, so weihe ich für den Staat des römischen Volkes, für das Heer, die Legionen und die Hilfstruppen des römischen Volkes die Legionen und die Hilfstruppen der Feinde mit mir den vergöttlichten Geistern der Toten und der Tellus.«

Nach diesem Gebet befahl er seinen Liktoren, zu T. Manlius zu gehen und seinem Kollegen zu melden, er habe sich für das Heer dem Tod geweiht. Er selbst gürtete sich auf Gabinische Art,[4] schwang sich bewaffnet auf sein Pferd und stürzte sich mitten unter die Feinde, beiden Heeren sichtbar, viel hehrer als eine menschliche Erscheinung, wie vom Himmel gesandt als ein Sühnopfer für allen Zorn der Götter, das Verderben von den Seinen abzuwenden und über die Feinde zu bringen. So kam mit ihm jede Art von Schrecken und Panik heran, setzte die ersten Formationen der Latiner in Verwirrung und ergriff sodann die Schlachtaufstellung in ihrer ganzen Tiefe. Es war deutlich zu sehen, daß die Leute überall, wo er mit seinem Pferd heransprengte, in Panik gerieten, als wären sie von einem unheilbringenden Gestirn getroffen. Als er aber, von Geschossen bedeckt, zusammenbrach, da gerieten die Kohorten der Latiner unzweifelhaft außer Fassung, sie ergriffen die Flucht und ließen eine weite Leere zurück.

Auch auf dem anderen Flügel konnte der Konsul T. Manlius Torquatus die Latiner nach hartem Kampf schlagen.

325 v. Chr. DER KONFLIKT ZWISCHEN DEM DIKTATOR L. PAPIRIUS CURSOR UND
429 a. u. c. DEM MAGISTER EQUITUM Q. FABIUS RULLIANUS Liv. 8, 30,1 – 33,8; 35,1–9

Man ging mit unsicheren Auspizien nach Samnium. Als der Diktator L. Papirius Cursor, vom Hühnerwärter gewarnt,[5] zur Wiederholung des Auspiziums nach Rom aufbrach, befahl er dem Magister equitum Q. Fabius, an Ort und Stelle zu bleiben und sich in seiner Abwesenheit nicht auf einen Kampf mit dem Feind einzulassen. Als aber Q. Fabius nach dem Weggang des Diktators durch Kundschafter erfuhr, daß man sich bei den Feinden völliger Sorglosigkeit hingab, als wenn kein Römer in Samnium stände, ließ sich der stürmische junge Mann entweder von der Empörung darüber hinreißen, daß alle Befugnisse beim Diktator zu liegen schienen, oder durch die Gelegenheit zu einem Erfolg verleiten; er brach mit dem gut ausgerüsteten und kampfbereiten Heer auf und stieß bei Imbrinium mit den Samniten zusammen. Die Schlacht verlief so glücklich, daß der Diktator, wenn er dagewesen wäre, die Sache keinesfalls hätte besser machen können. 20 000 Feinde sollen an diesem Tag gefallen sein.

Der Magister equitum, der viele Rüstungen erbeutet hatte, ließ die feindlichen Waffen zu einem riesigen Haufen auftürmen, legte Feuer daran und verbrannte sie; entweder erfüllte er damit ein Gelübde für irgendeinen der Götter, oder es geschah, damit der Diktator ihm nicht die Frucht seines Ruhmes nahm und seinen Namen auf die erbeuteten Waffen schrieb oder sie beim Triumphzug mitführte. Auch daß er seinen Bericht über den Erfolg an den Senat und nicht an den Diktator schickte, war ein Beweis dafür, daß er seinen Ruhm keineswegs mit diesem teilen wollte.

Der Diktator nahm die Sache übel auf; während die anderen sich über den errungenen Sieg freuten, trug er Zorn und Trauer zur Schau. Er entließ daher unvermittelt den Senat, stürzte aus dem Senatsgebäude und sagte immer wieder, wenn dem Magister equitum die Nichtbeachtung seines Befehls ungeahndet hingehe, habe er nicht nur die Legionen der Samniten besiegt und vernichtet, sondern auch das hohe Amt des Diktators und die militärische Disziplin. Daher brach er unter zornigen Drohungen auf; doch obwohl er sich so rasch wie möglich ins Lager begab, konnte er der Kunde von seinem Eintreffen nicht zuvorkommen; denn ihm waren Leute aus der Stadt vorausgeeilt, um zu melden, der Diktator sei unterwegs, begierig zu strafen, und er lobe fast mit jedem zweiten Wort die Tat des T. Manlius.

Fabius berief sogleich eine Heeresversammlung ein und beschwor die Soldaten, mit derselben Tapferkeit, mit der sie den Staat gegen den grimmigsten Feind verteidigt hätten, auch ihn, unter dessen Führung und Oberbefehl sie gesiegt hätten, vor der maßlosen Grausamkeit des Diktators zu schützen. Der komme heran, außer sich vor Eifersucht auf die Tapferkeit und das Glück des anderen. Er gebärde sich wie rasend, weil in seiner Abwesenheit die Staatsinteressen hervorragend wahrgenommen worden seien, und sei wütend darüber, daß Q. Fabius sich für den Magister equitum gehalten habe und nicht für einen Diener des Diktators. Was würde er erst tun, wenn die Schlacht unglücklich ausgegangen wäre, wo er ihm, dem Magister equitum, mit der Hinrichtung drohe, nachdem er den Feinden eine schwere Niederlage beigebracht und die Interessen des Staates gut wahrgenommen habe. Wenn er könne, würde er an allen seine Wut auslassen. Deshalb sollten sie in seiner Sache sich für die Freiheit aller einsetzen. Wenn jener die gleiche Einmütigkeit des Heeres, die in der Schlacht geherrscht habe, auch bei der Verteidigung des Sieges sehe, werde er zu einer milderen Meinung neigen. Kurz, er vertraue sein Leben und sein Geschick ihrer Treue und Tapferkeit an. Geschrei erhob sich aus der ganzen Versammlung: Er solle guten Mutes sein; niemand werde ihm Gewalt antun, solange es römische Legionen gebe.

Nicht viel später traf der Diktator ein und ließ sogleich mit einem Trompetenstoß zur Heeresversammlung rufen. Es wurde Ruhe geboten, und dann lud der Herold den Magister equitum Q. Fabius vor. Sobald dieser von unten an die Feldherrntribüne herantrat, sagte der Diktator: »Ich frage dich, Q. Fabius: Wo der Diktator die höchste Befehlsgewalt besitzt und ihm die Konsuln mit ihrer königlichen Machtfülle gehorchen sowie die Prätoren, die unter denselben Auspizien wie die Konsuln gewählt werden, hältst du es da für richtig oder nicht, daß der Magister equitum ihm aufs Wort gehorcht? Weiter frage ich: Hätte ich, wo ich wußte, daß ich mit unsicheren Auspizien von Hause aufgebrochen war, bei der Störung der religiösen Ordnung den Staat in Gefahr bringen sollen, oder mußte ich die Auspizien wiederholen, um nichts zu unternehmen, solange unklar war, was die Götter wollten? Weiter noch: War es möglich, daß ein religiöses Bedenken, das den Diktator daran hinderte, den Feldzug zu führen, den Magister equitum überhaupt nichts anging? Aber was stelle ich diese Frage, wo du dich doch, selbst wenn ich schweigend abgereist wäre, in deiner Meinung danach hättest richten müssen, wie mein Wille zu deuten war? Gib Antwort: Habe ich dir verboten, etwas in meiner Abwesenheit zu unternehmen? Habe ich dir verboten, dich mit dem Feind auf einen Kampf einzulassen? Diesen meinen Befehl hast du mißachtet, hast gewagt, bei unsicheren Auspizien, bei einer Störung der religiösen Ordnung gegen den militärischen Brauch und die Disziplin der Vorfahren sowie gegen den Willen der Götter mit dem Feind zu kämpfen. Gib Antwort auf das, wonach du gefragt bist; hüte dich aber, darüber hinaus ein Wort zu sagen. Tritt an ihn heran, Liktor!«

Da es nicht leicht war, auf jede einzelne dieser Fragen zu antworten, und Fabius sich bald beschwerte, daß derselbe Mann, der ihn auf Tod und Leben anklage, auch sein Richter sei, dann wieder laut rief, man könne ihm eher das Leben nehmen als den Ruhm seiner Taten, und er sich abwechselnd rechtfertigte und seinerseits Anklage erhob, befahl Papirius, den der Zorn wieder packte, den Magister equitum zu entkleiden und Ruten und Beile zurechtzulegen. Fabius rief, als die Liktoren sein Gewand zerrissen, den Schutz der Soldaten an und zog sich zu den Triariern[6] zurück, die die Versammlung schon durch Lärmen störten.

Von dort verbreitete sich das Geschrei über die ganze Versammlung. Hier waren Bitten, dort Drohungen zu hören. Die der Feldherrntribüne zufällig am nächsten standen und daher erkannt werden konnten, baten, den Magister equitum zu schonen und nicht mit ihm das Heer zu verurteilen. Die hinteren Reihen der Versammlung und der Haufe um Fabius schimpften auf den erbarmungslosen Diktator und waren nicht mehr weit von einer Meuterei entfernt. Nicht einmal auf der Feldherrntribüne herrschte richtig Ruhe. Die Legaten, die um seinen Stuhl herumstanden, baten ihn, die Sache auf den folgenden Tag zu verschieben und seinem Zorn Raum und ruhiger Überlegung Zeit zu geben. Die Jugend des Fabius sei genug gezüchtigt, der Sieg sei ihm genug vergällt. Er solle nicht bis zum Letzten, zur Hinrichtung, gehen, solle dem einzigartigen jungen Mann, seinem hochberühmten Vater und dem Fabischen Geschlecht diese Schmach nicht antun. Als sie mit ihren Bitten und ihrer Argumentation keinen rechten Erfolg hatten, forderten sie ihn auf, sich die wütende Menge anzuschauen. Wo die Soldaten so aufgebracht seien, passe es weder zu seinem Alter noch zu seiner Klugheit, Feuer und Zündstoff für einen Aufruhr zu liefern; niemand werde Q. Fabius die Schuld daran geben, der darum bitte, ihn nicht zu bestrafen, sondern dem Diktator, wenn er, verblendet von seinem Zorn, die aufgebrachte Menge in einem unrechten Streit gegen sich aufbringe. Endlich, damit er nicht glaube, sie sagten das dem Fabius zuliebe: sie seien bereit zu beschwören, daß es ihrer Meinung nach nicht im Interesse des Staates liege, wenn man zu diesem Zeitpunkt gegen Fabius einschreite.

Da die Legaten mit diesen Worten den Diktator mehr gegen sich aufbrachten als mit dem Magister equitum versöhnten, wurden sie aufgefordert, von der Feldherrntribüne hinabzusteigen. Vergeblich suchte der Herold Ruhe herzustellen, und während bei dem tobenden Lärm weder die Stimme des Diktators noch die seiner Diener zu hören war, machte die Nacht wie bei einer Schlacht dem Streit ein Ende.

Der Magister equitum war aufgefordert worden, sich am nächsten Tag wieder einzufinden. Da aber alle versicherten, Papirius werde dann, durch die Auseinandersetzung gereizt und aufgebracht, noch wütender sein, flüchtete er heimlich aus dem Lager nach Rom.

Auf den Rat seines Vaters M. Fabius, der schon dreimal Konsul und obendrein Diktator gewesen war, berief er unverzüglich den Senat ein. Als er sich gerade über die Gewalttätigkeit und die Ungerechtigkeit des Diktators beklagte, hörte man plötzlich vor dem Senatsgebäude den Lärm der Liktoren, die den Leuten befahlen, Platz zu machen, und er selbst war da, kochend vor Wut; nachdem er erfahren hatte, daß Fabius das Lager verlassen hatte, war er ihm mit schneller Reiterei gefolgt. Abermals kam es zu einem Wortwechsel, und Papirius befahl, Fabius zu ergreifen. Als er da trotz der Bitten der führenden Senatoren und des ganzen Senats erbarmungslos auf seinem Vorhaben bestand, sagte der Vater M. Fabius: »Da bei dir weder das Ansehen des Senats noch mein Alter, das du kinderlos machen willst, noch die Tapferkeit und die edle Herkunft des von dir selbst ernannten Magister equitum etwas gilt, auch nicht Bitten, die oft sogar einen Feind milde gestimmt haben und die den Zorn der Götter besänftigen, wende ich mich an die Volkstribunen und lege Berufung an das Volk ein und mache es, das gewiß einzig und allein mehr vermag und kann als dein Diktatorenamt, zum Richter über dich, der du das Urteil deines Heeres nicht annimmst und ebensowenig das des Senats. Ich will doch sehen, ob du der Berufung nachgibst, der selbst ein römischer König, Tullus Hostilius, nachgegeben hat.«

In der Volksversammlung prallten die Gegensätze noch einmal hart aufeinander. Fabius' Vater prangerte die Überheblichkeit, Grausamkeit und Maßlosigkeit des Papirius an und forderte ihn auf, auch an das Heer zu denken, das er durch eine Verurteilung des Magister equitum gegen sich aufbringen werde. Von all dem unbeeindruckt, betonte Papirius, er werde nicht zulassen, daß die Kriegszucht und die Befehlsgewalt des Diktators in Frage gestellt wurden, und warnte die Volkstribunen vor dem Versuch, gegen seine Amtsgewalt einzuschreiten.

Die Tribunen waren sprachlos und schon mehr um sich selbst in Angst als um den, für den man ihren Beistand erwartete. Aber von dieser Last befreite sie die Einmütigkeit des römischen Volkes, das zu Bitten und Beschwörungen überging, Papirius solle ihm zuliebe dem Magister equitum die Strafe erlassen. Auch die Tribunen schlossen sich der Wendung zum Bitten an und drangen in den Diktator, Gnade walten zu lassen angesichts eines menschlichen Fehltritts, Gnade auch angesichts der Jugend des Q. Fabius; er sei genug bestraft. Schon dachte auch der junge Mann selbst, schon auch sein Vater M. Fabius nicht mehr ans Streiten; sie warfen sich auf die Knie und flehten den Diktator an, von seinem Zorn abzulassen. Da gebot der Diktator Schweigen und sagte: »Es ist gut, Mitbürger. Die militärische Disziplin, die Hoheit der Amtsgewalt hat gesiegt, von denen fraglich war, ob es sie nach diesem Tag noch geben werde. Dem Q. Fabius, der gegen die Anordnung des Feldherrn gekämpft hat, wird die Strafe nicht erlassen; aber der Verurteilte wird dem römischen Volk, wird der tribunizischen Gewalt geschenkt, die sich mit Bitten, nicht mit Rechtsmitteln für ihn eingesetzt hat. Lebe, Q. Fabius, glücklicher durch diesen einmütigen Willen der Bürgerschaft, dich zu schützen, als durch den Sieg, über den du kurz zuvor noch frohlocktest. Lebe, obwohl du diese Tat gewagt hast, die dir nicht einmal dein Vater verziehen hätte, wenn er an demselben Platz gestanden hätte, an dem L. Papirius stand. Mit mir magst du dich, wenn du willst, wieder aussöhnen. Dem römischen Volk, dem du dein Leben verdankst, kannst du keinen größeren Dienst erwiesen, als wenn dir dieser Tag eine hinreichende Lehre ist, daß man im Krieg und im Frieden rechtmäßige Befehle hinnehmen muß.«

Nachdem er dann noch erklärt hatte, er halte den Magister equitum nicht länger auf, und von der Rednertribüne hinabstieg, gab ihm der Senat freudig das Geleit, freudiger noch das Volk; man ging vom einen zum anderen und gratulierte hier dem Magister equitum, dort dem Diktator, und die militärische Befehlsgewalt schien durch die Gefahr, in der Q. Fabius geschwebt hatte, nicht weniger gefestigt als durch die beklagenswerte Hinrichtung des jungen Manlius.

321 v. Chr. 433 a. u. c. DAS RÖMISCHE HEER BEI CAUDIUM IN DER FALLE Liv. 9, 2,1 – 6,3

C. Pontius, der Feldherr der Samniten, führte sein Heer ins Feld und schlug bei Caudium, so versteckt es ging, das Lager auf. Von dort schickte er zehn Soldaten im Gewand von Hirten nach Calatia, wo, wie er hörte die römischen Konsuln schon ihr Lager hatten, und befahl ihnen, ihr Vieh an verschiedenen Plätzen, der eine hier, der andere dort, nicht weit von den römischen Stellungen zu weiden. Wenn sie den Beutemachern in die Hände gefallen seien, sollten sie alle das gleiche aussagen: Die Legionen der Samniten befänden sich in Apulien, belagerten mit allen Truppen Luceria und ständen dicht davor, die Stadt im Sturm zu nehmen. Dieses Gerücht, das man auch vorher schon mit Absicht verbreitet hatte, war bereits zu den Römern gedrungen, aber die Gefangenen machten es noch glaubhafter, vor allem darum, weil ihre Aussagen völlig übereinstimmten. Es gab keinen Zweifel, daß die Römer den Lucerinern, ihren guten und treuen Bundesgenossen, Hilfe bringen würden, auch damit nicht ganz Apulien im Schrecken des Augenblicks abfalle; die Frage war nur, welchen Weg sie nehmen sollten.

Nach Luceria führten zwei Wege: der eine an der Küste entlang, frei und offen, aber je sicherer er war, desto länger war er auch; der andere durch die Caudinische Enge, er war der kürzere. Das Gelände aber ist dort wie folgt beschaffen: Zwei hohe Gebirgspässe, eng und waldig, sind durch zusammenhängende Bergketten ringsum miteinander verbunden; zwischen diesen liegt, in der Mitte eingeschlossen, ein ziemlich weiter Talkessel, reich an Gras und an Wasser. Aber bevor man zu ihm gelangt, muß man in die erste Enge hinein, und entweder muß man auf demselben Weg, auf dem man hineingekommen ist, wieder zurückkehren oder, wenn man weiterziehen will, durch den anderen Paß hinausgelangen, der noch enger und schwieriger ist.

Als die Römer mit ihrem Heer durch die Felsschlucht in den Talkessel hinabgestiegen waren und zu der anderen Enge weiterzogen, fanden sie diese durch umgestürzte Bäume und eine Menge gewaltiger Felsbrocken, die ihnen im Weg lag, versperrt. Nachdem die Tücke der Feinde offenbar geworden war, wurde auch eine Besatzung am oberen Rand der Schlucht gesichtet. Geschwind suchten sie auf dem Weg, auf dem sie gekommen waren, wieder zurückzukehren; auch ihn fanden sie durch eine Barrikade und durch Bewaffnete versperrt. Da machten sie ohne jedes Kommando halt, Bestürzung überkam alle, und ihre Glieder waren wie gelähmt von einer ungekannten Starre; einer schaute auf den anderen, jeder glaubte, der andere sei eher zu einem klaren Gedanken oder einer Entscheidung fähig. Lange sagte keiner ein Wort, und sie bewegten sich nicht von der Stelle. Die Konsuln, die zutiefst betroffen waren, beriefen nicht einmal einen Kriegsrat ein, weil es ja weder einen Rat noch Hilfe gab; aber die Legionen und die Tribunen kamen von sich aus bei ihnen zusammen, und die Soldaten wandten sich zum Feldherrnzelt und forderten von ihren Führern Hilfe, die ihnen kaum die unsterblichen Götter bringen konnten. Während sie mehr jammerten als überlegten, kam die Nacht heran; man verbrachte sie mit Reden, ohne an Essen oder Schlafen zu denken.

Auch die Samniten wußten in ihrer so erfreulichen Situation nicht, was sie tun sollten. Daher meinten sie insgesamt, man müsse Herennius Pontius, den Vater ihres Feldherrn, in einem Brief um Rat bitten. Der war schon hochbetagt und hatte sich nicht nur von den militärischen, sondern auch von den politischen Aufgaben zurückgezogen; doch in dem altersschwachen Körper lebte noch die volle Geistes- und Urteilskraft. Als er hörte, daß die römischen Heere in der Caudinischen Enge zwischen den beiden Pässen eingeschlossen waren, empfahl er, von den Boten seines Sohnes um Rat gefragt, alle so schnell wie möglich unversehrt von dort ziehen zu lassen. Als dieser Vorschlag verworfen wurde und derselbe Bote zurückkehrte und ihn ein zweites Mal fragte, empfahl er, alle bis auf den letzten Mann zu töten. Als er diese einander so widersprüchlichen Antworten wie ein doppeldeutiges Orakel erteilt hatte, glaubte vor allem der Sohn selbst, jetzt sei auch der Geist seines Vaters in dem geschwächten Körper vergreist; doch er wurde durch die einhellige Meinung aller dazu gebracht, daß er ihn persönlich zum Kriegsrat herbeirief. Es heißt, der alte Mann habe keine Schwierigkeiten gemacht, sei auf einem Wagen ins Lager gekommen und habe, vor den Kriegsrat gerufen, etwa so gesprochen, daß er nichts an seinem Vorschlag änderte, nur die Gründe hinzufügte: Mit dem ersten Ratschlag, den er für den besten halte, sichere er durch eine ungeheure Wohltat für immer Frieden und Freundschaft mit dem mächtigsten Volk; mit dem zweiten Ratschlag schiebe er den Krieg auf viele Menschenalter hinaus, in denen der römische Staat nach dem Verlust zweier Heere nicht leicht seine Kräfte wiedererlangen werde. Einen dritten Ratschlag gebe es nicht. Als sein Sohn und die anderen Anführer nachfragten, wie es denn sei, wenn man einen Mittelweg einschlage, daß man sie unversehrt ziehen lasse und ihnen als Besiegten nach Kriegsrecht Bedingungen auferlege, sagte er: »Das ist ein Vorschlag, der weder Freunde verschafft noch Feinde beseitigt. Laßt die nur am Leben, die ihr durch schimpfliche Behandlung gereizt habt: das römische Volk ist so geartet, daß es nach einer Niederlage nicht Ruhe halten kann. Immer wird in ihren Herzen lebendig bleiben, was diese augenblickliche Notlage ihnen einbrennt, und das wird sie nicht ruhen

Italischer Krieger (6. Jh.)

lassen, bis sie euch vielfach dafür bestraft haben.« Ohne daß einer seiner beiden Vorschläge angenommen worden wäre, fuhr Herennius aus dem Lager wieder nach Hause.

Weil im römischen Lager nach vielen vergeblichen Ausbruchsversuchen schon an allem Mangel herrschte, schickten sie, von der Not bezwungen, Gesandte, die zunächst um einen fairen Frieden bitten sollten; wenn sie einen Friedensschluß nicht erreichten, sollten sie zu einer Schlacht herausfordern. Darauf gab Pontius zur Antwort, der Krieg sei entschieden, und da sie nicht einmal als Besiegte und Gefangene ihre Lage einzugestehen wüßten, werde er sie ohne Waffen, jeden mit nur einem Kleidungsstück auf dem Leib unter das Joch schicken. Im übrigen würden die Friedensbedingungen für die Besiegten und die Sieger fair sein: Wenn sie aus dem Gebiet der Samniten abzögen und die Kolonien auflösten, würden Römer und Samniten fortan aufgrund eines fairen Vertrages nach ihren eigenen Gesetzen leben. Unter diesen Bedingungen sei er bereit, mit den Konsuln einen Vertrag zu schließen. Doch wenn ihnen etwas daran mißfalle, sollten ihre Gesandten nicht zu ihm zurückkehren.

Als dieses Ergebnis der Verhandlungen mitgeteilt wurde, brachen alle plötzlich in solches Wehklagen aus, und es trat solche Traurigkeit ein, daß es schien, als würde es sie nicht schwerer treffen, wenn ihnen mitgeteilt würde, sie müßten alle an diesem Platz den Tod erleiden. Nachdem lange Schweigen geherrscht hatte und die Konsuln weder für noch gegen den Vertrag, der so schimpflich, aber auch so unvermeidlich war, etwas vorbringen konnten, sagte L. Lentulus, der aufgrund seiner Leistungen und seiner Ämter der erste unter den Legaten war: »Ihr Konsuln, wenn wir die Möglichkeit hätten, auf günstigem oder ungünstigem Gelände wenigstens mit dem Feind zu kämpfen, wäre ich bereit, mich für das römische Volk und seine Legionen dem Opfertod zu weihen oder mich mitten unter die Feinde zu stürzen. Aber dieses Heer ist alles, was es an römischen Legionen gibt. Wenn wir es retten, retten wir das Vaterland; wenn wir es dem Tod ausliefern, geben wir das Vaterland preis. Eine Kapitulation ist zwar schimpflich und ehrenrührig; doch Liebe zum Vaterland heißt, es ebenso durch unsere Schande wie, wenn es sein muß, durch unsern Tod zu retten. Wir wollen also diese Schmach, wie groß sie auch sein mag, auf uns nehmen und der Not gehorchen, über die nicht einmal die Götter Herr sind. Geht, ihr Konsuln, und kauft die Bürgerschaft, die eure Vorfahren mit Gold losgekauft haben, mit Waffen los.«

Die Konsuln begaben sich zu einer Unterredung zu Pontius, und der Zeitpunkt für die Entlassung des entwaffneten Heeres wurde festgesetzt. Die Rückkehr der Konsuln erneuerte die Trauer im Lager, so daß man sich fast an ihnen vergriffen hätte, da man durch ihre Leichtfertigkeit an diese Stelle geführt worden war. Sie hätten keinen Wegführer, keinen Kundschafter gehabt; wie wilde Tiere seien sie blindlings in die Falle gestürzt. Einer blickte den anderen an, sie schauten auf ihre Waffen, die sie bald abgeben mußten, auf ihre Hände, die ohne Waffen sein würden, und auf ihre dem Feind ausgelieferten Körper. Sie stellten sich das feindliche Joch vor, den Hohn des Siegers, seine hochmütigen Mienen und ihren Zug als Waffenlose durch die Bewaffneten hindurch, sodann den kläglichen Weg des entehrten Heeres durch die Städte der Verbündeten, die Rückkehr in die Vaterstadt zu den Eltern, wohin diese selbst und ihre Vorfahren oft im Triumph gekommen seien. Sie allein seien ohne eine Wunde, ohne einen Schwertstreich, ohne eine Schlacht besiegt worden. Sie hätten das Schwert nicht zücken, mit dem Feind nicht aneinandergeraten dürfen; ihr Mut sei umsonst gewesen.

Während sie so murrten, kam die vom Schicksal bestimmte Stunde ihrer Schmach heran, die alles, sobald es ihnen tatsächlich widerfuhr, noch trauriger machen sollte, als sie es sich vorgestellt hatten. Zunächst erhielten sie den Befehl, mit einem einzigen Kleidungsstück auf dem Leib ohne Waffen aus dem Wall herauszutreten. Dann befahlen die Konsuln den Liktoren wegzutreten, und sie legten ihre Feldherrnmäntel ab. Das weckte Mitgefühl unter denen, die sie kurz zuvor noch verwünscht hatten und dafür gewesen waren, sie auszuliefern und in Stücke zu reißen, so daß jeder seine eigene Lage vergaß und von dieser Demütigung eines so hohen Amtes wie von einem frevelhaften Schauspiel die Augen abwandte.

Als erste wurden die Konsuln fast halbnackt unter das Joch geschickt, dann jeder, wie er im Rang der nächste war, der Schmach unterzogen, dann der Reihe nach die einzelnen Legionen. Die Feinde standen bewaffnet um sie herum, beschimpften und verhöhnten sie; viele wurden auch mit dem Schwert bedroht, einige sogar verwundet und getötet, wenn ihre Miene infolge der demütigenden Umstände schärfer wurde und den Sieger beleidigte.

So wurden sie durch das Joch geführt. Wie sie aus dem Paß herausgelangt waren, kam es ihnen zwar vor, als seien sie der Unterwelt entrissen und erblickten jetzt zum erstenmal das Licht des Tages; doch das Tageslicht war für sie trauriger als jeder Tod, wenn sie auf das in solcher Weise geschändete Heer schauten.

312–308 v. Chr. 442–446 a.u.c. DIE ZENSUR DES APP. CLAUDIUS Diod. 20, 36,1–4; Liv. 9, 30,1–2; 33,4; 42,3

Via Appia

312 wurden in Rom Zensoren gewählt. Von diesen änderte der eine, App. Claudius, der in C. Plautius einen nachgiebigen Kollegen hatte, viele der überlieferten Bestimmungen. Denn er tat, was dem Volk gefiel, und kümmerte sich nicht um den Senat. Zunächst führte er die *aqua Appia* (Appius-Wasserleitung) über 80 Stadien nach Rom. Sodann pflasterte er den größten Teil der nach ihm benannten *via Appia* (Appius-Straße) von Rom nach Capua über eine Strecke von mehr als 1000 Stadien mit festen Steinen; dabei durchbohrte er die Anhöhen und füllte die Einschnitte und Vertiefungen auf; wegen seines Eifers für das Gemeinwohl hinterließ er so ein unsterbliches Denkmal seines Namens.

Er stellte auch eine neue Senatsliste auf; darin berücksichtigte er nicht nur, wie es üblich war, die Patrizier und die, die ein Amt bekleidet hatten, sondern auch Leute aus dem einfachen Volk und sogar einige Söhne von Freigelassenen. Daran trugen die, die auf ihre Herkunft so stolz waren, schwer.

Die Konsuln des folgenden Jahres, C. Junius Bubulcus und Q. Aemilius Barbula, erklärten, sie würden die neue Senatliste nicht beachten und beriefen den Senat in der Zusammensetzung ein, die er vor der Zensur des App. Claudius und des C. Plautius gehabt hatte.

App. Claudius konnte, als 18 Monate, die festgelegte Zeitspanne für die Zensur, herum waren, durch keine Macht dazu gebracht werden, daß er zurücktrat, während sein Kollege C. Plautius das Amt niederlegte. Appius dagegen zog seine Zensur durch viele Winkelzüge in die Länge, bis er sowohl die Straße als auch die Wasserleitung vollendet hatte.

DIE EINFÜHRUNG DES AESCULAP-KULTES Val. Max. 1, 8,2

293/292 v. Chr.
461/462 a.u.c.

Drei Jahre hintereinander wurde unsere Bürgerschaft von einer Seuche heimgesucht. Als man sah, daß weder göttliche Barmherzigkeit noch menschliches Eingreifen diesem so schlimmen und so langdauernden Übel ein Ende machte, zogen die Priester besorgt die Sibyllinischen Bücher zu Rate und fanden heraus, daß man die frühere Gesundheit nur dann wiedergewinnen könne, wenn man den Aesculap aus Epidauros herbeihole. Daher wurden Gesandte dorthin geschickt; man glaubte, aufgrund des Ansehens, das man schon weit und breit auf Erden genoß, könne man die einzige Hilfe des vom Schicksal vorgesehenen Heilmittels erlangen. Und die Hoffnung trog nicht; denn mit gleichem Eifer, mit dem die Hilfe erbeten wurde, wurde sie auch zugesagt. Unverzüglich führten die Bewohner von Epidauros die Gesandten der Römer in das Aesculap-Heilig-

Die Spitze der Tiberinsel wurde in der Antike als Schiffsbug ausgestaltet und mit einem Äskulapstab verziert.

tum, das von ihrer Stadt 5 Meilen entfernt ist, und luden sie mit größter Freundlichkeit ein, alles, was ihnen für ihre Vaterstadt von Nutzen erscheine, von dort mitzunehmen und als ihr Eigentum zu betrachten. Der Gott selbst schloß sich ihrem so bereitwilligen Entgegenkommen an und bestätigte das Wort der Menschen durch sein himmlisches Willfahren; denn die Schlange, die sich in Epidauros selten, aber immer zum Guten der Bevölkerung gezeigt und die man wie Aesculap verehrt hatte, kroch mit sanftem Blick langsam durch die belebtesten Teile der Stadt und gelangte zu dem römischen Dreiruderer. Während die Seeleute angesichts dieses ungewohnten Schauspiels vor Schreck erstarrten, stieg sie an Bord und rollte sich in vielfältigen Windungen ganz ruhig zusammen. Daraufhin brachten die Gesandten, als wenn sie ihr Ziel erreicht hätten, ein Dankopfer dar und lichteten froh die Anker. Als sie nach glücklicher Fahrt in Antium gelandet waren, kam die Schlange hervor, die irgendwo im Schiff geblieben war, und ringelte sich in der Vorhalle des Aesculap-Tempels um eine ungewöhnlich hohe Palme, die eine reichverzweigte, breite Myrte überragte. Drei Tage lang, an denen man ihr die Speisen hinlegte, von denen sie sich üblicherweise ernährte, genoß sie Gastfreundschaft im Heiligtum von Antium, was die Gesandten fürchten ließ, sie wolle von dort nicht mehr auf den Dreiruderer zurückkehren. Dann kam sie jedoch zurück, um sich in unsere Stadt bringen zu lassen, und als die Gesandten das Tiberufer betreten hatten, schwamm sie zur Insel hinüber, wo man ihr ein Heiligtum weihte,[7] und verscheuchte mit ihrer Ankunft die Plage, gegen die man sie als Heilmittel gesucht hatte.

291 v. Chr. 463 a. u. c. M'. CURIUS DENTATUS UND DIE SAMNITEN Val. Max. 4, 3,5

M'. Curius, das trefflichste Leitbild römischer Genügsamkeit und das vollkommenste Muster der Tapferkeit, ließ sich von den Gesandten der Samniten schauen, wie er auf einem Bauernschemel an seinem Herd saß und aus einer hölzernen Schüssel aß – was für eine Speise, verrät das Geschirr. Er war nämlich unbeeindruckt von dem Reichtum der Samniten, die Samniten dagegen bewunderten seine Anspruchslosigkeit. Denn als sie ihm im Namen ihrer Völkerschaft eine Menge Gold brachten und ihn mit freundlichen Worten einluden, davon Gebrauch zu machen, lachte er über das ganze Gesicht und sagte: »Ihr Überbringer eines unnützen, um nicht zu sagen törichten Auftrags, sagt den Samniten, M'. Curius wolle lieber Reichen Befehle erteilen als selbst reich sein. Tragt dieses zwar kostbare, aber zum Verderben der Menschen ersonnene Geschenk zurück und merkt euch, daß ich weder auf dem Schlachtfeld besiegt noch mit Geld bestochen werden kann.«

DAS ENDE DES STÄNDEKAMPFES Liv., perioch. 11,10; Plin., nat. 16,37

287 v. Chr.
467 a.u.c.

Die Plebs zog wegen der Schulden nach schweren und langen Unruhen zum letztenmal auf das Janiculum; von dort wurde sie durch den Diktator Q. Hortensius wieder weggeführt. Dieser brachte ein Gesetz ein, daß die Beschlüsse der Plebs (*plebiscita*) für alle Bürger bindend seien.

DER FRIEDENSVORSCHLAG DES PYRRHOS UND DIE REDE DES APP. CLAUDIUS Plut., Pyrrh. 18,1 – 19,7

280 v. Chr.
474 a.u.c.

Pyrrhos, der den Tarentinern zu Hilfe geeilt war, besiegte im Juli 280 bei Herakleia den Konsul P. Valerius Laevinus

Die Römer nahmen dem Laevinus nicht den Oberbefehl, obschon C. Fabricius gesagt haben soll, es hätten nicht die Epiroten die Römer, sondern Pyrrhos den Laevinus besiegt, womit er sagen wollte, nicht das Heer, sondern die Führung habe die Niederlage verschuldet. Sie ergänzten mit Eifer Truppenteile, stellten neue auf und führten so furchtlose und stolze Reden über den Krieg, daß sie damit Pyrrhos in Schrecken versetzten.

Er beschloß daher, zunächst durch eine Gesandtschaft einen Fühler auszustrecken, ob sie nicht zu einem Frieden geneigt wären. Denn er meinte, die Stadt zu nehmen und einen entscheidenden Sieg zu erringen, sei kein kleines Unternehmen; dazu reiche auch die ihm zur Verfügung stehende Macht nicht aus; aber Versöhnung und ein Freundschaftsvertrag nach gewonnenem Siege würden ihm den schönsten Ruhm einbringen. Kineas wurde also ausgesandt, setzte sich mit den einflußreichsten Männern in Verbindung und sandte ihren Kindern und Frauen Geschenke im Namen des Königs. Aber niemand nahm sie an, sondern sie antworteten alle, Männer wie Frauen, wenn von Staats wegen Friede geschlossen werde, würden auch sie dem König freundschaftliche Gesinnung entgegenbringen. Und als Kineas im Senat seine Vorschläge mit vielen gewinnenden und freundlichen Worten vortrug, nahmen sie nichts gern und bereitwillig an, obwohl Pyrrhos sich erbot, die in der Schlacht gefangenen Männer ohne Lösegeld freizugeben, seine Hilfe bei der Eroberung Italiens versprach und dafür nur einen Freundschaftsvertrag für sich und Straflosigkeit für die Tarentiner, sonst nichts forderte. Immerhin aber war zu erkennen, daß die meisten zu einem Friedensschluß geneigt waren; denn sie waren in einer großen Schlacht besiegt worden und erwarteten eine zweite mit einem noch stärkeren Gegner, da sich die Italer Pyrrhos angeschlossen hatten.

Als App. Claudius, ein hochangesehener Mann, der wegen seines hohen Alters und seiner Erblindung sich von den Staatsgeschäften zurückgezogen hatte, von dem Angebot des Königs erfuhr und das Gerücht aufkam, der Senat sei im

Begriff, Frieden zu schließen, konnte man ihn nicht zurückhalten, und er ließ sich von seinen Dienern in einer Sänfte über das Forum zum Senatsgebäude tragen. Sowie er an die Tür gekommen war, empfingen ihn seine Söhne und Schwiegersöhne, nahmen ihn in ihre Mitte und führten ihn hinein, und der Senat bewahrte aus Achtung für den Mann ein ehrfurchtsvolles Schweigen.

Er trat sogleich auf und sprach: »Bisher, ihr Römer, litt ich unter dem Verlust meiner Augen, jetzt aber bedaure ich, daß ich dazu nicht auch taub bin, sondern von schimpflichen Beratungen und Beschlüssen hören muß, die den Ruhm unserer Stadt vernichten. Wo sind jetzt eure großen Worte hin, die stets in alle Welt getragen wurden: Wenn der große Alexander nach Italien gekommen und mit uns als jungen Leuten und unseren Vätern auf der Höhe ihrer Kraft im Kampf zusammengetroffen wäre, würde er nicht als der Unüberwindliche besungen, sondern er wäre entweder geflohen oder hier gefallen zum höheren Ruhme Roms. Das erweist ihr jetzt selbst als eitle Ruhmsucht und Prahlerei, wenn ihr Chaoner und Molosser fürchtet, die stets eine Beute der Makedonen waren, und vor Pyrrhos zittert, der immer nur einen der Trabanten Alexanders bedient und umschmeichelt hat[8] und jetzt nicht so sehr, um den Griechen hier zu helfen, als auf der Flucht vor seinen Feinde drüben sich in Italien herumtreibt und uns die führende Stellung verspricht mit Hilfe dieser Streitmacht, die nicht ausgereicht hat, um ihm einen kleinen Teil Makedoniens zu erhalten.[9]

Römer aus dem frühen 3. Jh.

Glaubt also nicht, ihn loszuwerden, wenn ihr ihn euch zum Freunde macht! Ihr werdet vielmehr jene herbeiziehen, die euch als leicht zu überwältigende Gegner mißachten werden, wenn Pyrrhos davonkommt, ohne für seine Freveltaten gebüßt zu haben, und dazu noch den Lohn erhält, daß Tarentiner und Samniten über die Römer lachen.«

Als Appius solche Worte gesprochen hatte, erfüllte sie neuer Mut zum Kriege, und sie entließen Kineas mit dem Bescheid, Pyrrhos solle Italien räumen und danach, wenn er wolle, von Freundschaft und Bundesgenossenschaft reden; solange er aber im Lande unter Waffen stehe, würden die Römer mit aller Kraft gegen ihn Krieg führen, und wenn er noch tausend Männer wie Laevinus in die Flucht schlüge.

Übrigens heißt es, während Kineas diese Verhandlungen führte, habe er sich auch darum bemüht, die Lebensweise der Römer zu beobachten und die Vorzüge ihrer Verfassung zu studieren, habe Gespräche mit den angesehensten Männern geführt, dem Pyrrhos darüber berichtet und unter anderem gesagt, der Senat sei ihm wie eine Versammlung vieler Könige erschienen, und was die Volkszahl angehe, so fürchte er, es möchte sich zeigen, daß sie gegen eine Lernäische Hydra kämpften; denn der Konsul habe schon doppelt so viele ausgehoben, als ihnen in der vorigen Schlacht gegenübergestanden hätten, und die Zahl der Römer, die Waffen tragen könnten, betrage ein Vielfaches davon.

C. FABRICIUS BEI PYRRHOS Plut. Pyrrh. 20,1–11

Hierauf kam eine Gesandtschaft zu Pyrrhos wegen der Gefangenen, an ihrer Spitze C. Fabricius, der, wie Kineas sagte, bei den Römern in hohem Ansehen stand, ein wackerer und kriegserfahrener, aber sehr armer Mann. Ihn empfing Pyrrhos persönlich sehr freundlich und versuchte ihn zu bereden, ein Goldgeschenk anzunehmen, nicht etwa in einem irgendwie ungebührlichen Sinne, sondern als, wie er es nannte, ein Zeichen der Zuneigung und Gastfreundschaft. Da Fabricius es ablehnte, schwieg Pyrrhos vorerst.

Am folgenden Tag aber wollte er ihn, der noch nie einen Elefanten gesehen hatte, erschrecken und ordnete daher an, während der Verhandlungen das größte der Tiere, durch einen Vorhang verdeckt, hinter ihrem Rücken aufzustellen. Es geschah so, und auf ein gegebenes Zeichen wurde der Vorhang beiseite gezogen, das Tier hob plötzlich den Rüssel, streckte ihn über den Kopf des Fabricius und ließ seine furchterregende, rauhe Stimme erschallen. Aber Fabricius wandte sich nur ruhig um und sagte lächelnd zu Pyrrhos: »Weder hat mich gestern das Geld erschüttert, noch tut es heute das Tier.«

Voll Bewunderung für die Gesinnung und den Charakter des Mannes wünschte Pyrrhos noch mehr, statt des Krieges zu einem freundschaftlichen Verhältnis mit der Stadt zu kommen. Er erzählte seinen Freunden von dem hohen Selbstgefühl des Fabricius und vertraute ihm allein die Gefangenen an, mit der Bedingung, daß sie, wenn der Senat nicht den Frieden beschlösse, nur ihre Verwandten begrüßen, das Saturnalienfest mitfeiern und dann wieder zu ihm zurückgesandt werden sollten. Sie wurden auch tatsächlich nach dem Fest zurückgeschickt; der Senat hatte jedem, der zurückblieb, die Todesstrafe angedroht.

Teller mit Kriegselefant (frühes 3. Jh.). Durch Pyrrhos lernten die Römer Kriegselefanten kennen.

279 v. Chr. **DER SIEG DES PYRRHOS**
475 a.u.c. **BEI AUSCULUM**
Plut., Pyrrh. 21,14–15

Bei Ausculum errang Pyrrhos 279
einen zweiten Sieg über die Rö-
mer. Er mußte seinen Sieg aber
mit schweren Verlusten bezahlen.

Pyrrhos soll zu einem, der ihn
beglückwünschte, gesagt haben: »Wenn wir noch eine
Schlacht gegen die Römer
gewinnen, werden wir ganz
und gar verloren sein.« Denn
ein großer Teil des Heeres,
das er herübergeführt hatte,
war gefallen, die Freunde und
Offiziere alle bis auf wenige;
andere Truppen, die er hätte

Pyrrhos

nachkommen lassen können, waren nicht da, und die Bundesgenossen im
Lande sah er in ihrem Eifer erkalten, während bei den Römern wie aus einer
aus der Heimat ihnen zuströmenden Quelle das Heer sich immer leicht und
schnell wieder auffüllte und sie durch die Niederlagen nicht den Mut verloren,
vielmehr aus der Erbitterung neue Kraft und Kampfbegier schöpften.

278 v. Chr. **C. FABRICIUS UND DER LEIBARZT DES PYRRHOS** Plut., Pyrrh. 21,1–6
476 a.u.c.

Als Fabricius den Oberbefehl übernommen hatte, kam ein Mann zu ihm ins
Lager und brachte einen Brief, den der Arzt des Königs geschrieben hatte; der
erbot sich, Pyrrhos durch Gift zu beseitigen, wenn ihm die Römer eine Belohnung dafür versprächen, daß er den Krieg ohne Gefahr für sie beende. Fabricius
war empört über die Niedertracht des Menschen, gewann seinen Amtsgenossen
für dieselbe Haltung und sandte umgehend einen Brief an Pyrrhos mit der
Mahnung, vor dem Anschlag auf der Hut zu sein. Das Schreiben hatte folgenden Wortlaut: »C. Fabricius und Q. Aemilius, die Konsuln der Römer, grüßen
den König Pyrrhos. Du hast, wie es scheint, keine glückliche Hand in der Be-
urteilung der Freunde wie der Feinde. Wenn du den uns gesandten Brief liest,
wirst du erkennen, daß du mit ehrlichen und rechtlichen Männern Krieg führst
und ungerechten und bösen Vertrauen schenkst. Diese Anzeige erstatten wir
nicht dir zu Dank, sondern damit nicht dein Tod uns Verleumdung einträgt

und den Glauben erweckt, wir hätten den Krieg durch List entscheiden wollen, weil wir es durch unsere Tapferkeit nicht konnten.«

Nachdem Pyrrhos diesen Brief gelesen und den Anschlag aufgedeckt hatte, bestrafte er den Arzt. Fabricius und den Römern schenkte er zum Entgelt die Gefangenen ohne Lösegeld und sandte abermals Kineas, um Frieden zu erwirken. Die Römer aber wollten die Männer nicht umsonst annehmen – sei es, daß es eine Gefälligkeit seitens eines Feindes, sei es, daß es der Lohn dafür sein sollte, daß sie sich nicht eines Frevels schuldig gemacht hatten –, sondern gaben eine gleiche Zahl Tarentiner und Samniten frei. Eine Verhandlung über Frieden und Freundschaft aber lehnten sie ab, solange er nicht mit den Waffen und dem Heer aus Italien abziehe und auf den Schiffen, auf denen er gekommen sei, nach Epirus zurückkehre.

ROM UND KARTHAGO

264 – 201 v. Chr.

HANNIBAL AD PORTAS!

Vergil, der Dichter des römischen Nationalepos »Aeneis«, erklärt die angebliche Erbfeindschaft zwischen Rom und Karthago folgendermaßen:

»Es gab eine alte Stadt – tyrische Siedler bewohnten sie –, Karthago, jenseits von Italien und weit entfernt von der Mündung des Tiber gelegen, reich an Schätzen und höchst bedrohlich durch ihre Lust am Kriege. Diese allein soll Juno mehr als alle anderen Orte auf Erden geschätzt und sogar Samos vorgezogen haben. Hier waren ihre Waffen, hier ihre Wagen, und daß diese Stadt über die Völker herrsche, wenn irgend das Schicksal es zulasse, danach trachtete die Göttin unablässig. Allerdings hatte sie vernommen, daß ein Geschlecht aus trojanischem Blut hervorgehe, das dereinst die tyrischen Burgen zerstöre. Dann werde ein Volk, das weithin gebiete und im Krieg unbeugsam sei, zum Verderben Libyens erscheinen. So bestimmten es die Parzen.«

Um das zu verhindern, sucht Juno eine Ehe zwischen der Karthagerkönigin Dido und dem trojanischen Flüchtling Aeneas zu stiften und diesen in Afrika festzuhalten. Doch auf Jupiters Befehl verläßt er Dido, die sich mit einem furchtbaren Fluch auf den Lippen den Tod gibt:

»… ihr Tyrier, verfolgt sein Geschlecht und das ganze künftige Volk mit eurem Haß und bringt ihn als Totengabe meiner Asche! Keine Liebe soll es zwischen den Völkern geben und keine Verträge. Erstehe du, wer du auch seist, aus meinen Gebeinen als Rächer, auf daß du mit Feuer und Schwert trojanische Siedler verfolgest! Gleich oder dereinst, wann immer die Kräfte sich bieten. Strand sei feind dem Strand, den Fluten die Wellen, so fluche ich, Waffen den Waffen, und kämpfen sollen sie selbst und auch ihre Enkel!«

Die historische Wirklichkeit freilich sah anders aus: Römer und Karthager unterhielten seit alters freundschaftliche Beziehungen, und der so römisch klingende Gruß *Ave* bezeugt, daß man es schick fand, sich auf punisch zu grüßen. Im Pyrrhoskrieg war man dankbar für die Allianz mit Karthago – doch bald danach kam es aus einem eher banalen Anlaß zum Ersten Punischen Krieg: Auf Sizilien hatten ehemalige italische Söldner des Tyrannen Agathokles, die sich Mamertiner, Männer des Mars, nannten, die Stadt Messina in ihre Gewalt gebracht. Als die Karthager im Bund mit dem König Hieron von Syrakus gegen die Mamertiner ins Feld zogen, baten diese die stammverwandten Römer um Hilfe. 264 erschien der Konsul Appius Claudius Caudex auf Sizilien, besiegte Hieron und die Punier und veranlaßte den König, die Fronten zu wechseln. Mit ihm als Verbündeten verfolgte er das Ziel, den gesamten karthagischen Teil Siziliens zu erobern, was sich jedoch als schwierig erwies, zumal die Karthager mit ihrer Flotte das Meer beherrschten. Erst als die Römer ihrerseits Schiffe ausrüsteten und durch die Erfindung der Enterbrücken ihre überlegene Infanterie auch auf See einsetzen konnten, geriet Karthago in die Defensive. Um eine Entscheidung zu erzwingen, landete ein römisches Heer unter Führung des Konsuls Marcus Atilius Regulus in Afrika und brachte den Gegnern eine schwere Niederlage bei, die sie um Frieden bitten ließ. Regulus stellte jedoch so harte Bedingungen, daß die Punier den Kampf fortsetzten und nun, dank der taktischen Fähigkeiten eines griechischen Generals, das Heer des Regulus vernichteten und ihn selbst gefangen nahmen.

Bemerkenswerterweise wußten die Römer sogar um diese schwere Schlappe den golddurchwirkten Mantel einer Heldensage zu legen, während sie den Seesieg der Karthager über den Konsul Publius Claudius Pulcher, den anscheinend mißratenen Sohn des berühmten Caecus, damit erklärten, daß er in grenzenloser Arroganz warnende Vorzeichen nicht beachtet habe. Auch in den folgenden Jahren wechselte das Kriegsglück, zumal die Karthager in Hamilkar Barkas einen genialen General fanden. Er selbst war unbesiegt, als – nach dem Verlust ihrer Flotte – die erschöpften Handelsherren in Karthago befanden, der teuerste Friede sei einer Fortsetzung des Kriegs vorzuziehen. Tatsächlich waren Roms Forderungen enorm; Sizilien ging völlig verloren, und als Karthago durch seine meuternden Söldner in äußerste Bedrängnis geriet, rissen die Römer 237 auch noch Sardinien an sich und erhöhten mit der Drohung, den Krieg wieder aufzunehmen, ihre finanziellen Forderungen.

Die Erinnerung an solche Perfidie hielt in Karthago die Partei des Hamilkar wach, die auf Revanche sann und in Spanien sich eine neue Machtbasis schuf.

Dort nahm auch der Zweite Punische Krieg seinen Ausgang, als Hamilkars Sohn Hannibal 219 die mit Rom verbündete Stadt Sagunt eroberte.

»Mein Vater führte mich zu dem Altar, auf dem er eben opfern wollte, schickte seine Begleiter weg, ließ mich die Hand auf den Altar legen und schwören, nie ein Freund der Römer zu sein. Diesen Schwur habe ich bis auf den heutigen Tag gehalten.«
(Worte Hannibals bei seinem römischen Biographen Cornelius Nepos)

Zur größten Verblüffung der Römer gelang es Hannibal, sein Heer durch Nordspanien und Gallien und – obwohl schon der Winter hereinbrach – sogar über die Alpen zu führen und in einem atemberaubenden Siegeszug bis nach Unteritalien vorzustoßen. Dort schlug er im August 216 ein zahlenmäßig überlegenes Heer der Römer in der berühmten Kesselschlacht von Cannae und rückte später sogar gegen Rom vor. Zum Sturm auf die Stadt fehlten ihm aber die Kräfte, und als ein unter Führung seines Bruders Hasdrubal aus Spanien aufgebrochenes Heer beim Übergang über den Fluß Metaurus von den Römern 207 vernichtet wurde, mußte er die Hoffnung aufgeben, die Feinde im eigenen Land zu bezwingen, zumal Karthago zu weiterer wirksamer Unterstützung nicht bereit war.

Die Römer ihrerseits kamen nach der furchtbaren Katastrophe von Cannae bald wieder zu Kräften und trugen den Krieg nach Sizilien, nach Spanien und schließlich sogar nach Afrika. Dort brachte Roms neuer Hoffnungsträger, der erst vierunddreißigjährige Publius Cornelius Scipio, im Bund mit dem Numiderfürsten Masinissa die Punier derart in Bedrängnis, daß sie sich auf Friedensverhandlungen einließen.

Als freilich Hannibal, im Kampf noch unbesiegt, aus Italien zurückkam, schöpften die Karthager neuen Mut, kaperten römische Versorgungsschiffe und beleidigten die römischen Abgesandten, die sich deswegen beschwerten.

Scipio brach darauf die Verhandlungen ab und stellte sich auf die Entscheidungsschlacht ein. Bevor es dazu kam, traf er mit seinem großen Gegner zu einem Gespräch zusammen, in dem dieser vergeblich zu den vorher vereinbarten Bedingungen um Frieden bat.

Bei Zama stießen die beiden Heere aufeinander, und Scipio siegte vor allem mit Hilfe der numidischen Reiter in einer Umfassungsschlacht nach dem Vorbild von Cannae.

Der Friede kam Karthago teuer zu stehen: Es verlor Spanien, seine Elefanten und fast seine ganze Flotte, mußte ungeheure Kriegskosten zahlen und sich verpflichten, ohne Erlaubnis Roms keinen Krieg mehr zu führen. Damit war es gewissermaßen an die Kette gelegt und den Übergriffen der in die Unabhängigkeit entlassenen Numider schutzlos ausgeliefert.

Nach Rom zurückgekehrt, feierte Scipio einen großartigen Triumph und wurde als erster Römer mit einem Sieger-Beinamen geehrt: Africanus.

Der um 236 geborene Scipio, über dessen Vater Hannibal 218 am Ticinus gesiegt hatte, erhielt 211 den Oberbefehl über das Expeditionsheer in Spanien, das sein Vater und sein Onkel mit wechselndem Erfolg geführt hatten. Der charismatische junge Mann errang spektakuläre Siege, wußte durch seine gewinnende Art die Spanier für sich einzunehmen und vertrieb im Laufe von fünf Jahren die Punier von der iberischen Halbinsel. Danach erhielt er den Oberbefehl in Sizilien, von wo er – trotz heftiger Widerstände im Senat (man erinnerte sich an die Niederlage des Regulus) und häßlicher Intrigen (man warf dem für griechische Sitten aufgeschlossenen Scipio unrömisches Verhalten vor) – nach Afrika übersetzte.

Jahre nach diesen Ereignissen kam es angeblich zu einer weiteren Unterredung der beiden Heerführer, in deren Verlauf Scipio Hannibal gefragt haben soll, wen er für den größten Feldherrn halte. Hannibal nannte Alexander den Großen und, nach dem nächstgrößten gefragt, König Pyrrhos. »Und der dritte?« wollte Scipio wissen. »Zweifellos ich!« war die Antwort. Da lachte der Römer und meinte: »Was würdest du erst sagen, wenn du mich besiegt hättest?« »Dann würde ich mich über Alexander und all die anderen stellen.« Scipio war zuerst verblüfft, dann aber erfaßte er, welches Kompliment ihm gerade gemacht worden war: Hannibal hatte ihn als gewissermaßen unvergleichbar von allen anderen Feldherrn abgehoben.
(Claudius Quadrigarius bei Livius 35, 14)

Kampanische Söldner des Königs Agathokles von Syrakus, die sich Mamertiner (Söhne des Mamers = Mars) nannten, hatten nach dem Tode des Herrschers zwischen 288 und 283 Messana in ihre Gewalt gebracht, die Männer getötet oder vertrieben und die Frauen und den Besitz unter sich aufgeteilt. 264 gerieten sie durch einen Angriff des syrakusanischen Königs Hieron in Bedrängnis.

Die Mamertiner wollten teils bei den Karthagern Zuflucht suchen und sich selbst und die Burg in ihre Hände geben, andere aber schickten Gesandte nach Rom, boten die Übergabe der Stadt an und baten, ihnen als Stammverwandten beizustehen. Die Römer waren lange unschlüssig, was sie tun sollten. Denn den Mamertinern zu helfen, die sich an den Messanern vergangen hatten, schien ein schwer zu entschuldigendes Unrecht; sie waren sich hierüber völlig im klaren. Auf der anderen Seite waren sie in schwerer Sorge, die Karthager könnten, wenn sie die Herrschaft über Sizilien gewännen, ihnen äußerst gefährliche Nachbarn werden. Daß sie aber Sizilien in kurzer Zeit unter ihre Herrschaft bringen würden, wenn die Mamertiner keine Hilfe erhielten, lag klar zutage. Denn wurde ihnen Messana ausgeliefert und waren sie erst Herren dieser Stadt, so stand zu erwarten, daß sie binnen kurzem Syrakus vernichten würden, da sie beinahe über das ganze übrige Sizilien herrschten. Dies alles sahen die Römer zwar voraus und erkannten, daß ihnen nichts anderes übrigblieb, als Messana nicht preiszugeben und nicht zuzulassen, daß die Karthager einen Brückenkopf für den Übergang nach Italien gewännen. Dennoch berieten sie lange Zeit hin und her, und der Senat faßte aus den angegebenen Gründen überhaupt keinen endgültigen Entschluß; denn der Unsinn einer Hilfeleistung für die Mamertiner und die daraus entspringenden Vorteile schienen einander aufzuwiegen. Das Volk dagegen, das durch die vorangegangenen Kriege schwer gelitten hatte und in vielfältiger Weise eine Verbesserung seiner Lage nötig hatte, entschied sich für die Hilfeleistung, da ihm die Konsuln nicht bloß mit den eben genannten Gründen den für den Staat aus dem Krieg zu erwartenden Nutzen, sondern für jeden einzelnen ebenso sicheren wie großen Beutegewinn vor Augen stellten.

Nachdem die Römer in Messana gelandet waren, verbündete sich Hieron zunächst mit den Karthagern, schloß jedoch 263 angesichts der römischen Erfolge einen Friedens- und Freundschaftsvertrag mit den Römern.

DIE ÄNDERUNG DES KRIEGSZIELES
NACH DER EINNAHME VON AGRIGENT Polyb. 1, 20,1–2

261 v. Chr.
493 a.u.c.

Als die Nachricht von der Einnahme Agrigents beim römischen Senat eintraf, blieben die Römer, hocherfreut und in ihren Plänen kühner geworden, nicht bei den ursprünglichen Absichten stehen und begnügten sich nicht mehr damit, die Mamertiner gerettet zu haben, noch mit der Beute, die ihnen der Krieg gebracht hatte, sondern hofften die Karthager völlig von der Insel vertreiben zu können und so einen großen Machtzuwachs zu gewinnen.

DIE SEESCHLACHT BEI MYLAE Polyb. 1, 23,2–10

260 v. Chr.
494 a.u.c.

Auf die Nachricht, daß der Feind das Gebiet von Mylae verheere, stach C. Duilius mit der ganzen Flotte gegen sie in See. Kaum sahen die Karthager sie am Horizont auftauchen, da liefen sie voller Freude und Kampfeslust mit 130 Schiffen aus; sie dachten gering von den Römern wegen ihrer Unerfahrenheit, fuhren geradeswegs gegen den Feind und hielten eine Schlachtordnung nicht für erforderlich, als fielen sie über eine Beute her, die ihnen nicht entgehen konnte. Das Kommando über sie hatte Hannibal auf einem Siebenruderer, der einst dem König Pyrrhos gehört hatte.

Als die Karthager beim Näherkommen auf allen Vorderschiffen die in die Höhe gezogenen Enterbrücken erblickten, stutzten sie zwar ein Weilchen, durch den Anblick der Maschinen befremdet; da sie jedoch den Gegner zutiefst verachteten, griffen die vorneweg Fahrenden unerschrocken an. Aber die Schiffe, die an den Feind gerieten, wurden von den Maschinen festgehalten, die Männer stürmten sogleich auf den Enterbrücken hinüber, und es kam zum Nahkampf auf Deck; die Karthager wurden teils getötet, teils ergaben sie sich in ihrem Schrecken über das, was geschah; denn der Kampf war einer Schlacht zu Lande völlig gleich geworden. So verloren sie die dreißig Schiffe, die zuerst angegriffen hatten, mitsamt der Bemannung, unter ihnen auch das Schiff des Befehlshabers; Hannibal selbst aber entkam unverhofft und unter großer Gefahr auf einem Boot. Die übrige Flotte der Karthager fuhr zwar heran, um die feindlichen Schiffe zu rammen; da sie aber beim Näherkommen das Schicksal der vorangefahrenen Schiffe sahen, drehten sie ab und vermieden das Einschlagen der Maschinen. Noch hofften sie im Vertrauen

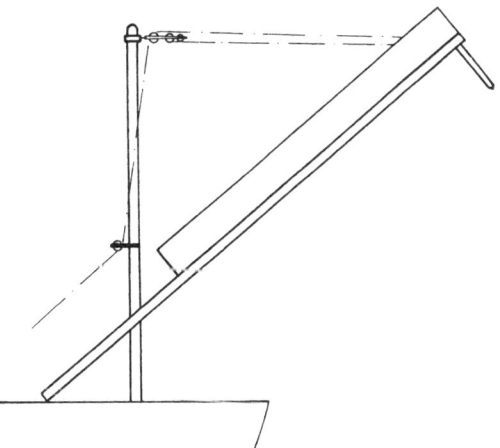

Schema einer Enterbrücke

auf ihre Schnelligkeit, von der Seite oder von hinten ohne Gefahr zum Angriff kommen zu können und fuhren daher um den Feind herum. Da ihnen aber die Maschinen immer und überall entgegenragten und drohend allen ihren Bewegungen folgten, so daß sie beim Näherkommen unvermeidlich festgehalten worden wären, wichen die Karthager zuletzt und flohen, erschreckt über die Neuartigkeit des Vorgangs, nachdem sie fünfzig Schiffe verloren hatten.

258 v. Chr.
496 a. u. c.

DIE HELDENTAT EINES MILITÄRTRIBUNEN Cato, orig. frg. 83 P.

Im Ersten Punischen Krieg rückt der karthagische Feldherr in Sizilien dem römischen Heer entgegen und besetzt als erster Hügel und günstige Stellen. Die römischen Soldaten dringen unter diesen Umständen in ein Gelände vor, das für einen verderblichen Hinterhalt wie geschaffen ist.

Ein Tribun kommt zum Konsul und zeigt, daß wegen des ungünstigen Geländes und der Umzingelung durch die Feinde der Untergang nahe bevorstehe. »Ich meine«, sagt er, »wenn du die Situation retten willst, mußt du an die vierhundert Mann zu jener Kuppe gehen lassen und ihnen eindringlich befehlen, sie zu besetzen. Wenn die Feinde das sehen, werden bestimmt die tapfersten und entschlossensten ihre Aufmerksamkeit allein darauf richten, sich gegen sie zu wenden und mit ihnen zu kämpfen, und jene vierhundert werden zweifellos alle niedergehauen werden. Während die Feinde mit diesem Gemetzel beschäftigt sind, wirst du dann indessen Zeit haben, das Heer aus diesem Gelände herauszuführen. Einen anderen Weg zur Rettung als diesen gibt es nicht.« Der Konsul antwortet dem Tribunen, dieser Plan scheine ihm recht vernünftig. »Aber«, sagt er, »wer wird denn jene vierhundert Soldaten an diese Stelle gegen die Formationen der Feinde führen?« – »Wenn du keinen anderen findest«, entgegnet der Tribun, »kannst du mich für diese gefährliche Aufgabe verwenden; ich schenke dir und dem Staat mein Leben.« Der Konsul spricht dem Tribunen Dank und Lob aus.

Der Tribun und die vierhundert brechen auf in den sicheren Tod. Die Feinde wundern sich über ihre Kühnheit und sind voller Erwartung, wohin sie ziehen. Als sich aber zeigte, daß es ihr Ziel war, diese Kuppe zu besetzen, schickt der karthagische Feldherr Fußtruppen und Reiterei, die besten Männer, die er im Heer hatte, gegen sie. Die römischen Soldaten werden umzingelt; umzingelt setzen sie sich zur Wehr. Es kommt zu einem Kampf, der lange unentschieden bleibt. Schließlich siegt die Überzahl. Die vierhundert fallen alle bis auf den letzten Mann, durchbohrt von Schwertern oder von Geschossen überschüttet. Während dort gekämpft wird, macht der Konsul sich inzwischen davon in sicheres und hochgelegenes Gelände.

Die unsterblichen Götter aber haben dem Militärtribunen für seine Tapferkeit ein glückliches Geschick gewährt. Denn es kam so: Obwohl er dort vielfach verwundet worden war, erlitt er doch keine lebensgefährliche Wunde, und man erkannte ihn inmitten der Toten, völlig entkräftet von Wunden und weil er Blut verloren hatte. Man hob ihn auf, und er genas wieder, und danach hat er noch oft dem Staat tapfere und tüchtige Dienste geleistet.

Das Gefecht fand 258 bei Camarina statt. Cato, dem wir den Bericht verdanken, führt die Namen der Beteiligten nicht an. Es geht ihm nicht um den Ruhm eines Einzelnen oder seiner Familie, sondern um die vorbildliche Tat eines römischen Bürgers. Der erwähnte Konsul ist A. Cajatinus, der karthagische Feldherr Hasdrubal. Für den Militärtribunen sind drei verschiedene Namen überliefert: M. Calpurnius Flamma, Q. Caedicius oder Laberius.

M. ATILIUS REGULUS Cic., off. 3,99–100; Val. Max. 1, 1,14 250 v. Chr.
504 a.u.c.

M. Atilius Regulus, der in Afrika in Gefangenschaft geraten war, wurde von den Karthagern zum Senat geschickt, um im Austausch gegen ihn die Freilassung bestimmter junger Punier zu erwirken. Er hatte sich durch einen Eid verpflichten müssen, nach Karthago zurückzukehren, wenn diese Gefangenen den Puniern nicht zurückgegeben würden. Als er nach Rom kam, sah er die Möglichkeit, in seinem Vaterland zu bleiben, in seinem Heim mit seinem Weib und seinen Kindern zu leben und den Rang eines ehemaligen Konsuls einzunehmen. Was tat er aber? Er kam in den Senat, legte seinen Auftrag dar, erklärte dann jedoch, es sei nicht nützlich, die Gefangenen zurückzugeben. Das seien nämlich junge Leute und gute Führer, er dagegen schon vom Alter entkräftet. Seine Autorität gab den Ausschlag, die Gefangenen wurden zurückbehalten, er selbst kehrte nach Karthago zurück. Er wußte sehr wohl, daß er zu einem grausamen Feind und zu ausgesuchten Martern aufbrach; aber er glaubte, daß man einen Eid halten müsse. Die Karthager haben ihn dann durch Entzug des Schlafes getötet.

Der Auftritt des in Gefangenschaft geratenen Konsuls vor dem Senat ist unhistorisch. Regulus ist wahrscheinlich in karthagischer Kriegsgefangenschaft eines natürlichen Todes gestorben.
Die Legende wurde erfunden, um die Erinnerung an eine in Rom begangene Greueltat zu verdrängen, von der Diodor 24,12,1–3 berichtet: Nach dem Tode des Regulus sperrten seine Witwe und seine Söhne zwei karthagische Kriegsgefangene in enge Kisten und versagten ihnen jegliche Nahrung. Der eine starb infolge der Mißhandlung, der andere wurde durch das Eingreifen der Volkstribunen gerettet.

249 v. Chr. DIE ARROGANZ DES P. CLAUDIUS PULCHER
505 a.u.c. Polyb. 1,51,12; 52,3; Liv., frg. 11; perioch. 19,2; Suet., Tib. 2,2

Als der Konsul P. Claudius Pulcher vor der Seeschlacht bei Drepanum die Auspizien durchführte und die Hühner die hingestreuten Körner nicht fraßen,[1] machte er sich über das Augurium lustig, sagte: »So sollen sie wenigstens trinken« und warf sie ins Meer. Dann begann er die Schlacht, und er wurde besiegt. 93 Schiffe mitsamt der Bemannung fielen in die Hände der Karthager.

Vom Senat zurückgerufen und aufgefordert, einen Diktator zu ernennen, trieb er zum zweitenmal mit der Gefahr des Staates seinen Spott und ernannte Claudius Glicia, einen Mann von niedrigster Herkunft, der sogleich zur Abdankung gezwungen wurde. Claudius Pulcher wurde im folgenden Jahr wegen seines Verhaltens vor Gericht gestellt und zu einer hohen Strafe verurteilt.

246 v. Chr. DIE MENSCHENVERACHTUNG SEINER SCHWESTER
508 a.u.c. Liv., perioch. 19,8–9; Gell. 10, 6,2.3

Als Claudia, die Schwester des P. Claudius, bei der Rückkehr von Spielen in der Menge herumgestoßen wurde, sagte sie: »Wenn mein Bruder doch noch lebte, wieder eine Flotte führte und dieses Gesindel vernichten wollte, das mich Arme jetzt so schrecklich gequält hat!« Wegen dieser so unverschämten und so ungebührlichen Worte wurde ihr eine Geldbuße von 25 000 Schweren As auferlegt.

241 v. Chr. DIE ENTSCHEIDUNG DES KRIEGES Polyb. 1, 58,9 – 59,8
513 a.u.c.

Die Römer und die Karthager waren durch die Anstrengungen der ununterbrochenen Kämpfe und durch die fortdauernde finanzielle Belastung am Ende ihrer Kräfte angelangt. Den Kampf zur See hatten die Römer wegen der schweren Katastrophen[2] schon fast fünf Jahre lang gänzlich aufgegeben in der Überzeugung, den Krieg allein mit den Landstreitkräften entscheiden zu können. Da aber die Dinge, vor allem wegen des Wagemuts des karthagischen Heerführers, nicht den erwarteten Fortgang nahmen, wollten sie jetzt ein drittes Mal das Glück mit der Flotte versuchen. Denn nur so meinten sie den Krieg zu einem guten Ende führen zu können.

Es ging bei diesem Vorhaben fast um Sein oder Nicht-sein. In der Staatskasse waren keine Geldmittel dafür vorhanden; nur durch die Vaterlandsliebe und die Hochherzigkeit der ersten Männer des Staates wurde das notwendige Geld aufgebracht. Nach dem Maße ihres Vermögens übernahmen sie es entweder allein oder zu zweit oder dritt, einen vollständig ausgerüsteten Fünfruderer zu stellen; wenn die Dinge sich gut entwickelten, sollten ihnen die Kosten erstattet werden. Nachdem auf diese Weise schnell 200 Fünfruderer hergestellt waren, übertrugen sie C. Lutatius den Oberbefehl und schickten ihn zu Beginn des Sommers 241 nach Sizilien.

Mit dieser Flotte gewannen die Römer bei den Ägatischen Inseln den Sieg, schnitten dem karthagischen Heer am Eryx die Zufuhr zur See ab und machten damit dem ganzen Krieg ein Ende.

DER EID DES JUNGEN HANNIBAL Polyb. 3, 11,5–7

237 v. Chr.
517 a. u. c.

Als Hasdrubal, der Vater Hannibals, mit seinem Heer nach Spanien absegeln wollte, brachte er zuvor dem Zeus (Melqart) ein Opfer dar; Hannibal, damals neun Jahre alt, stand dabei neben dem Altar.

Nachdem Hasdrubal den Göttern die Trankspende dargebracht und die übrigen Gebräuche verrichtet hatte, ließ er die Anwesenden ein wenig zurücktreten, rief seinen Sohn heran und fragte ihn, ob er ihn auf seinem Zug begleiten wolle. Als der freudig ja sagte, ergriff er seine Rechte, führte ihn an den Altar und ließ ihn unter Berührung der Opfer schwören, niemals ein Freund der Römer zu werden.

DER EBROVERTRAG Polyb. 2, 13,3–7

zwischen
Herbst 226
und Frühjahr
225 v. Chr.
528/529 a. u. c.

Als die Römer sahen, daß Hasdrubal dabei war, in Spanien eine größere, furchterweckende Macht aufzubauen, faßten sie den Entschluß, in die dortigen Verhältnisse einzugreifen. Und da sie fanden, daß sie bisher geschlafen und dadurch den Karthagern ermöglicht hatten, sich eine bedeutende Machtstellung zu schaffen, versuchten sie nach Möglichkeit das Versäumte wieder wettzumachen. Im Augenblick wagten sie allerdings nicht, den Karthagern Einhalt zu gebieten oder ihnen gar den Krieg zu erklären, da ihnen von den Galliern Gefahr drohte und sie jeden Tag deren Einfall erwarteten. So beschlossen sie denn, Hasdrubal mit Samthandschuhen anzufassen und eine Verständigung mit ihm zu suchen und dann den Kampf mit den Galliern durchzufechten; denn sie waren überzeugt, die Herrschaft über Italien nicht behaupten, ja nicht einmal in Rom in Sicherheit leben zu können, solange ihnen diese im Nacken säßen. Sie schickten daher eine Gesandtschaft zu Hasdrubal und schlossen mit ihm einen Vertrag, in dem vom übrigen Spanien kein Wort stand, jedoch bestimmt war, die Karthager sollten den Ebro nicht in kriegerischer Absicht überschreiten. Gleich darauf begannen sie den Krieg gegen die in Italien wohnenden Gallier.[3]

HANNIBALS ALPENÜBERGANG Liv. 21, 36,1–37,6

Man kam dann zu einem noch viel schmaleren Felspfad. Das Gestein war so steil, daß selbst ein unbewaffneter Soldat nur mit Mühe hinabgelangen konnte, indem er sich vorwärtstastete und mit den Händen an den Büschen und den ringsum herausragenden Baumstöcken festhielt. Diese schon zuvor von Natur aus abschüssige Stelle war erst kürzlich durch einen Erdrutsch fast 1000 Fuß tief abgestürzt. Als die Reiter hier wie in einer Sackgasse stehenblieben und Hannibal sich wunderte, was den Zug aufhielt, meldete man ihm, auf diesem Felspfad sei ein Weiterkommen unmöglich. Sofort ritt er selbst nach vorn, um sich die Stelle anzusehen. Zweifellos mußte er das Heer auf einem Umweg – und sei er auch noch so weit – durch unwegsames, nie betretenes Gelände führen. Doch dieser Weg war ungangbar; denn solange der Neuschnee nicht zu hoch auf dem alten, noch nicht zertretenen Schnee lag, fand der Fuß in dem weichen und nicht sehr tiefen Schnee leicht Halt; sobald der Schnee aber durch den Zug so vieler Menschen und Tiere zertreten war, schritten sie im wäßrigen Matsch des tauenden Schnees auf dem blanken Eis. Da gab es schreckliche Schwierigkeiten, weil das Eis keinen Halt bot und die Füße auf dem abschüssigen Gelände noch schneller ausgleiten ließ. Und wollte man sich beim Aufstehen auf die Hände oder das Knie stützen, so rutschten auch diese Stützen weg, und man fiel erneut hin. Es gab auch ringsum keine Baumstöcke oder Wurzeln, gegen die man sich mit dem Fuß oder der Hand hätte stemmen können. So kugelten sie auf dem glatten Eis durch den matschigen Schnee. Die Lasttiere traten beim Gehen oft auch durch die unterste Schneeschicht, und wenn sie stürzten und bei dem Versuch, wieder aufzustehen, mit den Hufen kräftiger schlugen, brachen sie völlig ein, so daß sehr viele in dem harten, tief vereisten Schnee steckenblieben wie in einer Fußfessel.

Nachdem die Tiere und die Menschen sich vergeblich abgemüht hatten, schlug man endlich auf dem Joch ein Lager auf; dazu wurde das Gelände mit

Hannibal (Silbermünze aus Spanien)

größter Mühe gesäubert; man mußte eine Menge Schnee losgraben und wegschaffen.

Dann wurden die Soldaten an die einzige Stelle der Felswand geführt, an der ein Durchkommen möglich war, und sollten sie gangbar machen. Es galt, Fels wegzuschlagen. Dazu fällten sie die ringsum stehenden riesigen Bäume, entfernten die Äste und schichteten einen gewaltigen Holzstoß auf. Als sich ein kräftiger Wind erhob, der geeignet war, ein Feuer anzufachen, zündeten sie den Stoß an und machten den glühendheißen Fels durch Begießen mit Essig mürbe. Den so durch das Feuer spröde gewordenen Stein zertrümmerten sie mit eisernem Werkzeug und entschärften die steilen Hänge durch sanfte Serpentinen, so daß man nicht nur die Zugtiere, sondern auch die Elefanten hinabführen konnte. Vier Tage hatten sie mit diesem Felsen zu tun, und die Tiere wären beinahe verhungert; denn die Höhen sind fast kahl, und das vielleicht vorhandene Futter bedeckt der Schnee. Weiter unten gibt es Täler und einige sonnige Hügel, auch Bäche in der Nähe von Wäldern und Plätze, die schon eher eine Bestellung von Menschenhand verdienen. Hier trieb man die Tiere auf die Weide, und den vom Wegebau erschöpften Leuten wurde eine Ruhepause gegönnt.

DIE KRIEGFÜHRUNG DES Q. FABIUS MAXIMUS

Polyb. 3, 89,2; 90,1.6.8–10; 103,1–4.6–8; 105,5–10

Nachdem die Römer im Mai oder Juni 217 am Trasumennischen See eine schwere Niederlage erlitten hatten, wählten sie Q. Fabius Maximus zum Diktator und M. Minucius Rufus zum Magister equitum.

Fabius war entschlossen, sich weder dem Feind zu stellen noch sich auf eine Schlacht einzulassen, sondern zuerst und vor allem an die Sicherheit der ihm Unterstellten zu denken, und blieb unerschütterlich bei diesem Vorsatz. Er hielt sich immer den Feinden zur Seite und war dank seiner Ortskenntnis immer etwas schneller, wenn es galt, einen wichtigen Punkt zu besetzen.

Der Magister equitum Minucius Rufus war hiermit keineswegs zufrieden. Er verlästerte Fabius bei allen, daß er den Krieg ohne Mut und Tatkraft führe, und brannte selbst darauf, sich dem Feinde zu stellen und sich mit ihm zu messen. Auch in der öffentlichen Meinung wurde Fabius heftig angegriffen.

Als er gezwungen war, um gewisser Opfer willen nach Rom zu gehen, schärfte er Minucius bei der Übergabe des Kommandos ein, nicht so sehr darauf bedacht zu sein, dem Feinde zu schaden, als darauf, daß ihm selbst kein Unglück zustoße. Dies nahm sich Minucius jedoch so wenig zu Herzen, daß er, noch während Fabius dies sagte, ganz und gar von dem Gedanken erfüllt war, den Kampf zu wagen und eine entscheidende Schlacht zu schlagen.

Es gelang Minucius, Hannibal in Abwesenheit des Diktators eine Schlappe beizubringen.

Als in Rom ein freilich übertriebener Bericht über diesen Erfolg eintraf, war man hocherfreut, weil sich zum erstenmal nach der vorherigen Hoffnungslosigkeit und Verzweiflung eine Wende zum Besseren abzuzeichnen schien. Alle beschuldigten den Fabius und machten ihm Vorwürfe, daß er nicht den Mut habe, den rechten Augenblick zu nutzen, den Minucius aber feierten sie wegen seines Erfolges so sehr, daß damals etwas geschah, was noch nie geschehen war: sie ernannten auch ihn zum Diktator, in der festen Erwartung, er werde dem Kriege rasch ein Ende machen, und so gab es denn jetzt zwei Diktatoren für dieselbe Aufgabe, was in Rom noch nie vorgekommen war.

Als Fabius wieder zum Heer kam, war er durch das Vorgefallene in keiner Weise umgestimmt, sondern verharrte nur noch fester bei seinem alten Vorsatz. Da Minucius ihm in allem und jedem widersprach und ganz versessen darauf war, sich zu schlagen, stellte er ihn vor die Wahl, entweder abwechselnd mit ihm das Kommando zu führen oder aber die Truppen zu teilen, so daß jeder seine Legionen nach seinem eigenen Ermessen verwenden könne. Minucius ging mit größter Freude auf die Teilung ein; sie trennten sich voneinander, und jeder bezog mit der Hälfte des Heeres ein eigenes Lager.

Als Minucius erneut eine günstige Gelegenheit gekommen glaubte, geriet er in die ärgste Bedrängnis.

Fabius, der die Vorgänge beobachtet hatte, eilte ihm schleunigst zu Hilfe. Bei seinem Erscheinen faßten die Römer sogleich wieder Mut und zogen sich geordnet auf das Heer des Fabius zurück. Fabius' Eingreifen ließ es Hannibal geraten erscheinen, den weiteren Kampf aufzugeben.

Den Teilnehmern an der Schlacht war es klar, daß das Heer durch die Verwegenheit des Minucius fast verloren gewesen wäre, durch die Bedachtsamkeit des Fabius aber gerettet worden war. In Rom erkannte man nun allgemein, welch ein Unterschied zwischen der Unüberlegtheit und eitlen Ruhmsucht eines Haudegens und der unerschütterlichen und wohlüberlegten Voraussicht eines wahren Feldherrn besteht. Belehrt durch diese Erfahrung, bezogen die Legionen des Fabius und des Minucius nun wieder gemeinsam ein einziges Lager, und fortan befolgten alle willig die Befehle des Fabius.

Der Dichter Ennius rühmt Fabius um 175 v. Chr. mit den Versen:

Enn., ann. 363–364 Sk. Ein Mann hat uns durch sein Zaudern den Staat wiederhergestellt; er stellte das Gerede der Leute nicht über die Rettung des Ganzen.

HANNIBAL UND MAHARBAL Liv. 22, 51,1–4

2. August
216 v. Chr.
538 a.u.c.

Die übrigen umdrängten den siegreichen Hannibal, wünschten ihm Glück und rieten ihm, nach einem so schweren Kampf sich selbst und den erschöpften Soldaten für den Rest des Tages und die folgende Nacht Ruhe zu gönnen. Maharbal, der Befehlshaber der Reiterei, war jedoch der Meinung, man dürfe sich keinesfalls der Ruhe hingeben, und sagte: »Im Gegenteil! Damit du weißt, was durch diese Schlacht gewonnen ist: Nach vier Tagen wirst du als Sieger auf dem Kapitol speisen. Folge mir! Mit den Reitern will ich vorauseilen, damit die Römer eher merken, daß du gekommen bist, als daß du kommen wirst.« Hannibal erschien die Idee zu beglückend und zu groß, als daß er sie sofort hätte begreifen können. Daher entgegnete er: Er lobe zwar den guten Willen Maharbals, aber er brauche Zeit, um seinen Vorschlag zu überdenken. Darauf antwortete Maharbal: »Die Götter haben freilich ein und demselben Mann nicht alles gegeben; zu siegen verstehst du, Hannibal; den Sieg zu nutzen verstehst du nicht.« Man nimmt als ziemlich sicher an, daß der Aufschub dieses einen Tages für die Stadt und das Reich die Rettung bedeutet hat.

DER JUNGE SCIPIO NACH DER SCHLACHT BEI CANNAE Liv. 22, 53,1–13

August
216 v. Chr.
538 a.u.c.

Nach der Schlacht bei Cannae waren etwa 4800 Mann aus den beiden römischen Lagern ausgebrochen und nach Canusium gelangt.

Obgleich sich dort vier Militärtribunen aufhielten, Q. Fabius Maximus von der 1. Legion, dessen Vater im vergangenen Jahr Diktator gewesen war, von der 2. Legion L. Publicius Bibulus und P. Cornelius Scipio, und von der 3. Legion App. Claudius Pulcher, der vor kurzem erst Ädil gewesen war, übertrug man mit Zustimmung aller dem noch ganz jungen P. Cornelius Scipio und App. Claudius den Oberbefehl. Als sie im kleinen Kreis über die Gesamtlage berieten, berichtete P. Furius Philus, der Sohn eines ehemaligen Konsuls: Umsonst hegten sie eine verlorene Hoffnung; man habe den Staat bereits völlig aufgegeben. Einige junge Adlige, an ihrer Spitze L. Caecilius Metellus, schauten nach dem Meer und nach Schiffen aus, um Italien zu verlassen und zu irgendeinem der Könige zu flüchten.

Als dieses nicht nur abscheuliche, sondern über alles Unglück hinaus auch noch neuartige Unheil die Anwesenden vor Entsetzen und Staunen erstarren ließ und sie vorschlugen, deswegen einen Kriegsrat einzuberufen, erklärte der junge Scipio, der vom Schicksal berufene Führer dieses Krieges, ein Kriegsrat sei fehl am Platze. In einer so schlimmen Lage habe man zu wagen und zu handeln, nicht zu beraten. Wer den Staat gerettet sehen wolle, solle auf der Stelle bewaffnet mit ihm gehen. Das feindliche Lager sei am ehesten da, wo man so denke. Von wenigen begleitet, machte er sich auf in das Quartier des Metellus. Als er dort die jungen Männer versammelt fand, von denen berichtet worden war, zückte er sein Schwert über die Köpfe der Beratenden und rief. »Auf Ehre und Gewissen, ich werde den Staat des römischen Volkes nicht im Stich lassen und auch nicht zulassen, daß ein anderer römischer Bürger ihn im Stich läßt. Wenn ich wissentlich diesen Eid breche, dann sollst du, Jupiter Optimus Maximus, mich, mein Haus, meine Familie und meinen Besitz elend vernichten! L. Caecilius, ich verlange von dir, daß du mit diesen Worten schwörst und ebenso ihr anderen Anwesenden. Wer nicht schwört, soll wissen, daß dieses Schwert gegen ihn gezogen ist.« Alle leisteten den Eid, nicht weniger erschreckt, als sähen sie den siegreichen Hannibal vor sich, und gaben sich selbst Scipio in Gewahrsam.

ROM NACH DER SCHLACHT BEI CANNAE Liv. 22, 61,10.13

Wieviel größer die Niederlage bei Cannae im Vergleich zu früheren war, zeigt schon die Tatsache, daß die Treue der Bundesgenossen, die bis zu diesem Tag unerschütterlich gewesen war, ins Wanken geriet, weil sie am Fortbestand des Reiches zweifelten.

Doch führte diese Niederlage und der Abfall der Bundesgenossen nicht dazu, daß bei den Römern das Wort Frieden fiel.

215 v. Chr.
539 a. u. c.

DAS BÜNDNIS ZWISCHEN PHILIPP V. UND HANNIBAL Liv. 23, 33,1 – 34,2

Alle Könige und Völker hatten ihre Aufmerksamkeit auf diesen Kampf der beiden mächtigsten Völker der Erde gerichtet, unter ihnen Philipp, der König der Makedonen – dieser um so mehr, weil er Italien näher und nur durch das Jonische Meer von ihm getrennt war. Als er gerüchtweise von Hannibals Alpenübergang erfuhr, war seine Freude über den Kriegsausbruch zwischen

Philipp V.

Römern und Puniern groß; aber er war sich doch bei dem bisher ungewissen Kräfteverhältnis noch nicht im klaren, welchem der beiden Völker er den Sieg wünschen sollte. Als jetzt aber schon die dritte Schlacht den Puniern den Sieg brachte,[4] schlug er sich auf die Seite des Glücks und schickte Gesandte zu Hannibal. Sie mieden die Häfen Brundisium und Tarent, weil in ihnen römische Wachschiffe lagen, und gingen bei dem Tempel der Juno Lacinia an Land. Vor hier aus zogen sie durch Apulien in Richtung Capua, gerieten mitten unter die römischen Posten und wurden dem Prätor Valerius Laevinus vorgeführt, der sein Lager bei Luceria hatte. Dreist behauptete hier Xenophanes, der Anführer der Gesandtschaft, König Philipp habe ihn geschickt, um mit dem römischen Volk ein Freundschaftsbündnis zu schließen. Er habe Aufträge an die Konsuln sowie an den Senat und das Volk von Rom. Der Prätor war angesichts der Abfallbewegung unter den alten Bundesgenossen über das neue Bündnis mit einem so berühmten König sehr erfreut, nahm seine Feinde freundlich als Gäste auf und gab ihnen Leute zur Begleitung mit. Sorgfältig erklärte er ihnen die Wege und welche Stellen und welche Wälder die Römer oder die Feinde besetzt hätten.

Xenophanes gelangte durch die römischen Posten nach Kampanien und von da auf dem nächsten Weg in Hannibals Lager. Mit ihm schloß er einen Freundschaftsvertrag unter folgenden Bedingungen: König Philipp sollte mit einer möglichst großen Flotte – er schien 200 Schiffe stellen zu können – nach Italien hinüberfahren, die Küste verwüsten und sich dann seinerseits am Land- und Seekrieg beteiligen. Am Ende des Krieges sollte ganz Italien mit der Stadt Rom selbst den Karthagern und Hannibal gehören und die gesamte Beute Hannibal zufallen. Nach Italiens Unterwerfung wollten sie gemeinsam nach Griechenland segeln und dort Krieg führen, mit wem der König wolle. Alle Staaten des Festlandes und alle Inseln im Nahbereich Makedoniens sollten Philipp und seinem Reich gehören. Unter diesen Bedingungen etwa kam das Bündnis zwischen dem punischen Feldherrn und den makedonischen Gesandten zustande. Mit ihnen wurden Gisgo, Bostar und Mago als Gesandte geschickt, um die persönliche Bestätigung des Königs einzuholen.

DER GESCHEITERTE ANGRIFF AUF SYRAKUS Liv. 24, 33,9 – 34,16

214 v. Chr.
540 a.u.c.

Hieron II., der seit 263 eine romfreundliche Politik betrieb (s. S. 100), hatte die Römer in den ersten Jahres des Zweiten Punischen Krieges mit Soldaten, Getreidelieferungen und Geld unterstützt. Nach dem Tode Hierons im Jahre 215 war es in Syrakus zu einem Umsturz gekommen, und die Stadt war auf die Seite der Karthager getreten.

Die Römer begannen 214 zu Lande und zu Wasser mit dem Sturm auf Syrakus. Dieses mit großem Schwung begonnene Unternehmen hätte Erfolg gehabt, wäre da nicht Archimedes gewesen, ein einmaliger Beobachter des Himmels und der Gestirne, bestaunenswerter aber noch als Erfinder und Hersteller von Geschützen und Kriegsmaschinen, mit denen er alles, was die Feinde mit gewaltiger Anstrengung erreichen wollten, seinerseits mit sehr wenig Kraftaufwand spielend vereitelte. Die über ungleiche Hügel verlaufende Mauer bestückte er mit allen möglichen Wurfmaschinen, wie es ihm für jede Stelle angebracht schien.

Claudius Marcellus

Die Mauer von Achradina, die vom Meer bespült wird, griff Marcellus mit 60 Fünfruderern an. Von den übrigen Schiffen aus ließen Bogenschützen, Schleuderer und Leichtbewaffnete kaum jemand auf der Mauer unverwundet; sie hielten ihre Schiffe in einiger Entfernung von der Mauer, weil sie für ihre Geschosse Raum brauchten. Andere Fünfruderer wurden paarweise miteinander verbunden, indem man die Ruder auf der Innenseite entfernte, so daß Bordwand an Bordwand stieß, während sie sich mit den äußeren Ruderreihen wie ein einziges Schiff fortbewegen ließen; diese trugen mit Brüstungen versehene Türme und andere Maschinen, mit denen man Mauern zerschmettern kann.

Gegen diese Anstalten der Flotte verteilte Archimedes verschieden große Geschütze auf den Mauern. Auf die Schiffe in der Ferne ließ er ungeheuer schwere Steine schleudern. Die näheren beschoß er mit leichteren, aber um so zahlreicheren Geschossen. Schließlich ließ er durch die Mauern von unten nach oben zahlreiche Schießscharten brechen, durch die seine Leute aus der Deckung heraus, ohne verwundet zu werden, die Feinde beschießen konnten, die einen mit Pfeilen, andere mit mittelgroßen Geschützen.

Einige Schiffe wagten sich näher heran, um in den toten Winkel der Geschütze zu gelangen. Gegen diese ließ er durch einen über die Mauer hinausragenden Kran einen eisernen, an einer starken Kette befestigten Greifer hinab; wenn dieser das Vorderschiff traf und ein schweres Bleigewicht den anderen Arm des Kranbalkens auf den Boden zurückschnellen ließ, riß er den Bug hoch und stellte das Schiff auf das Heck. Wenn es dann plötzlich losgelassen wurde, schlugen die Wellen zum gewaltigen Schrecken für die Matrosen so heftig an das Schiff, daß es, auch wenn es unverkantet zurückfiel, eine beträchtliche Menge Wasser aufnahm.

So wurde der Angriff zur See vereitelt, und alle Hoffnung richtete sich darauf, mit sämtlichen Kräften zu Lande anzugreifen. Aber auch diese Seite war von Archimedes mit Geschützen aller Art bestückt worden. So beschloß man in einem Kriegsrat, die Bestürmung aufzugeben und dem Feind nur durch Einschließung zu Wasser und zu Lande die Zufuhr abzuschneiden.

212 gelang es Marcellus, in der Nacht nach einem Fest in die Stadt einzudringen. Bei der Plünderung der Stadt fand auch Archimedes den Tod.

DER VERTRAG MIT DEN ÄTOLERN Liv. 26, 24,1–14

211 v. Chr.
543 a.u.c.

Um einen Bundesgenossen gegen den mit Hannibal verbündeten Philipp V. zu gewinnen, hatten die Römer seit 212 mit den im Westen Griechenlands lebenden Ätolern verhandelt.

Im Herbst 211 kam M. Valerius Laevinus mit einer Flotte von Schnellseglern zu einer Bundesversammlung der Ätoler, die gerade zu diesem Zweck einberufen worden war; vorher hatte er in geheimen Unterredungen die Haltung ihrer führenden Männer erkunden lassen. Hier wies er, um das Waffenglück der Römer in Sizilien und Italien glaubhaft zu machen, auf die Eroberung von Syrakus (212) und Capua (211) hin und fügte hinzu, es sei bei den Römern eine schon von ihren Vorfahren ererbte Sitte, ihre Bundesgenossen in Ehren zu halten. Die Ätoler würden noch höhere Ehren genießen, weil sie als erstes der Völker jenseits des Meeres in ein Freundschaftsbündnis eingetreten seien. Philipp und die Makedonen seien für sie drückende Nachbarn. Er habe aber ihre Macht und ihren Trotz bereits jetzt gebrochen, und er werde sie so niederhalten, daß sie nicht nur die den Ätolern gewaltsam weggenommen Städte wieder räumen, sondern Makedonien selbst für gefährdet halten sollten. Auch die Akarnanen, deren Trennung von ihrem Bund die Ätoler schmerze, wolle er in das alte Rechtsverhältnis und in die Abhängigkeit von ihnen zurückführen. Diese Ausführungen und Versprechungen des römischen Feldherrn bestätigten Skopas, der damalige Stratege[5] des Volkes, und Dorimachos, ein führender Mann der Ätoler, durch ihr Ansehen und lobten mit weniger Zurückhaltung und größerer Überzeugungskraft die Macht und Hoheit des römischen Volkes. Am meisten beeindruckte sie die Aussicht, Akarnanien zu erhalten.

So wurden die Bedingungen aufgeschrieben, unter denen sie ein Freundschaftsbündnis mit Rom eingehen wollten; hinzugesetzt wurde, wenn man damit einverstanden sei und jene Völker es selbst wünschten, sollten die Eleer und die Spartaner sowie Attalos, Pleuratos und Skerdilaïdas gleiches Recht in dieser Freundschaft erhalten. Attalos war König von Kleinasien, die beiden letzteren Könige der Thraker und Illyrer. Den Krieg gegen Philipp sollten die Ätoler sofort auf dem Lande führen; die Römer sollten sie mit einer Flotte von mindestens 25 Fünfruderern unterstützen. Von Ätolien bis Korkyra sollten Grund und Boden, Gebäude, Mauern und das Umland der Städte den Ätolern, die gesamte übrige Beute den Römern gehören. Die Römer sollten sich darum bemühen, daß die Ätoler Akarnanien erhielten. Falls die Ätoler mit Philipp Frieden schlössen, sollten sie in den Vertrag aufnehmen, der Friede sei nur dann gültig, wenn Philipp alle Angriffe auf die Römer, ihre Bundesgenossen und alle, die von ihnen abhängig seien, unterlasse. Ebenso sollte das römische Volk, wenn es mit dem König einen Vertrag schließe, klarstellen, daß der König nicht das Recht habe, die Ätoler und ihre Bundesgenossen in Krieg zu verwickeln. Auf diese Bedingungen einigte man sich.

207 v. Chr. DIE MUTIGE ENTSCHEIDUNG DES KONSULS C. CLAUDIUS NERO

547 a. u. c. Liv. 27, 43,1–12; 45,7–12; 50,1; 51,11–13

Hannibals Bruder Hasdrubal hatte 208 Spanien verlassen und im Frühjahr 207 die Alpen überschritten, um seine Truppen mit denen Hannibals zu vereinigen. Auf römischer Seite standen zwei Heere unter dem Prätor L. Porcius Licinus und dem Konsul M. Livius in Oberitalien; dem anderen Konsul C. Claudius Nero war der Kampf gegen Hannibal in Lukanien übertragen.

Hasdrubal hatte vier gallische Reiter und zwei Numider mit einem Brief zu Hannibal geschickt.[6] Nachdem sie mitten durch die Feinde Italien fast in seiner ganzen Länge durchmessen hatten, wurden sie in Unkenntnis der Wege nach Tarent verschlagen, von römischen Futterholern, die im Land umherstreiften, abgefangen und zu dem Proprätor Q. Claudius geführt. Zunächst suchten sie ihn durch unbestimmte Antworten einzuwickeln; sowie aber die Furcht vor der Folter sie zwang, die Wahrheit zu sagen, gaben sie an, sie brächten einen Brief von Hasdrubal an Hannibal. Mit diesem Brief, versiegelt wie er war, wurden sie dem Militärtribunen L. Verginius übergeben, der sie zum Konsul Claudius führen sollte; zwei Schwadronen Samniten wurden als Bedeckungsmannschaft mitgeschickt. Sobald sie zum Konsul gelangten und der Brief durch einen Dolmetscher vorgelesen und die Gefangenen verhört worden waren, da glaubte Claudius, die Lage des Staates sei nicht so, daß jeder nach den herkömmlichen Grundsätzen nur innerhalb der Grenzen seines Aufgabenbereiches mit seinem Heer gegen den Feind Krieg führen dürfe, den der Senat ihm bestimmt habe; man müsse etwas Unvorhergesehenes, Unerwartetes wagen, etwas, das zu Anfang bei den Mitbürgern nicht weniger Schrecken auslöse als bei den Feinden, am Ende aber die große Furcht in große Freude verwandle. Den Brief Hasdrubals schickte er nach Rom zum Senat und unterrichtete zugleich die Senatoren von dem, was er vorhatte.

Ebenso schickte er Leute voraus in die Gebiete, durch die er sein Heer führen wollte: Alle vom Land und aus den Städten sollten zubereitete Lebensmittel zur Verpflegung der Soldaten an den Weg bringen und Pferde und sonstige Zugtiere heranführen, damit für die Erschöpften eine Menge Wagen zur Verfügung stehe. Er selbst wählte aus dem ganzen Heer die besten Bürger und Bundesgenossen aus, 6000 Fußsoldaten und 1000 Reiter; sie sollten sich zum Abmarsch bereithalten. In der Nacht brach er auf und zog in Gewaltmärschen zu seinem Kollegen. Er hatte den Legaten Q. Catius zurückgelassen, der im Lager das Kommando haben sollte.

Die Leute des Claudius zogen durch Reihen von Männern und Frauen, die von überall her aus dem Land herbeiströmten. Jeder einzelne lud sie zu sich ein und bot ihnen an, was sie selbst und ihre Zugtiere benötigten; bereitwillig gab man alles in Hülle und Fülle. Die Soldaten wetteiferten in Bescheidenheit, nichts über das Notwendige hinaus zu nehmen. Sie hielten sich nicht auf und verließen ihre Einheiten nicht, wenn sie Nahrung zu sich nahmen, zogen Tag und Nacht und gönnten sich kaum die Ruhe, die der Körper braucht.

Zu seinem Kollegen hatte Nero Leute vorausgeschickt, die seine Ankunft melden und fragen sollten, ob er heimlich oder offen, bei Tag oder bei Nacht kommen und ob er dasselbe Lager oder ein anderes beziehen solle. Es schien besser, daß er heimlich bei Nacht einrückte.

Unbemerkt vom Feind gelangte Claudius ins römische Lager bei Sena. Schon am nächsten Tag rückte man zur Schlacht aus. Als Hasdrubal erkannte, daß die Römer Verstärkung erhalten hatten, zog er sich zurück. Sein Versuch, sich in der kommenden Nacht über den Metaurus abzusetzen, mißlang. Am nächsten Morgen holten ihn die Römer ein und schlugen ihn vernichtend; Hasdrubal selbst fiel im Kampf.

Nero brach in der Nacht, die auf die Schlacht folgte, nach Apulien auf und gelangte mit seinen Truppen noch schneller, als er hergekommen war, am sechsten Tag zu seinem Standlager und zum Feind. Als er in sein Lager zurückgekehrt war, ließ er das Haupt Hasdrubals, das er mitgebracht hatte, vor die Posten der Feinde werfen und gefangene Afrikaner, gefesselt wie sie waren, vorzeigen, auch zwei von ihnen, die er freiließ, zu Hannibal gehen und ihm eröffnen, was geschehen war. Hannibal, von dem so großen Verlust für den Staat sowie für seine Familie betroffen, soll gesagt haben, er erkenne das Schicksal Karthagos. Dann brach er aus seinem Lager auf, um alle Hilfstruppen, die er, weit verteilt, wie sie waren, nicht schützen konnte, im äußersten Winkel Italiens im Bruttierland zusammenzuziehen, forderte die gesamte Bürgerschaft von Metapont auf, ihre Wohnsitze aufzugeben und führte sie und von den Lukanern die, die in seiner Gewalt waren, in das bruttische Gebiet hinüber.

DIE WAHL SCIPIOS ZUM KONSUL FÜR 205 UND DIE FESTLEGUNG SEINES AUFGABENBEREICHS Liv. 28, 38,6–10; 40,1–2; 45,8–9

206 v. Chr.
548 a.u.c.

Nicht lange nach der Rückkehr Scipios aus Spanien fanden die Konsulwahlen statt. Alle Centurien wählten mit ungeheurer Begeisterung P. Scipio zum Konsul. Als Kollege wurde ihm der Pontifex maximus P. Licinius Crassus beigegeben. Übrigens war die Wahlversammlung, wie überliefert ist, besser besucht als irgendeine in diesem Krieg; die Leute waren von überall her zusammengekommen, nicht nur um ihre Stimme abzugeben, sondern auch um P. Scipio zu sehen, und sie strömten in großer Zahl bei seinem Haus und zu seinem Opfer auf dem Kapitol zusammen, als er die 100 Rinder darbrachte, die er Jupiter in Spanien gelobt hatte; und sie waren fest davon überzeugt, wie C. Lutatius den früheren Krieg mit den Puniern beendet habe, so werde P. Scipio diesen, der

Scipio Africanus

jetzt auf ihnen laste, beenden, und wie er alle Römer aus Spanien vertrieben habe, so werde er sie auch aus Italien vertreiben, und sie sahen für ihn Afrika als Aufgabenbereich vor, als wenn der Krieg in Italien schon zu Ende wäre.

Es hieß allgemein, Afrika werde für P. Scipio ohne Losen als neuer Aufgabenbereich bestimmt. Er selbst, der sich mit mäßigem Ruhm nicht mehr zufriedengab, sagte, er sei zum Konsul ernannt worden, nicht nur um den Krieg zu führen, sondern um ihn zu beenden, und dies könne nicht anders geschehen, als wenn er selbst mit seinem Heer nach Afrika übersetze; und er erklärte offen, er werde das mit Hilfe des Volkes durchsetzen, wenn der Senat sich dagegenstelle.[7]

Im Senat sprach sich Q. Fabius Maximus gegen Scipios Plan aus: Zunächst müsse man Hannibal aus Italien vertreiben; dann erst dürfe man nach Afrika hinübergehen. Scipio verteidigte dagegen seine Vorstellungen: Wenn die Karthager im eigenen Land bedrängt würden, würden sie Hannibal zurückrufen; im übrigen sei sein Kollege durchaus imstande, Hannibal in Bruttium in Schach zu halten.

Am nächsten Tag legte der Senat die Aufgabenbereiche fest: für den einen Konsul Sizilien und die 30 Kriegsschiffe, die C. Servilius im Vorjahr befehligt hatte, sowie die Erlaubnis, nach Afrika überzusetzen, wenn er meine, das sei im Interesse des Staates; für den anderen das Gebiet der Bruttier und der Kampf gegen Hannibal.

205/204 v. Chr. 549/550 a.u.c. DIE ÜBERFÜHRUNG DER MAGNA MATER VOM IDA NACH ROM

Liv. 29, 10,4 – 11,8; 14, 6–14

Weil es in diesem Jahr häufiger Steine vom Himmel geregnet hatte, hatten die Decemvirn die Sibyllinischen Bücher eingesehen und in ihnen den Spruch gefunden, wenn ein Feind aus der Fremde den Krieg in das italische Land getragen habe, könne er aus Italien vertrieben und besiegt werden, wenn die Mutter vom Ida aus Pessinus[8] nach Rom gebracht werde. Dieser Spruch bewegte die Senatoren um so mehr, weil auch die Gesandten, die das Geschenk[9] nach Delphi gebracht hatten, berichteten, als sie dem Pythischen Apollon geopfert hätten, sei alles glücksverheißend gewesen und aus dem Orakel sei der Bescheid gekommen, dem römischen Volk stehe ein viel größerer Sieg bevor als der, aus dessen Beute sie die Geschenke brächten. Zu allem, was diese Hoffnung stützte, zählten sie auch, daß P. Scipio wie in einer Vorahnung vom Ende des Krieges

Afrika als Aufgabengebiet gefordert hatte. Um sich daher um so früher des sich durch Schicksalssprüche, Vorzeichen und Orakelsprüche ankündigenden Sieges zu erfreuen, suchten sie mit allem Nachdruck nach einem Weg, die Göttin nach Rom zu schaffen.

Das römische Volk hatte in Kleinasien noch keine verbündeten Gemeinden; man erinnerte sich jedoch daran, daß man auch Aesculap einstmals wegen des Gesundheitszustandes des Volkes aus Griechenland herbeigeholt hatte, als man mit ihm noch nicht durch einen Vertrag verbunden war, und daß sich jetzt schon mit König Attalos wegen des gemeinsamen Krieges gegen Philipp Freundschaft angebahnt habe; in der Hoffnung, er werde dem römischen Volk zuliebe tun, was er könne, bestimmten sie als Gesandte an ihn M. Valerius Laevinus, der zweimal Konsul gewesen war und in Griechenland Krieg geführt hatte, M. Caecilius Metellus, einen ehemaligen Prätor, Ser. Sulpicius Galba, einen ehemaligen Ädilen, und zwei ehemalige Quästoren, Cn. Tremelius Flaccus und M. Valerius Falto. Sie bestimmten für diese fünf Fünfruderer, damit sie der Würde des römischen Volkes entsprechend jene Länder aufsuchten, bei denen sie dem römischen Namen Ansehen verschaffen sollten.

Als die Gesandten auf der Fahrt nach Asien geradewegs nach Delphi hinaufgestiegen waren, wandten sie sich an das Orakel mit der Frage, welche Hoffnung es ihnen und dem römischen Volk mache, den Auftrag auszuführen, zu dem man sie von daheim geschickt habe. Die Antwort soll gelautet haben: Mit Hilfe von König Attalos würden sie erreichen, was sie wollten; wenn sie die Göttin nach Rom gebracht hätten, dann sollten sie dafür sorgen, daß der beste Mann, den es in Rom gebe, sie gastfreundlich in Empfang nehme.

Sie kamen nach Pergamon zum König. Er nahm die Gesandten freundlich auf, brachte sie nach Pessinus in Phrygien, übergab ihnen den heiligen Stein, von dem die Einwohner sagten, er sei die Mutter der Götter, und forderte sie auf, ihn nach Rom zu bringen. C. Valerius Falto, den die Gesandten vorausschickten, meldete, die Göttin werde herangebracht; man müsse nach dem besten Mann in der Bürgerschaft suchen, der sie in aller Form gastfreundlich in Empfang nehmen solle.

Der Senat hatte eine Entscheidung von nicht geringer Bedeutung zu treffen: wer der beste Mann in der Bürgerschaft sei. Jeder hätte für sich bestimmt einen wahren Sieg in dieser Frage lieber gewollt als die Übertragung irgendwelcher Kommandos oder Ämter durch eine Abstimmung der Väter oder der Plebs. Man entschied, P. Scipio, der Sohn jenes Gnaeus, der in Spanien gefallen war, ein junger Mann, der noch nicht das Quästorenalter[10] erreicht hatte, sei in der ganzen Bürgerschaft von den Guten der beste Mann. Aufgrund welcher Eigenschaften man so entschied, ist nicht überliefert.

P. Cornelius wurde aufgefordert, mit allen verheirateten Frauen der Göttin nach Ostia entgegenzugehen, sie aus dem Schiff in Empfang zu nehmen, an Land zu bringen und sie den Frauen zum Tragen zu übergeben. Nachdem das

Schiff an der Tibermündung erschienen war, fuhr er, wie es angeordnet war, mit einem Schiff auf das Meer hinaus, übernahm von den Priestern die Göttin und brachte sie an Land. Die ersten Frauen der Bürgerschaft übernahmen sie. Sie ließen die Göttin, eine nach der anderen, von Hand zu Hand gehen, und die gesamte Bürgerschaft strömte ihr entgegen. Wo sie vorbeikam, standen die Weihrauchpfannen vor den Türen, man zündete den Weihrauch an und betete, die Göttin möge freiwillig und gnädig die Stadt Rom betreten, und sie brachten sie am 12. April in den Tempel der Victoria auf dem Palatium; das wurde ihr Festtag. Das Volk brachte der Göttin in großer Zahl Geschenke auf das Palatium, und es gab ein Göttermahl und Spiele, die Megalesien[11] genannt wurden.

203 v. Chr. **HANNIBALS ABBERUFUNG AUS ITALIEN** Liv. 30, 20,1–9
551 a.u.c.

Angesichts der römischen Erfolge in Afrika (204: gelungene Landung, Anschluß Masinissas an die Römer; 203: Sieg Scipios in der Großen Ebene über Hasdrubal, den Sohn Gisgos; Gefangennahme des zu den Karthagern übergetretenen Numiderfürsten Syphax) riefen die Karthager Hannibal im Herbst 203 aus Italien zurück.

Zähneknirschend, seufzend und kaum der Tränen sich erwehrend soll er die Worte der Gesandten vernommen haben. Nachdem sie ihre Aufträge mitgeteilt hatten, sagte er: »Nicht mehr versteckt, sondern offen rufen mich jetzt die zurück, die mich durch das Verbot, mir Ersatz und Geld zu schicken, schon längst zur Rückkehr zu nötigen suchten. Den Sieg über Hannibal hat also nicht das römische Volk errungen, das so oft niedergemetzelt und in die Flucht gejagt wurde, sondern der Senat von Karthago durch seine Eifersucht und Mißgunst. Über diese Schmach meiner Rückkehr wird P. Scipio nicht so frohlocken wie Hanno, der unser Haus, da er es anders nicht konnte, unter den Trümmern Karthagos begraben hat.«

Gerade das hatte er schon geahnt und zuvor Schiffe bereitgemacht. Er schickte daher einen Haufen unbrauchbarer Soldaten zum Schein als Besatzung in die wenigen Städte des bruttischen Gebietes, die mehr durch Furcht als durch Treue noch im Zaum gehalten wurden, und schaffte, was noch an Kerntruppen in seinem Heer stand, nach Afrika hinüber, nachdem er viele Leute italischer Abstammung, die sich weigerten, ihm nach Afrika zu folgen, und in das Heiligtum der Juno Lacinia geflüchtet waren, dort auf abscheuliche Art getötet hatte.

Man sagt, selten sei sonstwer, der sein Vaterland als Verbannter verließ, so traurig weggegangen wie Hannibal, als er aus dem Land der Feinde abzog; er habe oft zu den Küsten Italiens zurückgeschaut und, Götter und Menschen anklagend, auch gegen sich selbst und sein eigenes Haupt Verwünschungen ausgestoßen, daß er seine Soldaten nicht, noch blutbedeckt von dem Sieg bei Cannae, nach Rom geführt habe. Scipio, der doch als Konsul den punischen Feind in Italien nicht zu Gesicht bekommen habe, habe es gewagt, nach Karthago zu gehen; er dagegen habe, nachdem er 100 000 Bewaffnete am Trasumennus und bei Cannae niedergehauen, bei Casilinum, Cumae und Nola seinen Schwung verloren. Unter solchen Vorwürfen und Klagen riß er sich von dem lang behaupteten Besitz Italiens los.

DIE FRIEDENSBEDINGUNGEN Liv. 30, 37,1–10

Am folgenden Tag ließen die Römer die karthagischen Gesandten wieder kommen und nannte ihnen die Friedensbedingungen: Die Karthager sollten frei nach ihren eigenen Gesetzen leben; die Städte und das Gebiet mit den Grenzen, die sie vor dem Krieg gehabt hätten, sollten sie behalten, und die Römer würden an diesem Tag mit dem Verwüsten aufhören; die Überläufer, die entlaufenen Sklaven und alle Kriegsgefangenen sollten sie den Römern zurückgeben und ihre Kriegsschiffe bis auf zehn Dreiruderer ausliefern sowie die gezähmten Elefanten, die sie hätten, und sie dürften keine anderen mehr zähmen; Krieg führen dürften sie weder in Afrika noch außerhalb von Afrika ohne Zustimmung des römischen Volkes; Masinissa sollten sie sein Eigentum zurückgeben und einen Vertrag mit ihm schließen; sie sollten Getreide und Sold für die Hilfstruppen zur Verfügung stellen, bis die Gesandten aus Rom zurückkämen; sie sollten 10 000 Talente Silber zahlen, in gleiche Raten über 50 Jahre verteilt; sie sollten hundert Geiseln nach dem Ermessen Scipios stellen, nicht jünger als 14 Jahre, nicht älter als 30. Einen Waffenstillstand werde er ihnen unter der Bedingung gewähren, daß die bei dem früheren Waffenstillstand gekaperten Transportschiffe und was auf den Schiffen gewesen sei, zurückgegeben werde; andernfalls gebe es weder einen Waffenstillstand noch Hoffnung auf Frieden.

Die Gesandten wurden aufgefordert, diese Bedingungen zu Hause mitzuteilen. Als sie diese in der Volksversammlung bekannt machten und Gisgo vorgetreten war, um vom Frieden abzuraten, und bei der ebenso unruhigen wie unkriegerischen Menge Gehör fand, empörte sich Hannibal darüber, daß so etwas in einer solchen Zeit gesagt wurde und Gehör fand, packte Gisgo und zog ihn eigenhändig von der Rednerbühne herunter. Als dieser für eine freie Bürgerschaft ungewohnte Anblick ein Murren des Volkes auslöste, sagte der an das Soldatenleben gewöhnte Mann, verwirrt durch die Freiheit in der Stadt: »Mit neun Jahren bin ich von euch weggegangen und nach 36 Jahren zurückgekehrt; das Kriegshandwerk, das mich von Jugend an einmal mein persönliches Geschick, dann das des Staates gelehrt hat, glaube ich gut zu beherrschen; die Rechtsvorstellungen der Stadt und des Forums, ihre Gesetze und Sitten müßt ihr mich noch lehren.« Nachdem er sich mit seiner Unwissenheit entschuldigt hatte, sprach er eingehend über den Frieden, daß er nicht unbillig, dazu unausweichlich sei.

**Herbst
201 v. Chr.
553 a.u.c.**

RÜCKKEHR UND TRIUMPH SCIPIOS Liv. 30, 45,1–3.6–7

Nachdem der Friede auf dem Lande und auf dem Meer errungen war, ließ Scipio das Heer die Schiffe besteigen und setzte nach Lilybaeum auf Sizilien über. Von dort schickte er einen großen Teil seiner Soldaten zu Schiff weiter; er selbst gelangte durch Italien, das sich über den Frieden nicht weniger freute als über den Sieg, nach Rom und zog in dem berühmtesten aller Triumphzüge in die Stadt ein. Er brachte 123 000 Pfund Silber in den Staatsschatz. Jedem Soldaten teilte er aus der Beute 400 As zu.

Ob den Beinamen Africanus zuerst die Zuneigung der Soldaten oder die Gunst des Volkes in Umlauf gebracht hat, oder ob er von der Schmeichelei seiner Freunde ausging, habe ich nicht recht in Erfahrung bringen können. Dieser Feldherr ist jedenfalls als erster mit dem Namen des von ihm besiegten Volkes geehrt worden. Nach seinem Beispiel erhielten dann andere, die keineswegs vergleichbare Siege errungen hatten, auszeichnende Titel für ihre Bildnisse und berühmte Beinamen für ihre Familien.

DIE AUSDEHNUNG DER RÖMISCHEN MACHT
IM ÖSTLICHEN UND WESTLICHEN MITTELMEER

200 – 133 v. Chr.

ROMS AUFSTIEG ZUR WELTMACHT

Schon vor dem Hannibalkrieg hatte Rom auf dem Ostufer der Adria eingegriffen und die illyrischen Piratenstaaten der Königin Teuta und des Demetrios von Pharos gezüchtigt. 226 hatten sich die Insel Korkyra (Korfu) und die Griechenstädte Apollonia und Epidauros (Dyrrhachium, heute Durres in Albanien) mit ihrem Hinterland unter römischen Schutz gestellt. Seit 215, nach der Katastrophe von Cannae, war König Philipp V. mit Hannibal verbündet. Dieser energische Herrscher, der von 221 bis 179 und damit ungewöhnlich lange regierte, mischte sich auch erfolgreich in die Kämpfe der verschiedenen griechischen Kleinstaaten ein und schwang sich, gestützt vom Herrscher des Seleukidenreichs, Antiochos III., zum *Hegemon* (»Vormann«) der Hellenen auf. Als 204 in Ägypten der vierte Ptolemaios starb und ein unmündiges Kind seine Nachfolge antrat, gedachten sich die beiden Könige Außenposten des Ptolemäerreichs anzueignen, und Antiochos griff gar nach Ägypten selbst. Das bisweilen ungemein brutale Vorgehen Philipps – er neigte dazu, die Bevölkerung eroberter Städte insgesamt zu versklaven, und verwüstete die herrliche Tempelanlage von Pergamon – machte ihm viele Feinde, die sich mit Hilferufen an die Römer wandten.

Gewaltig gestärkt durch ihren Sieg über Hannibal, erklärten diese 200 v. Chr. Philipp den Krieg und brachten ihm drei Jahre später eine katastrophale Niederlage bei, die ihn nicht nur finanziell kräftig zur Ader ließ, sondern auch in ein Militärbündnis mit Rom zwang.

Titus Quinctius Flamininus, der strahlende Sieger, ließ sich während der Isthmischen Spiele des Jahres 196 auf der Landenge von Korinth zu einer viel bejubelten, großen Geste hinreißen: Er erklärte alle bisher von Makedonien abhängigen Griechenstaaten für frei. Das Beifallsgeschrei, das sich daraufhin erhob, soll so gewaltig gewesen sein, daß Vögel, die über das Stadion flogen, betäubt herabstürzten.

Allerdings sollte es sich bald genug herausstellen, daß die Römer keineswegs als selbstlose Befreier gekommen waren. Besonders unzufrieden waren die Ätoler, die wertvolle Waffenhilfe im Krieg gegen Philipp geleistet hatten. Sie suchten Verbündete unter den Griechen und wollten vor allem Antiochos zu einem Waffengang mit den Römern verleiten, bei dem sich seit 196 deren aus seiner Heimat vertriebener Todfeind Hannibal aufhielt.

Ohne auf die Ratschläge des erfahrenen Strategen zu hören, setzte Antiochos 192 mit einem verhältnismäßig kleinen Heer nach Griechenland über, fand weniger Unterstützung als erhofft und mußte an den Thermopylen einen bittere Niederlage hinnehmen, die ihn zum Rückzug nach Kleinasien zwang. Dorthin verfolgte ihn der Konsul Lucius Cornelius Scipio, der ältere Bruder des Africanus, der seinerseits als Legat an seine Seite trat.

Bei Magnesia wurde der große Antiochos gegen Ende des Jahres 190 schmählich besiegt und mußte, das war nun schon zur Gewohnheit geworden, eine ungeheure Kriegsentschädigung zahlen und schwere Verluste an Land und Machtmitteln in Kauf nehmen. In Griechenland wurden die mit Antiochos verbündeten Ätoler nach hartnäckigem Widerstand 189 durch Marcus Fulvius Nobilior unterworfen.

Siegreich heimgekehrt, sahen sich die beiden Scipionen häßlichen Anfeindungen ausgesetzt, hinter denen Marcus Porcius Cato stand. Diesem geschworenen Altrömer, dem Feind jedes Personenkults, war der kometenhafte Aufstieg des Africanus längst ein Dorn im Auge; sein ausgeprägtes Selbstbewußtsein empörte ihn. Mit allerlei Nadelstichen setzten Cato und seine Helfershelfer dem Africanus so lange zu, bis er sich aus dem politischen Leben zurückzog und in seinem letzten Willen verbot, ihn in dem undankbaren Rom, das er vor Hannibal gerettet hatte, zu bestatten.

Es gab da noch mehr, das den zornigen Eiferer empörte: Die römischen Bauernsoldaten, ehedem an Gerstengraupen und andere karge Kost gewöhnt, hatten bei der Berührung mit der hellenistischen Hochkultur erfahren, daß es ganz andere Genüsse gab. Als eines der frühesten Lehnwörter aus dem Griechischen gelangte opsonari, feine Sachen einkaufen, ins Lateinische. In den Komödien des Plautus, die die Römer in den harten Zeiten des Zweiten Punischen Kriegs erheiterten, springt Griechisches immer wieder ins Auge, zum Beispiel in noctem pergraecari, die Nacht auf griechische Weise verbringen – das heißt, mit leichten Mädchen und Wein. Als besonders bedrohlich empfanden die konservativen Römer das Eindringen fremder Kulte, und sie suchten die orgiastischen Feiern für Dionysos/Bacchus durch eine großangelegte Verfolgung seiner Anhänger zu unterbinden.

Seit den Siegen über Philipp und Antiochos war Roms Weltmachtstellung anerkannt; es trat als Schiedsrichter bei den Streitigkeiten der hellenistischen Staaten auf und gerierte sich als Schutzmacht der Schwachen gegen die Starken, wobei es sich freilich mehr Feinde als Freunde machte.

Wieviel Unmut sich in der hellenischen Welt bereits angesammelt hatte, zeigte sich im letzten Krieg mit dem wieder erstarkten Makedonien (171–

168). Vor der Entscheidungsschlacht bei Pydna kam den Römern eine Mondfinsternis zu Hilfe, die im Heer des Königs Perseus für abergläubische Ängste sorgte. Er unterlag dem fähigen Aemilius Paulus, wurde in Rom im Triumph vorgeführt und starb als Staatsgefangener. Sein Königsreich wurde zerstückelt, und über die Griechen, die ihn unterstützt hatten, brach ein fürchterliches Strafgericht mit Massenexekutionen, Versklavungen und Deportationen herein. Damals wurde auch Polybios nach Rom verschleppt, der zum bedeutendsten Historiker jener Epoche werden sollte.

In ihrem Haß auf die Griechen, die sie ihrer Meinung nach nicht genügend unterstützt hatten, schonten die Römer auch keine religiösen Gefühle: Die seit alters dem Apollon und seiner Schwester Artemis hochheilige Insel Delos wurde 166 evakuiert und in einen Freihafen verwandelt, den Hauptumschlagplatz für Sklaven aus dem Osten. Auch alten, treuen Verbündeten wie den Rhodiern und Pergamon blies plötzlich der Wind ins Gesicht, weil sie sich in der Endphase des Perseuskrieges für eine Verständigung eingesetzt hatten.

Welche Bedeutung der Sieg über Perseus hatte, zeigte sich besonders deutlich, als der römische Gesandte Popilius Laenas dem Seleukiden Antiochos IV., der Ägypten in seine Gewalt bringen wollte und sein Ziel schon fast erreicht hatte, bei Eleusis in der Nähe von Alexandria entgegentrat. Er forderte den König zum Abzug auf, und als der Bedenkzeit verlangte, zog er mit seinem Stab im Sand einen Kreis um ihn und sprach: »Du wirst diesen Kreis nicht eher verlassen, als bis du deinen Rückzug aus Ägypten verbindlich zugesagt hast.« Antiochos gab nach.

Nach alledem mutet die Zerstörung des rebellischen Korinth und des in einen verzweifelten Krieg getriebenen Karthago im Jahr 146 wie eine weitere Exekution an; ein Aufruhr in Spanien wurde in Blut erstickt, das Zentrum, die Bergfestung Numantia, 133 zerstört, im gleichen Jahr, in dem durch Erbschaft das kleinasiatische Königreich von Pergamon an Rom fiel.

Marcus Porcius Cato (234–149 v. Chr.) kämpfte sein Leben lang gegen die Überfremdung Roms, trat als bekennender Griechenhasser auf und machte sich dabei viele Feinde; in zahlreiche Prozesse verwickelt, erreichte er, ein rednerisches Naturtalent, stets einen Freispruch und setzte seinerseits seinen Gegnern gnadenlos zu. Während seiner Zensur griff er so energisch durch, daß er sich den Beinamen Censorius erwarb, und seinen aus purer Angst erwachsenen Haß gegen Karthago goß er in die stereotype Formel: »Certum censeo Cartaginem esse delendam« (»Im übrigen bin ich dafür, daß Karthago zerstört werden muß«). Bemerkenswerterweise hat Livius keine der vielen Reden Catos, die noch lange nach dessen Tod gelesen wurden, in sein Geschichtswerk aufgenommen – außer einer, der der Erfolg versagt blieb: Cato trat für ein während des Hannibalkriegs erlassenes Gesetz ein, das den Luxus der Frauen rigoros einschränkte. Dagegen regte sich nach den geldträchtigen Siegen Protest, und es kam zu einer regelrechten Revolte der Römerinnen, vor der die von Cato ins Gefecht geschickten Volkstribunen kapitulieren mußten.

DAS JAHR 200 V. CHR. ALS EPOCHENJAHR Polyb. 1, 3,6

Nachdem die Römer die Karthager besiegt hatten und glauben durften, damit den größten und entscheidenden Schritt auf dem Weg zur Weltherrschaft getan zu haben, da zuerst wagten sie, ihre Hände nach dem übrigen auszustrecken und mit Heeresmacht nach Griechenland und dem asiatischen Raum hinüberzugehen.

DIE FREIHEITSERKLÄRUNG VON KORINTH Liv. 33, 32,1 – 33,2

Die Römer waren 200 v. Chr. mit der Parole von der Freiheit und Sicherheit der Griechen in den Krieg gegen Philipp V. eingetreten. Nach ihrem Sieg zeigten sie, daß es ihnen mit dieser Parole ernst war.

Der Zeitpunkt der Isthmischen Spiele[1] war da, die auch sonst immer vielbesucht waren wegen der dem Volk angeborenen Leidenschaft, mit der es sich Wettkämpfe anschaut, bei denen es auf Fertigkeiten aller Art, auf Körperkraft und auf Schnelligkeit ankommt; vor allem auch war dieser Markt wegen der günstigen Lage des Platzes, der durch die zwei Meere dem Menschengeschlecht alles bietet, was man braucht, ein Treffpunkt für Asien und Griechenland. Jetzt aber waren sie nicht nur zu den gewohnten Zwecken von allen Seiten zusammengekommen, sondern auch in gespannter Erwartung, wie von nun an der Zustand Griechenlands, wie ihr Schicksal sein werde. Man vermutete nicht nur im stillen dies und jenes, was die Römer tun würden, sondern sprach auch offen darüber. Kaum einer war überzeugt, daß sie Griechenland ganz räumen würden.

Man hatte sich zum Schauspiel gesetzt, und der Herold trat mit dem Trompeter, wie es Brauch ist, in die Mitte des Kampfplatzes, von wo aus nach einer feierlichen Formel die Spiele eröffnet zu werden pflegen. Als mit der Trompete Schweigen geboten war, verkündete er folgendes: »Der römische Senat und der Feldherr T. Quinctius ordnet nach dem Sieg über König Philipp und die Makedonen an, daß die Korinther, die Phoker und alle Lokrer und die Insel Euböa und die Magnesier, die Thessaler, die Perrhäber und die Phthiotischen Achäer in Freiheit, ohne Abgaben und nach ihren eigenen Gesetzen leben sol-

T. Quinctius Flamininus.
In Griechenland anläßlich der Freiheitserklärung geprägte Goldmünze

len.« Er hatte alle Völkerschaften aufgezählt, die unter der Herrschaft König Philipps gestanden hatten. Als man die Worte des Herolds gehört hatte, war die Freude zu groß, als daß die Menschen es ganz hätten fassen können. Man glaubte kaum recht gehört zu haben und schaute einander verwundert an, als wenn es ein eitles Traumgesicht wäre. Was jeden selbst anging, trauten sie den eigenen Ohren am wenigsten und fragten die Zunächststehenden. Der Herold wurde zurückgerufen, und er verkündete noch einmal dasselbe. Da man sich nun der Freude sicher war, klatschte und schrie man jetzt laut Beifall, und man konnte leicht erkennen, daß von allen Gütern der Menge nichts lieber ist als die Freiheit.

Die Spiele wurden darauf so hastig durchgeführt, daß weder die Herzen noch die Augen von jemand auf das Schauspiel gerichtet war.

So sehr hatte die eine Freude den Sinn für alle anderen Vergnügungen genommen.

Als die Spiele dann vorüber waren, stürmten alle fast im Laufschritt zum römischen Feldherrn, und da das Getümmel der Menschen, die an ihn heranzukommen und seine Rechte zu berühren wünschten und die Kränze und Bänder warfen, zu einer Stelle hindrängte, wäre er beinahe in Lebensgefahr geraten.

DIE MIT DEM SIEG VERBUNDENE VERANTWORTUNG Liv. 37, 45,7–9

189 v. Chr.
565 a. u. c.

Der bei Magnesia geschlagene Antiochos III. bittet durch Gesandte um Frieden:
»Wir möchten euch Römer fragen, mit welcher Sühneleistung wir den Irrtum des Königs wiedergutmachen und Frieden und Gnade von den Siegern erlangen können. Ihr habt immer in hochherzigster Gesinnung besiegten Königen und Völkern verziehen. Ziemt es sich da nicht, daß ihr bei diesem Sieg, der euch zu Herren des Erdkreises gemacht hat, in eurem Verhalten eine noch viel großmütigere und versöhnlichere Gesinnung zeigt? Ihr müßt jetzt die Streitigkeiten gegen alle Sterblichen aufgeben und nicht anders als die Götter für das Menschengeschlecht Sorge tragen und ihm Schonung angedeihen lassen.«

Antiochos III.

SCIPIOS WEIGERUNG, RECHENSCHAFT ABZULEGEN Polyb. 23, 14,7–11

187 v. Chr.
567 a. u. c.

Als jemand im Senat Rechenschaft von Scipio forderte über das Geld, das er vor Abschluß des Vertrages von Antiochos für Soldzahlungen an das Heer erhalten hatte, erklärte er, er besitze zwar die Belege, habe es aber nicht nötig, jemandem darüber Rechenschaft zu geben. Als jener nicht lockerließ und die Herbeischaffung der Rechnungsbücher verlangte, bat er seinen Bruder, sie zu holen, und als dieser sie gebracht hatte, hielt er sie dem Senat hin und zerriß sie dann vor aller Augen: der Antragsteller solle sich die gewünschte Auskunft in den Fetzen suchen. Die anderen aber fragte er, wieso sie über die 3000 Talente Rechenschaft verlangten, wie sie ausgegeben worden seien und durch wen, wegen der 15 000 aber, die sie von Antiochos erhielten, nicht fragten, wie sie einkämen und durch wen, noch wie sie in den Besitz von Asien, Afrika und Spanien gelangt seien. Diese Worte machten einen tiefen Eindruck; alle waren beschämt, der Antragsteller schwieg still.

Als man Scipio Ende 185 / Anfang 184 erneut beschuldigte und ihn sogar vor das Gericht des Volkes zu stellen suchte, zog er sich verbittert ins Privatleben zurück.

BEKANNTSCHAFT MIT HELLENISTISCHEM LUXUS

187 v. Chr.
567 a. u. c.
a) Aus Kleinasien eingeschleppter Luxus Liv. 39, 6,6–9
187 kehrten die Legionen des Cn. Manlius Volso nach Rom zurück, die 189/188 in Kleinasien hellenistische Lebensformen kennengelernt und reiche Beute gemacht hatten.

Der fremdländische Luxus wurde von dem Heer aus Asien in Rom eingeschleppt. Diese Soldaten brachten zuerst Speisesofas mit Bronzefüßen, kostbare Teppiche, Vorhänge und andere Gewebe und, was damals als prächtiges Hausgerät galt, Tischchen mit nur einem Fuß und Prunktische nach Rom. Damals ließ man Zither- und Harfenspielerinnen bei den Mahlzeiten auftreten und sorgte auch für andere Arten von Kurzweil zur Unterhaltung beim Gastmahl. Man fing auch an, die Mahlzeiten selbst mit größerer Sorgfalt und größerem Aufwand zuzubereiten. Damals begann der Koch etwas zu gelten, bei den Alten der wertloseste Sklave in der Einschätzung und Verwendung, und was eine Dienstleistung gewesen war, begann man für eine Kunst zu halten. Doch was man damals zu Gesicht bekam, waren kaum erst die Keime des späteren Luxus.

nach 168 v. Chr.
586 a. u. c.
b) Dekadenzerscheinungen Polyb. 31, 25,3–7
Im damaligen Rom hatten die Neigungen der meisten eine schlimme Richtung genommen. Die einen waren versessen auf Lustknaben, andere auf Dirnen, viele dachten nur ans Trinken oder musikalische Darbietungen und andere kostspielige Vergnügungen; sie hatten im Perseuskrieg die griechische Leichtfertigkeit kennengelernt und sie sich nur allzu schnell zu eigen gemacht. Eine solche Maßlosigkeit in diesen Dingen hatte die Jugend ergriffen, daß viele für einen Lustknaben ein Talent, für ein Fäßchen pontischen Kaviar 30 Drachmen

zahlten. Darüber entrüstet, sagte Cato einmal in einer Rede vor dem Volk, man könne den Niedergang eines Staates am besten daran erkennen, daß schöne Knaben mehr kosteten als ein Landgut und Kaviarbüchsen mehr als ein Ochsengespann.

Diese Passionen flammten deshalb in dieser Zeit auf, weil man zum einen nach der Vernichtung der makedonischen Monarchie die unbestrittene Weltherrschaft zu besitzen glaubte, und dann, weil man jetzt, nachdem die Schätze Makedoniens nach Rom überführt waren, den Reichtum im privaten Leben wie in der Öffentlichkeit überall zur Schau stellte.

DIE BACCHANALIEN Liv. 39, 8,1; 13,8–14; 14,3–10

186 v. Chr.
568 a. u. c.

Im Jahre 186 hatten die Konsuln Sp. Postumius Albinus und Q. Marcius Philippus keine Zeit für das Heer und für Kriege und Provinzen, sondern mußten ihre Aufmerksamkeit auf die Unterdrückung eines Komplotts im Innern des Staates richten.

Die Freigelassene Hispala Faecenia, die als Sklavin zusammen mit ihrer Herrin die Bacchusmysterien aufgesucht hatte, nach ihrer Freilassung aber nie mehr dort gewesen war, sagte vor Postumius aus:

Es sei zuerst eine Kultstätte für Frauen gewesen, und man habe keinen Mann dort zuzulassen gepflegt. Sie hätten drei feste Tage im Jahr gehabt, an denen man am Tage in die Bacchusmysterien eingeweiht habe, und man habe als Priesterinnen verheiratete Frauen zu wählen gepflegt. Die Kampanerin Paculla Annia habe als Priesterin – angeblich auf Geheiß der Götter – alles geändert; denn sie habe als erste auch Männer eingeweiht, ihre Söhne Minius und Herennius Cerrinius, und sie habe aus der Kulthandlung bei Tage eine bei Nacht gemacht, und anstelle von drei Tagen im Jahr habe sie fünf Tage in jedem Monat für die Kultfeiern angesetzt. Seitdem die Mysterien gemeinschaftlich seien und das Miteinander von Männern und Frauen und die Ungebundenheit der Nacht dazugekommen sei, sei keine Untat und keine Schandtat dort unterblieben. Es gebe mehr Unzucht von Männern untereinander als mit Frauen. Wenn welche die Schande nicht über sich ergehen lassen wollten und weniger Bereitschaft zu einer Untat zeigten, würden sie wie Opfertiere geschlachtet. Nichts für unerlaubt zu halten, das sei das höchste Gebot unter ihnen. Männer weissagten, als wenn sie von Sinnen wären, unter ekstatischem Hin- und Herwerfen ihres Körpers; verheiratete Frauen liefen im Aufzug von Bacchantinnen mit aufgelöstem Haar und mit brennenden Fackeln zum Tiber hinab, hielten die Fackeln ins Wasser und zögen sie mit unversehrter Flamme wieder heraus, da reiner Schwefel mit Kalk darin sei. Man sage, von den Göttern seien die Menschen geraubt worden, die sie an eine Maschine bänden und in verborgenen Höhlen verschwinden ließen; das seien die, die sich entweder geweigert hätten, den Eid zu leisten oder die Schandtaten mitzumachen oder Unzucht mit sich treiben zu lassen. Es sei eine gewaltige Menge, fast schon ein zweites Volk, darunter auch einige Männer und Frauen aus bekannten Familien. In den letzten beiden Jahren sei der Brauch aufgekommen, daß keiner eingeweiht werde, der älter sei als zwanzig Jahre. Man suche die Altersstufe einzufangen, die für Aberglauben und Unzucht empfänglich sei.

Postumius brachte die Sache vor den Senat und berichtete, was er herausgefunden hatte. Die Senatoren ergriff gewaltige Angst, sowohl um den Staat, daß diese Komplotte und nächtlichen Zusammenkünfte heimliche Verbrechen oder Gefahr herbeiführten, vor allem aber auch persönlich um jeden ihrer Angehörigen, daß einer in dieses Vergehen verwickelt sei. Der Senat übertrug den Konsuln die Untersuchung wegen der Bacchanalien und der nächtlichen Mysterienfeiern mit außerordentlicher Vollmacht. Die Priester dieser Mysterien, seien es Männer oder Frauen, sollten nicht nur in Rom, sondern in allen Markt- und Gerichtsorten aufgespürt werden, damit die Konsuln sie in der Hand hätten. Außerdem solle in der Stadt Rom und in ganz Italien bekanntgegeben werden, daß die, die in die Bacchusmysterien eingeweiht seien, sich nicht treffen oder zu Mysterienfeiern zusammenkommen noch etwas von diesem Kult ausüben dürften. Vor allem solle eine Untersuchung gegen die geführt werden, die sich getroffen oder den Eid geleistet hätten, um Unzucht oder Schandtaten zu verüben. Dies beschloß der Senat.

Die Konsuln befahlen den kurulischen Ädilen, alle Priester dieses Kultes aufzuspüren und die Verhafteten bis zur Untersuchung in freier Haft zu halten. Die plebejischen Ädilen sollten dafür sorgen, daß keine Mysterienfeiern im geheimen begangen würden. Die Dreierkommission, in deren Hand der Strafvollzug lag, erhielt den Auftrag, in der Stadt Nachtwachen zu verteilen und darauf zu achten, daß keine nächtlichen Zusammenkünfte stattfänden und daß vorsorglich Maßnahmen gegen Brandstiftung getroffen würden; als Gehilfen der Dreierkommission sollten fünf Männer diesseits und jenseits des Tiber jeder die Oberaufsicht über die Gebäude seines Bezirks haben.

184 v. Chr. 570 a.u.c. CATOS BEWERBUNG UM DIE ZENSUR Liv. 39, 40,2–3; 41,1–4

Um die Zensur für 184/183 bewarben sich mit höchster Leidenschaft die Patrizier L. Valerius Flaccus, P. und L. Scipio, Cn. Manlius Volso und L. Furius Purpurio sowie die Plebejer M. Porcius Cato, M. Fulvius Nobilior, Tib. Sempronius Longus und M. Sempronius Tuditanus. Aber sie alle, Patrizier und Plebejer aus den bekanntesten Familien, überragte M. Porcius bei weitem.

Diesem machten – wie in seinem ganzen Leben – damals, als er sich bewarb, die alten Familien zu schaffen. Bis auf L. Flaccus, der sein Amtsgenosse im Konsulat gewesen war, hatten sich alle Bewerber zusammengetan, um dafür zu sorgen, daß er das Amt nicht bekam, nicht nur, weil sie es selbst lieber erhalten wollten und weil sie es für empörend hielten, einen *homo novus* (Mann ohne Ahnen) als Zensor zu sehen, sondern auch, weil sie von ihm eine strenge und für den Ruf von vielen gefährliche Zensur erwarteten, da er von sehr vielen gekränkt worden war und selbst begierig war zu kränken. Denn er bewarb sich unter Drohungen und erhob den Vorwurf, diejenigen, die eine freie und mutige Zensur fürchteten, arbeiteten gegen ihn. Zugleich unterstützte er die Bewerbung des L. Valerius: Nur wenn der sein Amtsgenosse sei, könne er die neuen Laster bekämpfen und die alten Sitten wiederherstellen. Hierdurch begeistert, machten die Leute gegen den Widerstand der alten Familien nicht nur M. Porcius zum Zensor, sondern gaben ihm auch den L. Valerius Flaccus als Amtsgenossen.

DIE ZENSUR DES M. PORCIUS CATO UND DES L. VALERIUS FLACCUS

184/183 v. Chr. 570/571 a.u.c.

a) Die neue Senatsliste Liv. 39,42,5–13; 43,5

Die Zensoren M. Porcius und L. Valerius veröffentlichten, während sich Erwartung mit Furcht mischte, die Senatsliste. Sieben stießen sie aus dem Senat aus, darunter einen, der durch seine vornehme Abstammung und durch die Ämter, die er bekleidet hatte, hervorstach, den ehemaligen Konsul L. Quinctius Flamininus.

Man sagt, zur Zeit der Väter sei die Einrichtung geschaffen worden, daß die Zensoren bei denen, die aus dem Senat ausgestoßen wurden, die Rüge auch schriftlich festhielten. Von Cato existieren zwar auch andere harte Reden gegen die, die er aus dem Senat ausgestoßen oder denen er das Staatspferd[2] genommen hat. Aber die bei weitem bedeutendste ist die gegen L. Quinctius; wenn sie ein Ankläger vor der Rüge, nicht der Zensor nach der Rüge gehalten hätte, hätte nicht einmal sein Bruder T. Quinctius, wenn er damals Zensor gewesen wäre, den L. Quinctius im Senat halten können. Unter anderem warf er ihm vor, er habe den Punier Philipp, einen bekannten Lustknaben, den er liebte, durch die Aussicht auf ungeheure Geschenke dazu gebracht, mit ihm von Rom in die Provinz Gallien zu gehen.[3] Wenn dieser Junge den Konsul in ausgelassener Laune neckte, habe er, um seinem Liebhaber seine Willfährigkeit anzupreisen, ihm sehr oft vorzuhalten gepflegt, daß er unmittelbar vor einem Gladiatorenspiel von Rom weggeführt worden sei. Als sie einmal gerade beim Mahle lagen und schon vom Wein erhitzt waren, sei während des Gelages gemeldet worden, ein vornehmer Bojer sei mit seinen Kindern als Überläufer gekommen; er wolle mit dem Konsul zusammentreffen, um von ihm persönlich die Zusicherung des Schutzes zu erhalten. Man habe ihn in das Zelt hineingeführt, und er habe begonnen, mit Hilfe seines Dolmetschers den Konsul anzureden. Während er noch sprach, sagte Quinctius zu dem Lustknaben: »Willst du, weil du auf das Gladiatorenspiel verzichtet hast, diesen Gallier[4] sterben sehen?« Und als dieser kaum im Ernst ja genickt hatte, habe auf das Nicken des Lustknaben hin der Konsul das Schwert gezogen, das über seinem Kopf hing, den Gallier, während er noch sprach, zuerst am Kopf getroffen und dann, als er floh und den Schutz des römischen Volkes und der Anwesenden anrief, seine Seite durchbohrt.

Am Ende von Catos Rede wurde Quinctius der Vorschlag gemacht, wenn er diese Tat und das übrige, was ihm vorgeworfen werde, leugne, solle er sich in einer Prozeßwette verteidigen.[5] Wenn er sie aber zugebe, glaube er dann, daß jemand über seine Schande trauern werde, wo er selbst, durch Wein und sexuelle Erregung von Sinnen, mit dem Blut eines Menschen beim Gelage sein Spiel getrieben habe?

b) Die Musterung der Ritter Liv. 39,44,1
Bei der Musterung der Ritter wurde L. Scipio Asiaticus das Staatspferd genommen.

c) Die Schätzung Liv. 39,44,1–3
Auch bei der Schätzung war die Zensur streng und hart gegen alle Stände. Sie forderten ihre Amtsgehilfen auf, Schmuck, Frauenkleider und Fahrzeuge, die mehr als 15 000 As kosteten, mit dem zehnfachen ihres Wertes in die Steuerliste einzutragen. Ebenso sollten auch die Sklaven, die jünger als zwanzig Jahre waren und seit dem letzten Reinigungsopfer für 10 000 As oder mehr verkauft worden waren, zu dem Zehnfachen ihres Wertes taxiert werden, und alle diese Dinge sollten mit drei Promille[6] besteuert werden.

Der normale Steuersatz betrug ein Promille.

d) Bauaufsicht Liv. 39,44,4
Alles Wasser aus öffentlichen Wasserleitungen, das in das Haus oder auf das Feld eines Privatmanns abgeleitet war, nahmen sie weg; und was Privatleute auf Staatsland erbaut oder errichtet hatten, ließen sie innerhalb von dreißig Tagen abreißen.

e) Vergabe der Staatsaufträge und Verpachtung der Staatseinkünfte Liv. 39,44,5–8
Darauf vergaben sie die Bauarbeiten von dem dafür bewilligten Geld: das Auslegen des Brunnen mit Steinplatten, die Reinigung der Kanalanlagen, wo es nötig war, und die Errichtung von neuen auf dem Aventin und in den anderen Stadtteilen, wo es noch keine gab.

Allein ließ Flaccus einen Damm bei den Neptunquellen bauen, damit das Volk dort einen Weg hatte, und eine Straße durch das Gebirge bei Formiae. Cato kaufte für den Staat die beiden Häuser der Maenier und der Titier im Bezirk der Steinbrüche und vier Verkaufslokale und errichtete dort eine Basilika, die die Porcische genannt wurde.

Die Staatseinkünfte verpachteten sie zu einem sehr hohen Preis und vergaben die Staatsaufträge zu einem sehr niedrigen. Als der Senat sich durch die Bitten und Tränen der Staatspächter erweichen ließ und diese Abschlüsse aufzuheben und sie von neuem zu tätigen befahl, schlossen die Zensoren durch einen Erlaß die von der Aushebung aus, die den früheren Abschluß hintertrieben hatten, und vergaben dasselbe alles zu einem nur ganz wenig verringerten Preis.

DER TOD HANNIBALS Liv. 39, 51,1–12

183 v. Chr.
571 a.u.c.

T. Quinctius Flamininus kam als Gesandter zu König Prusias[7]. Der hatte sich bei den Römern dadurch verdächtig gemacht, daß er Hannibal nach seiner Flucht von Antiochos aufgenommen[8] und einen Krieg gegen Eumenes vom Zaune gebrochen hatte. Entweder hatte Flamininus dort dem Prusias unter anderem vorgeworfen,[9] bei ihm befinde sich der Mann, der von allen, die lebten, der ärgste Feind des römischen Volkes sei und der zuerst sein eigenes Vaterland, dann, nachdem dessen Macht gebrochen worden sei, König Antiochos zum Krieg gegen das römische Volk getrieben habe; oder Prusias faßte selbst, um sich bei Flamininus und den Römern beliebt zu machen, von sich aus den Plan, Hannibal zu töten oder ihn den Römern auszuliefern. Jedenfalls wurden unmittelbar nach Beginn der Verhandlungen mit Flamininus Soldaten geschickt, um das Haus Hannibals zu bewachen. Immer hatte Hannibal ein solches Ende seines Lebens vorausgeahnt, da er den unversöhnlichen Haß der Römer gegen sich sah und zu der Treue der Könige kein rechtes Vertrauen hatte. Die Unzuverlässigkeit des Prusias aber hatte er auch schon erfahren. Auch hatte er die Ankunft des Flamininus gefürchtet als etwas, das für ihn verhängnisvoll sein werde. Gegen alle Bedrohungen hatte er, um immer einen Weg zur Flucht vorbereitet zu haben, sieben Ausgänge aus seinem Haus angelegt, davon einige versteckt, damit sie nicht durch eine Wache versperrt werden sollten. Aber die drückende Herrschaft der Könige läßt nichts unerkundet, was sie herausfinden wollen. Das Haus wurde ringsum so völlig mit Wachen umstellt, daß keiner von dort entschlüpfen konnte. Nachdem Hannibal gemeldet worden war, Soldaten des Königs seien in der Vorhalle seines Hauses, versuchte er durch den hinteren Teil des Hauses, der am abgelegensten war und den verborgensten Ausgang hatte, zu fliehen; als er aber merkte, daß auch dieser durch herbeigeeilte Soldaten versperrt und alles ringsum durch die aufgestellten Posten abgeriegelt war, ließ er sich das Gift bringen, das er schon seit langem für solche Fälle bereithielt. »Wir wollen«, sagte er, »das römische Volk von einer langen Sorge befreien, da sie glauben, es daure zu lange, auf den Tod eines alten Mannes zu warten. Flamininus wird keinen großen und keinen denkwürdigen Sieg über einen Unbewaffneten und Verratenen davontragen. Wie sehr die Sitten des römischen Volkes sich geändert haben, wird gerade dieser Tag beweisen. Ihre Väter haben König Pyrrhos, einen bewaffneten Feind, der mit einem Heer in Italien stand, gewarnt, er solle sich vor Gift hüten,[10] diese haben einen ehemaligen Konsul als Gesandten geschickt, um Prusias zu veranlassen, seinen Gast frevelhaft zu töten.« Er stieß dann Verwünschungen gegen das Haupt und das Reich des Prusias aus, rief die Götter des Gastrechts als Zeugen dafür an, daß dieser die Treue gebrochen habe, und leerte den Becher. Das war das Ende Hannibals.

EINWIRKUNG DER GRIECHISCHEN KULTUR Hor., ep. 2, 1,156 f.

GRAECIA CAPTA FERUM VICTOREM CEPIT ET ARTIS
INTULIT AGRESTI LATIO.
Griechenland ward unterworfen; doch es selbst unterwarf seinen rauhen Besieger und brachte die Künste ins ländliche Latium.

Plut., Aem. 6,8–9 Aemilius Paulus erzog seine Söhne nach der landesüblichen und herkömmlichen Sitte, wie er auch selbst erzogen worden war, mit noch größerem Eifer aber nach griechischer Weise. Denn nicht nur Grammatiker, Philosophen und Rhetoren, sondern auch Bildhauer, Maler, Stallmeister, Hundemeister und Lehrer des Weidwerks waren immer um die jungen Leute, und die waren alle Griechen.

Plut., Aem. 28,10–11 Aus den königlichen Schatzkammern (in Pella) hatte man (168 nach der Schlacht bei Pydna) viel Silber und Gold zusammengebracht; doch Aemilius Paulus wollte es nicht einmal sehen und überließ es den Quästoren für die Staatskasse. Nur die Bibliothek des Königs durften seine literarisch interessierten Söhne[11] an sich nehmen.

Polyb., 31, 23,4–6 Die nahe Bekanntschaft zwischen dem Jüngeren Scipio und Polybios[12] nahm ihren Anfang mit gemeinsamer Lektüre und der Unterhaltung darüber. Ihr Verkehr wurde vertrauter, und als die in Italien internierten Griechen aus Rom in die Landstädte geschickt wurden, bemühten sich Fabius und Scipio, die beiden Söhne des Aemilius Paulus, beim Prätor darum, daß Polybios in Rom gelassen wurde. Ihr Umgang wurde dann immer häufiger und enger.

Der Jüngere Scipio war ein kultivierter Förderer und Bewunderer aller Künste und Wissenschaften; er hatte die beiden bedeutenden Gelehrten Polybios und Poseidonios zu Hause und im Feld ständig in seinem Gefolge. Niemand verstand besser als dieser Scipio, sich in den Pausen zwischen den Staatsgeschäften in so kultivierter Art der Muße zu widmen.

Vell. 1, 13,4–6

Gewiß hat unser Land keine Männer von strahlenderem Ruhm, von größerer Bedeutung oder höherer Bildung hervorgebracht als den Jüngeren Scipio, C. Laelius und L. Furius, die immer in der Öffentlichkeit die gebildetsten Vertreter Griechenlands um sich hatten.

Cic., de or. 2,154

CATO UND DIE GRIECHEN

a) Aus der Schrift »An meinen Sohn Marcus« Cato, frg. 356 Sch.

173 v. Chr.
581 a. u. c.

Über diese Griechen, mein Sohn, werde ich an anderer Stelle sagen, was ich in Athen für Erfahrung gesammelt habe und daß es gut ist, in ihre Bücher einen Blick zu tun, nicht sie durchzuarbeiten; ich werde erweisen, daß das ein höchst nichtsnutziger und unbelehrbarer Menschenschlag ist; und das Folgende laß dir wie einen Seherspruch gesagt sein: Wenn dieses Volk uns einmal seine Bücher gibt, wird es alles ruinieren, und noch mehr, wenn es seine Ärzte herschickt. Sie haben sich verschworen, alle Barbaren durch ihre Heilkunst zu töten, aber sie tun es für Geld, damit sie Glauben finden und es leicht haben, die Leute umzubringen. Auch uns nennen sie nicht anders als Barbaren und noch unflätiger als die anderen beschmutzen sie uns mit dem Namen Opiker[13]. Mit den Ärzten darfst du ein für allemal nichts zu tun haben.

b) Cato und die Philosophengesandtschaft aus Athen Plut., Cato mai. 22,1–7

155 v. Chr.
599 a. u. c.

Als Cato schon ein alter Mann war, kamen aus Athen Gesandte nach Rom, und zwar Philosophen: der Akademiker Karneades und der Stoiker Diogenes; sie sollten darum bitten, den Athenern die Buße von 500 Talenten zu erlassen, zu der sie auf die Klage der Leute von Oropos vor einem Gericht in Sikyon verurteilt worden waren.[14] Sofort liefen die bildungsdurstigsten jungen Leute den Männern zu, scharten sich um sie und hörten begeistert ihre Vorträge. Vor allem erfüllte der glänzende Geist des Karneades, der mit seiner außerordentlichen rednerischen Wirkungskraft und seinem nicht geringeren Ruhm eine große, gebildete Hörerschaft zu packen wußte, die Stadt mit seinem Ruf. Man erzählte sich, ein Grieche von geradezu überwältigenden Geistesgaben, der alles bezaubere und bezwinge, habe die Jugend derartig in seinen Bann geschlagen, daß sie alle ihre sonstigen Vergnügungen und Unterhaltungen vergessen habe und sich nur noch für die Philosophie begeistere. Das gefiel den meisten Römern wohl, und sie sahen es gern, daß die jungen Leute sich um griechische Bildung bemühten und die Gesellschaft bewunderter Männer suchten. Cato aber war von Anfang an unzufrieden damit, als der große Bildungseifer die Stadt ergriff; er fürchtete, die jungen Leute möchten, wenn sie ihren Ehrgeiz nach dieser Seite wendeten, alsbald den Ruhm der Beredsamkeit höher schätzen als den der Taten und des Krieges. Als der Ruhm der Philosophen in der Stadt immer höher stieg, beschloß er, sie mit Anstand aus der Stadt hinauszukomplimentieren. Er ging in den Senat und tadelte die Beamten, daß eine Gesandtschaft aus Männern, die die Hörer mit Leichtigkeit von allem und jedem zu überzeugen vermöchten, so lange Zeit dasäße, ohne daß sich etwas tue. Man solle also schnellstens in der Angelegenheit befinden und einen Beschluß fassen,[15] damit diese Männer in ihre Schulen zurückkehrten und mit den Griechenknaben debattierten, die jungen Männer in Rom aber wie früher auf die Gesetze und die Staatsbeamten hörten.

BRUTALISIERUNG DER KRIEGFÜHRUNG

22. Juni
168 v. Chr.
586 a.u.c.

a) Die Endphase der Schlacht bei Pydna Liv. 44, 42,4–6

Lange wurde die makedonische Phalanx von vorne, von den Seiten und vom Rücken her niedergehauen. Zuletzt flohen die, die den Händen der Feinde entronnen waren, waffenlos zum Meer. Einige liefen auch in das Wasser, breiteten die Hände zu denen aus, die auf der Flotte waren, und baten sie flehentlich um ihr Leben. Als die sahen, daß Boote von allen Seiten von den Schiffen her auf sie zukamen, glaubten sie, sie kämen, um sie aufzunehmen und sie lieber gefangenzunehmen als zu töten, und gingen weiter ins Wasser, manche schwam-

Die Schlacht von Pydna auf dem Siegesdenkmal in Delphi

men auch. Doch als sie feindselig von den Booten aus erschlagen wurden, schwammen die, die es noch konnten, zurück und suchten das Land zu erreichen, gerieten dort aber in ein anderes, noch gräßlicheres Verderben. Denn die Elefanten wurden von ihren Führern zum Strand getrieben und traten sie nieder oder zerschmetterten sie, wenn sie aus dem Wasser kamen.

b) Die Bestrafung der Epiroten Liv. 45, 34,1–6

167 v. Chr.
587 a. u. c.

Aemilius Paulus schickte einen Brief an Anicius[16], er solle bei dem, was geschehe, nicht unruhig werden; der Senat habe die Gemeinden von Epirus, die zu Perseus abgefallen seien, seinem Heer als Beute überlassen. In die einzelnen Städte schickte er Centurionen, die sagen sollten, sie seien gekommen, um die Besatzungen wegzuführen, damit die Epiroten frei seien wie die Makedonen, und er ließ aus jeder Gemeinde zehn führende Männer zu sich kommen. Nachdem er ihnen verkündet hatte, Gold und Silber müsse abgeliefert werden, schickte er seine Kohorten in alle Gemeinden. Die in die weiter entfernten mußten, waren früher aufgebrochen als die, die in die näher gelegenen gingen, so daß sie in allen am selben Tage ankamen. Die Tribunen und Centurionen hatten Anweisungen, was geschehen sollte. Am frühen Morgen wurde alles Gold und Silber zusammengetragen; in der vierten Stunde erhielten die Soldaten das Zeichen zum Plündern der Städte; die Beute war so groß, daß jeder Reiter 400 Denare und jeder Fußsoldat 200 erhielt und 150 000 Menschen weggeschleppt wurden. Die Mauern der geplünderten Städte wurden dann geschleift; es waren ungefähr 70 Städte. Die ganze Beute wurde verkauft; daraus wurde der genannte Betrag an die Soldaten ausgezahlt.

DIE GEFANGENNAHME DES KÖNIGS PERSEUS Liv. 45, 6,10 – 8,7

168 v. Chr.
586 a. u. c.

Nach der Schlacht bei Pydna (22. Juni 168) suchte Perseus im Heiligtum von Samothrake Zuflucht. Der Prätor Cn. Octavius setzte ihm nach, landete mit der Flotte in Samothrake und versuchte den König mit Drohungen und Versprechungen zur Übergabe zu bewegen. Seine Gefolgsleute sagten sich einer nach dem anderen von ihm los und traten zu den Römern über; als letzte verließen die Königsknappen ihren Herrn, und Perseus blieb mit Philipp, dem ältesten seiner Söhne, allein zurück.

Da ergab er sich mit seinem Sohn dem Octavius und klagte das Schicksal und die Götter an, in deren Tempelbezirk er war, daß sie einem Schutzflehenden mit ihrer Macht keine Hilfe gewährten.

Es wurde Befehl gegeben, ihn auf das Schiff des Prätors zu bringen, und dorthin wurde auch das Geld geschafft, das noch übrig war. Sofort segelte dann die Flotte nach Amphipolis zurück. Von dort schickte Octavius den König ins Lager zum Konsul und sandte einen Brief an diesen voraus, damit er wisse, daß

Perseus

der König in seiner Gewalt sei und zu ihm geführt werde.

Paulus hielt das für einen zweiten Sieg, was es auch war, und brachte auf diese Nachricht hin Opfer dar. Er berief dann einen Kriegsrat ein, und nachdem er den Brief des Prätors vorgelesen hatte, schickte er den Q. Aelius Tubero dem König entgegen; die übrigen forderte er auf, möglichst vollzählig im Feldherrnzelt zu bleiben.

Kein anderes Mal ist zu irgendeinem Schauspiel eine so große Menge herbeigeströmt. In einem dunklen Mantel betrat Perseus mit seinem Sohn das Lager. Wegen des Gedränges der Menschen, die zu diesem Schauspiel strömten, konnte er nicht weiterkommen, bis vom Konsul Liktoren geschickt wurden, die Platz machten und ihm den Weg zum Feldherrnzelt bahnten. Der Konsul erhob sich – den anderen hatte er den Befehl gegeben, sitzen zu bleiben –, ging dem eintretenden König etwas entgegen, streckte ihm die rechte Hand hin, und als er sich ihm zu Füßen warf, hob er ihn auf und duldete es nicht, daß er seine Knie umfaßte, führte ihn in das Zelt hinein und ließ ihn denen gegenüber Platz nehmen, die er zum Kriegsrat gerufen hatte.

Die erste Frage war, welches Unrecht ihn genötigt habe, einen Krieg mit so feindseliger Haltung gegen das römische Volk anzufangen, durch den er sich und sein Reich in die äußerste Gefahr brachte. Als alle auf seine Antwort warteten und er zu Boden blickte und lange schweigend weinte, fuhr der Konsul fort: »Wenn du als ein junger Mann den Thron bestiegen hättest, würde ich mich weniger darüber wundern, wenn du nicht gewußt hättest, wie schwer die Freundschaft und die Feindschaft mit dem römischen Volk wiegt; jetzt aber, wo du an dem Krieg teilgenommen hast, den dein Vater gegen uns geführt hat, und dich auch an den darauffolgenden Frieden erinnern kannst, den wir mit der größten Redlichkeit ihm gegenüber gehalten haben, was war das für ein Entschluß, daß du mit denen, deren Macht im Kriege und deren Redlichkeit im Frieden du erfahren hattest, lieber Krieg als Frieden haben wolltest?« Als er weder auf die Frage noch auf den Vorwurf antwortete, sprach der Konsul weiter: »Wie dies auch sei, mag es durch menschlichen Irrtum oder durch den Zufall oder durch die Notwendigkeit so gekommen sein, sei voll Zuversicht. Die Milde des römischen Volkes, die man beim Sturz vieler Könige und Völker erfahren hat, bietet dir nicht nur Hoffnung, sondern fast sichere Aussicht auf Rettung.« Dies sagte er in griechischer Sprache zu Perseus, auf lateinisch dann zu seinen Leuten: »Ihr seht hier ein eindrucksvolles Beispiel für die Unbeständigkeit des menschlichen Schicksals. Dies sage ich vor allem zu euch, die ihr noch jung seid. Es ziemt sich also, im Glück nicht übermütig und gewalttätig gegen jemand zu sein und nicht auf das Glück des Augenblicks zu vertrauen, da ungewiß ist, was der Abend bringt. Der wird am Ende ein Mann sein, den das Glück nicht übermütig macht und das Unglück nicht zerbricht.«

Dann wurde der Kriegsrat entlassen, und Q. Aelius erhielt den Auftrag, für den König zu sorgen.

DIE AUSWIRKUNGEN DES RÖMISCHEN SIEGES BEI PYDNA Polyb. 3, 4,2–3

Das Wachstum und die Entwicklung der römischen Macht war vollendet. Dazu erschien es allen als eine selbstverständliche und unausweichliche Tatsache, daß man fortan den Römern gehorchen und ihren Befehlen nachkommen müsse.

DER TAG VON ELEUSIS Liv. 45, 12,1–8

Im 6. Syrischen Krieg, der Ende 170 durch die Eroberungspläne ägyptischer Höflinge ausgelöst wurde, brachte Antiochos IV. das Ptolemäerreich in größte Bedrängnis; die noch jugendlichen Herrscher baten die Römer um Hilfe. Die römische Gesandtschaft unter C. Popilius Laenas, die im Frühjahr 168 aufgebrochen war, wartete in Delos, bis die Entscheidung in Makedonien gefallen war. Sobald sie von dem Sieg bei Pydna erfahren hatte, segelte sie weiter nach Ägypten.

Antiochos rückte durch die Arabische Wüste vor, während seine Flottenbefehlshaber vor der Nilmündung bei Pelusion kreuzten. Von den Bewohnern des Gebietes um Memphis und von den übrigen Ägyptern wurde er teils aus freiem Willen, teils aus Furcht aufgenommen. Er zog dann langsam in das Gebiet von Alexandria. Bei Eleusis, vier Meilen von Alexandria entfernt, überschritt er den Fluß; da traten ihm die römischen Gesandten entgegen. Als diese herankamen und er sie gegrüßt hatte und dem Popilius die rechte Hand entgegenstreckte, übergab der ihm das Schreiben, das den Senatsbeschluß enthielt, und trug ihm auf, zuallererst dies zu lesen. Als er es durchgelesen hatte und sagte, er wolle seine Freunde hinzuziehen und mit ihnen beraten, was er tun solle, zog Popilius mit dem Stock, den er in der Hand hielt, einen Kreis um den König und sagte: »Bevor du aus diesem Kreis heraustrittst, gib mir Antwort, was ich dem Senat berichten soll!« Infolge dieses so barschen Befehls stand der König eine Zeitlang wie betäubt da; dann sagte er: »Ich werde tun, was der Senat für gut hält.« Da erst gab Popilius dem König die Hand wie einem Bundesgenossen und Freund.

Als Antiochos dann zum festgesetzten Termin Ägypten geräumt hatte, fuhren die Gesandten nach Zypern und schickten die Flotte des Antiochos weg, die in einer Seeschlacht schon die ägyptischen Schiffe geschlagen hatte.

Diese Gesandtschaft wurde berühmt bei den Völkern, weil zweifellos dem Antiochos Ägypten, das er schon in der Hand hatte, weggenommen und dem Geschlecht des Ptolemaios der Thron seiner Väter zurückgegeben worden war.

168 v. Chr. 586 a. u. c. REISE DES AEMILIUS PAULUS DURCH GRIECHENLAND Liv. 45, 27,5 – 28,6

Es war beinahe Herbst. Paulus beschloß, den Anfang dieser Jahreszeit zu einer Rundreise durch Griechenland und zur Besichtigung der berühmten Stätten zu benutzen, von denen man Größeres gehört hat, als man dort sehen kann. Den Befehl über das Lager übertrug er dem C. Sulpicius Gallus. Er brach ohne großes Gefolge auf, seinen Sohn Scipio und Athenaios, den Bruder des Königs Eumenes, an der Seite, und zog durch Thessalien nach Delphi, dem berühmten Orakel. Dort brachte er dem Apollon ein Opfer dar. Im Vorhof des Heiligtums fand er Pfeiler, an denen man zu arbeiten angefangen hatte und auf die man ein Standbild des Königs Perseus hatte setzen wollen; als Sieger bestimmte er diese für seine Standbilder. Er besuchte auch in Lebadeia das Heiligtum des Zeus Trophonios; als er dort die Öffnung der Höhle gesehen hatte, durch die die Benutzer des Orakels hinabsteigen, um die Götter zu befragen, brachte er dem Zeus und der Herkynna, denen das Heiligtum dort gehört, ein Opfer dar und zog dann nach Chalkis hinab, um den Euripos und Euböa zu sehen, diese große Insel, die durch eine Brücke mit dem Festland verbunden ist. Von Chalkis fuhr er nach Aulis hinüber, das nur drei Meilen entfernt ist, dem Hafen, der berühmt ist durch den einstigen Aufenthalt der tausend Schiffe der Flotte des Agamemnon, und zu dem Heiligtum der Artemis, wo jener König der Könige seine Tochter als Opfer an den Altar führte und dadurch zu erreichen suchte, daß seine Schiffe nach Troja fahren konnten. Von dort kam man nach Oropos in Attika, wo ein Seher aus alter Zeit als Gott verehrt wird und wo sich ein altes Heiligtum befindet, das in einer schönen Gegend mit Quellen und Bächen ringsum liegt. Von dort ging er nach Athen, das zwar auch voll ist von seinem alten Ruhm, doch auch vieles besitzt, was sehenswert ist: die Burg, die Häfen, die Mauern, die Piräus mit der Stadt verbinden, die Werften, die Denkmäler seiner großen Feldherren, die Bildnisse von Göttern und Menschen, ausgezeichnet durch jede Art von Material und künstlerische Fertigkeit.

Er brachte der Athene, der Herrin der Burg, in der Stadt ein Opfer dar, zog weiter und gelangte am nächsten Tag nach Korinth. Damals, vor ihrer Zerstörung, war die Stadt sehr berühmt; auch die Burg und der Isthmos stellten eine Sehenswürdigkeit dar: die Burg, die innerhalb der Stadtmauern zu gewaltiger Höhe aufragt und von Quellen sprudelt; der Isthmos, der zwei benachbarte Meere im Westen und Osten durch eine schmale Landenge trennt. Von dort aus besuchte er die berühmten Städte Sikyon und Argos, dann Epidauros, das nicht gleich an Macht ist, aber berühmt durch das bekannte Heiligtum des Asklepios, das fünf Meilen von der Stadt entfernt ist und jetzt an Spuren abgerissener Geschenke, damals an Geschenken reich war, die die Kranken zum Dank für wirksame Heilmittel dem Gott geweiht hatten. Von dort aus besuchte er Sparta, das nicht durch die Großartigkeit seiner Kunstwerke, sondern durch seine strenge Zucht und seine Verfassung denkwürdig ist. Weiter zog er über Megalopolis nach Olympia hinauf. Dort besichtigte er auch andere Sehenswürdigkeiten; als er den Zeus betrachtete, wurde er im Innersten bewegt, als wenn er den Gott selbst vor sich hätte; er ließ deshalb ein ungewöhnlich reiches Opfer zurüsten, nicht anders, als wenn er auf dem Kapitol hätte opfern wollen.

So durchzog er Griechenland, ohne Nachforschungen darüber anzustellen, wie ein jeder im Perseuskrieg als Privatmann oder Politiker gesinnt gewesen war; er wollte nämlich nicht die Bundesgenossen durch Angst vor etwas beunruhigen.

DIE ANORDNUNGEN FÜR MAKEDONIEN Liv. 45, 29,1 – 30,2

167 v. Chr.
587 a. u. c.

Als der Tag gekommen war, an dem sich nach dem Befehl des Aemilius Paulus zehn führende Männer aus jeder Gemeinde in Amphipolis einfinden sollten, nahm er mit der Zehnerkommission[17] auf der Gerichtstribüne Platz, und die Masse der Makedonen lagerte sich ringsum. Obwohl sie die Herrschaft eines Königs gewohnt waren, zeigte die neue Obrigkeit doch ein schreckliches Gesicht: die Gerichtstribüne, der Auftritt, nachdem die Liktoren den Weg freigemacht hatten, der Herold, der Amtsdiener, all dies, das ihren Augen und Ohren ungewohnt war und sogar Bundesgenossen, wieviel mehr aber besiegte Feinde in Schrecken versetzen konnte.

Durch den Herold wurde Schweigen geboten, und Paulus verkündete auf lateinisch, was dem Senat und was ihm selbst aufgrund der Beratung als richtig erschienen war. Der Prätor Cn. Octavius – denn auch er war zugegen – übersetzte das und gab es auf griechisch wieder.

Zuallererst sei beschlossen, die Makedonen sollten frei sein;[18] sie sollten ihre Städte und ihr Gebiet behalten, ihre eigenen Gesetze haben und jedes Jahr ihre Beamten wählen; die Hälfte der Abgaben, die sie ihren Königen geleistet hätten, sollten sie dem römischen Volk leisten.

Dann solle Makedonien in vier Bezirke aufgeteilt werden. Zu Bezirkshauptstädten, wo die Landtage zusammenkommen sollten, machte er für den ersten Bezirk Amphipolis, für den zweiten Thessalonike, für den dritten Pella, für den vierten Pelagonia. Er ordnete an, daß die Landtage dort nur für den betreffenden Bezirk einberufen werden dürften und daß dort die Steuern abgeliefert und die Beamten gewählt werden sollten.

Münze des viergeteilten
Makedonien mit Aufschrift
ΜΑΚΕΔΟΝΩΝ ΠΡΩΤΗΣ /
Makedonien I

Dann verkündete er, keiner dürfe außerhalb der Grenzen seines eigenen Bezirks heiraten und Land oder Häuser erwerben. Auch dürften die Gold- und Silberbergwerke nicht weiterbetrieben werden, der Betrieb der Eisen- und Kupferbergwerke sei ihnen gestattet; von den Pächtern wurde die Hälfte von dem verlangt, was sie dem König gezahlt hatten. Weiterhin verbot er die Salzeinfuhr. Er verbot ihnen, selbst Holz zum Bau von Schiffen zu fällen und auch es von anderen fällen zu lassen. Den Bezirken, die Barbaren zu Nachbarn hatten – mit Ausnahme des dritten waren das aber alle –, erlaubte er, in den Grenzgebieten einen bewaffneten Grenzschutz zu unterhalten.

Diese Ankündigungen lösten unterschiedliche Gefühle aus: Die wider Erwarten verliehene Freiheit und die Minderung der jährlichen Abgaben ließ die Herzen höher schlagen. Da aber der Handel zwischen den Bezirken unterbunden war, schien ihnen Makedonien so zerstückelt, als wenn ein Lebewesen in seine einzelnen Glieder auseinandergerissen wäre, von denen das eine das andere doch nötig hat.

152–149 v. Chr.
602–605 a. u. c.

CATO UND KARTHAGO. SCIPIO NASICA

Plut., Cato mai. 26,1 – 27,2; Diod. 34/35, 33,3–5

Als Catos letzte politische Tat betrachtet man die Zerstörung Karthagos. Sie wurde zwar von dem Jüngeren Scipio durchgeführt; aber zu dem Krieg kam es vor allem auf den Antrag und das Betreiben Catos. Man hatte ihn zu den Karthagern und dem Numider Masinissa geschickt, die miteinander Krieg führten, damit er die Ursachen ihres Zwistes herausfinde.[19] Denn Masinissa war ein Freund des römischen Volkes, und die Karthager hatten zwar seit der Niederlage durch Scipio mit ihnen Frieden, waren aber durch Gebietsverlust und einen schweren Tribut geschwächt worden. Als Cato nun die Stadt nicht, wie die Römer glaubten, gedrückt und demütig vorfand, sondern reich an kräftiger junger Mannschaft, strotzend von Reichtum, voll von mancherlei Waffen und Kriegsmaterial und darum nicht niedrig gesonnen, so meinte er, es sei nicht so sehr an der Zeit, daß die Römer die Sache der Numider und Masinissas regelten, als zu verhüten, daß sie, wenn sie eine ihnen von alters feindliche, haßerfüllte, nun auf wunderbare Weise neu erstarkte Stadt nicht gänzlich unterwürfen, wieder in dieselbe Gefahr kämen. Er kehrt also eilends nach Rom zurück und trug dem Senat vor, die früheren Niederlagen und Unfälle der Karthager hätten nicht so sehr deren Macht als ihren Unverstand vermindert und sie augenscheinlich nicht schwächer, sondern kriegserfahrener gemacht, und nun seien die Kämpfe mit den Numidern bereits eine Vorübung für die mit den Römern, und Friede und Vertrag sei nur ein Deckname für Aufschub des Krieges, der auf seine Stunde harre. Nach diesen Worten ließ Cato im Senat absichtlich ein paar afrikanische Feigen fallen, und als man ihre Größe und Güte bewunderte, sagte er: »Das Land, das diese Feigen trägt, ist nur drei Tage Seefahrt von Rom entfernt.« Ein noch stärkeres Druckmittel war, daß er bei jeglicher Sache, über die er seine Meinung abzugeben hatte, den Satz hinzufügte: »Ferner stelle ich den Antrag, daß Karthago nicht bestehenbleiben darf.«

Scipio Nasica aber vertrat immer den entgegengesetzten Standpunkt, Karthago müsse allezeit bestehenbleiben. Beide Äußerungen schienen dem Senat durchaus bedenkenswert; die Klügeren hielten aber die Ansicht Nasicas für wesentlich besser. Sie sagten sich, die Stärke Roms sei nicht an der Schwäche anderer zu messen, sondern daran, daß Rom sich stärker zeige als die Starken. Dazu zwinge, solange Karthago bestehe, die Furcht vor dieser Stadt die Römer zur Eintracht und zu einer milden und rühmlichen Behandlung der Untertanen, dem besten Mittel für die Erhaltung und Sicherung der Vorherrschaft. Werde aber die große Nebenbuhlerin vernichtet, so werde es im Inneren zu einem Bürgerkrieg kommen, und die Bundesgenossen würden die Vormacht hassen wegen der Habsucht und der Ungerechtigkeit der Magistrate im Umgang mit ihnen.

DER JÜNGERE SCIPIO BEIM UNTERGANG KARTHAGOS Polyb. 38, 22,1–3 146 v. Chr. 608 a. u. c.

Als Scipio Karthago in Rauch und Trümmern versinken sah, sollen ihm die Tränen gekommen sein, und es war klar: Er weinte über die Feinde. Lange blieb er ganz in sich versunken und dachte darüber nach, daß Städte, Völker und Reiche ebenso wie einzelne Menschen alle dem Wechsel des Glücks unterworfen sind; am Ende langen Sinnens sprach er die Verse:

> Einst wird kommen der Tag, da das heilige Ilion hinsinkt,
> Priamos auch und das Volk des lanzenkundigen Königs.

Als ihn Polybios fragte, was er damit meine, zögerte er nicht, den Namen seiner Vaterstadt zu nennen, für die er demnach mit Blick auf das Menschenlos fürchtete.

ZWEI URTEILE ÜBER DIE ZERSTÖRUNG KARTHAGOS Polyb. 36, 9,2–8

Über die Vernichtung Karthagos gingen die Meinungen und Urteile weit auseinander. Manche billigten das Verhalten der Römer: Sie hätten klug und verständig ihre Machtinteressen wahrgenommen. Es zeuge von politischer Vernunft und von Weitblick, daß sie der ständigen Bedrohung ein Ende machten und die Stadt, die ihnen so oft die Vorherrschaft streitig gemacht hatte und sie ihnen immer noch streitig machen konnte, vernichteten und damit die Herrschaft Roms sicherten.

Andere nahmen den entgegengesetzten Standpunkt ein: Die Römer hätten nicht an den Grundsätzen festgehalten, mit denen sie die Vorherrschaft errungen hätten, und wären mehr und mehr zu der Herrschsucht der Athener und Spartaner entartet, hätten zwar langsamer diesen Weg beschritten, seien aber, wie die Tatsachen zeigten, am selben Punkt angelangt. Früher hätten sie mit allen nur so lange Krieg geführt, bis sie den Gegner besiegt und zu dem Eingeständnis gebracht hätten, man müsse den Römern gehorchen und ihre Befehle befolgen. Jetzt aber hätten sie im Perseuskrieg eine erste Probe ihrer wahren Gesinnung gegeben, als sie das makedonische Reich zerschlugen, vollständig hätten sie diese Gesinnung enthüllt durch ihre Entscheidung über Karthago. Denn ohne ein unverzeihliches Unrecht erlitten zu haben, hätten sie die Karthager hart und erbarmungslos behandelt, obwohl diese doch auf alles eingingen und es auf sich nehmen wollten, jedem römischen Befehl zu gehorchen.

DAS GEBET DES JÜNGEREN SCIPIO Val. Max. 4, 1,10

Als der Jüngere Scipio zum Abschluß seiner Zensur das Sühnopfer darbrachte und ein Schreiber ihm aus dem offiziellen Formular die feierliche Gebetsformel vorsprach, in der die unsterblichen Götter angefleht werden, den Besitz des römischen Volkes zu fördern und zu mehren, sagte er: »Er ist groß genug. So bitte ich die Götter nur darum, ihn auf immer unversehrt zu erhalten.« Und sogleich ließ er die Gebetsformel in dem offiziellen Formular entsprechend abändern.

Er war weitblickend genug, um zu wissen, daß man zu einer Zeit, in der man sich einen Triumph im Umkreis von 7 Meilen um die Stadt verdiente, sehr wohl um die weitere Ausdehnung der römischen Herrschaft bitten durfte; jetzt aber, da Rom den größten Teil des Erdkreises besitze, wäre es nur ein Zeichen von Habsucht, etwas darüber hinaus zu erbitten; das Reich könne sich schon überaus glücklich schätzen, wenn es nichts von seinem Besitzstand verliere.

DIE KRISE DER RÖMISCHEN REPUBLIK I

133 – 78 v. Chr.

DIE GRACCHEN, MARIUS UND SULLA

Roms Eroberungen und ausbeuterische Friedensschlüsse brachten immense Schätze in die Stadt und bereicherten die herrschende Oberschicht, die, einmal ans Einnehmen gewöhnt, auch in Friedenszeiten durch horrende Zinsen und erpresserische Provinzialverwaltung ihre Taschen zu füllen trachtete – schon weil der Luxus, an den man sich ebenso schnell gewöhnte, seinen Preis hatte. Vergebens hatte der alte Cato gegen *avaritia* und *luxuria,* gegen Habgier und Verschwendungssucht, gewettert, vergebens suchten neu eingerichtete Gerichtshöfe dem üblen Treiben der Staatsbeamten und Steuereinnehmer zu wehren: Die Korruption war so allgemein eingerissen, daß ihre jeweiligen Standesgenossen in der Regel diejenigen deckten, gegen die Klagen vorgebracht wurden.

Und nicht nur die Provinzen hatten unter dem allgemeinen Verfall der guten Sitten zu leiden: Auch die freien Bauern Italiens, die als Soldaten für Rom ihre Haut zu Markte getragen hatten, sahen sich um den gerechten Lohn ihrer Tapferkeit betrogen. Oft genug waren infolge ihrer langen Abwesenheit die Felder nicht bestellt worden, so daß die Familien, um ihren Lebensunterhalt zu sichern, sich verschulden mußten. Konnten die aufgenommenen Gelder samt den hohen Zinsen nicht zurückgezahlt werden, fiel das Land an die blutsaugerischen Kreditgeber, die auf diese Weise rasch in den Besitz weiter landwirtschaftlicher Flächen gelangten. Diese bestellten sie nicht mehr mit Getreide – das wurde billig, vor allem aus Ägypten, importiert –, sondern legten Olivenhaine und Weinberge oder Viehweiden an, die reicheren Ertrag versprachen. Dadurch gerieten auch die Bauern, die ihre Güter hatten erhalten können, in Bedrängnis: Ihre Felder warfen nicht mehr genug Gewinn ab im Vergleich zu den meist von Sklaven bewirtschafteten riesigen Flächen der Großgrundbesitzer. So nahm die Zahl der freien Kleinbauern dramatisch ab, während sich gleichzeitig das städtische Proletariat sprunghaft vermehrte.

Bald zeigte sich, daß der massenhafte Einsatz von Sklaven seine Risiken hatte: Auf Sizilien kam es zu einem bedrohlichen Aufstand, der erst 132 v. Chr. niedergeschlagen werden konnte. Weitere Revolten sollten bald folgen.

Um die gefährliche Entwicklung zu stoppen, erließ man Gesetze zum Schutz der Kleinbauern und suchte die Nutznießung von Staatsland durch die Großgrundbesitzer zu beschränken, doch diese Maßnahmen blieben ziemlich wirkungslos, bis ein junger Mann aus dem Hochadel, ein Enkel des Siegers über Hannibal, 133 v. Chr. zum Volkstribunen gewählt wurde. Dieser Tiberius Sempronius Gracchus trat dafür ein, den Großbesitzern Land, das sie sich gesetzwidrig angeeignet hatten, wegzunehmen und es an verarmte Bauern zu verteilen. Die nötigen finanziellen Hilfen für Betriebsgründungen sollten aus der reichen pergamenischen Erbschaft entnommen werden. Mit diesen Vorhaben brachte Tiberius Gracchus seine hochadligen Standesgenossen gegen sich auf, während ihn die einfachen Leute wie einen Retter feierten. Auch die übrigen Tribunen konnte er auf seine Seite ziehen – bis auf einen, der wohl vom Adel gekauft war und die geplanten Maßnahmen durch sein Veto zu verhindern suchte. Da dieser seinen Widerstand nicht aufgeben wollte, ließ ihn Tiberius durch die Volksversammlung absetzen. Damit setzte er sich freilich ebenso über geheiligte Grundsätze der römischen Verfassung hinweg wie durch den Versuch, sich durch unmittelbare Wiederwahl in seinem Amt bestätigen zu lassen. Seine Gegner unterstellten ihm deshalb, er wolle sich zum König aufschwingen, und brachten damit einen in Rom ungemein verhaßten Begriff ins Spiel; der Wahlakt endete im Chaos, und Tiberius wurde von einer Gruppe wild gewordener Senatoren erschlagen, an deren Spitze sich einer seiner entfernten Verwandten, der Pontifex Maximus Publius Cornelius Scipio Nasica, gesetzt hatte.

»... wann endlich wird unsere Familie wieder zur Vernunft kommen? Wann werden wir uns schämen, den Staat ins Chaos zu stürzen? Doch wenn das ganz unmöglich ist, dann bewirb Dich um das Tribunat, wenn ich tot bin. Meinetwegen mach, was Du willst, wenn ich es nicht mehr erfahre!«
(Aus einem Brief der Cornelia, der Mutter der Gracchen, an ihren Sohn Gajus)

In der Folgezeit stellte sich auch der Schwager des Tiberius, Publius Cornelius Scipio Aemilianus, der Zerstörer Karthagos und Numantias, gegen die bitter nötigen Reformen und brachte sie ins Stocken. Sein plötzlicher Tod im Alter von 56 Jahren wurde infolgedessen als Meuchelmord durch nahe Angehörige erklärt. In Verdacht gerieten seine Frau Sempronia, die Schwester des Tiberius Gracchus, und dessen jüngerer Bruder Gajus. Dieser trat 123 in dessen Fußstapfen und wußte durch seine faszinierende Beredsamkeit die Massen zu begeistern; am Ende jedoch scheiterte auch er.

Jugurtha, ein Neffe des Numiderkönigs Micipsa, hatte auf römischer Seite vor Numantia gekämpft und dabei eine ganze Reihe wichtiger Persönlichkeiten kennengelernt. Als Micipsa starb, empfahl er dem älteren Jugurtha seine beiden Söhne. Der aber strebte nach der Alleinherrschaft, ermordete den einen der Erben und vertrieb den anderen, der die Römer um Beistand bat. Doch Jugurthas Gelder sorgten dafür, daß seine Untaten straflos blieben.

Von den zahlreichen Kriegen, die in jenen turbulenten Jahrzehnten geführt wurden, verdient der gegen den Numiderkönig Jugurtha besondere Erwähnung, weil hier – dank der Monographie des Sallust – die allgemeine Korruption der Staatsführung und der hohen Militärs besonders grell ins Auge fällt. Erst als Jugurtha auch den zweiten Sohn Micipsas qualvoll umbringen ließ, rang man sich in Rom zu einer Kriegserklärung durch und ließ ein Heer unter Führung des Konsuls Lucius Calpurnius Bestia nach Afrika übersetzen. Der aber war auch bestechlich und stellte Jugurtha einen günstigen Friedensschluß in Aussicht. In Rom herrschte darüber helle Empörung; man zitierte den Numiderkönig vor die Volksversammlung, doch der wußte sich wieder mit Geld aus der Schlinge zu ziehen und ließ außerdem durch gedungene Killer einen Enkel Masinissas, der sich eben in Rom aufhielt, ermorden.

»Du käufliche Stadt! Wie schnell ist's aus mit dir, wenn sich ein Käufer findet!«
(Jugurtha über Rom bei Sallust, Bellum Jugurthinum)

Für den skrupellosen Numider wendete sich das Blatt erst, als Gaius Marius, ein Mann aus dem Volk und geschworener Feind der arroganten und korrupten Nobilität, mit dem Oberbefehl betraut wurde. Vor ihm mußte Jugurtha zu seinem Schwiegervater nach Mauretanien fliehen, der ihn im Frühjahr 105 an den Quästor des Marius, Lucius Cornelius Sulla, auslieferte.

Im Herbst desselben Jahres traf in Rom die Schreckensbotschaft ein, daß zwei römische Heere bei Arausio, dem heutigen Orange, durch die germanischen Kimbern und Teutonen vernichtend geschlagen waren. Seit 113 war dies bereits die dritte Niederlage, die diese wandernden Stämme den Römern beibrachten. Als Retter in der Not bot sich Marius an und erfüllte die in ihn gesetzten Erwartungen, indem er eine tiefgreifende Heeresreform durchführte, mittellose Bürger zu den Waffen rief und ihnen nach dem Ende ihrer Dienstzeit eine angemessene Versorgung versprach.

Die Siege des Marius über die Germanen gaben den Popularen, der Partei der einfachen Leute, gewaltigen Auftrieb, führten zu Prozessen gegen unfähige und korrupte Adlige und veranlaßten demagogische Tribunen, die gracchischen Reformen wieder anzustoßen. Die Folge waren schwere Unruhen in Rom, denen Marius, der zum sechsten Mal das Konsulat bekleidete, entgegentreten und, so schwer es ihm fiel, dabei seine eigenen Parteifreunde in ihre Schranken weisen mußte.

Nach seinem blamablen Abgang heizte der Volkstribun Livius Drusus den Klassenkampf an, wobei er sich auch auf Roms Bundesgenossen stützte, denen er Hoffnung auf das Bürgerrecht machte. Die Ermordung dieses ihres Anwalts im Jahr 91 war das Signal zum Ausbruch des für Rom existenzbedrohenden Bundesgenossenkriegs, der nach schweren Verlusten beider Seiten und großen Zugeständnissen an die Aufständischen 89 ein Ende fand.

Die Bedrängnis Roms war in den unterdrückten und ausgebeuteten Provinzen nicht unbemerkt geblieben; es bedurfte nur eines Signals, daß die allgemeine Empörung sich furchtbar entlud. Dieses Signal gab der König Mithridates, der über die Landschaft Pontos am Schwarzen Meer herrschte und die Notlage Roms im kleinasiatischen Raum zu Eroberungen nützte. Er gab in Ephesos die Parole »Tod allen Römern!« aus, der an die 80 000 Menschen zum Opfer fielen.

Dafür mußte Rom Rache nehmen – doch wer sollte sie üben? Sulla und Marius gerieten in Streit über den Oberbefehl, wobei letzterer es schaffte, sich durch Volksbeschluß das Feldherrnamt übertragen zu lassen. Sulla nahm das nicht hin: Als Konsul verfügte er über ein Heer, das bei Nola stand; damit marschierte er nach Rom, vertrieb Marius und seinen Anhang und nahm sich dann den Fall Mithridates vor. Während seiner Abwesenheit kehrten die Marianer zurück und wüteten gegen die Senatspartei, wofür sie, als Sulla zurückkehrte, bitter büßen mußten – die erste, mörderische Phase der Bürgerkriege hatte begonnen.

»Der erste absolute Monarch des römischen Staates.«
(Theodor Mommsen in seiner Römischen Geschichte über Sulla)

Sulla erfand eine neue Art der Ächtung, die Proskription: er veröffentlichte Listen prominenter Marianer, die dadurch für vogelfrei erklärt wurden. Wer wollte, konnte sie töten und bekam einen Teil ihres Vermögens.

Nachdem Sulla die Häupter der Popularenpartei hingemordet und den Staat als Diktator in seinem Sinn »reformiert« hatte, zog er sich ins Privatleben zurück. Es ließ ihn kalt, daß e i n Marianer noch über Truppen verfügte und eine regelrechte Exilregierung bildete: Was scherte ihn dieser Sertorius im fernen Spanien? Auch er würde eines Tages gewaltsam enden!

PARTEIUNGEN IN ROM Sall., Jug. 41,1–10

Das Unwesen der Parteiungen und Cliquenbildungen entstand in Rom infolge der Friedensruhe und des Überflusses an den Gütern, die die Menschen für die wichtigsten halten. Denn vor der Zerstörung Karthagos trieben das römische Volk und der Senat friedlich und besonnen miteinander Politik; es gab unter den Bürgern keinen Streit, weder um Geltung noch um Herrschaft: Furcht vor dem Feind hielt die Bürgerschaft bei ihren guten Eigenschaften. Sobald diese Angst aber aus dem Bewußtsein geschwunden war, drang das ein, was der Wohlstand gerne mit sich bringt: Zügellosigkeit und Überheblichkeit. So war die in bedrängter Lage ersehnte Friedensruhe, als man sie erlangt hatte, recht hart und herb. Denn es begann nun die Nobilität ihr Prestige, das Volk seine Freiheit in Willkür zu verkehren: jeder erbeutete, plünderte, raubte zu seinem Vorteil. So wurde alles in zwei Parteien auseinandergerissen, wurde der Staat, der in der Mitte war, zerstückelt.

Die Nobilität richtete durch ihre Cliquenbildung aber mehr aus, die Kraft der Plebs, auf die Masse verteilt und zersplittert, vermochte weniger. Nach dem Ermessen einer Minderheit wurde im Krieg und Frieden entschieden, im Besitz derselben Leute waren Staatskasse, Provinzen, Ämter, Ehren und Triumphe; das Volk wurde von Kriegsdienst und Armut bedrängt. Kriegsbeute schleppten die Feldherrn mit einigen wenigen fort; unterdessen wurden die Eltern oder die kleinen Kinder der Soldaten von ihren Höfen vertrieben, wenn sie Nachbarn eines Mächtigeren waren. So drang mit der Macht auch Habgier ohne Maß und Mäßigung ein, beschmutzte und verwüstete alles, kannte nichts Gewichtiges und nichts Heiliges, bis sie sich selber zu Fall brachte. Sobald sich nämlich aus der Nobilität Männer fanden, die den wahren Ruhm einer ungerechten Machtposition vorzogen,[1] geriet die Bürgerschaft allmählich in Bewegung, und es entstand eine Spaltung der Bürger, gleichsam ein chaotisches Durcheinander der Welt.

DIE NOT DER BESITZLOSEN MASSEN Plut., Tib. Gracch. 8,1–4

Die Römer pflegten das Land, das sie ihren Nachbarn im Kriege abnahmen, zum einen Teil zu verkaufen, zum andern in Staatsbesitz zu überführen und dann bedürftigen Bürgern oder solchen ohne eigenen Boden gegen eine geringe Abgabe an die Staatskasse zur Nutzung zu überlassen. Als jedoch die Reichen anfingen, den Pachtzins in die Höhe zu treiben und die Armen von ihrer Scholle zu verdrängen, wurde ein Gesetz erlassen,[2] welches bestimmte, daß niemand mehr als 500 Morgen Staatsland besitzen dürfe. Für kurze Zeit tat diese Vorschrift der Habgier Einhalt und half den Armen, die auf den gepachteten Höfen blieben und den Teil des staatlichen Bodens bewirtschafteten, den sie von jeher besessen hatten. Später aber brachten die reichen Nachbarn durch vorgeschobene Mittelsmänner die Pachtverträge in ihre Hände und verwalteten schließlich das meiste ganz offen als eigenen Besitz. Aus ihren Heimwesen gejagt, taten die Armen ihre Soldatenpflicht nur noch mit Widerwillen und zeigten auch keine Lust mehr, Kinder großzuziehen, so daß ganz Italien binnen kurzem die freie Bevölkerung zurückgehen sah, während das Land sich mit den Kasernen ausländischer Sklaven bedeckte, die nunmehr die Ländereien bestellten, aus denen die Reichen ihre Mitbürger vertrieben hatten.

TIB. GRACCHUS' MITGEFÜHL MIT DEN ARMEN Plut., Tib. Gracch. 8,9

Als Tiberius Gracchus (im Jahre 137) auf dem Weg nach Numantia durch Etrurien kam, sah er das verödete Land und die aus der Fremde eingeführten Sklaven, welche die Felder bestellten und das Vieh weideten. Da zuerst reifte in ihm der Entschluß, den Armen das Gemeindeland zurückzugewinnen.

Aus einer Rede des Tib. Gracchus (133):

Plut., Tib.
Gracch. 9,5–6

Die wilden Tiere, welche in Italien hausen, haben ihre Höhle, jedes weiß, wo es sich hinlegen, wo es sich verkriechen kann – die Männer aber, die für Italien kämpfen und sterben, sie haben nichts außer Luft und Licht. Heimatlos, gehetzt irren sie mit Weib und Kind durch das Land. Die Feldherren lügen, wenn sie in der Schlacht die Soldaten aufrufen, für ihre Gräber und Heiligtümer sich zu wehren gegen den Feind, denn von all diesen Römern besitzt keiner einen Altar, den er vom Vater ererbt, keiner ein Grab, in dem seine Vorfahren ruhen; vielmehr kämpfen und sterben sie für anderer Wohlleben und Reichtum. Herren der Welt werden sie genannt und haben nicht eine Scholle Landes zu eigen.

133 v. Chr. DER GESETZESVORSCHLAG DES TIB. GRACCHUS
621 a. u. c. App., civ. 1,9; Plut., Tib. Gracch. 9,2

Tib. Gracchus beantragte eine Erneuerung des Gesetzes, nach dem kein römischer Bürger mehr als 500 Joch (vom *ager publicus*) zu eigen haben durfte. Über das alte Gesetz hinaus legte er für zwei Söhne noch jeweils 250 Joch dazu. Was darüber hinausging, sollte gegen eine Entschädigung abgetreten werden, und eine alljährlich zu bildende Dreierkommission sollte es unter die Besitzlosen verteilen.

DER EINSPRUCH DES VOLKSTRIBUNEN M. OCTAVIUS UND SEINE ABSETZUNG Plut., Tib. Gracch. 10,1–2; 12,1 – 13,1

Der Antrag des Tib. Gracchus riß das Volk zu hoher Begeisterung hin, so daß keiner der Gegner einen Widerspruch wagte. Sie verzichteten darauf, ihm in öffentlicher Rede entgegenzutreten, wandten sich aber an den Volkstribunen M. Octavius. Dieser sträubte sich anfänglich gegen ihr Ansinnen. Als aber viele einflußreiche Männer ihn unablässig mit Bitten bestürmten, ließ er sich auf ihre Seite ziehen und legte gegen das Gesetz sein Veto ein.

Als das Volk zur Abstimmung zusammentrat, bestieg Tiberius die Rednerbühne und versuchte Octavius umzustimmen. Umsonst, dieser beharrte auf seinem Nein. Da legte Tiberius einen Gesetzesantrag vor, der jenen des Tribunats für verlustig erklärte, und rief die Bürger sogleich zur Abstimmung auf. Schon hatten von den fünfunddreißig Tribus siebzehn ihre Stimme abgegeben; kam noch eine einzige hinzu, mußte Octavius sein Amt niederlegen. In diesem Augenblick gebot Tiberius Einhalt und flehte Octavius an, eine derartige Schande doch nicht gleichgültig hinzunehmen und ihm nicht die Verantwortung für eine so schwere und harte Maßnahme aufzubürden. Octavius war bewegt, er vermochte es nicht, mit starrer Miene diese Bitten anzuhören. Seine Augen füllten sich mit Tränen, und lange Zeit stand er schweigend da. Wie aber sein Blick auf die geschlossene Schar der reichen Grundbesitzer fiel, überkam ihn Scham und Furcht, er werde ihre Achtung verlieren. So nahm er tapfer alle Unbill hin und forderte Tiberius auf, nach seinem Gutdünken mit ihm zu verfahren. Nun wurde der Antrag zum Beschluß erhoben, und Tiberius gab einem seiner Freigelassenen den Befehl, Octavius von der Rednerbühne herunterzuholen; denn er ver-

Redner aus dem Ende des 2. Jh.s

wendete seine eigenen Freigelassenen als Amtsdiener. Es war ein jammervoller Anblick, wie Octavius mit Schimpf und Schande herabgezerrt wurde. Das Volk drang drohend auf ihn ein, und obschon die Reichen herbeieilten und ihn mit eigenen Händen zu decken versuchten, gelang es nur mit Müh und Not, ihn dem erregten Haufen zu entreißen. Er konnte sich in Sicherheit bringen, einem treuen Sklaven aber, der sich schützend vor ihn hingestellt hatte, wurden die Augen ausgeschlagen. Dies hatte Tiberius nicht gewollt, und als er merkte, was vor sich ging, stürzte er sich hastig in das Getümmel, um zur Ruhe zu mahnen.

Darauf wurde das Ackergesetz angenommen und eine Dreierkommission zur Untersuchung der Besitzverhältnisse wie zur Verteilung des Landes gewählt: Tiberius selber, sein Schwiegervater App. Claudius und sein Bruder Gajus.

133 v. Chr. **DAS ENDE DES TIB. GRACCHUS** Plut., Tib. Gracch. 16,1–3; 17,7 – 19,10
621 a. u. c.

Die drohende Haltung der Feinde und ihre geheimen Pläne waren den Freunden des Tiberius nicht entgangen, und sie redeten ihm zu, sich für das nächste Jahr wieder um das Tribunat zu bewerben. So versuchte er, durch weitere Gesetze das Volk zu gewinnen. Er verkürzte die Dauer der militärischen Dienstpflicht, schuf die Möglichkeit, vor Gericht an die Volksversammlung zu appellieren, besetzte die Gerichtshöfe, die bis dahin den Senatoren vorbehalten waren, zur Hälfte mit Leuten aus dem Ritterstand und setzte überhaupt alles daran, den Einfluß des Senats zu brechen. Als die neuen Gesetze zur Abstimmung kamen, merkten die Anhänger des Tiberius, daß die Gegner den Sieg erringen würden; denn es war nicht das ganze Volk zugegen. Zuerst verlegten sie sich darauf, die anderen Tribunen zu beschimpfen und auf diese Weise Zeit zu gewinnen, dann hoben sie die Versammlung auf und entboten das Volk auf den nächsten Tag. Tiberius aber begab sich auf das Forum und flehte gebeugt und unter Tränen die Bürger um Hilfe an. Schließlich gestand er offen seine Furcht, die Feinde möchten in der Nacht seine Tür erbrechen, um ihn aus dem Wege zu schaffen. Darob gerieten die Leute in solche Erregung, daß sie in großen Scharen sein Haus umlagerten und die ganze Nacht als treue Wächter dort verbrachten.

Am nächsten Tag nahm die Sache zunächst einen für Tiberius günstigen Verlauf; denn bei seinem Anblick erhob die Menge ein Freudengeschrei, und als er hinaufstieg, begrüßten sie ihn mit Herzlichkeit und scharten sich schützend um ihn, damit kein Unbekannter ihm nahe komme.

Mucius[3] begann, die Tribus zur Abstimmung aufzurufen, sah sich aber außerstande, das Plebiszit im gewohnten Rahmen zu Ende zu führen, denn bei den Hintersten gab es lärmendes Getümmel. Sie wurden von den Anhängern der Gegenpartei weggestoßen, die mit Gewalt hereindrängten und sich unter die Menge mischten, und stießen kräftig zurück. In diesem Augenblick gab der Senator M. Fulvius Flaccus[4] zu verstehen, er wolle Tiberius persönlich etwas mitteilen. Dieser befahl, ihm Platz zu machen. Fulvius bahnte sich einen Weg zu Tiberius hinauf und sagte ihm, daß die Reichen, wenn sie den Konsul in der Senatssitzung nicht auf ihre Seite ziehen könnten, Tiberius auf eigene Faust zu töten entschlossen seien und zu diesem Zweck eine bewaffnete Bande von Sklaven und Mitläufern bereithielten.

Tiberius gab die Nachricht den Nächststehenden weiter, und alsbald gürteten diese die Toga, zerbrachen die Spieße, mit denen die Ordnungshüter das Volk in Schranken halten, und verteilten die Stücke, um damit die Angreifer abzuwehren. Und als die Fernerstehenden verwundert fragten, was denn eigentlich vor sich gehe, griff Tiberius mit der Hand an den Kopf, um dadurch die Gefahr sichtbar anzudeuten, da sie seine Stimme nicht hören konnten. Kaum hatten die Gegner dies gesehen, stürzten sie in den Senat mit dem Ruf, Tiberius verlange die Königskrone, der Beweis liege vor: er habe mit der Hand sein Haupt berührt! Aufgeregt lärmten die Senatoren durcheinander, Nasica aber richtete an den Konsul[5] die Forderung, er müsse den Staat retten und den Tyrannen stürzen. Ruhig gab dieser zur Antwort, Gewalt zu brauchen liege ihm fern, und ebensowenig werde er einen Bürger ohne Richterspruch ums Leben bringen; sollte indes Tiberius durch sein Wort oder mit Gewalt das Volk dazu bringen, einen ungesetzlichen Beschluß zu fassen, so werde er ihn nicht als rechtskräftig anerkennen. Da sprang Nasica auf und schrie: »Der oberste Beamte verrät die Stadt! Auf denn! Wer für die Gesetze einstehen will, folge mir nach!« Mit diesen Worten zog er sich den Saum des Gewandes über das Haupt und eilte auf das Kapitol. Alle, die ihm folgten, schlugen die Toga um den linken Arm und stießen beiseite, was ihnen im Wege war. Niemand dachte angesichts der hochangesehenen Männer an Widerstand, alles flüchtete und trat sich mit Füßen. Die Begleiter der Senatoren hatten von zu Hause Knüttel und Stöcke mitgebracht, diese selber nahmen Beine und Stücke von den Bänken, welche die fliehende Menge zerbrochen hatte, und bahnten sich zu Tiberius hin einen Weg. Dabei schlugen sie auf die Männer los, die sich schützend vor ihn hingestellt hatten, bis diese den Rücken wandten oder ein blutiges Ende fanden. Als Tiberius selber fliehen wollte, packte ihn einer am Gewand. Er ließ die Toga fahren und floh in der Tunica, strauchelte jedoch und stürzte über einige Leichen hin, die im Wege lagen. Als er sich wieder aufrichtete, versetzte ihm sein Kollege P. Saturejus mit einem Stuhlbein vor aller Augen den ersten Hieb über den Kopf. Auf den zweiten machte L. Rufus Anspruch, stolz, als ob er eine Heldentat begangen hätte. Von Tiberius' Anhängern fanden über dreihundert den Tod. Mit Knütteln oder Steinen hatte man sie niedergeschlagen, keiner war durch das Schwert gefallen.

KORRUPTION IN DER STADT UND IM FELDE

Sall., Jug. 13,5–9; 15,1; 16,1–5; 28,7 – 29,6; 33,1 – 34,2; 35,10

Nach dem Tode Micipsas (148–118) sollte dessen Neffe Jugurtha zusammen mit Hiemp-
sal und Adherbal, den leiblichen Söhnen des Königs, in Numidien regieren. Aber Ju-
gurtha tötete schon bald den Hiempsal und vertrieb den Adherbal. Dieser suchte Zu-
flucht in Rom.

Nachdem Jugurtha seine Absicht verwirklicht hatte und Herr über ganz Numidien war, überdachte er bei sich in Ruhe seine Tat. Da empfand er nun doch
Furcht vor dem römischen Volk: Er hatte nirgends eine Hoffnung gegenüber
dessen Zorn außer in der Habsucht der Nobilität. Deshalb schickte er schon
nach wenigen Tagen Gesandte mit viel Gold und Silber nach Rom und gab ihnen den Auftrag, erst seine alten Freunde mit Geldgeschenken zu überhäufen,
dann neue zu gewinnen, schließlich bedenkenlos mit Bestechung alle Möglichkeiten auszunutzen. Als die Gesandten in Rom angekommen waren und
gemäß dem Auftrag des Königs seinen Gastfreunden und anderen einflußreichen Männern im Senat beträchtliche Geldgeschenke zugeschickt hatten, trat
ein solcher Stimmungsumschwung ein, daß Jugurtha aus größter Anfeindung
heraus zu Ansehen und Beliebtheit bei der Nobilität gelangte. Manche ließen
sich durch Hoffnungen, andere durch Belohnungen gewinnen und umwarben
dann ihrerseits einzelne Senatoren und suchten darauf hinzuwirken, daß nicht
zu hart gegen ihn vorgegangen werde. Sobald die Gesandten genügend Zuversicht hatten, wurde für alle Parteien eine Senatssitzung anberaumt.

Adherbal erhielt als erster das Wort und berichtete, was Jugurtha ihm und seinem Bruder
angetan hatte.

Als der König seine Rede beendet hatte, antworteten die Gesandten Jugurthas,
die sich mehr auf ihre Bestechungsgelder als auf die Gerechtigkeit ihrer Sache
verließen, mit nur wenigen Worten: Hiempsal sei wegen seiner Roheit von den
Numidern getötet worden; Adherbal habe den Krieg von sich aus angefangen
und beklage sich nun nach seiner Niederlage, daß er kein Unrecht habe begehen können. Jugurtha lasse den Senat bitten, daß man ihn nicht anders ein-
schätze, als man ihn vor Numantia kennengelernt habe,[6] und daß man die
Worte eines Feindes nicht höher einstufe als seine eigenen Taten. Dann verließen beide Parteien das Senatsgebäude.
  Bei der Beratung im Senat setzte sich die Gruppe durch, die Geld oder Ein-
fluß der Wahrheit vorzog. Man faßte den Beschluß, daß zehn Beauftragte das
Reich, das Micipsa gehabt habe, zwischen Jugurtha und Adherbal teilen sollten.
Führer dieser Delegation war L. Opimius, ein angesehener und mächtiger
Mann. Jugurtha empfing ihn mit aller Aufmerksamkeit und erreichte durch

viele Geschenke und Versprechungen, daß er den Vorteil des Königs höher stellte als das eigene Ansehen und Vertrauen, ja als alle eigenen Interessen. An die übrigen Beauftragten machte er sich in gleicher Weise heran und gewann die meisten; nur wenigen war ihre Glaubwürdigkeit mehr wert als Geld. Bei der Teilung wurde das an Mauretanien grenzende Gebiet Numidiens, das an Ackerland und Menschen reicher war, dem Jugurtha übergeben; das andere, im Aussehen besser als in der Nutzungsmöglichkeit, das mit mehr Häfen und Gebäuden ausgestattet war, erhielt Adherbal (117).

Nachdem Jugurtha auch Adherbal ermordet hatte, schickten die Römer 111 den Konsul L. Calpurnius Bestia mit einem Heer nach Afrika.

Zunächst regelte Calpurnius die Versorgung, dann drang er energisch in Numidien ein. Dabei machte er viele Gefangene und nahm einige Städte im Sturm.

Sobald aber Jugurtha begann, durch Abgesandte mit Geld vorzufühlen und auf die Beschwerlichkeit des Krieges, den er zu führen hatte, hinzuweisen, ließ sich der vor Habgier kranke Mann leicht umstimmen. Der Legat M. Aemilius Scaurus wurde bei allen Planungen mit hinzugezogen. Obwohl dieser anfangs, als die meisten aus seiner Clique schon bestochen waren, den König noch aufs schärfste bekämpft hatte, wurde er doch durch die Höhe der Geldsumme von der guten und anständigen Haltung zur verkehrten hinübergezogen. Jugurtha versuchte zunächst nur eine Verzögerung des Krieges zu erkaufen; denn er glaubte, er werde inzwischen in Rom mit seinem Geld oder seinem Einfluß etwas ausrichten. Nachdem er aber erfahren hatte, daß Scaurus mitspielte, machte er sich größte Hoffnung auf Wiedergewinnung des Friedens und beschloß, mit ihnen über alle Punkte eines Abkommens in eigener Person zu verhandeln. So kam denn der König ins Lager, sprach in Gegenwart des Kriegsrates einiges über die Mißstimmung wegen seiner Tat, und daß seine Unterwerfung angenommen werden solle; das übrige machte er mit Bestia und Scaurus im geheimen ab. Am folgenden Tag wurde dann seine Unterwerfung angenommen – die Abstimmungsvoten hatte man ganz formlos eingeholt. Wie im Kriegsrat befohlen, wurden dem Quästor dreißig Elefanten, Vieh und viele Pferde nebst einer geringen Menge Silber abgeliefert.

Als diese Vorgänge in Rom bekannt wurden, forderte das Volk eine strenge Untersuchung. Jugurtha wurde unter Zusicherung freien Geleits nach Rom bestellt, um hier seine Aussage zu machen.

So kam Jugurtha ohne königlichen Prunk in erbärmlicher Kleidung nach Rom. Obwohl er selbst sehr zuversichtlich war, kaufte er doch – bestärkt von all denen, durch deren Macht oder Frevel er alles oben Erwähnte hatte verüben können – um einen hohen Preis den Volkstribunen C. Baebius, um durch dessen Skrupellosigkeit gegen alle Anschuldigungen, ob gerecht oder ungerecht, gefeit zu sein.

Der Volkstribun C. Memmius jedoch berief eine Volksversammlung ein, führte Jugurtha vor, hielt eine Rede und prangerte seine Untaten in Rom und in Numidien an. Obwohl das römische Volk durchschaue, mit welchen Helfern und welchen Helfershelfern zusammen er diese Dinge verübt habe, wolle es doch noch handgreiflichere Beweise von ihm selber haben. Wenn er die Wahrheit aufdecke, könne er auf die Milde des römischen Volkes hoffen; wenn er aber die Aussage verweigere, werde dies seine Kumpane nicht retten, aber sich selbst werde er alle Aussichten verderben.

Als Memmius zu reden aufgehört hatte und Jugurtha zur Entgegnung aufgerufen wurde, gebot der Volkstribun C. Baebius, der, wie gesagt, mit Geld bestochen worden war, dem König, keine Aussage zu machen. Und obgleich die Menge, die an der Volksversammlung teilnahm, aufs äußerste erregt, ihn mit Geschrei, drohender Miene, auch mit Handgreiflichkeiten einzuschüchtern suchte, trug doch seine Skrupellosigkeit den Sieg davon. So ging das Volk, zum Narren gehalten, aus der Versammlung weg. Jugurtha, Bestia und die übrigen, die dieses Verfahren beunruhigen mußte, schöpften neuen Mut.

Nachdem Jugurtha in Rom noch einem möglichen Anwärter auf den numidischen Thron umgebracht hatte, wurde er vom Senat aufgefordert, Italien zu verlassen.

Als Jugurtha Rom verließ, soll er oftmals schweigend dorthin zurückgeblickt und schließlich ausgerufen haben: »Was für eine feile Stadt! Sie wird bald untergehen, wenn sich ein Käufer findet.«

198/107 v. Chr. 646/647 a. u. c. METELLUS UND MARIUS Sall., Jug. 64,1–4; 73,2–7

Marius war 109–108 Legat des Q. Caecilius Metellus. Er wollte sich um das Konsulat für 107 bewerben.

Marius bat daher Metellus um seine Entlassung, um sich bewerben zu können. Dieser besaß zwar Tapferkeit, Ruhm und anderes, was ein rechter Mann sich wünschen muß, in überreichem Maße, doch lebte in ihm auch der allgemeine Fehler der Nobilität: Standesdünkel und Überheblichkeit. Deshalb war er zunächst betroffen von der ungewöhnlichen Bitte, wunderte sich über die Absicht des Marius und warnte ihn gewissermaßen in Freundschaft davor, etwas so Verkehrtes anzufangen und über seinen Stand hinauszuwollen: Es könnten nicht alle alles wünschen, er müsse sich mit seiner Stellung zufriedengeben; überhaupt solle er sich hüten, das römische Volk um etwas zu bitten, was man ihm zu Recht verweigern werde. Nachdem er dies und anderes dergleichen gesagt hatte, Marius sich aber nicht umstimmen ließ, gab er den Bescheid, er werde seiner Bitte entsprechen, sobald es die dienstlichen Aufgaben ermöglichten. Als Marius auch später noch öfters das gleiche forderte, soll er ihm gesagt haben, er möge seine Abreise nicht übereilen; es sei noch früh genug, wenn er sich mit seinem Sohn zusammen um das Konsulat bewerbe – der war damals etwa 20 Jahre alt und leistete im Stabe seines Vaters seinen Kriegsdienst ab. Das hatte Marius erst recht für das erstrebte Ehrenamt entflammt, aber ihn auch heftig gegen Metellus aufgebracht.

Schließlich entließ Metellus den Marius, der ihm wegen seiner Abreise beständig in den Ohren lag, doch nach Hause. In Rom hatte das Volk Berichte über Marius und Metellus erhalten. Dem Feldherrn trug die Zugehörigkeit zur Nobilität, die früher eine Auszeichnung war, Anfeindung ein, bei dem anderen hatte seine Herkunft aus einfachen Verhältnissen die Beliebtheit noch gesteigert. Bei beiden gaben mehr die Parteiinteressen als ihre persönlichen Stärken und Schwächen den Ausschlag. Die Handwerker und Bauern, deren ganzer Besitz und Kredit in ihrer Hände Arbeit lag, ließen alles stehen und liegen und scharten sich um Marius. So wurde die Nobilität entmutigt und nach langer Zeit das Konsulat wieder einem *homo novus* (Mann ohne Ahnen) anvertraut. Und als dann das Volk von dem Volkstribunen T. Manlius Mancinus befragt wurde, wer den Krieg gegen Jugurtha führen solle, beauftragte es Marius mit großer Mehrheit.

DER ZUG DER KIMBERN UND TEUTONEN Plut., Mar. 11,2–5.7.13–14; 12,1–2

105 v. Chr.
649 a. u. c.

Kaum war die Kunde von Jugurthas Gefangennahme nach Rom gelangt, da breiteten sich auch schon die Gerüchte über die Teutonen und Kimbern aus. Was über Größe und Stärke der heranziehenden Heere berichtet wurde, fand zunächst keinen Glauben. Später stellte sich heraus, daß alle Vermutungen hinter der Wahrheit zurückgeblieben waren. Dreihunderttausend streitbare Männer zogen in Waffen heran, weit zahlreicher noch, so hieß es, seien die Weiber und Kinder, welche dem Zug folgten. Die gewaltigen Menschenmassen waren auf der Suche nach Land, das sie ernähren, nach Städten, in denen sie seßhaft werden und leben könnten. Sie wollten es den Galliern gleichtun, welche, wie sie gehört, den fruchtbarsten Teil Italiens den Etruskern entrissen und selber in Besitz genommen hatten. Da sie mit anderen Völkern keine Verbindung gehabt hatten und aus weiter Ferne hergezogen kamen, wußte niemand, wer sie seien, aus welchem Himmelsstrich sie wie eine Wetterwolke über Gallien und Italien hereinstürzten. Die meisten Mutmaßungen gingen dahin, es handle sich um germanische Völkerschaften, welche am Nordmeer wohnten; hatten sie doch deren hünenhafte Gestalt und leuchtend blaue Augen. Allerdings hätten

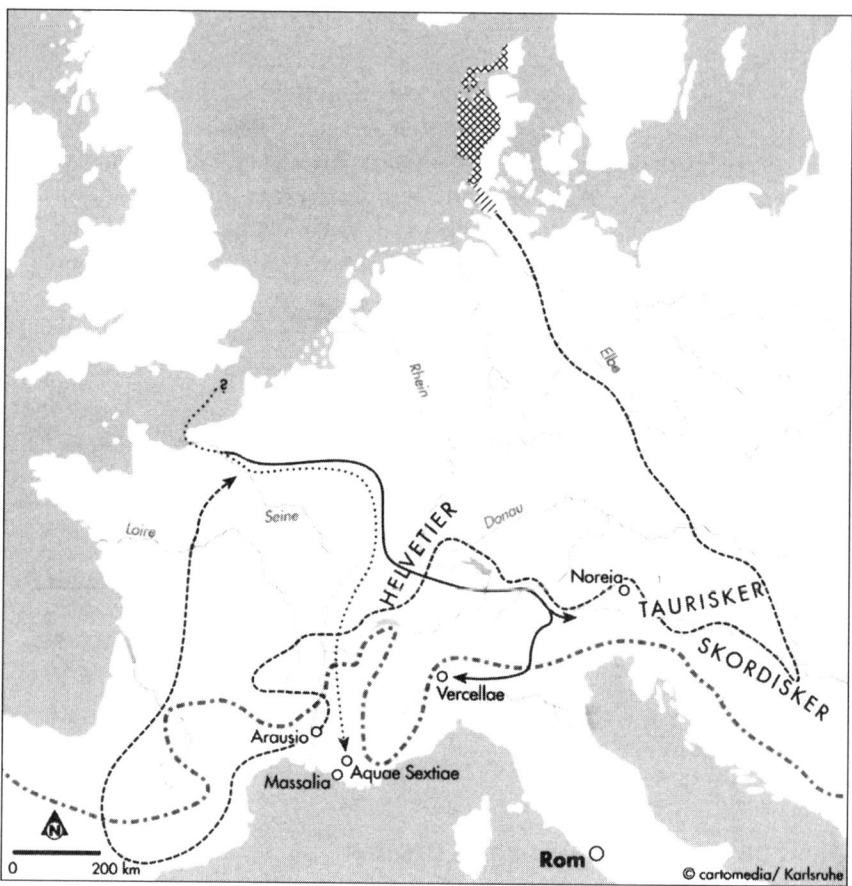

Die Wanderungen der Kimbern und Teutonen

sie nicht in einer einzigen Welle und in ununterbrochenem Zuge die Länder überflutet, sondern seien jedes Jahr zur Sommerszeit ein Stück weitergewandert und hätten im Verlauf einer langen Zeit kämpfend den Kontinent durchzogen.

Ihr ungestümer, tollkühner Mut fegte jedes Hindernis hinweg, mit der zerstörenden Gewalt eines Feuerbrandes fielen sie in der Schlacht über die Feinde her. So wälzten sie sich heran, und niemand konnte ihren Vormarsch aufhalten. Was an ihrem Wege lag, fiel ihnen als sichere Beute zu, und viele große Römerheere, welche die gallische Provinz jenseits der Alpen beschützen sollten, waren mitsamt ihren Führern geschlagen worden.[7] Nun beschlossen sie, nirgends sich niederzulassen, ehe sie nicht Rom dem Erdboden gleichgemacht und Italien verwüstet hätten.

Da solche Nachrichten von vielen Seiten her in Rom eintrafen, rief man Marius[8] an die Spitze des Heeres. Er wurde zum zweitenmal zum Konsul gewählt, obschon das Gesetz die Wahl eines Abwesenden nicht zuließ und überdies ein zweites Konsulat erst nach Ablauf einer bestimmten Frist gestattete. Aber das Volk jagte jeden, der Widerspruch wagte, vom Platze. Es sei nicht das erstemal, hieß es, daß sich das Gesetz dem Staatswohl beugen müsse; man habe zu besonderen Maßnahmen einen guten Grund: das Vaterland sei in Gefahr.

DER DRILL IM HEER DES MARIUS Plut., Mar. 13,1; 14,1–2.9–10; 15,1–5

104–102 v. Chr.
650–652 a. u. c.

Schon auf dem Marsche stellte Marius harte Anforderungen an die Truppen, übte sie in verschiedenen Formen des Laufes und verlangte weite Dauermärsche. Er zwang die Soldaten, ihr Gepäck selber zu tragen und sich das Essen selber zu bereiten, so daß man auch später noch fleißige Leute, die schweigend und mit gutem Mut ihre Pflicht taten, »Marianische Maulesel« nannte.

Das Glück meinte es mit Marius offenbar besonders gut. Denn der Strom der Barbaren flutete zurück und ergoß sich vorerst nach Spanien hinein, so daß er Zeit gewann, die Soldaten körperlich tüchtig zu machen und ihren Mut zu stählen. Noch wichtiger war, daß sie ihn in dieser Zeit richtig kennenlernten. Nachdem sie sich einmal an Disziplin und Gehorsam gewöhnt hatten, erschien ihnen seine finstere Strenge, seine unerbittliche Härte im Strafen gerecht, ja heilsam, sein jäh auflodernder Zorn, seine rauhe Stimme, sein wilder Blick wurden ihnen nach und nach vertraut und flößten ihnen keine Furcht mehr ein, wohl aber, wie sie meinten, den Feinden.

Für das Jahr 103 wurde Marius ein drittes Mal zum Konsul gewählt; denn man erwartete im Frühling die Rückkehr der Germanen und wollte den gefährlichen Kampf mit keinem anderen Feldherrn wagen. Sie kamen indes nicht so schnell, wie man vermutet hatte, so daß Marius' Amtsjahr abermals verstrich.

Auch für das Jahr 102 wurde Marius wieder zum Konsul gewählt.

Inzwischen waren Nachrichten eingelaufen, daß die Feinde nahe seien, und Marius überquerte in Eilmärschen die Alpen. An der Rhone schlug er ein befestigtes Lager auf, in dem er gewaltige Vorräte anhäufte; denn es sollte nie so weit kommen, daß Mangel an Lebensmitteln ihn zwänge, den Kampf zu einem ungünstigen Zeitpunkt aufzunehmen. Da der Transport von der Küste zum Lager langwierig und kostspielig war, sorgte er selber für einen leichten, rasch befahrbaren Zugang zum Meer. An der Rhonemündung hatten sich infolge der Brandung große Schlammassen abgelagert, und es waren Sandbänke entstanden, so daß die Getreidekähne nur ganz langsam und mit großen Schwierigkeiten einfahren konnten. Marius setzte seine Truppen, welche im Augenblick unbeschäftigt waren, zur Abhilfe ein, ließ einen breiten Graben ausheben und die

Rhone zum größten Teil in diesen umleiten. Der Kanal führte zu einer günstigen Stelle an der Küste, wo er ruhig und von keiner Brandung gehemmt ins Meer ausströmen konnte, das an der Mündungsstelle tief genug war, um auch großen Schiffen die Einfahrt zu gestatten.

Die Barbaren hatten sich indes in zwei Haufen geteilt: Auf die Kimbern fiel das Los, von Norden her durch Noricum gegen Catulus zu marschieren und dort den Zugang nach Italien zu erzwingen, die Teutonen und Ambronen sollten der Küste entlang durch die Gebiete der Ligurer gegen Marius ziehen.

Die Teutonen und Ambronen wurden 102 von Marius bei Aquae Sextiae vernichtend geschlagen. Über 100 000 Mann wurden niedergemacht oder gefangengenommen.

102/101 v. Chr.
652/653 a. u. c.

DIE KIMBERN UND DAS HEER DES CATULUS Plut., Mar. 23,2–6

Catulus[9], der das Eindringen der Kimbern nach Italien verhindern sollte, hatte auf die Sperre der Alpenpässe verzichtet, um sein Heer nicht aufzusplittern und dadurch seine Schlagkraft zu schwächen. Er war wieder nach Italien hinabgestiegen und hinter die Etsch zurückgegangen. Hier wollte er den Feinden den Übergang sperren und errichtete zu beiden Seiten des Flusses stark befestigte Schanzen. Er schlug auch eine Brücke über die Furt, um den Soldaten am anderen Ufer Hilfe bringen zu können, wenn die Barbaren durch die Pässe gegen die römischen Verteidigungsstellungen anrennen sollten. Die aber hatten für ihre Gegner nichts als Verachtung und frechen Hohn übrig[10], und einzig um ihnen ihre Kraft und ihren tollkühnen Mut vor Augen zu führen, nicht etwa um etwas Notwendiges zu tun, liefen sie nackt umher, wenn es schneite, kletterten durch Eis und tiefen Schnee auf die Bergeshöhen, setzten sich auf ihre breiten, flachen Schilde, stießen ab und sausten, unbekümmert um die schroffen Wände und klaffenden Schründe, in die Tiefe hinunter.

Als sie in der Nähe der römischen Sperre ihr Lager aufgeschlagen und sich die Furt angeschaut hatten, machten sie sich daran, das Flußbett auszufüllen. Sie rissen wie vor Zeiten die Giganten die Hügel in der Runde weg, schleppten Bäume mitsamt den Wurzeln, Felsblöcke und gewaltige Erdklumpen in den Fluß und versuchten, ihn aus seinem Lauf zu verdrängen. Auch ließen sie in der Strömung schwere Stämme hinabtreiben, welche gegen die Stützbalken der Brücke prallten und den ganzen Bau ins Wanken brachten.

Den meisten der römischen Soldaten entfiel der Mut, sie ließen das große Lager im Stich und wollten abziehen. In dieser Stunde bewies Catulus jene Feldherrngröße, welche den eigenen Ruhm opfert, um die Ehre der Mitbürger zu retten. Denn als er sah, daß alle seine Vorstellungen die Soldaten nicht zum Ausharren bewegen konnten, weil die Angst ihnen im Nacken saß und sie vorwärts trieb, da ließ er den Adler aufnehmen, eilte an die Spitze der Ausreißer und zog ihnen voran. Die Schande sollte auf ihn, nicht auf das Vaterland fallen, die Preisgabe der Stellung als vom Feldherrn befohlener Rückzug, nicht als Flucht erscheinen.

Marius, inzwischen zum fünftenmal Konsul, eilte Catulus zu Hilfe. Gemeinsam schlugen sie die Kimbern am 30. Juli 101 bei Vercellae. Mehr als 60 000 Feinde gerieten in Gefangenschaft; die Zahl der Toten soll doppelt so groß gewesen sein.

DER AUSBRUCH DES BUNDESGENOSSENKRIEGES Liv., perioch. 71,1 – 72,2   91 v. Chr. 663 a. u. c.

Um die Sache des Senats zu stärken, weckte der Volkstribun M. Livius Drusus bei den Bundesgenossen und den Völkern Italiens die Hoffnung auf das römische Bürgerrecht. Nachdem er mit ihrer Hilfe gewaltsam Gesetze über Landzuweisungen und über den Getreidepreis zustande gebracht hatte, setzte er auch das Richtergesetz durch, daß die Rechtsprechung zu gleichen Teilen beim Senat und beim Ritterstand sein solle. Als dann aber den Bundesgenossen das versprochene Bürgerrecht nicht gewährt wurde, begannen die Italiker erzürnt an Abfall zu denken. Es kam zu Zusammenkünften und Verschwörungen. Deswegen wurde Livius Drusus auch dem Senat verhaßt, als wenn er der Anstifter dieser Unruhen wäre, und in seinem Haus, ungewiß von wem, getötet.

Der italische Stier bezwingt die römische Wölfin. Münze der aufständischen Italiker mit oskischer Aufschrift »Viteliu«

Die italischen Völker der Picenter, Vestiner, Marser, Päligner, Samniten und Lukaner fielen daraufhin ab. Den Anfang mit dem Krieg machten die Picenter: der Prokonsul Q. Servilius wurde in der Stadt Asculum mit allen römischen Bürgern, die in der Stadt waren, getötet.[11]

DIE STAATLICHE ORGANISATION DER ITALIKER Diod. 37, 2,4–7

Corfinium wurde von den Italikern zur gemeinsamen Hauptstadt erhoben. Hier schufen sie neben dem anderen, was zu einer großen Stadt und einer Machtzentrale gehört, ein weites Forum und ein Rathaus, und beschafften alles, was zum Kriegführen nötig ist, sowie eine Menge Geld und reiche Vorräte an Lebensmitteln. Sie setzten auch einen gemeinsamen Senat ein, bestehend aus 500 Mitgliedern; aus dieser Körperschaft sollten die Männer hervorgehen, die zur Regierung des Landes geeignet und die über das Wohl des Ganzen zu be-

raten fähig wären. Ihnen übertrugen sie auch die Führung des Krieges und
statteten sie mit unumschränkter Gewalt aus. Diese schufen nun eine Gesetz, es
sollten jährlich zwei Konsuln gewählt werden, dazu zwölf Prätoren. Ganz
Italien gliederten sie in zwei Teile, die sie zu getrennten Amtsbereichen der
Konsuln erklärten. So richteten sie in Nachahmung der althergebrachten römischen Ordnung ihre Verfassung ein. Ihre gemeinsame Hauptstadt nannten sie
Italia.

88 v. Chr. **DIE VESPER VON EPHESOS** App., Mithr. 22.23; Val. Max. 9,2 ext. 3
666 a. u. c.

Mithridates VI.

Mithridates, der König von Pontos, schrieb insgeheim an alle seine Satrapen und Stadtkom-
mandanten, sie sollten am dreißigsten auf diesen Befehl folgenden Tag über alle bei ihnen
lebenden Römer und Italiker herfallen, über
sie selbst und über ihre Weiber und Kinder und
ihre Freigelassenen italischer Herkunft, sie töten, ihre Leichen unbestattet lassen und ihren
Besitz mit dem König teilen. Für jeden, der sie
etwa bestatten oder bei sich verbergen sollte,
drohte er Strafen an und stellte Belohnungen
in Aussicht für alle, die sie aufspüren oder Ver-
steckte niedermachen sollten. Als der angesetzte Tag gekommen war, wurden
80 000 Römer in Kleinasien umgebracht. Dabei zeigte sich deutlich, daß es
ebenso die Furcht vor Mithridates wie der Haß auf die Römer war, was die
Einwohner Kleinasiens zu solchen Taten trieb.

88 v. Chr. **DIE REVOLTE DES MARIUS** Plut., Sull. 8,1–8; Liv., perioch. 77,1
666 a. u. c.

Sulla, der Konsul des Jahres 88, hatte den Oberbefehl gegen Mithridates erhalten. Ma-
rius, von rasendem Ehrgeiz und von Eifersucht auf Sulla erfüllt, wollte dieses Kom-
mando für sich.

Marius machte den Volkstribunen P. Sulpicius zu seinem Helfer, einen Mann,
der an äußerster Verworfenheit keinem nachstand. Er hielt sich dreitausend mit
Schwertern bewaffnete Männer und hatte stets eine Menge junger Leute ritter-
lichen Standes um sich, die zu allem bereit waren und die er seinen Gegen-
senat nannte. Dieser Mann kündigte eine Reihe schandbarer Gesetze an, darunter dasjenige, welches Marius das Kommando des Krieges gegen Mithridates
übertrug. Als daraufhin die Konsuln Stillstand aller Geschäfte anordneten,

führte er, während sie beim Castor-Tempel eine Versammlung hielten, einen Pöbelhaufen gegen sie und erschlug außer vielen anderen auf dem Forum auch den jungen Sohn des Konsuls Pompejus. Pompejus selbst konnte unbemerkt entfliehen. Sulla wurde bis in das Haus des Marius verfolgt und dann gezwungen, herauszukommen und den Geschäftsstillstand aufzuheben. Sulpicius setzte nun den Pompejus ab, übertrug[12] den Oberbefehl gegen Mithridates dem Marius und schickte sofort Militärtribunen nach Nola, welche das Heer übernehmen und Marius zuführen sollten.

SULLA BESETZT ROM Plut., Sull. 9,1 – 10,8

Sulla gelangte vor den Tribunen ins Lager. Als die Soldaten erfuhren, was geschehen war, steinigten sie die Tribunen. Daraufhin erschlugen die Anhänger des Marius in der Stadt die Freunde Sullas und plünderten ihre Häuser. Der Senat war nicht mehr Herr seiner Entschlüsse, sondern gehorchte den Befehlen des Marius und Sulpicius.

Da Sulla das Heer bereit sah, auf die Stadt loszugehen, trat er mit seinem Amtsgenossen an der Spitze von sechs Legionen von Nola aus den Marsch auf Rom an. Bei Pictae[13] begegnete ihm eine Gesandtschaft, die ihn bat, nicht sofort auf die Stadt zu rücken; der Senat habe beschlossen, ihm solle jede Gerechtigkeit zuteil werden. Sulla erklärte sich bereit, auf der Stelle sein Lager aufzuschlagen, und befahl in der gewohnten Weise den Offizieren, die Plätze für das Lager abzustecken, so daß die Gesandten voll Vertrauen abzogen. Doch sowie sie weg waren, ließ er sofort L. Basillus und C. Mummius abrücken und durch sie das Tor und die Mauern auf dem Esquilin besetzen; dann brach er auch selbst in größter Eile auf.

Basillus drang zwar in die Stadt ein und gewann die Oberhand, dann aber hinderte ihn das zahlreiche, unbewaffnete Volk, indem es von den Dächern herunter mit Ziegeln und Steinen warf, am weiteren Vordringen und drängte ihn gegen die Mauer zurück. Inzwischen aber war Sulla selbst zur Stelle, und als er sah, was vorging, schrie er, man solle die Häuser in Brand stecken, nahm eine brennende Fackel und ging selbst als erster drauflos, befahl auch den Bogenschützen, Brandpfeile zu verwenden und auf die oberen Stockwerke zu zielen.

Ganz ohne Überlegung, nur der Leidenschaft gehorchend, hatte er dem Zorn die Entscheidung darüber, was zu geschehen habe, überlassen und sah nur die Feinde, nahm keine Rücksicht, hatte kein Mitleid mit Freunden, Verwandten und Angehörigen und bahnte sich einen Weg durch die Flammen, die keinen Unterschied machen zwischen Schuldigen und Unschuldigen. Während dies geschah, wurde Marius zum Heiligtum der Tellus gedrängt. Hier ließ er durch Heroldsrufe die Sklavenschaft mit dem Versprechen der Freiheit zu den

Waffen rufen; als aber die Feinde näherrückten, wurde er geschlagen und aus der Stadt vertrieben.

Sulla berief nun den Senat und ließ Marius selbst und einige wenige andere, unter denen sich der Volkstribun Sulpicius befand, zum Tode verurteilen. Sulpicius wurde von einem Sklaven verraten und hingerichtet. Auf den Kopf des Marius setzte Sulla einen Preis. Hiermit kränkte er den Senat, ohne daß dieser es zu erkennen gab; die Verärgerung und Feindseligkeit des Volkes aber schlug ihm offen entgegen.

Für das Jahr 87 wurden Cn. Octavius und der Marianer L. Cornelius Cinna zu Konsuln gewählt.

Sulla verpflichtete den Cinna durch feierliche Eidschwüre, keine ihm feindliche Politik zu treiben. Dann trat er den Marsch gegen Mithridates an (87).

87 v. Chr. 667 a. u. c. DIE RÜCKKEHR DES MARIUS Plut., Mar. 41,1 – 42,4; 43,1–8

In Rom hatte man inzwischen erfahren, daß sich Sulla mit den Feldherren des Mithridates in Böotien herumschlage. Zur gleichen Zeit waren die beiden Konsuln in blutige Händel geraten. Nachdem Octavius im Straßenkampf die Oberhand behalten, jagte er Cinna, der seine Tyrannengelüste allzu deutlich gezeigt hatte, aus der Stadt und setzte Cornelius Merula an seine Stelle. Cinna aber zog in Italien eine starke Truppenmacht zusammen und nahm den Kampf gegen die Konsuln wieder auf. Als Marius[14] von diesen Ereignissen Kunde erhielt, entschloß er sich unverzüglich zur Rückkehr. Er raffte eine Handvoll mauretanischer Reiter und italischer Flüchtlinge an sich, insgesamt nicht mehr als tausend Mann, und ging unter Segel. Nach der Landung im etruskischen Hafenort Telamon ließ er den Sklaven die Freiheit verkünden. Und da sein Name die freien Bauern und Hirten der Gegend in Scharen ans Meer herunterlockte, beredete er die kräftigsten unter ihnen, in seinen Dienst zu treten. So brachte er in wenigen Tagen ein ansehnliches Heer und vierzig vollbemannte Schiffe zusammen. Nun wußte Marius wohl, daß Octavius ein Ehrenmann und gesonnen war, in seinem Amt keinen Schritt vom Weg des Rechts abzuweichen, während Cinna mit seinem Kampf gegen die bestehende Verfassung Sullas Mißtrauen geweckt hatte. Dies bewog ihn, Cinnas Partei zu ergreifen und ihm seine Streitmacht wie sich selber zur Verfügung zu stellen. Er ließ ihn also wissen, daß er ihn als Konsul anerkennen und sich all seinen Befehlen fügen werde. Cinna nahm das Angebot an, ernannte ihn seinerseits zum Prokonsul und übersandte ihm die Rutenbündel und sonstigen Abzeichen dieser Würde. Allein, Marius erklärte, solcher Schmuck zieme seinem Unglück nicht, und trug weiter sein abgerissenes Gewand und struppiges Haar, das er seit dem Tag seiner Flucht nicht mehr hatte scheren lassen. Er war nun über siebzig Jahre alt und schleppte sich langsam daher, um Mitleid zu erwecken. Sein Anblick war zum Erbarmen, aber aus dem jammervollen Äußern hervor starrten die alten, furchterweckenden Züge, und trotz seiner Niedergeschlagenheit spürte man, daß die Not sein starkes Herz nicht gedemütigt, sondern zu wilder Wut aufgestachelt hatte.

Als Marius Cinna begrüßt und an seine Soldaten einige Worte gerichtet hatte, nahm er sogleich die Führung in die Hand und gab damit den Dingen eine ganz neue Wendung. Zuerst brachte er die Zufuhr nach Rom unter seine Kontrolle, indem er mit seiner Flotte die Getreideschiffe abfing und die Kaufleute ausplünderte. Dann nahm er, der Küste entlangsegelnd, die Hafenstädte eine nach der anderen ein. Schließlich eroberte er Ostia selber durch Verrat, raubte die Stadt aus und machte die Mehrzahl der Einwohner nieder. Er ließ auch eine Brücke über den Tiber schlagen, wodurch die Feinde von jeder Zufuhr auf dem Wasserwege abgeschnitten waren. Nunmehr rückte er mit seinem Heer gegen Rom und setzte sich auf dem Janiculum fest.

Da den Optimaten ein energischer Feldherr fehlte und ein Teil ihrer Truppen auf die Seite des Marius trat, schwand die Hoffnung auf erfolgreichen Widerstand.

Angesichts der drohenden Lage trat der Senat zusammen und ließ durch eine Abordnung Cinna und Marius bitten, ihren Einzug in die Stadt zu halten, aber das Leben der Bürger zu schonen. Cinna, als Konsul angetan, empfing die Gesandten auf seinem Amtsstuhl sitzend und erteilte ihnen eine gnädige Antwort. Marius stand neben ihm und schwieg, aber sein finsteres Antlitz, sein düsterer Blick verrieten deutlich genug, daß binnen kurzem der Mord in der Stadt wüten werde. Aber während Cinna mit der Garde seiner Trabanten in die Hauptstadt einrückte, hielt Marius vor den Toren an und sagte in bitterem Spott, er sei ein Verbannter und die Heimat ihm nach dem Gesetz verschlossen. Wenn man seine Gegenwart wünsche, möge man das Verbannungsurteil durch einen neuen Volksbeschluß aufheben.

So wurde denn das Volk zur Versammlung aufs Forum berufen, aber noch ehe die ersten drei oder vier Tribus ihre Stimme abgegeben hatten, warf Marius die Maske ab und rückte in die Stadt ein, ohne die Aufhebung des Exils abzuwarten. Mit ihm marschierte seine Leibwache, die er aus zugelaufenen Sklaven ausgewählt hatte. Diese ermordeten viele Bürger auf ein Wort, ja einen bloßen Wink von ihm, und als schließlich Ancharius, ein Senator und ehemaliger Prätor, bei Marius seine Aufwartung machte, eines Grußes jedoch nicht gewürdigt wurde, fiel die Bande vor den Augen ihres Herrn über den Unglücklichen her und schlug ihn tot. Seitdem war das überhaupt das Signal zum Morden; wessen Gruß oder Anrede Marius nicht erwiderte, der wurde sogleich auf offener Straße niedergehauen, so daß sogar seine Freunde in Todesangst zitterten, wenn sie sich ihm zum Gruße nahten. Als so viele Opfer fielen, wurde Cinna endlich des Mordens satt und überdrüssig, Marius hingegen spürte mit täglich erneuerter Wut und unstillbarem Rachedurst einem jeden nach, der nur von ferne seinen Argwohn geweckt hatte. Alle Straßen, alle Plätze waren voll von Verfolgern, welche die Flüchtenden oder Versteckten jagten.

Ohne jede Wahlhandlung ernannten Cinna und Marius sich selbst zu Konsuln für das Jahr 86. Kurz nach Antritt seines siebten Konsulats starb Marius am 13. Januar 86.

86 v. Chr.
668 a. u. c. ## RÖMISCHE HEERFÜHRER EINST UND JETZT Plut., Sull. 12,5–14

Da Sulla für den Krieg viel Geld brauchte, legte er Hand an die Tempelschätze Griechenlands[15] und ließ aus Epidauros sowie aus Olympia die schönsten und kostbarsten Weihgaben holen, schrieb auch den Amphiktyonen[16] nach Delphi, es sei besser, wenn die Schätze des Gottes zu ihm gebracht würden; denn entweder werde er sie besser hüten oder aber, wenn er sie etwa in Anspruch nähme, werde er sie doch ungeschmälert zurückgeben. Und er sandte einen Freund, den Phoker Kaphis, mit dem Auftrage, alles nach Gewicht zu übernehmen. Kaphis kam nach Delphi, zögerte aber, die heiligen Schätze anzugreifen, und als die Amphiktyonen mit inständigen Bitten in ihn drangen, weinte er über seine Zwangslage. Als jetzt einige sagten, sie hätten die Zither im innersten Heiligtum klingen hören, teilte er das Sulla brieflich mit, sei es, daß er es glaubte, sei es, daß er ihn in abergläubische Furcht versetzen wollte. Aber der schrieb spottend zurück, er wundere sich über Kaphis, daß er nicht begreife, daß das Musizieren ein Zeichen der Freude, nicht des Zornes sei; er solle also getrost zugreifen, da der Gott froh gestimmt und zu geben bereit sei.

Was nun sonst fortgeschafft wurde, blieb den meisten Griechen verborgen. Aber das silberne Faß, das noch übrig war von den einst von König Kroisos geschenkten,[17] konnte wegen seiner Größe und Schwere nicht auf einen Wagen geladen werden, so daß die Amphiktyonen genötigt waren, es zerschlagen zu lassen, und damit die Erinnerung weckten an T. Flamininus und M'. Acilius sowie auch an Aemilius Paulus, von denen der eine, Acilius, den Antiochos aus Griechenland vertrieben, die beiden anderen die Könige der Makedonen niedergerungen hatten, alle aber nicht nur die Hände von den griechischen Heiligtümern gelassen, sondern ihnen auch Geschenke dargebracht und auf alle Weise ihre Ehrfurcht bewiesen hatten. Aber freilich, sie, nach Recht und Gesetz bestellte Führer besonnener, an schweigenden Gehorsam gegen ihre Vorgesetzten gewöhnter Männer, selber dabei königlich in ihren Gesinnungen und bescheiden in ihrem Lebensstil, hatten auch nur mäßige, genau bemessene Aufwendungen zu machen, weil sie Liebedienerei gegenüber den Soldaten für schimpflicher hielten als die Furcht vor den Feinden. Aber die jetzigen Feld-

herren, die mit Gewalt, nicht durch Verdienst an die erste Stelle zu kommen
strebten, und die Waffen mehr gegeneinander als gegen die Feinde brauchten,
sahen sich genötigt, während sie Befehlshaber waren, sich wie Demagogen zu
benehmen; und indem sie mit den Geldern, die sie für das Wohlleben ihrer
Soldaten aufwendeten, ihre Dienste erkauften, machten sie sich selbst zu Sklaven des schlechtesten Gesindels, um über die Besseren zu herrschen. Dies war
es, was den Marius vertrieb und ihn wiederum gegen Sulla zurückführte. Zu
all dem gab nicht zum wenigsten Sulla den Anstoß, indem er, um die anderen
Führern unterstellten Truppen zu bestechen und zum Übertritt zu verleiten,
seine eigenen Leute mit Gaben überschüttete, so daß er, indem er die anderen
zum Verrat, die eigenen Leute zu ausschweifendem Leben verführte, große
Geldsummen brauchte.

DIE RÜCKKEHR SULLAS Plut., Sull. 30,1–5; 31,1–11; 33,1–3

83–82 v. Chr.
671–672 a. u. c.

*Nachdem Sulla im Jahre 85 in Dardanos mit Mithridates Frieden geschlossen hatte, hielt
er sich das folgende Jahr in Griechenland auf. Im Frühjahr 83 landete er mit 40 000
Mann in Brundisium. Es dauerte aber noch mehr als 1½ Jahre, bis er seine Gegner in
Italien ausgeschaltet hatte. Die Entscheidung fiel am 1. November 82 vor der Porta
Collina im Kampf mit einem starken Heer von Samniten und Lukanern, die den in
Praeneste eingeschlossenen Marianern zu Hilfe kommen wollten. Der linke Flügel Sullas
wurde geschlagen, aber auf dem rechten Flügel errang Crassus einen glänzenden Sieg.*

Erst spät in der Nacht kamen ins Lager Sullas Abgesandte von Crassus, um Verpflegung für ihn und seine Soldaten zu holen. Denn sie hatten nach dem Siege
den Feind bis Antemna verfolgt und dann dort ihr Lager bezogen. Als Sulla das
erfuhr und daß die Mehrzahl der Feinde vernichtet sei, kam er am frühen Morgen nach Antemna. Dreitausend Gegnern, die sich ihm ergaben, versprach er
Gnade, wenn sie den anderen erst noch Schaden zugefügt hätten und dann zu
ihm kämen. Sie glaubten ihm, griffen die übrigen an, und so kamen viele
durcheinander ums Leben. Diese Leute und die Überlebenden der anderen
Gruppen, etwa sechstausend, ließ er beim Circus zusammentreiben und berief
den Senat in den Tempel der Bellona, und während er zu reden begann,
schlachteten die dazu kommandierten Leute die sechstausend ab. Als sich, da so
viele Menschen auf engem Raum hingemordet wurden, natürlich ein großes
Geschrei erhob und die Senatoren in Aufregung gerieten, sagte Sulla mit der
ruhigen, unbewegten Miene, mit der er eben redete, sie sollten doch auf seine
Worte achten und sich nicht um das bekümmern, was draußen vor sich gehe; es
würden nur eben auf seinen Befehl einige Verbrecher bestraft. Dies machte
auch dem begriffsstutzigsten Römer klar, daß das Geschehene nur ein Wechsel
der Tyrannei, keine Befreiung von ihr sei.

Als sich nun Sulla ans Morden machte und die Stadt mit Bluttaten ohne Zahl und ohne Maß erfüllte, so daß auch viele, die mit Sulla nichts zu tun hatten, aufgrund persönlicher Feindschaften umgebracht wurden, weil er es seinen Anhängern hingehen ließ, da wagte ein junger Mann, C. Metellus, Sulla bei einer Senatssitzung zu fragen, wann der Jammer aufhören und wie weit er noch gehen werde, bis man ein Ende des Geschehens erwarten dürfe. »Denn«, sagte er, »wir wollen nicht um Gnade für diejenigen bitten, die du zu töten beschlossen hast, sondern nur um Befreiung von der Ungewißheit für diejenigen, welche du zu schonen beschlossen hast.« Als darauf Sulla erwiderte, er wisse noch nicht, wen er freigeben wolle, nahm Metellus wieder das Wort und sagte: »Dann gib wenigstens bekannt, wen du bestrafen willst.« Das versprach Sulla zu tun.

Sulla ächtete nun sofort achtzig Bürger durch öffentlichen Aushang, ohne sich mit irgendeinem der leitenden Beamten zu verständigen. Obwohl sich alle darüber entrüsteten, ließ er doch nur einen Tag verstreichen und ächtete weitere zweihundertzwanzig und dann am dritten Tag eine nicht geringere Zahl. Obendrein erklärte er in einer Rede vor dem Volk, er ächte jetzt diejenigen, die ihm gerade einfielen; diejenigen, deren er sich jetzt nicht entsinne, werde er später ächten. Die Ächtung vollzog er so, daß er für denjenigen, der einen Geächteten aufnähme oder ihm zur Flucht verhülfe, den Tod als Strafe für seine Menschlichkeit festsetzte, ohne Bruder, ohne Sohn, ohne Eltern auszunehmen, und dem, der ihn tötete, zwei Talente als Lohn für den Mord versprach, auch wenn der Sklave den Herrn, auch wenn der Sohn den Vater tötete. Was aber als das Allerschändlichste erschien: Er erkannte auch den Söhnen und Enkeln der Geächteten das Bürgerrecht ab und konfiszierte die Vermögen von ihnen allen.

Die Ächtungen fanden nicht nur in Rom statt, sondern auch in jeder Stadt Italiens, und es gab keinen Tempel der Götter, keinen gastlichen Herd, kein Vaterhaus, das rein blieb vom Blute Ermordeter; neben ihren Ehefrauen wurden Männer, bei ihren Müttern Söhne hingeschlachtet, und die aus Haß und Feindschaft umgebracht wurden, waren nur eine verschwindende Minderzahl, verglichen mit denen, die wegen ihres Geldes ermordet wurden; ja die Mörder unterstanden sich zu sagen, dem habe sein großes Haus den Tod bereitet, dem sein Garten, einem anderen seine heißen Bäder.

Doch auch mit seinem übrigen Verhalten, abgesehen von seinen Bluturteilen, kränkte Sulla die Menschen; denn er ernannte sich selbst zum Diktator, ein Amt, das so seit hundertzwanzig Jahren zum erstenmal wieder aufgenommen wurde. Ferner wurde für ihn Enthebung von der Verantwortung für alles

L. Cornelius Sulla

Geschehene beschlossen und ihm für die Zukunft Vollmacht gegeben, die Todesstrafe zu verhängen, Güter einzuziehen, Kolonien zu gründen oder aufzuheben und Königreiche zu nehmen und zu geben, wem er wolle.

Die Versteigerung der eingezogenen Vermögen vollzog er, auf einem Podium sitzend, so übermütig und despotisch, daß seine Schenkungen noch mehr Erbitterung erregten als die Konfiskationen, da er an schöne Weiber, Kabarettsänger, Schauspieler und an das übelste Freigelassenengesindel die Ländereien von Völkern und die Einkünfte von Städten verschleuderte, einigen auch Frauen gegen deren Willen zur Ehe gab.

SERTORIUS IN SPANIEN App., civ. 1,108; Plut., Sert. 6,4; 10,1; 11,1–2; 12,3

83/82–79 v. Chr. 671/672 bis 675 a. u. c.

Q. Sertorius war, während er mit Carbo gegen Sulla kämpfte, zum Statthalter des Diesseitigen Spanien gewählt worden (83). Er eilte nach Spanien, um dort noch zur rechten Zeit die Macht fest in die Hand zu bekommen und so den in Italien gescheiterten Freunden eine Zuflucht bieten zu können. Von Italien her verfügte er schon über ein Heer. Aus den Reihen der Keltiberer sammelte er noch ein zweites und trieb die vor ihm amtierenden Statthalter, die ihm aus Ergebenheit gegenüber Sulla die Leitung nicht überlassen wollten, aus dem Lande.

Durch den Sullaner C. Annius wurde er aber 81 selbst wieder aus Spanien vertrieben und begab sich nach Afrika.

80 beriefen ihn die Lusitanier durch Gesandte als Führer wieder ins Land, weil sie gegenüber der Bedrohung durch die Römer einen Feldherrn von großem Ansehen und großer Erfahrung brauchten. Zum Oberbefehlshaber ernannt, stellte er bei ihnen sogleich ein Heer auf und brachte die angrenzenden Teile Spaniens in seine Gewalt, wobei die meisten sich ihm freiwillig anschlossen, vor allem wegen seiner Milde und Tatkraft.

Obwohl er so schwach und klein anfing, bezwang er nicht nur große Völker und nahm viele Städte, sondern schlug auch die ihm entgegentretenden Feldherrn.

DER RÜCKTRITT SULLAS App., civ. 1,103–104

79 v. Chr. 675 a. u. c.

Im Jahre 79 legte Sulla, ohne daß jemand auf ihn einwirkte, freiwillig sein Amt nieder. Er war der erste und bis dahin einzige Mann, der ein solches Amt ohne jeden Zwang in andere Hände legte, und sogar in die Hände eben jener, die er tyrannisiert hatte. Man kann es kaum glauben, aber er fürchtete sich nicht, obwohl doch mehr als 100 000 junge Männer in diesem Krieg gefallen waren und er selbst von seinen Gegnern 90 Senatoren, etwa 15 Konsulare und 2600 Ritter beseitigt hatte; dabei war das Vermögen all dieser Männer eingezogen und waren die Leichen vieler unbestattet hingeworfen worden. Weder von den Bürgern zu Hause noch von den Verbannten in der Ferne ließ Sulla sich schrecken, und auch nicht von den Städten, denen er ihre Zitadellen, Mauern, Ländereien, Geldmittel und Privilegien genommen hatte – er erklärte sich einfach zum Privatmann.

Sulla soll, als er sein Amt niederlegte, in einer Ansprache auf dem Forum erklärt haben, er werde jedem, der es wünsche, Rechenschaft über seine Taten geben. Dann legte er die Rutenbündel und Beile ab, entließ seine Leibwache und ging hierauf, nur von seinen Freunden begleitet, lange Zeit auf dem Platze umher, während die Masse in tiefster Scheu auf ihn schaute. Er zog sich dann auf seinen Privatbesitz in Cumae zurück.

Hier starb er im folgenden Jahr.

Caesars Urteil über Sullas Rücktritt:

Suet., Caes. 77 Sulla hat das ABC der Politik nicht gekannt; sonst hätte er die Diktatur nicht niedergelegt.

DIE KRISE DER RÖMISCHEN REPUBLIK II

78 – 63 v. Chr.

SEERÄUBER UND ANDERE PLAGEN

Sulla hatte angeordnet, wenn er sterbe, solle man seine Leiche unverbrannt beisetzen. Das sei im Geschlecht der Cornelier so Brauch. Doch als er nach kurzem, genußreichen Ruhestand die Augen für immer schloß, war die Erinnerung noch frisch, daß er seinerzeit die Leiche des Marius hatte aus dem Grab reißen lassen. Also setzten sich die Verantwortlichen über seinen letzten Willen hinweg – man konnte ja nicht wissen, wie der politische Wind sich drehte – und ließen den toten Diktator nach einer pompösen Leichenfeier auf dem Marsfeld verbrennen. Tatsächlich zeigte sich bald danach, daß die Gegner der von Sulla scheinbar so fest gegründeten Herrschaft des Senats keine Ruhe geben wollten. Es war einfach zu viel Unrecht geschehen, es waren zu viele, wie sie meinten, zu kurz gekommen, es gab zu viele durch Enteignung oder Verschwendung Verarmte, viel kriminelles Pack, das sich sehnsüchtig an Sullas Proskriptionen erinnerte, kurz, es lagerte unendlich viel sozialer Sprengstoff im krisengeschüttelten Reich.

Im Todesjahr Sullas war mit Marcus Aemilius Lepidus ein Mann ins Konsulat gelangt, der seinem konservativen Kollegen Quintus Lutatius Catulus bald unheimlich wurde: Er rüttelte an der von Sulla geschaffenen Ordnung, suchte die Plebejer durch großzügige Getreidespenden auf seine Seite zu ziehen und setzte sich für die Rückkehr verbannter Marianer ein. Nach Ablauf seiner Amtszeit fiel ihm das Diesseitige Gallien, d. h. Norditalien, als Provinz zu. Dort rüstete er nach Sullas und Marius' Vorbild für einen Marsch auf Rom, der allerdings mißlang. Die Trümmer seines Heeres fanden über Sardinien den Weg zu Sertorius in Spanien, der bis zu seiner Ermordung sich als rechtmäßiger Repräsentant des »freien« Rom gerierte und mit den Feinden der Republik, vor allem mit Mithridates, diplomatische Kontakte knüpfte.

Tragischerweise brachten Sertorius 72 v. Chr. gerade die Leute um, denen er nach der gescheiterten Rebellion des Lepidus Schutz gewährt hatte. Mit den führerlos gewordenen Aufrührern hatte der junge Gnaeus Pompejus dann leichtes Spiel.

Doch ehe noch die Ruhe in Spanien wiederhergestellt war, erschütterte Italien im Jahr 73 ein bedrohlicher Sklavenaufstand. Er brach in Capua aus, wo man in sogenannten Gladiatorenschulen vor allem germanische, gallische und thrakische Kriegsgefangene auf ihr blutiges Handwerk vorbereitete. Hier konnte ein Trupp aus dem scharf bewachten Gewahrsam ausbrechen und fand rasch großen Zulauf: Nach ersten Siegen über römische Heere standen an die 70 000 Sklaven unter Waffen. Kampferprobte Anführer waren der Thraker Spartacus und zwei Gallier, Krixos und Oinomaos.

Vermutlich in der Absicht, sich in ihre jeweilige Heimat durchzuschlagen, bildeten die Sklaven zwei Heerhaufen, von denen der gallisch-germanische am Monte Gargano in Apulien geschlagen und vernichtet wurde. Spartakus mit seinen Leuten errang auf dem Weg nach Norden mehrere Siege, was die Sklaven übermütig machte: Sie wollten in Italien bleiben und Rom erobern, fanden aber in Marcus Licinius Crassus einen gefährlichen Gegner, der sie nach Unteritalien abdrängte und dort besiegte. Spartacus fiel, 6000 seiner Anhänger wurden längs der Via Appia gekreuzigt.

Genau zur Zeit des Sklavenkriegs – 73 bis 71 – plünderte und malträtierte der berüchtigte Prätor Verres die Insel Sizilien; seine ungewöhnlich lange Amtszeit dankte er den herrschenden Unruhen.

»Nicht einmal Götter, zu denen wir unsere Zuflucht nehmen könnten, haben wir noch in unseren Städten, weil deren heiligste Statuen Verres aus altehrwürdigen Tempel geraubt hat.«
(Klagen der Sizilianer bei Cicero, Divinatio in Caecilium 3)

Diesen Mann zog der junge Cicero vor Gericht und schaffte es, ihn von seinen Standesgenossen als besonders ruchloses Exemplar zu isolieren. Als Verres sah, welch erdrückendes Belastungsmaterial gegen ihn vorlag und wie wenig er hoffen konnte, ungeschoren davonzukommen, ging er freiwillig ins Exil nach Massilia. Dort wurde er 43 proskribiert und ermordet, angeblich, weil er dem Marcus Antonius nichts von seinen zusammengeraubten Kunstschätzen abgeben wollte.

Ein leuchtendes Gegenbeispiel zu Verres gibt Lucullus ab, der weniger als fähiger General und Verwaltungsfachmann in Erinnerung geblieben ist als wegen seiner Vorliebe für eine exquisite Küche. Das ist unverdient, denn gerade seine Maßnahmen zum Schutz der Zivilbevölkerung vor Übergriffen der Soldaten und vor Erpressungen der Steuerpächter zeichneten ihn aus und machten ihn bei den Herrschenden verhaßt, so daß er schließlich abberufen wurde. Unverdient ist auch, wie Bert Brecht in seiner »Verurteilung des Lucullus« mit diesem einsamen Ehrenmann umspringt.

Gnaeus Pompejus, der sich in Spanien bewährt und die letzten Reste der aufständischen Sklaven besiegt hatte, bekam nun weit schwierigere Aufgaben zugewiesen, die er mit eminenter Umsicht löste. Mit Hilfe von 500 Schiffen und 20 Legionen befreite er in einer nur vierzig Tage dauernden Operation das Mittelmeer von der Seeräuberplage, die zeitweilig Roms Getreideversorgung lahmgelegt und für Unruhen in der Hauptstadt gesorgt hatte.

Darauf nahm er sich Mithidates vor und wurde auch mit diesem Problem fertig.

Als er 62 nach Rom zurückkehrte, wurde er mit außerordentlichen Ehren empfangen.

Dort hatte inzwischen die Partei der Popularen dank der volksfreundlichen Maßnahmen des Pompejus, die dieser zusammen mit Crassus während seines Konsulats ergriffen hatte, erheblich an Boden gewonnen. Unter anderem war das Volkstribunat mit seinen alten Rechten wieder hergestellt. Aufsehen erregte damals ein junger Mann namens Gajus Julius Caesar, der mit der Tochter von Marius' Kampfgefährten Cinna verheiratet war, als er es wagte, die Erinnerungsstücke an die großen Siege des Marius wieder aufzustellen.

Möglicherweise war dieser umtriebige junge Mann auch in das Vorhaben des Revoluzzers Catilina eingeweiht – doch das ließ sich nie nachweisen.

Catilinas Verschwörung, die dank Cicero und Sallust jedem Lateinschüler wohlvertraut ist, war gewiß nicht so hochgefährlich, wie Cicero sie darstellt. Der ließ sich nach ihrer Niederschlagung als Retter Roms, als Vater des Vaterlandes, als zwelter Romulus feiern, wurde aber nur zu bald vom Sockel des selbsterrichteten Denkmals gestürzt.

»O glückliches Rom, unter mir als Konsul wiedergeboren!«
(Cicero in seinem Heldengedicht *De consulatu suo*)

Sallust relativiert denn auch Ciceros Verdienste in seiner *Coniuratio Catilinae* und läßt an einem der Höhepunkte der Schrift zwei Männer sich eine Redeschlacht liefern, die im folgenden eine beträchliche Rolle spielen werden: Caesar und der jüngere Cato.

Während Sallust erst nach Caesars Tod zu schreiben begann, sind Ciceros Gerichts- und Staatsreden lebendige Dokumente einer wildbewegten Epoche. Von ganz anderer Art ist das Lehrgedicht *De rerum natura* des Lukrez, das römischen Lesern die Lehre des Epikur nahezubringen sucht. Höchst geistreich und vielgestaltig scheinen die Satiren des gelehrten Varro gewesen zu sein, die bis auf geringe Reste verloren gingen. Insgesamt entfaltete sich in diesem turbulenten Jahrzehnten in Rom ein überaus reiches literarisches Leben.

DIE ERHEBUNG DES LEPIDUS App., civ. 1,105.107

Kaum war Sulla von seinem Amt zurückgetreten, da wählten die Römer Q. Lutatius Catulus und M. Aemilius Lepidus zu Konsuln, von denen der erste zu den Anhängern Sullas, der andere zur Gegenpartei zählte. Beide waren einander spinnefeind.

Schon gleich auf dem Rückweg von der Leichenfeier Sullas begannen sie sich gegenseitig zu beschimpfen und uneins zu werden, worauf sich die Bürger teils hinter den einen, teils hinter den anderen stellten. Lepidus wollte die Italiker für sich gewinnen und erklärte daher, er werde ihnen das von Sulla geraubte Land zurückgeben. In Angst vor beiden Parteien ließ nun der Senat die Konsuln schwören, daß sie die Entscheidung nicht auf kriegerischem Wege suchen würden. Lepidus jedoch, der die Provinz Gallia Transalpina durch Los erhalten hatte, kehrte zu den Wahlen nicht zurück, entschlossen, die Sullaner zu bekriegen, da er ja im folgenden Jahr durch keine eidliche Zusage mehr gebunden sei; denn man glaubte, daß der Schwur nur für das Amtsjahr gelte. Da seine Absichten aber ruchbar wurden, wurde er vom Senat zurückgerufen. Er wußte genau, warum man ihn zurückrief, und daher rückte er mit seiner gesamten Streitmacht heran, um mit ihr in die Stadt einzudringen. Auch Catulus rief seine Leute unter Waffen. Nicht weit vom Marsfeld kam es zum Kampf zwischen beiden Parteien. Lepidus erlitt eine Niederlage, und ohne weiter Widerstand zu leisten, fuhr er nach Sardinien hinüber, wo er an Kräfteverfall starb. Sein Heer löste sich nach geringem Widerstand auf; den größeren Teil führte M. Perperna dem Sertorius in Spanien zu.

DIE GUERILLA-TAKTIK DES SERTORIUS Plut., Sert. 12,5 – 13,5

Metellus[1], einem der bedeutendsten und erprobtesten Männer des damaligen Rom, fügte Sertorius nicht wenige Schlappen zu und brachte ihn in solche Bedrängnis, daß L. Manlius aus der Gallia Narbonensis ihm zu Hilfe eilen mußte[2] und aus Rom Pompejus Magnus schleunigst mit Heeresmacht entsandt wurde.[3] Denn Metellus wußte nicht, wie er sich verhalten sollte im Kampf mit einem wagemutigen Gegner, der sich jeder offenen Feldschlacht zu entziehen, aber dank der Leichtigkeit und Behendigkeit seines spanischen Heeres jeglichen Stellungswechsel zu vollziehen wußte, während er, Metellus, sich nur auf regelrechte Schlachten des schweren Fußvolks verstand als Feldherr einer starken, standfesten Phalanx, die trefflich geübt war, die Feinde im Handgemenge zurückzudrängen und zu schlagen, aber nicht imstande, über Berge zu steigen, in ununterbrochenem Fliehen und Verfolgen stets in Fühlung mit windschnellen Menschen zu sein und wie sie Hunger zu ertragen und ohne Feuer und Zelte im Freien zu kampieren.

Auch war Metellus schon in vorgerückten Jahren, hatte es aber in Sertorius mit einem Mann zu tun, der in voller Manneskraft stand. Wenn dieser nichts zu tun hatte, war er ständig unterwegs und auf der Jagd und hatte sich so eine Kenntnis der unzugänglichen oder zugänglichen Örtlichkeiten erworben, die ihm jede Möglichkeit, zu entschlüpfen oder den Gegner einzukreisen, gewährte. So kam es, daß Metellus, da er nicht zum Schlagen kam, sich in derselben schlimmen Lage befand wie sonst die Besiegten und Sertorius als Flüchtender in der Lage des Verfolgers war. Denn er schnitt ihm die Wasserzufuhr ab, er hinderte ihn am Futterholen, er stand ihm im Wege, wenn er vorrücken wollte, er beunruhigte ihn, wenn er sich gelagert hatte, und wenn er andere belagerte, erschien er ihm im Rücken und belagerte ihn seinerseits durch Abschneiden der Verpflegung, so daß die Soldaten es müde wurden und, als Sertorius den Metellus zum Zweikampf herausforderte, mit lautem Geschrei verlangten, es solle Feldherr mit Feldherr und Römer mit Römer kämpfen, und als Metellus das ablehnte, ihn verhöhnten.

Auch Pompejus, der 77 mit einem außerordentlichen Kommando nach Spanien geschickt wurde, vermochte das Blatt nicht zu wenden. Das Ende des Krieges kam, als Sertorius 72 von Perperna aus Eifersucht und gekränkter Eitelkeit ermordet wurde. Viele Spanier verließen daraufhin das Heer, andere ergaben sich Pompejus und Metellus. Perperna mit dem ihm verbliebenen Rest der Truppen wurde bald danach von Pompejus geschlagen, geriet in Gefangenschaft und wurde hingerichtet.

DIE SEERÄUBERPLAGE Plut., Pomp. 24,1–10

Die Macht der Seeräuber hatte ihren Ursprung in Kilikien, wo sie zuerst in der Stille sich an gewagten Unternehmungen versuchten. Dann gewannen sie Mut und Kühnheit im Mithridateskrieg, bei dem sie sich in den Dienst des Königs stellten. Als dann die Römer in den Bürgerkriegen vor den Toren Roms aneinandergeraten waren, lockte sie die unbewachte See mehr und mehr und machte sie groß, so daß sie nicht mehr nur die Seefahrer angriffen, sondern auch Inseln und Küstenstädte ausplünderten. Es gab auch an vielen Orten Ankerplätze der Piraten und befestigte Beobachtungstürme, und ihre Flotten, denen man nun begegnete, waren nicht nur durch ausgesuchte Bemannung, wohlgeübte Steuerleute und schnelle, leichte Schiffe für ihre besondere Aufgabe wohlgerüstet, sondern kränkender noch als ihre Gefährlichkeit war ihr dreister Übermut. Entführungen obrigkeitlicher Personen und Brandschatzungen eroberter Städte waren eine Schande für die römische Regierung.

Die Zahl der Seeräuberschiffe betrug über tausend, die der von ihnen eroberten Städte vierhundert. Heilige Stätten, die bisher als unverletzlich und unbetretbar galten, überfielen sie und plünderten sie aus.

Ganz besonders ließen sie ihren Übermut an den Römern aus, drangen vom Meer ins Landesinnere, machten mit ihren Räubereien die römischen Straßen unsicher und plünderten die in der Nähe gelegenen Villen. Einmal nahmen sie sogar zwei Prätoren mitsamt ihren Dienern und Liktoren gefangen. Auch die Tochter des M. Antonius, eines Mannes, der einen Triumph gefeiert hatte, wurde entführt, als sie aufs Land unterwegs war, und nur gegen ein hohes Lösegeld wieder freigelassen.

75 v. Chr.
679 a. u. c.

CAESAR UND DIE SEERÄUBER Suet., Jul. 4,1; Plut., Caes. 1,8 – 2,7

Als Caesar nach Rhodos fuhr, um bei Apollonius Molon, dem damals berühmtesten Lehrer der Beredsamkeit, zu studieren, wurde er bei der Insel Pharmakussa von Seeräubern gefangen, welche damals mit großen Flotten und zahllosen Fahrzeugen das Meer beherrschten. Sie verlangten zwanzig Talente Lösegeld von ihm; er aber lachte ihnen ins Gesicht, sie wüßten ja gar nicht, was für einen Fang sie getan, und versprach deren fünfzig abzuliefern. Dann sandte er seine Begleiter in die einzelnen Städte, die Summe herbeizuschaffen, und blieb selber mit einem einzigen Freund und zwei Dienern unter der kilikischen Mörderbande zurück. Dabei trieb er es in seinem Hochmut so weit, daß er ihnen befahl, sich ruhig zu verhalten, wenn er schlafen wollte. Während der achtunddreißig Tage, da er sich in ihrer Gewalt befand, spielte und turnte er ohne alle Furcht mit ihnen, als ob nicht er der Gefangene, sondern sie seine Trabanten wären. Er verfaßte Gedichte und Reden und las sie ihnen vor, und wenn sie ihm keine Bewunderung zollten, schalt er sie unverblümt Barbaren ohne Bildung und Kultur. Oft stieß er lachend die Drohung aus, er werde sie aufknüpfen lassen – und die Kerle hatten ihre Freude dran, hielten sie ihn doch für einen harmlosen, lustigen Patron, der die losen Reden nicht lassen könne.

Als aber das Lösegeld aus Milet gekommen und Caesar auf freien Fuß gesetzt war, bemannte er unverzüglich ein paar Schiffe im Hafen von Milet und stach gegen die Piraten in See. Er überraschte sie auf der Insel, wo sie immer noch vor Anker lagen, und brachte die meisten in seine Gewalt. Ihre Schätze strich er als gute Prise ein, die Leute ließ er im Gefängnis von Pergamon einkerkern und begab sich darauf persönlich zu Juncus, dem Statthalter Kleinasiens, dem die Bestrafung der Gefangenen zustand. Allein da dieser lüstern nach den Beutegeldern schielte – es handelte sich um bedeutende Summen – und erklärte, er wolle gelegentlich prüfen, was mit den Gefangenen zu tun sei, nahm Caesar keine Rücksicht mehr auf ihn und kehrte nach Pergamon zurück. Er ließ die Seeräuber vorführen und bis auf den letzten Mann ans Kreuz schlagen, wie er es ihnen auf der Insel oft vorausgesagt hatte, nach ihrer Meinung allerdings im Scherz.

MITHRIDATES UND SERTORIUS Plut., Sert. 23,1 – 24,3

75 v. Chr.
679 a. u. c.

Als Mithridates zum zweitenmal die Hand nach Asien ausstreckte, nun aber der Ruhm des Sertorius sich schon überallhin verbreitet hatte und die Seefahrer vom Westen her Pontos mit den Berichten über ihn überschwemmten, entschloß sich der König, mit ihm in Verhandlungen einzutreten, bewogen vor allem durch die Großsprechereien seiner Schmeichler, die Sertorius mit Hannibal, Mithridates mit Pyrrhos verglichen und behaupteten, die Römer könnten so starken Persönlichkeiten und Machtmitteln im Verein nicht widerstehen, wenn sie zugleich von zwei Seiten angegriffen würden und der gewaltigste Feldherr sich zu dem größten der Könige geselle. Mithridates schickte also Gesandte nach Spanien mit Briefen und mündlichen Botschaften an Sertorius, worin er selbst sich bereit erklärte, Geld und Schiffe für den Krieg zu stellen, und als Gegenleistung verlangte, daß ihm ganz Kleinasien überlassen werde, das er den Römern in dem mit Sulla geschlossenen Vertrag abgetreten hatte. Als hierauf Sertorius den Rat berief, den er Senat nannte, und die anderen dafür waren, die Vorschläge anzunehmen, da war Sertorius nicht einverstanden, sondern erklärte, wenn Mithridates Bithynien und Kappadokien an sich nehme, Länder, die von Königen beherrscht würden und die Römer nichts angingen, so habe er nichts dagegen; daß aber die Provinz, die er den Römern entrissen, dann im Vertrag mit Sulla aber wieder abgetreten habe, erneut in seinen Besitz übergehe, das werde er nicht zulassen; denn Rom solle durch seinen Sieg größer werden; um den Preis, daß es kleiner werde, wolle er nicht siegen.

Als das Mithridates gemeldet wurde, war er höchst erstaunt, und er soll zu seinen Freunden gesagt haben: »Was wird mir Sertorius erst vorschreiben, wenn er auf dem Palatium sitzt, wo er jetzt schon, da er bis an den Atlantik gedrängt ist, meinem Königreich Grenzen setzen will und mir, wenn ich mich an der Provinz Asien vergreife, mit Krieg droht!« Nichtsdestoweniger kam es zu einem beschworenen Vertrag des Inhalts, Mithridates solle Kappadokien und Bithynien bekommen, wozu ihm Sertorius einen Feldherrn und Soldaten schicken solle, und Sertorius solle von Mithridates dreitausend Talente und vierzig Schiffe erhalten.

DER BEGINN DES SPARTACUS-KRIEGES Plut., Crass. 8,2–3; 9,1–4

Ein gewisser Lentulus Vatia unterhielt in Capua Gladiatoren, von denen die meisten Gallier und Thraker waren, welche nicht wegen schwerer Vergehen, sondern durch die Ungerechtigkeit ihres Herrn, der sie gekauft hatte, eingesperrt worden waren, um als Gladiatoren verwendet zu werden. Von ihnen beschlossen zweihundert auszureißen, aber da die Sache verraten wurde, gelang es nur achtundsiebzig, die rechtzeitig davon erfuhren und den Augenblick ergriffen, aus einer Küche Messer und Bratspieße an sich zu nehmen und zu entfliehen. Unterwegs begegneten sie Wagen, die Fechterwaffen nach einer anderen Stadt beförderten, rissen sie an sich und bewaffneten sich. Hierauf besetzten sie einen festen Platz und wählten drei Anführer, von denen der erste Spartacus war.

Zuerst schlugen sie die Leute, die von Capua gegen sie ausgesandt wurden, in die Flucht, bekamen so viele Kriegswaffen in die Hand und wechselten sie mit Freuden gegen die Gladiatorenwaffen aus, die sie als entehrend und barbarisch wegwarfen. Als darauf der Prätor C. Claudius mit dreitausend Mann von Rom gegen sie geschickt wurde und sie auf einem Berge belagerte, der nur einen schwierigen und schmalen Abstieg hatte, welchen Claudius besetzt hielt, auf allen anderen Seiten steile Felsabstürze, aber oben von vielen wilden Weinstöcken bewachsen war, schnitten sie die brauchbaren Weinranken ab und flochten daraus haltbare Leitern, so lang, daß sie, oben an der Spitze des Felsens befestigt, bis zum Boden hinabreichten. Auf diesen Leitern stiegen sie sicher hinab bis auf einen. Dieser blieb der Waffen wegen oben, ließ sie, als alle hinuntergestiegen waren, ebenfalls hinab und brachte sich schließlich auch selbst in Sicherheit. Die Römer bemerkten nichts davon. Daher umgingen die Sklaven sie und erschreckten sie durch einen plötzlichen Angriff, schlugen sie in die Flucht und eroberten ihr Lager. Jetzt liefen ihnen viele der Rinder- und Schafhirten der Gegend zu, handfeste, schnellfüßige Leute, die sie teils mit schweren Waffen versahen, teils als Vorposten und leichte Truppen verwendeten.

CRASSUS ERHÄLT DAS KOMMANDO GEGEN SPARTACUS Plut., Crass. 10,1–5

Spartacus besiegte in den Jahren 73 und 72 auch die anderen Heere, die gegen ihn ausgeschickt wurden.

Voll Zorn befahl der Senat den Konsuln, das Kommando niederzulegen, und ernannte für die weitere Führung des Krieges den Crassus zum Feldherrn. Mit ihm zogen wegen seines Ruhmes und aus Freundschaft viele vornehme Männer ins Feld. Er selbst hielt vor den Grenzen von Picenum, um den dorthin ziehenden Spartacus zu empfangen, und sandte seinen Legaten Mummius mit zwei Legionen auf Umwegen in den Rücken des Feindes mit dem Befehl, ihm zu folgen, doch ohne sich in ein Gefecht oder auch nur in ein Geplänkel einzulassen. Aber Mummius lieferte ihm, sowie sich eine günstige Gelegenheit zu bieten schien, eine Schlacht und wurde geschlagen, und viele fanden den Tod, viele retteten sich auch unter Zurücklassung der Waffen durch die Flucht. Crassus empfing den Mummius mit harten Vorwürfen und ließ den Soldaten neue Waffen geben, doch so, daß er Bürgen dafür verlangte, daß sie sie hüten würden. Fünfhundert Mann aber, die zuerst geflohen waren, ließ er in fünfzig Gruppen zu je zehn teilen und aus jeder Gruppe einen Mann, den das Los traf, hinrichten, womit er eine alte militärische Strafart, die lange Zeit geruht hatte, wieder aufnahm. So brachte er die Leute wieder zur Zucht und führte sie dann gegen die Feinde.

Spartacus wich in den äußersten Süden der Halbinsel aus. Crassus riegelte ihn hier durch einen von Meer zu Meer gezogenen Wall und Graben ab. Gegen Ende des Winters 72/71 gelang Spartacus der Ausbruch. Crassus setzte ihm nach, rieb zunächst eine Abteilung unter C. Cannicius und Castus auf, die sich vom Gros des Feindes gelöst hatte, und schlug dann Spartacus selbst vernichtend; dieser fiel, 6000 Überlebende wurden an der Straße von Capua nach Rom gekreuzigt. Die letzten 5000, die dem Gemetzel entkommen waren, liefen dem aus Spanien heimkehrenden Pompejus in die Arme und fanden so den Tod.

DIE STATTHALTERSCHAFT DES C. VERRES IN SIZILIEN

73–71 v. Chr.
681–683 a. u. c.

a) Die Schandtaten des Verres Cic., Verr. 1, 13–14

Unter Verres konnten die Sizilier weder ihre eigenen Gesetze noch unsere Senatsbeschlüsse noch die allgemeinen Rechtsgrundsätze geltend machen. In Sizilien hat ein jeder nur noch das, was dem habgierigsten und begehrlichsten aller Menschen versehentlich entging oder aus Überdruß zu viel wurde. Keine Sache hat man drei Jahre lang anders entschieden als nach seinem Gutdünken. Kein Besitz, und mochte er vom Vater oder Großvater stammen, war jemandem so sicher, daß er ihm nicht auf Befehl des Verres aberkannt wurde. Unzählbare Geldbeträge hat er aus den Gütern der zehntpflichtigen Landwirte durch ein neues, schandliches Verfahren erpreßt, die treuesten Bundesgenossen wie Staatsfeinde behandelt, römische Bürger gleich Sklaven gefoltert und getötet, noch so Schuldige für Geld der Gerichtsbarkeit entzogen, die ehrenhaftesten und untadeligsten Männer in Abwesenheit angeklagt und ohne rechtliches Gehör verurteilt und verbannt, die sichersten Häfen, die größten und festesten Städte[4] Seeräubern und Wegelagerern geöffnet, sizilische Matrosen und Soldaten, unsere Freunde und Verbündeten, den Hungertod sterben lassen, die besten

und brauchbarsten Flotten des römischen Volkes preisgegeben und zugrunde-
gerichtet.

Älteste Kunstdenkmäler, die teils von den reichsten Königen stammten, die
ihre Städte damit schmücken wollten, teils auch von unseren siegreichen Feldherren, die sie den sizilischen Gemeinden stifteten oder zurückgaben, hat dieser
Statthalter geraubt und alles leer zurückgelassen. Und das tat er nicht nur mit
öffentlichen Bildwerken und Schmuckstücken, er plünderte auch sämtliche
durch die heiligsten Riten geweihten Tempel aus; schließlich ließ er den Sizi-
liern kein einziges Götterbild übrig, das ihm auch nur einige Meisterschaft ver-
riet und mit altbewährter Kunstfertigkeit gearbeitet zu sein schien. Seine
schändlichen Gelüste und Ausschweifungen aufzuzählen, hindert mich mein
Schamgefühl; zugleich will ich nicht, indem ich davon rede, das Unglück derer
schlimmer machen, denen es nicht vergönnt war, ihre Kinder und Frauen unversehrt vor seiner Zudringlichkeit zu bewahren.

b) Die Diana-Statue von Segesta Cic., Verr. 2, 4,72–79

Segesta wurde einst, als die Bürger auf eigene Faust und aus eigenem Entschluß
gegen Karthago Krieg führten, von den Karthagern im Sturme erobert und
zerstört, und man brachte von dort alles nach Karthago, womit man eine Stadt
schmücken konnte. Es gab bei den Segestanern damals ein Bronzestandbild der
Diana, das man seit ältester Zeit in höchsten Ehren hielt und das überdies mit
einzigartiger Kunst und Geschicklichkeit ausgeführt war. Dieses Werk tauschte,
nach Karthago gebracht, nur den Standort und die Menschen, behauptete jedoch seine frühere Heiligkeit. Denn wegen seiner erlesenen Schönheit schien
es auch den Feinden der höchsten Verehrung würdig.

Einige Jahrhunderte später hat P. Scipio im Dritten Punischen Krieg Karthago erobert. Nach seinem Siege beschied er alle Sizilier zu sich, weil er
wußte, daß die Karthager Sizilien sehr oft und sehr lange heimgesucht hatten.
Er forderte sie auf, allem nachzuspüren, und versprach, sich angelegentlich
darum zu kümmern, daß jede Gemeinde ihr Eigentum zurückerhalte.

Damals wurde den Segestanern mit der größten Gewissenhaftigkeit die erwähnte Diana zurückgegeben; man schaffte sie nach Segesta zurück und stellte
sie unter Danksagungen und Freudenausbrüchen der Bürger wieder an ihrem
alten Platze auf. Sie stand nun in Segesta auf einem ziemlich hohen Sockel, auf
dem in großen Buchstaben der Name des P. Africanus eingehauen war und
überdies geschrieben stand, er habe sie nach der Einnahme Karthagos wieder
aufgestellt. Die Einheimischen verehrten, die Fremden besuchten sie.

Als Verres sie erblickte, da entbrannte er in wahnsinniger Gier. Er befahl den
städtischen Beamten, das Bildnis vom Sockel zu reißen und ihm zu geben; er
bedeutete ihnen, daß man ihm keinen größeren Gefallen tun könne. Doch sie
erklärten, das sei ihnen streng untersagt und sie würden durch den schärfsten
Gewissenszwang sowie durch äußerste Furcht vor den Gesetzen und den Ge-

richten daran gehindert. Da bedachte sie Verres bald mit Bitten, bald mit Drohungen. Sie aber beriefen sich des öfteren auf den Namen des P. Africanus und sagten, das Bildnis gehöre dem römischen Volke; sie dürften nicht über einen Gegenstand verfügen, den der berühmteste Feldherr nach der Eroberung der Feindesstadt zum Erinnerungszeichen an den Sieg des römischen Volkes bestimmt habe. Da Verres um nichts nachgiebiger wurde und sogar mit jedem Tag weit heftiger in sie drang, kam die Angelegenheit vor den Gemeinderat. Allgemein erhob sich scharfer Widerspruch. So wies man ihn damals bei seinem ersten Aufenthalt beharrlich ab.

Daraufhin legte er den Segestanern jede Art von Belastungen auf mit der Anforderung von Seeleuten und Ruderern und der Anordnung von Getreidelieferungen, und er verlangte erheblich mehr, als sie zu leisten vermochten. Außerdem lud er ihr Beamten vor, beschied er alle tüchtigen und angesehenen Leute zu sich, schleppte sie von einem Marktplatz der Provinz zum anderen, kündigte jedem einzelnen an, er werde ihn ins Verderben stürzen, und drohte allen insgesamt, er werde ihre Stadt zugrunde richten. Und so entschieden denn schließlich die Segestaner, von dem vielen Unheil und von großer Furcht bezwungen, man müsse sich dem Befehl des Prätors fügen. Unter großem Jammer und Seufzen der gesamten Bürgerschaft, unter vielen Klagen und Tränen aller Männer und Frauen wurde die Beseitigung des Dianabildes ausgeschrieben. Bei den Segestanern fand sich aber niemand, kein Freier und kein Sklave, kein Bürger und kein Fremder, der das Bildnis zu berühren gewagt hätte. Aus Lilybaeum holte man dann einige ausländische Arbeiter herbei. Die ahnten nichts von der Sache und kannten keine Scheu; sie beseitigten endlich das Bildnis gegen Lohn.

Als nach diesem Frevel der Sockel leer stand, auf dem der Name des P. Africanus eingehauen war, da schien es jedermann empörend und uner-

Statue der Diana (Artemis) nach einem Original aus dem 4. Jh.

träglich, daß C. Verres nicht nur die Ehrfurcht vor dem Göttlichen verletzt, sondern auch das Ruhmeszeichen der Taten, die der heldenhafte P. Africanus vollbracht, die Erinnerung an seine Leistung, das Denkmal seines Sieges beseitigt habe. Als man ihm von dem Sockel und der Inschrift berichtete, da glaubte er, bei den Leuten werde die ganze Sache in Vergessenheit geraten, wenn er auch den Sockel, gleichsam den Zeugen seines Frevels, beseitige. So schrieb man denn auf seinen Befehl den Abbruch des Sockels aus.

c) Ein Justizmord des Verres Cic., Verr. 2, 5,160–162.169

Gavius aus Consa[5] war unter den römischen Bürgern, die Verres eingekerkert hatte;[6] er war irgendwie aus den Steinbrüchen entflohen und nach Messana gekommen. Als er nun Italien und die Mauern von Regium so nahe vor sich sah, da begann er zu reden und zu klagen: Man habe ihn, einen römischen Bürger, eingekerkert; er gehe jetzt geradeswegs nach Rom; wenn Verres dort eintreffe, dann werde er zur Stelle sein. Der Unglückliche begriff nicht, daß es keinen Unterschied machte, ob er dergleichen in Messana oder bei Verres selbst im Prätorenpalast äußerte. Denn Verres hatte sich diese Stadt zur Gehilfin bei seinen Verbrechen, zur Hehlerin seiner Diebesbeute, zur Mitwisserin aller seiner Schandtaten auserwählt. Man führte daher den Gavius sogleich vor die Behörde von Messana, und zufällig traf am selben Tag Verres in der Stadt ein. Die Sache wurde ihm angezeigt: Da sei ein römischer Bürger, der sich beschwere, daß er in den Steinbrüchen von Syrakus gewesen sei; sie hätten ihn, als er schon das Schiff bestieg und sehr heftige Drohungen gegen Verres ausstieß, zurückgeholt und in Gewahrsam gehalten, damit er selbst nach Gutdünken mit ihm verfahre.

Er dankte den Leuten und lobte ihre freundschaftliche Gesinnung gegen ihn und ihre Umsicht. Entflammt von Bosheit und Wut, erschien er auf dem Markt; seine Augen glühten, seine ganze Miene kündigte Grausamkeit an. Jedermann war gespannt, wozu er sich hinreißen lassen und was er anstellen werde; da gab er plötzlich den Befehl, den Mann herbeizuzerren und mitten auf dem Markt zu entkleiden und festzubinden und die Ruten bereitzuhalten. Der Unglückliche schrie, er sei ein römischer Bürger[7], Einwohner der Stadt Consa; er habe gemeinsam mit L. Raecius, einem hochangesehenen römischen Ritter, gedient; der treibe in Panormus Handel und von ihm könne sich Verres über alles unterrichten lassen. Darauf Verres: Er habe erfahren, daß er von den Anführern der entlaufenen Sklaven[8] als Kundschafter nach Sizilien geschickt worden sei – eine Behauptung, für die weder eine Anzeige noch eine Spur noch irgendein Verdacht vorlag. Dann befahl er, von allen Seiten mit größter Heftigkeit auf den Mann einzuschlagen. Unter der Pein und dem Klatschen der Hiebe hörte man keinen Seufzer, kein Wort des Unglücklichen als dies: »Ich bin ein römischer Bürger.« Durch die Berufung auf sein Bürgerrecht glaubte er alle Schläge abwenden und eine qualvolle Hinrichtung verhindern zu können. Doch er vermochte die Gewalt der Rutenstreiche nicht aufzuhalten; ja als er sich des öfteren auf das Bürgerrecht berief und es für sich in Anspruch nahm, da wurde das Kreuz für den Unglücklichen und Bejammernswerten aufgerichtet.[9]

Als die Leute von Messana nach ihrem Brauch und Herkommen das Kreuz jenseits der Stadt an der Via Pompeia errichtet hatten, da befahl Verres, das Kreuz an der Seite zu errichten, die auf die Meerenge blickt, und bemerkte dazu, er wähle diesen Platz deshalb, damit der Mann, der sich ja für einen römischen Bürger ausgebe, von seinem Kreuz aus Italien sehen und in seine Heimat blicken könne.

Cicero prangerte 70 v. Chr. in einem Prozeß Verres'
Schandtaten an. Dieser entzog sich der Verurteilung,
indem er nach Massilia ins Exil ging.

Cicero

LUCULLUS BEFREIT DIE PROVINZ ASIEN
VON DER DRÜCKENDEN SCHULDENLAST Plut., Luc. 20,1–4

71–70 v. Chr.
683–684 a. u. c.

Im Winter 71/70, als Lucullus nicht von kriegerischen Unternehmungen in Anspruch genommen war,[10] kümmerte er sich um die Gemeinden in der Provinz Asien. Die Provinz sollte wieder in den Genuß von Recht und Gesetzen kommen, die sie schon seit langer Zeit entbehrte: sie hatte Unsagbares und Unglaubliches zu leiden, da sie von den Steuerpächtern und Wucherern bedrängt und geknechtet wurde. Bürger sahen sich gezwungen, ihre wohlgeratenen Söhne und jungfräulichen Töchter, die Gemeinden, ihre Weihgeschenke, Gemälde und Götterstatuen zu verkaufen. Ihr eigenes Ende war, daß sie ihren Gläubigern zugesprochen und deren Sklaven wurden, und was vorausging, war noch schlimmer: Fesselung, Einkerkerung, Folterung, Stehenmüssen unter freiem Himmel, im Sommer in der heißen Sonne, im Winter in Schlamm und Eis, so daß ihnen der Sklavenstand wie eine Befreiung von schwerer Last und eine Zeit des Friedens erschien.

Da Lucullus so üble Zustände in den Städten vorfand, befreite er binnen kurzer Zeit die Gequälten von allen Leiden. Erstens verordnete er, daß nur ein Prozent und nicht mehr als monatlicher Zins berechnet werden dürfe; zweitens annullierte er die das Kapital übersteigenden Zinsen; die dritte und wichtigste

Bestimmung war, daß der Gläubiger nur den vierten Teil der Einkünfte des Schuldners in Anspruch nehmen dürfe. Wer die Zinsen zum Kapital schlug, verlor das Ganze. So wurden in einem Zeitraum von weniger als vier Jahren alle Schulden getilgt und die Besitztümer schuldenfrei den ursprünglichen Eigentümern zurückgegeben.

Es handelte sich dabei um die öffentliche Schuld, die von den 20 000 Talenten herrührte, mit denen Sulla die Provinz Asien bestraft hatte.[11] Das Doppelte dieser Summe war denen, die sie zuerst geliehen hatten, schon gezahlt worden, aber durch die Zinsen war sie von ihnen auf 120 000 Talente hinaufgetrieben worden.

Januar/Februar 67 v. Chr. 687 a. u. c.

DAS AUSSERORDENTLICHE KOMMANDO DES POMPEJUS GEGEN DIE SEERÄUBER Plut., Pomp. 25,1–8; 26,1–4

Durch die Aktionen der Seeräuber wurde die gesamte Handelsschiffahrt im Mittelmeer lahmgelegt. Dies bewog die Römer, denen alle Zufuhr abgeschnitten wurde, den Pompejus auszusenden, um den Piraten die Seeherrschaft zu entreißen. Gabinius, einer seiner Vertrauten, brachte einen Antrag ein, der ihm nicht nur das Kommando zur See, sondern geradezu die Alleinherrschaft und die uneingeschränkte Befehlsgewalt übertrug. Der Antrag gab ihm nämlich das Kommando über das Meer diesseits der Säulen des Herakles und über alles feste Land vierhundert Stadien von der Küste landeinwärts. Dazu sollte er sich fünfzehn Mitglieder des Senats als Kommandanten für die einzelnen Befehlsbezirke wählen, an Geld aus der Staatskasse und von den Zollpächtern so viel entnehmen, wie er wollte, und eine Flotte von zweihundert Schiffen aufstellen mit der Vollmacht, über die Zahl und die Anwerbung der Soldaten und der Rudermannschaften nach eigenem Ermessen zu bestimmen.

Als dieser Antrag verlesen wurde, nahm ihn das Volk mit Begeisterung auf, aber die angesehensten und mächtigsten Männer des Senats waren der Meinung, daß eine solche Machtfülle Furcht zu erregen geeignet sei. Daher widersetzten sie sich dem Antrag mit Ausnahme Caesars; dieser befürwortete den Antrag, aber nicht, weil ihm an Pompejus gelegen war, sondern um sich beim Volke beliebt zu machen und es für sich zu gewinnen.

Für jetzt ging man auseinander. An dem Tage aber, an dem die Abstimmung stattfinden sollte, begab Pompejus sich in aller Stille aufs Land, und als er dann hörte, daß der Antrag angenommen sei, kam er nachts in die Stadt zurück. Am Morgen trat er dann vor die Öffentlichkeit, brachte ein Opfer dar und setzte in einer für ihn berufenen Volksversammlung durch, daß er zu dem schon Beschlossenen noch vieles mehr hinzubekam, so daß die Rüstungen sich nahezu verdoppelten. Es wurden nämlich fünfhundert Schiffe für ihn bemannt und hundertzwanzigtausend Mann schweres Fußvolk und fünftausend Reiter aufgeboten. Aus dem Senat wurden vierundzwanzig Männer, die als Truppenführer und Feldherren tätig gewesen waren, von ihm ausgewählt, und dazu traten zwei Quästoren. Die Marktpreise fielen sofort, und das gab dem hocherfreuten Volke Anlaß zu sagen, daß allein schon der Name Pompejus dem Krieg ein Ende gemacht habe.

POMPEJUS BEENDET DIE SEERÄUBERPLAGE Plut., Pomp. 26,5–7; 27,6 – 28,7

Frühsommer 67 v. Chr. 687 a. u. c.

Pompejus teilte den ganzen Raum des Mittelmeeres in dreizehn Bezirke und bestimmte für jeden eine gewisse Anzahl Schiffe unter einem besonderen Befehlshaber; mit seiner gleichzeitig überall verstreuten Macht kreiste er die ganze Masse der dort befindlichen Piratenschiffe ein, machte Jagd auf sie und brachte sie auf. Diejenigen, denen es gelang, sich rechtzeitig zu zerstreuen und durchzubrechen, schlüpften von allen Seiten eilends wie in einen Bienenstock nach Kilikien. Gegen sie gedachte er mit den sechzig besten Schiffen vorzugehen, trat diese Fahrt aber nicht eher an, als bis er das Tyrrhenische, das Afrikanische und die Meere um Sardinien, Korsika und Sizilien gänzlich von den dort kreuzenden Seeräubern gesäubert hatte, und zwar in nicht mehr als vierzig Tagen, wobei er sich selbst nicht schonte und die Soldaten unermüdlichen Eifer bewiesen.

Als er nun einigen Piratenverbänden, die noch draußen kreuzten, auf ihre Bitten Milde bewies, faßten auch die anderen guten Mut, suchten den anderen Admiralen zu entkommen, strebten zu Pompejus und lieferten sich ihm mit Weibern und Kindern aus. Er verschonte sie alle, und namentlich mit ihrer Hilfe spürte er diejenigen auf, die sich noch verborgen hielten, fing sie und bestrafte sie als Leute, die sich wohl unverzeihlicher Verbrechen bewußt waren.

Die meisten und mächtigsten der Seeräuber hatten ihre Familien, ihre Habe und alles unbrauchbare Volk in Burgen und festen Plätzen im Taurosgebirge in Sicherheit gebracht, bemannten nun ihre Schiffe und nahmen bei Korakesion in Kilikien den Kampf mit dem heransegelnden Pompejus auf. In der Schlacht wurden sie geschlagen und darauf belagert. Doch schließlich schickten sie Bittgesandtschaften und übergaben sich selbst und die

Pompejus

Städte und Inseln, die noch in ihrer Hand und wohlbefestigt, schwer zugänglich und nicht so leicht mit Gewalt zu nehmen waren.

So war der Krieg zu Ende und die überall verbreiteten Seeräuberflotten in nicht mehr als drei Monaten vom Meer verjagt. Die Seeräuber, mehr als zwanzigtausend, hinrichten zu lassen, zog er nicht einmal in Betracht. Aber sie freizulassen und nichts dagegen zu tun, daß sie sich zerstreuten oder auch wieder zusammenrotteten, mittellose und dabei kriegsgeübte Leute, hielt er nicht für ratsam. Er beschloß vielmehr, die Menschen von der See aufs Land zu überführen und sie durch die Gewöhnung, in festen Siedlungen zu wohnen und das Feld zu bebauen, eine friedliche Lebensart kosten zu lassen. Einige von ihnen nahmen die kleinen, menschenarmen Städte Kilikiens auf. Die Stadt der Solier, die nicht lange vorher durch Tigranes, den König der Armenier, ihrer Einwohnerschaft beraubt worden war, richtete er wieder her und siedelte viele Seeräuber in ihr an. Den meisten wies er Dyme in Achaia als Wohnsitz an, das damals entvölkert war und viel fruchtbares Land besaß.

65 v. Chr.   CAESAR STELLT DIE SIEGESDENKMÄLER
689 a. u. c.   DES MARIUS WIEDER AUF Plut., Caes. 6,1–7

In Rom gab es damals zwei Partien, die allmächtige sullanische und die marianische, welche gedemütigt, zerrissen und zu gänzlicher Bedeutungslosigkeit verurteilt war. Diese wollte Caesar stärken und für sich gewinnen und ließ deshalb, als seine Freigebigkeit als Ädil den Höhepunkt erreicht hatte, einige Bildsäulen des Marius, dazu Siegesgöttinnen mit ihren Trophäen, insgeheim herstellen und nachts auf das Kapitol bringen. Am anderen Morgen sah man sie dort stehen, schimmernd von Gold, mit höchster Kunst gearbeitet und mit Inschriften versehen, welche auf die Kimbernsiege hinwiesen. Staunen erfaßte die Bürgerschaft ob der Dreistigkeit des Stifters – man wußte ja, wer es war –, und schnell durcheilte die Kunde die Stadt und lockte jung und alt zu dem Anblick. Einige schrien, Caesar strebe nach der Alleinherrschaft, wenn er die durch Gesetze und Beschlüsse längst verscharrten Ehrenzeichen wieder aufrichte. Dies sei nur ein Versuch, festzustellen, ob das Volk, welches er im voraus kirre gemacht hatte, durch seinen verschwenderischen Aufwand zahm genug geworden sei, um sich solche Scherze und Neuerungen gefallen zu lassen. Die Marianer aber machten sich gegenseitig Mut, tauchten plötzlich in erstaunlicher Menge auf und erfüllten mit ihrem Jubel und Händeklatschen das Kapitol. Vielen traten Freudentränen in die Augen, als sie Marius' Bild wieder sahen, und hoch ertönte Caesars Lob: Er vor allen andern sei es wert, Verwandter des Marius zu heißen!

Als der Senat zur Besprechung des Vorfalls zusammentrat, erhob sich Lutatius Catulus, der damals angesehenste Mann in Rom, um Caesar anzuklagen, und prägte dabei das berühmte Wort: »Caesar greift die Verfassung nicht mehr mit unterirdischen Stollen, sondern schon mit Sturmmaschinen an.« Der Angegriffene verteidigte sich gegen diese Vorwürfe und vermochte den Senat wirklich zu überzeugen, so daß seine Verehrer den Kopf noch höher trugen und ihn aufmunterten, seiner Kraft gewiß zu sein und sich vor keinem Menschen mehr zu beugen. Er werde sich, vom Willen des Volkes getragen, über alle emporschwingen und den Platz an der Spitze erringen.

DIE VERSCHWÖRUNG CATILINAS

63 v. Chr.
691 a. u. c.

a) Catilinas Streben nach der Macht Sall., Cat. 5,1–2.6.7
I. Catilina, der aus einer vornehmen Familie stammte, fand an Bürgerkriegen, Mord und Raub sein Gefallen; darin betätigte er sich in seiner Jugendzeit. Diesen Menschen hatte seit Sullas Gewaltherrschaft stärkstes Verlangen ergriffen, die Macht im Staate an sich zu reißen; mit welchen Mitteln er dieses Ziel erreichte, war ihm völlig gleichgültig, wenn er sich nur die alleinige Macht verschaffte. Dazu wurde sein unbändiges Wesen von Tag zu Tag mehr umgetrieben durch seine finanzielle Notlage und durch das Wissen um seine Untaten.

b) Catilinas Gefolgsleute Sall., Cat. 14,1–3
In einem derart großen und heruntergekommenen Staat war es für einen Catilina ein leichtes, Scharen von allerlei verkommenen Existenzen und Verbrechern aller Art wie eine Leibwache um sich zu haben. Denn jeder Wüstling, Ehebrecher, Schlemmer, der mit Spielen, Fressen und Huren sein väterliches Vermögen durchgebracht, und wer gewaltige Schulden aufgehäuft hatte, um sich wegen einer Untat oder eines Verbrechens Straffreiheit zu erkaufen, ferner Mörder aus aller Welt, Tempelschänder, Leute, die vor Gericht überführt waren oder für ihre Taten ein Verfahren fürchten mußten, dazu solche, die sich durch Meineid und Bluttaten den Unterhalt verschafften, kurz, alle, denen Schande, Armut und ein schlechtes Gewissen keine Ruhe ließen, die bildeten Catilinas nächste und vertraute Umgebung.

c) Catilinas Versprechungen Sall., Cat. 25,1–2

64 v. Chr.
690 a. u. c.

Die Kumpane Catilinas, die weder für die Gegenwart noch für die Zukunft etwas Gutes zu erwarten hatten, sahen zwar schon im Auslösen von Unruhe einen großen Gewinn, doch forderten die meisten noch, daß Catilina ihnen mitteile, welche Vorteile sie mit ihren Waffen erkämpfen sollten. Catilina versprach ihnen Schuldenerlaß, Ächtung der Reichen, Ämter, Priesterstellen, Beutezüge und was ein Krieg und der Wille der Sieger sonst noch mit sich bringt.

d) Aufwiegelung der Massen in Etrurien Sall., Cat. 27,1; 28,4
Catilina hoffte zunächst, auf legalem Weg an die Macht zu kommen. Nachdem er bei den Konsulwahlen zweimal durchgefallen war, entschloß er sich im August 63 zu gewaltsamem Vorgehen.

Catilina entsandte C. Manlius nach Faesulae und in die dortige Gegend Etruriens. Hier wiegelte dieser die Massen auf, die durch Sullas Gewaltherrschaft ihr Land und allen Besitz verloren hatten und wegen ihrer Armut sowie aus Erbitterung über das erlittene Unrecht einen Umsturz herbeiwünschten, außerdem Banditen jeder Art, von denen es in dieser Gegend eine große Menge gab, sowie manche aus Sullas Militärsiedlungen, denen Ausschweifung und Genußsucht nichts von ihren großen Beutezügen übriggelassen hatten.

e) Sympathien für Catilinas Vorhaben bei der breiten Masse Roms Sall., Cat. 37,1–8
Die einfachen Leute insgesamt billigten in ihrem Wunsch nach einer Änderung der Verhältnisse das Vorhaben Catilinas. Anscheinend taten sie das, weil es eben ihrer Art entsprach; denn in einem Staat blicken die Besitzlosen von jeher mit Neid auf die Gutgestellten, heben Taugenichtse auf den Schild, hassen das Alte und wünschen Neues, trachten aus Erbitterung über ihre eigene Lage nach einem allgemeinen Umsturz.

Die Plebs in der Hauptstadt war ganz hingerissen, und das aus vielen Gründen: zu allererst die, die sich überall durch Liederlichkeit und Frechheit besonders hervortaten, desgleichen andere, die ihr väterliches Erbe schändlich vertan, schließlich alle, die ein Verbrechen oder eine Untat aus der Heimat vertrieben hatte, die waren in Rom wie in einer Jauchegrube zusammengeströmt. Sodann dachten viele an Sullas Siegeszug zurück, und weil sie sahen, wie die einen aus einfachen Soldaten Senatoren geworden waren und andere so reich, daß sie ihr Leben im Stil und Prunk von Königen verbringen konnten, erhoffte sich jeder, wenn er auch Soldat wäre, von einem Sieg ähnliches. Ferner hatten die jungen Leute, die sich auf dem Lande mit dem Verdienst aus ihrer Hände Arbeit notdürftig durchgebracht hatten, durch private und staatliche Zuwendungen[12] gelockt, den Müßiggang in der Stadt der undankbaren Arbeit vorgezogen. Ihnen und allen anderen bot die staatliche Misere den Lebensunterhalt. Um so weniger darf man sich wundern, daß solche Habenichtse bei ihrem miesen Charakter und ihrer überspannten Erwartung sich für das Gemeinwohl ebensowenig verantwortlich fühlten wie für sich selbst. Außerdem warteten diejenigen, deren Eltern bei Sullas Sieg geächtet worden waren, denen man ihre Güter genommen und deren Rechte als freie Bürger man geschmälert hatte,[13] in keineswegs anderer Gesinnung auf den Ausgang des Krieges.

EINST UND JETZT Sall., Cat. 52,19–22

Aus einer Rede des Jüngeren Cato am 5. Dezember 63

Denkt nicht, unsere Vorfahren hätten den Staat nur mit Waffen aus einem kleinen zu einem großen gemacht! Wenn dem so wäre, dann müßten wir ihn im allerschönsten Zustand haben: besitzen wir doch eine größere Zahl von Bundesgenossen und Bürgern und auch von Waffen und Pferden als sie. Nein, es sind andere Kräfte gewesen, die sie groß gemacht haben, die uns völlig fehlen: daheim Fleiß, auswärts gerechte Herrschaft, bei Beratungen ein freier Geist, nicht verstrickt in Schuld und Leidenschaft. Statt dessen haben wir Genußsucht und Habgier, im Gemeinwesen Armut, im Privatbereich Wohlstand. Wir loben den Reichtum, ergeben uns dem Nichtstun, zwischen Guten und Schlechten gibt es keinen Unterschied, allen Lohn für Tüchtigkeit kassiert der Ehrgeiz.

DAS ZEITALTER CAESARS

62 – 44 v. Chr.

ER KAM, SAH UND SIEGTE

»Von der Parteien Gunst und Haß verwirrt, schwankt sein Charakterbild in der Geschichte.«

Friedrich von Schillers berühmter Satz über den Generalissimus Wallenstein läßt sich auf Caesar wohl übertragen; von seinen Zeitgenossen wurde er ebenso vorbehaltlos bewundert wie glühend gehaßt, und der junge Dichter Catull, dessen Familie mit Caesar befreundet war, übergoß ihn mit der Lauge ätzenden Spottes, nannte ihn einen Hurenbock und schwulen Sack und empörte sich darüber, welche schrägen Figuren sich unter Caesar schrankenlos bereichern konnten. Andererseits ließen dessen spektakuläre Erfolge, die fast ungebrochene Reihe glücklicher Siege die Kritiker verstummen, und nach seiner Ermordung entzog ihn die Vergöttlichung durch seinen Adoptivsohn Octavian dem kleinlichen Aufrechnen von Vorzügen und Fehlern. Erst Senecas Neffe Lucan ging in seinem Epos über den Bürgerkrieg mit Caesar wieder hart ins Gericht.

»Caesar freute es, kriegslüstern wie er war, daß er keinen Schritt tun mußte, ohne Blut zu vergießen.« (Lucan, Pharsalia 2, 439)

Der ältere Plinius rechnete aus, daß bei Caesars Schlachten 1 192 000 Menschen ums Leben kamen. Dabei seien die Toten des Bürgerkriegs gar nicht berücksichtigt. Unbekannt ist auch, wie viele Opfer Hungersnöte und Krankheiten als Folge der jahrelangen Feldzüge in Gallien forderten, wie viele von den Helvetiern überlebten, die Caesar nach seinem Sieg in die von ihnen selbst niedergebrannten Dörfer zurückschickte.

Man nimmt den Mund nicht zu voll, wenn man – nach heutigen Maßstäben – Caesar vielfache Mißachtung der Menschenrechte und Völkermord im großen Stil anlastet.

So ist es im Grunde erstaunlich, wie zäh sich seine *Commentarii* über den Krieg in Gallien als zentrale Lektüre im Lateinunterricht zu behaupten vermögen. Faßt man allerdings die Sache näher ins Auge, dann erweist sich Caesar als meisterhafter Schilderer seiner Taten und Untaten, als großer Menschenkenner und exzellenter Selbstdarsteller, der es versteht, auch da, wo er im Unrecht ist, andere ins Unrecht zu setzen, mögliche Gegner durch indirekte Berichterstattung und bewegende Schilderung der Reaktionen von ihnen Bedrohter zu dämonisieren und, was er selbst Unmenschliches tut, in knapper Nüchternheit zu bringen.

Den Germanenkönig Ariovist hatte er selbst während seines Konsulats mit dem Ehrentitel »König und Freund des römischen Volkes« geehrt. Als der seinen eigenen Interessen in Gallien gefährlich wird, verwandelt er ihn in einer gekonnten Inszenierung in einen mordlüsternen Menschenschinder und Tyrannen. Höhepunkt ist jene Szene, in der die Sequaner, die Ariovist unmittelbar im Nacken haben, im Gegensatz zu den anderen Galliern nicht einmal mehr weinen können: Aus purer Angst versiegen ihre Tränen!

Bald aber sank auch den Römern der Mut: Als sich herumsprach, daß Caesar gegen Ariovist ins Feld ziehen werde, und er in Eilmärschen das kriegswichtige Vesontio (heute: Besançon) erreichte, ließ die Angst vor den riesengroßen, bärenstarken und kampferprobten Germanen im Heer eine regelrechte Panik ausbrechen. Zuerst erfaßte sie die jungen Offiziersanwärter, die in der Hoffnung auf leichte Beute aus Rom zu Caesar gestoßen waren. Die suchten um Urlaub nach oder verkrochen sich in ihren Zelten, machten ihr Testament und jammerten laut über das bevorstehende Unheil.

Mit der Zeit gerieten selbst altgediente Legionäre, kampferprobte Unteroffiziere und Kommandanten der Reiterei aus der Fassung. Allerdings wußten sie ihre Furcht etwas besser zu verbergen als die jungen Grünschnäbel. Einige ließen verlauten, sie hätten zwar vor den Germanen keine Angst, wohl aber vor einem Marsch durch schwieriges Gelände und endlose Wälder. Da werde es auch mit dem Nachschub Probleme geben. Andere warnten Caesar davor, daß die Truppen ihm den Gehorsam verweigern könnten, wenn er den Befehl zum Weitermarsch gebe.

In dieser kritischen Lage hielt es Caesar für riskant, sich direkt an seine Legionen zu wenden, und berief daher nur die höheren Dienstgrade zu einer Lagebesprechung. Als die Männer sich versammelt hatten, hielt er sich nicht lange mit Vorbemerkungen auf, sondern wusch ihnen gleich kräftig den Kopf:

»Es ist ein starkes Stück«, fuhr er sie an, »daß ihr euch erfrecht, über Ziel und Absicht unserer Operation nachzudenken. Das ist ganz allein meine Angelegenheit. Außerdem: Wer redet eigentlich von einem Feldzug gegen die Germanen? Ist es denn nicht bekannt, wie eifrig sich deren König, Ariovist, während meines Konsulats um die Freundschaft mit Rom bemüht hat? Warum sollte er sich leichtfertig über die Verpflichtungen hinwegsetzen, die ihm daraus erwachsen?

Ich bin mir ganz sicher, daß er sich weder meine Sympathien noch die des römischen Volkes verscherzen will, wenn er sieht, daß ich von ihm nur verlange, was recht und billig ist. Gesetzt aber, er ist so verrückt, es auf einem bewaffneten Konflikt ankommen zu lassen: Was befürchtet ihr dann?

Während eines Kriegs zwischen den gallischen Haeduern und Sequanern riefen letztere einen germanischen Heerkönig, den Sueben Ariovist, mit 15 000 Kriegern zu Hilfe. Er schlug die Haeduer und nahm, als Lohn für seinen Sieg, den Sequanern ein Drittel ihres Landes weg, um seine Leute anzusiedeln. Mit den Römern schloß er 59 v. Chr. einen Freundschaftsvertrag. Als im nächsten Jahr weitere Germanen nachzogen, forderte er ein zweites Drittel des Sequanerlandes, worauf zahlreiche Gallierfürsten sich bei Caesar beklagten. Dieser besiegte nach ergebnislosen Verhandlungen die Germanen und vertrieb sie aus Gallien.

Habt ihr kein Vertrauen mehr zu eurer eigenen Tapferkeit und zu mir, einem erfahrenen Heerführer? Mit Germanen sind wir Römer doch schon vor vielen Jahren aneinander geraten, als Marius die Kimbern und Teutonen schlug und General und Truppe gleich großen Ruhm errangen! Mit eben solchen Germanen haben auch die Helvetier oft genug gekämpft und sie sogar in ihrem eigenen Land besiegt. Daß andererseits Ariovists Leute gegen die Gallier gewonnen haben, liegt nicht an ihrer besonderen Tapferkeit, sondern an einer raffinierten Ermattungsstrategie. Mit solchen Tricks wird er bei uns nichts ausrichten; wir sind schließlich nicht auf den Kopf gefallen.

Nun gibt es Leute, die ihre Angst dadurch kaschieren, daß sie von Schwierigkeiten beim Weitermarsch oder mit dem Nachschub faseln. Das finde ich besonders arrogant, denn damit stellt man meine Kompetenz in Frage oder versucht, mir Vorschriften zu machen. Getreidelieferungen sind mit den Sequanern vereinbart, und außerdem steht die Ernte ins Haus, und was den Weg angeht, könnt ihr euch bald selbst ein Bild davon machen.

Kalt läßt mich auch das Gerede von einer Meuterei. Dergleichen passiert nur, wenn ein glückloser Feldherr sich schlagen läßt, wenn er etwas verbockt und wenn er korrupt ist. Meine Qualitäten und mein Glück habt ihr im Helvetierkrieg kennengelernt. Und jetzt werde ich den für übermorgen geplanten Abmarsch vorverlegen, damit ich sehe, ob bei euch das Ehr- und Pflichtgefühl oder die Angst stärker ist. Noch diese Nacht marschieren wir.

Sollte aber, was ganz unwahrscheinlich ist, mir sonst niemand folgen, dann werde ich allein mit meiner zehnten Legion losziehen. Zu der habe ich nämlich vollstes Vertrauen; sie wird bei den bevorstehenden Verhandlungen mit Ariovist meine Leibgarde sein. Soviel zur Sache. Abtreten!«

Die Offiziere, die mit mürrischen Mienen angetreten waren, entfernten sich unter beifälligem Gemurmel und gaben die erhaltene Standpauke an ihre Untergebenen weiter. Das war kaum geschehen, als eine Abordnung der zehnten Legion bei Caesar erschien, sich ausdrücklich für sein Vertrauen und die hohe Anerkennung bedankte und ihm ihre absolute Kampfbereitschaft versicherte. Nach und nach fanden sich auch die ranghöchsten Offiziere der übrigen Legionen ein und erklärten, sie hätten niemals Bedenken oder gar Angst gehabt oder die Kompetenz Caesars in Frage gestellt. Dieser nahm die wortreichen Entschuldigungen mit dünnem Lächeln an und gab, wie angekündigt, für die kommende Nacht den Abmarschbefehl. Um die vierte Nachtwache, noch ehe der Tag graute, zog sein Heer los.

Ohne Zweifel: Caesars historisch folgenreichste Unternehmung war die Er-

Caesar entwickelte seine rhetorischen Fähigkeiten im Studium – auch bei griechischen Lehrern – und in der Praxis als Gerichtsredner. Leider ist keine seiner Reden erhalten geblieben außer denen, die er, betont nüchtern und indirekt formuliert, in seinen eigenen Werken mitteilt. Seine Zeitgenossen, darunter Cicero, der sich selbst für den größten Redner aller Zeiten hielt, sind sich einig im Lob seines fast schmucklosen, klaren und präzisen Stils. Die von uns eng an das lateinische Original angelehnte »Panikrede« zeigt Caesar außerdem als versierten Psychologen.

oberung Galliens, die die Voraussetzungen für die Romanisierung dieses Gebiets schuf – ohne Caesar kein Frankreich!

Ehe er sich aber auf dieses abenteuerliche und durch schwere Rückschläge gefährdete Unternehmen einlassen konnte, mußte er sich in einem Staat hocharbeiten, in dem andere den Ton angaben. Er tat es, wiewohl aus altem Adel, auf der Seite der Popularen, gab sich betont bescheiden und war charmant gegen jedermann. Als Ädil veranstaltete er prachtvolle Spiele und machte ungeheure Schulden, durch seine Ackergesetze trat er in die Nachfolge der Gracchen; indem er seiner Tante Julia, der Witwe des Marius, die Totenrede hielt und die Siegesmäler seines Onkels wieder aufrichtete, gewann er die Herzen aller Marianer. Zugleich warb er um die Sympathien der Mächtigen. Als die Catilinarische Verschwörung aufgedeckt war und Hardliner wie Cato die Todesstrafe für die Verhafteten forderten, machte er – vergebens – einen moderaten Gegenvorschlag und geriet deshalb sogar in Lebensgefahr.

Im Laufe des Jahres 63 war er mit seiner Bewerbung um das Amt des Oberpriesters erfolgreich und errang auch die Prätur. Als Proprätor ging er nach Spanien und sanierte seine Finanzen. Nun konnte er schon einigermaßen auf Augenhöhe mit den Großen seiner Zeit verhandeln und, als Pompejus vom Senat düpiert wurde, mit ihm und Crassus das erste Triumvirat schließen. Seine neuen Partner verhalfen ihm zum Konsulat, wobei er während der Amtszeit freilich endlosen Ärger mit seinem erzkonservativen Partner Bibulus und auch mit Cato hatte.

Immerhin bekam er am Ende, was er wollte, und stürzte sich in das gallische Abenteuer, unterwarf nach und nach das reiche Land und wurde auch mit Vercingetorix, seinem gefährlichsten Gegner, fertig. Zwischendurch festigte er noch einmal den Bund mit Crassus und Pompejus. Als jedoch seine Tochter Julia, die mit Pompejus verheiratet war, starb und Crassus in Syrien den Tod fand, begannen sich die verbliebenen Partner zu entfremden. Caesars Feinde suchten eine Verlängerung seiner Befugnisse und ein neuerliches Konsulat zu verhindern, und Pompejus tat nichts dagegen. Caesar war nicht geneigt, sich entmachten zu lassen; er hatte reiche Mittel, eine verläßliche Machtbasis und ein auf ihn eingeschworenes, gut gedrilltes Heer; so konnte er den Schritt in den Bürgerkrieg wagen, den er ziemlich rasch zu seinen Gunsten entschied.

Die Verfolgung des Pompejus, der in Ägypten ermordet wurde, führte ihn mit der blutjungen Kleopatra zusammen, in die er sich hemmungslos verliebte. Sie, die Königin, mag in ihm den fatalen Wunsch nach der Königskrone geweckt haben, der ihm schließlich den Tod brachte.

60 v. Chr. **WIDERSTAND GEGEN DIE ANTRÄGE DES POMPEJUS** Dio 37, 49,1 – 50,6
694 a. u. c.

Pompejus landete (im Dezember 62) in Italien. In der falschen Hoffnung, alle seine Wünsche mit Hilfe von L. Afranius und Metellus Celer durchsetzen zu können, ließ er sie zu Konsuln (für das Jahr 60) wählen. Vor allem wollte er seinen Veteranen Land verschaffen und seine sämtlichen Verfügungen bestätigt sehen, doch drang er mit diesen Forderungen nicht durch. Denn die Optimaten, die auch früher schon keine Sympathie für ihn empfunden hatten, verhinderten eine Abstimmung über diese Anträge. Und was die Konsuln betraf, so unterstützte ihn Afranius, der sich besser aufs Tanzen als die Erledigung einer Angelegenheit verstand, in keiner Weise; Metellus, der darüber erbittert war, daß Pompejus sich von seiner Schwester hatte scheiden lassen, arbeitete sogar kräftig gegen ihn. L. Lucullus schließlich, den Pompejus seinerzeit bei dem Zusammentreffen in Galatien hochmütig behandelt hatte, forderte, er solle über jede einzelne seiner Maßnahmen gesondert berichten und nicht deren Bestätigung in Bausch und Bogen verlangen. Dabei erfuhr er von Cato, Metellus und ihren Gesinnungsgenossen nachdrückliche Unterstützung.

Als der Volkstribun L. Flavius (im Januar 60) den Antrag auf Landzuweisung an die Veteranen des Pompejus stellte und die Maßnahme dahingehend ergänzte, daß auch andere Bürger in den Genuß dieser Vergünstigung kommen sollten – er wollte damit eine bereitwilligere Annahme der Sonderregelung und so auch die Bestätigung der von Pompejus getroffenen Maßnahmen erreichen –, da widersetzte sich Metellus in jedem Punkte und griff den Tribunen mit solcher Schärfe an, daß dieser seinen Widersacher ins Gefängnis abführen ließ. Dann stellte Flavius seine Bank an den Eingang des Gefängnisses, setzte sich darauf und verhinderte so, daß jemand hineingehen konnte. Metellus reagierte darauf mit dem Befehl, die Gefängnismauer zu durchbrechen, damit der Senat durch die Lücke hereinkönne, und traf im übrigen Anstalten, die Nacht an Ort und Stelle zu verbringen.

Als Pompejus von den Vorgängen erfuhr, schämte er sich und fürchtete, das Volk könne Anstoß nehmen; er veranlaßte daher den Flavius, sich von seinem Platz zu entfernen. Dabei faßte er seine Worte so, als habe Metellus darum ersucht, doch fand er damit keinen Glauben; denn dessen Starrköpfigkeit war allen nur zu gut bekannt.

Als Pompejus wegen Metellus und seiner anderen Widersacher nichts auszurichten vermochte, erklärte er, sie seien auf ihn neidisch und er wolle darüber das Volk unterrichten; aus Furcht jedoch, er möchte auch dort ohne Hilfe bleiben und dadurch noch größere Schande auf sich laden, gab er seine Absicht auf. So mußte er erkennen, daß er tatsächlich ohne Macht war. Jetzt reute es ihn, seine Legionen so voreilig entlassen[1] und sich selbst seinen Feinden ausgeliefert zu haben.

CAESARS RÜCKKEHR AUS SPANIEN, SEINE WAHL ZUM KONSUL UND DAS ERSTE TRIUMVIRAT Suet., Jul. 18,1 – 19,2

Als Caesar in seiner Provinz Ruhe und Ordnung wiederhergestellt hatte, reiste er genauso schnell, wie er gekommen war, ohne auf die Ankunft seines Nachfolgers zu warten, wieder ab,[2] um seinen Triumph zu feiern und sich zugleich um das Konsulat zu bewerben. Da aber der Wahltag bereits angesetzt war, seine Kandidatur aber nur dann berücksichtigt werden konnte, wenn er als Privatmann die Stadt betrat, bemühte er sich, von den gesetzlichen Vorschriften entbunden zu werden, stieß aber bei vielen auf Ablehnung und sah sich gezwungen, auf den Triumph zu verzichten, um nicht von der Kandidatur für das Konsulat ausgeschlossen zu werden.

Von den beiden Mitbewerbern um das Konsulat, L. Luccejus und M. Bibulus, brachte er Luccejus auf seine Seite; er war sich mit ihm einig geworden, daß dieser, da er weniger Anhänger hatte, aber über mehr Geld verfügte, in ihrer beider Namen vor den Centurien Geldgeschenke versprechen solle. Als die Optimaten davon erfuhren, fürchteten sie, daß er im höchsten Amt alles wagen werde, wenn der Kollege und er ein Herz und eine Seele seien; sie drängten daher den Bibulus, ebensoviel zu versprechen, und die meisten steuerten aus eigenen Mitteln Geld bei.

So wurde Caesar mit Bibulus zum Konsul gewählt. Aus dem erwähnten Grunde bemühten sich die Optimaten darum, daß den Konsuln nach ihrem Amtsantritt weniger bedeutende Aufgabenbereiche gegeben wurden, nämlich die Wälder und Triften. Durch dieses offensichtliche Unrecht in höchstem Maße verärgert, machte Caesar sich mit allen möglichen Gefälligkeiten an Cn. Pompejus heran, dem die Senatoren ein Dorn im Auge waren, weil sie nach seinem Sieg über Mithridates seine Maßnahmen nur zögerlich bestätigten. Auch söhnte er Pompejus mit Crassus aus, seinem alten Feind aus ihrem gemeinsamen Konsulat, das sie in tiefster Uneinigkeit ausgeübt hatten. Er ging mit beiden gegen Ende des Jahres (Dezember 60) ein Bündnis ein, es solle im Staat nichts geschehen, was einem der drei nicht passe.

CAESARS ENTWURF EINES ACKERGESETZES IM SENAT Dio 38, 1,1 – 4,1

In seinem Konsulatsjahr wollte Caesar die Gunst der breiten Masse gewinnen. Um der Feindschaft der Optimaten zu entgehen, suchte er den Eindruck zu erwecken, als unterstütze er auch deren Sache, und erklärte ihnen wiederholt, er werde keinen Antrag einbringen, der nicht auch ihnen nütze.

Und in der Tat, er faßte eine Vorlage zur Landverteilung³, die dem gesamten Volk zugute kommen sollte, derart ab, daß man auch nicht die geringsten Einwände dagegen erheben konnte; und wie er vorgab, wollte er nicht einmal diesen Entwurf einbringen, wenn er den Optimaten mißfiel. Was also das Gesetz betraf, konnte niemand ihm einen Vorwurf machen; denn auf diese Weise wurde die übergroße Stadtbevölkerung zu geregelter Arbeit und zur Bestellung der Felder hingeführt und konnte der größere, brachliegende Teil Italiens wieder besiedelt werden. Und das ließ sich erreichen, ohne daß der Stadt selbst irgendwelche Ausgaben erwuchsen. Caesar wünschte die Verteilung des gesamten Staatslandes mit Ausnahme von Kampanien – wegen seiner einzigartigen Güte riet er, dieses Land als öffentlichen Besitz zu erhalten –; der Rest sollte Leuten abgekauft werden, die von sich aus verkaufen wollten, und zu den Preisen, auf welche die Grundstücke in den Listen geschätzt waren. Denn man

habe, wie er meinte, viel überschüssiges Geld sowohl aus der Beute des Pompejus wie auch aus den neuerdings hinzugekommenen Tributen und Zöllen, und diese Summen müßten, da sie von den Bürgern unter Lebensgefahr erworben seien, auch wieder für diese aufgewendet werden.

Zur Durchführung des Gesetzes schlug Caesar eine Kommission von zwanzig Mitgliedern vor. Was seine eigene Person betraf, wollte er aus dem Spiel bleiben. Mit allem Nachdruck hatte er gleich von vornherein darauf bestanden, damit man nicht von ihm den Eindruck gewinne, als verfolge er mit seinem Antrag persönliche Interessen. Er selbst sei, wie er betonte, damit zufrieden, die Angelegenheit aufgegriffen und eingebracht zu haben.

Wegen des Antrags konnte man Caesar also nicht tadeln, und so wagte tatsächlich auch niemand, den Mund gegen ihn aufzutun; er hatte ja auch den Entwurf zuvor schon im Senat verlesen und jedes Mitglied namentlich gefragt, ob ein Einwand bestehe. Er wolle, so lautete seine

Caesar, Porträt aus trajanischer Zeit

Zusage, wenn einem etwas mißfalle, die Stelle abändern oder auch ganz streichen. Gleichwohl waren so gut wie alle Optimaten sehr aufgebracht. Am meisten ärgerte sie der Umstand, daß Caesar es war, der einen derartigen Antrag stellte; sie vermuteten nämlich, daß er durch diese Maßnahme das Volk für sich gewinnen und Ruhm und Macht erringen werde. So kam es, daß ihm zwar niemand widersprach, sie sich aber auch nicht zustimmend äußerten. Damit gab sich die Mehrheit zufrieden und versprach auch Caesar immer wieder, die Angelegenheit vorzuberaten, tat in Wirklichkeit aber nichts; statt dessen waren nutzlose Verzögerungen und Aufschübe an der Tagesordnung.

M. Cato, ein aufrechter Mann und jeder Neuerung abhold, hatte zwar persönlich keinen Einwand gegen den Antrag, riet aber aus grundsätzlichen Erwägungen heraus den Senatoren, es bei dem augenblicklichen Zustand zu belassen. Daraufhin wollte ihn Caesar aus dem Senat abführen und ins Gefängnis werfen lassen. Cato ließ das widerstandlos geschehen, und nicht wenige der übrigen Senatoren folgten ihm. Einer von ihnen, M. Petrejus, den Caesar anfuhr, wieso er die Sitzung vor Schluß verlasse, erklärte: »Lieber will ich mit Cato im Gefängnis als mit dir hier zusammen sein.« Da wurde Caesar verlegen, gab Cato frei und entließ den Senat mit der Bemerkung: »Ich habe euch zu Richtern und Herren über dieses Gesetz gemacht, damit es, sofern euch etwas daran mißfallen sollte, nicht vor das Volk gebracht werde. Nun, da ihr keinen Vorentscheid treffen wollt, wird das Volk selbst entscheiden.«

Seither machte Caesar während des ganzen Jahres seiner Amtsführung dem Senat keine weitere Mitteilung mehr, sondern brachte seine sämtlichen Anliegen unmittelbar vors Volk.

CAESARS GESETZENTWURF VOR DEM VOLK Dio 38, 4,2 – 5,4

Januar 59 v. Chr.
695 a. u. c.

Da Caesar auch unter diesen Umständen einige führende Männer zur Unterstützung in der Volksversammlung bekommen wollte, so machte er den Anfang bei seinem Mitkonsul und fragte ihn, ob er Bedenken gegen die Bestimmungen des Gesetzes habe. In seiner Antwort beschränkte sich dieser auf die Erklärung, daß er in seinem Amtsjahr keinerlei Neuerungen hinnehmen wolle. Daraufhin ging Caesar so weit, ihn persönlich zu bitten, und veranlaßte auch das Volk, sein Ersuchen zu unterstützen, indem er erklärte: »Ihr werdet das Gesetz bekommen, wenn dieser Mann da es will.« Doch Bibulus erwiderte mit lauter Stimme: »Ihr werdet dieses Gesetz im laufenden Jahre nicht bekommen, selbst wenn ihr alle es wollt.« Und damit entfernte er sich.

Caesar aber richtete an keinen der sonstigen Amtsträger mehr eine Frage, aus Furcht, es möchte auch von ihnen einer sich ihm entgegenstellen. Statt dessen führte er Pompejus und Crassus, obgleich sie Privatleute waren, vors Volk und ersuchte sie, ihre Meinung zu dem Antrag zu äußern. Das tat er, um die übri gen einzuschüchtern, wenn er die zugestandenermaßen damals in der Stadt führenden und im Vergleich mit allen anderen einflußreichsten Männer als Gesinnungsgenossen gewann.

Pompejus ging Punkt für Punkt auf den Antrag ein und lobte alle Einzelheiten, so daß sich die Masse herzlich freute. Caesar beobachtete dies und fragte Pompejus, ob er ihm bereitwillig gegen seine Widersacher beistehen wolle; zugleich forderte er die Masse auf, seine Bitte an Pompejus in dieser Sache zu unterstützen. Als dies geschah, war Pompejus sehr stolz, daß sowohl der Konsul wie auch die Menge bei ihm, der kein Amt innehatte, Hilfe suchten. So erging er sich mit gesteigertem Selbstgefühl und betonter Würde in langen Ausführungen und schloß mit den Worten: »Wenn jemand es wagen sollte, ein Schwert zu ergreifen, so werde auch ich meinen Schild erheben.« Diese Erklärung des Pompejus fand auch die Zustimmung des Crassus.

Februar oder März 59 v. Chr. 695 a. u. c. ## DIE ABSTIMMUNG ÜBER DAS GESETZ Dio 38, 6,1–6; Suet., Jul. 20,2

Bibulus wollte jedoch nicht nachgeben, sondern sicherte sich die Hilfe dreier Volkstribunen und verhinderte das Zustandekommen des Gesetzes. Schließlich, als ihm kein weiterer Vorwand mehr blieb, erklärte er alle noch übrigen Comitialtage[4] des Jahres zu Festtagen, an denen das Volk nicht zu einer Versammlung zusammenkommen konnte. Doch Caesar kümmerte sich nur wenig um ihn und legte einen bestimmten Tag zur Abstimmung fest.

Als dann das Volk bereits bei Nacht das Forum besetzt hatte, kam Bibulus mit seinem Aufgebot herbei und bahnte sich den Weg bis zum Tempel der Dioskuren, von wo aus Caesar zum Volke sprach. Das Volk aber machte ihm Platz, teils aus Ehrfurcht, teils weil die Leute glaubten, er werde sich ihnen tatsächlich nicht widersetzen. Als indessen Bibulus oben erschien und gegen Caesar die Stimme zu erheben versuchte, wurde er von den Stufen heruntergestoßen, seine Rutenbündel zerbrochen, und die Volkstribunen wie auch andere Leute trugen Schläge und sogar Wunden davon. Auf diese Weise wurde das Gesetz durchgebracht.

Bibulus war für den Augenblick froh, mit heiler Haut davongekommen zu sein; doch tags darauf versuchte er im Senat das Gesetz zu annullieren, freilich ohne Erfolg; denn angesichts der erregten Menge eingeschüchtert, wagte sich niemand zu rühren. Infolgedessen zog sich der Konsul in sein Haus zurück und erschien bis zum letzten Tag des Jahres überhaupt nicht mehr in der Öffentlichkeit und ließ Caesar jedesmal, wenn er eine Neuerung plante, durch seine Diener darauf hinweisen, daß es »heilige« Zeit sei und er nach den Gesetzen währenddessen keine Handlung rechtmäßig vollbringen könne.

Caesar traf seitdem alle Entscheidungen im Staat allein und nach seinem Gutdünken, so daß einige Witzbolde, als sie etwas unterzeichneten, sich einen

Scherz erlaubten und nicht schrieben, es sei unter den Konsuln Caesar und Bibulus geschehen, sondern »unter Julius und Caesar«. Bald waren auch folgende Verse in aller Munde:

> »Neulich geschah was, doch nicht unter Bibulus, nein, unter Caesar;
> denn unter Bibulus ist nichts, was ich wüßte, gescheh'n.«

CAESAR UND DER STAAT Suet., Jul. 77

Caesar hat gesagt, der Staat sei ein Nichts, nur ein Name ohne Substanz und sichtbare Gestalt.

DIE ZUWEISUNG NEUER AUFGABENBEREICHE FÜR CAESAR Suet., Jul. 22,1–2 Juni 59 v. Chr. 695 a. u. c.

Auf Antrag des P. Vatinius erhielt Caesar das Diesseitige Gallien und Illyricum,[5] bald danach durch Senatsbeschluß (auf Antrag des Pompejus) das Jenseitige Gallien; der Senat befürchtete nämlich, daß Caesar bei einer abschlägigen Haltung sonst auch diese Provinz durch einen Volksbeschluß bekomme. In übermütiger Freude darüber konnte Caesar es nicht lassen, sich wenige Tage später im vollbesetzten Senatsgebäude zu brüsten: Er habe gegen den Willen und trotz Seufzen und Klagen seiner Gegner das erreicht, was er haben wollte, und er könne jetzt allen auf den Köpfen herumtanzen.

CAESARS ABGANG IN SEINE PROVINZ Suet., Jul. 23,1–2 Januar 58 v. Chr. 696 a. u. c.

Nach Ablauf des Konsulats beantragten die Prätoren C. Memmius und L. Domitius eine Überprüfung der Amtshandlungen des vergangenen Jahres; Caesar beauftragte den Senat mit der Untersuchung. Als der aber die Untersuchung nicht aufnahm und drei Tage mit fruchtlosen Wortgefechten vertat, reiste er in seine Provinz ab. Sofort wurde als warnendes Vorzeichen sein Quästor aufgrund einiger Beschuldigungen vor Gericht gestellt. Bald wurde er auch selbst von dem Volkstribunen L. Antistius vorgeladen; erst als er an das Kollegium der Volkstribunen appellierte, erreichte er, daß er nicht angeklagt wurde, weil er in Staatsangelegenheiten abwesend war.

In dem Augenblick, in dem Caesar die Stadt verließ, trat er sein Amt als Prokonsul an und genoß wieder Immunität. Caesar blieb mehr als zwei Monate in der Nähe von Rom, um die Entwicklung dort zu beobachten. Erst in der zweiten Märzhälfte, nachdem Cicero von Clodius in die Verbannung getrieben worden war, brach er nach Gallien auf.

Die Helvetier hatten den Entschluß gefaßt, aus ihrem Land auszuwandern. Caesar erfuhr, sie wollten durch die römische Provinz ziehen.

Er gestattete ihnen nicht, diesen Weg zu nehmen. Ein Versuch der Helvetier, den Zugang zur Provinz zu erzwingen, wurde abgewehrt. Den Helvetiern blieb damit nur noch der Weg durch das Land der Sequaner. Durch Vermittlung des Häduers Dumnorix erreichten sie, daß die Sequaner ihnen gestatteten, durch ihr Gebiet zu ziehen.

Caesar erhielt die Nachricht, die Helvetier wollten durch das Land der Sequaner und Häduer ins Gebiet der Santonen ziehen, die in der Nachbarschaft von Tolosa[6] wohnen, das schon zur Provinz gehört. Damit war, wie er erkannte, die große Gefahr für die Provinz verbunden, kriegslustige Menschen, Feinde des römischen Volkes, in einer sehr fruchtbaren Gegend mit offenen Grenzen als Nachbarn zu bekommen.

Das römische Heer überschritt daraufhin die Grenze und begann mit den Operationen gegen die Helvetier.

Die Helvetier hatten ihre Scharen schon durch das Land der Sequaner geführt, waren im Gebiet der Häduer angelangt und verwüsteten deren Felder. Da die Häduer sich und ihre Habe vor ihnen nicht schützen konnten, schickten sie Gesandte zu Caesar und baten um Hilfe. Sie hätten sich allezeit um das römische Volk höchst verdient gemacht, und es dürfe nicht geschehen, daß fast vor den Augen unseres Heeres ihre Felder verwüstet, ihre Kinder in die Sklaverei verschleppt und ihre Städte erstürmt würden. Gleichzeitig unterrichteten die Ambarrer, Freunde und Blutsverwandte der Häduer, Caesar, ihr Land sei verwüstet, und sie könnten ihre Städte nur mit Mühe vor dem Ansturm der Feinde schützen. Ebenso flüchteten die Allobroger, die jenseits der Rhone Dörfer und Besitzungen hatten, zu Caesar und zeigten ihm an, ihnen sei außer dem bloßen Ackerboden nichts geblieben. Diese Klagen brachten Caesar zu dem Entschluß, nicht zu warten, bis die Helvetier alle Habe der Bundesgenossen geplündert hätten und bei den Santonen ankämen.

Der erste Angriff der Römer traf die Helvetier völlig überraschend beim Übergang über den Arar (Saône). Unter den Tigurinern, die als einziger Gau den Fluß noch nicht überschritten hatten, wurde dabei ein furchtbares Blutbad angerichtet. Caesar überschritt dann den Arar, folgte dem Zug der Helvetier, schlug sie bei Bibracte (heute: Mt. Beuvray bei Autun) und zwang sie, an ihre alten Wohnsitze zurückzukehren.

CICERO ÜBER DEN GERECHTEN KRIEG Cic., rep. 3,34.35

etwa 53 v. Chr.
701 a. u. c.

Ein guter Staat nimmt keinen Krieg auf sich, es sei denn wegen eines gegebenen Wortes oder wegen der eigenen Sicherheit.

Ohne den Grund, sich zu rächen oder die Feinde zurückzuschlagen, kann kein gerechter Krieg geführt werden.

Ein Krieg gilt nur als gerecht, wenn er angesagt ist, wenn er erklärt ist, wenn man Wiedergutmachung gefordert hat.

DAS ECHO AUF DIE MILITÄRISCHEN ERFOLGE CAESARS IN GALLIEN

a) Das Dankfest nach dem Sieg über die Belger Caes., Gall. 2,35,1.4

57 v. Chr.
697 a. u. c.

Durch diese Waffentaten[7] war ganz Gallien unterworfen. Wegen dieser Erfolge beschloß man auf Caesars Bericht hin ein Dankfest von 15 Tagen, eine Ehrung, wie sie bis dahin noch keinem zuteil geworden war.

b) Aus einer Rede Ciceros im Senat Cic., prov. cons. 32 – 33

Juni 56 v. Chr.
697 a. u. c.

Der Krieg in Gallien ist erst unter dem Kommando C. Caesars ernsthaft geführt, zuvor ist er lediglich hingehalten worden. Unsere Feldherren haben nämlich die dort beheimateten Völker stets nur in die Schranken weisen, nicht aber herausfordern zu müssen geglaubt. Selbst der große C. Marius, dessen göttliche, unvergleichliche Fähigkeiten den schweren Unglücksfällen und Verlusten des römischen Volkes Einhalt geboten, hat nur die nach Italien strömenden Truppenmassen der Gallier zurückgeschlagen, er ist nicht selbst bis zu ihren Städten und Wohnsitzen vorgedrungen.

Caesar hat sich von ganz anderen Grundsätzen leiten lassen. Er glaubte nämlich, nicht nur die Eingeborenen, die er schon in Waffen gegen das römische Volk sah, bekämpfen, sondern ganz Gallien in unsere Gewalt bringen zu sollen. So hat er die kriegerischen Stämme der Germanen[8] und Helvetier in gewaltigen Schlachten vollständig besiegt und die übrigen eingeschüchtert, zurückgedrängt, niedergezwungen und daran gewöhnt, die Herrschaft des römischen Volkes zu ertragen – Gegenden und Stämme, von denen wir früher durch kein

Siegestrophae mit gallischen Waffen. Römische Münzen

Literaturwerk, keine Nachricht, keine Kunde etwas wußten, erschlossen sich unserem Feldherrn und unserem Heere und den Waffen des römischen Volkes. Wir haben bisher nur einen Saum von Gallien besessen,[9] versammelte Väter; in den übrigen Gebieten hausten Stämme, die Feinde unseres Reiches oder unzuverlässig oder unbekannt oder jedenfalls furchtbare, kriegerische Barbaren waren – nie kam es jemandem in den Sinn, diese Völkerschaften zu bezwingen und zu unterwerfen.

Seit dem Bestehen unserer Herrschaft hat jeder, der gehörig über unseren Staat nachdachte, geglaubt, daß kein Land unserem Reiche so gefährlich sei wie Gallien. Doch wegen der Stärke und der Zahl der dort beheimateten Stämme haben wir nie zuvor gegen alle Krieg geführt; wir haben nur stets zurückgeschlagen, wenn wir angegriffen wurden. Jetzt endlich haben wir erreicht, daß sich unsere Herrschaft ebensoweit erstreckt wie die dort liegenden Landgebiete.

CATULLS ABSAGE AN CAESAR Catull., carm. 93

spätestens
54 v. Chr.
700 a. u. c.

Keineswegs reiße ich mich darum, dir, Caesar, gefallen zu wollen, und es ist mir einerlei, ob du weiß oder schwarz bist.

DIE KONFERENZ VON LUCA Plut., Caes. 14,6/7

April 56 v. Chr.
698 a. u. c.

Als Caesar aus Gallien nach der Stadt Luca gekommen war, begaben sich auch viele andere Römer dorthin, und Pompejus und Crassus hatten mit ihm geheime Zusammenkünfte.[10] Sie beschlossen, den Staat noch fester in die Hand zu nehmen und die ganze Macht an sich zu bringen, indem Caesar in seinem Kommando bliebe und Pompejus und Crassus andere Provinzen und Heere bekämen. Aber dahin gab es nur einen Weg: die Bewerbung um ein zweites Konsulat. Wenn sie das taten, sollte Caesar mithelfen, indem er seinen Freunden schrieb und viele seiner Soldaten zu den Wahlen nach Rom schickte.[11]

DAS ZWEITE KONSULAT DES POMPEJUS UND CRASSUS Dio 39, 31,1–2

55 v. Chr.
699 a. u. c.

Nach einem Interregnum[12] wurden Pompejus und Crassus zu Konsuln gewählt. L. Domitius, der sich auch um das Amt beworben hatte, begab sich zwar gleich nach Einbruch der Nacht von seinem Hause zur Versammlung, bekam es aber mit der Angst, als der Sklave, der die Fackel vorantrug, ermordet wurde, und ging nicht mehr weiter. So trat überhaupt kein Bewerber gegen die beiden auf, und da außerdem P. Crassus, der Sohn des Marcus und damals Legat unter

Caesar, zu eben diesem Zweck Soldaten nach Rom gebracht hatte, ging die Wahl leicht über die Bühne (Januar 55).

Der Volkstribun C. Trebonius brachte einen Antrag ein, wonach der eine Konsul Syrien samt Nachbargebieten, der andere das Diesseitige und das Jenseitige Spanien als Aufgabegebiete erhalten sollten, und zwar auf fünf Jahre.[13] Dazu sollte ihnen gestattet sein, beliebig viele Soldaten, Bürger wie Bundesgenossen, in Dienst zu nehmen sowie Krieg zu führen und Frieden zu schließen, mit wem sie wollten. Cato und Favonius[14] widersetzten sich diesen Absichten und hatten dabei neben anderen die Volkstribunen C. Atejus Capito und P. Aquilius Gallus als Helfer; doch als kleines Häuflein im Kampf gegen eine Masse hatten sie mit ihrer freimütigen Rede keinen Erfolg.

Aus Angst, es möchte ihn einer am nächsten Tag vom Forum fernhalten oder ihm gar noch Schlimmeres zufügen, begab sich Gallus am Abend vor der Abstimmung in die Curie und verbrachte dort die Nacht, um sowohl die Sicherheit des Ortes zu genießen als auch mit Tagesanbruch von dort zum Volke herauszutreten. Trebonius ließ daraufhin sämtliche Türen des Senatsgebäudes abschließen und sorgte so dafür, daß Gallus die Nacht und auch den größten Teil des Tages vergeblich drinnen zubringen mußte. Andere besetzten während der Nacht im vorweg den Tagungsort und ließen Atejus, Cato, Favonius und ihre Anhänger nicht herein. Als dann Favonius und Ninnius[15] trotzdem irgendwie unbemerkt hereinkamen, Cato aber und Atejus einigen von den herumstehenden Leuten auf die Schultern kletterten und, von diesen emporgehoben, ein schlimmes Vorzeichen verkündeten, um so die Auflösung der Versammlung zu erreichen, da jagten die Helfer der Volkstribunen beide hinaus; ihre Begleiter wurden verwundet, einig verloren sogar das Leben. So kam das Gesetz durch.

Die Konsuln beriefen alsbald eine neue Volksversammlung und brachten hier die auf Caesar bezüglichen Zusatzanträge[16] zur Abstimmung. Auch dagegen versuchten die gleichen Männer ihre Stimme zu erheben, ernteten jedoch ebensowenig Erfolg.

Dio 39; 33,2; 34,1; 35,3–5; 36,1.2

CAESARS SITUATION NACH SEINEM KONSULAT Suet., Jul. 30,3

Caesar mußte befürchten, daß man ihn zwingen werde, Rechenschaft abzulegen über alle Amtshandlungen, die er als Konsul gegen die Auspizien, gegen die Gesetze und gegen die Einsprüche der Tribunen durchgeführt hatte. Denn M. Cato hatte wiederholt geschworen, sobald Caesar sein Heer entlassen habe, werde er ihn anklagen. Und man sagte allgemein, sowie Caesar als Privatmann zurückkomme, werde er sich vor einem von Soldaten umstellten Gericht verantworten müssen.

51/50 v. Chr. DER STREIT UM DIE DAUER VON
703/704 a. u. c. CAESARS STATTHALTERSCHAFT Suet., Jul. 28,2; 29,1

Der Konsul M. Claudius Marcellus beantragte (im April 51) im Senat, Caesar solle von seinem Kommando vor der Zeit abgelöst werden, da ja nach Beendigung des Krieges[17] Friede eingekehrt sei und das siegreiche Heer entlassen werden müsse. Er solle auch nicht in Abwesenheit bei den Wahlversammlungen mitberücksichtigt werden.[18]

Das traf Caesar sehr; und aus der Einschätzung der Lage heraus, daß es schwerer sei, ihn, den Mann an der Spitze des Staates, vom ersten Rang auf den zweiten zu stoßen als vom zweiten auf den untersten – das soll man von ihm oft gehört haben –, leistete er mit allen ihm zur Verfügung stehenden Mitteln Widerstand, teils durch den Einspruch der Tribunen, teils mit Hilfe des zweiten Konsuls Ser. Sulpicius[19].

Die Auseinandersetzungen um diese Fragen zogen sich bis zum 29. September hin; dann beschloß man, die Sache nach dem 1. März 50 erneut zu verhandeln.

Als auch im folgenden Jahr C. Marcellus, der seinem Vetter Marcus im Amt des Konsuls nachgefolgt war, dasselbe versuchte, gewann Caesar für eine ungeheure Summe dessen Kollegen Aemilius Paulus und C. Curio, den energischsten der Tribunen, als Verteidiger.

49 v. Chr. DIE SENATSVERHANDLUNGEN
705 a. u. c. VOM 1. BIS ZUM 7. JANUAR 49 Dio 41,1,1–2.4; 41,3,4; Caes., civ. 1,2,7

Als Cornelius Lentulus und C. Claudius am 1. Januar ihr Amt antraten, überreichte Curio ihnen ein Schreiben Caesars. Die Konsuln zögerten lange Zeit und wollten den Brief nicht verlesen; schließlich erzwangen die Volkstribunen Q. Cassius Longinus und M. Antonius die Bekanntgabe des Inhalts. Caesar versprach, seine Legionen zu entlassen und sein Amt niederzulegen, falls auch Pompejus seinem Vorbild folge; denn solange dieser seine Waffen behalte, dürfe fairerweise auch er nicht gezwungen werden, seine eigenen Truppen zu entlassen und sich damit seinen Feinden auszuliefern.

Der Senat beschloß, Caesar müsse sein Amt den Nachfolgern übergeben und seine Legionen bis zu einem bestimmten Zeitpunkt (wahrscheinlich dem 1. März 49) entlassen; wenn er das nicht tue, müsse man ihn als Hochverräter ansehen. Die Volkstribunen M. Antonius und Q. Cassius erhoben Einspruch. Der Einspruch der Tribunen wurde sogleich auf die Tagesordnung gesetzt.

Es gab drei Möglichkeiten: den Senatsbeschluß infolge des Einspruchs der Tribunen als gescheitert anzusehen, mit den Tribunen über einen Kompromiß zu verhandeln oder den Senatsbeschluß gegen den Einspruch der Tribunen aufrechtzuerhalten.

Die Verhandlungen zogen sich über mehrere Tage hin. Caesar erklärte sich durch seine Vertrauensleute bereit, auf das Jenseitige Gallien, schließlich auch auf das Diesseitige zu verzichten, wenn man ihm wenigstens Illyrien mit einer Legion lasse. Der Konsul Lentulus und Cato wiesen auch dieses Angebot schroff zurück; sie wollten Caesar vor Gericht sehen und ihn politisch vernichten.

Am 7. Januar beschloß der Senat, sich über den Einspruch der Volkstribunen hinwegzusetzen, und forderte die Konsuln, Prätoren, Volkstribunen und Prokonsuln in der Nähe der Stadt (d. h. Pompejus und Cicero) auf, dafür zu sorgen, daß der Staat keinen Schaden erleide. Die Volkstribunen M. Antonius und Q. Cassius erklärten, sie seien ihres Lebens nicht mehr sicher, verließen fluchtartig Rom und begaben sich zu Caesar.

DER BEGINN DES BÜRGERKRIEGES Suet., Jul. 31,1 – 32

10./11. Januar
49 v. Chr.
705 a. u. c.

Als die Nachricht eintraf, man habe sich über den Einspruch der Tribunen hinweggesetzt und sie selbst hätten die Stadt verlassen, schickte Caesar, damit kein Verdacht aufkam, sofort heimlich seine Kohorten voraus, besuchte, um den Leuten etwas vorzumachen, ein öffentliches Schauspiel, warf einen Blick auf den Plan einer Gladiatorenkaserne, die er bauen wollte, und aß wie üblich mit vielen zusammen zu Abend. Dann ließ er nach Sonnenuntergang Maultiere aus der nächsten Mühle vor seinen Wagen spannen und machte sich mit nur wenigen Begleitern ganz heimlich auf. Da die Fackeln erloschen, kam er vom Wege ab und irrte lange umher. Bei Tageslicht fand er endlich einen Führer und gelangte auf sehr schmalen Pfaden zu Fuß ans Ziel.

Als er seine Kohorten am Rubicon, dem Grenzfluß seiner Provinz, eingeholt hatte, hielt er kurz inne, überdachte, was er vorhatte, und sagte zu den Nächststehenden: »Noch können wir umkehren. Haben wir diesen Steg aber erst einmal überschritten, dann müssen die Waffen alles entscheiden.«

Während er noch zögerte, ereignete sich etwas Wundersames: Plötzlich zeigte sich ein ungewöhnlich großer und schöner Mann, setzte sich in seine Nähe und blies auf einer Flöte. Als außer den Hirten auch sehr viele Soldaten von ihren Posten herbeiliefen, um ihm zuzuhören, darunter auch Blechbläser, riß er einem von ihnen die Trompete aus der Hand, sprang zum Fluß, blies mit aller Kraft das Signal und watete ans andere Ufer. Da sagte Caesar: »Laßt uns gehen, wohin die Zeichen der Götter und die Ungerechtigkeit der Feinde uns rufen! Der Würfel ist gefallen.«

April 49 v. Chr.
705 a. u. c. ## CAESAR BEMÄCHTIGT SICH DES STAATSSCHATZES Plut., Caes. 35,3–11

Ohne auf nennenswerten Widerstand zu stoßen, drang Caesar innerhalb weniger Wochen bis in den Süden Italiens vor. Pompejus zog sich über die Adria nach Dyrrhachium zurück.

Caesar hätte gern die Verfolgung sogleich aufgenommen, doch fehlten ihm die Schiffe. So kehrte er nach Rom zurück, nachdem er in sechzig Tagen ohne Blutvergießen Herr von ganz Italien geworden war. Er fand die Stadt ruhiger, als er erwartet hatte, auch waren noch viele Senatoren zugegen, an die er maßvolle, freundliche Worte richtete und ihnen nahelegte, sie möchten Abgeordnete zu Pompejus schicken, damit man sich in vernünftiger Weise verständigen könne. Darauf ging allerdings niemand ein. Die einen mochte die Angst vor Pompejus, den sie im Stich gelassen, zurückhalten, andere waren überzeugt, daß Caesars Vorschlag trotz aller verbindlichen Redensarten nicht ehrlich gemeint sei.

Als ihn der Volkstribun Metellus unter Berufung auf die Gesetze zu hindern suchte, dem Staatsschatz Gelder zu entnehmen, gab ihm Caesar zur Antwort: »Waffen und Gesetze vertragen sich nicht miteinander. Wenn du dich ärgerst über mein Beginnen, gehe lieber deiner Wege. Der Krieg duldet keinen Widerspruch. Ist einmal der Friede geschlossen und habe ich die Waffen niedergelegt, dann magst du kommen und deine Reden halten. Wenn ich dies sage«, fuhr er fort, »so vergebe ich damit schon etwas von meinem Recht. Denn du bist in meiner Gewalt, du so gut wie alle anderen meiner Gegner, die mir hier in die Hände geraten sind.« Mit diesen Worten ging er auf die Tür der Staatskasse zu, und als die Schlüssel sich nicht finden wollten, ließ er Schlosser holen und befahl ihnen, die Türe aufzubrechen. Noch einmal trat Metellus dazwischen, von mancher Äußerung des Beifalls unterstützt, aber drohend fuhr ihn Caesar an, er werde ihn auf der Stelle töten lassen, wenn er mit seinen lästigen Quertreibereien nicht aufhöre. »Und das weißt du, Bürschchen«, fügte er hinzu, »daß es mich saurer ankommt, dies zu sagen, als es zu tun.« Die Drohung wirkte, Metellus machte sich eingeschüchtert davon, und Caesar erhielt schnell und ohne weitere Schwierigkeiten, was er für den Krieg benötigte.

28. September
48 v. Chr.
706 a. u. c. ## DAS ENDE DES POMPEJUS Plut., Pomp. 77,1 – 79,5

Nachdem Pompejus auf seiner Flucht nach der Schlacht bei Pharsalos bis Zypern gekommen war, rieten ihm seine Anhänger, in Ägypten Zuflucht zu suchen.

Pompejus stach mit seiner Frau auf einem Dreiruderer in See – die anderen fuhren teils ebenfalls auf Kriegsschiffen, teils auf Handelsschiffen mit – und überquerte sicher das Meer. Als er erfuhr, daß Ptolemaios mit seinem Heer bei

Pelusion lagerte und mit seiner Schwester Krieg führte, schickte er einen Boten voraus, der ihn dem König anmelden und ihn um Aufnahme bitten sollte. Ptolemaios war noch ganz jung. Der Mann, der die Regierung führte, Potheinos, berief die angesehensten Männer zu einem Rat und forderte sie auf, ihre Meinung zu sagen.

Die Meinungen gingen weit auseinander; die einen waren dafür, den Mann abzuweisen, die anderen, ihn kommen zu lassen und aufzunehmen. Theodotos aus Chios aber, der gegen Bezahlung als Lehrer der Rhetorik angestellt war, erklärte, keine der beiden Maßnahmen biete Sicherheit: Wenn man sich zur Aufnahme entschließe, werde man Caesar zum Feinde und Pompejus zum Gebieter haben; und weise man ihn ab, so werde man von Pompejus den Vorwurf ernten, daß man ihn verstoßen, von Caesar, daß man ihn habe laufen lassen. Das beste sei daher, den Mann kommen zu lassen und umzubringen; so werde man sich Caesar gefällig erweisen und Pompejus nicht zu fürchten brauchen. Wie es heißt, fügte er noch lächelnd hinzu: »Ein Toter beißt nicht.«

Nachdem sie dies beschlossen hatten, übertrugen sie Achillas, dem Befehlshaber des königlichen Heeres, die Ausführung. Der nahm einen gewissen Septimius mit, der ehedem unter Pompejus als Militärtribun gedient hatte, ferner einen Centurionen Salvius sowie drei oder vier Ruderer und fuhr zum Schiff des Pompejus. In dieses waren inzwischen die Angesehensten unter den Mitfahrenden übergestiegen, um zu erfahren, was sich begebe. Als sie nun sahen, daß ihnen kein königlicher, glänzender Empfang bereitet wurde, sondern daß nur ein paar Menschen auf einem armseligen Boot herangefahren kamen, schöpften sie aus dieser Respektlosigkeit Verdacht und rieten Pompejus, das Schiff wieder zurück in See gehen zu lassen, solange sie noch außer Schußweite waren. Inzwischen aber näherte sich das Boot schon. Zuerst stand Septimius auf und redete Pompejus auf lateinisch als Imperator an, und Achillas begrüßte ihn auf griechisch und lud ihn ein, in das Boot überzusteigen; denn das Meer habe nicht die genügende Tiefe für einen Dreiruderer. Zugleich sah man, wie einige königliche Schiffe bemannt wurden und der Strand von schwerem Fußvolk besetzt war, so daß es aussichtslos schien, zu entkommen. Dazu kam, daß man durch das Mißtrauen allein schon den Mördern eine Rechtfertigung ihres Verbrechens geliefert hätte. Pompejus nahm also Abschied von Cornelia, die schon im voraus seinen Tod beweinte, hieß zwei Centurionen, einen Freigelassenen, Philippus, und einen Sklaven namens Skythes mit einsteigen, und während ihm schon Achillas vom Boote her die Hand reichte, wandte er sich noch einmal zu seiner Frau und zu seinem Sohne zurück und zitierte die Sophokles-Verse:

> »Wenn einer geht in des Tyrannen Haus,
> ist er sein Sklave, kommt er auch als Freier.«

Das waren die letzten Worte, die er zu den Seinen sprach; dann stieg er ein. Es war noch eine weite Entfernung von dem Dreiruderer bis zum Land, und da keiner der Mitfahrenden ein freundliches Wort an ihn richtete, blickte Pompejus auf Septimius und sagte: »Täusche ich mich, oder bist du nicht einmal mein Kriegskamerad gewesen?« Der nickte nur mit dem Kopf, ohne ein freundliches Wort zu entgegnen. Als darauf wieder tiefes Schweigen eintrat, nahm Pompejus eine kleine Schriftrolle zur Hand, auf die er eine griechische Rede geschrieben hatte, welche er an Ptolemaios richten wollte, und las sie durch.

Als sie sich dem Lande näherten, blickte von dem Dreiruderer her Cornelia mit den Freunden nach ihm hin in gespannter Erwartung, was sich begeben werde, und begann schon Mut zu fassen, als sie viele der königlichen Bediensteten zum Landungsplatz zusammenlaufen sah wie zu einem ehrenvollen Empfang. In diesem Augenblick, als eben Pompejus nach der Hand des Philippus griff, um leichter aufzustehen, durchbohrte ihn als erster Septimius von hinten mit dem Schwert, und nach ihm zog Salvius, nach ihm Achillas sein Schwert. Pompejus zog mit beiden Händen die Toga vors Gesicht, und ohne etwas zu sagen oder zu tun, was seiner unwürdig gewesen wäre, nur mit einem Stöhnen, ertrug er die Stöße und endete sein Leben, einen Tag vor Vollendung seines 58. Lebensjahres.

Oktober
45 v. Chr.
709 a. u. c.

CAESARS TRIUMPH ÜBER SPANIEN

Plut., Caes. 56,7–9; Suet., Jul. 78,2

Nachdem Caesar seine letzten Gegner im Bürgerkrieg, die Söhne des Pompejus, bei Munda in Spanien besiegt hatte (17. März 45), kehrte er Anfang Oktober nach Rom zurück.

Daß Caesar sich den Triumph nach diesem Feldzug nicht versagte, empfanden die Römer als bitterste Kränkung. Er hatte ja nicht fremde Heerführer oder Barbarenkönige bezwungen, sondern die Söhne und die Sippe des Römers ausgerottet,[20] welcher der beste seines Volkes gewesen war und die Tücke des Schicksals erfahren hatte. Es zeugte von wenig Edelmut, daß er jetzt über das Unglück des Vaterlandes triumphierte und sich mit Taten brüstete, für die es vor Göttern und Menschen nur eine Rechtfertigung gab, daß die Not ihn dazu gezwungen habe.

Caesar, Porträt aus augusteischer Zeit

Als Caesar im Triumphwagen an den Sitzen der Tribunen vorbeifuhr und Pontius Aquila als einziger von allen sich nicht erhob, fühlte er sich in seiner Würde so gekränkt, daß er sagte: »Fordere doch als Tribun den Staat von mir zurück, Aquila!« Und mehrere Tage hintereinander sagte er keinem etwas zu ohne die Einschränkung: »Vorausgesetzt, daß Pontius Aquila es gestattet.«

CAESARS ÜBERHEBLICHKEIT GEGENÜBER DEM SENAT Plut., Caes. 60,4–7

Dezember 45 v. Chr. 709 a. u. c.

Während Caesar auf der Rednerbühne saß, nahten sich ihm die Konsuln und Prätoren, gefolgt vom ganzen Senat, der eben wieder überschwengliche Ehrungen für ihn beschlossen hatte. Caesar erhob sich nicht vor ihnen, sondern fertigte sie, als hätte er ganz gewöhnliche Bürger vor sich, mit der Antwort ab, sie täten besser, die Ehrungen einzuschränken, statt sie ständig zu vermehren. Die Senatoren fühlten sich durch diese Behandlung gekränkt und mit ihnen das Volk; denn im Senat schien die ganze Stadt beschimpft zu sein. In tiefer Niedergeschlagenheit wandten sich alle, welche keine Verpflichtung zurückhielt, sogleich hinweg.

Als Caesar der Wirkung seines Verhaltens innewurde, machte auch er sich auf den Weg nach Hause, riß sich das Gewand vom Hals und schrie seinen Freunden zu, er sei bereit, die Kehle hinzuhalten; wer Lust habe, solle zustoßen. Später allerdings schützte er zur Entschuldigung seine Krankheit vor. Wer von ihr befallen sei, könne sich auf seine Nerven und Sinne nicht verlassen, wenn er vor einer Volksmenge stehend sprechen müsse; er verliere in kurzer Zeit die Herrschaft über sich, werde vom Schwindel ergriffen und sei schließlich dem Anfall wehrlos ausgeliefert.

»KÖNIG« CAESAR Dio 44, 9,2 f.

Januar 44 v. Chr. 710 a. u. c.

Unbekannte schmückten heimlich Caesars Standbild auf der Rednerbühne mit einem Diadem[21]. Die Volkstribunen C. Epidius Marullus und L. Caesetius Flavus entfernten das Zeichen und erbitterten dadurch Caesar zutiefst, obwohl sie kein Wort des Tadels laut werden ließen, vielmehr ihn sogar noch vor dem Volk priesen, als brauche er dergleichen Dinge nicht.

Wer hinter dieser Aktion stand, ist unklar. Die einen sagen, Caesar habe den Königstitel gewünscht und

Caesars letzte Münze mit der Aufschrift Dict(ator) perpetuo / Diktator auf ewig

testen wollen, wie das Volk reagierte. Andere erklären, seine Gegner hätten zu diesem Mittel gegriffen, um seine Alleinherrschaft anzuprangern und ihn verhaßt zu machen.

Dio 44,10,1.3;
Suet., Jul. 79,1.2;
App., civ. 2,108;
Plut., Caes. 61,8–10

Als Caesar am 26. Januar 44 vom Latinerfest auf dem Albaner Berg zurückkehrte, begrüßten ihn einige als König (*rex*). Das Volk reagierte mit Unwillen, und Caesar sagte zu denen, die ihn so begrüßt hatten: »Ich bin nicht Rex, ich bin Caesar«, als wenn sie seinen Namen verwechselt hätten.[22]

Die beiden Volkstribunen L. Caesetius Flavus und C. Epidius Marullus machten die Leute ausfindig, die Caesar zuerst als König begrüßt hatten, und ließen sie ins Gefängnis führen. Die Menge begleitete ihren Gang zum Kerker mit lautem Händeklatschen und rief den Tribunen den Ehrennamen Brutus zu, weil ein Brutus vor Zeiten die Königsherrschaft gestürzt und die Macht aus der Hand eines Einzelnen auf den Senat und das Volk übertragen hatte. Caesar geriet darüber in solchen Zorn, daß er die Tribunen ihres Amtes enthob.

15. Februar
44 v. Chr.
710 a. u. c.

DAS LUPERCALIENFEST DES JAHRES 44 Plut., Caes. 61,1–7

Man feierte das Lupercalienfest, das viele Quellen als eine alte Hirtenfeier deuten. Viele junge Patrizier, ja selbst Magistratspersonen, laufen dabei nackt durch die Straßen der Stadt, und unter Scherz und Gelächter schlagen sie mit ihren zottigen Fellen nach allen, die ihnen in den Weg kommen. Auch viele vornehme Frauen treten ihnen dann absichtlich entgegen und strecken den Schlägen wie ein Schulkind beide Hände hin, im zuversichtlichen Glauben, daß der Streich den Schwangeren leichte Geburt, den Kinderlosen Fruchtbarkeit verleihe.

Angetan mit den Insignien des Triumphators saß Caesar auf der Rednerbühne auf goldenem Sessel, um sich das Schauspiel anzusehen. Auch Antonius, welcher damals Konsul war, nahm teil an dem heiligen Lauf. Als er aufs Forum kam und die Menge ihm ehrerbietig Platz machte, streckte er Caesar ein lorbeerumkränztes Diadem entgegen. Man hörte Händeklatschen, das aber dünn und schwächlich klang; denn es kam von nur wenigen Leuten, welche dafür bestellt worden waren. Als aber Caesar das Diadem zurückwies, brauste ihm der Jubel des ganzen Volkes entgegen. Noch einmal reichte ihm Antonius die Königsbinde dar, wiederum regten sich nur wenige Hände. Caesar schlug sie zum zweitenmal aus – und begeisterter Beifall wurde ihm zuteil. Da der Versuch so kläglich gescheitert war, stand Caesar auf und gebot, den Kranz aufs Kapitol zu bringen.

M. Junius Brutus.
Goldmünze um 43/42

Wegen warnender Vorzeichen und wegen seiner angegriffenen Gesundheit war Caesar lange unschlüssig, ob er nicht lieber zu Hause bleiben und das, was er im Senat hatte vorbringen wollen, vertagen solle. Da D. Brutus auf ihn einredete, die Senatoren, die zahlreich gekommen seien und schon lange auf ihn gewartet hätten, nicht allein zu lassen, trat er ungefähr zur fünften Stunde aus dem Haus. Unterwegs reichte ihm jemand einen Brief, in dem er ihm die Verschwörung anzeigte; er aber steckte ihn zwischen die anderen Schriftstücke, die er in der linken Hand hielt, um ihn später zu lesen.

Dann wurden mehrere Opfertiere geschlachtet; obwohl er kein günstiges Vorzeichen für sein Vorhaben erlangen konnte, betrat er den Senat und tat alle religiösen Bedenken als Humbug ab.

Als er Platz nahm, umringten ihn die Verschworenen, als ob sie ihm ihre Aufwartung machen wollten, und sofort trat Cimber Tillius, der die erste Rolle übernommen hatte, näher an ihn heran, so als wolle er ihn um etwas bitten. Als Caesar aber abwinkte und ihn mit einer Handbewegung auf eine andere Zeit verwies, packte Tillius ihn an beiden Schultern an der Toga. Caesar schrie: »Das ist ja Gewalt!« Da verwundete ihn einer der beiden Casca von hinten etwas unterhalb der Kehle. Caesar ergriff Cascas Arm und durchstach ihn mit seinem Schreibgriffel. Als er aufzuspringen versuchte, wurde er durch eine zweite Verwundung daran gehindert. Wie er nun sah, daß man von allen Seiten mit gezückten Dolchen auf ihn losging, verhüllte er sein Haupt mit der Toga und ließ von der Linken den Bausch der Toga bis zu den Knöcheln hinabgleiten, um mit Anstand zu fallen, indem auch der untere Teil seines Körpers verhüllt blieb. So wurde er von dreiundzwanzig Stichen durchbohrt; er gab keinen Laut von sich; nur einmal, als ihn der erste Stoß traf, stöhnte er auf. Andererseits haben ein paar Autoren überliefert, er habe, als M. Brutus auf ihn eindrang, auf griechisch zu ihm gesagt: »Auch du, mein Sohn?« Während alle das Weite suchten, blieb er noch einige Zeit tot daliegen, bis ihn drei junge Sklaven in eine Sänfte legten und nach Hause trugen.

Denar mit Freiheitsmütze zwischen zwei Dolchen als Erinnerung an die Iden des März (um 43/42)

DAS ZEITALTER DES AUGUSTUS

44 v. – 14 n. Chr.

GOLDENE ZEIT?

Den Mördern Caesars schlug nach ihrer Tat – und besonders nach der Leichenrede des Marcus Antonius – in Rom so unverhohlener Haß entgegen, daß sie es vorzogen, die Stadt zu verlassen. Antonius, Caesars alter Kampfgefährte und Mitkonsul, sah sich als dessen wirklichen Erben und wollte von dem schmächtigen Bürschchen, dem der Diktator sein beträchtliches Vermögen vermacht hatte, nichts wissen. Zu seiner Überraschung gewann der junge Mann unter Caesars Veteranen rasch bewaffneten Anhang und konnte sogar ihm selbst noch zwei Legionen abspenstig machen.

Gajus Octavius war ein Großneffe Caesars; nach seiner Adoption nannte er sich Gajus Julius Gai filius Caesar bzw. – nach Caesars Vergöttlichung – Divi filius. Octavianus, wie es nach römischem Brauch üblich wäre, nennen ihn nur andere.
Seinen ersten Schritt in die große Politik beschrieb er als Sechsundsiebzigjähriger rückblickend so: »Neunzehnjährig stellte ich auf eigene Initiative und eigene Kosten ein Heer auf, mit dem ich den von einer tyrannischen Clique unterdrückten Staat in die Freiheit führte.«

In Rom erlebte indessen Cicero ein politisches Comeback und trat als flammender Redner gegen Antonius auf, während er den väterlichen Beschützer des »Knaben« Octavian spielte. Dessen an sich widerrechtliche Werbungen genehmigte im nachhinein der Senat und übertrug ihm ein militärisches Kommando. Zugleich zogen die beiden Konsuln gegen Antonius und fielen nacheinander in blutigen Schlachten, die Antonius allerdings keinen Vorteil brachten.

Als neuer Oberbefehlshaber wurde Decimus Brutus bestimmt, nicht Octavian, was diesen zu einem kühnen Schwenk veranlaßte: Er arrangierte sich mit Antonius und schloß mit ihm und Marcus Lepidus das zweite Triumvirat, zu dessen ersten Maßnahmen die Abrechnung mit den jeweiligen Gegnern gehörte. Sie erfolgte auf dem Weg der Proskriptionen und kostete auch Cicero den Kopf.

»Du mit deiner unersättlichen Gurgel, mit diesem breiten Brustkorb, bärenstark wie ein Gladiator, du hast bei der Hochzeit des Hippias so viel Wein gesoffen, daß du vor den Augen des römischen Volkes kotzen mußtest!«
(Cicero in seiner 2. Philippischen Rede gegen M. Antonius, 63)

Viele Geächtete entkamen allerdings zu Sextus Pompejus, dem Sohn des großen Gnaeus, der mit einer Flotte die See beherrschte, oder zu den Caesarmördern.

Dann wurden achtzehn Städte in Italien bestimmt, wo sich die Veteranen aus ebensovielen Legionen niederlassen sollten, und hohe Steuern erhoben, um den Krieg gegen die inzwischen geächteten Caesarmörder finanzieren zu können. Die Entscheidung fiel bei Philippi im Makedonien, wo in einer Doppelschlacht Antonius den Cassius schlug, während Octavian dem Brutus unterlag. Da Cassius nach seiner Niederlage Selbstmord verübt hatte, war Brutus – auf sich allein gestellt – in der schlechteren Position; er verlor die nächste Schlacht und gab sich selbst den Tod.

Antonius schaltete und waltete nach diesem Sieg im Osten wie ein König und verband sich, wie einst Caesar, mit Kleopatra. Octavian hatte währenddessen in Italien seine liebe Not, die rund 100 000 Veteranen anzusiedeln – die Landenteignungen machten viel böses Blut, auch wenn es Entschädigungen geben sollte. Ärger machten auch Sextus Pompejus, der in bester Seeräubermanier die Kornzufuhr immer wieder unterbrach, und Lucius Antonius, der Bruder des Triumvirn und Konsul, der offen gegen Octavian hetzte, zeitweilig sogar Rom besetzte und sich später in Perusia, dem heutigen Perugia, verschanzte, wo Octavian ihn belagerte, die Stadt aushungerte und schließlich zur Übergabe zwang.

»Nach der Eroberung von Perusia ließ Octavian sehr viele Leute hinrichten, und wenn sie um Gnade baten oder sich entschuldigen wollten, hatte er nur eine Entgegnung: ›Nun heißt's sterben!‹«

(Sueton, Divus Augustus 15, 1)

Bald geriet auch Antonius im Osten in Schwierigkeiten, weil ihn die Parther bedrängten, und er mußte sich im Westen nach Hilfe umsehen. Da war er nach dem Konflikt mit seinem Bruder wenig willkommen; es drohte ein neuer Bürgerkrieg, den Freunde der Triumvirn, vor allem Maecenas, bei Gesprächen in Brundisium (heute: Brindisi) mit Mühe abwenden konnten. Wiederum wurden die Einflußsphären aufgeteilt: Der Osten blieb dem Antonius, Afrika fiel an Lepidus, der Rest an Octavian. Um den Bund zu festigen, wurde Octavians Schwester Octavia mit Antonius vermählt. Bald danach kam es mit dem »Seekönig« Pompejus am Kap Misenum zu einer Verständigung: Seine Herrschaft über Sizilien, Sardinien und Korsika wurde anerkannt, was freilich Octavian nicht auf Dauer hinnehmen wollte.

Dank der Vermittlung Octavias gab es ein erneutes Treffen mit Antonius in Tarent, auf dem diesem Hilfe für seinen Partherkrieg versprochen wurde. Dafür stellte er Schiffe gegen Sextus Pompejus. Mit deren Hilfe wurde dieser schließlich besiegt und floh; dem Lepidus, der Miene machte, sich Sizilien anzueignen, liefen seine Soldaten davon, so daß ihn Octavian leicht völlig entmachten konnte.

Da er dem Antonius nicht die versprochene Hilfe leistete, brach der Konflikt mit diesem erneut aus, zumal er durch seine Verbindung mit Kleopatra den Schwager offen brüskierte. Allerdings hatte Antonius im Rom immer noch zuverlässige Anhänger, die Octavian das Leben schwer machen konnten. Der griff schließlich zu einem bedenklichen, aber wirksamen Mittel. Er verschaffte sich das bei den Vestalinnen deponierte Testament des Antonius, in dem dieser Kleopatra und die Kinder, die er von ihr hatte, als Erben beträchtlicher Teile des Imperiums einsetzte. Das kostete ihn alle Sympathien: Seine Ämter wurden ihm aberkannt und Kleopatra der Krieg erklärt, der am 2. September 31 bei Actium durch den tüchtigen Marcus Vipsanius Agrippa zugunsten Octavians entschieden wurde.

Nachdem dieser einen großartigen, dreifachen Triumph gefeiert, seine Soldaten versorgt und die innere Ordnung des Staates gefestigt hatte, legte er 27 v. Chr. seine außerordentlichen Befugnisse nieder und stellte nominell die alte Republik wieder her. Der Senat ehrte ihn daraufhin mit dem Beinamen Augustus, der Erhabene, und verlieh ihm so viele neue Befugnisse, daß er ihn praktisch zum Monarchen kürte.

Als solcher wollte Augustus natürlich nicht gelten und achtete peinlich auf republikanische Formen; in Wirklichkeit aber war er nun alleiniger Herr über das Imperium. Der einstige »Bluthund von Perusia« verwandelte sich in den Friedensfürsten, den Vergil in herrlichen Versen preist. Andere Dichter hielten lieber kritische Distanz und ließen erkennen, daß ihnen die Zeiten nicht so golden vorkamen, wie die Propaganda sie pries. Auch Livius, der Historiker, machte aus seiner republikanischen Gesinnung kein Hehl und sah eher düster in die Zukunft.

»... wie es mit der Moral rapide bergab ging bis in unsere Zeit, in der wir weder unsere Laster noch Abhilfe dagegen ertragen können.«
(Livius, Praefatio 9)

Kriege wurden auch weiterhin geführt; und einem großen diplomatischen Erfolg, der Rückgabe der Feldzeichen des Crassus, steht in der Bilanz des Augustus auch eine schwere Niederlage gegenüber, die Schlacht im Teutoburger Wald. Weil sich darüber die römischen Quellen eher wortkarg äußern, sei hier zusammengestellt, was Forscherfleiß in dieser Sache ermittelt hat: Quintilius Varus hatte sich in der Provinz Africa und im Orient, bei den stets rebellischen Juden, durch hartes Durchgreifen Respekt verschafft. Das schien ihn für den Statthalterposten in Germanien zu qualifizieren – aber leider fehlte es ihm am nötigen Feingefühl.

»Er war körperlich und geistig etwas schwerfällig.«
(Vellejus Paterculus, römischer Historiker)

Die Germanen, denen Varus mit unverhohlener Überheblichkeit begegnete, fanden, er behandle sie wie Wilde, an denen außer der Sprache und dem aufrechen Gang nichts Menschliches sei, wolle aus freien Stämmen Untertanen machen und ihnen ein fremdes Recht aufzwingen. Zudem verhängte er schimpfliche Strafen und trieb rigoros Tribute ein.

Die allgemeine Unzufriedenheit machte sich Arminius, ein junger Mann aus germanischem Adel, zunutze. Er hatte in römischen Diensten das Bürgerrecht erworben, war sogar in den Ritterstand aufgenommen worden und stand beim Statthalter in hohem Ansehen. In aller Heimlichkeit gewann er unter den sonst verfeindeten Stämmen Verbündete für den großen Schlag und tat zugleich alles, um Varus, in dessen Haus er aus- und einging, in Sicherheit zu wiegen. Ein offener Aufstand schien ihm angesichts der militärischen Überlegenheit der Römer viel zu riskant; er mußte sie mit List in eine möglichst aussichtslose Lage bringen.

»Die Germanen sind – wer sie nicht kennt, wird es nicht glauben – bei aller Wildheit äußerst raffiniert und zu jeder Verstellung fähig.«
(Vellejus Paterculus)

Arminius sorgte dafür, daß erfundene Streitfälle vor den Richterstuhl des Varus gebracht wurden und daß sich die Parteien, wenn er die Sache entschieden hatte, für die Segnungen des römischen Rechts artig bedankten. Varus seinerseits genoß es, über die Barbaren zu richten, und sah in ihrer gespielten Unterwürfigkeit ein Zeichen dafür, daß er mit seiner Amtsführung richtig lag.

Lange konnte freilich das doppelte Spiel, das Arminius trieb, nicht verborgen bleiben, zumal er unter den Germanenfürsten nicht nur Freunde hatte: Varus wurde gewarnt, wollte aber auf die Warner nicht hören und warf ihnen sogar vor, um Rom verdiente Männer zu verleumden. So nahm das Verhängnis seinen Lauf.

Als Varus sich anschickte, seine Legionen, die den Sommer im Gebiet der Cherusker verbracht hatten, nach Westen ins Winterlager zu führen, berichteten ihm seine vermeintlichen Freunde von einer unbedeutenden Rebellion östlicher Stämme. Die lasse sich rasch niederschlagen, wenn er einen kleinen Umweg in Kauf nehme. Außerdem würden sie ihm gerne gegen die Aufrührer beistehen, wenn er seinerseits ihnen einen Teil seiner Leute zur Verfügung stellte. Damit wäre ihnen sehr geholfen.

Der Statthalter war zu allem bereit und setzte seine Truppe in Marsch, einen gewaltigen, lang gezogenen Heerwurm mit Wagen und Tragtieren und großem Troß, darunter die Sklaven, Frauen und Kinder seiner Soldaten.

Die »verbündeten« Germanen begleiteten ihn ein Stück, dann setzten sie sich mit der Begründung ab, sie müßten nun ihre Leute sammeln und würden bald nachkommen. In Wirklichkeit ließ Arminius die seinem Kommando unterstellten Römer niedermachen und traf dann die Vorbereitungen für das große Massaker, das er im Sinn hatte.

Inzwischen waren die Römer in wegloses Gelände geraten und plagten sich mit dem Fällen von Bäumen, dem Bau von Brücken und der Überquerung von Sümpfen. Zu allem Unglück war ein Wettersturz eingetreten, der Sturmwind heulte, und es regnete wie aus Kübeln. Da brachen plötzlich von allen Seiten die Germanen, die dem Heereszug auf Schleichwegen gefolgt waren, aus dem Dickicht der Wälder hervor, schleuderten ihre Speere und griffen die versprengten Römer auch mit den Schwertern an.

Nur unter schweren Verlusten erreichten die Überfallenen eine Lichtung, auf der sie ein Lager schlagen und die Nacht verbringen konnten. Sie verbrannten die Wagen, die sie am Fortkommen hinderten, ließen alles zurück, was sie nicht dringend brauchten, und formierten sich zum Weitermarsch. Dabei mußten sie sich immer wieder ihrer leichtbewaffneten, flinken Feinde erwehren, die blitzschnell angriffen und danach im Unterholz verschwanden, während die Römer über Wurzeln stolperten oder im Schlamm stürzten.

Am nächsten Tag kam erneut ein schwerer Sturm auf, und andauernde Platzregen durchnäßten die erschöpften Soldaten, ihre Lederkoller und

Teutoburger Wald, *Saltus Teutoburgiensis*, nennt Tacitus (Annalen 1, 60) das Gebiet, wo Varus in den Hinterhalt des Arminius geriet. Mangels genauerer Angaben blieb die Lage des Ortes lange umstritten; der heute »Teutoburger Wald« genannte Höhenzug trägt diesen Namen erst seit 1627.

Wie die Quellen berichten, wurde das Heer des Varus im Verlauf von drei Tagen, in denen es nach Westen entkommen wollte, von den Germanen vernichtet. Das Massaker fand also nicht an einem bestimmten Ort, sondern auf einer von Arminius anscheinend dafür präparieren Strecke statt. Ein Beweis dafür wurde 1987 im Osnabrücker Land bei dem Ort Kalkriese in Gestalt einer Wallanlage gefunden. Diese diente den germanischen Angreifern offenbar als Schutz, hinter den sie sich nach ihren Überfällen zurückziehen konnten. Daß sich vor dem Wall ein Akt der Tragödie des Varus abspielte, belegen zahlreiche Funde: Münzen des Augustus mit dem Gegenstempel des Statthalters, dazu Teile von Rüstungen und Waffen römischer Legionäre, auch Wertgegenstände und Schmuck und die Überreste eines Maultiers, das am Fuß des Walls zu Fall kam.

Schilde. Zudem griffen die Germanen in immer größerer Zahl an, denn die Nachricht von der Umzingelung des Heeres hatte sich in Windeseile verbreitet und Beutehungrige von überall angelockt.

In dieser aussichtslosen Lage gaben sich Varus und seine meisten Offiziere, um nicht in die Hand der Feinde zu fallen, selbst den Tod. Ihrem Beispiel folgten viele Soldaten, die anderen wurden zum großen Teil umgebracht, entweder gleich oder später, als Opfer für die Götter der Sieger.

Sechs Jahre später erreichte der römische General Germanicus »die traurigen Orte, die einen entsetzlichen Anblick boten und gräßliche Erinnerungen weckten« (Tacitus). Er fand das erste, größere Lager des Varus und das zweite, viel kleinere, in dem die Reste seiner Truppen sich in ihrer letzten Nacht verkrochen hatten, dazu Gerippe von Pferden und Menschen, Altäre, an denen Gefangene höheren Ranges abgeschlachtet worden waren, und Menschenschädel, an Bäume genagelt.

Germanicus erwies den Gefallenen die letzte Ehre und errichtete einen Grabhügel. Als Kaiser Tiberius davon erfuhr, mißbilligte er die Maßnahmen seines Feldherrn, weil er wohl glaubte, die Kampfmoral der Truppen habe beim Anblick so vieler unbestatteter Leichen Schaden genommen.

DAS TESTAMENT CAESARS Suet., Jul. 83,1–2

Das Testament, das Caesar am 13. September des vorigen Jahres auf seinem Landgut bei Lavicum abgefaßt und bei der obersten Vestalin hinterlegt hatte, wurde auf Antrag seines Schwiegervaters L. Piso eröffnet und im Hause des Antonius verlesen. In diesem Testament setzte Caesar die drei Enkel seiner Schwester als Erben ein, und zwar vermachte er C. Octavius dreiviertel, L. Pinarius und Q. Pedius das übrige Viertel der Hinterlassenschaft. Am Schluß des Testaments nahm er C. Octavius durch Adoption in seine Familie auf und gab ihm seinen Namen. Dem Volk hinterließ er seine Gartenanlagen am Tiber zur öffentlichen Benutzung, und jedem Bürger[1] vermachte er 300 Sesterzen.

DIE LEICHENFEIER FÜR CAESAR Plut., Ant. 14,6–8

Antonius hielt bei Caesars Leichenbegängnis auf dem Forum die Lobrede auf ihn, wie es üblich war. Als er spürte, wie das Volk leidenschaftlich mitging und erschüttert wurde, mischte er in seine Lobsprüche zugleich Ausdrücke der Klage und Empörung über das Geschehene, und am Ende seiner Rede schüttelte er die blutgetränkten, von den Dolchen zerschlitzten Kleider des Ermordeten auseinander, nannte die Täter fluchbeladene Meuchelmörder und erregte damit eine solche Wut in den Menschen, daß sie Tische und Bänke zusammentrugen und den Leichnam Caesars auf dem Forum einäscherten, dann Feuerbrände aus dem Scheiterhaufen rissen und zu den Häusern der Mörder rannten und in sie einzudringen suchten.

DIE ANKUNFT OCTAVIANS IN ROM Vell. 2, 59,6

Als Octavian[2] sich Rom näherte, strömte eine riesige Menge von Freunden herbei, und als er die Stadt betrat, sah man den Strahlenkranz der Sonne über seinem Haupt mit einem ebenmäßig gerundeten Kreis in den Farben des Regenbogens – als ob diesem Mann, der zu Großem bestimmt war, eine Krone aufgesetzt würde.

DER ANTRITTSBESUCH OCTAVIANS BEI ANTONIUS App., civ. 3,14

Nachdem Octavian vor dem Stadtprätor C. Antonius, dem Bruder des Antonius, erklärt hatte, daß er die Adoption durch Caesar annehme, ging er sogleich
vom Forum aus zu Antonius. Dieser hielt sich gerade in den Gärten auf, die
ihm Caesar zum Geschenk gemacht hatte – sie hatten früher Pompejus gehört.
Octavian mußte einige Zeit im Vorraum warten und legte dies als ein Zeichen
von Antonius' Abneigung aus. Als er dann endlich vorgelassen wurde, kam es
zu Begrüßungen und gegenseitigen Fragen, wie sie sich für einen solchen Augenblick schickten. Schließlich war es soweit, um auf die dringenden Angelegenheiten einzugehen.

*Octavian forderte als Erbe Caesars die Herausgabe von dessen Barvermögen, das Anto-
nius an sich gebracht hatte. Dieses Geld war aber nicht mehr vorhanden; Antonius hatte
es zur Bezahlung seiner Schulden und zur Anwerbung von Soldaten verbraucht. Octavian gegenüber erklärte er, die in Amt und Macht befindlichen Männer – Dolabella und
seine Brüder ausgenommen – hätten den ganzen Betrag sogleich als das Eigentum eines
Tyrannen unter sich aufgeteilt.*

*Octavian beschaffte sich dann das Geld, das er benötigte, um mit der Auszahlung der
von Caesar ausgesetzten Legate beginnen zu können, durch den Verkauf seiner Besitzungen und durch Anleihen bei Freunden.*

DIE APOTHEOSE CAESARS Plin., nat. 2,93 f.

Während der Spiele, die Octavian zu Ehren der Venus Genetrix kurz nach dem
Tode Caesars (vom 20. bis zum 30 Juli) durchführte, erschien ein Komet am
Himmel. Augustus äußerte seine Freude darüber (in seiner Selbstbiographie)

Divus Iulius / der vergöttlichte
Caesar.
Münze mit dem Stern Caesars

mit folgenden Worten: »Gerade an den Tagen
meiner Spiele war sieben Tage lang am nördlichen Teil des Himmels ein Komet zu sehen;
er ging um die elfte Tagesstunde auf, war strah-
lend-hell und in allen Ländern sichtbar. Das
Volk glaubte, durch diesen Stern werde die
Aufnahme der Seele Caesars unter die unsterblichen Götter angezeigt.«

*Am 1. Januar 42 wurde Caesar offiziell unter die
Staatsgötter aufgenommen; sein Tempel auf dem Forum wurde am 18. August 29 geweiht.*

DER FRONTWECHSEL OCTAVIANS Suet., Aug., 10,1–2

Sommer
44 v. Chr.
710 a. u. c.

Octavian betrachtete es als seine erste Pflicht, den Tod seines Onkels zu rächen; und so beschloß er gleich nach seiner Rückkehr von Apollonia, gegen Brutus und Cassius, solange sie noch nichts ahnten, mit Gewalt vorzugehen und dann, da sie sich inzwischen der Gefahr wohlweislich entzogen hatten, den gesetzlichen Weg zu beschreiten und sie in Abwesenheit des Mordes anzuklagen.

Um nun mit noch größerem Nachdruck auch seine weiteren Pläne verwirklichen zu können, bewarb er sich um die Stelle eines Volkstribunen, die zufällig durch einen Todesfall frei wurde. Aber seinem Vorhaben stellte sich der Konsul M. Antonius entgegen, auf dessen Hilfe er ganz besonders gezählt hatte. Daher ging Octavian zur Partei der Optimaten über, denen, wie er gemerkt hatte, Antonius verhaßt war.

DIE AUFNAHME OCTAVIANS IN DEN SENAT Mon. Anc. 1

2. Januar
43 v. Chr.
711 a. u. c.

Aus dem Tatenbericht des Augustus:
Im Alter von 19 Jahren habe ich als Privatmann aus eigenem Entschluß und aus eigenen Mitteln ein Heer aufgestellt,[3] mit dessen Hilfe ich den durch die Willkürherrschaft einer bestimmten Gruppe[4] versklavten Staat befreite. Aus diesem Grund hat mich der Senat unter ehrenvollen Beschlüssen im Jahre 43 in seine Reihen aufgenommen, wobei er mir konsularischen Rang bei den Abstimmungen zuerkannte. Ebenso verlieh er mir militärische Befehlsgewalt[5]; ich sollte als Proprätor zusammen mit den Konsuln dafür sorgen, daß der Staat keinen Schaden nehme.

DAS ENDE DES MUTINENSISCHEN KRIEGES Liv., perioch. 119,3–7

43 v. Chr.
711 a. u. c.

Nachdem der Konsul C. Pansa unglücklich gegen Antonius gekämpft hatte, kam der Konsul A. Hirtius mit seinem Heer unversehens heran, schlug die Truppen des M. Antonius in die Flucht und glich das Glück beider Seiten wieder aus (14. April). Antonius wurde dann von Hirtius und Octavian besiegt (21. April), floh nach Gallien und brachte Lepidus[6] mit den Legionen, die ihm unterstanden, auf seine Seite (29. Mai).

Gegenüber Octavian, der allein von den drei Feldherren noch übrig war,[7] zeigte sich der Senat nicht gerade dankbar: Er beschloß für D. Brutus, der von der Belagerung in Mutina durch Octavian befreit worden war, die Ehre eines Triumphes, erwähnte aber Octavian und seine Soldaten nicht mit angemessener Dankbarkeit. Deshalb söhnte sich Octavian durch Vermittlung des M. Lepidus mit M. Antonius aus.

Als die Leute in der Stadt hörten, Antonius und Lepidus hätten sich geeinigt, begannen sie sich wieder um Octavian zu bemühen und beauftragten ihn mit der Kriegführung gegen die beiden. Octavian übernahm auch diese Aufgabe, wollte aber dafür zum Konsul bestellt werden; unter Vermittlung Ciceros und anderer Persönlichkeiten bemühte er sich eifrig um die Wahl, wobei er Cicero zu seinem Amtsgenossen zu machen versprach. Als er sein Ziel nicht erreichte, traf er zwar den Beschlüssen entsprechend Kriegsvorbereitungen, veranlaßte jedoch seine eigenen Soldaten, scheinbar von sich aus plötzlich zu erklären, sie wollten gegen keine der alten Legionen Caesars Krieg führen, was sich natürlich auf Lepidus und Antonius bezog, deren Gefolgsleute größtenteils aus den Reihen jener Krieger stammten.

Nun wartete Octavian den weiteren Verlauf der Dinge ab und schickte als Abgesandte vierhundert Centurionen an den Senat (Ende Juli). Deren ganzes Bemühen war darauf gerichtet, die Zahlung der ihnen bewilligten Gelder zu verlangen und darauf zu drängen, daß Octavian zum Konsul bestellt wurde. Als die Senatoren mit ihrer Antwort zögerten, schlug einer der Centurionen an sein Schwert und sagte: »Wenn ihr dem Octavian das Konsulat nicht geben wollt, dann wird dieses Schwert hier es ihm geben!«

Octavian machte sich dann unter dem Vorwand, seine Soldaten hätten ihn dazu gezwungen, mit all seinen Leuten auf den Weg nach Rom. Als die Senatoren von ihrem Anmarsch hörten, schickten sie ihnen, noch ehe sie in ihre Nähe kamen, ihr Geld zu, in der Hoffnung, sie würden sich vielleicht nach dessen Empfang zurückziehen. Da die Legionen trotzdem weiter vorrückten, gestatteten die Senatoren Octavian, sich um das Konsulat zu bewerben. Indessen nützte auch dieses Zugeständnis ihnen nicht mehr; denn die Soldaten wußten ihnen keinerlei Dank für das, was sie nicht freiwillig, sondern nur unter Zwang getan hatten.

Als Octavian in den Vororten erschien, erfaßte die Leute Angst, und zunächst traten einige Senatoren, später auch viele aus dem Volk zu ihm über. Daraufhin kamen auch die Prätoren vom Janiculum herunter und ergaben sich ihm samt ihren Soldaten. Octavian nahm so die Stadt, ohne Widerstand zu finden, in Besitz und wurde vom Volke zum Konsul berufen (19. August), nachdem man zwei Männer gewählt hatte, die an Stelle der Konsuln die Wahlen durchführen sollten.

Octavian war ungemein stolz darauf, daß er in derart jungen Jahren[8] Konsul wurde und daß er außerdem am Wahltag beim Betreten des Marsfeldes sechs Geier sah und später, als er zu seinen Soldaten sprach, zwölf weitere. Denn er brachte das mit Romulus und mit dem Vorzeichen, das dieser erhielt, in Verbindung und rechnete damit, daß er auch die Macht seines Königtums erlangen werde.

DIE VERURTEILUNG DER CAESARMÖRDER. VERSTÄNDIGUNG MIT ANTONIUS App., civ. 3,95.96

Octavian veranlaßte ein neues Gesetz[9], welches Prozesse gegen die Caesarmörder vorsah. Sogleich kam es zu schriftlichen Anklagen, indem Caesars Freunde die einen wegen der Tat, andere als Mitwisser anzeigten. Diese Anschuldigung wurde sogar gegen gewisse Männer erhoben, die sich während der Ermordung Caesars nicht einmal in der Stadt aufgehalten hatten. Durch öffentliche Bekanntmachung wurde ein einziger Tag für alle Angeklagten als Verhandlungstermin bestimmt und unter dem Vorsitz Octavians gegen sämtliche in Abwesenheit das Urteil gefällt.

Danach richtete Octavian seine Gedanken auf eine Versöhnung mit Antonius; hatte er doch in Erfahrung gebracht, daß Brutus und die Seinen bereits zwanzig Legionen beisammen hatten; gegen sie benötigte er die Hilfe des Antonius. Deshalb verließ er Rom, und nach seinem Weggang überredete Pedius die Senatoren, sich mit Lepidus und Antonius in Frieden zu einigen. Zwar sahen die Senatoren, daß eine Aussöhnung weder ihrem eigenen Vorteil noch dem des Vaterlandes diene, sondern nur eine Unterstützung Octavians gegen Cassius und Brutus bedeute; sie erteilten aber gleichwohl ihre Einwilligung und stimmten angesichts ihrer Zwangslage zu. So hoben sie denn die Beschlüsse auf, welche Antonius und Lepidus und die unter ihnen dienenden Soldaten zu Staatsfeinden erklärten. Daraufhin sagte Octavian dem Antonius seine Unterstützung gegen D. Brutus zu. Antonius antwortete in einem Brief, er werde selbst Decimus zur Rechenschaft ziehen und dann seine Streitkräfte mit denen Octavians vereinigen.

DAS ZWEITE TRIUMVIRAT App., civ. 4,2–3.5.7; Liv., perioch. 120,3–4

Ende Oktober 43 kamen Octavian, Antonius und Lepidus in der Nähe der Stadt Mutina auf einer kleinen und flachen Insel des Flusses Lavinius zusammen. Hier berieten sie zwei Tage lang vom morgens bis abends und trafen folgende Entscheidungen: Octavian solle das Konsulat niederlegen und P. Ventidius Bassus es für den Rest des Jahres übernehmen. Durch ein Gesetz müsse ferner zur Beilegung der inneren Krise für Lepidus, Antonius und Octavian ein neues Amt mit gleicher Machtfülle wie das Konsulat geschaffen werden, das sie fünf Jahre lang bekleiden sollten. Weiterhin war eine Aufteilung der Provinzen vorgesehen, wonach Antonius Gallien ohne die Narbonensis erhielt; diese wurde zusammen mit Spanien Lepidus zugewiesen, während Octavian Afrika, Sardinien und Sizilien bekommen sollte. Die Zuweisung der Länder jenseits des Jonischen Meeres wurde aufgeschoben, da sie noch in der Gewalt des Cassius und Brutus waren. Gegen beide sollten Antonius und Octavian zu Felde ziehen. Lepidus sollte im nächsten Jahr das Konsulat bekleiden und in der Stadt bleiben. Um das Heer mit Hoffnung auf Siegesbeute anzustacheln, versprachen sie den Soldaten neben anderen Geschenken 18 italische Städte zur Ansiedlung.

Die Machthaber beschlossen auch, die einflußreichsten Persönlichkeiten, denen sie mißtrauten, sowie ihre persönlichen Feinde zu beseitigen, und stellten Ächtungslisten zusammen. Auf ihnen standen sehr viele römische Ritter und die Namen von 130 Senatoren, darunter L. Paulus, ein Bruder des Lepidus, L. Caesar, ein Onkel des Antonius, und M. Cicero.

An drei aufeinanderfolgenden Tagen zogen die Triumvirn in die Stadt ein, jeder mit seiner Leibgarde und einer Legion. Und sofort wurde inmitten all dieser Krieger eine Volksversammlung einberufen. Hier brachte der Volkstribun P. Titius am 27. November 43 eine Gesetzesvorlage ein, die auf fünf Jahre die Schaffung eines neuen, aus drei Männern – dem Lepidus, Antonius und Octavian – bestehenden Amtes zur Neuordnung des Staates vorsah, das gleiche Machtbefugnisse wie das Konsulat besitzen sollte.

DAS ENDE CICEROS Dio 47, 8,3.4

Cicero versuchte zu fliehen, wurde aber am 7. Dezember 43 von den Häschern des Antonius in der Nähe von Cajeta eingeholt und ermordet.

Als Ciceros Haupt zu Antonius gebracht wurde, schleuderte er ihm viele bittere Schimpfworte entgegen und befahl dann, es solle noch besser sichtbar als die anderen auf der Rednerbühne ausgestellt werden, damit man es zusammen mit der rechten Hand, die auch abgehauen worden war, an eben dem Platz erblicken könne, von wo aus Ciceros Reden gegen ihn so oft zu hören waren. Fulvia, die Frau des Antonius, aber nahm den Kopf, bevor man ihn wegtrug, in ihre Hände, schändete und bespie ihn, legte ihn auf ihre Knie, öffnete seinen Mund und zog die Zunge heraus, um sie mit ihren Haarnadeln zu durchbohren, wobei sie viele grausige Späße machte.

41 v. Chr. **DIE LANDANWEISUNGEN AN DIE ENTLASSENEN SOLDATEN**
713 a. u. c. App., civ. 5,3.12–13

Nach dem Sieg bei Philippi begab sich Octavian nach Italien, um dort das Land unter die Soldaten zu verteilen. Die Landverteilung gestaltete sich aber für ihn sehr schwierig. Denn die Soldaten forderten die Städte, die vor dem Krieg als Lohn ihrer Tapferkeit für sie ausgewählt worden waren, die Städte wiederum verlangten, daß ganz Italien sich die Lasten teilen oder daß die Städte untereinander das Los werfen und diejenigen, welche das Land hergeben müßten, den entsprechenden Preis dafür erhalten sollten. Geld aber war nicht vorhanden. So sammelten sich denn Junge und Alte samt Frauen und Kindern in Rom und erklärten jammernd, sie hätten doch kein Verbrechen begangen, müßten aber jetzt, obwohl Italiker, wie ein unterworfenes Volk Haus und Hof verlassen. Die Römer teilten ihren Kummer, vor allem, wenn sie bedachten, daß der Siegeslohn nicht zum Besten der Stadt ausbezahlt werde, sondern zu ihrem Schaden und zur Änderung der Staatsverfassung. Die Kolonien würden angelegt, auf daß die Demokratie niemals mehr ihr Haupt erheben könne; denn dicht neben ihren Machthabern siedle man Söldlinge an, die bereit seien, ihnen jeglichen Wunsch zu erfüllen. Wohl legte Octavian den Städten die Zwangslage dar; sie wollten sich aber nicht darein schicken. Die Soldaten erlaubten sich nämlich freche Übergriffe gegen ihre Nachbarn, rissen mehr, als ihnen zustand, an sich und suchten sich die besseren Stücke aus. Selbst wenn Octavian ihnen ein derartiges Vorgehen verwies und viele zusätzliche Geschenke machte, ließen sie davon nicht ab; sie mißachteten ja ihre Gebieter aus dem Bewußtsein heraus, daß diese sie brauchten, um ihre Herrschaft zu befestigen.

Man schätzt die Zahl der Veteranen, die Octavian damals angesiedelt hat, auf 50 000 bis 60 000.

SEX. POMPEJUS App., civ. 5,25

41/40 v. Chr.
713/714 a. u. c.

Sex. Pompejus hatte infolge der Proskriptionen, der Ansiedlung der Soldaten und des Streits zwischen L. Antonius und Octavian viel an Ansehen und Macht gewonnen. Denn wer um seine Sicherheit bangte, sein Vermögen eingebüßt hatte und mit der Staatsordnung ganz und gar nicht einverstanden war, fand sich bei ihm ein. Auch die übrige römische Jugend, begierig auf Kriegsdienst, um Geld zu gewinnen, und gleichgültig, unter wem sie kämpfen sollte, weil sie ja überall römische Kriegskameraden vorfand, schloß sich lieber dem Pompejus an, da er ihrer Ansicht nach die bessere Sache vertrat. Durch Seeraub war er überdies reich geworden und verfügte über viele vollzählig bemannte Schiffe.

KONTAKTE ZWISCHEN ANTONIUS UND SEX. POMPEJUS App., civ. 5,52

Sommer
40 v. Chr.
714 a. u. c.

Antonius' Mutter Julia wurde ihm von Sex. Pompejus, bei dem sie Zuflucht gesucht hatte, von Sizilien aus auf Kriegsschiffen zugesandt. Dabei begleiteten sie bedeutende Persönlichkeiten seiner Partei, die den Wunsch hatten, freundschaftliche Beziehungen zwischen Antonius und Pompejus herzustellen und ihn als Bundesgenossen gegen Octavian zu gewinnen. Antonius dankte dem Pompejus und versprach, ihm seinen Dienst zu gegebener Zeit zu vergelten; er selbst möchte, falls es zum Krieg mit Octavian komme, Pompejus zu seinem Bundesgenossen machen; wenn Octavian sich aber an die vertraglichen Abmachungen mit ihm halte, wolle er versuchen, Pompejus mit Octavian zu versöhnen.

Herbst 40 v. Chr. 714 a. u. c.

DER VERTRAG VON BRUNDISIUM App., civ. 5,65; Plut., Ant. 31,1.4–5

Im Spätsommer 40 waren die Spannungen zwischen Octavian und Antonius wieder aufs höchste gestiegen. Antonius landete bei Brundisium, und es kam zu ersten Kämpfen. Doch die Soldaten beider Seiten, die ja alte Kriegskameraden waren, nahmen miteinander Kontakt auf. Als Vertrauensleute schalteten sich L. Coccejus Nerva, Asinius Pollio und Maecenas ein, und es kam zur Aussöhnung zwischen den beiden Feldherren.

Octavian

Octavian und Antonius teilten das ganze römische Reich von neuem unter sich auf. Die illyrische Stadt Scodra sollte die Grenze zwischen ihnen bilden; alle Länder und Inseln östlich davon bis zum Euphrat sollten Antonius gehören, alle westlich davon bis zum Ozean Octavian. Über Afrika, soweit Octavian es ihm überlassen hatte, sollte Lepidus gebieten.

Zur Festigung des Einvernehmens schlugen alle eine Ehe des Antonius mit Octavia, der Schwester Octavians, vor, in der Hoffnung, daß diese Verbindung dem Wohl und der Einigkeit des ganzen Reiches förderlich sein werde. Nachdem sich die beiden damit einverstanden erklärt hatten, begaben sie sich nach Rom und verheirateten Octavia mit Antonius.

Frühsommer 39 v. Chr. 715 a. u. c.

DER VERTRAG VON MISENUM App., civ. 5,72

Sex. Pompejus, Octavian und Antonius trafen auf der wogenumspülten Mole von Puteoli[10] zusammen, während ringsum die Wachtschiffe vor Anker lagen, und kamen dabei auf folgende Bedingungen überein: Der Krieg zwischen ihnen solle zu Wasser und zu Lande sogleich ein Ende haben und der Handelsverkehr allenthalben wieder ungestört laufen; ferner solle Pompejus seine sämtlichen Besatzungen aus Italien entfernen, keine entlaufenen Sklaven mehr bei sich aufnehmen und auch nicht mehr mit seinen Schiffen die italische Küste blockieren; hingegen solle er über Sardinien, Sizilien und Korsika sowie alle sonstigen in seinem Besitz befindlichen Inseln gebieten, solange Antonius und Octavian die übrigen Länder beherrschten. Ferner solle er den Bewohnern von Rom das Getreide zukommen lassen, dessen Lieferung den Inseln schon lange auferlegt worden sei, und dazu auch noch die Peloponnes als Besitz erhalten.[11]

Die noch in der Verbannung lebenden Vornehmen, soweit sie nicht wegen Teilnahme an der Ermordung Caesars durch Senatsbeschluß und Gerichtsverfahren verurteilt waren, wurde die Heimkehr gestattet. Das Eigentum der übrigen, die nur Angst zur Flucht veranlaßt hatte und denen ihre Habe gewaltsam genommen worden war, sollte alles vollständig zurückerstattet werden, die Proskribierten sollten jedoch nur ein Viertel erhalten.

DER VERTRAG VON TARENT App., civ. 5,95

37 v. Chr.
717 a. u. c.

Octavian verschob seinen Angriff gegen Sex. Pompejus aufs folgende Jahr; Antonius aber konnte wegen des Partherkriegs nicht so lange warten, was freilich nicht hinderte, daß beide Männer einen gegenseitigen Tausch machten: Antonius trat dem Octavian 120 Schiffe[12] ab, welche er sofort nach Tarent schickte und dort übergab, wofür letzterer seinem Vertragpartner 20 000 italische Legionäre[13] zu schicken versprach. Da die Amtszeit, die den Triumvirn durch Beschluß gewährt worden war, damals auslief,[14] erneuerten sie diese um weitere fünf Jahre,[15] ohne daß sie deshalb das Volk gebeten hätten.

SKANDALÖSES VERHALTEN DES ANTONIUS

36–32 v. Chr.
718–722 a. u. c.

Antonius' Liebe zu Kleopatra flammte (im Jahre 36) wieder auf. Er rief sie nach Syrien, und als sie kam, machte er ihr zur Erweiterung ihres Reiches ein äußerst großzügiges Geschenk, nämlich Phönikien, Koilesyrien, Zypern und einen großen Teil Kilikiens, dazu noch den balsamtragenden Teil von Judaea[16] — Plut., Ant. 36,1–4

und von dem Nabataeischen Arabien den ganzen Landstrich, der dem äußeren Meer zugewandt ist. Diese Geschenke erregten bei den Römern den stärksten Anstoß.

Als Antonius (im Jahre 34) wieder in Armenien eindrang, bewog er Artavasdes, den Herrscher des Landes, durch viele Versprechungen und Einladungen, sich in seine Gewalt zu begeben, nahm ihn gefangen, brachte ihn gefesselt nach Alexandria und führte ihn — Plut., Ant. 50,6.7

Kleopatra (um 34)

M. Antonius

im Triumphzug auf. Damit kränkte er die Römer besonders, weil er die höchste Ehre und Auszeichnung, die das Vaterland zu vergeben hatte, Kleopatra zuliebe den Ägyptern zugute kommen ließ.

Plut., Ant. 54,5–7

Haß zog er sich auch durch die Länderverteilung an seine Kinder zu, die er (im Jahre 34) in Alexandria vornahm und die theatralisch, überheblich und antirömisch erschien. Er ließ nämlich das Volk sich im Gymnasion versammeln, auf einer silbernen Bühne zwei goldene Thronsessel aufstellen, den einen für sich, den anderen für Kleopatra, dazu niedrigere für seine Kinder, und erklärte erstens Kleopatra als Königin von Ägypten, Zypern, Libyen und Koilesyrien unter Mitherrschaft von Kaisarion, der als Sohn Caesars galt; zweitens ernannte er seine Söhne von Kleopatra zu »Königen der Könige« und wies dem Alexander Armenien, Medien und das Partherreich (sobald er es erobert haben würde) zu, dem Ptolemaios Phönikien, Syrien und Kilikien.

Plut., Ant. 57,4

Antonius schickte (im Jahre 32) Leute nach Rom mit dem Auftrag, Octavia aus seinem Haus zu weisen. So zog sie aus und nahm alle Kinder des Antonius mit, ausgenommen nur den ältesten Sohn von Fulvia; denn der befand sich bei seinem Vater.

32 v. Chr. DAS TESTAMENT DES ANTONIUS Plut., Ant. 58,4–6.8
722 a. u. c.

M. Titius und L. Munatius Plancus, zwei Freunde des Antonius, die von Kleopatra schwer beleidigt worden waren, traten zu Octavian über und machten Enthüllungen über das Testament des Antonius, da sie dessen Inhalt kannten. Das Testament war bei den Vestalinnen hinterlegt. Octavian ging hin und holte es, las es erst selbst für sich durch und markierte sich gewisse Stellen, aus denen sich leicht Anklagen ableiten ließen, versammelte dann den Senat und las es vor. Besonders griff er in dem Testament die Anordnung über seine Bestattung an. Antonius bestimmte nämlich, daß sein Leichnam, wenn er in Rom stürbe, in feierlichem Zug über das Forum getragen und dann nach Alexandria zu Kleopatra überführt werden sollte.

Das Mausoleum des Augustus, begonnen um 32, vollendet 28. Octavian reagierte mit der Anlage seines Grabbaus in Rom demonstrativ auf den Wunsch des Antonius, in Alexandria bestattet zu werden.

DER GEFOLGSCHAFTSEID ITALIENS UND DER WESTLICHEN PROVINZEN FÜR OCTAVIAN Mon. Anc. 25

Mitte 32 v. Chr.
722 a. u. c.

Den Gefolgschaftseid hat mir ganz Italien aus freien Stücken geleistet und mich für den Krieg, in dem ich bei Actium gesiegt habe, nachdrücklich als Führer gefordert. Den gleichen Eid geleistet haben die Provinzen Galliens und Spaniens, Afrika, Sardinien und Sizilien.

RÜCKKEHR UND TRIUMPH OCTAVIANS Liv., perioch. 133,2

29 v. Chr.
725 a. u. c.

Nachdem Octavian Alexandria in seine Gewalt gebracht hatte und Kleopatra, um nicht in die Hand des Siegers zu fallen, freiwillig aus dem Leben geschieden war (12. August 30), kehrte er nach Rom zurück und feierte drei Triumphe, einen über Illyrien[17], einen zweiten wegen des Sieges bei Actium, einen dritten über Kleopatra (13.–15. August 29), und setzte den Bürgerkriegen in ihrem zweiundzwanzigsten Jahr ein Ende.

DIE AUGUSTEISCHE FRIEDENSZEIT (PAX AUGUSTA) Verg., Aen. 1,291–296

Verheißung der unter Augustus anbrechenden Friedenszeit durch Jupiter:
Die rauhen Zeiten mildern sich dann, wenn Kriege beendet sind. Die graue Fides und Vesta, Quirinus mit seinem Bruder Remus sprechen dann Recht; mit Eisen und festen Klammern werden die gräßlichen Pforten des Krieges verschlossen; die ruchlose Kampfeswut sitzt drinnen auf schrecklichen Waffen, mit hundert ehernen Banden rücklings gefesselt, und knurrt schauerlich mit blutigem Maul.

Verg., Aen.   *Prophezeiung des Anchises:*
6,792–794   Caesar Augustus, des Göttlichen Sohn, wird Latium das Goldene Zeitalter zurückbringen in den Landen, die einst Saturn beherrschte.

Mon. Anc. 13   *Aus dem Tatenbericht des Augustus:*
Den Janusbogen, der nach dem Willen unserer Vorfahren geschlossen sein sollte, wenn im ganzen Herrschaftsbereich des römischen Volkes zu Lande und zu Wasser ein durch Siege gefestigter Friede eingekehrt sei – was nach der Überlieferung vor meiner Geburt seit Gründung der Stadt überhaupt nur zweimal der Fall gewesen sein soll –, diesen Bogen hat der Senat unter meiner Regierung dreimal[18] schließen lassen.

Ara Pacis Augustae, der Friedensaltar des Augustus, 13–9 v. Chr. errichtet

Als ich aus Spanien und Gallien nach erfolgreicher Tätigkeit in diesen Provinzen nach Rom zurückkehrte, beschloß der Senat am 4. Juli 13 aus Anlaß meiner Rückkehr einen Altar des Augustusfriedens auf dem Marsfeld zu weihen; dort sollten die Beamten, die Priesterschaft und die Vestalinnen alljährlich ein Opfer darbringen.[19]

DER PRINCIPAT DES AUGUSTUS Mon. Anc. 34

Aus dem Tatenbericht des Augustus:

Nachdem ich die Bürgerkriege beendet hatte und mit der einmütigen Zustimmung der gesamten Bevölkerung in den Besitz der staatlichen Allgewalt gelangt war, habe ich (am 13. Januar 27) das Gemeinwesen aus meiner Machtbefugnis wieder dem freien Ermessen des Senates und des Volkes von Rom überantwortet. Für dieses mein Verdienst wurde mir (am 16. Januar 27) auf Beschluß des Senats der Name Augustus[20] gegeben. Die Türpfosten meines Hauses wurden im Namen des Staates mit Lorbeer geschmückt, ein Bürgerkranz wurde über meiner Haustür angebracht[21] und ein goldener Schild im Senatsgebäude aufgehängt, den mir der Senat und das Volk von Rom gewidmet haben wegen meiner Tapferkeit und Milde, meiner Gerechtigkeit und Frömmigkeit, wie es die Aufschrift auf dem Schild besagt. Seit dieser Zeit überragte ich alle an Autorität, an Amtsgewalt aber besaß ich nicht mehr als die anderen, die ich im jeweiligen Amt zu Kollegen hatte.[22]

Der Ehrenschild des Augustus; Münze mit Lorbeer und Bürgerkranz

27 v. Chr. **EINST UND JETZT: DER VERFALL DER SITTEN** Liv., praef. 11–12
727 a. u. c.

Aus dem Vorwort zu Livius' »Römischer Geschichte«:
Kein Staat ist je größer, sittenstrenger und an guten Vorbildern reicher gewesen; in kein Volk sind Habgier und Verschwendungssucht so spät eingedrungen, in keinem haben Armut und Sparsamkeit so hoch und so lange in Ehren gestanden: je weniger man hatte, desto weniger begehrte man. Jüngst erst hat der Reichtum die Habgier in uns geweckt und das Übermaß der Vergnügungen das Verlangen, in Üppigkeit und Ausschweifung zugrunde zu gehen und alles zugrunde zu richten.

DIE AUGUSTEISCHE ERNEUERUNG

a) Götterverehrung Mon. Anc. 19–20
Aus dem Tatenbericht des Augustus:
Ich habe den Apollotempel auf dem Palatin erbaut, das Lupercal, das Pulvinar[23] am Circus Maximus, die Tempel des Jupiter Feretrius und des Jupiter Tonans auf dem Kapitol, den Tempel des Quirinus, den Tempel der Minerva, der Juno Regina und des Jupiter Libertas auf dem Aventin, ein Heiligtum der Laren am höchsten Punkt der Via Sacra, das Heiligtum der Penaten auf der Velia, den Tempel der Juventas und den Tempel der Magna Mater auf dem Palatin.

In meinem sechsten Konsulat (im Jahre 28) habe ich in Rom mit Ermächtigung durch den Senat 82 Tempel wiederherstellen lassen und dabei keinen ausgelassen, der zu diesem Zeitpunkt erneuerungsbedürftig war.

Suet., Aug. 31, 3–4

Die Zahl und das Ansehen der Priesterstellen vergrößerte Augustus, ebenso deren Einkünfte, vor allem die der Vestalinnen. Als einmal an Stelle einer Verstorbenen eine neue Priesterin zu wählen war und viele sich alle Mühe gaben, daß ihre Töchter nicht an der Auslosung teilnehmen müßten, schwor er feierlich, falls eine seiner Enkeltöchter das nötige Alter hätte, würde er sie selbst dafür vorschlagen.

Augustus beim Opfer

Augustus stellte verschiedene althergebrachte Bräuche, die allmählich in Vergessenheit geraten waren, wieder her, wie das Augurium für das Wohl des Staates, das Amt des Jupiterpriesters (flamen Dialis), die Jahrhundertfeier und das Kompitalienfest.

b) Ausrichtung am Vorbild der Vergangenheit Suet., Aug. 31,5
Nächst den unsterblichen Göttern erwies Augustus dem Andenken der Heerführer, die das Römische Reich aus kleinsten Anfängen zu solcher Größe gebracht hatten, die höchsten Ehren. Deshalb stellte er auch die ihnen errichteten Bauwerke unter Beibehaltung der alten Inschriften wieder her und errichtete ihnen allen in den beiden Säulenhallen seines neuen Forums Standbilder, die sie als Triumphatoren darstellten. In einem Edikt gab er bekannt, seine Absicht dabei sei, daß er selbst, solange er lebe, und dann auch die Herrscher späterer Zeiten von den Bürgern an diesem Vorbild gemessen würden.

Aus dem Vorwort zu Livius' »Römischer Geschichte«:

um 27 v. Chr.
727 a. u. c.
Liv., praef. 9–10

Jeder soll seine Aufmerksamkeit scharf darauf richten, wie das Leben, wie die Sitten gewesen sind, durch welche Männer und durch welche Eigenschaften zu Hause und im Krieg die Herrschaft errungen und vergrößert wurde; dann soll er verfolgen, wie mit dem allmählichen Nachlassen von Zucht und Ordnung die Sitten zunächst gleichsam sanken, wie sie darauf mehr und mehr hinabglitten und dann jäh zu stürzen begannen, bis es zu unseren Zeiten gekommen ist, in denen wir weder unsere Fehler noch die Heilmittel dagegen ertragen können.

Das ist vor allem beim Studium der Geschichte das Heilsame und Fruchtbare, daß man belehrende Beispiele jeder Art auf einem in die Augen fallenden Monument dargestellt findet. Daraus kann man für sich und seinen Staat entnehmen, was man nachahmen, daraus auch, was man meiden soll, da es schimpflich in seinem Anfang und schimpflich in seinem Ende.

c) Ehegesetze Suet., Aug. 34,1–2
Augustus führte einige neue Gesetze ein, wie das Gesetz über Ehebruch und Verletzung der Keuschheit und das über die Verpflichtung der Senatoren und Ritter zur Ehe.[24] Da er bei letzterem um einiges strengere Strafen[25] als bei den übrigen Gesetzen festgesetzt hatte, waren die Protestkundgebungen so heftig, daß er das Gesetz erst durchbringen konnte, nachdem er einen Teil der Strafen aufgehoben oder wenigstens abgemildert, die Frist zur Wiederverheiratung auf drei Jahre verlängert und die Belohnungen[26] erhöht hatte. Als die Ritter während eines öffentlichen Schauspiels hartnäckig die Aufhebung des Gesetzes forderten, ließ er die Kinder des Germanicus[27] holen, zeigte sie, indem er die einen selbst auf den Arm nahm, die anderen auf dem Schoß ihres Vaters sitzen

ließ, und bedeutete mit der Hand und der Miene, daß sie gut daran täten, dem Beispiel dieses jungen Mannes zu folgen.

Weil Augustus bemerkte, daß man durch Verlöbnisse mit noch nicht heiratsfähigen Mädchen und durch häufigen Wechsel der Ehe sein Gesetz zu umgehen suchte, schränkte er die Dauer der Verlöbnisse ein und regelte die die Scheidung betreffenden Bestimmungen.

DIE BAUTÄTIGKEIT DES AUGUSTUS Suet., Aug. 28,3 – 29,4; 30,2

Die Stadt, die nicht der Größe und Würde des Reiches entsprechend ausgeschmückt war, verschönerte Augustus in solchem Maße, daß er sich mit Recht rühmen durfte, er habe eine Stadt aus Backstein übernommen und hinterlasse eine aus Marmor.

Er errichtete zahlreiche öffentliche Bauten, von denen folgende wohl die bedeutendsten sind: das Augustus-Forum mit dem Tempel des Mars Ultor, der Apollotempel auf dem Palatin und der Tempel des Jupiter Tonans auf dem Kapitol. Das Forum erbaute er, weil für die große Einwohnerzahl und die Menge der Prozesse zwei Foren[28] nicht mehr ausreichten und ein drittes unbedingt notwendig erschien; deshalb wurde es in großer Eile, bevor noch der Marstempel vollendet war, der Öffentlichkeit übergeben. Den Marstempel hatte er im Krieg von Philippi gelobt; deshalb setzte er auch fest, daß der Senat dort über Kriege und Triumphe berate, daß von hier aus im feierlichen Geleit die Provinzstatthalter zum Antritt ihres Kommandos auszögen und daß dorthin die siegreichen Feldherren die Auszeichnungen für ihre Triumphe bringen sollten. Den Apollotempel ließ er in dem Teil seines Hauses auf dem Palatin errichten, den nach Auskunft der Haruspices der Gott selbst durch einen Blitzschlag gewünscht und bezeichnet hatte; daran anstoßend baute er Säulenhallen mit einer lateinischen und griechischen Bibliothek, wo er im Alter oft auch Senatssitzungen abhielt. Dem Jupiter Tonans weihte er den Tempel zum Dank für die Rettung aus Todesgefahr; auf dem Feldzug in Kantabrien hatte nämlich auf einem nächtlichen Marsch der Blitz dicht vor seiner Sänfte eingeschlagen und einen ihm voranschreitenden Sklaven getötet.

Einige Bauwerke ließ er auch im Namen anderer ausführen, nämlich seiner Enkel, seiner Frau und seiner Schwester wie die Säulenhalle und die Basilica des Gajus und Lucius, die Säulenhallen der Livia und der Octavia und das Theater des Marcellus. Er forderte auch andere Männer von Rang wiederholt auf, jeder solle nach seinen Mitteln die Stadt durch neue Monumente oder die Ausbesserung oder Ausschmückung bereits vorhandener verschönern.

Die infolge ihres Alters baufälligen Tempel renovierte er, an Stelle der durch Feuer zerstörten errichtete er Neubauten und bedachte diese und andere mit großzügigen Spenden.

(Ende Juni 23) legte Augustus das Konsulat nieder. Denn da er selbst und die Mehrzahl seiner Amtsgenossen, seitdem die Ordnung im Staate wiederhergestellt war, die Würde das ganze Jahr über bekleidet hatten, wollte er diesem Herkommen ein Ende setzen und damit erreichen, daß möglichst viele Konsuln werden könnten. Dem Herrscher trug diese Entscheidung Lob ein. Der Senat beschloß, daß Augustus Volkstribun auf Lebenszeit sein solle, und verlieh ihm das Recht, bei allen Sitzungen jedweden Gegenstand zu jeder beliebigen Zeit, auch wenn er nicht Konsul sei, zur Verhandlung zu bringen. In den Provinzen erhielt er eine Macht, die die der einzelnen Statthalter übertraf. Infolgedessen erlangten er wie auch seine Nachfolger eine gesetzliche Grundlage, neben den anderen Befugnissen auch die eines Volkstribunen auszuüben; denn diesen Titel nahmen weder Augustus noch sonst irgendein Kaiser an.

DIE RÖMISCHE WELTHERRSCHAFT

Verheißung Jupiters im Gespräch mit Venus:
Diesen[29] setze ich weder in Raum noch Zeit eine Grenze. Eine Herrschaft ohne Ende habe ich ihnen vergönnt. Ja, selbst die erbitterte Juno, die jetzt Meer und Erde und sogar den Himmel mit ihrer Angst plagt,[30] wird sich einen Besseren besinnen und mit mir zusammen den Römern gnädig sein, den Herren der Welt, dem Volk in der Toga. So ist's beschlossen! Es wird im Laufe der Jahre eine Zeit kommen, da das Haus des Assaracus[31] Phthia und das ruhmreiche Mykene unter sein Joch zwingt und im besiegten Argos herrscht. Geboren wird aus erlauchtem Geschlecht ein Trojaner, Caesar,[32] der seiner Macht erst am Ozean, seinem Ruhm am Sternenzelt Grenzen setzt, Julius, genannt nach dem Namen des Julus.

Verg., Aen. 1,278–288

Livius zur Gründung Roms:
Schicksalssprüchen dankt man, wie ich glaube, die Entstehung einer so bedeutenden Stadt und den Anfang der größten Macht, die nur noch von der der Götter übertroffen wird.

Liv. 1, 4,1

Verkündigung des Romulus nach seiner Aufnahme unter die Götter:[33]
Geh und verkünde den Römern, es sei der Wille der Himmlischen, daß mein Rom das Haupt des Erdkreises sei. Sie sollen also das Kriegswesen pflegen, und sie sollen es wissen und an ihre Nachkommen weitergeben, daß keine Macht der Welt den Waffen Roms widerstehen kann.

Liv. 1,16,7

Berufung der Römer zur Herrschaft und zur Schaffung einer Friedensordnung:

Verg., Aen.
6,847–853

Weicher werden aus Erz einst andere atmend Gebilde treiben, – ich glaube es –, formen lebendige Züge aus Marmor, führen gewandter das Wort vor Gericht und zeichnen des Himmels Bahnen genau mit dem Stab und künden steigende Sterne: Du aber, Römer, gedenk – so wirst du leisten dein Wesen – Völker kraft Amtes zu lenken und Ordnung zu stiften dem Frieden, Unterworf'ne zu schonen und niederzukämpfen Empörer.

Aus dem Tatenbericht des Augustus:

Mon. Anc.
26–27.30

Das Gebiet aller Provinzen des römischen Volkes, die Volksstämme zu Nachbarn hatten, die unserem Befehl nicht gehorchten, habe ich vergrößert. Die Provinzen Galliens und Spaniens, ebenso Germaniens, habe ich befriedet, ein Gebiet, das der Ozean von Gades bis zur Elbe umschließt. Die Alpen ließ ich von der Gegend, die der Adria zunächst liegt, bis zum Tyrrhenischen Meer befrieden, wobei mit keinem Volk widerrechtlich Krieg geführt wurde. Ägypten habe ich dem Herrschaftsgebiet des römischen Volkes hinzugefügt. Die Völker Pannoniens, mit denen kein Heer des römischen Volkes jemals zusammengetroffen war, bevor ich der erste Mann des Staates wurde, habe ich der Herrschaft des römischen Volkes unterworfen, nachdem sie von Tib. Nero, der damals noch mein Stiefsohn und mein Legat war, besiegt worden waren. Ich habe damit die Grenzen von Illyricum bis ans Ufer der Donau vorgeschoben. Als ein dakisches Heer über die Donau herüberkam, wurde es unter mir als oberstem Kriegsherrn vernichtend geschlagen, und später zwang mein über die Donau geführtes Heer die dakischen Volksstämme, die Herrschaft des römischen Volkes zu ertragen.

Aus einer von Augustus hinterlassenen Denkschrift:

Tac., ann. 1, 11,4

Augustus hatte den Rat hinzugefügt, man solle sich bescheiden innerhalb der jetzigen Grenzen des Reiches.

12. Mai
20 v. Chr.
734 a. u. c.

VERSTÄNDIGUNG MIT DEN PARTHERN, RÜCKGABE DER VERLORENEN FELDZEICHEN Suet., Aug. 21,3

Die Parther gestanden Augustus ohne Schwierigkeiten auf sein Verlangen hin Armenien zu, gaben ihm die Feldzeichen, die unter M. Crassus[34] und M. Antonius[35] verlorengegangen waren, wieder zurück und boten obendrein noch Geiseln an; schließlich erkannten sie, als sich einmal mehrere Prätendenten um den Thron stritten, nur den von Augustus Auserwählten als ihren König an.

DIE NIEDERLAGEN DES M. LOLLIUS
UND DES P. QUINTILIUS VARUS Suet., Aug. 23,1–2

Schwere, schimpfliche Niederlagen erlitt Augustus nur zwei, beide in Germanien: die des Lollius und die des Varus[36]; von diesen war die des Lollius eher

schmachvoll als verlustreich, die des Varus aber brachte das Reich an den Rand des Abgrunds, da drei Legionen mitsamt ihrem Feldherrn, den Legaten und sämtlichen Hilfstruppen vernichtet wurden. Auf die Nachricht von dieser Niederlage hin ließ Augustus in Rom Wachen aufziehen, damit kein Aufruhr entstand; und er verlängerte das Kommando der Provinzstatthalter, damit die Bundesgenossen durch erfahrene und ihnen bekannte Leute im Zaum gehalten würden. Er versprach auch feierlich große Spiele zu Ehren von Jupiter Optimus Maximus, wenn die Staatsangelegenheiten eine Wendung zum Besseren genommen hätten, wie das schon im Krieg gegen die Kimbern und gegen die Marser gemacht worden war. Er soll so niedergeschlagen gewesen sein, daß er sich einige Monate lang Bart und Haar wachsen ließ und bisweilen den Kopf gegen die Tür stieß mit dem Ruf: »Quintilius Varus, gib mir meine Legionen wieder!«; und jedes Jahr soll er den Tag dieser Niederlage in Trauer und Niedergeschlagenheit begangen haben.

Detail vom Panzer der Augustus-Statue von Primaporta mit der Rückgabe der von den Parthern erbeuteten römischen Feldzeichen

DAS ENDE DES DRUSUS Dio 55, 1,2 – 2,3

9 v. Chr.
745 a. u. c.

(9 v. Chr.) drang Drusus ins Chattenland ein und rückte bis zum Gebiet der Sueben vor, wobei er die von ihm durchzogenen Gaue unterwarf und die Feinde, die ihm entgegentraten, in blutigen Kämpfen besiegte. Von dort nahm er seinen Weg ins Land der Cherusker, überschritt die Weser und stieß, alles verwüstend, bis zur Elbe vor. Dieses Fluß wollte Drusus ebenfalls überqueren, doch mißlang der Versuch, und er mußte sich damit begnügen, Siegeszeichen aufzurichten. Ein Weib von übermenschlicher Größe trat ihm mit den Worten entgegen: »Wohin willst du denn, unersättlicher Drusus? Dir ist es nicht vergönnt, alle diese Lande zu schauen. Zieh also ab; denn schon ist das Ende deiner Taten und deines Lebens da!« Die Prophezeiung ging alsogleich in

Drusus

Erfüllung. Drusus kehrte eiligst um, und ehe er noch den Rhein erreichte, starb er mitten auf dem Wege an einer Krankheit.

Als Augustus von Drusus' Erkrankung erfuhr, entsandte er in aller Eile Tiberius zu ihm. Der fand ihn noch am Leben; nach dem Tode aber führte er die Leiche seines Bruders nach Rom. Der Tote wurde prunkvoll auf dem Forum aufgebahrt; Tiberius hielt ihm dort eine Lobrede, Augustus eine weitere im Circus Flaminius. Der Tote wurde dann zum Marsfeld getragen, dort den Flammen übergeben und im Mausoleum des Augustus beigesetzt.

2 v. Chr. DIE VERBANNUNG DER JULIA Vell. 2, 100,2–5
752 a. u. c.

(Im Jahre 2 v. Chr.) brach über das Haus des Augustus ein Unwetter herein. Seine Tochter Julia ließ ohne jede Rücksicht auf ihren großen Vater und ihren Gemahl bei ihrem verschwenderischen, zügellosen Treiben nichts aus, was eine Frau an Schändlichkeiten tun oder sich gefallen lassen kann. In ihrer hohen Stellung sah sie einen Freibrief zu allen Lastern; was ihr beliebte, das galt ihr als erlaubt.

Jullus Antonius, das lebendige Beispiel für die Milde des Augustus, nun der Schänder seines Hauses, richtete sich selbst. Augustus hatte ihm nach dem Sieg über seinen Vater nicht nur das Leben geschenkt, sondern ihn noch durch ein Priesteramt, die Prätur, das Konsulat und die Verwaltung von Provinzen ausgezeichnet, ja ihn sogar in seine allernächste Verwandtschaft aufgenommen, indem er ihm die Tochter[37] seiner Schwester zur Frau gab. Quinctius Crispinus, der seine absolute Nichtswürdigkeit hinter einer gewichtigen Miene verbarg, sowie App. Claudius, Sempronius Gracchus, Cornelius Scipio und andere Männer geringeren Namens aus dem Senatoren- wie aus dem Ritterstand wurden bestraft, als hätten sie die Gattin irgendeines beliebigen Mannes entehrt[38] und nicht die Tochter des Augustus und die Gemahlin des Tib. Nero. Julia wurde auf die Insel Pandateria verbannt. Ihre Mutter Scribonia begleitete sie und blieb bei ihr als freiwillige Gefährtin in ihrer Verbannung.

An seinem letzten Lebenstag fragte Augustus immer wieder, ob wegen seines Zustands draußen schon ein Auflauf entstanden sei. Dann bat er um einen Spiegel, ließ sich die Haare kämmen und die herabsinkenden Kinnladen anheben und fragte die zu ihm eingelassenen Freunde, ob sie fänden, daß er die Komödie des Lebens bis zum Ende gut gespielt habe. Auch fügte er auf griechisch die auf der Bühne übliche Schlußformel hinzu:

Livia, die Gattin des Augustus

»Hat unser Spiel euch gut gefallen, nun, so klatscht, und laßt, ihr alle, uns mit Beifallrufen ziehn!«

Darauf verabschiedete er alle, und während er noch einige Leute, die eben aus Rom gekommen waren, über die Krankheit von Drusus' Tochter befragte, verschied er plötzlich in den Armen Livias mit den Worten: »Livia, erinnere dich immer an unsere Ehe und lebe wohl!«

DIE ZEIT DER JULISCH-CLAUDISCHEN KAISER

14–68 n. Chr.

VON TIBERIUS BIS NERO

Augustus litt persönlich sehr darunter, daß er keinen Sohn, nur eine Tochter hatte, die sich zudem nicht immer in die Rolle schicken wollte, die er ihr zuwies. Immerhin hatte sie seinem alten Kampfgefährten Agrippa drei Söhne geschenkt, von denen er die beiden älteren, Gajus und Lucius, sehr liebte; mit dem dritten, nachgeborenen Agrippa Postumus kam er nicht klar; dieser endete, wie Julia und eine ihrer Töchter, in der Verbannung.

»Er nannte die drei immer nur seine Eiterbeulen und seine drei Krebsgeschwüre.«

(Sueton, Divus Augustus 65, 4)

Zu allem Unglück starben Gajus und Lucius schon in jungen Jahren, und da alle weiteren Hoffnungen sich zerschlagen hatten, sah sich der alternde Kaiser gezwungen, seinen Stiefsohn Tiberius, den er wenig schätzte, als Nachfolger hinzunehmen.

An diesem waren die Jahre des freiwilligen Rückzugs auf die Insel Rhodos und der erkennbaren Zurücksetzung nicht spurlos vorübergegangen: Er war menschenscheu, mißtrauisch und verschlossen und hielt sich auch als Kaiser am liebsten in seiner Villa auf der Insel Capri auf.

Wiewohl er sich als Heerführer und auch in der Verwaltung durch Umsicht und Korrektheit bewährt hatte, war er nicht populär; er erweckte auch nicht den Anschein, als sei er auf die Nachfolge des Augustus sonderlich erpicht, und ließ sich vom Senat lange und dringend bitten.

»Solches Reden war eher geziert als aufrichtig; Tiberius drückte sich auch, wenn er nichts zu verbergen suchte, sei's aufgrund seines Wesens oder aus bloßer Gewohnheit, immer unklar und dunkel aus. Damals aber, als er seine wirklichen Absichten absolut geheimhalten wollte, verhedderte er sich noch mehr in allerlei Zweideutigkeiten.«

(Tacitus, Annalen 1, 11)

Sieht man die Sache unvoreingenommen, dann lassen sich viele Gründe für das Zögern des bereits Fünfundfünfzigjährigen finden; für Tacitus, der ein weitgehend negatives Bild von Tiberius entwirft, steht fest: reine Verstellung!

Auch die dezidierte Bescheidenheit des Kaisers läßt sich so erklären, sein penibles Festhalten an der Verfassung, sein Respekt vor dem Senat; selbst für die schließliche Beendigung der Germanenkriege, die Germanicus mit viel Schwung, aber auch mit erheblichen Kosten und Verlusten geführt hatte, kann man den Neid des Tiberius gegen den charismatischen Feldherrn anführen – doch wie steht es mit der korrekten Verwaltung, der ausgeprägten Sparsamkeit des Kaisers? Wir meinen, Tiberius war erheblich besser als sein Ruf, und stellen dem im ganzen vernichtenden Urteil des Tacitus das uneingeschränkt positive des Vellejus Paterculus gegenüber, der unter diesem Kaiser seine *Historiae*

Romanae verfaßte und auch von Sejan, dem Prätorianerpräfekten, ein deutlich günstigeres Porträt liefert als der
große Annalist.

Fest steht, daß Tiberius dem Sejan lange Zeit blind
vertraute und dieser, während sich der Kaiser auf Capri
verkroch, in Rom ziemlich frei schalten und walten
konnte.

Wenn er tatsächlich – neben all den anderen ihm zuge-
schriebenen Untaten – sogar den Sohn des Tiberius mit
Gift aus dem Weg geräumt hat, dann hat er die Strafe
verdient, die ihn traf.

Man sollte jedoch nicht übersehen, daß die Anzeige einer einzigen Frau, der jüngeren Antonia, den Sturz Sejans
auslöste und die Beweise für seine bösen Absichten zum
Teil unter der Folter erpreßt wurden.

Während ältere Historiker gern das rabenschwarze
Tiberiusbild des Tacitus übernahmen, sieht man heute
durchaus auch die guten Eigenschaften dieses Kaisers und würdigt ihn als
eine vom Leben bitter enttäuschte, tragische Persönlichkeit.

Seinen zuerst mit viel Begeisterung und den schönsten Hoffnungen begrüßten Nachfolger, den Sohn des allseits beliebten und auf unklare Weise
ums Leben gekommenen Germanicus, kennen wir unter seinem Kosenamen
Caligula, Stiefelchen. Den hatten ihm Soldaten gegeben, weil seine Mutter
Agrippina ihr Söhnchen, wenn sie es ins Heerlager mitnahm, in eine Minia-
tur-Uniform steckte. Als junger Kaiser gab sich Caligula zunächst konziliant
und bescheiden, rehabilitierte unter Tiberius Verurteilte und Verbannte und
stellte noch laufende Verfahren ein. Zugleich versicherte er, er habe für Denunzianten keine Ohren, belohnte Verdiente, half Bedürftigen und sorgte
durch prächtige Spiele für die Unterhaltung der Massen.

Das alles änderte sich so plötzlich, daß die Annahme einer geistigen Erkrankung naheliegt: Caligula wurde größenwahnsinnig, ließ sich als Gott
verehren und führte Gespräche mit dem kapitolinischen Jupiter; er erwies
sich als heimtückisch, unberechenbar, grausam, sexuell unersättlich und
schamlos, brachte in kurzer Zeit den von Tiberius angesammelten Staatsschatz durch und verfiel danach auf allerlei üble Tricks, um wieder zu Geld
zu kommen.

Ein Feldzug, den er unternahm und der eigentlich Britannien gelten sollte,
geriet zur Farce, und als er bei seiner Rückkehr nach Rom allerlei dunkle
Morddrohungen ausstieß, war die Zeit reif, ihn aus dem Weg zu räumen.

Sein Nachfolger Claudius hatte die für viele nähere oder fernere Verwandte des Herrscherhauses tödlichen Zeiten nur deshalb überlebt, weil ihn
niemand ernst nahm; von Kind an wegen verschiedener Behinderungen

»Tiberius stand wegen seiner
Lebensführung in einem hervorragenden Ruf, solange er Privatmann
war oder unter Augustus militärische
Operationen leitete; undurchsichtig
und verschlagen zeigte er sich, um
gute Eigenschaften vorzutäuschen, solange Germanicus und Drusus wohlauf waren; zwischen Gut und Böse
schwankte er, als seine Mutter noch
lebte; entsetzlich grausam, verbarg er
doch seine abartigen Neigungen, solange er Sejan schätzte und fürchtete;
schließlich stürzte er sich in Verbrechen und Schändlichkeiten, als er
ohne Scham und Furcht seiner eigenen Wesensart nachgeben konnte.«
(Tacitus, Annalen 6, 51)

zurückgesetzt, betrieb er literarische und historische Studien und dachte nicht im Traum daran, Kaiser zu werden.

Als ihn nach der Ermordung Caligulas der Zufall auf den Thron gehoben hatte, gab er sich dem Senat gegenüber respektvoll und bescheiden, korrigierte die schlimmsten Willkürakte Caligulas, wenn sie denn noch wiedergutzumachen waren, und zeigte großes Interesse an der Rechtsprechung. Ihm lag an einer guten Verwaltung der Provinzen, und er eröffnete Provinzialen die Möglichkeit, in den Senat aufgenommen zu werden. Für die Versorgung der Stadt Rom war der großzügige Ausbau des Hafens von Ostia wichtig, außenpolitisch gelang die Unterwerfung eines Teils von Britannien, was Caesar auf zwei Expeditionen nur versucht hatte. Der Kaiser hielt sich persönlich auf der Insel auf und leitete auch militärische Operationen; der große Idiot, als den Caligula ihn eingeschätzt und behandelt hatte, war er wohl doch nicht. Die im ganzen gute und effektive Staatsverwaltung lag freilich in den Händen tüchtiger Freigelassener. Daß an diesen Händen bisweilen viel Geld kleben blieb, ist begreiflich. Schwerer wiegt der Vorwurf, Claudius habe sich von seinen Freigelassenen und seinen Frauen wie ein Hampelmann gängeln lassen und sogar Todesurteile, die man ihm vorlegte, ohne weitere Prüfung des Sachverhalts unterschrieben.

Daß seine Frau Messalina, die er abgöttisch liebte, herzlich wenig von ihm hielt, zeigte sie durch ihr Verhalten. Ihren schließlichen Sturz führte der energische Freigelassene Narcissus herbei, als sie es gar zu toll trieb.

Da Claudius nicht lange ohne Frau sein konnte, heiratete er bald danach seine Nichte Julia Agrippina die Jüngere, die offensichtlich darauf brannte, ihren Sohn Nero an der Stelle von Claudius' eigenem Sohn Britannicus auf den Thron zu bringen, und die dieses Ziel auch erreichte. Claudius erkannte zu spät, welches Spiel sie mit ihm trieb, und wurde vergiftet, ehe er das dem Britannicus angetane Unrecht wiedergutmachen konnte.

Wiewohl Nero durch ein kaum zu verheimlichendes Verbrechen an die Macht gekommen war, wurde der Wechsel von einem alten, in vielem merkwürdigen Herrscher zu einem jungen, hoffnungsfrohen begeistert begrüßt. Neros Erzieher Seneca leistete dazu einen nicht unwesentlichen Beitrag, indem er für seinen Zögling nicht nur eine hübsche, aber wegen ihrer offenbaren Überzeichnungen viel belachte Leichenrede für Claudius schrieb, sondern auch dem Kaiser, während dessen Herrschaft er, vermutlich aufgrund einer Intrige der Messalina, hatte in die Verbannung gehen müssen, eine bitterböse Satire ins Grab nachschickte, die *Apokolokyntosis* (»Verkürbissung« bzw. »Veräppelung«).

Gleichzeitig pries Seneca den neuen Princeps in den höchsten Tönen: Dieser göttergleiche Jüngling werde goldene Zeiten für Rom herbeiführen!

Tatsächlich waren die ersten Jahre Neros, in denen Seneca und der Prätorianerpräfekt Sextus Afranius Burrus die Regierung führten und Neros erste Eskapaden lieber übersahen als tadelten, eine gute Zeit für Rom. Schlimm kam es für den armen Britannicus: Nero reichte ihm eigenhändig das Gift, das ihn tötete. Bei Agrippina, die ihm wegen ihrer Herrschsucht suspekt war, schlugen entsprechende Versuche fehl: Sie wußte sich durch Gegengifte zu sichern, konnte aber auf Dauer der kriminellen Energie ihres entarteten Sohnes nicht entgehen – und Seneca setzte das Schreiben an den Senat auf, in dem der Muttermord gerechtfertigt wurde! Auch Octavia, Neros Stiefschwester, mit der ihn Claudius vermählt hatte, mußte ihr Leben lassen, weil sich Nero in eine andere Frau, Poppaea Sabina, verliebt hatte.

Das Schicksal der bedauernswerten Kaiserin behandelt ein zusammen mit Senecas Tragödien überliefertes Trauerspiel »Octavia«, das einzig erhaltene Beispiel einer *fabula praetexta*, d. h. eines Stücks aus der römischen Geschichte. Sollte es wirklich von Seneca stammen, so wäre es ein Zeugnis dafür, daß er sich – spät genug – von seinem zum Scheusal mutierten Zögling distanzierte. Auf die Opernbühne brachte Claudio Monteverdi den Stoff in »Die Krönung der Poppaea«.

Mit dem Tod des Burrus schwand Senecas Einfluß auf den Kaiser, der immer heftiger danach verlangte, als Wagenlenker und Sänger zur Kithara öffentlich aufzutreten. Ein Großbrand im Jahr 64 ließ weite Teile Roms in Schutt und Asche sinken und gab Nero Gelegenheit, eine unvorstellbar prächtige Park- und Palastanlage, das »Goldene Haus«, zu errichten.

»Allmählich lebe ich wie ein Mensch.«
(Nero über sein Goldenes Haus bei Sueton)

Da sich hartnäckig das Gerücht hielt, er habe den Brand selbst gelegt, suchte er nach Sündenböcken und fand sie in den Christen; ihre Verfolgung blieb allerdings auf Rom beschränkt: Man quälte und tötete sie ja nicht wegen ihres Glaubens, sondern als angebliche Brandstifter.

Im nächsten Jahr wurde eine großangelegte Verschwörung aufgedeckt, in die angeblich auch Seneca eingeweiht war. Obwohl er das heftig bestritt, mußte er sterben.

66 n. Chr. ging Nero auf Tournee nach Griechenland und ließ sich zwei Jahre lang an allen möglichen Orten feiern; nach seiner Rückkehr hatte er nur noch wenige Monate zu leben: Die Statthalter in den Provinzen sagten sich nacheinander vom Kaiser los, die Truppen versagten ihm den Gehorsam und der Senat ächtete ihn. Darauf nahm er sich mit Hilfe seines Sekretärs das Leben. »Welch ein Künstler stirbt mit mir«, sollen seine letzten Worte gewesen sein.

DAS ZAUDERN DES TIBERIUS BEIM ANTRETEN DER REGIERUNG

Suet., Aug. 101,2; Tac., ann. 1, 8,1–2; 11,1; 12,1–3; 13,5

In der ersten Senatssitzung nach dem Tode des Augustus ließ Tiberius nur über die letzten Ehren für Augustus verhandeln. Dessen Testament wurde von den Vestalinnen herbeigebracht. Als Erben waren Tiberius und Livia eingesetzt; beide sollten seinen Namen tragen. Dem Volk und der Plebs vermachte er 43 ½ Millionen Sesterzen, jedem Prätorianer 1000, den städtischen Kohorten 500 pro Mann und jedem Legionär 300.

Bei der nächsten Sitzung richtete man an Tiberius die Bitte, er möge die Regierung übernehmen. Doch jener brachte allerlei Ausflüchte vor über die Größe des Reiches und seine eigene Unzulänglichkeit. Einer so ungeheuren Aufgabe sei nur ein Geist wie der des göttlichen Augustus gewachsen gewesen. Er sei von diesem bei einem Teil der Regierungsgeschäfte hinzugezogen worden und habe so erfahren, wie beschwerlich, wie sehr vom Glück abhängig die Last sei, das Ganze zu regieren. Daher sollten sie in einem Staate, der sich auf so viele hervorragende Männer stützen könne, doch nicht einem alles aufbürden; die vereinten Kräfte mehrerer würden den Regierungsanforderungen leichter gerecht werden.

Während sich nun der Senat zu den demütigsten Bitten erniedrigte, erklärte Tiberius beiläufig, der Regierung des Ganzen sei er zwar nicht gewachsen, aber wenn man ihm einen Teil übertrage, werde er dieses Amt auf sich nehmen. Darauf sagte Asinius Gallus: »Ich frage dich, Caesar, welchen Teil du dir übertragen lassen willst.« Bestürzt über die unvorhergesehene Frage, schwieg Tiberius eine Weile. Als er sich dann gefaßt hatte, gab er zur Antwort, sein Schamgefühl lasse nicht zu, daß er etwas wähle oder zurückweise, wo er doch am liebsten auf das Ganze verzichte. Gallus – er hatte nämlich aus Tiberius' Miene geschlossen, daß er ihn beleidigt hatte – sagte darauf, er habe seine Frage nicht deshalb gestellt, daß Tiberius teile, was sich nicht trennen lasse, sondern damit durch sein Eingeständnis erwiesen werde, daß der Staatskörper eine Einheit sei und von einem einzigen gelenkt werden müsse. ...

Divus Augustus pater / Mein vergöttlichter Vater Augustus (Münze des Tiberius).
Am 17. September 14 verkündete der Senat die Erhebung des Augustus zum Gott.

Ermüdet durch die Zurufe der ganzen Versammlung und durch die dringende Aufforderung einzelner lenkte Tiberius allmählich ein; nicht daß er erklärt hätte, er übernehme die Regierung, aber er hörte wenigstens auf, abzulehnen und sich bitten zu lassen.

TIBERIUS IN DEN ERSTEN JAHREN SEINER REGIERUNG Suet., Tib. 26,1–2; 27   **14–23 v. Chr.**
767–776 a. u. c.

Tiberius führte anfangs ein recht bescheidenes Leben, fast dem eines Privatmannes entsprechend. Von den zahlreichen Ehren, die ihm angetragen wurden, nahm er nur wenige, und zwar die geringsten, an. Den Vornamen »Imperator« sowie den Beinamen »Vater des Vaterlandes« und das Aufhängen eines Bürgerkranzes in der Vorhalle seines Hauses lehnte er ab; selbst den Namen »Augustus«, den er doch ererbt hatte, fügte er nur in Briefen an Könige und Fürsten bei.

Gegen Schmeicheleien war Tiberius empfindlich. Wenn jemand im Gespräch oder auch in einer Ansprache allzu schmeichelhaft über ihn redete, scheute er sich nicht, ihn zu unterbrechen und zu tadeln. Als ihn jemand mit »Herr« anredete, verbat er sich für die Zukunft diese für ihn beleidigende Bezeichnung.

Die Staatsgeschäfte und die wichtigsten Privatangelegenheiten wurden im Senat   Tac., ann. 3, 65,2–3 verhandelt. Den führenden Männern stand es frei, ihre Meinung zu äußern; wer in Schmeichelei verfiel, den wies der Kaiser selbst zurecht. Die Staatsämter verlieh er aufgrund des Adels der Vorfahren, der Verdienste im Krieg und hervorragender Leistungen im Frieden; damit war hinreichend gewährleistet, daß nicht andere tüchtiger waren. Die Konsuln hatten ihr gebührendes Ansehen, die Prätoren ebenfalls; auch die nachgeordneten Beamten konnten von ihren Befugnissen vollen Gebrauch machen. Die Gesetze wurden angemessen angewandt.

Tiberius sorgte auch dafür, daß die Provinzen nicht durch neue Steuerlasten beunruhigt wurden und die alten tragen konnten, ohne unter der Habgier und Härte der Beamten zu leiden.

Obwohl Tiberius nicht leutselig war, sondern abstoßend und vielfach gefürchtet, behielt er dies alles bei, bis mit dem Tode seines Sohnes Drusus (14. September 23) eine Wende eintrat.

DER EINFLUSS DES SEJANUS Tac. ann. 4, 6,1; 1,1 – 2,3

Das Jahr 23 leitete für die Regierung des Tiberius die Wendung zum Schlimmeren ein; er begann jetzt seine Grausamkeit zu zeigen und der Grausamkeit anderer Vorschub zu leisten.

Kaiser Tiberius (14–37)

Ausgangspunkt und Ursache lagen in der Person des Aelius Sejanus, des Präfekten der Prätorianerkohorten. Er fesselte Tiberius durch allerlei Kunstgriffe so sehr an sich, daß der gegen andere verschlossene Mann ihm gegenüber vertrauensselig und offenherzig wurde. Seine wahren Absichten ließ er nicht erkennen, gegen andere arbeitete er mit Verleumdungen. Er war ebenso unterwürfig wie überheblich; nach außen hin heuchelte er Bescheidenheit, in seinem Inneren brannte die Gier, das Höchste zu erreichen. Aus diesem Grund sah man an ihm bald Großzügigkeit und Verschwendungssucht, öfter aber wachsame Betriebsamkeit, die nicht weniger verhängnisvoll ist, wenn sie vorgetäuscht wird, um den Griff nach der Herrschaft zu ermöglichen.

Die Machtstellung des Präfekten, die bis dahin unbedeutend war, hob er dadurch, daß er die über die Stadt hin verstreuten Kohorten in einem einzigen Lager zusammenzog. Sie sollten die Befehle gleichzeitig erhalten, sollten ihre Zahl und Stärke vor Augen haben, dadurch Selbstvertrauen gewinnen, den anderen aber Furcht einjagen. Er schützte vor, daß Soldaten, die getrennt untergebracht seien, sich leichter gehen ließen; wenn eine plötzliche Gefahr eintrete, könne man gleichzeitig mit einem größeren Aufgebot eingreifen; auch würden die Soldaten strengere Zucht einhalten, wenn ein befestigtes Lager fern von den Verlockungen der Großstadt errichtet werde.

Als das Lager fertig war, wußte er die Soldaten allmählich für sich zu gewinnen, indem er sie besuchte und sie ansprach; zugleich wählte er auch die Centurionen und Tribunen selbst aus. Auch unterließ er es nicht, um die Gunst der Senatoren zu buhlen, und verschaffte seinen Schützlingen Ämter und Statthalterposten. Tiberius ließ ihn gewähren und war ihm so geneigt, daß er ihn nicht nur in Gesprächen, sondern auch im Senat und vor dem Volk als Mitarbeiter bei seiner mühevollen Tätigkeit pries und die Aufstellung seiner Standbilder in den Theatern, auf den Märkten und in den Legionslagern zuließ.

DIE PROZESSE WEGEN MAJESTÄTSVERLETZUNG Tac., ann. 1, 72,2–4

Tiberius hatte das Majestätsgesetz wieder angewandt. Es hatte zwar bei den Vorfahren die gleiche Bezeichnung, doch kamen damals andere Verfehlungen

vor Gericht: falls nämlich einer etwa das Heer verraten oder die Plebs aufge-
wiegelt, schließlich die Hoheit des römischen Volkes durch verwerflichen Gebrauch seiner amtlichen Vollmachten beeinträchtigt hatte; aber nur Taten kamen unter Anklage, Worte blieben ungestraft. Als erster ließ Augustus eine
Untersuchung über Schmähschriften unter dem Deckmantel dieses Gesetzes
anstellen, verärgert über die Frechheit des Cassius Severus, mit der dieser hochgestellte Männer und Frauen durch Spottschriften in üblen Ruf gebracht hatte.
Später antwortete Tiberius auf die Anfrage des Prätors Pompejus Macer, ob
Gerichtsverfahren wegen Majestätsverbrechen zugelassen werden sollten, Gesetze müsse man anwenden. Auch ihn erbitterten die von unbekannten Verfas-
sern verbreiteten Spottgedichte auf seine Grausamkeit, seinen Hochmut und
seine Unfähigkeit, sich mit seiner Mutter zu vertragen.

Es wurden nicht nur Sklaven gefoltert, damit sie gegen ihre Herren aussagten, Dio 57, 19,2
sondern auch Freigelassene sowie Bürger. Und diejenigen, die Anklage erhoben
oder als Zeugen aussagten, teilten sich durchs Los in den Besitz der Verurteilten
und empfingen dazu noch Ämter und Ehren.

DER PROZESS GEGEN CREMUTIUS CORDUS Tac., ann. 4, 34,1–4; 35,2–4   **25 n. Chr.**
778 a. u. c.

Im Jahre 25 wurde Cremutius Cordus belangt mit der neuen und damals zum
erstenmal gehörten Anschuldigung, er habe in seinem Geschichtswerk M. Brutus gelobt und C. Cassius den letzten Römer genannt. Die Anklage vertraten
Satrius Secundus und Pinarius Natta, beide Klienten des Sejanus. Dies mußte
dem Angeklagten Verderben bringen, dazu der Umstand, daß der Kaiser mit
finsterer Miene die Verteidigungsrede anhörte, die Cremutius, bereits entschlossen, sich das Leben zu nehmen, folgendermaßen begann: »Meine Worte, Senatoren, werden mir vorgeworfen; so untadelig bin ich in meinen Handlungen.
Aber auch jene richten sich nicht gegen den Princeps oder den Vater des Princeps, für die das Majestätsgesetz gilt. Man sagt, ich habe Brutus und Cassius gelobt, deren Taten, so viele sie auch dargestellt haben, niemand ohne ehrende
Anerkennung erwähnt hat. T. Livius, wegen seiner Darstellungskunst und Zu-
verlässigkeit hochberühmt vor allen, hat Cn. Pompejus mit so hohem Lob bedacht, daß Augustus ihn einen Pompejaner nannte; das hat aber ihrer Freundschaft nicht geschadet. Einen Scipio, einen Afranius, eben diesen Cassius, diesen
Brutus bezeichnet er nirgends als Räuber und Hochverräter, wie man es heute
tut, oft hingegen als ausgezeichnete Männer. Asinius Pollios Schriften vermit-
teln von beiden ein herausragendes Bild; Messala Corvinus rühmte Cassius als
seinen Feldherrn; und beide blieben im Genuß ihres Reichtums und ihrer Ehrenämter.

Stehen Brutus und Cassius etwa noch unter Waffen und halten die Ebene von Philippi? Und rufe ich etwa in Volksversammlungen das Volk zum Bürgerkrieg auf? Oder sind jene Männer nicht vielmehr an die 70 Jahre tot, und behaupten sie nicht, wie man sie von ihren Bildnissen kennt, die nicht einmal der Sieger beseitigen ließ, ihren Platz in der Geschichtsschreibung? Die Nachwelt ehrt einen jeden, wie er es verdient. Wenn mich der Urteilsspruch trifft, wird es nicht an Leuten fehlen, die nicht nur des Cassius und Brutus, sondern auch meiner gedenken.«

Danach verließ er den Senat und beendete sein Leben durch den Hungertod. Der Senat beschloß, seine Bücher durch die Ädilen verbrennen zu lassen; doch sie sind erhalten geblieben: man versteckte sie und gab sie wieder heraus.

GRAUSAMKEIT DES TIBERIUS Suet., Tib. 54,1–2

Tiberius empfahl Nero und Drusus, die beiden ältesten Söhne des Germanicus, dem Senat und feierte den Tag ihrer Volljährigkeit mit einer Spende an das Volk. Als er aber erfuhr, daß für ihr Wohl öffentliche Gelübde getan wurden, erklärte er im Senat, solche Auszeichnungen gebührten nur bewährten älteren Männern. Von diesem Zeitpunkt an gab er sie den Verleumdungen aller preis und ließ ihnen die verschiedensten Fallen stellen, um sie dazu zu bringen, gereizt ihrem Unmut freien Lauf zu lassen, was ihm dann sofort hinterbracht wurde. Darauf klagte er sie in einem Brief an, der voll der bittersten Schmähungen war, erklärte sie zu Staatsfeinden und ließ sie verhungern: Nero auf der Insel Pontia, Drusus in den untersten Gewölben des Palatiums[1]. Man nimmt an, daß Nero zum Selbstmord getrieben wurde, und zwar dadurch, daß man ihm, angeblich im Auftrag des Senats, einen Henker sandte, der ihm die Folterwerkzeuge zeigte. Drusus aber soll jede Nahrung entzogen worden sein, so daß er sogar die Polsterung seiner Matratze zu essen versuchte.

Tac., ann. 5, 9,1–2 Man beschloß[2], auch die Kinder des Sejanus zu bestrafen. Sie wurden also in den Kerker gebracht. Der Sohn ahnte, was ihm drohte, das Mädchen war so ahnungslos, daß es wiederholt fragte, was es denn verbrochen habe und wohin man es schleppe; sie werde es auch nicht wieder tun, und man könne sie wie ein Kind mit der Rute zurechtweisen. Zeitgenössische Schriftsteller berichten, weil es als unerhört galt, daß eine Jungfrau die Todesstrafe erlitt, sei sie vom Henker kurz vor der Hinrichtung geschändet worden; dann habe man sie erdrosselt.

Sex. Marius brachte seine Tochter, ein wunderschönes Mädchen, an einen Zufluchtsort, um ihre Schändung durch Tiberius zu verhindern. Daraufhin wurde er des strafbaren Verkehrs bezichtigt und mußte mit ihr sterben.

Bei vielen Leuten ließ Tiberius den Tag und die Stunde ihrer Geburt feststellen und schloß von dieser Grundlage aus auf ihren Charakter und ihr Schicksal; entdeckte er bei irgend jemandem eine besondere Fähigkeit oder eine Aussicht, an die Macht zu gelangen, so war er ein Kind des Todes.   Dio 57, 19,3

DER RÜCKZUG DES TIBERIUS
NACH KAMPANIEN UND CAPRI Tac., ann. 4, 57,1–3; 67,1–3

26/27 und
27–37 n. Chr.
779/780 und
780–790 a. u. c.

Im Jahre 26 führte der Kaiser seinen schon lange erwogenen und mehrfach verschobenen Plan aus und reiste endlich nach Kampanien ab, angeblich um in Capua den Tempel für Jupiter, in Nola den für Augustus zu weihen, in Wirklichkeit aber fest entschlossen, fern der Hauptstadt zu leben.

Den Anlaß für seine Abreise sehen die meisten Quellen in Machenschaften des Sejanus; weil Tiberius jedoch nach Sejans Hinrichtung (18. Oktober 31) weitere sechs Jahre ununterbrochen in gleicher Zurückgezogenheit verbrachte, werde ich unsicher, ob es nicht der Wahrheit näher käme, das Motiv in ihm selbst zu suchen, der seiner Grausamkeit und Wollust freien Lauf lassen, sie aber durch seinen Aufenthaltsort den Blicken entziehen wollte. Manche glaubten auch, er habe sich im Alter seiner äußeren Erscheinung geschämt. Bei hohem Wuchs war er sehr hager und ging gebeugt; sein Scheitel war kahl, sein Gesicht voller Ausschlag und meist mit Pflastern übersät.

Es heißt auch, es sei die Herrschsucht seiner Mutter gewesen, die ihn fortgetrieben habe. Er wollte die Herrschaft nicht mit ihr teilen und konnte sie doch nicht davon ausschließen, weil er sie als Geschenk aus ihren Händen erhalten hatte. Augustus hatte nämlich daran gedacht, den Enkel seiner Schwester, den von aller Welt geschätzten Germanicus, an die Spitze des Reiches zu stellen. Aber er gab den Bitten seiner Gemahlin nach, ließ Tiberius den Germanicus adoptieren und adoptierte selber den Tiberius. Das hielt ihm die Augusta immer wieder vor und forderte Dank dafür.

Der Kaiser hatte nach der Einweihung der Tempel in Kampanien in einem Erlaß verfügt, niemand solle ihn in seiner Ruhe stören und das Zusammenströmen der Bevölkerung solle durch Militärposten verhindert werden. Trotzdem gefiel es ihm in den Städten, überhaupt auf dem Festland nicht mehr, und er zog sich auf die Insel Capri zurück, die durch eine drei Meilen breite Meerenge von der Spitze des Kaps von Sorrent getrennt ist. Ihm gefiel wohl vor allem die Abgeschiedenheit der Insel; das Meer bietet auf keiner Seite einen Hafen, kaum für kleinere Schiffe finden sich ein paar Anlegeplätze. Auch kann wohl niemand landen, ohne daß es von einem Wächter bemerkt würde. Die Witterung ist im Winter mild, weil ein vorgelagertes Gebirge die rauhen Winde abhält; der Sommer ist überaus angenehm, weil die Insel dem Westwind zugewandt ist und das Meer ringsum offen daliegt. Auch bot sich die Aussicht auf einen herrlichen Golf, bevor der Ausbruch des Vesuv das Gesicht der Landschaft veränderte.

Tiberius setzte sich mit zwölf mächtigen, verschieden benannten Villenbauten auf der Insel fest. Wie er einst mit Eifer die Regierung geführt, so gab er sich jetzt heimlichen Ausschweifungen und verwerflichem Müßiggang hin.

18. Oktober 31 n. Chr. 784 a. u. c. **DER STURZ DES SEJANUS** Dio 58, 5,1; 6,2; 9,2 – 10,1.5.8; 11,4–5

Sejanus war so mächtig geworden, daß er selbst Kaiser, Tiberius aber nur der Beherrscher einer Insel zu sein schien. Tiberius ging daher mit sich zu Rate, wie er ihn beseitigen könne. Um ihn möglichst ahnungslos zu treffen, streute er zunächst das Gerücht aus, er wolle ihm die tribunizische Gewalt übertragen. Hierauf ließ er dem Senat durch Q. Naevius Macro, den er heimlich zum Befehlshaber der Leibgarde ernannt und über alle nötigen Maßnahmen unterrichtet hatte, einen Brief zugehen. Macro traf, als gelte es irgendeinen anderen Auftrag zu erledigen, bei Nacht in Rom ein und setzte von seinen Instruktionen den damaligen Konsul P. Memmius Regulus – sein Amtsgenosse stand auf seiten des Sejanus – sowie P. Graecinius Laco, den Befehlshaber der Stadtpolizei, in Kenntnis. Mit Tagesanbruch stieg Macro zum Palatin empor – die Senatssitzung sollte nämlich im Apollotempel stattfinden – und schickte die Prätorianer, die den Senat bewachen sollten, in ihr Heerlager zurück, nachdem er ihnen seine Bestallung kundgetan und erklärt hatte, daß er ein Schreiben des Tiberius bei sich trage, das ihnen gewisse Belohnungen zukommen lasse. Dann ließ er statt der Prätorianer die Stadtpolizei rings um den Tempel Stellung beziehen, betrat den Raum, übergab den Konsuln den Brief und verließ den Tempel wieder, ehe auch nur ein einziges Wort verlesen worden war.

Dann wurde der Brief verlesen. Er war umfangreich und enthielt keine massive Anklage gegen Sejanus, vielmehr am Anfang irgendeine andere Sache, dann einen leichten Tadel an seinem Verhalten, hierauf sonst einen Gegenstand und anschließend eine weitere Rüge für ihn. Am Ende fand sich die Bemerkung, daß zwei von den Senatoren, die zu den engsten Vertrauten Sejans zählten, bestraft werden müßten und er selbst unter Bewachung zu stellen sei. Die Prätoren und Volkstribunen umringten Sejan, damit er nicht weg eile und einen Aufruhr anstifte. Regulus befragte nur einen einzigen Senator, und als dieser der Verhaftung zustimmte, führte er Sejanus aus dem Senat und brachte ihn ins

Gefängnis. Kurz darauf, am gleichen Tage noch, trat der Senat nahe beim Gefängnis im Tempel der Concordia erneut zusammen und fällte das Todesurteil. Gleich darauf wurde Sejanus hingerichtet.

CALIGULA Tac., ann. 6, 20,1

Caligula, der seinen Großvater nach Capri begleitet hatte, verbarg seinen brutalen Charakter hinter heuchlerischer Bescheidenheit und gab weder bei der Verurteilung seiner Mutter[3] noch beim Sturz seiner Brüder[4] einen Ton von sich. Welche Stimmung sich Tiberius auch an einem Tag zugelegt haben mochte, er zeigte die gleiche Haltung, verwendete nicht wesentlich verschiedene Ausdrücke. Daher machte später die geistreiche Bemerkung des Redners Passienus die Runde, es habe nie einen besseren Sklaven noch einen schlechteren Herrscher gegeben.

DAS ENDE DES TIBERIUS Tac., ann. 6, 50,2–5

16. März
37 n. Chr.
790 a. u. c.

Tiberius hatte einen ausgezeichneten Arzt namens Charikles. Dieser ergriff, als wolle er sich verabschieden, seine Hand und fühlte ihm dabei den Puls. Doch die Täuschung gelang nicht; denn Tiberius, der sich möglicherweise gekränkt fühlte und um so mehr seinen Unmut unterdrückte, ließ ein Mahl auftragen und blieb über die gewöhnliche Zeit hinaus bei Tisch, als wolle er dem scheidenden Freund eine Ehre erweisen. Charikles gab jedoch Macro die Versicherung, es gehe zu Ende und werde nicht mehr länger als zwei Tage dauern. Daraufhin wurden durch Absprachen unter den Anwesenden und durch Botschaften an die Legaten und Heere eilends alle Maßnahmen getroffen.

Am 16. März setzte der Atem aus, und man glaubte, er sei aus dem Leben geschieden. Und eben wollte Caligula zur Übernahme der Regierungsgewalt heraustreten, als plötzlich gemeldet wurde, Tiberius komme wieder zu sich und rufe, man solle ihm zur Erholung von der Ohnmacht zu essen bringen. Schrecken packte jetzt alle, die übrigen stoben nach allen Seiten auseinander, und jeder stellte sich betrübt oder unwissend; Caligula, in Schweigen erstarrt, erwartete das Schlimmste. Macro aber gab unerschrocken Befehl, den Greis durch das Überwerfen vieler Decken zu ersticken und dann das Zimmer zu verlassen. So endete Tiberius im 78. Lebensjahr.

DER REGIERUNGSANTRITT CALIGULAS Suet., Cal. 13; 14,1; 15,1

Caligula erschien der Mehrzahl der Provinzbewohner und Soldaten, von denen die meisten ihn ja schon als Kind gekannt hatten, als der heißersehnte Fürst. Das gleiche läßt sich aber auch von der gesamten Bevölkerung der Hauptstadt sagen, die sich an seinen Vater Germanicus erinnerte und Mitleid mit dieser fast ganz ausgerotteten Familie empfand. Nach seinem Einzug in Rom (28. März 37) wurde ihm sogleich einstimmig vom Senat und von der ins Senatsgebäude eingedrungenen Menge die unbeschränkte Regierungsgewalt übertragen.[5]

Er suchte zunächst durch allerlei populäre Maßnahmen[6] die Zuneigung des Volkes zu gewinnen.

DER BEGINN DER DESPOTISCHEN WILLKÜRHERRSCHAFT Dio 59, 8,1.3

Kaiser Caligula (37–41)

Im Oktober 37 erkrankte Caligula ernsthaft, kam aber mit dem Leben davon. Er ordnete dann den Tod seines Vetters Tiberius Gemellus an, obschon er ihn an Sohnes Statt angenommen hatte. Als Anschuldigung brachte er gegen den Knaben vor, er habe seinen Tod gewünscht und daraus Nutzen ziehen wollen.[7]

Der Plebejer P. Afranius Potitus hatte damals aus einfältiger Schmeichelei heraus unter Eid versprochen, sein Leben zu opfern, wenn Caligula wieder gesund werde; und der Ritter Atanius Secundus wollte in diesem Falle als Gladiator auftreten. Doch statt das Geld zu erhalten, das sie vom Herrscher für ihre Todesbereitschaft erwarteten, wurden sie zur Einhaltung ihres Versprechens gezwungen.

Nachdem Caligula zum erstenmal einige Unschuldige getötet hatte, zeigte er, als habe er wie ein Raubtier Blut geleckt, sein wahres Wesen, und daraufhin folgten drei Jahre, in denen

Aur. Vict. 3,9   der Erdkreis durch vielfaltiges Ungluck des Senats und gerade der trefflichsten Männer besudelt wurde.

ZWEI AUSSPRÜCHE CALIGULAS Suet., Cal. 29,1

Auf eine Ermahnung seiner Großmutter Antonia antwortete Caligula, wie wenn es nicht genug gewesen wäre, nicht zu gehorchen: »Denke immer daran, daß mir alles erlaubt ist und gegen alle!«

Häufig prahlte Caligula mit dem Vers des tragischen Dichters: Suet.,Cal. 30,1
»Mögen sie mich hassen, wenn sie mich nur fürchten!«

CALIGULA UND DER SENAT Suet., Cal. 26,2

Einige Senatoren, die höchste Ämter bekleidet hatten, ließ Caligula in der Toga einige Meilen neben seinem Wagen herlaufen, andere, während er aß, mit einem Leinenschurz bekleidet, hinter seinem Speisesofa oder zu dessen Füßen stehen.

Während eines Festessens brach Caligula plötzlich in Lachen aus. Als die neben Suet., Cal. 32,3 ihm sitzenden Konsuln ihn freundlich fragten, worüber er denn lache, erwiderte er: »Worüber sonst, als daß es nur eines Winks von mir bedarf, um euch beiden den Hals abschneiden zu lassen.«

Caligula schwor, sein Lieblingspferd Incitatus zum Konsul zu machen, eine Zu- Dio 59, 14,7 sage, die er gewiß eingelöst hätte, wenn er länger am Leben geblieben wäre.

WILLKÜR UND GRAUSAMKEIT Dio 59, 10,3

Als es einmal an Verbrechern fehlte, die den wilden Tieren zum Fraß vorgeworfen werden sollten, befahl Caligula, einige aus dem Pöbel, der in der Nähe der Sitzreihen stand, den Bestien vorzuwerfen; um ihnen die Möglichkeit zu Hilferufen und Protesten zu nehmen, ließ er ihnen zuerst die Zungen abschneiden.

Als Caligula beim Würfelspiel einmal merkte, daß er kein Geld hatte, verlangte Dio 59, 22,3–4 er die Steuerlisten von Gallien und befahl, die Reichsten aus diesem Kreis hinzurichten. Dann kehrte er zu seinen Mitspielern zurück und sagte: »Ihr spielt hier um ein paar lumpige Denare, während ich inzwischen etwa 150 Millionen Denare eingenommen habe.«

DIE SCHAMLOSIGKEIT CALIGULAS Suet., Cal. 36,1–2

Ganz abgesehen von der Unzucht mit seinen Schwestern und seiner allbekannten Leidenschaft für die Prostituierte Pyrallis, verschonte er auch sonst keine von den vornehmen Damen. Oft lud er sie mit ihren Gatten zum Essen, und wenn sie an ihm vorbeigingen, musterte er sie lange aufmerksam, wie das die Händler tun, hob ihnen auch das Gesicht mit der Hand in die Höhe, wenn sie es züchtig gesenkt hielten. Wann immer es ihm dann beliebte, rief er diejenige, die ihm am besten gefiel, zu sich und verließ mit ihr das Speisezimmer. Kurz darauf kam er wieder zurück, noch deutliche Spuren der Ausschweifung zeigend, und lobte oder tadelte sie vor allen Leuten, indem er einzeln die Vorzüge oder Mängel ihres Körpers und ihres Verhaltens beim Verkehr aufzählte.

CALIGULA ALS GOTT Suet., Cal. 22,2.3

Caligula begann, sich göttliche Majestät anzumaßen, und stiftete seiner eigenen Gottheit einen Tempel, Priester und ausgesuchte Opfertiere. Im Tempel stand sein Bildnis aus Gold, porträtähnlich und lebensgroß.

24./25. Januar 41 n.Chr. 794 a. u. c.

DIE ERHEBUNG DES CLAUDIUS ZUM KAISER Suet., Claud. 10,1–4

Am 24. Januar 41 wurde Caligula von Cassius Chaerea und anderen Prätorianeroffizieren ermordet.

Da die Attentäter Claudius wie auch alle übrigen unter dem Vorwand, Caligula wünsche allein zu sein, vom Kaiser fernhielten, hatte Claudius sich in ein Gartenhaus begeben. Wenig später schlich er sich, durch das Gerücht von der Ermordung des Kaisers erschreckt, auf den nächstgelegenen Balkon und versteckte sich hinter den Türvorhängen. Ein zufällig herumlaufender Soldat sah seine Füße, wollte wissen, wer das sei, erkannte ihn, zog ihn aus seinem Versteck, und als sich Claudius aus Furcht vor ihm auf die Knie warf, begrüßte er ihn als Kaiser. Darauf führte er ihn zu seinen Kameraden. Von ihnen wurde er in eine Sänfte gesetzt und zum Lager getragen. Claudius war niedergeschlagen und verängstigt, während die Leute, die ihnen begegneten, ihn beklagten, als werde da ein Unschuldiger zur Hinrichtung geführt. Im Lager angekommen, verbrachte er die Nacht unter den Wachen, ohne allzu große Hoffnung auf den Thron, aber wenigstens nicht mehr in Angst um sein Leben. Die Konsuln hatten nämlich in der Absicht, allgemeine Freiheit auszurufen,[8] mit dem Senat und den Stadtkohorten Forum und Kapitol besetzt.

Als am folgenden Tag der Senat wegen Meinungsverschiedenheiten bei der Durchführung seiner Pläne allzu langsam vorging und die herumstehende Menge schon nach *einem* Herrscher verlangte und ihn mit Namen nannte, ließ Claudius es zu, daß die in Waffen versammelten Soldaten ihm den Huldigungseid leisteten, und versprach jedem 15 000 Sesterzen. Er war damit der erste Kaiser, der sich die Treue der Soldaten mit einer Belohnung erkaufte.

DAS ERSCHEINUNGSBILD DES CLAUDIUS Suet., Claud. 30

Beim Gehen ließen Claudius seine ein wenig schwachen Kniegelenke im Stich.[9] Außerdem stotterte er und zitterte beständig mit dem Kopf, was sich bei jeder wichtigeren Tätigkeit noch steigerte.

MENSCHLICHE SCHWÄCHEN DES CLAUDIUS Suet., Claud. 33,1–2.3

Auf Essen und Trinken war Claudius jederzeit und an jedem Ort sehr erpicht. Nicht leicht verließ er jemals das Speisezimmer, ohne sich vollgegessen und -getrunken zu haben, weshalb man ihm gleich nachher, während er auf dem Rücken liegend mit offenem Munde schlief, eine Feder in den Rachen einführte, um seinen Magen zu erleichtern.

Da er meist bis Mitternacht aufblieb, kam er nur zu sehr wenig Schlaf, so daß er manchmal untertags im Gericht einnickte und von den Advokaten, die absichtlich ihre Stimme erhoben, nur mit Mühe aufgeweckt werden konnte.

Für Frauen hatte er eine zügellose Leidenschaft. Er würfelte auch sehr gerne und veröffentlichte sogar ein Buch über diese Kunst.

CLAUDIUS ALS RICHTER
Suet., Claud. 14; 15,1.3

In der Rechtsprechung war Claudius überaus eifrig, hielt sich aber nicht immer an die gesetzlichen Vorschriften, sondern strafte nach seinem Rechtsempfinden, bald härter, bald milder. Bei seinen Entscheidungen war er von einer merkwürdigen Unberechenbarkeit, bald umsichtig und scharfsinnig, bisweilen unbedacht und überstürzt, manchmal abgeschmackt und einem Verrückten ähnlich. Daher schwand sein Ansehen derart, daß er öfters in aller Öffentlichkeit verächtliche Bemerkungen hören mußte.

Kaiser Claudius (41–54)

FREIGELASSENE IN WICHTIGEN POSITIONEN Suet., Claud. 18

Von den Freigelassenen galt Polybios, sein Hofgelehrter, besonders viel; er ging oft zwischen den beiden Konsuln. Mehr noch erfreuten sich Narcissus, sein Kanzleichef, und Pallas, sein Finanzminister, der kaiserlichen Gunst.

DIE MACHT DER FRAUEN UND
FREIGELASSENEN ÜBER CLAUDIUS Suet., Claud. 25,5; 29,1

Claudius' Regierungstätigkeit war zum größten Teil weniger sein Werk als das seiner Frauen und seiner Freigelassenen. Wie es ihrem Interesse oder auch ihrer Lust und Laune entsprach, verteilte er Ämter und militärische Kommandos, begnadigte und strafte er; dabei war er sich meistens gar nicht klar darüber, was er tat.

MESSALINA Dio 60, 18,1–3

Messalina[10] gab sich nicht nur selbst ihren Ausschweifungen hin, sondern zwang auch andere Frauen, es ihr gleichzutun, ja sie veranlaßte viele von ihnen, in Anwesenheit und unter den Augen ihrer Gatten im Kaiserpalast Ehebruch zu treiben. Jene Männer zeichnete sie dann mit Ehren und Ämtern aus, während sie die anderen, die ihre Frauen für diesen Zweck nicht hergaben, auf jede Art zu vernichten suchte. Obwohl diese Vorkommnisse sich in aller Öffentlichkeit abspielten, blieben sie Claudius lange Zeit verborgen. Denn Messalina sorgte dafür, daß verschiedene Dienerinnen sein Lager teilten, und versicherte sich rechtzeitig aller Personen, die ihm etwas hinterbringen konnten. Catonius Justus, den Kommandanten der Prätorianer, ließ sie beseitigen, ehe er seine Absicht, dem Kaiser Mitteilung zu machen, verwirklichen konnte.

42 n. Chr. DIE INTRIGE GEGEN APP. SILANUS Suet., Claud. 37,2
795 a. u. c.

Messalina und Narcissus hatten beschlossen, App. Silanus ins Unglück zu stürzen, und die Rollen untereinander aufgeteilt. Vor Tagesanbruch stürzte Narcissus wie zu Tode erschrocken in das Schlafgemach seines Herrn und behauptete, er habe geträumt, dem Kaiser sei von Appius Gewalt angetan worden; Messalina stellte sich erstaunt und berichtete, auch ihr erscheine seit mehreren Nächten schon derselbe Traum. Kurz darauf meldete man, Appius eile heran – er war tags zuvor aufgefordert worden, sich zu diesem Zeitpunkt einzufinden. Da dies als Bestätigung des Traumes angesehen wurde, erging der Befehl, ihn festzuhalten und hinzurichten.

MESSALINA UND C. SILIUS Tac., ann. 11, 12,2–3; 26,1–3

Messalina war für C. Silius, den schönsten unter den jungen Männern Roms, in solcher Leidenschaft entbrannt, daß sie seine Gattin Junia Silana verdrängte und ihn zu ihrem Liebhaber machte. Zwar war sich Silius seines schändlichen Verhaltens und seiner gefährlichen Lage durchaus bewußt; da ihm aber, wenn er sich weigerte, der Untergang gewiß war, andererseits einige Hoffnung bestand, daß die Sache unentdeckt blieb, und gleichzeitig reiche Belohnung winkte, tröstete er sich damit, vor der Zukunft die Augen zu verschließen und die Gegenwart zu genießen. Messalina besuchte ihn nicht etwa verstohlen, sondern mit großem Gefolge immer wieder in seinem Haus, hängte sich an ihn, wenn er es verließ, und überhäufte ihn mit Geld und Ehren. Zuletzt konnte man, als wäre die Herrschaft schon auf ihn übergegangen, die Sklaven, die Freigelassenen und den ganzen Hofstaat des Kaisers bei dem Ehebrecher sehen.

Schließlich drängte Silius darauf, der Heimlichkeit ein Ende zu machen. Es sei ja nicht so, daß sie auf das Greisenalter des Kaisers warten müßten; er sei bereit, sie zu heiraten; Messalina werde den gleichen Einfluß behalten und überdies außer Gefahr sein, wenn sie Claudius zuvorkämen. Eine formelle Ehe reizte Messalina als Höhepunkt der Schändlichkeit. Sie wartete nur ab, bis Claudius einer Opferhandlung wegen nach Ostia reiste, und feierte dann mit festlichem Gepränge Hochzeit.

MESSALINAS ENDE Dio 60, 31,4–5

Diese Vorgänge waren dem Kaiser verborgen geblieben. Doch in Ostia ließ ihn Narcissus durch seine Mätressen von den Geschehnissen unterrichten. Er jagte Claudius mit der Vorstellung, Messalina wolle ihn töten und Silius als Herrscher einsetzen, Furcht ein und konnte ihn so bereden, etliche Personen verhaften und foltern zu lassen. Der Kaiser eilte in die Stadt zurück, verurteilte unmittelbar nach seiner Ankunft viele zum Tode und ließ auch Messalina beseitigen.

Agrippina die Jüngere

AGRIPPINA Dio 60, 32,1–2

Anfang 49 heiratete Claudius seine Nichte Agrippina.

Sobald Agrippina im Kaiserpalast eingezogen war, brachte sie Claudius ganz unter ihren Einfluß. Sie verstand sich trefflich darauf, günstige Gelegenheiten auszunutzen und alle Personen, die dem Kaiser irgendwie in Freundschaft verbunden waren, auf ihre Seite zu ziehen. Schließlich brachte sie es dahin, daß Britannicus, der Sohn des Claudius, in einer Art und Weise erzogen wurde, als wenn er der nächstbeste Mensch wäre; den Domitius[11] dagegen machte sie zum Schwiegersohn des Claudius und setzte auch seine Adoption durch.

13. Oktober 54 n. Chr. 807 a. u. c.

DAS ENDE DES CLAUDIUS Dio 60, 34,1–4

Claudius ärgerte sich über Agrippinas Machenschaften, von denen er erfuhr, und verlangte nach seinem Sohne Britannicus, der von ihr die meiste Zeit absichtlich den Augen des Vaters entzogen wurde; tat sie doch alles Erdenkliche, um Nero, ihrem eigenen Sohn aus der früheren Ehe mit Domitius, den Thron zu sichern. Der Kaiser wollte dem Geschehen nicht mehr länger ruhig zusehen, sondern traf Vorbereitungen, der Machtstellung seiner Gattin ein Ende zu setzen, seinem Sohn die Toga virilis zu verleihen und ihn zu seinem Nachfolger zu bestellen. Sobald Agrippina das merkte, geriet sie in Angst und beeilte sich, dem zuvorzukommen, indem sie Claudius vergiftete. Mit Hilfe der berüchtigten Giftmischerin Lucusta bereitete sie ein sicher wirkendes Gift, das sie in ein Pilzgericht mischte. Sie selbst aß dann von den anderen Pilzen, während sie ihrem Gemahl von dem vergifteten Pilz, dem größten und feinsten, kosten ließ. Und so ein Opfer des Anschlags geworden, mußte Claudius offensichtlich volltrunken, wie es schon oft zuvor der Fall gewesen war, vom Festmahl weggetragen werden. In der Nacht tat dann das Gift seine Wirkung.

DIE ANFÄNGE VON NEROS REGIERUNG Zonar. 11,12; Dio 61, 3,3 – 4,1

Nachdem Nero vom Senat und Heer zum Kaiser ausgerufen worden war, erledigte Agrippina die Staatsgeschäfte in seinem Namen. Das erregte das Mißfallen von Seneca und Burrus, welche die klügsten und einflußreichsten Männer an Neros Hof waren – letzterer war der Befehlshaber der Prätorianer, ersterer sein Lehrer –, und sie sorgten dafür, daß kein Staatsgeschäft mehr Agrippina überlassen wurde. Sobald sie diese Änderung erreicht hatten, übernahmen sie die Regierung und übten sie gut und gerecht aus, so daß sie von allen gelobt wurden. Denn Nero war keineswegs ein Freund der Arbeit und freute sich, sein Leben in Untätigkeit verbringen zu dürfen.

DER BRUDERMORD Suet., Nero 33,2–3

kurz vor dem 11. Februar 55 n. Chr. 808 a. u. c.

Seinen Stiefbruder Britannicus vergiftete Nero aus Eifersucht auf dessen Stimme, die angenehmer war als seine eigene, und aus Angst, daß er einmal dank der Erinnerung an seinen Vater bei den Leuten beliebter werden könne als er. Das Gift gab ihm die Giftmischerin Lucusta. Als es aber unerwartet langsam wirkte und bei Britannicus nur einen Durchfall verursachte, ließ er die Frau kommen, schlug sie mit eigener Hand und zwang sie, vor seinen Augen ein möglichst rasches, augenblicklich wirkendes Gift zu brauen. Dieses probierte er dann an einem Bock aus. Da er erst nach fünf Stunden verendete, ließ er das Gift wieder und wieder aufkochen und warf es einem Ferkel vor. Als dieses sofort starb, befahl er, das Gift in den Speisesaal zu bringen und es seinem mit ihm speisenden Bruder zu geben. Schon nach dem ersten Schluck brach dieser zusammen; Nero log seinen Gästen vor, dies sei einer seiner gewöhnlichen epileptischen Anfälle. Tags darauf ließ er ihn bei strömendem Regen ohne jede Feierlichkeit beisetzen.

NÄCHTLICHE ESKAPADEN NEROS Tac., ann. 13, 25,1–3

56 n. Chr. 809 a. u. c.

In Rom herrschte abscheuliche Zügellosigkeit. Nero trieb sich, um nicht erkannt zu werden, in Sklavenkleidern auf den Straßen der Stadt, in den Bordellen und Kneipen umher. Mit ihm zog ein wilder Haufe, der die Verkaufsstände plünderte und die Leute auf den Straßen mißhandelte. Manche waren so ahnungslos, daß Nero auch selbst Prügel bezog und Spuren im Gesicht davontrug. Als dann bekannt wurde, der Kaiser sei es, der sich herumtreibe, und sich die Übergriffe gegen angesehene Männer und Frauen mehrten und auch andere, nachdem einmal Hemmungslosigkeit zugelassen war, unter dem Namen Neros ungestraft mit eigenen Banden gleiche Ausschreitungen verübten, ging es nachts zu wie in einer eroberten Stadt. Nero wurde dann aber doch ängstlicher und umgab sich in der Folgezeit mit Soldaten und einer Menge Gladiatoren, die den Raufereien anfangs, solange sie sich in Grenzen hielten, ruhig zusehen mußten, als ginge es sie nichts an; wehrten sich die Angegriffenen aber zu energisch, so mußten sie mit ihren Waffen eingreifen.

NERO ALS NACHAHMER CALIGULAS Dio 61, 5,1–3

Schließlich verlor Nero jegliche Scham, setzte sich über alle Mahnungen des Seneca und Burrus hinweg und begann in die Fußstapfen Caligulas zu treten. Und nachdem er einmal den Wunsch verspürt hatte, ihm nachzueifern, da übertraf er ihn auch schon; hielt er es doch für eine Verpflichtung kaiserlicher

Macht, selbst in den schlimmsten Dingen hinter niemand zurückzubleiben. Er beging seine Untaten zuerst im Hause und im Kreis seiner Gefährten, später in aller Öffentlichkeit: Unzählige Gewaltakte und Verbrechen, Räubereien und Morde wurden sowohl vom Kaiser selbst als auch von denen verübt, die jeweils bei ihm Einfluß hatten. Und wie es in solchen Fällen geht, wurden natürlich gewaltige Beträge ausgegeben, dafür Riesensummen unrechtmäßig beschafft und gewaltsam weggenommen.

DER MUTTERMORD Suet., Nero 34,1–3

Über seine Mutter, die ziemlich scharf seine Worte und Taten beobachtete und auch kritisierte, war Nero erbost. Er beraubte sie aller äußeren Ehren und Macht, nahm ihr ihre Wache weg und verstieß sie auch aus dem Kaiserpalast.

Allein ihre Drohungen und ihre Heftigkeit erschreckten ihn derart, daß er sie umzubringen beschloß. Dreimal versuchte er es mit Gift, merkte aber, daß sie sich durch Gegengifte zu schützen wußte. Da kam er auf den Gedanken, ein Schiff bauen zu lassen, das leicht auseinanderbrach; auf ihm sollte sie durch Schiffbruch oder durch Einsturz der Kajüte ums Leben kommen. Er heuchelte eine Versöhnung und lud sie in einem sehr liebenswürdigen Brief nach Bajae ein; sie sollte mit ihm die Quinquatren[12] feiern. Den Kapitänen erteilte er den Auftrag, die Jacht, auf der sie gekommen war, wie zufällig bei einem Zusammenstoß seeuntüchtig zu machen; dann zog er das Festessen in die Länge und bot ihr, die wieder nach Bauli zurückfahren wollte, an Stelle ihres unbrauchbar gewordenen Schiffes jenes heimtückische Gefährt an, begleitete sie mit heiterer Miene bis zum Strand und küßte sie zum Abschied sogar auf den Busen.

Den Rest der Nacht verbrachte er wachend in großer Unruhe und wartete auf den Ausgang seines Anschlags. Als er aber erfuhr, daß alles anders gekommen sei und sie sich schwimmend gerettet habe, wußte er sich nicht mehr anders zu helfen, als neben ihrem Freigelassenen L. Agermus, der ihm voll Freude meldete, seine Mutter sei heil und unversehrt, heimlich einen Dolch fallen zu lassen und ihn wie einen gegen ihn ausgesandten Meuchelmörder zu verhaften und in Fesseln zu legen. Und seine Mutter ließ er umbringen; es sollte so aussehen, als habe sie sich durch einen Freitod der Strafe für das entdeckte Verbrechen entzogen.

NERO ALS WAGENLENKER UND KITHARÖDE
Tac., ann. 14, 14,1–2; 15,1.4.5; Suet., Nero 20,3

Eine Liebhaberei von Nero war es, ein Viergespann zu lenken; nicht weniger anstößig war seine Neigung, wie ein Bühnenkünstler zur Kithara zu singen.

Man konnte ihm nicht länger Einhalt gebieten; Seneca und Burrus friedeten daher im Vaticanischen Tal einen Platz ein, auf dem er die Rosse lenken konnte, ohne daß alle Welt ihm zusah. Bald aber wurde auch das Volk von Rom dazu eingeladen und spendete Beifall; der Pöbel ist ja vergnügungssüchtig und freut sich, wenn die Neigung des Fürsten in die gleiche Richtung geht.

Um sich jedoch einstweilen noch nicht durch das Auftreten in einem öffentlichen Theater bloßzustellen, richtete Nero unter der Bezeichnung Juvenalien Spiele ein (im Jahre 59), für die Meldungen in großer Zahl abgegeben wurden. Nicht Adel, nicht Alter oder frühere Ehrenämter bildeten ein Hindernis, die Kunst eines griechischen oder lateinischen Schauspielers auszuüben.

Zum Schluß betrat er selbst die Bühne und schlug mit großer Sorgfalt die Kithara, wie er es zuvor mit seinen Gesangslehrern eingeübt hatte. Er warb damals auch junge Leute aus

Kaiser Nero (54–68)

dem Ritterstand und mehr als fünftausend handfeste Burschen aus dem Volk an, die unter dem Namen Augustianer, in Gruppen aufgeteilt, verschiedene Arten des Beifalls – Summen sowie Klatschen mit hohler und mit flacher Hand – zu erlernen hatten und ihn, wenn er sang, mit ihrem Applaus unterstützen mußten.

Auf seiner großen Griechenlandreise (Ende 66 bis Anfang 68) trat Nero an zahlreichen Orten als Kitharöde und Wagenlenker auf und brachte 1808 Siegeskränze mit nach Hause.

DER PROZESS GEGEN ANTISTIUS.
DER EINSPRUCH DES PAETUS THRASEA Tac., Ann 14, 48,1 – 49,1

62 n. Chr.
815 a. u. c.

Im Jahre 62 verfaßte der Prätor Antistius Schmähgedichte gegen den Kaiser und trug sie einer zahlreichen Gesellschaft vor, die bei Ostorius Scapula speiste. Daraufhin wurde er von Cossutius Capito wegen Majestätsbeleidigung angezeigt. Jetzt wurde dieses Gesetz zum erstenmal wieder angewandt; und man glaubte, es gehe weniger um den Sturz des Antistius als um den Ruhm des Kaisers, der den vom Senat Verurteilten durch seinen tribunizischen Einspruch vor dem Tod bewahren werde. Zwar versicherte Ostorius als Zeuge, er habe nichts gehört, aber man schenkte den Gegenzeugen Glauben. Der designierte Konsul Junius Marullus beantragte, den Angeklagten der Prätur zu entheben und nach der Sitte der Vorfahren hinzurichten.[13]

Während die anderen dem zustimmten, erklärte Paetus Thrasea mit aller Ehrerbietung gegenüber dem Kaiser und schärfstem Tadel für Antistius, unter einem hervorragenden Fürsten müsse der Senat, der durch keinerlei Zwang gebunden sei, nicht jede Strafe, die ein als schuldig befundener Angeklagter verdiene, auch verhängen. Henker und Strang seien längst abgeschafft, und die Strafbestimmungen seien in Gesetzen niedergelegt, nach denen die schwersten Verbrechen geahndet werden könnten, ohne daß die Richter grausam sein müßten und Schande über die Gegenwart brächten. Ja, je länger Antistius auf einer Insel nach Einziehung seines Vermögens sein schuldbeladenes Leben friste, desto unglücklicher werde er sein, für die Milde des Staates aber ein leuchtendes Beispiel bieten. Der Freimut Thraseas brach die Knechtsgesinnung der anderen, und als der Konsul die Abstimmung freigab, traten sie mit Ausnahme weniger seinem Antrag bei.

Nero ließ die Entscheidung bestehen, teilte dem Senat aber seine Verärgerung darüber mit.

DIE BEIDEN GATTENMORDE Suet., Nero 35,1–3

9. Juni 62 und Frühsommer 65 n. Chr.
815 und 818 a. u. c.

Nero war der Octavia bald überdrüssig und antwortete seinen Freunden, die ihn deshalb tadelten, der Titel einer Ehefrau müsse ihr genügen. Nachdem er später mehrfach vergeblich versucht hatte, sie zu erdrosseln, verstieß er sie unter dem Vorwand, sie sei unfruchtbar. Da das Volk aber diese Scheidung mißbilligte und ihn nicht mit Vorwürfen verschonte, verbannte er sie sogar und ließ sie schließlich unter der Anschuldigung des Ehebruchs töten.

Poppaea, die er zwölf Tage nach der Scheidung von Octavia geheiratet hatte,[14] liebte er leidenschaftlich. Dennoch tötete er auch sie, und zwar durch einen Fußtritt, da sie, schwanger und leidend darniederliegend, ihm Vorwürfe machte, als er sehr spät von einem Wagenrennen nach Hause kam.

DER BRAND ROMS Suet., Nero 38,1–2

Juli 64 n. Chr.
817 a. u. c.

Selbst die Mauern seiner Vaterstadt verschonte Nero nicht. Denn unter dem Vorwand, die Häßlichkeit der alten Gebäude und die Enge und Gewundenheit der Straßen beleidige sein Auge, steckte er die Stadt in Brand.[15] Das geschah so offen, daß verschiedene ehemalige Konsuln seine Kammerdiener, die sie mit

Werg und Fackeln in ihren Häusern ertappten, nicht anzurühren wagten; und einige Getreidemagazine, die auf einem Grundstück standen, das er ganz besonders gern besessen hätte, wurden, da sie aus Quadersteinen erbaut waren, mit Kriegsgerät zum Einsturz gebracht und dann angezündet.

Sechs Tage und sieben Nächte wütete das Feuer. Das Volk war gezwungen, in Denkmälern und Grabstätten Zuflucht zu suchen. Damals verbrannten neben einer ungeheuren Anzahl von Mietshäusern auch die Paläste der alten Feldherren, noch geschmückt mit den erbeuteten Rüstungen der Feinde, die Tempel der Götter, die von den Königen und später in den Punischen und Gallischen Kriegen gelobt und geweiht worden waren, und alles, was an Sehenswürdigkeiten und Erinnerungsstücken die Zeiten überdauert hatte.

Dieser Feuersbrunst schaute Nero vom Turm des Maecenas aus zu, und erfreut, wie er sagte, »über die Schönheit des Feuers«, sang er »Die Eroberung Trojas« in seinem bekannten Theaterkostüm.

DIE CHRISTENVERFOLGUNG Tac., ann. 15, 44,2–5

64 n. Chr.
817 a. u. c.

Das böse Gerücht, der Brand sei auf Befehl gelegt worden, ließ sich durch menschliche Hilfeleistung, Spenden des Kaisers und Sühnezeremonien nicht aus der Welt schaffen. Daher schob Nero, um dem Gerede ein Ende zu machen, die Schuld auf andere und verhängte die ausgesuchtesten Strafen über die wegen ihrer Schandtaten verhaßten Leute, die das Volk Christen nannte. Der Mann, von dem sich dieser Name herleitet, Christus, war unter der Herrschaft des Tiberius durch den Prokurator Pontius Pilatus hingerichtet worden. Für den Augenblick unterdrückt, brach der unheilvolle Aberglaube aber wieder hervor, nicht bloß in Judäa, dem Ursprungsland dieses Übels, sondern auch in Rom, wo alles Gräßliche und Schändliche aus der ganzen Welt zusammenströmt und Anklang findet. Man verhaftete also zunächst Leute, die geständig waren;[16] dann wurde auf ihre Anzeige hin eine ungeheure Menge weniger des Verbrechens der Brandstiftung als des Hasses auf die Menschheit überführt. Und bei ihrer Hinrichtung trieb man noch sein Spiel mit ihnen: sie wurden in die Felle wilder Tiere gehüllt und von Hunden zerfleischt oder ans Kreuz geschlagen und zum Feuertod bestimmt und nach Eintritt der Dunkelheit als nächtliche Beleuchtung verbrannt. Nero hatte seine eigenen Parkanlagen für dieses Schauspiel zur Verfügung gestellt und gab ein Circusspiel, bei dem er sich in der Tracht eines Wagenlenkers unters Volk mischte oder einen Wagen bestieg. Darüber kam Mitgefühl mit denen auf, die doch schuldig waren und die härtesten Strafen verdient hatten; denn es schien, als würden sie nicht dem Gemeinwohl, sondern der Grausamkeit eines einzelnen geopfert.

Nachdem so viele hervorragende Männer hingeschlachtet worden waren, drängte es Nero zuletzt, die Tugend selbst durch die Ermordung des Paetus Thrasea auszurotten. Seit langem war er über ihn erbost: Thrasea hatte den Senat verlassen, als über Agrippina verhandelt wurde,[17] und bei den Juvenalien[18] kein sichtbares Interesse gezeigt; diese Kränkung traf Nero um so tiefer, weil derselbe Thrasea in Patavium, seiner Geburtsstadt, bei den von dem Trojaner Antenor gestifteten Fischerspielen in einer Tragödie als Schauspieler aufgetreten war. Auch sprach er sich an dem Tag, an dem der Prätor Antistius wegen seiner Schmähschriften gegen Nero zum Tode verurteilt werden sollte, für eine milde Bestrafung aus und setzte sie durch. Und als göttliche Ehren für Poppaea beschlossen wurden, blieb er der Senatssitzung absichtlich fern, hatte auch am Leichenbegängnis nicht teilgenommen.

All dies ließ Capito Cossutianus nicht in Vergessenheit geraten. Er war ein Mensch, der schon von seinem Wesen her zu Schandtaten neigte. Dazu haßte er Thrasea, weil er durch dessen Einfluß verurteilt worden war, als die Gesandten der Kilikier ihn wegen Erpressung anklagten und Thrasea sie dabei unterstützte.

Sogar folgendes machte er zu Anklagepunkten: Zu Beginn des Jahres vermeide es Thrasea, den üblichen Treueid abzulegen; beim Darbringen der Gelübde sei er nicht anwesend, obwohl er dem Priesterkollegium der Quindecimvirn angehöre; niemals habe er für das Wohl des Kaisers oder seine himmlische Stimme geopfert; früher habe er eifrig, ja unermüdlich auch bei ganz alltäglichen Beschlußvorlagen im Senat Stellung bezogen, jetzt habe er drei Jahre lang das Senatsgebäude nicht mehr betreten; vor kurzem noch, als man zur Bestrafung von Silanus und Vetus[19] um die Wette herbeieilte, habe er sich lieber für die Privatangelegenheiten seiner Klienten Zeit genommen. »Er hat bereits Anhänger, besser gesagt Trabanten, die zwar noch nicht die Halsstarrigkeit seiner Anträge, aber sein Gehabe und seine Miene nachäffen. Um die Herrschaft des Kaisers zu stürzen, tragen sie das Banner der Freiheit vor sich her. Umsonst hast du Cassius entfernt,[20] wenn du Leute hochkommen und stark werden läßt, die einem Brutus nacheifern.«

Nero übertrug Cossutianus und dem wegen seiner scharfen Zunge gefürchteten Marcellus Eprius die Anklage gegen Thrasea. Er wurde zum Tode verurteilt, durfte sich die Todesart wählen und ließ sich die Pulsadern öffnen.

DAS ENDE NEROS Suet., Nero 47,3 – 49,3; Dio 63,27,3; 28,3

Im März 68 erhoben sich die Truppen in Gallien gegen Nero, bald darauf auch die in mehreren anderen Provinzen. Am 8. Juni erklärte der Senat ihn zum Staatsfeind und ernannte Galba, den Statthalter der Hispania Tarraconensis, zum Kaiser.

Um Mitternacht erwachte Nero. Als er merkte, daß die Posten abgezogen waren, sprang er aus dem Bett und schickte zu seinen Freunden, fand aber alle Türen verschlossen. Da rief er nach einem Gladiator, durch dessen Hand er den Tod erleiden wollte. Als keiner gefunden wurde, verlangte er nach einem Versteck. Sein Freigelassener Phaon bot ihm sein zwischen der Via Salaria und der Via Nomentana am vierten Meilenstein vor der Stadt liegendes Landgut an. Nero warf sich, so wie er war – barfuß und nur in der Tunica – einen verschossenen Mantel über, bedeckte sein Haupt, hielt sich ein Tuch vors Gesicht und bestieg ein Pferd. Nur drei Freigelassene begleiteten ihn, Phaon, Sporus und Epaphroditus.

Als sie zu einem Seitenweg kamen, ließen sie die Pferde zurück, und durch Gebüsch, Dorngestrüpp und Röhricht gelangte er auf einem schmalen Pfad mit großer Mühe zur Rückseite des Gebäudes. Dort wartete er ein wenig, bis ein versteckter Zugang zum Haus geschaffen war, und kroch dann auf allen Vieren durch ein enges Loch in die nächste Kammer, wo er sich auf ein Bett mit armseligem Polster legte; als Decke diente ihm ein alter Mantel. Von Hunger und Durst geplagt, wies er das ihm angebotene dunkle Brot zurück, trank aber ziemlich viel lauwarmes Wasser.

Als darauf einer nach dem anderen in ihn drang, sich möglichst bald der seiner wartenden schimpflichen Behandlung zu entziehen, befahl er, vor seinen Augen eine Grube zu graben und Wasser und Holz zu holen, damit seiner Leiche alsbald die letzte Ehre erwiesen werde. Während dieser Vorbereitungen weinte er und sagte immer wieder: »Was für ein Künstler geht mit mir zugrunde!«

Unterdessen brachte ein Läufer Briefe für Phaon. Nero riß sie ihm aus den Händen und las, er sei vom Senat zum Staatsfeind erklärt worden und man suche nach ihm, um ihn nach der Sitte der Vorfahren zu bestrafen. Er fragte, was für eine Art Strafe das sei, und als er erfuhr, der Mensch werde dabei nackt mit dem Hals in eine Gabel gesteckt und dann mit Ruten zu Tode gepeitscht, ergriff er voll Schrecken zwei Dolche, die er bei sich trug, prüfte bei beiden die Spitze, steckte sie dann aber wieder ein und erklärte, seine Schicksalsstunde sei noch nicht gekommen.

Schon nahten sich Reiter, die den Auftrag hatten, ihn lebend herbeizuschaffen. Als er sie hörte, stieß er sich mit Hilfe seines Sekretärs Epaphroditus den Dolch in die Kehle. Er war schon halbtot, als ein Centurio hereinstürzte und, damit Nero glaube, er wolle ihm helfen, seinen Mantel auf die Wunde drückte. Nero sagte zu ihm noch: »Zu spät!« und: »Das ist Treue!« Damit verschied er.

DAS VIERKAISERJAHR 68–69. DIE FLAVISCHEN KAISER

68–96 n. Chr.

DREI UND DREI

Die Überschrift verrät, daß in diesem Kapitel von sechs Kaisern die Rede sein soll, von drei Prätendenten, die nach Neros Tod sich gegenseitig die Macht streitig machten, und von drei Angehörigen einer kurzlebigen Dynastie.

Der Übergang vom letzten Herrscher des Julisch-Claudischen Hauses schien sich zunächst einigermaßen reibungslos zu vollziehen: Servius Sulpicius Galba, der sich als energischer Heerführer an der Germanengrenze und in Afrika bewährt hatte, war als Gouverneur in Nordspanien einer der Statthalter, die Nero den Gehorsam aufkündigten. Daß der Senat in Rom ihn vor anderen möglichen Kandidaten erkennbar bevorzugte, mag zum einen an seinem höheren Alter gelegen haben, zum anderen an seiner Erklärung, er sehe sich selbst nicht als Kaiser, sondern nur als Beauftragten von Senat und Volk von Rom. Das ließ an eine Wiederherstellung der Republik denken, die der Senat schon bei der Ermordung Caligulas erwogen hatte. Damals war er durch die Erhebung des Claudius von den Prätorianern überrumpelt worden. Nun zeigte sich, daß Galba durchaus höhere Ambitionen hatte: Er ließ sich huldigen und legte sich den Namen Caesar als Herrschertitel zu.

»Tut's und schlagt zu, wenn's euch so paßt!«
(Galbas letztes Wort bei Sueton, Galba 20,1)

Die anfängliche Begeisterung über seine Erhebung schwand rasch, wozu er durch empörende Grausamkeit, Habgier und schmutzigen Geiz kräftig beitrug.

Otho hatte während der Herrschaft Neros, vielleicht von diesem dazu angestiftet, die verheiratete Poppaea Sabina entführt und geehelicht, die als Mätresse des Kaisers eine unheilvolle Rolle spielte. Da Nero ihr Mann verständlicherweise im Weg war, wies er ihm die Statthalterschaft in Lusitanien, dem heutigen Portugal, zu. Als Nachbar und Freund Galbas kam er mit diesem nach Rom und machte sich Hoffnungen, von ihm als Nachfolger bestimmt zu werden. Als er sich in seiner Erwartung getäuscht sah, entschloß er sich zur Tat.

So war es für Marcus Salvius Otho ein Leichtes, die Prätorianer auf seine Seite zu ziehen und den alten Galba zu stürzen; dieser fand unter den Schwertern eines Reitertrupps auf dem Forum den Tod. Das geschah am 15. Januar 69, als Otho höchstwahrscheinlich noch nicht wußte, daß vor vierzehn Tagen die germanischen Legionen bereits den Statthalter Aulus Vitellius zum Kaiser ausgerufen hatten.

In der Meinung, daß Nero bei den einfachen Leuten in durchaus guter Erinnerung war – er hatte ja nur die Köpfe Höhergestellter rollen lassen und für reichlich Unterhaltung gesorgt –, ließ Otho die gestürzten Standbilder des Kaisers wieder aufrichten und beschloß, den Ausbau des »Goldenen Hauses« voranzutreiben. Auch legte er sich selbst zeitweilig den Namen »Nero« zu. Als die Nachricht von seiner Erhebung in Germanien beim Statthalter Aulus Vitellius eintraf, beschloß dieser zu handeln, zumal auch die gallischen und spanischen Provinzen auf seine Seite traten. Auf Kompromißvorschläge Othos, der ihm sogar die Mitregentschaft anbot, ging er nicht ein; die Waffen sollten entscheiden.

In der Nähe von Cremona in Norditalien wurden Othos Truppen von den Vitellianern geschlagen, worauf er sich selbst den Tod gab.

Sueton, dessen Vater an diesem Feldzug teilnahm, hebt rühmend hervor, das habe Otho aus tiefem Abscheu vor einem Bürgerkrieg getan.

Vitellius selbst erschien erst gut einen Monat nach dem Sieg seiner Anhänger auf dem Schlachtfeld, um es zu besichtigen, und zog dann weiter nach Rom, wo er im Hochsommer eintraf. Dort löste er die Prätorianergarde auf und ersetzte sie durch eigene Leute, auf die er sich verlassen zu können glaubte. Auch er hielt das Andenken Neros hoch, mit dem er auf vertrautem Fuß gestanden hatte, und suchte ihn nach Kräften nachzuahmen, vor allem durch opulente Gelage und willkürliche Morde. Auch den Tod seiner Mutter lastete man ihm an. Als sich Legionen im Osten des Reichs gegen ihn erhoben und Flavius Vespasianus, der eben Jerusalem belagerte, als neuen Kaiser ausriefen, bot er hundert Millionen Sesterzen für seine persönliche Sicherheit und wäre auf der Stelle zurückgetreten, hätte ihn seine Umgebung nicht dringend gebeten, auf seinem Posten zu bleiben. Das erwies sich als schwerer Fehler, denn sein zügelloser Anhang wandte sich nun gegen den Bruder Vespasians, Flavius Sabinus, und seine Leute. Die waren in der Erwartung nach Rom gekommen, den sich anbahnenden Konflikt friedlich beilegen zu können – nun wurden sie auf dem Kapitol regelrecht belagert. Um sie auszuräuchern, schleuderten die Vitellianer Brandfackeln und lösten einen verheerenden Brand aus.

Auch Flavius Sabinus wurde umgebracht; bald danach aber ereilte Vitellius sein Schicksal und er fand einen schmählichen, qualvollen Tod.

Vespasians Sache hatten tüchtige Feldherrn vertreten; er selbst kam erst in der Mitte des Jahres 70 nach Rom, während sein Sohn Titus mit der Erstürmung Jerusalems beschäftigt war. Der neue Kaiser sorgte zunächst für den

»Diese Untat war das Betrüblichste und Schändlichste, was dem Römervolk seit Gründung der Stadt widerfuhr: Während es keinen auswärtigen Feind hatte ... wurde das Kapitol ganz offen belagert, ganz offen in Brand gesteckt.«
(Tacitus, Historien 3, 72,1)

Wiederaufbau des Kapitols und suchte durch Erhöhung und energischen Einzug der Steuern die zerrütteten Staatsfinanzen zu sanieren. »Colosseum« heißt dieses auf dem Areal von Neros Goldenem Haus errichtete Bauwerk, weil nahe bei ihm eine Kolossalstatue Neros stand – die nun allerdings einen neuen Kopf bekam, den des Sonnengottes.

Die nötigen Mittel für ein Großprojekt, für den Bau des Amphitheatrum Flavium, brachte sein Sohn Titus mit: die im Krieg gegen die Juden gemachte Beute.

Die römischen Intellektuellen wußten mit Vespasian, der sich betont einfach und volksnah gab, zunächst wenig anzufangen; vor allem der Prätor Helvidius Priscus, ein bekennender Stoiker, legte es darauf an, ihn zu provozieren; dafür wurde er verbannt und umgebracht und eine Ausweisung stoischer Philosophen verfügt – sie galten als staatsgefährdend, weil sie die Ermordung von Gewaltherrschern als letztes Mittel ausdrücklich billigten.

Die Wirren des Vierkaiserjahrs zeitigten im ganzen Reich und an den Grenzen unerfreuliche Folgen: Überall flackerten Aufstände auf und mußten unterdrückt werden. Zeitweilig drohte Gallien dem Reich verloren zu gehen. Erst als der ältere Sohn Vespasians, Titus, die Herrschaft antrat, war wieder Ruhe eingekehrt.

Diese wurde durch eine entsetzliche Katastrophe, den großen Vesuvausbruch, jäh gestört; hier und bei einem gewaltigen Brand Roms bewährte sich die ausgeprägte Hilfsbereitschaft des ungemein beliebten Kaisers, der allzu früh verstarb.

Ihm nachzutrauern, hatten die Römer allen Grund, denn sein Bruder Domitian, der schon seit langem durch rücksichtsloses Machtstreben unangenehm aufgefallen war, erwies sich nach moderaten Anfängen als launischer, grausamer Despot; ganz offiziell ließ er sich als *dominus et deus*, Herr und Gott, titulieren, und ging nicht nur hart gegen Oppositionelle im Senat vor – es gab auch eine neue Philosophenausweisung –, sondern wütete sogar gegen die eigene Verwandtschaft.

Da er selbst in verschiedenen Grenzkriegen kaum Lorbeeren errungen hatte, war er neidisch auf erfolgreiche Generäle wie z. B. Gnaeus Julius Agricola, den Schwiegervater des Historikers Tacitus, der in Britannien beträchtliche Erfolge errungen hatte, aber kurz nach seinem größten Sieg abberufen wurde. Seiner Kriegsflotte gelang die Umfahrung der britischen Insel; Domitian kann für sich in Anspruch nehmen, an der Germanengrenze mit dem Bau des Limes begonnen zu haben.

Da der Kaiser im Lauf der Zeit immer unberechenbarer wurde und seine engste Umgebung einschließlich seiner Frau um ihr Leben fürchten mußte, kam es zu einer Palastverschwörung, der der Tyrann zum Opfer fiel.

KAISER GALBA Suet., Galba 12,1.2

Galba ging der Ruf grausamer Strenge voraus. Dieser Ruf bestätigte sich gleich nach seiner Ankunft in Rom (Sept./Okt. 68). Denn als er die Matrosen, die Nero von Ruderknechten zu regelrechten Soldaten befördert hatte, wieder in ihren früheren Stand zurückversetzen wollte, diese aber das Ansinnen zurückwiesen und obendrein hartnäckig einen Legionsadler und Feldzeichen forderten, ließ er sie nicht nur von Berittenen auseinandertreiben, sondern auch jeden zehnten Mann hinrichten.

Kaiser Galba (68–69)

Galba stand ganz unter dem Einfluß dreier Leute, die mit ihm zusammen im Palatium wohnten und ihm auf Schritt und Tritt folgten; der Volksmund nannte sie seine Pädagogen. Es waren T. Vinius, sein früherer Legat in Spanien, ein Mensch von maßloser Habgier; Cornelius Laco, der vom Gerichtsbeisitzer zum Prätorianerpräfekten aufgestiegen war, in seiner Anmaßung und Gleichgültigkeit unerträglich; und der Freigelassene Icelus, der erst vor kurzem mit dem Ritterring und dem Beinamen Marcianus ausgezeichnet worden war und schon für die höchste Ehre vorgesehen war, die ein Ritter erlangen kann.[1] Von diesen Menschen ließ er sich mißbrauchen und ließ es geschehen, daß bei ihnen alles um Geld zu haben war und nach Gutdünken vergeben wurde: Zölle, Abgabenfreiheit, Verurteilung Unschuldiger und Freisprechung Schuldiger.

Suet., Galba 14,2; 15,2

Durch dieses Verhalten hatte Galba sich bei fast allen Ständen verhaßt gemacht. Am größten war die Erbitterung aber unter den Soldaten. Ihre Offiziere hatten ihnen nämlich, als sie auf den abwesenden Galba den Treueid ablegten, ein größeres Geldgeschenk als gewöhnlich versprochen. Galba löste dieses Versprechen nicht ein und brüstete sich sogar mehrmals, er sei gewohnt, Soldaten auszuheben, nicht zu kaufen.

Suet., Galba 16,1

DER ABFALL DER LEGIONEN IN OBERGERMANIEN

Suet., Galba 16,2; Tac., hist. 1, 55,1.3–4

Am stärksten war die Unzufriedenheit im obergermanischen Heer. Bei der feierlichen Vereidigung am 1. Januar zertrümmerten die 4. und 22. Legion, die im gleichen Winterquartier lagen,[2] die Bildnisse Galbas. Um den Anschein zu vermeiden, als ob sie die Ehrerbietung vor der Reichsgewalt aufgegeben hätten, griffen sie bei der Eidesleistung zu den schier in Vergessenheit geratenen Namen »Senat und Volk von Rom«; für Galba setzte sich nicht einer der Legaten und Tribunen ein.

Bei dem frevelhaften Beginnen war der Konsularlegat Flaccus Hordeonius als Zuschauer zugegen; er wagte es nicht, die Wütenden zu besänftigen, die Schwankenden zurückzuhalten, die Gutgesinnten zu ermuntern, zeigte sich vielmehr säumig und ängstlich. Vier Centurionen der 22. Legion wurden bei dem Versuch, Galbas Bildnisse zu schützen, von den Soldaten ungestüm weggerissen und gefesselt. Bei niemandem fand man eine Spur von Treue oder einen Gedanken an den einstigen Fahneneid; alle stellten sich, wie es bei Meutereien üblich ist, auf die Seite, wo eben die Mehrzahl stand.

DIE ERHEBUNG DES VITELLIUS ZUM KAISER Tac., hist. 1, 56,2 – 57,1

In der Nacht vom 1. zum 2. Januar brachte der Adlerträger der 4. Legion Vitellius[3], der gerade beim Mahl war, nach Köln die Nachricht, die 4. und 22. Legionen hätten Galbas Bildnisse zu Boden geschleudert und dann auf den Senat und das Volk von Rom geschworen. Dieser Eid erschien bedeutungslos: man beschloß, das unbeständige Glück beim Schopf zu fassen und dem Heer einen Princeps vorzuschlagen. Es gingen daher von Vitellius an die Legionen und Legaten[4] Kuriere ab mit der Meldung, das obergermanische Heer sei von Galba abgefallen; man müsse demnach entweder gegen die Abtrünnigen zu Felde ziehen oder, falls man für Eintracht und Frieden sei, einen Imperator einsetzen; es sei weniger gefährlich, einen Princeps zu wählen als erst nach einem zu suchen.

Das nächstgelegene Winterquartier war das der 1. Legion,[5] der entschlossenste der Legaten Fabius Valens. Dieser rückte am folgenden Tag mit den Reitern der Legion und der Bundesgenossen in Köln ein und begrüßte Vitellius als Imperator. Seinem Beispiel folgten mit ungeheurem Eifer die in der gleichen Provinz liegenden Legionen. Das obergermanische Heer erklärte seinen Anschluß an Vitellius am 3. Januar, ohne noch an die schönklingenden Namen »Senat und Volk von Rom« zu denken. Da konnte man es klar sehen, daß es diesem Heer an den zwei vorhergehenden Tagen keineswegs um den Staat gegangen war.

DIE ADOPTION PISOS UND DIE MACHTERGREIFUNG OTHOS

Suet., Galba 17; Otho 5,1–2

Als die Nachricht von der Meuterei der obergermanischen Legionen in Rom eintraf, glaubte Galba, daß man ihn weniger wegen seines hohen Alters als wegen seiner Kinderlosigkeit verachte. Darum faßte er L. Piso Frugi, einen trefflichen jungen Mann aus vornehmer Familie, den er seit langem sehr schätzte und schon immer in seinem Testament als Erben seines Vermögens und seines Namens eingesetzt hatte, plötzlich mitten aus der Schar der ihm Aufwartenden bei der Hand und nannte ihn seinen Sohn, führte ihn dann ins Lager und adoptierte ihn vor versammelter Mannschaft (10. Januar 69).

M. Salvius Otho hatte gehofft, daß Galba ihn adoptieren werde.[6] Als Piso ihm vorgezogen wurde und er sich in seiner Hoffnung getäuscht sah, entschloß er sich, Gewalt anzuwenden. Wenige Tage zuvor hatte er von einem Sklaven des Kaisers für die Beschaffung eines Amtes eine Million Sesterzen erpreßt. Dieses Geld bildete den ganzen Grundstock zu einem so großen Unternehmen. Zuerst vertraute er seine Pläne fünf Leibwächtern an, dann zehn anderen, nachdem die ersten je zwei Kameraden mitgebracht hatten. Jedem gab er zehntausend Sesterzen und versprach ihnen weitere fünfzigtausend. Diese Verschworenen gewannen noch einige andere, aber nicht sehr viele, und rechneten fest damit, daß sich ihnen bei der Erhebung weitere anschließen würden.

Mit Hilfe dieser Leute brachte Otho am 15. Januar 69 die Macht an sich und ließ Galba und Piso umbringen.

DER SELBSTMORD OTHOS Eutr. 7, 17,3

Als Otho bei Betriacum in einem leichten Gefecht (von den Truppen des Vitellius) besiegt worden war (14. April 69), jedoch noch gewaltige Truppenmassen zum Kampf besaß, nahm er sich das Leben. Seine Soldaten hatten ihn gebeten, nicht so schnell am Kriegserfolg zu verzweifeln; er aber hatte ihnen geantwortet, er sei nicht so wichtig, daß seinetwegen ein Bürgerkrieg entfacht werden dürfe.

DIE HERRSCHAFT DES VITELLIUS Suet., Vit. 14,1–3

Ohne viel Umstände ließ Vitellius jedermann aus jedem beliebigen Grund hinrichten und foltern. Männer aus dem Adel, seine Mitschüler und Altersgenossen, die er durch alle möglichen Schmeicheleien beinahe hatte glauben machen, sie könnten an seiner Herrschaft teilhaben, schaffte er auf verschiedene, gemeine Art und Weise beiseite. Einem tat er sogar eigenhändig Gift in einen Trunk kalten Wassers, um den dieser während eines Fieberanfalls gebeten hatte. Sodann verschonte er kaum einen Bankier, Gläubiger oder Zollpächter, der einmal in Rom von ihm die Rückzahlung einer Schuld oder auf einer Reise einen Zoll eingefordert hatte. Einen von ihnen ließ er, gerade als dieser ihm seine Aufwartung machen wollte, zur Richtstätte führen, holte ihn dann aber sofort wieder zurück, und als man allgemein seine Milde lobte, befahl er, ihn vor seinen Augen zu töten und sagte, er wolle »seine Augen weiden«. Als die beiden Söhne eines anderen Mannes versuchten, für ihren Vater Fürbitte einzulegen, mußten auch sie sterben. Ja er zwang sogar einen römischen Ritter, der auf dem Weg zum Richtplatz ausrief: »Du bist ja mein Erbe«, sein Testament vorzulegen, und als er darin las, daß ein Freigelassener dieses Mannes sein Miterbe sei, befahl er, ihn samt dem Freigelassenen zu erdrosseln. Auch einige Leute aus dem niederen Volk mußten ihr Leben lassen, nur weil sie gegen die »Blauen«[8] laute Verwünschungen ausgestoßen hatten; er vermutete nämlich, sie hätten dies aus Mißachtung seiner Person und in der Hoffnung auf einen baldigen Umsturz gewagt.

Die ganze Zeit seiner Regierung war nichts anderes als eine Folge von Trinkgelagen und Schmausereien. Er glaubte mehr als genug geleistet zu haben, wenn er die Gegenwart genoß; für die fernere Zukunft faßte er keine Pläne. Man nimmt an, daß er 900 Millionen Sesterzen in ganz wenigen Monaten durchgebracht habe.

Dio 64, 3,1; Tac., hist. 2, 95,3

DIE ERHEBUNG VESPASIANS ZUM KAISER
Suet., Vesp. 5,1; Tac., hist. 2, 74,1–2; 76,1.2; 78,1.3–4; 79

Vespasian erhielt 66 das Kommando gegen die Aufständischen in Judäa. Bis zur Mitte des Jahres 68 brachte er den größten Teil des Landes wieder unter Kontrolle.

Als nach Neros und Galbas Tod Otho und Vitellius um den Thron stritten, machte sich auch Vespasian Hoffnung auf die Herrschaft.

Er richtete sein Augenmerk auf den Krieg und die Waffen und die in der Ferne oder in der Nähe stehenden Streitkräfte. Seine Soldaten waren ihm treu ergeben. Licinius Mucianus, der Statthalter von Syrien, sympathisierte mit ihm; der Präfekt von Ägypten, Tib. Alexander, hatte sich mit ihm abgesprochen. Auf die 3. Legion, die von Syrien nach Mösien verlegt worden war, konnte er sicher zählen; es war zu hoffen, daß die übrigen Legionen in Illyrien sich ihr anschließen würden; denn das anmaßende Verhalten der von Vitellius kommenden Soldaten hatte alle Heere in flammende Empörung versetzt, da sie in dreister Haltung und in barscher Tonart auftraten und die anderen als unebenbürtig verhöhnten.

Aber bei einem Krieg von solch gewaltigem Ausmaß gibt es in der Regel zahlreiche Bedenken. Auch Vespasian war bald voll hochgespannter Erwartung, mitunter dachte er auch an ein mögliches Mißlingen. Seine Legaten und Freunde suchten ihn zu ermutigen; nach mehreren geheimen Unterredungen forderte Mucian ihn schließlich vor einem größeren Publikum auf, nach der Herrschaft zu greifen, um den Staat nicht der Entehrung und Vernichtung preiszugeben. Auch die übrigen redeten ihm zu und berichteten von Sehersprüchen und Bewegungen der Gestirne. Und er selbst war solchem Aberglauben gegenüber nicht gleichgültig.

Zwischen Judäa und Syrien liegt der Karmel – so heißt ein Bergrücken und seine Gottheit; diese hat weder ein Bild noch einen Tempel, sondern nur einen Altar. Als Vespasian dort opferte und seine geheimen Hoffnungen im Herzen nährte, sagte der Priester Basilides, nachdem er mehrmals die Eingeweide beschaut

Kaiser Vespasian (69–79)

hatte: »Was auch immer du vorhast, Vespasian, sei es der Bau eines Palastes, sei es die Erweiterung deines Landbesitzes, sei es die Vermehrung deiner Dienerschaft: dir ist ein großer Wohnsitz beschieden, ein riesiges Gebiet, eine Menge Menschen.« Diese etwas rätselhaften Worte hatte das Gerücht sofort aufgegriffen, und nichts wurde im Volk mehr beredet. Noch häufiger kam es in Vespasians Gegenwart zu solchen Äußerungen, da man hoffnungsfreudigen Menschen gegenüber offener redet. In fester Entschlossenheit schieden sie voneinander, Mucian nach Antiochia, Vespasian nach Caesarea; jenes ist die Hauptstadt von Syrien, dieses die von Judäa.

Der erste Schritt, Vespasian die Herrschaft zu übertragen, geschah in Alexandria, wo Tib. Alexander sich beeilte und am 1. Juli die Legionen auf ihn vereidigte. Diesen Tag feierte man auch künftig als den Regierungsantritt, obgleich das Heer in Judäa erst am 3. Juli vor ihm selbst seinen Schwur ablegte.

Nach einer Beratung in Berytus (Beirut) zog Mucianus mit einem Teil der Truppen zum Kampf gegen Vitellius nach Italien.

DIE LETZTEN TAGE DES VITELLIUS Suet., Vit. 15,2–3; 16 – 17,2

Überall geschlagen[9] oder verraten, ließ Vitellius sich von Flavius Sabinus, dem Bruder Vespasians, das Leben und hundert Millionen Sesterzen garantieren. Sogleich verkündete er den versammelten Soldaten von den Stufen des Palatiums herab, er trete von der Regierung zurück, die er gegen seinen Willen übernommen habe. Als aber alle aufbegehrten, verschob er die Sache. Doch kaum war die Nacht verstrichen, stieg er beim ersten Morgengrauen in Trauerkleidung zur Rednertribüne aufs Forum hinab und gab unter vielen Tränen dieselbe Erklärung ab. Wieder erhoben die Soldaten und das Volk Einspruch, redeten ihm zu, nicht aufzugeben, und überboten sich in Hilfsversprechen. Da faßte er wieder Mut, überfiel plötzlich Sabinus und die übrigen Anhänger der Flavierpartei, die an nichts Böses mehr dachten, trieb sie auf dem Kapitol zusammen und vernichtete sie, indem er den Tempel des Jupiter Optimus Maximus in Brand steckte. Er selbst schaute, während er aß, vom Palast des Tiberius aus dem Kampf und dem Feuer zu.

Wenig später riet er dem Senat, eine Abordnung in Begleitung der Vestalischen Jungfrauen zu entsenden und um Frieden oder wenigstens um eine Frist für Verhandlungen zu bitten.

Als er am nächsten Tag auf Antwort wartete, wurde ihm durch einen Kundschafter gemeldet, der Feind nähere sich. Sofort versteckte er sich in einer Sänfte und begab sich mit nur zwei Begleitern, seinem Bäcker und seinem Koch, heimlich auf den Aventin in sein Vaterhaus, um von dort aus nach Kampanien zu fliehen. Bald darauf ließ er sich aber auf das vage Gerücht hin, ihm sei der Friede gewährt worden, wieder in den Palast tragen. Als er dort alles verlassen fand und auch seine Begleiter sich aus dem Staube machten, schnallte er einen mit Goldstücken gefüllten Gürtel um und flüchtete in die Kammer seines Pförtners, band den Hund draußen an und verrammelte die Tür mit einem Bett und einer Matratze.

Schon waren die Soldaten der feindlichen Vorhut in den Palast eingedrungen und durchsuchten, ohne daß sich ihnen jemand entgegenstellte, alle Räume. Von ihnen wurde Vitellius aus seinem Versteck gezogen. Man fragte, wer er sei – denn sie kannten ihn nicht – und ob er wisse, wo Vitellius stecke. Zuerst konnte er sie noch durch Lügen täuschen. Dann wurde er aber erkannt und flehte unaufhörlich, ihn einstweilen in Gewahrsam zu halten, und wäre es auch in einem Kerker; er habe gewisse, das Leben Vespasians betreffende Aussagen zu machen.

Doch sie banden ihm die Hände auf den Rücken, legten ihm einen Strick um den Hals und schleppten ihn mit zerrissenen Kleidern halbnackt aufs Forum. Auf dem ganzen Weg über die Via Sacra trieb man in Worten und Taten seinen Spott mit ihm: Man zog ihm an den Haaren den Kopf nach hinten und hielt ihm die Spitze eines Schwertes unter das Kinn, damit er sein Gesicht zeigen mußte und nicht senken konnte; einige bewarfen ihn mit Mist und Dreck, andere schimpften ihn Brandstifter und Freßsack. Zuletzt wurde er bei den Gemonien[10] durch unzählige kleine Stiche zu Tode gefoltert und dann mit einem Haken in den Tiber geschleift.

VESPASIAN IN ALEXANDRIA Suet., Vesp. 7,1; Tac., hist. 3, 48,3

November 69
bis August
70 n. Chr.
822–823 a. u. c.

Vespasian selbst ging nach Alexandria. Auf dem Weg dorthin erhielt er die Nachricht von der Schlacht bei Cremona.[11] Um so eiliger setzte er den Marsch nach Alexandria fort, um die geschlagenen Truppen des Vitellius und die von auswärtiger Hilfe abhängige Hauptstadt durch Hunger unter Druck zu setzen. Denn er traf Vorbereitungen, auch das an derselben Küste liegende Africa zu Lande und zu Wasser anzugreifen, um durch die Sperre der Getreidezufuhr beim Feind Mangel und Zwietracht zu schaffen.

Schließlich überbrachten viele Leute jeglichen Standes, die sich mit ebensoviel Wagemut wie Glück auf das winterliche Meer hinausgewagt hatten, Vespasian die Nachricht vom Tod des Vitellius. Daraufhin übergab er den stärksten Teil des Heeres an Titus; er sollte erledigen, was im Krieg gegen die Juden noch zu tun war. Dann ließ er die schnellsten Schiffe mit Getreide beladen und auf die noch stürmische See auslaufen; denn die Not in der Hauptstadt war so groß, daß für nicht mehr als zehn Tage Getreide in den Speichern lag, als der Nachschub von Vespasian eintraf.

Tac., hist. 4, 51,1–2; 52,2

Noch fehlte Vespasian das Ansehen und eine gewisse übermenschliche Würde, da er wider Erwarten und erst vor kurzem zum Kaiser erhoben worden war. Aber auch dies wurde ihm zuteil. Zwei Männer aus dem Volke, der eine blind, der andere mit einem lahmen Bein, kamen miteinander zu ihm, als er auf seinem Tribunal saß, und baten ihn, zu ihrer Heilung zu tun, was ihnen Serapis im Traum gezeigt habe: Vespasian werde dem Blinden das Augenlicht wiedergeben, wenn er dessen Augen mit seinem Speichel benetze, das Bein des Lahmen heilen, wenn er geruhe, es mit seiner Ferse zu berühren. Da kaum eine Hoffnung bestand, daß die Sache irgendwie von Erfolg begleitet sein könnte, wollte der Kaiser nicht einmal einen Versuch wagen. Auf Zureden seiner Freunde unterzog er sich zuletzt in aller Öffentlichkeit vor versammeltem Volke beidem, und der Erfolg blieb nicht aus.

Suet., Vesp. 7,2.3

DIE EINNAHME VON JERUSALEM Dio 65, 6,1–3

Die Belagerungsmaschinen hatten inzwischen eine Bresche in die Mauer gerissen. Trotzdem fiel die Stadt noch nicht unmittelbar darauf; im Gegenteil, als die Feinde gewaltsam einzudringen suchten, machten die Verteidiger eine Menge von ihnen nieder. Sie zündeten auch einige in der Nähe stehende Gebäude an, um dadurch die Römer, selbst wenn sei die Ringmauer in Besitz nehmen sollten, am weiteren Vorrücken zu hindern. Damit beschädigten sie freilich nicht nur die Mauer, sondern brannten – unbeabsichtigt – auch die Schutzwehr um den heiligen Bezirk nieder, und damit lag der Zugang zum Tempel den Römern offen. Die Soldaten drangen indessen aus religiöser Scheu nicht sogleich ein, sondern rückten erst lange danach auf ausdrücklichen Befehl des Titus in das Innere vor. Nun leisteten die Juden gegen die Angreifer noch viel entschlosseneren Widerstand als zuvor, als wäre es für sie ein besonderes Glück, beim Tempel und im Kampf für ihn zu fallen. Das Volk hatte sich unten im Hof aufgestellt, der Hohe Rat auf den Treppen, die Priester im Tempel selbst. Obwohl sie nur eine kleine Schar waren und gegen eine gewaltige Übermacht kämpften, wurden sie erst besiegt, als ein Teil des Tempels in Brand geriet. Da gingen sie freiwillig in den Tod: ein Teil stürzte sich in die Schwerter der Römer, andere töteten sich gegenseitig oder begingen Selbstmord, wieder andere

Der Triumph des Titus über Judaea mit dem siebenarmigen Leuchter und den silbernen Trompeten aus dem Tempel von Jerusalem (Relief vom Titusbogen)

sprangen in die Flammen. Und es schien für alle nicht den Untergang, sondern Sieg und Heil und Gnade zu bedeuten, daß sie zusammen mit dem Tempel zugrunde gehen durften.

VESPASIANS REGIERUNG Suet., Vesp. 8,1–2

1. Juli 69[12] bis
23. Juni 79 n. Chr.
822–832 a. u. c.

Während seiner ganzen Regierungszeit betrachtete Vespasian es als seine wichtigste Aufgabe, den zerrütteten, fast am Rande des Abgrunds stehenden Staat zunächst zu festigen und ihm dann auch äußeren Glanz zu verleihen.

Die Soldaten, teils durch den Sieg übermütig geworden,[13] teils bedrückt wegen ihrer schmachvollen Niederlage[14], hatten sich alle möglichen Freiheiten und Rechte herausgenommen. Deshalb entließ Vespasian sehr viele von Vitellius' Soldaten und hielt die übrigen in strenger Zucht; den Truppen aber, die an seinem Sieg teilhatten, gewährte er keinerlei außerordentliche Vergünstigung, ja ließ sie sogar lange auf ihre rechtmäßige Entschädigung warten.

Suet., Vesp. 8,5; 9,1

Spuren alter Brände und eingestürzte Gebäude hatten Rom unansehnlich gemacht. Deshalb erlaubte er es jedermann, die freien Grundstücke in Besitz zu nehmen und darauf zu bauen, falls die eigentlichen Besitzer nichts unternähmen. Er selbst nahm den Wiederaufbau des Kapitols[15] in Angriff, legte als erster bei der Beseitigung des Schutts Hand an und trug auf seinem Nacken einige Lasten weg.

Er errichtete auch neue Bauten: den Tempel des Friedens in der Nähe des Forums, einen weiteren für den unter die Götter aufgenommenen Claudius auf dem Caelius, der von Agrippina begonnen, von Nero aber wieder fast völlig niedergerissen worden war; ferner mitten in der Stadt ein Amphitheater, das, wie er erfahren hatte, bereits Augustus geplant hatte.

Das Colosseum wurde nach fast zehnjähriger Bauzeit im Jahre 80 mit über 100 Tage dauernden Veranstaltungen eingeweiht. Finanziert wurde der Bau mit der Beute aus dem Jüdischen Krieg.

Im übrigen erwies er sich vom Anfang bis zum Ende seiner Herrschaft als bürgerlich schlicht und verbarg nie seine einfache Herkunft, ja rühmte sich ihrer sogar häufig.

Einen Ingenieur, der ihm versprach, für wenig Geld riesige Säulen aufs Kapitol zu schaffen, beschenkte er für seine Erfindung mit einer beträchtlichen Summe, ließ dann aber die Ausführung des Projekts fallen mit der Bemerkung, er möge ihm gestatten, auch die kleinen Leute verdienen zu lassen.

DIE GELDGIER VESPASIANS Suet., Vesp. 16,1–3

Das einzige, was man Vespasian mit Recht vorwerfen kann, ist seine Geldgier. Nicht zufrieden damit, die unter Galba aufgehobenen Steuern wieder einzuführen, fügte er neue drückende Abgaben hinzu, vergrößerte, ja verdoppelte zum Teil die Tributleistungen der Provinzen und trieb in aller Öffentlichkeit Geschäfte, deren sich sogar ein Privatmann hätte schämen müssen; so kaufte er gewisse Waren nur auf, um sie nachher mit Gewinn wieder loszuschlagen. Er scheute auch nicht davor zurück, Ämter an Kandidaten oder Freisprüche an Angeklagte, Schuldige wie Unschuldige, zu verschachern. Man sagte ihm ebenfalls nach, er habe absichtlich gerade seine habsüchtigsten Steuerbeamten in höhere Stellen befördert, um diese nachher, wenn sie noch reicher waren, verurteilen zu können; es hieß allgemein, er bediene sich ihrer wie Schwämme, weil er sie gleichsam anfeuchte, wenn sie trocken seien, und ausdrücke, wenn sie sich vollgesogen hätten.

Einige Leute behaupten, diese große Geldgier sei ihm angeboren gewesen. Andere wiederum glauben, er sei durch die schwierige Lage des Staatsschatzes und der kaiserlichen Kasse notgedrungen zu ungesetzlichem Gewinn und Raub gezwungen worden; das habe er gleich zu Beginn seiner Regierung bezeugt, als er sagte, es seien vierzig Milliarden Sesterzen nötig, damit der Staat weiterexistieren könne. Diese Ansicht gewinnt auch dadurch an Wahrscheinlichkeit, daß er auch von dem nicht ganz rechtmäßig Erworbenen den besten Gebrauch machte.

Mit Vorliebe machte er Witze über seine anstößigen Gewinne, um durch einen Scherz den schlechten Eindruck zu verwischen und die Sache ins Lächerliche zu ziehen.

Als einer seiner liebsten Diener für einen, den er für seinen Bruder ausgab, eine Verwalterstelle erbat, verschob Vespasian die Entscheidung und ließ den Bewerber selbst zu sich kommen. Nachdem er sich die Summe hatte auszahlen lassen, die dieser mit seinem Fürsprecher abgemacht hatte, verlieh er ihm unverzüglich die Stelle. Als später der Diener wieder bei ihm anfragte, sagte er ihm: »Suche dir einen anderen Bruder! Der, den du für deinen hältst, ist meiner.«

Sein Sohn Titus machte ihm Vorwürfe, daß er auf die Idee gekommen sei, auch den Urin zu besteuern.[16] Da hielt ihm Vespasian Geld aus der ersten Erhebung dieser Steuer unter die Nase und wollte wissen, ob der Geruch ihn störe; als Titus verneinte, sagte er: »Und doch ist es vom Urin.«

DIE HILFSBEREITSCHAFT VESPASIANS Suet., Vesp. 17

Gegen jede Art von Menschen war er überaus freigebig. Gewissen Senatoren gab er die Summe, die ihnen noch zu dem ihrem Stand entsprechenden Vermögen fehlte;[17] ehemalige, in Not geratene Konsuln unterstützte er durch eine jährliche Pension von fünfhunderttausend Sesterzen; zahlreiche Städte im ganzen Reich, die durch ein Erdbeben oder einen Brand gelitten hatten, baute er schöner als vorher wieder auf. Seiner besonderen Gunst erfreuten sich talentierte Leute und die Künste.

HELVIDIUS PRISCUS Suet., Vesp. 15; Dio 65, 12,1

72 n. Chr.
825 a. u. c.

Nicht leicht wird man jemand finden, der unter Vespasian unschuldig verurteilt wurde, es sei denn in Abwesenheit des Kaisers und ohne sein Wissen oder jedenfalls gegen seinen Willen und mit Hilfe eines Täuschungsmanövers. Helvidius Priscus[18] hatte als einziger den Kaiser nach seiner Rückkehr aus Syrien nur mit dessen Privatnamen Vespasian begrüßt und ihn auch als Prätor[19] in all seinen Edikten nicht mit der schuldigen Achtung genannt, sondern völlig ignoriert. Trotzdem wurde Vespasian erst dann gegen ihn aufgebracht, als er von ihm in einem Wortwechsel auf die unverschämteste Weise in die Schranken gewiesen wurde.[20] Deshalb nahmen ihn die Volkstribunen fest und übergaben ihn ihren Helfern zur Bewachung. Der Vorfall erschütterte Vespasian derart, daß er in Tränen ausbrach und den Senat verließ.

Helvidius wurde zuerst verbannt; obwohl Vespasian dann auch den Befehl zu seiner Hinrichtung gab, lag ihm viel daran, ihn um jeden Preis zu retten, und er schickte Leute aus, die die Vollstrecker des Urteils zurückrufen sollten. Die Rettung wäre auch gelungen, wenn man dem Kaiser nicht fälschlich gemeldet hätte, das Urteil sei bereits vollstreckt. Kurz, nie zeigte er Freude an einer Hinrichtung, und auch bei gerechten Todesurteilen mußte er weinen und seufzen.

TITUS ALS KAISER Suet., Tit. 1,1; 7,1 – 8,1; 9,1–2; 8,5

Titus war die Liebe und das Entzücken des Menschengeschlechts. So sehr war er durch sein Naturell befähigt, die Zuneigung aller Menschen zu gewinnen, und zwar, was besonders schwierig ist, als Herrscher. Denn als Privatmann und selbst noch, als sein Vater Kaiser war, war er öffentlicher Kritik ausgesetzt.[21] Aber als er auf den Thron gelangt war, schlug dieser schlechte Ruf ins Gegenteil um und verwandelte sich in die größte Bewunderung, da man an ihm kein Laster, sondern im Gegenteil die größten Tugenden fand.

Seine Einladungen wußte er eher heiter als verschwenderisch zu gestalten. Er suchte sich als Freunde Männer aus, denen auch seine Nachfolger auf dem Thron gewogen blieben und die sie vorzugsweise heranzogen, da sie für sie selber und den Staat unentbehrlich waren. Keinem Bürger nahm er etwas weg. Wie keinem zweiten war ihm fremdes Gut heilig, und er nahm nicht einmal die erlaubten und üblichen Geschenke an. Trotzdem stand er an Freigebigkeit keinem seiner Vorgänger nach.

Von Natur überaus wohlwollend, achtete er bei allen Gesuchen, die ihm vorgetragen wurden, strengstens darauf, niemand ohne Hoffnung zu entlassen. Ja, als seine Höflinge ihn darauf aufmerksam machten, daß er mehr verspreche, als er halten könne, sagte er, es gehe nicht an, daß jemand traurig weggehe, wenn er mit seinem Kaiser gesprochen habe. Als ihm einmal bei Tisch bewußt wurde, daß er während des ganzen Tages niemandem einen Wunsch erfüllt habe, sprach er das denkwürdige, mit Recht gepriesene Wort: »Freunde, ich habe einen Tag verloren.«

Niemand wurde auf seinen Befehl oder mit seinem Wissen hingerichtet, obschon es bisweilen an einem Grund zu solcher Bestrafung nicht gefehlt hätte. Aber er hatte geschworen, lieber wolle er sterben als einen anderen sterben lassen. Zwei Patrizier, die überführt worden waren, nach der Herrschaft zu trachten, ermahnte er nur, von ihrem Vorhaben abzulassen, und belehrte sie, daß der Thron vom Schicksal verliehen werde; wenn sie sonst noch einen Wunsch hätten, werde er ihn ihnen erfüllen. Und sogleich schickte er zu der Mutter eines dieser Männer, die weit entfernt von Rom lebte, seine Kuriere ab, um der besorgten Frau zu melden, ihr Sohn sei wohlauf. Davon abgesehen, zog er beide nicht nur zu seiner Tafel im engsten Kreis hinzu, sondern ließ sie auch am folgenden Tag bei einem Gladiatorenkampf absichtlich in seiner Nähe sitzen, und als man ihm die Waffen der Kämpfer zeigte, reichte er sie ihnen, damit sie sie prüfen könnten.

Zu den Plagen der Zeit gehörten auch die Denunzianten und ihre Hintermänner, die seit langem ihr Unwesen trieben. Diese ließ Titus wiederholt auf dem Forum mit Peitschen- und Stockhieben züchtigen und zuletzt durch die Arena des Amphitheaters führen; teils wurden sie dann als Sklaven verkauft, teils auf den unwirtlichsten Inseln ausgesetzt.

TITUS UND DOMITIAN Suet., Tit. 9,3

Titus ließ seinen Bruder, der unentwegt gegen ihn intrigierte, ja fast ganz offen die Heere aufwiegelte, weder töten noch verbannen, ja nicht einmal in seinen Ehren einschränken, sondern wie am ersten Tag seiner Herrschaft bezeichnete er ihn weiterhin als seinen Mitregenten und Nachfolger. Nur zuweilen bat er ihn insgeheim flehentlich und unter Tränen, endlich seine brüderliche Liebe mit Gleichem zu vergelten.

DER AUSBRUCH DES VESUVS UND
DER TOD DES ÄLTEREN PLINIUS Plin., epist. 6, 16,4–19

24./25. August
79 n. Chr.
832 a. u. c.

Sein Neffe, der Jüngere Plinius, berichtet darüber:
Mein Oheim befand sich in Misenum und hatte das Kommando über die Flotte. Am 24. August etwa um die siebente Stunde[22] teilte meine Mutter ihm mit, am Himmel stehe eine Wolke von ungewöhnlicher Gestalt und Größe. Er ließ sich seine Sandalen bringen und stieg auf eine Anhöhe, von der aus man das Naturschauspiel besonders gut beobachten konnte. Aus dem Vesuv stieg eine Wolke auf, deren Gestalt einer Pinie glich. Als einem Manne mit wissenschaftlichen Interessen erschien ihm die Sache bedeutsam und wert, aus größerer Nähe beobachtet zu werden. Er befahl, ein Boot bereitzumachen.

Beim Verlassen des Hauses erhielt er ein Billet von Rectina, der Frau des Cascus, die sich wegen der drohenden Gefahr ängstigte – ihr Besitz lag nämlich am Fuße des Vesuvs, und man konnte sich von dort nur zu Schiff retten –; sie bat, sie aus ihrer schrecklichen Lage zu befreien. Daraufhin änderte er seinen Entschluß und vollführte mit Heldenmut, was er aus Wißbegier begonnen hatte. Er ließ Vierruderer zu Wasser bringen, ging selbst an Bord, um nicht nur Rectina, sondern auch vielen anderen zu Hilfe zu kommen; denn die reizvolle Küste war dicht besiedelt. Er eilte dorthin, von wo andere flohen, und hielt geradewegs auf die Gefahr zu, so gänzlich unbeschwert von Furcht, daß er alle Phasen, alle Gebilde des Unheils, wie er sie mit den Augen wahrnahm, seinem Sekretär in die Feder diktierte.

Schon fiel Asche auf die Schiffe, immer heißer und dichter, je näher sie herankamen, bald auch Bimsstein und schwarze, halbverkohlte, vom Feuer geborstene Steine, schon trat das Meer plötzlich zurück, und das Ufer wurde durch Felsbrocken vom Berge her unpassierbar. Einen Augenblick war er unschlüssig, ob er nicht umkehren solle, dann rief er dem Steuermann, der dazu riet, zu: »Dem Mutigen hilft das Glück; vorwärts zu Pomponianus!« Dieser befand sich in Stabiae, auf der anderen Seite des Golfs; dort hatte er, obwohl noch keine unmittelbare Gefahr bestand, sein Gepäck auf die Schiffe verladen lassen, entschlossen zu fliehen, wenn der Gegenwind sich legte. Dorthin fuhr jetzt mein

Das Forum triangulare in Pompeji

Oheim mit dem für ihn günstigen Winde, schloß den Verängstigten in die Arme, tröstete ihn, redete ihm gut zu, und um seine Angst durch seine eigene Ruhe zu beschwichtigen, ließ er sich ins Bad tragen. Nach dem Bade ging er zu Tische und speiste seelenruhig oder – was nicht weniger großartig ist, anscheinend seelenruhig.

Inzwischen leuchteten vom Vesuv her an mehreren Stellen weite Flammenherde und hohe Feuersäulen auf, deren strahlende Helle durch die dunkle Nacht noch gehoben wurde. Um die Angst zu beschwichtigen, erklärte mein Oheim, die Bauern hätten in der Aufregung die Herdfeuer brennen lassen, und nun ständen ihre verlassenen Hütten unbehütet in Flammen. Dann begab er sich zur Ruhe und schlief tatsächlich ganz fest; denn seine wegen seiner Leibesfülle ziemlich tiefen, lauten Atemzüge waren vernehmlich, wenn jemand an seiner Tür vorbeiging.

Aber der Hof, von dem aus man zu seinem Zimmer gelangte, war bereits so hoch mit Asche und Bimssteinen angefüllt, daß er, wenn er noch länger in dem Gemach geblieben wäre, nicht mehr hätte herauskommen können. So weckte man ihn denn; er trat heraus und gesellte sich wieder zu Pomponianus und den übrigen, die geblieben waren. Gemeinschaftlich berieten sie, ob sie im Hause bleiben oder sich im Freien aufhalten sollten; denn infolge häufiger, starker Erdstöße wankten die Gebäude hin und her; im Freien wiederum war das

Niedergehen allerdings nur leichter, ausgeglühter Bimssteinstückchen zu fürchten. Man entschied sich beim Vergleich der Gefahren für das letztere. Sie stülpten sich Kissen über den Kopf und verschnürten sie mit Tüchern; das bot Schutz gegen den Steinschlag.

Schon war es anderswo Tag, dort aber Nacht, schwärzer und dichter als alle Nächte sonst; doch milderten die vielen Fackeln und mancherlei Lichter die Finsternis. Man beschloß, an den Strand zu gehen und sich aus der Nähe zu überzeugen, ob das Meer schon gestatte, etwas zu unternehmen; aber es blieb immer noch rauh und feindlich. Dort legte sich mein Oheim auf eine hingebreitete Decke und verlangte hin und wieder einen Schluck kalten Wassers. Dann trieben Flammen und ihr Vorbote, der Schwefelgeruch, die andern in die Flucht, auch ihn nötigten sie zum Aufstehen. Auf zwei Sklaven gestützt, erhob er sich und brach sogleich tot zusammen, vermutlich, weil ihm der dichte Qualm den Atem benahm und die Atemwege verschloß, die bei ihm von Natur schwach, eng und häufig entzündet waren.

HILFE FÜR DAS HEIMGESUCHTE GEBIET Suet., Tit. 8,3–4

In dieser großen Not bewies Titus nicht nur die Fürsorge eines Herrschers, sondern auch das einzigartige Mitgefühl eines Vaters, indem er durch Edikte Trost zusprach und auch, soweit es in seinen Kräften stand, Hilfe brachte. Aus der Zahl der ehemaligen Konsuln wählte er durchs Los eine Kommission für die Hilfeleistung in Kampanien. Den Besitz von Leuten, die beim Vesuvausbruch umgekommen waren und keine Erben besaßen, wies er den heimgesuchten Städten zum Wiederaufbau zu.

DIE ROMANISIERUNG BRITANNIENS Tac., Agr. 21,1–2

Winter
79/80 n. Chr.
832–833 a. u. c.

Der folgende Winter wurde für sehr vorteilhafte Maßnahmen verwendet. Denn damit sich die zerstreut lebenden, unzivilisierten und deshalb leicht zu kriegerischen Unternehmungen neigenden Menschen durch Annehmlichkeiten an Frieden und Ruhe gewöhnten, ermahnte Julius Agricola[23] sie persönlich und half ihnen mit öffentlichen Mitteln, Tempel, Marktplätze und Häuser zu errichten; dabei lobte er die Willigen und tadelte die Zögernden. So stellte sich Ehrgeiz statt Zwang ein. Des weiteren ließ er die Söhne der führenden Männer in den freien Künsten erziehen; dabei schätzte er die Begabung der Britannier mehr als den Lerneifer der Gallier. Das hatte zur Folge, daß die Menschen, die gerade noch nichts von der römischen Sprache wissen wollten, nunmehr dringend nach Beredsamkeit verlangten. Bald galt es sogar als vornehm, sich ein Aussehen wie das unsre zu geben, und man trug häufig die Toga; allmählich verfiel man auch verlockenden Lastern, wie sie Säulenhallen, Bäder und erlesene Gastmähler bieten. Und das nannten die Unerfahrenen Kultur, wo es doch nur ein Stück Knechtschaft war.

DIE REGIERUNG DOMITIANS Suet., Dom. 8,1.2

14. September 81 bis 18. September 96 n. Chr. 834–849 a. u. c.

In der Rechtsprechung war Domitian sorgfältig und eifrig und hielt häufig auch auf seinem Tribunal auf dem Forum außerordentliche Sitzungen ab.

Die Behörden in Rom und die Statthalter in den Provinzen hielt er so fest im Zaum, daß es zu keiner Zeit ehrlichere und gerechtere Beamte gab.

Suet., Dom. 8,3; 7,1

Er bemühte sich auch um die Verbesserung der Sitten und schaffte den Mißbrauch ab, daß die Zuschauer im Theater sich ungeniert auf die Plätze der Ritter setzten. Schmähschriften, die im Publikum verbreitet wurden, um angesehene Männer und Frauen zu verleumden, ließ er vernichten, nicht ohne die Verfasser mit einer entehrenden Strafe belegt zu haben. Einen ehemaligen Quästor stieß er aus dem Senat aus, weil er ein leidenschaftlicher Pantomime und Tänzer war. Frauen von zweifelhaftem Lebenswandel verbot er, Sänften zu benutzen, und nahm ihnen das Recht, Legate und Erbschaften anzutreten.

Keuschheitsvergehen der Vestalinnen, denen von seinem Vater und seinem Bruder keine Beachtung beigemessen worden war, bestrafte er streng.

Er verbot auch, Personen männlichen Geschlechts zu kastrieren, und setzte die Preise für die bei Sklavenhändlern noch vorhandenen Eunuchen herab.

Kaiser Domitian (81–96)

Suet., Dom. 5

Sehr viele große Bauwerke, die durch Feuer zerstört waren, ließ Domitian wiederherstellen, darunter das Kapitol, das abermals von einem Brand heimgesucht worden war;[24] doch in allen Fällen trug die Inschrift nur seinen Namen, ohne jede Erwähnung des ursprünglichen Erbauers. Andererseits errichtete er neu einen Tempel auf dem Kapitol für Jupiter den Behüter,[25] das Forum, das jetzt den Namen Nervas trägt, den Tempel der Flavischen Familie,[26] ein Stadion, ein Odeon[27] und eine Naumachie.[28]

DIE TYRANNEI DOMITIANS Suet., Dom. 10,1.2.4

Aber er hielt diese Haltung voll Milde und Uneigennützigkeit nicht bei. Allerdings verfiel er bedeutend rascher in den Fehler der Grausamkeit als in den der Habsucht. Eine ganze Reihe Senatoren, zum Teil ehemalige Konsuln, ließ er umbringen, einige unter dem Vorwand, sie planten einen Umschwung, die übrigen aus irgendeinem nichtigen Grund. Flavius Sabinus, einer seiner beiden Vettern, wurde zum Beispiel ermordet,[29] weil der Herold ihn am Tage der Konsulwahlen nach erfolgter Wahl dem Volk versehentlich nicht als Konsul, sondern als Imperator ausgerufen hatte.

Als Domitian durch die Aufwendungen für seine Bauten und Spiele und durch die den Soldaten gewährte Solderhöhung[30] seine finanziellen Mittel erschöpft hatte, versuchte er, die militärischen Ausgaben durch eine Verkleinerung des Heeres herabzusetzen. Da er aber sah, daß er sich dadurch Barbareneinfällen aussetzen und trotzdem nicht aus seinen Geldschwierigkeiten herauskommen werde, scheute er sich nicht mehr, die Menschen auf jede erdenkliche Art auszuplündern. Der Besitz der Lebenden wie der Verstorbenen wurde auf die geringste Anschuldigung irgendeines Anklägers hin ohne weiteres beschlagnahmt. Es genügte schon der Vorwurf irgendeiner Tat oder eines Wortes gegen die Majestät des Kaisers. Man konfiszierte Erbschaften ganz fremder Personen, wenn sich nur *einer* fand, der sagte, er habe gehört, wie der Verstorbene zu seinen Lebzeiten den Kaiser zu seinem Erben eingesetzt habe. Suet., Dom. 12,1–2

»HERR UND GOTT« Aur. Vict. 11,2

Domitian ging mehr als hochfahrend mit den Senatoren um, da er sie zwang, ihn als »Herr und Gott« zu titulieren.

UNTERDRÜCKUNG DES FREIEN WORTES. BESPITZELUNG Tac., Agr. 2,1–3

Als Arulenus Rusticus die Lobschrift auf Pactus Thrasea und Herennius Senecio die auf Helvidius Priscus verfaßte, war dies ein todeswürdiges Verbrechen.[31] Man wütete nicht nur gegen die Verfasser, sondern auch gegen ihre Bücher; das Dreierkollegium für den Strafvollzug erhielt nämlich den Auftrag, die Denkmäler der glänzendsten Begabungen auf dem Comitium und dem Forum zu verbrennen. Man glaubte wohl, durch dieses Feuer die Stimme des römischen Volkes, die Freiheit des Senats und das Bewußtsein des Menschengeschlechtes vernichten zu können. Überdies wurden die Philosophen ausgewiesen[32] und jede edle Fertigkeit in die Verbannung geschickt.

Wir haben in der Tat einen großen Beweis von Unterwürfigkeit geliefert. Und wie die alte Zeit ein Höchstmaß an Freiheit gesehen hat, so wir ein Höchstmaß an Knechtschaft, wobei uns durch Bespitzelung sogar der Gedankenaustausch im Sprechen und Hören genommen war. Ja, selbst die Erinnerung hätten wir zusammen mit der Sprache verloren, wenn es ebenso in unserer Macht stünde, zu vergessen wie zu schweigen.

95 n. Chr. DIE HINRICHTUNG DES FLAVIUS CLEMENS UND DIE VERBANNUNG
848 a. u. c. DER FLAVIA DOMITILLA Dio 67, 14,1–2

Im Jahre 95 ließ Domitian neben vielen anderen den Konsul Flavius Clemens[33] hinrichten, obwohl er sein Vetter war und Flavia Domitilla, ebenfalls eine Verwandte des Kaisers, zur Frau hatte. Beiden wurde Atheismus vorgeworfen; auch viele andere, die jüdische Lebensformen annahmen,[34] wurden deswegen verurteilt. Einige von ihnen wurden hingerichtet, andere nur ihres Vermögens beraubt. Domitilla mußte lediglich nach Pandataria in die Verbannung gehen.

Flavius Clemens und Flavia Domitilla waren die nächsten Verwandten des Kaisers; zwei Söhne des Paares hatte er zu seinen Nachfolgern bestimmt und ihre Namen in Vespasian und Domitian geändert.

18. September DIE ERMORDUNG DOMITIANS Suet., Dom. 14,1.4; 16,1 – 17,2
96 n. Chr.
849 a. u. c.

Domitian fiel endlich einer Verschwörung seiner Freunde und bevorzugten Freigelassenen, denen sich auch seine Gattin anschloß, zum Opfer.[35] Das Jahr und den Tag seines Todes ahnte er schon lange, ja sogar die Stunde und die Todesart. Chaldäer hatten ihm einst in seiner Jugend alles vorausgesagt.

Als die Zeit der vermuteten Gefahr heranrückte, wurde er Tag für Tag unruhiger und ließ die Wände der Säulenhallen, in denen er spazierenzugehen pflegte, mit Spiegelstein[36] verkleiden, um in ihrem Widerschein sehen zu können, was sich in seinem Rücken abspielte.

Am Morgen des 18. September 96 verhörte er einen aus Germanien geschickten Eingeweideschauer, der, über einen Blitzschlag befragt, einen Regierungswechsel vorausgesagt hatte, und verurteilte ihn zum Tode. Als er eine entzündete Warze auf der Stirn allzu heftig kratzte, fing diese an zu bluten, und er sagte: »Wäre das doch alles!« Dann fragte er nach der Zeit, und man nannte ihm absichtlich statt der fünften Stunde, vor der er sich fürchtete, die sechste. Erfreut, daß die Gefahr schon vorüber sei, eilte er ins Bad. Sein Kämmerer Parthenios rief ihn aber zurück und meldete, es sei jemand da mit einer höchst wichtigen, keinen Aufschub duldenden Botschaft. Da ließ er alle Anwesenden entfernen, zog sich in sein Schlafzimmer zurück und wurde dort ermordet.

Über die näheren Umstände der Verschwörung und der Ermordung wurde etwa folgendes bekannt: Die Verschworenen waren noch unschlüssig, wann und wie sie den Kaiser überfallen sollten, das heißt im Bad oder bei Tisch, als Stephanos, der Verwalter Domitillas, Rat und Hilfe anbot. Um jeden Verdacht abzuwenden, verband er sich während mehrerer Tage den linken Arm mit Wollbinden, wie wenn er verletzt wäre, und versteckte darin, als die Stunde gekommen war, einen Dolch. Da er behauptete, einen Beweis für eine Verschwörung zu haben, wurde er vorgelassen und stieß dem Kaiser, während dieser wie vom Donner gerührt das ihm überreichte Schriftstück las, den Dolch in den Unterleib. Trotz seiner Verwundung setzte Domitian sich zur Wehr; doch die Ordonnanz Clodianus, Maximus, ein Freigelassener des Parthenios, Satur, der oberste Kammerdiener, und einige aus der Gladiatorenkaserne fielen über ihn her und streckten ihn mit sieben Hieben nieder.

REAKTIONEN AUF DIE ERMORDUNG DOMITIANS Suet., Dom. 23,1

Nach Domitians Ermordung verhielt sich das Volk gleichgültig; die Soldaten aber waren zutiefst erbittert, versuchten sofort, seine Aufnahme unter die Götter durchzusetzen, und wären auch bereit gewesen, ihn zu rächen, wenn es nicht an Führern gefehlt hätte. Wenig später erreichten sie allerdings ihr Ziel, indem sie hartnäckig auf einer Bestrafung der Mörder bestanden.

Im Gegensatz dazu zeigten die Senatoren die größte Freude, eilten um die Wette in das Senatsgebäude und ließen es sich nicht nehmen, dem Toten die schmachvollsten und bittersten Beschimpfungen nachzurufen; sie ließen auch Leitern bringen und seine Ehrenschilde und Bilder vor aller Augen herunterreißen und an Ort und Stelle auf dem Boden zerschmettern. Zuletzt beschlossen sie, überall auf den Inschriften seinen Namen zu tilgen und jede Erinnerung an ihn auszulöschen.

NERVA. DIE ADOPTIVKAISER. COMMODUS

96 – 192 n. Chr.

ROMS GLÜCKLICHSTE ZEIT

Die Mörder Domitians erhoben mit Marcus Cocceius Nerva einen alten, kranken Mann auf den Thron, der zwar voll guten Willens war, von einigen Provinzstatthaltern aber nicht ernst genommen wurde. Als es selbst in Rom zu Unruhen kam und die Prätorianer nach Rache für Domitian schrien, empfahlen seine Ratgeber dem Nerva eine Maßnahme, von der sich schon Galba – vergeblich – Rettung versprochen hatte: Er sollte einen jüngeren, fähigen Mann adoptieren und als seinen Mitregenten und Thronerben bestimmen. Nerva tat, wie sich zeigte, einen guten Griff: Marcus Ulpius Trajanus, sein Wunschkandidat, war zu dieser Zeit Statthalter der Provinz Obergermanien; er hatte sich bereits in Syrien, am Euphrat, in seiner spanischen Heimat und auf dem Balkan als tüchtiger Heerführer und umsichtiger Organisator bewährt und sicherte nun die Rheingrenze.

Wenige Monate später starb Nerva. Als sein Nachfolger hätte nun wohl Trajan nach Rom eilen und dort nach dem Rechten sehen müssen, doch er ließ sich Zeit: Nachdem er die Verhältnisse im Norden geordnet und den Limes, den römischen Grenzwall, verstärkt hatte, begab er sich in die durch Barbareneinfälle besonders bedrohten Gebiete am Unterlauf der Donau.

Die Daker, ein skythisch-keltischer Stammesverband, waren in das heutige Rumänien vorgedrungen und hatten dort, geeinigt unter ihrem König Decebalus, ein mächtiges Reich gegründet, das bald in Konflikt mit Rom geriet. Versuche Domitians, den neuen Gegner in seine Schranken zu weisen, waren gescheitert. Im Frieden mit Decebalus hatte sich der glücklose Imperator sogar verpflichtet, römische Techniker in die dakischen Bergwerke zu entsenden und »Jahrgelder« zu zahlen.

Diese Schmach wollte Trajan tilgen; darum ließ er in den Provinzen Pannonien und Moesien Straßen bauen und aufrüsten. Erst Ende 99, fast ein Jahr nach Nervas Tod, erschien er in Rom und gewann das Volk durch prächtige Spiele, die Armen durch großzügige Zuwendungen und den Senat durch betont bescheidenes Auftreten.

Den Dakerkrieg bereitete er mit der ihm eigenen Gründlichkeit ein Jahr lang vor und stellte eigens dafür zwei neue Legionen auf. Ihre Beinamen waren Programm: *fortis*, tapfer, nannte er die eine, *victrix*, siegreich, die andere. Im Frühjahr 101 führte er sein aus zwölf Legionen bestehendes Heer auf Schiffsbrücken über die Donau, schlug Decebalus in einer mörderischen Schlacht und belagerte ihn in seiner Hauptstadt Sarmizegetusa. Der Dakerkönig mußte sich einem harten Friedensdiktat beugen, die römischen Techniker heimschicken, Befestigungen schleifen lassen und Land abtreten. Verständlicherweise dürstete er nach einer Revanche. Damit rechnete auch Trajan und ließ seinen Stararchitekten Apollodoros, der schon Pläne für gigantische Baumaßnahmen in Rom entwarf, eine steinerne Brücke über die Donau bauen.

105 eröffnete der Kaiser den zweiten Dakerkrieg, fest entschlossen, das Reich des Decebalus zu vertilgen. Das gelang ihm auch: Ein großer Teil des Volkes kam bei den Kampfhandlungen um, die verzweifelten Stammesfürsten vergifteten sich nach einem Gelage, auch Decebalus endete durch Selbstmord, und die wenigen überlebenden Daker flohen nach Norden, um nicht versklavt zu werden. Ihr Land wurde römische Provinz, Sarmizegetusa hieß nun *colonia Ulpia Traiana*. So hieß auch das heutige Xanten am Niederrhein.

Die Kriegsbeute, vor allem Gold und andere Edelmetalle, war riesig; sie erlaubte Trajan, in Rom mit der Anlage eines neuen Forums zu beginnen und dafür Platz zu schaffen, indem er einen ganzen Bergrücken abtragen ließ. Zwischen zwei Bibliotheksgebäuden wurde, um später die Urne des Kaisers aufzunehmen, jene Siegessäule errichtet, die heute noch steht und in aller Ausführlichkeit auf dem umlaufenden Bildband den Dakerfeldzug schildert.

In das entvölkerte Gebiet schickte Trajan Kolonisten und Veteranen, die meist lateinisch sprachen; sie, nicht die Daker, können als Vorfahren der heutigen Rumänen gelten.

Einige Jahre war der Kaiser mit organisatorischen Aufgaben gut ausgelastet. Wie gewissenhaft er sich um die Reichsverwaltung kümmerte, zeigt der erhaltene Briefwechsel mit dem jüngeren Plinius, der als vorsichtiger Provinzgouverneur bei kniffligen Problemen gern den obersten Chef um Auskunft bat.

Die wiedergewonnene Meinungsfreiheit nützte Tacitus, um seinem Schwiegervater Agricola ein literarisches Denkmal zu setzen und in der *Germania* den Römern das Bild eines (fast) »unverdorbenen« Volkes vorzustellen. Dann nahm er seine *Historien* und *Annalen* in Angriff.

Nach fünf Friedensjahren, die die Römer als segensreich empfanden, ließ sich Trajan auf einen neuen Krieg mit der letzten noch verbliebenen Großmacht ein, mit den Parthern im heutigen Iran und Irak. Thronstreitigkeiten im umkämpften Grenzland Armenien lieferten den Anlaß; vor den gut gedrillten Legionen Roms wichen die alten Angstgegner zurück, die einst Caesars Kompagnon Crassus vernichtend geschlagen hatten. 115 wurde Mesopotamien römische Provinz, das Imperium hatte seine weiteste Ausdehnung erreicht, und Trajans Bewunderer rühmten ihn als zweiten Alexander. Schon ging auch das Gerücht um, er werde durch das Kernland der Parther bis Indien vordringen – da regte sich der Widerstand gegen Rom im Zweistromland, und auch die nach ihrem letzten Aufstand aus Palästina vertriebenen Juden rebellierten in vielen Städten des Ostens. Zwar wurden die Unruhen blutig unterdrückt, doch der Schwung des Eroberers war gebrochen: Nach der erfolglosen Belagerung der Kleinstadt Hatra brach Trajan, frustriert und krank, den Feldzug ab und machte sich auf den Heimweg. Er sollte sein Rom nicht wiedersehen: In Selinus am Schwarzen Meer starb er, und sein Nachfolger, Hadrian, gab die eben gewonnenen Provinzen schleunigst wieder auf.

Doch auch wenn Trajans letztes großes Unternehmen trotz gewaltiger Anstrengungen gescheitert war, blieb er für die Römer einer ihrer größten Herrscher, und jedem späteren Kaiser gab der Senat den Wunsch mit auf den Weg: »Sei glücklicher als Augustus, besser als Trajan.«

Publius Aelius Hadrianus, ein entfernter Verwandter Trajans, war von diesem wahrscheinlich gar nicht adoptiert worden; dieser Sachverhalt wurde, um die Nachfolge zu regeln, vorgetäuscht, wobei Trajans Frau Plotina kräftig mithalf.

Verdiente Heerführer Trajans wurden bald ausgeschaltet, weil sie die Verzichtpolitik des neuen Herrschers nicht billigten.

Die Sicherung der Grenzen durch Befestigungsanlagen, womit Domitian begonnen hatte, setzte Hadrian fort und errichtete unter anderem den nach ihm benannten Wall im Norden Britanniens.

Als ausgesprochener Griechenfreund erweiterte er das Stadtgebiet Athens um eine »Hadrianstadt«, an die das noch heute zu besichtigende Hadrianstor erinnert; Edirne in der europäischen Türkei hieß ehedem Adrianopel. Das völlig zerstörte Jerusalem ließ er als Aelia Capitolina wieder aufbauen, was einen wütenden Aufstand der Juden auslöste, die keinen Jupitertempel an der Stelle dulden wollten, wo einst das Haus Jahwes stand.

Auf seinen weiten Reisen besuchte Hadrian auch entlegene Gebiete des Reiches und tat Dinge, die seine Zeitgenossen verblüfften; unter anderem bestieg er den Ätna, um dort den Sonnenaufgang zu erleben. Die Erinnerung an die gewonnenen Eindrücke hielt er durch Bauten in seiner gewaltigen Villenanlage bei Tibur (Tivoli) fest, gewissermaßen Souvenirs in Stein.

In Rom ließ er für sich ein mächtiges Mausoleum bauen, den Kern der heutigen Engelsburg. Bereits auf dem Krankenlager, begann er sich um seine Nachfolge zu kümmern, wobei er zunächst keine sehr glückliche Hand bewies. Mit Antoninus Pius aber traf er eine gute Wahl; zwar mußte auch dieser im Grunde friedliebende Kaiser mit zahlreichen Erhebungen und Grenzkriegen fertig werden, doch im ganzen war seine Herrschaft für Rom und für die Provinzen gleichermaßen erfreulich, weil er auf Rechtssicherheit und maßvolle Steuern großen Wert legte. An ihn erinnert der für seine jung verstorbene Frau Faustina auf dem Forum errichtete Tempel.

Der von ihm früh adoptierte Nachfolger, Marcus Aurelius Antoninus, war friedliebend wie er selbst und hat sich durch seine »Selbstgespräche« einen festen Platz in der Literatur- und Philosophiegeschichte gesichert. Zu seinem Unglück zwangen ihn die Vorbeben der Völkerwanderung zusammen mit seinem Adoptivbruder und Mitregenten Lucius Aurelius Verus immer wieder ins Feldlager: Die Parther setzten zu einer großen Offensive an, die Germanen beunruhigten die Reichsgrenze, in Britannien erhoben sich die Kaledonier, und zu allem Unglück schleppten Soldaten aus dem Osten die Pest ein, die viele Opfer forderte. Die Lähmung des Reichs durch diese Seuche nutzten die Germanenstämme der Markomannen und Quaden zu neuen Attacken und brachten den Kaiser, der seinen Mitregenten durch einen Schlaganfall verloren hatte, in erhebliche Bedrängnis, woraus ihn bald seine persönliche Opferbereitschaft, bald ein Wunder rettete. Eine Rebellion im Osten hinderte ihn, den Germanenkrieg beizulegen; so stand er bald wieder gegen die Markomannen im Felde, bis ihn im Heerlager bei Vindobona (Wien) die Pest hinraffte.

Wenn der sonst so bedachte und kluge Marc Aurel in seinem Leben je einen schweren Fehler gemacht hat, dann, als er seinen Sohn Commodus als Nachfolger einsetzte, womit er das seit Nerva erfolgreiche Adoptionsprinzip durchbrach. Commodus erwies sich als zur Herrschaft unfähiges, mörderisches und exzentrisches Scheusal, das bald genug eines gewaltsamen Todes starb.

NERVA WIRD KAISER Eutr. 8, 1,1

**18. September
96 n. Chr.
849 a. u. c.**

Im Jahre 96 wurde der Staat zu seinem ungeheuren Glück wieder guten Kaisern anvertraut. Denn auf den unheilvollen Tyrannen Domitian folgte Nerva, ein bescheidener und tüchtiger Mann aus der Mittelschicht des Amtsadels. Er wurde, obwohl schon älter[1], Kaiser vor allem durch das Bemühen des Prätorianerpräfekten T. Petronius Secundus und des Kämmerers Parthenios, der den Mord an Domitian angezettelt hatte.

WIEDERHERSTELLUNG DES RECHTSSTAATES UND BESTRAFUNG DER SCHULDIGEN AUS DER DOMITIANISCHEN ÄRA Dio 68, 1,2; 2,1.3

Kaiser Nerva (96–98)

Nerva ließ alle, die wegen Majestätsbeleidigung vor Gericht standen, frei und rief die Verbannten zurück, während er sämtliche Sklaven und Freigelassenen, die gegen ihre Herren gearbeitet hatten, hinrichten ließ und außerdem allen Angehörigen dieses Personenkreises verbot, irgendwelche Klagen gegen ihre Herren zu erheben. Und niemand durfte mehr Anklage wegen Majestätsbeleidigung und wegen Annahme jüdischer Lebensweise erheben. Auch von den Denunzianten wurden viele zum Tode verurteilt. Den Personen, denen von Domitian ihr Vermögen widerrechtlich genommen worden war, gab er alles zurück, was sich davon noch in kaiserlichem Besitz vorfand.

Des weiteren verpflichtete er sich im Senat eidlich, keinen Senator töten zu lassen. Überhaupt traf er keine Anordnung, ohne zuvor den Rat der führenden Männer eingeholt zu haben.

SOZIAL- UND FINANZPOLITIK NERVAS Dio 68, 2,1; 2,2–3; Epit. de Caes. 12,4

Die ganz Armen erhielten durch Nerva Landzuweisungen im Wert von 60 Millionen Sesterzen; und bestimmte Senatoren wurden mit dem Kauf und der Verteilung des Bodens betraut. Den Töchtern und Söhnen bedürftiger Eltern in den Städten Italiens ließ Nerva staatliche Unterstützung zukommen.

Da es Nerva an Geld fehlte, schaffte er viele Opfer, Pferderennen und sonstige Schauspiele ab, um so die Ausgaben nach Möglichkeit einzuschränken.

27. Oktober 97 n. Chr. 850 a. u. c.

DIE MEUTEREI DER PRÄTORIANER UND DIE ADOPTION TRAJANS Dio 68, 3,3–4; Joh. Ant., frg. 110; Epit. de Caes. 12,8; Plin., paneg. 9,2

Casperius Aelianus, der unter Nerva wieder wie schon unter Domitian Prätorianerpräfekt geworden war, wiegelte die Soldaten zur Meuterei gegen den Kaiser auf; er hatte sie nämlich dazu gebracht, die Hinrichtung des Petronius Secundus[2] und des Parthenios zu fordern. Nerva widersetzte sich zwar diesem Ansinnen, konnte sich aber nicht durchsetzen und mußte die Männer, deren Kopf Aelianus verlangt hatte, den Soldaten ausliefern. Durch das dreiste Verbrechen noch frecher geworden, zwang Casperius den Kaiser, vor dem Volk den Soldaten dafür zu danken, daß sie die schlechtesten und ruchlosesten aller Sterblichen beseitigt hätten.

Als sich Nerva wegen seines Alters so gering geachtet sah, adoptierte er M. Ulpius Trajanus, den Statthalter von Obergermanien, der eine starke, ihm treu ergebene Armee befehligte, und ernannte ihn zum Caesar.

Plin., paneg. 7,7 – 8,2

Nach einer im Jahre 100 gehaltenen Lobrede auf Trajan geschah die Adoption unter Einwirkung der Götter:

Nerva vermied sorgfältig das Risiko einer schlechten Wahl und holte neben dem Urteil der Menschen[3] auch das der Götter ein. Daher vollzog er die Adoption in einem Tempel, vor der Kultstätte des Jupiter Optimus Maximus. Durch diesen Schritt wurde für unsere Freiheit, Wohlfahrt und Sicherheit der Grund gelegt. Dies war das Werk der Götter, ihr Auftrag; Nerva war nur ihr Gehilfe.

DER TOD NERVAS. TRAJAN KAISER Eutr. 8, 1,2; Epit. de Caes. 12,12; Feriale Duranum

Nerva starb in Rom am 27. Januar 98 nach einer Regierungszeit von 1 Jahr, 4 Monaten und 8 Tagen. Er wurde im Mausoleum des Augustus beigesetzt. Am 28. Januar wurde Trajan vom Senat zum Augustus erhoben.

Trajan, der inzwischen das Kommando in Obergermanien dem befreundeten L. Julius Ursus übergeben und selbst die Statthalterschaft in Niedergermanien übernommen hatte, erhielt die Nachricht vom Ableben Nervas Anfang Februar in Köln. Er blieb dann aber noch fast zwei Jahre lang in den Grenzprovinzen am Rhein und an der Donau und sorgte hier für den Ausbau des Verteidigungssystems. Im Oktober 99 kehrte er nach Rom zurück.

TRAJANS REGIERUNG Eutr. 8,4 – 5,1

28. Januar 98
bis 7. August
117 n. Chr.
851–870 a. u. c.

Indem Trajan sich in Rom und den Provinzen jedermann gegenüber als Seinesgleichen gab, zur Bereicherung der Staatskasse nichts Ungerechtes beging, gegen alle freigebig war, Städten Steuerfreiheit gewährte und alles stets mit Ruhe und Sanftmut erledigte, erwarb er sich auf der ganzen Welt jede Art von Verehrung.

Als ihm einmal seine Freunde vorwarfen, daß er mit allen Leuten auf gleichem Fuß verkehre, gab er zur Antwort, er sei für alle Leute ein solcher Kaiser, wie er als Privatmann sich einen Kaiser wünschen würde.

Kaiser Trajan (98–117)

Nicht nur für seine Kriege, sondern auch für die Werke des Friedens wandte Trajan Riesensummen auf, wobei er eine Menge dringend nötiger Erneuerungsarbeiten an Straßen, Häfen und öffentlichen Bauwerken durchführte. Er schuf auch Bibliotheken[1]. Und auf dem Forum errichtete er eine Riesensäule, die als Grabmal für ihn und zugleich als Denkmal seiner Leistungen dienen sollte.

Dio 68, 7,1; 16,3

DAS LEBENSGEFÜHL NACH DER SCHRECKENSZEIT UNTER DOMITIAN

Tac., Agr. 3,1–2

Jetzt endlich kehrt der Lebensmut zurück; aber obwohl gleich mit Beginn des allerglücklichsten Zeitalters Kaiser Nerva die früher unvereinbaren Größen, Prinzipat und Freiheit, miteinander verbunden hat, obwohl Trajan das Glück unserer Zeit täglich mehrt und die öffentliche Sicherheit nicht nur Hoffnung und Wunschbild geblieben ist, liegt es dennoch im Wesen menschlicher Schwachheit, daß die Heilmittel langsamer wirken als die Leiden. Und wie unsere Körper nur allmählich wachsen, aber schnell verfallen, so kann man geistiges Leben leichter unterdrücken als wiedererwecken. Ja, es schleicht sich das Behagen gerade an der Untätigkeit ein, und den zuerst verhaßten Müßiggang lernt man schließlich sogar schätzen. Was soll man dazu sagen, daß fünfzehn Jahre hindurch, eine lange Spanne im menschlichen Leben, die Tatkräftigsten durch das Wüten des Kaisers ums Leben gekommen sind? Daß nur wenige von uns übriggeblieben sind und wir sozusagen nicht nur die anderen, sondern auch uns selbst überlebt haben, da uns ja mitten aus dem Leben so viele Jahre gestohlen wurden, in denen wir jungen Männer alt geworden sind und die alten beinahe ihr Lebensende erreicht haben, zum Schweigen gezwungen?

BEWUNDERUNG DER GERMANISCHEN SITTENSTRENGE

Tac., Germ. 18,1; 19,1.2; 20,2

Die Germanen halten die Ehen streng ein, und kein Bereich ihrer Sitten ist mehr zu loben. Denn fast als einzige unter den Barbaren geben sie sich mit *einer* Frau zufrieden, mit Ausnahme ganz weniger, die sich jedoch nicht aus Sinnlichkeit so verhalten, sondern wegen ihrer vornehmen Herkunft mehrfach mit Heiratsangeboten umworben werden. Also leben sie in wohlbehüteter Keuschheit, durch keine lüsternen Schauspiele und keine aufreizenden Gelage verführt. Die Möglichkeit, geheime Wünsche Briefen anzuvertrauen, kennen Männer genausowenig wie Frauen. Deshalb kommt ein Ehebruch, obwohl es sich um ein solch zahlreiches Volk handelt, nur ganz selten vor. Die Strafe dafür folgt auf dem Fuße und ist den Ehemännern überlassen. Der Mann schneidet ihr die Haare ab, jagt sie vor den Augen der Verwandten aus dem Haus und treibt sie mit Schlägen durch das ganze Dorf. Für die preisgegebene Keuschheit gibt es nämlich keine Verzeihung: Nicht durch Schönheit, nicht durch Jugend, nicht durch Reichtum findet sie jemals wieder einen Mann. Niemand lacht dort nämlich über sittliche Verfehlungen, und verführen und sich verführen lassen nennt man nicht einfach zeitgemäßes Verhalten. Die Zahl der Kinder zu beschränken oder ein nachgeborenes Kind zu töten gilt als Schandtat, und mehr vermögen dort gute Sitten als anderswo gute Gesetze.

Spät kommen die jungen Männer mit der Liebe in Berührung, und deshalb ist ihre Manneskraft ungeschwächt. Aber auch mit den jungen Mädchen beeilt man sich nicht; sie verfügen daher über dieselbe jugendliche Frische, über einen ähnlich hohen Wuchs. Einander ebenbürtig und in voller Blüte stehend, vereinigen sie sich, und die Stärke der Eltern spiegelt sich in den Kindern wider.

VERGRÖSSERUNG DES REICHSGEBIETES Eutr. 8, 2,2 – 3,2

Das Gebiet des Römischen Reiches, das nach Augustus mehr verteidigt als erweitert worden war,[5] dehnte Trajan weiter aus. Er unterwarf Dakien durch den Sieg über Decebalus und richtete jenseits der Donau in diesem Gebiet eine Provinz ein.[6]

Danach machte er Arabien zu einer Provinz[7] Armenien, das die Parther besetzt hatten, gewann er zurück, indem er Parthamasiris, der es besaß, tötete.[8] Den Albanern gab er einen König. Mit den Königen der Iberer, der Sauromaten, der Bosporaner, der Osdroenen und der Kolcher schloß er Verträge[9]. Die Karduener, Markomeder sowie Anthemusium, ein großes Gebiet der Persis[10], besetzte er, ferner Seleukia, Ktesiphon und Babylon[11]; die Messenier[12] besiegte er und hielt ihr Gebiet besetzt. Er stieß bis an den Persischen Golf vor und richtete dort drei Provinzen ein: Armenien, Assyrien und Mesopotamien.[13]

Relief von der Siegessäule Trajans. Ansprache an das Heer nach einer Schlacht

ERHEBUNGEN IM HINTERLAND. ERKRANKUNG UND TOD TRAJANS

Dio 68, 29,4 – 31,2; 32,1 – 33,3; Eutr. 8, 5,2

Trajan sollte nicht mehr nach Rom gelangen und auch keine Tat mehr vollbringen, die sich seinen früheren Erfolgen an die Seite stellen konnte, ja er
mußte sogar die früheren Erwerbungen aufgeben. Denn während er zum Persischen Golf hinunterfuhr und von dort zurückkehrte, gerieten die eroberten
Länder in Unruhe und erhoben sich, und die einzelnen Völker verjagten entweder die bei ihnen stationierten Besatzungen oder machten sie nieder.

Der Kaiser hörte von diesen Vorgängen während seines Aufenthaltes in Babylon; denn obwohl er außer Schutthalden, Steinen und Ruinen nichts fand,
was den Ruf der Stadt rechtfertigte, hatte er sie wegen ihres Ruhmes und auch
wegen Alexanders besucht, dem er sogar ein Opfer in seinem Sterberaum darbrachte. Auf die Nachricht von dem Aufstand hin schickte der Kaiser L. Lusius
Quietus und App. Maximus Santra gegen die Empörer. Der letztere unterlag in
einer Schlacht und fand den Tod, Lusius hingegen gewann neben zahlreichen
anderen Erfolgen Nisibis zurück und erstürmte nach einer Belagerung Edessa,
worauf er die Stadt zerstörte und niederbrannte. Ebenso wurde Seleukia von
den Legaten Erucius Clarus und Julius Alexander eingenommen und in Schutt
und Asche gelegt.

Trajan aber fürchtete auch eine Erhebung bei den Parthern, weshalb er ihnen
einen eigenen König geben wollte. Zu diesem Zweck begab er sich nach Ktesiphon und rief alle Römer und Parther, die sich dort befanden, auf einer weiten Ebene zusammen. Dann bestieg er eine hohe Rednerbühne, pries in stolzen
Worten seine Taten und ernannte Parthamaspates zum Partherkönig.

Darauf (im Jahre 117) griff er Hatra an, das sich ebenfalls erhoben hatte. Das
Umland der Stadt besteht größtenteils aus Wüste und verfügt nur über wenig,
dazu schlechtes Wasser; außerdem fehlt es an Holz und Gras. Diese Mängel machen eine Belagerung unmöglich. So konnte Trajan die Stadt nicht einnehmen.
Er rückte daher von diesem Platz ab, und es dauerte nicht lange, da begann er
zu kränkeln. Die Juden in der Cyrenaica hatten inzwischen (im Jahre 115) einen
gewissen Andreas zu ihrem Führer gemacht und brachten Römer und Griechen um; insgesamt fielen ihnen 220 000 Menschen zum Opfer. In Ägypten
verübten die Juden gleichfalls zahlreiche Untaten, nicht minder in Zypern; hier
fanden 240 000 den Tod.[14]

Der Kaiser rüstete schon zu einem erneuten Feldzug gegen Mesopotamien;
da ihm aber seine Krankheit hart zusetzte, machte er sich auf den Weg, um zur
See nach Italien zu fahren. Den P. Aelius Hadrianus ließ er mit den Truppen in
Syrien zurück. So hatten sich denn die Römer mit der Eroberung Armeniens,
des Großteils von Mesopotamien sowie des Partherreiches vergeblich abgemüht; denn die Parther lehnten Parthamaspates als König ab und begannen
auf ihre Weise die königliche Regierung wieder einzusetzen.

Trajan erlitt einen Schlaganfall, so daß ein Teil seines Körpers gelähmt war; außerdem wurde der ganze Leib von Wassersucht befallen. Nach seiner Ankunft im kilikischen Selinus starb er eines plötzlichen Todes nach einer Herrschaft von 19 Jahren, 6 Monaten und 15 Tagen. Seine sterblichen Überreste wurden in einer goldenen Urne verwahrt und auf dem Forum, das er angelegt hatte, im Sockel einer Säule beigesetzt.

HADRIAN UND TRAJAN Hist. Aug., Hadr. 1,2.4; 2,2.7

Hadrians Vater war P. Aelius Hadrianus, ein Vetter Kaiser Trajans; seine Mutter, aus Gades gebürtig, hieß Domitia Paulina. Geboren wurde Hadrian in Italica (bei Sevilla) am 24. Januar 76. Im zehnten Lebensjahr seines Vaters beraubt, erhielt er zu Vormündern den Prätorier Ulpius Trajanus, der später Kaiser wurde, und den römischen Ritter P. Acilius Attianus. Er wurde von Trajan wie ein Sohn gehalten, doch fehlte es keineswegs an Verstimmungen.

DIE VORGETÄUSCHTE ADOPTION HADRIANS Dio 69, 1,1–4

Hadrian wurde von Trajan nicht adoptiert. Seinen Aufstieg zum Kaiser verdankte er vielmehr der Tatsache, daß nach dem kinderlosen Tod Trajans sein Landsmann und ehemaliger Vormund Attianus und Plotina, die Gattin Trajans, seine Ernennung herbeiführten; Hadrians räumliche Nähe und sein Kommando über eine bedeutende Streitmacht erleichterten ihr Vorgehen. Trajans Tod wurde deshalb einige Tage verheimlicht, damit Hadrians Adoption vorher noch bekanntgegeben werden konnte. Das war auch dem Schreiben an den Senat zu entnehmen; war es doch nicht vom Kaiser, sondern von Plotina unterzeichnet, was sie zuvor in keinem anderen Fall getan hatte.

Am 9. August erhielt Hadrian als Legat von Syrien die schriftliche Nachricht von seiner Adoption. Am 11. August wurde ihm Trajans Hingang gemeldet; diesen Tag beschloß er als den Beginn seiner Regierung feiern zu lassen.

In einem Schreiben an den Senat bat Hadrian um Entschuldigung dafür, daß er dem Senat die Entscheidung über seine Thronbesteigung nicht überlassen habe; er sei nämlich von den Soldaten voreilig zum Kaiser ausgerufen worden, weil der Staat ohne Kaiser nicht zu bestellen vermöge.

AUFGABE DER EXPANSIONSPOLITIK Hist. Aug., Hadr. 5,1.3; Eutr. 8, 6,2

Gleich nach dem Regierungsantritt ging Hadrian wieder auf den alten Kurs und bemühte sich, in aller Welt den Frieden zu erhalten. Deshalb gab er das ganze Gebiet jenseits von Euphrat und Tigris auf.

Als er dasselbe mit Dakien machen wollte, brachten ihn seine Freunde davon ab und verhinderten so, daß viele römische Bürger den Barbaren preisgegeben wurden; denn Trajan hatte nach dem Sieg über Dakien ungezählte Menschenmassen aus dem ganzen Römischen Reich dorthin verpflanzt, damit sie die Felder bestellten und die Städte bewohnten.

118 n. Chr.
871 a. u. c.

BESEITIGUNG VON VERDIENTEN HEERFÜHRERN TRAJANS Dio 69, 2,5–6

Hadrian zog sich durch die Hinrichtung einiger der besten Männer zu Beginn seiner Herrschaft harten Tadel zu. Es handelte sich um A. Cornelius Palma, L. Publilius Celsus, C. Avidius Nigrinus und L. Lusius Quietus; die beiden ersten wurden wegen eines angeblich während einer Jagd geplanten Anschlags auf Hadrian, die anderen wegen sonstiger Beschuldigungen getötet; in Wirklichkeit aber mußten sie sterben, weil sei große Macht besaßen und sich bedeutenden Reichtums und Ansehens erfreuten.[15] Hadrian nahm sich die darüber laut werdende Kritik so zu Herzen, daß er eine Rechtfertigung für nötig fand und eine eidliche Erklärung abgab, er habe die Hinrichtung nicht angeordnet.

11. August
117 bis 10. Juli
138 n. Chr.
870 – 891 a. u. c.

DIE REGIERUNG HADRIANS Dio 69, 5,1; Hist. Aug., Hadr. 10,2; 12,6; 11,2

Hadrian entfachte keinen Krieg; vielmehr legte er die vorhandenen Konflikte bei.

Obgleich mehr auf Frieden als auf Krieg bedacht, drillte er doch das Heer, als stünde ein Krieg vor der Tür. Dabei gab er den Soldaten ein Vorbild im Ertragen von Strapazen, indem er selbst unter ihnen ein Soldatenleben vorlebte.

In vielen Gegenden, in denen die Grenze gegen die Barbaren nicht durch Flüsse, sondern durch künstliche Sperren gebildet wird, trennte er die Barbaren vom Reichsgebiet durch ein System von großen Pfählen, die nach Art eines mauerähnlichen Geheges tief eingerammt und miteinander verbunden wurden.[16]

In Britannien legte Hadrian als erster einen 80 Meilen langen Wall[17] an, der die Grenzscheide zwischen den Barbaren und den Römern bilden sollte.

Hist., Aug., Hadr. 8,3;
18,4.5; Dio 69, 5,1–2

Sowohl vor dem Volk als auch vor dem Senat gab Hadrian wiederholt die Erklärung ab, er gedenke den Staat in dem Bewußtsein zu verwalten, daß es sich um die Sache des Volkes, nicht um seine eigene handle.

Klagen wegen Majestätsbeleidigung ließ er nicht zu.

Niemandem nahm er ungerechterweise Geld ab, während aus seiner Hand vielen große Geschenke zuflossen. Er wartete nicht einmal darauf, daß man ihn um etwas bat, sondern handelte in jedem Fall nach den jeweiligen Bedürfnissen.

Erbschaften von seiten ihm unbekannter Personen schlug er aus; auch von Bekannten nahm er sie nicht an, wenn sie Söhne hinterließen.

Kaiser Hadrian (117–138)

PHILHELLENISMUS Hist. Aug., Hadr. 1,5

Hadrian versenkte sich mit leidenschaftlicher Hingabe in die griechischen Studien; er fühlte sich von ihnen so angezogen, daß einige ihn »Griechlein« (*Graeculus*) nannten.

Er war ein so intimer Kenner der griechischen Literatur, daß er nach dem Urteil bedeutender Männer nur ausnahmsweise den besten Kennern den Vorrang einräumen mußte. Hist. Aug., Gall. 11,4

In Rom begann er sich nach griechischem Brauch um die Kulte, die Gesetze, die Gymnasien und die Lehrer der Wissenschaften zu kümmern, und zwar so nachdrücklich, daß er auch eine Schule für die freien Künste, Athenäum genannt, gründete. Aur. Vict. 14,2–3

DIE REISEN HADRIANS Hist. Aug., Hadr. 13,5; 17,8; Dio 69, 5,2–3; 9,1–2; 10,1

Kaum ein anderer Kaiser hat so viele Länder durchmessen.[18] Seine Reiselust war so stark, daß er alles, was er über die weite Welt gelesen hatte, an Ort und Stelle kennenlernen wollte. Er durchzog eine Provinz nach der anderen und inspizierte dabei alle Garnisonen und Festungen. Einige von diesen verlegte er an passendere Plätze, andere hob er auf, wieder andere richtete er neu ein. Hierbei nahm er alles und jedes persönlich in Augenschein und prüfte nicht nur die allgemeine Ausstattung der Lager wie Waffen, Maschinen, Gräben, Wälle und Palisaden, sondern auch die persönlichen Dinge jedes Einzelnen, sowohl der in der Truppe dienenden Mannschaften als auch der Offiziere.

Die verbündeten und unterworfenen Städte erfuhren durch ihn großzügige Hilfe. Mehr als jeder andere Kaiser hat er viele von ihnen persönlich besucht, und fast allen gewährte er seine Unterstützung, indem er die einen mit Wasser, die anderen mit Hafenanlagen, Getreide, öffentlichen Bauten, Geld sowie verschiedenen Ehren beschenkte.

Auf seinen Reisen verzichtete Hadrian auf den kaiserlichen Prunk, dessen er sich niemals außerhalb Roms bediente.

INTERESSENVIELFALT, SELBSTÜBERSCHÄTZUNG UND EIFERSUCHT HADRIANS Dio 69, 3,2–3

Hadrian ging allen nur erdenklichen Beschäftigungen nach, zum Beispiel modellierte und malte er und erklärte, nichts sei ihm unbekannt. All das brachte den Menschen natürlich keinen Schaden; doch sein Neid auf alle, die sich irgendwie auszeichneten, war höchst gefährlich und führte bei vielen zum Sturz, bei einer großen Zahl sogar zum Untergang. Denn in seinem Bestreben, alle in allen Dingen zu übertreffen, haßte er diejenigen, die ihm auf irgendeinem Gebiet voraus waren.

Dio 69, 4,1–5 Den Architekten Apollodoros, der das Forum Trajans angelegt hatte, schickte Hadrian zunächst in die Verbannung und ließ ihn später sogar hinrichten, angeblich wegen eines Vergehens, in Wirklichkeit aber aus folgendem Grund: Als Trajan ihn einmal in einer Bausache um Rat fragte, unterbrach ihn Hadrian mit einer Zwischenbemerkung, worauf Apollodoros ihm bedeutete: »Geh weg! Von diesen Dingen verstehst du nichts.«

Als Hadrian Kaiser geworden war, trug er Apollodoros diese Kränkung immer noch nach und wollte ihm die kühnen Worte nicht hingehen lassen. Er schickte also Apollodoros den Plan zum Tempel der Venus und Roma, um ihm vor Augen zu führen, daß auch ohne seine Mithilfe ein großer Bau zustande kommen könne, und fragte an, ob die Anlage stimme. Der Architekt stellte in seinem Antwortschreiben fest, daß der Tempel auf hohem Terrain hätte errichtet werden müssen, damit er an der Via Sacra deutlicher zu sehen sei. Und die Figuren, meinte Apollodoros, seien im Verhältnis zur Höhe der Cella zu groß geraten. »Denn wenn die Göttinnen«, sagte er, »aufstehen und herausgehen wollten, würden sie dazu nicht imstande sein.« Über diese dreiste Antwort ärgerte sich Hadrian und war äußerst ungehalten, daß er einen solchen nicht wieder gut zu machenden Fehler begangen hatte, vermochte seinen Zorn und Schmerz nicht zu bezähmen und ließ den Mann töten.

DIE ADOPTION DES L. CEJONIUS COMMODUS

Hist. Aug., Hadr. 23,1.2.10.11.13.16; Ael. 3,4.6.7

**Mitte
136 n. Chr.
889 a. u. c.**

Nachdem Hadrian alle Teile der Welt durchzogen hatte, wurde er von einer Krankheit befallen, die ihn ans Bett fesselte. Um die Regelung der Thronfolge besorgt, entschloß er sich zur Adoption des L. Cejonius Commodus; der Erwählte hatte sich nur durch seine Schönheit empfohlen. Hadrian adoptierte ihn zu allgemeinem Mißvergnügen und nannte ihn L. Aelius Caesar. Bei Hadrian galt der Kronprinz so viel, daß er, abgesehen von dem durch die Adoption geknüpften Band, der einzige war, der alle seine Wünsche schon mit ein paar Zeilen durchzusetzen vermochte. Der Kaiser setzte seinen Adoptivsohn alsbald über die pannonischen Provinzen. Hier erwarb er sich durch seine Leistungen oder vielmehr durch das Glück, das er hatte, den Ruf eines zwar nicht überragenden, aber doch leidlich guten Feldherrn.

Leider war es um seine Gesundheit so kläglich bestellt, daß Hadrian seine Adoption alsbald bereute; wäre dem Adoptierten ein längeres Leben beschieden gewesen, so hätte er ihn möglicherweise aus dem Kaiserhaus entfernt. Schließ-

Das Mausoleum Hadrians und die unter Hadrian erbaute Tiberbrücke

lich entschlief Aelius Caesar sanft am 1. Januar 138, nachdem sich sein Befinden infolge einer zu starken Arzneidosis verschlechtert hatte.

DIE BESEITIGUNG DES JULIUS SERVIANUS UND DES PEDANIUS FUSCUS UND ANDERER Dio 69, 17,2; Hist. Aug., Hadr. 23,2.3–6.8

Wegen angeblicher Mißbilligung der Adoption des L. Commodus ließ Hadrian seinen Schwager Julius Servianus, einen neunzigjährigen Greis, und dessen Enkel Pedanius Fuscus, einen jungen Mann von achtzehn Jahren, töten. Fuscus hatte sich selbst aufgrund von ermutigenden Weissagungen und Wunderzeichen Hoffnung auf den Thron gemacht.[19] Der Verdacht des um die Regelung der Thronfolge besorgten Hadrian richtete sich auch gegen Platorius Nepos, den er früher sehr geschätzt hatte, ebenso auch gegen Terentius Gentianus, und zwar gegen diesen noch mehr, weil er sah, wie beliebt er beim Senat war, und überhaupt gegen alle, deren Thronbesteigung er sich vorstellen konnte. Viele ließ er teils offen, teils hinterrücks töten.

DIE ADOPTION DES T. AURELIUS FULVUS ARRIUS ANTONINUS
Hist. Aug., Hadr. 24,1; Dio 69, 21,1

Nach dem Tod des Aelius Caesar adoptierte Hadrian (am 25. Februar 138), als sein Zustand sehr ernst wurde, den Arrius Antoninus[20], der später Pius genannt wurde, und zwar unter der Bedingung, daß dieser seinerseits den L. Cejonius Commodus[21] und den M. Annius Verus[22] adoptiere[23]. Er wünschte nämlich, auch die späteren Herrscher auf möglichst lange Zeit zu bestimmen.

10. Juli 138 bis 7. März 161 n. Chr. 891–914 a. u. c. ANTONINUS PIUS Hist. Aug., Pius 2,3.5.7; 9,10; 13,4

Den Beinamen Pius erhielt Antoninus vom Senat, weil er entgegen der allgemeinen Stimmung dem toten Hadrian eine Fülle hoher Ehren[24] erwirkte (September 138?).

Antoninus war ein wahrhaft grundgütiger Mensch und zeigte zeitlebens keine Härte. Er war fast der einzige von allen Kaisern, der, soweit es an ihm lag, ganz ohne Bürger- oder Feindesblut zu vergießen, gelebt hat und der zu Recht dem Numa an die Seite gestellt wird, dessen glückliche Hand, frommer Sinn, Gemütsruhe und gottesdienstlicher Eifer ihm stets zu eigen waren.

Antoninus liebte den Frieden so sehr, daß er häufig Scipios Ausspruch im Munde führte, ihm liege mehr am Leben eines einzigen Bürgers als am Tod von tausend Feinden.

Statt seine Kaiserwürde hervorzukehren, gab er sich schlicht bürgerlich. Dadurch wuchs sein Ansehen noch, zum Leidwesen seiner Hofschranzen; da nämlich Antoninus keine Zwischeninstanzen benutzte, fanden sie keine Gelegenheit, die Leute einzuschüchtern, noch gab es Geheimnisse, die sie zu Geld machen konnten.

Hist. Aug., Pius 6,4.11

Weder über die Provinzen noch über irgendwelche Staatsgeschäfte traf er jemals eine Entscheidung ohne vorherige Beratung mit seinen Freunden.

Dem Senat erwies Antoninus als Herrscher dasselbe Maß von Entgegenkommen, das er sich selbst vor seiner Thronbesteigung von kaiserlicher Seite gewünscht hätte.

Hist. Aug., Pius 6,5; 8,11; Eutr. 8,8,3

Er war vor Antritt seiner Herrschaft sehr reich, minderte jedoch alle seine Schätze für die Besoldung der Soldaten und mit freigebigen Schenkungen an seine Freunde; die Staatskasse hinterließ er reichgefüllt.

Eine Knappheit an Wein, Öl und Weizen behob er durch Ankauf zu Lasten seiner eigenen Schatulle und durch unentgeltliche Abgabe an das Volk.

Kaiser Antoninus Pius (138–161)

Für die Staatsverwaltung suchte Antoninus die Gerechtesten aus.

Eutr. 8,8,2; Hist. Aug., Pius 5,3; 6,1–2; 7,1; 8,4

Gute Statthalter beließ er sieben und neun Jahre in ihren Provinzen. Seine Prokuratoren wies er an, die Steuereinziehung maßvoll zu handhaben. Wenn sie sich Übergriffe erlaubten, zog er sie für ihre Amtsführung zur Rechenschaft. Niemals freute ihn irgendein Profit, der einem Untertanen der Provinz abgepreßt worden war. Beschwerden über seine Prokuratoren lieh er ein offenes Ohr.

Antoninus regierte die unterworfenen Völker mit solcher Gewissenhaftigkeit, daß er sich um alles und jeden so kümmerte, als handle es sich um seine eigenen Angelegenheiten. Alle Provinzen standen unter seiner Herrschaft in Blüte. Er unterstützte viele Gemeinden mit Geld, das ihnen teils zu Neubauten, teils zu Renovierungen diente.

Er bemühte sich mehr um die Verteidigung als um die Erweiterung der Provinzen. Durch seine Legaten führte er eine Reihe von Kriegen. So besiegte er die Britannier durch den Legaten Lollius Urbicus (142); nachdem die Barbaren

Eutr. 8, 8,2, Hist. Aug., Pius 5,4–5

zurückgedrängt worden waren, errichtete er aus Rasenstücken einen weiteren Wall[25].

Die Mauren zwang er, um Frieden nachzusuchen, und warf die Germanen, die Daker, viele Völkerschaften und die aufständischen Juden durch seine Statthalter und Legaten nieder. Auch in Achaia und Ägypten unterdrückte er Aufstände.

Hist. Aug.,
Pius 7,12; 9,6.7;
Eutr. 8, 8,2 Antoninus genoß im gesamten Ausland ungeheures Ansehen. Für die verbündeten Könige war er nicht minder verehrungswürdig als schrecklich, so daß sehr viele Barbarenvölker die Waffen niederlegten und Meinungsverschiedenheiten und Streitigkeiten miteinander vor ihn brachten und sich seinem Spruch fügten.

Ein Schreiben von seiner Hand genügte, um den Partherkönig von der Eroberung Armeniens abzuhalten. Das Ansinnen des Partherkönigs, ihm den von Trajan erbeuteten Thronsessel zurückzugeben, lehnte er rundweg ab.

7. März 161 bis
17. März
180 n. Chr.
914 – 933 a. u. c. **MARC AUREL** Eutr. 8, 11,1; 12,1.2; Herodian 1, 2,4; Aur. Vict. 16,10; Dio 71, 6,2; Hist. Aug., Aur. 10,2.7; 22,3

Marc Aurel war Anhänger der Stoa; er machte seine Philosophie nicht durch Worte und dogmatische Sentenzen, sondern durch edle Wesensart und vernunftgemäße Lebensführung glaubhaft. Unter seiner Herrschaft standen die Wissenschaften in solcher Blüte, daß man gerade darin den Ruhm des Zeitalters erblicken könnte.

Er liebte die Arbeit und widmete sich sorgfältig sämtlichen Pflichten seines Amtes. Und er sagte, schrieb und tat nichts, als hätte die Sache nur geringe Bedeutung, sondern beschäftigte sich zuweilen ganze Tage lang mit den kleinsten Details; denn seiner Ansicht nach war es nicht richtig, wenn ein Kaiser etwas überstürzt erledigte.

Nicht nur die militärischen, sondern auch die politischen Angelegenheiten besprach er, bevor er irgend etwas unternahm, mit den Besten der Nation.

Kein Kaiser ist je dem Senat mehr entgegengekommen. Weilte er in Rom, dann erschien er stets, so es ihm möglich war, im Senat, auch wenn er keinen Antrag zu stellen hatte; hegte er aber die Absicht, irgendeinen Antrag zu stellen, dann kam er persönlich sogar aus Kampanien angereist.

Er war seinen Untertanen ein guter und zurückhaltender Regent, der Bittsteller vorließ und der Leibwache verbot, die zu verjagen, die zu ihm wollten. Durch seinen hohen Rang als Herrscher ließ er sich zu keinerlei Überheblichkeit verleiten.

Die Provinzen behandelte er mit ungeheurem Wohlwollen.

L. VERUS MITREGENT Hist. Aug., Aur. 7,5–6

**7. März 161
bis Anfang
169 n. Chr.
914 – 922 a. u. c.**

Bei seinem Regierungsantritt bestimmte Marc Aurel seinen Adoptivbruder zum Mitregenten (7. März 161) und gab ihm den Namen L. Aurelius Verus Commodus. Damals trat zum erstenmal der Fall ein, daß es im Römischen Reich zwei Augusti gab.

Lucius ordnete sich in allen Obliegenheiten dem Marcus unter wie ein Legat seinem Prokonsul oder ein Statthalter dem Kaiser.

Hist. Aug., Ver. 1,4;
2,9; 4,2

Er unterschied sich von Marcus durch lockere Sitten und ein allzu ungebundenes Leben; er war eine sinnliche Natur, ausgelassen und für alle Genüsse, für Kurzweil und Scherze immer zu haben.

DER PARTHERKRIEG Dio 71, 2,1–3; Hist. Aug., Aur. 8,9.12

**161–165 n. Chr.
914–918 a. u. c.**

Vologaesus eröffnete den Krieg, indem er eine in Armenien stationierte Legion umzingelte und völlig aufrieb; dann rückte er mit starker Macht gegen die syrischen Städte heran.

Im Einvernehmen mit dem Senat wurde L. Verus in den Partherkrieg geschickt; Marcus blieb in Rom, weil die Lage die Anwesenheit eines Kaisers in der Stadt verlangte. Lucius begab sich nach Antiochia, lebte dort in Saus und Braus und übertrug die Führung der Armee dem Avidius Cassius. Tapfer hielt dieser dem Angriff des Vologaesus stand, setzte dem Parther, als er von seinen Bundesgenossen im Stich gelassen wurde und zurückweichen mußte, bis nach Seleukia und Ktesiphon nach, brannte Seleukia nieder und machte den Königspalast in Ktesiphon dem Erdboden gleich.

Am 12. Oktober 166 triumphierten Marc Aurel und L. Verus gemeinsam über die Parther.

DIE PEST Eutr. 8, 12,2; Hist. Aug., Aur. 13,3; Ver. 8,2

**166 n. Chr.
919 a. u. c.**

Unter Marc Aurels Regierung trat eine so verheerende Pest auf, daß in Rom und Italien und in den Provinzen der größte Teil der Bevölkerung, von den Soldaten aber fast alle an der Seuche zugrunde gingen. Die Seuche wütete so furchtbar, daß die Leichen auf Fuhrwerken und Lastwagen hinausgeschafft werden mußten.

Es heißt, die Pest sei in Babylon ausgebrochen, wo im Apollotempel der Pesthauch aus einem goldenen Kästchen, das ein Soldat zufällig versehrt hatte, entwich; von hier aus habe er sich über das Partherreich und den Erdkreis ausgebreitet.

Die Pest flackerte bis zum Jahre 189 immer wieder auf.

166 – 175 und
177 – 180 n. Chr.
919 – 928 und
930 – 933 a. u. c.

DIE MARKOMANNENKRIEGE Eutr. 8, 12,2; Hist. Aug., Aur. 14,1.2.5.6; 17,3.4; 21,6–7.9; 22,1.2; 27,9–10; Dio 71, 3,2.5; 11,1.2.4

Den Krieg gegen die Markomannen war bedeutender als alle anderen Kriege, an die man sich erinnern konnte, so daß man ihn mit dem Punischen Krieg verglich. Die Völkerschaften von der illyrischen Grenze bis nach Gallien, die dem Druck der nördlichen Barbaren hatten weichen müssen, versetzten alles in Unruhe und drohten mit einem Angriff, falls man sie nicht aufnehme.

Von jenseits des Rheins drangen Germanen in Menge bis nach Italien vor.

Da die Pest immer noch wütete, schulte Marcus auch Sklaven, wie es einst im Punischen Krieg geschehen war, für den Kriegsdienst, bewaffnete Gladiatoren, machte sogar die Räuber Dalmatiens und Dardaniens zu Soldaten und nahm germanische Hilfsvölker in Sold.

Beide Kaiser rückten dann im Kriegsmantel aus. Ihr Anmarsch hatte eine nicht zu unterschätzende Wirkung: als die beiden nach Aquileja gelangt waren, zog sich die Mehrzahl der Könige mit ihren Völkern zurück.

Lucius war daraufhin für Rückkehr; aber Marcus war überzeugt, daß der Rückzug der Barbaren und die sonstigen Anzeichen einer Entspannung der militärischen Lage nur eine Finte seien, um von einem so gewaltigen Kriegsaufgebot nicht zermalmt zu werden, und hielt eine Offensive für geboten. So überquerten sie denn die Alpen, rückten weiter vor und trafen alle Maßnahmen, die zum Schutz von Italien und Illyricum nötig waren.

L. Verus wurde im Januar oder Februar 169 auf der Rückreise nach Rom vom Schlag getroffen und starb.

Die Markomannen siegten 170 in einer Schlacht in Dakien und töteten den Präfekten M. Claudius Fronto.[26]

Da Marc Aurel für diesen Krieg seine ganze Kasse erschöpft hatte und es nicht übers Herz brachte, den Leuten in der Provinz eine außerordentliche Umlage aufzuerlegen, versteigerte er auf dem Trajansforum wertvolle Gegenstände aus dem kaiserlichen Besitz wie Becher aus Gold, Kristall und Achat sowie kaiserliches Tafelgeschirr und die seidene und golddurchwirkte Garderobe seiner Gemahlin, ja sogar Edelsteine, die er in großer Zahl im geheimen Pretiosenkabinett Hadrians gefunden hatte, sowie Standbilder und Gemälde großer Meister.

Der Kaiser ging nun seinerseits zum Angriff über, wobei er den Feinden

Kaiser Marc Aurel (161–180)

seine Unterfeldherren Tib. Claudius Pompejanus und P. Helvius Pertinax entgegenstellte; Pertinax, der spätere Kaiser, zeichnete sich dabei besonders aus.

Marcus besiegte schließlich diese so trutzigen Völker und befreite die pannonischen Provinzen von der Knechtschaft. In großer Zahl fanden sich damals

Gesandtschaften der Barbaren bei ihm ein. Die einen von ihnen stellten Bündnisse in Aussicht und empfingen Geldgeschenke; andere baten um Frieden und erhielten ihn. Einige von ihnen wurden anderswohin ins Feld geschickt wie auch solche Gefangene und Überläufer, die sich für eine solche Aufgabe eigneten. Andere erhielten in Dakien, Pannonien, Mösien, in der Provinz Germanien oder sogar in Italien Land zugewiesen. Am 23. November 176 triumphierte Marc Aurel mit seinem Sohn Commodus über die Germanen und Sarmaten.

177 wandte er sich dann der Beendigung des Krieges zu; über der Führung dieses Krieges verschied er am 17. März 180 in Vindobona. Wäre ihm noch ein einziges weiteres Jahr vergönnt gewesen, hätte er das Gebiet der Markomannen, Hermunduren, Sarmaten und Quaden zu Provinzen gemacht.

174 n. Chr. **DAS BLITZ- UND REGENWUNDER** Dio 71, 8,1–3; 10,2
927 a. u. c.

Im Krieg mit den Quaden wurde Marc Aurel ein unerwarteter Sieg vom Glück oder besser gesagt vom Himmel geschenkt. Als nämlich die Römer in Gefahr gerieten, rettete sie himmlische Macht auf ganz unerwartete Weise. Die Quaden hatten ihre Gegner eingekesselt und den Kampf eingestellt in der Erwartung, ihre Feinde durch Hitze und Durst leicht bezwingen zu können. Sie riegelten zu diesem Zweck – auch zahlenmäßig den Römern weit überlegen – die ganze Umgebung ab und hinderten sie daran, von irgendwoher Wasser zu bekommen. Während sich die Römer infolge von Erschöpfung, Wunden, Sonnenhitze und Durst in einer höchst üblen Lage befanden und daher weder zu kämpfen noch sich irgendwie von der Stelle zu rühren vermochten, sondern durch die Glut fast versengt in Reih und Glied und an ihren Posten standen, ballten sich plötzlich zahlreiche Wolken zusammen und – nicht ohne göttliches Eingreifen – rauschte ein gewaltiger Wolkenbruch herab. Zugleich fuhren zahlreiche Blitze auf die Feinde nieder.

Umgestaltung zur christlichen Legende:

Eus., hist. eccl.
5, 5,1–2
Im Kampf mit den Germanen und Sarmaten geriet Marc Aurel in große Not, weil sein Heer vom Durst gequält wurde. Da knieten sich die Soldaten der Melitenischen Legion[27], als sie schon dem Feinde gegenüber Stellung genommen, auf den Boden und flehten zu Gott. Dieser Anblick schon erschien den Feinden wunderbar. Aber es sollte sogleich noch etwas viel Wunderbareres folgen: ein Unwetter, das die Feinde in Flucht und Verderben trieb, und ein Regen, der über die Truppe mit den Betern sich ergoß und der gesamten Mannschaft, die nahe daran war zu verdursten, Erquickung brachte.

DIE ERHEBUNG DES AVIDIUS CASSIUS Dio 71, 22,2.3; 23,1; Joh. Ant., frg. 118

April bis Juli
175 n. Chr.
928 a. u. c.

Bei einer Erkrankung des Kaisers rechnete seine Gattin Faustina mit seinem baldigen Ableben und machte sich Sorge, der Thron könne angesichts der Jugend wie auch der Beschränktheit des Commodus an irgendeine andere Persönlichkeit fallen; dies aber bedeutete für sie den Rücktritt ins Privatleben. Deshalb veranlaßte sie in aller Heimlichkeit Avidius Cassius[28], Vorkehrungen zu treffen, falls Marc Aurel sterbe, sowohl sie als Kaiserin als auch die kaiserliche Gewalt zu übernehmen.

Während Cassius diesen Plan noch überdachte, erreichte ihn eine Nachricht, Marc Aurel sei gestorben. Ohne eine Bestätigung der Meldung abzuwarten, streckte er sogleich die Hand nach der Herrschaft aus. Als er nicht lange danach die Wahrheit erfuhr, konnte er nicht mehr zurück; er machte sich vielmehr in kurzer Zeit das gesamte Gebiet südlich des Taurus untertan.

Marc Aurel fühlte sich dadurch in hohem Grade beunruhigt und brach in Richtung Syrien auf, bedurfte aber nicht mehr der Waffen gegen den Empörer; denn Cassius wurde zuvor durch seine eigenen Leute beseitigt.

MARC AUREL UND COMMODUS Hist. Aug., Aur. 16,1

Die Güte des Marcus gegen die Seinen ging so weit, daß er seinen Sohn Commodus schon früh mit dem Caesartitel und hernach mit dem Titel »Imperator«, der Heranziehung zum Triumph und dem Konsulat auszeichnete.[29]

DER ABBRUCH DES MARKOMANNENKRIEGES Dio 72, 1,2; Herodian 1, 7,1

180 n. Chr.
933 a. u. c.

Da Commodus beim Tode seines Vaters erst neunzehn Jahre zählte, hinterließ Marc Aurel ihm viele Betreuer, darunter die tüchtigsten Senatoren; der junge Mann setzte sich jedoch über ihre Mahnungen und Ratschläge hinweg, schloß mit den Barbaren eine Vertrag und begab sich eilends nach Rom; wollte er doch von Anstrengungen nichts wissen und verlangte nur nach dem bequemen Stadtleben.

Als bekannt wurde, daß Commodus zurückkehre, frohlockte das Volk in Rom und hegte die günstigsten Erwartungen für die Anwesenheit des jungen Monarchen; sie glaubten ja, der junge Mann werde sein wie sein Vater.

DAS REGIMENT DER GÜNSTLINGE Dio 72, 9,1–4; Hist. Aug., Comm. 5,6.13

Tigidius Perennis erhielt 182 das Kommando über die Prätorianer. Da Commodus nur Wagenrennen und Ausschweifungen kannte und fast keine einzige der mit seinem Amt verbundenen Pflichten erfüllte, war Perennis genötigt, sich nicht nur mit den militärischen Angelegenheiten, sondern auch mit den sonstigen Dingen zu befassen und die Staatsleitung zu übernehmen. Er riß die gesamte Macht an sich, tötete, wen er wollte, plünderte viele aus, ließ kein Recht unangetastet und steckte den ganzen Raub in die eigene Tasche. Auch in den Provinzen wurden etliche von Perennis ob ihres Reichtums verdächtigt und dann ausgeplündert oder gar getötet.

Die Unterfeldherren in Britannien waren von Perennis wegen ihres aufrührerischen Verhaltens getadelt worden. Sie wählten 1500 Speerschützen aus und schickten sie nach Italien. Diese waren bereits bis in die Nähe von Rom gekommen, als Commodus ihnen entgegentrat und fragte: »Was soll das, Kameraden? In welcher Absicht seid ihr gekommen?« – »Wie sind zur Stelle«, lautete die Antwort, »weil Perennis gegen dich einen Anschlag plant; er will seinen Sohn zum Kaiser machen.« Commodus schenkte ihnen Glauben, zumal ihn auch Cleander drängte; der haßte den Perennis bitterlich, der ihn oftmals nicht nach seinem Willen verfahren ließ. Und so lieferte der Kaiser den Präfekten den Soldaten aus. Diese mißhandelten Perennis und machten ihn nieder (185).

Dio 72, 12,1.3.4; 13,1.4–6; Hist. Aug., Comm. 6,11–12

Nach Perennis übte Cleander die Macht aus. Er war mit anderen Sklaven zusammen nach Rom gekommen und im Jahre 180 zum Kammerherrn des Commodus aufgestiegen. Jetzt verschenkte und verschacherte er Senatorenwürden, Militärkommandos, Prokuraturen und Statthalterschaften, kurz gesagt, alles und jedes. Er ernannte auch für ein einziges Jahr fünfundzwanzig Konsuln, was es weder jemals zuvor noch danach gegeben hat.

Dank dem Stumpfsinn des Commodus gebot er über solche Machtfülle, daß er den Burrus, den Gatten von Commodus' Schwester, der dieses Treiben mißbilligte und Commodus zur Kenntnis brachte, des Strebens nach dem Thron bezichtigen und töten lassen konnte; bei dieser Gelegenheit büßten auch zahlreiche Fürsprecher des Burrus ihr Leben ein. Der Präfekt Aebutianus gehörte ebenfalls zu den Opfern; an dessen Stelle wurde Cleander selbst mit zwei anderen, die seine Kreaturen waren, Präfekt (187).

Auch dieser Cleander endete in Schande. Es trat nämlich eine arge Hungersnot ein. Die Römer sahen in Cleander infolge seiner Diebereien den Hauptschuldigen.

Bei einem Pferderennen kam es zum Aufruhr.

Die Menge stürmte zu Commodus, der sich gerade in der Vorstadt Quintilia aufhielt, und richtete unter vielen Segenswünschen für den Kaiser ebenso viele Flüche gegen Cleander. Der schickte eine Anzahl Soldaten gegen die Schreier, welche einige verwundeten und töteten. Indessen ließ sich das Volk dadurch nicht einschüchtern, drängte vielmehr mit noch größerer Entschlossenheit vor. Und schon gelangten die Leute bis in die Nähe des Commodus, dem niemand von den Vorfällen berichtet hatte, als Marcia, seine Lieblingsmätresse, ihn über das Geschehen in Kenntnis setzte. Commodus, an sich schon ein Erzfeigling, geriet dadurch in solche Angst, daß er sofort den Cleander zu töten befahl; die Leiche schleppten die Römer weg, schändeten sie und trugen das Haupt auf einer Stange durch die Stadt.

MORDTATEN UND VERRÜCKTHEITEN DES COMMODUS
Dio 72, 7,3; 20,3; Herodian 1, 14,8.9; Hist. Aug., Comm. 8,6

Commodus räumte aufgrund falscher Anzeigen oder unbegründeter Verdächtigungen oder wegen ihres auffallenden Reichtums, ihrer vornehmen Abstammung, ihrer ungewöhnlichen Bildung oder sonst eines Vorzugs viele Personen aus dem Weg.

Er verstieg sich bis zu solchem Ausmaß an Wahnwitz und Verrücktheit, daß er sich die Anrede mit dem väterlichen Namen verbat und sich statt Commodus, Sohn des Marcus, als Hercules, Sohn des Jupiter, anreden ließ; dazu legte er die römische Tracht und die kaiserliche Kleidung ab, um sich mit einem Löwenfell zu bekleiden und eine Keule in Händen zu tragen.

Commodus ließ einmal alle Leute in Rom, die durch Krankheit oder einen Unfall ihre Füße verloren hatten, zusammenholen, ihnen so etwas wie Schlangenkörper an die Knie binden und statt Steinen Schwämme zum Werfen geben und erledigte sie dann als angebliche Giganten mit Keulenschlägen.

Er errichtete auch in der ganzen Stadt Standbilder von sich, eines davon als Hercules mit schußbereitem Bogen genau gegenüber dem Senatsgebäude; damit wollte er dem Senat Furcht einjagen.

Sein Wahnwitz verstieg sich bis zu der Absicht, die Stadt Rom »Commodus-Kolonie« zu nennen.

Kaiser Commodus (180–192) als Hercules

DER KAISER IN DER ARENA Dio 72, 10,3; 18,1; 19,1.2–4

Commodus tötete oftmals in aller Öffentlichkeit große Mengen von Tieren. An einem Tag streckte er ganz allein hundert Bären nieder, wobei er von einer Balustrade herab schoß; an den folgenden Tagen stieg er in die Arena hinunter und tötete sämtliche Haustiere, welche ihm nahe kamen; er erlegte ferner einen Tiger, ein Flußpferd und einen Elefanten.

Er trat auch als Gladiator auf. Die Kampfesweise, deren er sich bediente, und die Rüstung, die er benützte, waren die sogenannten *secutores*[30]; dabei hielt er den Schild in der Rechten, das hölzerne Schwert aber in der Linken und tat sich viel darauf zugute, daß er Linkshänder war. Seine Kontrahenten waren entweder ein Sportlehrer oder auch ein Gladiator, der als Waffe nur einen Stab trug. Zur Seite standen ihm beim Kampf der Prätorianerpräfekt Aemilius Laetus und sein Kammerherr Eclectus. Und wenn der Kaiser das Schattengefecht beendet und natürlich gesiegt hatte, dann küßte er die beiden gewöhnlich.

31. Dezember 192 n. Chr. 945 a. u. c.

DAS ENDE DES COMMODUS Dio 72, 22,1–2.4–5

Commodus beabsichtigte, am Neujahrstag das Konsulat als Gladiator anzutreten. Das mißfiel dem Laetus und dem Eclectus; und da sie außerdem für sich selbst fürchten mußten – er drohte ihnen nämlich, weil sie ihn von dem erwähnten Tun abhalten wollten –, so bereiteten sie einen Anschlag gegen ihn vor. Sie zogen Marcia ins Vertrauen und ließen ihm im Lauf der Nacht in einem Rindfleischgericht Gift verabreichen. Doch infolge des Weins und der Bäder, denen er sich stets in unmäßiger Weise hingab, konnte er nicht sogleich aus dem Weg geräumt werden; er mußte vielmehr etwas erbrechen, argwöhnte daraufhin den Zusammenhang und erging sich in Drohungen; da schickten die Verschwörer den Athleten Narcissus gegen ihn vor und ließen ihn im Bad erwürgen.

DAS FÜNFKAISERJAHR 193. DIE DYNASTIE DER SEVERER. SOLDATEN- UND SENATSKAISER

193–284 n. Chr.

CHAOS IM REICH

Bei der Beseitigung des Commodus hatte – wieder einmal – der Kommandeur der Prätorianer eine führende Rolle gespielt; der betätigte sich nun als Kaisermacher und fand in Publius Helvius Pertinax einen fähigen Mann, der den besten Willen hatte, die Staatsfinanzen zu ordnen und die unter Commodus verlotterte Soldateska wieder zur Raison zu bringen. Damit machte er sich rasch unbeliebt und wurde von den gleichen Leuten gestürzt, die ihn auf den Thron gebracht hatten.

Sein Nachfolger, Marcus Didius Severus Julianus, soll seine Erhebung ersteigert haben; das half ihm nicht viel, denn die nächsten Bewerber standen schon bereit: der Legat von Syrien, Gajus Pescenninus Niger, der Statthalter von Britannien, Decimus Clodius Albinus, und Lucius Septimius Severus, der von Oberpannonien im Gebiet des heutigen Ungarn. Dieser einigte sich mit Albinus, indem er ihn adoptierte und als Nachfolger bestimmte, nahm Rom ohne besondere Mühe und ließ den glücklosen Didius vom Senat verurteilen und hinrichten. Die Prätorianer bestrafte er für ihre Treulosigkeit gegenüber Pertinax und ersetzte sie durch ihm ergebene Leute. Dann wandte er sich gegen Niger und, nach dessen Niederlage und Tod, gegen die Parther, die mit ihm sympathisiert hatten. Währenddessen suchte Albinus im Westen ein eigenes Reich zu errichten und mußte bekämpft werden, was auch gelang. Viele seiner Parteigänger verloren ihr Leben, ihr Besitz wurde konfisziert.

»Diese Provinz kostete mehr als sie brachte.«
(Cassius Dio, römischer Historiker, 75, 3,2)

Danach wandte sich der Kaiser wieder den Parthern zu und errang bemerkenswerte Erfolge; im Friedensschluß verzichteten die alten Erbfeinde auf Mesopotamien.

Fünf Jahre nach dem Partherkrieg setzte es sich Severus in den Kopf, die Kaledonier im heutigen Schottland zu unterwerfen, die immer wieder ins römische Britannien einfielen; auf diesem Feldzug begleiteten ihn seine zweite, syrische Ehefrau Julia Domna, die sich den Ehrentitel *mater castrorum,* Mutter des Heerlagers, erwarb, und seine beiden miteinander verfeindeten Söhne. Das Unternehmen erwies sich als äußerst schwierig, und den gichtleidenden Kaiser ereilte darüber der Tod in Eboracum (York).

Septimius Severus war, auch wenn man ihn nicht dazu zählt, ein typischer Soldatenkaiser, der sich die Ergebenheit der Truppen durch gute Besoldung und allerlei Vergünstigungen erkaufte – z. B., indem er Soldaten die Ehe gestattete. Dem Senat in Rom brachte er wenig Respekt entgegen und neigte dazu, den Ritterstand zu bevorzugen. Um die oft unruhige Stadt besser unter Kontrolle zu bekommen, richtete er auf dem Albanerberg ein Legionslager ein. Auf eine geordnete Verwaltung legte er großen Wert und holte sich namhafte Juristen als Berater, Männer, deren Namen dank dem *Corpus Iuris* noch heute einen guten Klang haben: Papinianus und Ulpianus.

Von seinen beiden Söhnen läßt sich dagegen kaum Gutes vermerken; daran hinderte sie schon ihr abgrundtiefer Haß aufeinander. Zuerst dachten sie daran, das Reich zu teilen, aber dann entschied sich der ältere, Caracalla, seinen Bruder Geta in den Armen seiner Mutter töten zu lassen. Darauf folgte ein Massaker unter dessen Anhängern und Vertrauten.

Caracalla war der Spitzname des Marcus Severus, nach einem keltischen Kapuzenmantel, den er gern trug. Als sein Vater ihn zum Caesar erhob, gab er ihm zugleich den Namen Marcus Aurelius Antoninus – er wollte so eine Verwandtschaft mit den letzten beiden Adoptivkaisern herstellen, nannte sich selbst Bruder des Commodus und suchte dessen Andenken aufzuhellen.

Durch reiche Zahlungen an die Truppen, an auswärtige Völker wie die germanischen Alemannen und einen verschwenderischen Lebensstil ruinierte Caracalla die von seinem Vater mühsam sanierten Staatsfinanzen binnen kurzer Zeit und erschloß sich alle möglichen Geldquellen. Auch die Verleihung des Bürgerrechts an alle freien Angehörigen des Reichs diente diesem Zweck, denn nur Bürger mußten Erbschaftssteuer zahlen.

Nach Kämpfen im Norden und Nordosten lockten ihn Thronstreitigkeiten bei den Parthern ins Zweistromland; er gerierte sich als zweiter Alexander und träumte davon, dessen Großreich wieder zu errichten, wozu ihm auch die Heirat mit einer Partherprinzessin als geeigneter Weg erschien. Als sein Antrag abgelehnt wurde, zog er ins Feld und errang einige Erfolge; als jedoch die Parther ein großes Heer gegen ihn sammelten, wurde er von eigenen Leuten umgebracht.

»Er war ein geringfügiger, nichtswürdiger Mensch, der sich ebenso lächerlich wie verächtlich machte.«
(Theodor Mommsen, Römische Kaisergeschichte, Bd. 2, hg. von B. und A. Demandt, S. 396)

Der Drahtzieher bei diesem Mord, Marcus Opellius Macrinus, schloß unter erheblichen Geldopfern mit den Parthern Frieden und nahm die Steuererhöhungen des Caracalla zurück; deswegen mußte er den Sold der Soldaten kürzen, was zu einer Rebellion führte. Sie begann in Syrien, wohin sich Julia Maesa, die Schwester der Julia Domna, nach deren Selbstmord (sie hatte ihren Sohn nicht überleben wollen) mit beträchtlichen Geldmitteln zurückgezogen hatte.

Ein vierzehnjähriger Enkel der Maesa, der Priester des Sonnengottes Elagabal in Emesa war, bot sich als letzter Angehöriger der Severerdynastie als Gegenkaiser an und gewann die Unterstützung der unzufriedenen Legionen. Macrinus wurde besiegt und auf der Flucht getötet.

Der junge Kaiser, der sich selbst als Oberpriester des unbesiegbaren Sonnengottes Elagabal bezeichnete und den man deshalb kurz Elagabal nannte, sorgte in Rom durch seine goldstrotzende orientalische Priestertracht, durch endlose Opfer und orgiastische Kulttänze für Aufsehen, obgleich ihn seine ehrgeizige Großmutter davon abzubringen suchte. Immerhin konnte sie ihn bereden, ihren zweiten, längst nicht so exzentrischen Enkel zum Mitregenten zu machen. Da er diesem bald nach dem Leben trachtete, wurde er umgebracht, und der junge Marcus Aurelius Severus Alexander folgte ihm nach. Er war voll guten Willens, aber zu jung, als daß er viel hätte bestellen können. Zudem trachteten seine Großmutter und nach deren Tod seine Mutter Julia Mamaea, die auch kräftig in der Regierung mitmischte, danach, ihn ständig zu bevormunden. Der Versuch, beim Heer zu sparen, führte zu Meutereien, und die Parther, bei denen eine neue Dynastie aus langen Kämpfen hervorgegangen war, suchten die Schwäche des Reichs und die Disziplinlosigkeit seiner Grenztruppen zu ihren Gunsten zu nützen.

Deswegen mußte Severus Alexander ins Feld ziehen und errang, wenn auch unter schweren Verlusten, einige Erfolge; er sah sich aber gezwungen, wegen drohender Angriffe germanischer Stämme den Krieg zu beenden. Die Probleme mit den Germanen suchte er auf dem Verhandlungsweg und mit Geld zu lösen; das empörte die Legionen ebenso wie seine allzu große Ehrerbietung gegenüber seiner Mutter. Darum erhoben sie einen Mann aus ihren Reihen auf den Schild, der Alexander und Mamaea töten ließ.

Maximinus hieß der neue Mann, er war ein halber Barbar, Sohn eines Goten namens Micca und der Alanin Hababa. Ehe er ins Heer aufgenommen wurde, war er Hirte. Latein konnte er nur radebrechen, aber ungeheuer stark war er: Ganz allein zog er einen beladenen Lastwagen, und wenn er einem Gaul aufs Maul schlug, flogen die Zähne heraus. Seiner Kraft entsprach sein Appetit: Er konnte an die 50 Pfund Fleisch und 26 Liter Wein verdrücken. Kein Wunder, daß die Soldaten ihn »Herkules« oder »Gigant« nannten.

Wir brauchen nicht alles für bare Münze zu nehmen, was der unbekannte Verfasser der *Historia Augusta* über diesen ersten »echten« Soldatenkaiser an Klatsch und Tratsch und Übertreibung auftischt, auch nicht, was er später dieser »grausamsten Bestie« alles an Ungeheuerlichem in die Schuhe schiebt, zum Beispiel, er habe Menschen lebend in Tierkadaver einnähen lassen und sie dann den Löwen vorgeworfen.

Bei alledem bleibt unbestritten, daß dieser Barbar, der Rom nie betrat und den Senat auch nicht mehr um seine Bestätigung als Kaiser ersuchte, das Heer erfolgreich führte und vollmundige Botschaften an den Senat schickte.

»In kurzer Zeit habe ich so viele Kriege geführt wie niemand vor mir und so viel Beute gemacht wie sonst keiner.«
(Historia Augustua, Maximini duo 13,2)

Dessenungeachtet betrieb der Senat seinen Sturz; dazu sollten der 80jährige Prokonsul der Provinz Afrika, Gordianus, als Kaiser und sein gleichnamiger Sohn als Mitregent beitragen. Die beiden wurden von einem Maximin ergebenen Gouverneur beseitigt. Der Senat gab aber nicht auf, wählte aus seinen Reihen gleich zwei Kaiser und fand als Caesar einen dritten Gordian. Zugleich wurden die Provinzen gegen Maximin aufgehetzt. Der zog gegen Italien und belagerte das feste Aquileia. Als er damit nicht vorankam und seine Leute bitteren Hunger litten, brachten sie ihn und seinen Sohn um.

Da die beiden Senatskaiser sich mit den Truppen in der Hauptstadt überwarfen, wurden sie erschlagen, und der erst dreizehnjährige Gordian trat ihre Nachfolge an. Vier Jahre später mußte er gegen die Perser ins Feld ziehen und wurde von einem Araber namens Marcus Julius Philippus aus dem Weg geräumt, der sich zum Kaiser aufschwang.

> »So errang Philippus auf ruchlose, nicht auf rechtmäßige Weise die Herrschaft.«
> (Historia Augusta, Gordianus tertius 30, 9)

Unter seiner Herrschaft feierte Rom seinen 1000. Geburtstag; sonst aber gab es wenig zu feiern: Überall regten sich Roms Feinde, die Bevölkerung stöhnte unter der Steuerlast, und schlimme Seuchen grassierten im Reich. Kaiser zu sein war ein tödlicher Job; auch Philippus mußte das erfahren: Decius, einer seiner Heerführer, erhob sich gegen ihn. Dieser Decius war der erste, der eine großangelegte Christenverfolgung durchführen ließ. Er war der Meinung, durch eine Wiederbelebung der alten Religion und des altrömischen Geistes dem allgemeinen Niedergang entgegensteuern zu können, fiel aber nach einer kurzen Regierungszeit im Kampf mit den Goten.

Die nächsten Kaiser sind nicht der Erwähnung wert, und von Publius Licinius Valerianus ist nur Unrühmliches zu vermelden: Er unterlag den Persern und geriet in Kriegsgefangenschaft, aus der er nie mehr freikam. Für das Reich und für seinen Sohn Gallienus war das eine schwere Belastung, für die Feinde Roms aber eine Ermunterung, nun mit verdoppelter Wut anzugreifen. Außerdem traten allenthalben Usurpatoren auf, für die, um die Namensflut einzudämmen, die *Historia Augusta* den Begriff der Dreißig Tyrannen prägte. Vermutlich tat in dieser trostlosen Situation Gallienus, dem oft völlige Untätigkeit vorgeworfen wird, genau das Richtige, als er gegen das Entstehen von Sonderreichen an der Ostgrenze und in Gallien nichts unternahm. Die Herrscher, die sich dort einrichteten, wehrten immerhin Roms Feinde ab; Gallienus seinerseits konnte noch genügend Truppen aufbieten, um die in Italien eingefallenen Alemannen bei Mailand zu schlagen. Bald wurde er auch im Osten gebraucht, wo vor allem die Goten brandschatzend über Griechenland und Kleinasien herfielen – er drängte sie zurück. Unverzagt trat er immer neue Brände aus und schaffte etwas, das in dieser Zeit schon an ein Wunder grenzt: Er hielt sich fünfzehn Jahre an der Macht; das allein widerlegt die gehässigen Anwürfe, die wohl aus dem Kreis der vom Kaiser verächtlich

Der Verfasser der *Historia Augusta* haßt Gallienus; trotzdem teilt er ein paar Anekdoten mit, die ein interessantes Licht auf diesen Kaiser werfen: Einem Tierkämpfer gelang es trotz mehrfacher Versuche nicht, einen riesigen Stier mit dem Speer zu treffen. Das Publikum brüllte, Gallienus aber ließ den Mann rufen, setzte ihm den Siegerkranz auf und ließ verkünden: »Einen so großen Stier so oft nicht zu treffen, ist schwierig.«
Ein Juwelier hatte der Frau des Gallienus falsche Edelsteine angedreht. Der Kaiser ließ den Mann zum Tod durch die wilden Tiere verurteilen. Als der Delinquent in der Arena stand, kam statt eines Löwen oder Tigers ein Kapaun herein. »Er hat beschissen und wird beschissen«, sagte Gallienus.
(Historia Augusta, Gallienus 12, 3 ff.)

behandelten Senatoren kamen. Hinzu kommt, daß er in dieser barbarischen Zeit auf Bildung bedacht und mit dem großen Philosophen Plotin eng befreundet war.

Freilich, am Ende wurde auch er umgebracht, von einem seiner höheren Offiziere, der sich durch einen besonders blutigen Sieg über die Goten einen Namen gemacht hat: Marcus Aurelius Claudius Gothicus Maximus. Ihn raffte nach kurzer Regierung die Pest dahin, und auf seinen Bruder folgte bald ein fähiger Heerführer: Lucius Domitius Aurelianus (270–275). Der vertrieb die erneut eingefallenen Alemannen aus Italien und ließ das bisher ungeschützte Rom mit dem mächtigen Mauerring umgeben, der heute noch weitgehend existiert und seinen Namen trägt.

Im Osten liquidierte er das allzu mächtig gewordene Reich von Palmyra und nahm die stolze Königin Zenobia gefangen. Als die Stadt sich erneut gegen ihn erhob, wurde sie vernichtet.

Nachdem Aurelian auch das gallische Sonderreich wieder dem Imperium einverleibt hatte, ehrte man ihn mit dem Titel *restitutor orbis*, Erneuerer der Welt.

Es ist tragisch genug, daß auch dieser ungemein fähige Mann eines gewaltsamen Todes starb. Seinen Nachfolger M. Claudius Tacitus, der vom Senat bestimmt worden war, ereilte bald dasselbe Schicksal.

Nach Commodus' Ermordung erschienen der Prätorianerpräfekt Laetus und der Kammerherr Eclectus bei dem Stadtpräfekten P. Helvius Pertinax, um ihn zu ermutigen, und führten ihn in die Kaserne. Dort hielt Pertinax eine Ansprache an die Soldaten, versprach ihnen ein Geldgeschenk[1] und erklärte, Laetus und Eclectus trügen ihm die Herrschaft an. Schließlich wurde Pertinax von ein paar Mann zum Kaiser ausgerufen.

Aus der Kaserne begab er sich zum Senatsgebäude. Alsbald erschien auch die gesamte Beamtenschaft mit dem Konsul in der Curie und begrüßte Pertinax noch in der Nacht als Kaiser (31. Dezember 192).

Er zeigte sich menschenfreundlich und gerecht und sorgte gewissenhaft für das allgemeine Wohl. Da aber weder die Soldaten weiterhin plündern noch die kaiserlichen Freigelassenen ihr zuchtloses Treiben fortsetzen durften, lud er den grimmigen Haß dieser beiden Gruppen auf sich. Die Freigelassenen wagten, da sie unbewaffnet waren, keinen Putsch gegen ihn, aber die Prätorianer sowie Laetus bereiteten einen Anschlag auf ihn vor. Zweihundert Mann drangen mit gezückten Schwertern in den Kaiserpalast ein und machten den Kaiser und Eclectus nieder; dieser hatte nämlich als einziger den Kaiser nicht im Stich gelassen (28. März 193).

Nach dem Tod des Pertinax bemühte sich der Stadtpräfekt Sulpicianus, der ins   Dio 73,11,1–6
Prätorianerlager geschickt worden war, um dort nach dem Rechten zu sehen, zum Kaiser ausgerufen zu werden. Auch Didius Julianus, ein Mann von unersättlicher Geldgier und zugleich ein hemmungsloser Verschwender, begab sich eiligst zum Lager, stellte sich vor die Tore der Umfassungsmauer und machte den Soldaten Angebote auf die Herrschaft über die Römer. Da kam es denn zu einem ganz üblen, der Würde Roms in keiner Weise entsprechenden Geschacher; Sulpicianus und Julianus suchten einander zu überbieten. Schrittweise trieben sie ihr Angebot je Mann auf zwanzigtausend Sesterzen hinauf, da erhöhte Julianus sein Angebot auf einmal um fünftausend. Die Soldaten ließen sich dadurch bestimmen und erklärten ihn zum Kaiser (28. März 193).

Von Schwerbewaffneten umstellt, sah sich der Senat gezwungen, Didius Julianus anzuerkennen. Das Volk ließ den neuen Kaiser von Anfang an seine Verachtung spüren.

Dio 73, 14,3; 15,1–2;
17,1.3.5; 74, 1,1.3;
Hist. Aug., Sept.
Sev. 5,3–4; 7,2–3;
Aur. Vict. 20,1

Außerhalb der Stadt erhoben drei Männer Anspruch auf die Leitung des Staates: Septimius Severus, der Statthalter von Pannonien (9. April 193), Pescennius Niger, der Statthalter von Syrien (Mitte April 193), und Clodius Albinus, der Statthalter von Britannien (April 193).

Severus sah voraus, daß es nach dem Sturz des Julianus unter ihnen zum Kampf um die Herrschaft kommen werde, und beschloß, den einen Gegner, der ihm näher war, auf seine Seite zu ziehen. Aus diesem Grunde schickte er

durch einen seiner vertrauten Freunde an Albinus ein Schreiben und machte ihn zum Caesar. So blieb denn Albinus im Glauben, er werde der Mitregent des Severus sein, an seinem bisherigen Platz, während Severus ganz Europa mit Ausnahme von Byzanz in seine Gewalt brachte und dann in Eilmärschen gegen Rom vorstieß. Wo immer er durchmarschierte, wurde er als Rächer des Pertinax begrüßt. Die Männer, welche Julianus gegen ihn aussandte, gingen zum Gegner über. Die Prätorianer ließen sich durch ein Schreiben des Severus, wonach ihnen nichts Böses widerfahren solle, sofern sie die Mörder des Pertinax auslieferten und selbst Ruhe hielten, überzeugen, setzten die Mörder des Pertinax fest und machten davon dem Konsul Silius Messala Meldung. Der berief eine Senatssitzung ein und berichtete über das Vorgehen der Soldaten. Daraufhin fällte der Senat über Julianus das Todesurteil und erkannte Severus als Kaiser an (1. Juni 193). Julianus wurde im Kaiserpalast ermordet.

Kaiser Septimius Severus (193–211)

Nachdem Severus auf diese Art Kaiser geworden war, bestrafte er die Prätorianer, die an der Ermordung des Pertinax beteiligt gewesen waren, mit dem Tode, die übrigen ließ er kurz vor seinem Eintreffen in Rom zu sich kommen und auf einer freien Fläche umzingeln. Dann machte er ihnen viele bittere Vorwürfe wegen des ungesetzlichen Verhaltens gegenüber ihrem Kaiser, nahm ihnen Waffen und Pferde und verbannte sie aus Rom. Nach dieser Maßnahme zog er in Rom ein (9. Juni 193). In der ganzen Stadt nisteten sich die Soldaten in Tempeln und Säulenhallen sowie in den kaiserlichen Bauten auf dem Palatin wie in Unterkünften ein; der Einmarsch des Severus verbreitete Mißvergnügen und Schrecken, da die Soldaten bei ihren »Einkäufen« das Bezahlen vergaßen und die Stadt mit Verwüstung bedrohten.

Nachdem Severus alle beseitigt hatte, die der Gegenpartei angehört hatten, erhob er den Pertinax durch einen Senatsbeschluß zu den Göttern.

Dio 74, 8,3

Anfang Juli 193 brach Severus zum Kampf gegen Pescennius Niger auf. Die Entscheidung fiel Ende März 194 bei Issos; Niger konnte entkommen; aber Ende April ereilte ihn nach der Einnahme von Antiochia sein Schicksal.

Sein Haupt ließ Severus nach Byzanz bringen und aufpfählen, damit die Einwohner es sähen und sich ergäben. Hernach begann er mit der Bestrafung der Anhänger seines Gegners.

JULIA DOMNA Hist. Aug., Sept. Sev. 3,9

Als Septimius Severus nach dem Tod seiner Gattin Marcia ein zweitesmal heiraten wollte, forschte er, der selbst ein erfahrener Sterndeuter war, nach der Nativität seiner zukünftigen Frau; als er hörte, in Syrien lebe eine Frau, Julia Domna[2], deren Geburtshoroskop auf den Ehebund mit einem Herrscher deute, warb er um sie und erhielt sie durch Vermittlung seiner Freunde (185).

Julia Domna mit ihren Söhnen Caracalla und Geta

DIE NEUEN PRÄTORIANER Dio 74, 2,2–6

Severus traf viele Maßnahmen, die nicht dem Geschmack des Senats entsprachen. So beklagte man sich, daß er die Stadt durch die Anwesenheit von so zahlreichem Militär in Unruhe bringe und den Staat durch übertriebene Geldausgaben belaste, und was der Hauptvorwurf war, daß er die Hoffnung auf Sicherheit nicht so sehr auf die Ergebenheit seiner Mitarbeiter als auf die Stärke seiner Truppen setze. Besonders übel nahmen ihm aber einige, daß er den herkömmlichen Brauch aufgab, wonach die Leibgarde ausschließlich aus Italien, Spanien, Makedonien und Noricum genommen wurde und deren Mitglieder somit ein anständigeres Aussehen und einfachere Sitten aufwiesen, und statt dessen anordnete, daß gleichheitlich aus sämtlichen Legionen die jeweiligen Lücken aufgefüllt werden sollten. Severus tat dies in der Absicht, auf solche Weise kriegserfahrene Leute in seine Garden zu bekommen und gleichzeitig wackeren Kämpfern eine Art Belohnung bieten zu können. So füllte er die Stadt mit einer buntgemischten Masse von Soldaten, gar wild in ihrem Aussehen, höchst schreckenerregend in ihrer Sprache, durchwegs bäuerisch im Umgang.

194–195 n. Chr. 947–948 a. u. c. DER FELDZUG GEGEN OSRHOËNE UND ADIABENE Dio 75, 1,2 – 2,1.3

Die Osrhoëner und die Adiabener hatten sich erhoben[3] und Nisibis belagert, waren aber von Severus besiegt worden. Nach Nigers Tod sandten sie dem Kaiser Geschenke und versprachen, die Gefangenen und die noch vorhandenen Beutestücke zurückzugeben. Sie weigerten sich aber, die von ihnen eroberten Festungen zu räumen und Besatzungen bei sich aufzunehmen, forderten vielmehr, auch die noch vorhandenen Garnisonen aus ihrem Gebiet abzuziehen. Darüber kam es zum Krieg.

Nachdem Severus den Euphrat überquert hatte und ins Feindesland eingefallen war, gelangte er nach Nisibis und sandte, während er dort selbst Aufenthalt nahm, den Candidus und Laetus in verschiedenen Richtungen gegen die Barbaren. Die beiden Feldherren verwüsteten deren Gebiet und nahmen ihre Städte in Besitz.[4]

195–197 n. Chr. 948–950 a. u. c. DIE ERHEBUNG DES CLODIUS ALBINUS
Dio 75, 4,1; 7,3; 8,1.3–4; Hist. Aug., Sept. Sev. 10,1.7

Severus hatte sich noch nicht von den Kämpfen mit den Barbaren erholt, als ein Bürgerkrieg mit Albinus ausbrach. Denn nachdem Severus den Niger beseitigt und andere Angelegenheiten in jenem Reichsteil nach seinem Gutdünken geordnet hatte, wollte er Albinus nicht mehr die Würde eines Caesars zubilligen; dieser hingegen strebte sogar den Titel eines Augustus an.

Albinus wurde am 19. Februar 197 nach hartem Kampf und schweren Verlusten auf beiden Seiten bei Lugdunum besiegt und nahm sich das Leben.

Nachdem der Kaiser die Leiche des Albinus betrachtet und seine Augen daran geweidet hatte, sandte er das Haupt nach Rom und ließ es dort aufpfählen. Den geköpften Leichnam ließ er vor seiner Residenz zur Schau stellen. Die Kinder des Albinus ließ er zusammen mit ihrer Mutter hinrichten.

Im Senat verlas er eine Rede, in der er die Strenge und Grausamkeit des Sulla, Marius und Augustus als den sichereren Regierungskurs pries, Pompejus' und Caesars Milde aber als eben jenen Männern verderblich schmähte. Nach Verlesung dieser Adresse ließ Severus fünfunddreißig Gefangene frei, die beschuldigt waren, auf Albinus' Seite gestanden zu haben, verurteilte aber neunundzwanzig andere Persönlichkeiten zum Tode.

DER PARTHERKRIEG DES SEPTIMIUS SEVERUS Dio 75, 9,1–4; 10,1; 11,1

Hierauf zog Severus erneut gegen die Parther; denn während er mit dem Bürgerkrieg beschäftigt war, hatten jene Mesopotamien wieder in ihren Besitz gebracht. Beinahe wäre auch Nisibis in ihre Hand gefallen, wenn nicht Laetus die Stadt, in der er belagert wurde, gerettet hätte.

Als Severus in Nisibis eintraf, ließ er am Euphrat Schiffe bauen und rückte teils zu Wasser, teils zu Lande am Fluß entlang vor. Seleukia und Babylon, die beide geräumt waren, konnte er rasch einnehmen. Darauf eroberte er Ktesiphon und überließ die Stadt den Soldaten zur Plünderung. Außerdem richtete er ein Blutbad unter der Bevölkerung an und machte hunderttausend Menschen zu Gefangenen. Er setzte indessen die Verfolgung des Vologaesus nicht fort und hielt selbst an Ktesiphon nicht fest, sondern rückte, als wenn er lediglich zu dessen Plünderung ins Feld gezogen wäre, wieder ab.

Sodann durchquerte Severus Mesopotamien und versuchte einen Angriff auf das nicht weit entfernte Hatra; der Erfolg blieb ihm jedoch versagt. Nachdem der Kaiser große Mengen von Lebensmitteln bereitgestellt und zahlreiche Belagerungsmaschinen angefertigt hatte, unternahm er einen erneuten Feldzug gegen Hatra.

Auch dieser Angriff blieb erfolglos. Aber der Besitz der Provinz Mesopotamien mit der Hauptstadt Nisibis war durch den 2. Partherkrieg wieder gesichert.

DIE HINRICHTUNG VON ZWEI HOHEN OFFIZIEREN Dio 75, 10,2–3

Während des Krieges ließ Severus zwei ausgezeichnete Männer hinrichten. Julius Crispus, ein Tribun bei den Prätorianern, mußte sterben, weil er, bedrückt durch das Leid des Krieges, eine Stelle aus dem Dichter Vergil zitiert hatte, wo einer der auf seiten des Turnus kämpfenden Krieger sein Schicksal mit den Worten beklagt: »Nur damit Turnus die Lavinia heiraten kann, müssen wir alle sinnlos verderben« (Aen. 11,371–373). Den Soldaten Valerius, der Julius Crispus denunziert hatte, machte Severus an dessen Stelle zum Tribunen.

Er nahm auch dem Laetus das Leben; denn er war bei den Soldaten beliebt, und diese erklärten, sie würden nur unter seiner Führung in den Krieg ziehen. Da Severus für diesen Mord außer Neid keinen offensichtlichen Grund hatte, legte er ihn den Soldaten zur Last, die wider seinen Willen diesen Frevel vollbracht hätten.

DIE KAISERSÖHNE CARACALLA UND GETA Herodian 3, 10,3–4; 13,3.5.6

Caracalla und Geta wurden charakterlich durch das luxuriöse Leben in Rom, das übertriebene Interesse an Schauspielen und ihre Leidenschaft für Wagenrennen und Tanz verdorben. Außerdem gerieten sie miteinander in Streit, und an nichts fanden sie in gleicher Weise Gefallen; was dem einen lieb war, war dem anderen verhaßt.

Severus versuchte sie immer wieder auszusöhnen und zu Einmütigkeit und Harmonie zu bringen; und er erinnerte dazu an alte Sagen und Dramen, indem er immer wieder auf das Unglück von Königssöhnen aufgrund ihrer Zwietracht hinwies. Seine Söhne aber folgten ihm überhaupt nicht, warfen alle Hemmungen ab und ließen sich noch schlimmer gehen. Unersättlich jagten sie jeder Art von Vergnügen nach, und ihre Schmeichler suchten sie ständig zu gegenseitigem Streit zu entzweien.

209–211 n. Chr. 962–964 a. u. c. SEPTIMIUS SEVERUS IN BRITANNIEN Dio 76, 13,1–4; 15,1–2; Eutr. 8, 19,1

Severus wollte die gesamte Insel unterwerfen und fiel daher in Kaledonien ein. Dabei hatte er jedoch mit unsäglichen Schwierigkeiten zu ringen; er mußte ganze Wälder fällen, Hügel abtragen, Sümpfe zuschütten und Flüsse überbrücken. Eine Schlacht hingegen hatte er nicht zu bestehen, und er bekam auch keinen Feind zu Gesicht, der sich in einer Schlachtreihe aufgestellt hätte. Der Gegner brachte vielmehr absichtlich Schafe und Rinder vor die Front der Römer, damit die Soldaten sich ihrer zu bemächtigen versuchten und so, immer weiter weggelockt, ihre Kräfte erschöpften; wenn sie sich zerstreuten, erfolgten Angriffe aus dem Hinterhalt. Infolgedessen fanden gegen 50 000 Mann den Tod. Severus stand jedoch von seinem Unternehmen nicht eher ab, als bis er sich dem äußersten Ende der Insel genähert hatte, wo er dann jedenfalls sehr genau die Bewegung der Sonne und die Dauer der Tage und Nächte im Sommer bzw. Winter beobachten konnte. Nachdem man ihn beinahe durch das ganze Feindesland hindurch befördert hatte – bei seinem schlechten Gesundheitszustand wurde er ja tatsächlich den größten Teil des Weges auf einer Sänfte mitgeführt[5] –, kehrte er in den befreundeten Teil der Insel zurück (210); unter der Bedingung, daß sie einen nicht geringen Teil ihres Gebietes abtraten, hatte er die Briten zum Abschluß eines Vertrages gezwungen. Um die wiedergewonnene Provinz zu sichern, zog er über 132 Meilen hin von Meer zu Meer einen Wall.

Als sich die Inselbewohner erneut erhoben, berief Severus seine Soldaten und befahl ihnen, ins Feindesland einzubrechen und, wen sie fänden, niederzumachen. Dann traf er Vorbereitungen, um persönlich gegen sie ins Feld zu ziehen. Doch während er damit beschäftigt war, machte die Krankheit am

4. Februar 211 seinem Leben ein Ende. Vor seinem Hinscheiden äußerte sich der Herrscher folgendermaßen zu seinen Söhnen: »Bleibt einträchtig, bereichert die Soldaten und schert euch um alles andere den Teufel!«

JULIA DOMNA VERHINDERT DIE REICHSTEILUNG Herodian 4, 3,1.5.7–9

211 n. Chr.
964 a. u. c.

Nach der Bestattung und der Vergöttlichung des Severus befehdeten seine beiden Söhne Caracalla und Geta sich ganz offen. Jeder von beiden suchte den Bruder zu entmachten und die Herrschaft für sich allein zu gewinnen. Schließlich kam ihnen der Gedanke, die Herrschaft zu teilen: alles was zu Europa gehörte, sollte Caracalla haben, Asien dem Geta überantwortet werden; von den Provinzen im Süden sollte Caracalla Mauretanien und Libyen erhalten, Geta das weiter östlich Liegende. Als sie das vortrugen, blickten alle mit verdüsterten Mienen zu Boden, nur ihre Mutter Julia sagte: »Meine Söhne, ihr findet, wie ihr Land und Meer aufteilen wollt. Wie aber wollt ihr eure Mutter teilen? Erst müßt ihr mich töten und zerteilen, dann mag jeder seinen Teil für sich begraben; denn nur so bin ich wie Land und Meer zwischen euch aufzuteilen.« Als sie dies mit Tränen und Wehklagen gesagt hatte, umarmte sie beide und suchte sie so auszusöhnen. Alle Anwesenden überkam Mitleid, und die Sitzung wurde aufgehoben, der Plan verworfen, und jeder der beiden ging wieder in seinen Palastteil zurück.

DIE ERMORDUNG GETAS Dio 77, 2,1–4

19. Februar
212 n. Chr.
965 a. u. c.

Caracalla wollte seinen Bruder an den Saturnalien aus dem Weg räumen, war aber dazu nicht imstande; denn seine böse Absicht war offenkundig geworden. Da eine Menge Soldaten den Geta in der Öffentlichkeit wie zu Hause Tag und Nacht bewachten, überredete Caracalla seine Mutter, ihn und seinen Bruder ohne Begleitung in ihr Wohngemach zu bestellen, um sie miteinander zu versöhnen. Geta ging darauf ein und betrat mit Caracalla den Raum. Als sie drinnen waren, stürmten einige Centurionen herein, die zuvor durch Caracalla Anweisung erhalten hatten, und machten Geta nieder. Bei ihrem Anblick hatte sich Geta zu seiner Mutter geflüchtet und sich an sie geschmiegt und schrie dort jammernd. »Mutter, Mutter, hilf mir doch, man mordet mich!« Sie aber mußte, in solch schmählicher Weise getäuscht, zuschauen, wie ihr Sohn in ihrem Schoß auf ruchloseste Art hingemordet wurde.

Nach der Ermordung Getas versprach Caracalla jedem Soldaten der Prätorianergarde 25 000 Sesterzen und erhöhte ihren Sold um die Hälfte. Als die Sol-

Herodian 4, 4,7–8

Herodian 4, 6,1–2

Kaiser Caracalla (211–217)

daten von einer solchen Geldmenge hörten, proklamierten sie ihn allein zum Kaiser und erklärten Geta zum Staatsfeind.

Alle Vertrauten und Anhänger Getas wurden ermordet und alle, die sich in dem Palastteil befanden, wo jener gewohnt hatte; auch die gesamte Dienerschaft wurde beseitigt. Kein Lebensalter wurde verschont, bis hinab zu den Säuglingen. Niemand von denen, die auch nur halbwegs mit Geta bekannt gewesen waren, überlebte. Aus dem Senat wurden alle, die durch Adel oder Reichtum hervorstachen, beim geringsten Anlaß oder sogar ohne jeden Anlaß, bloß aufgrund einer Verleumdung als Anhänger Getas, umgebracht.

DIE AUSPLÜNDERUNG DER BEVÖLKERUNG Dio 77, 9,1–5; 10,2

Caracalla plünderte die Menschen aus, nicht zum wenigsten die Senatoren. Da gab es die goldenen Kränze, die er als angeblicher Dauersieger über die Feinde immer wieder forderte. Des weiteren ging es um die Lebensmittel, welche die Leute liefern mußten. Hinzu kamen die Geschenke, welche der Herrscher den wohlhabenden Bürgern und verschiedenen Gemeinden abverlangte. Und dann die Steuern, sowohl diejenigen, die er neu einführte, als auch die zehnprozentige Abgabe, die er an die Stelle der fünfprozentigen Steuer für Freilassung von Sklaven, Hinterlassenschaften und sämtliche Legate gesetzt hatte; er hob nämlich das Recht der Erbfolge und die bisher in Fällen naher Verwandtschaft mit dem Verstorbenen gewährte Steuerfreiheit auf. Das war auch der Grund, warum er alle Einwohner seines Reiches zu römischen Bürgern machte,[6] scheinbar eine Ehrung, doch wollte er in Wirklichkeit eine Steigerung seiner Einkünfte erzielen, insofern die Nichtrömer die meisten dieser Steuern nicht zu entrichten hatten.

Der Kaiser verwendete die Geldmittel vor allem für die Soldaten. Ließ er doch oftmals das Wort fallen: »Kein Mensch außer mir sollte Geld besitzen; ich brauche es, um es den Soldaten schenken zu können.«

8. April
217 n. Chr.
970 a. u. c. ## DAS ENDE CARACALLAS Dio 78, 4,1.3.4; 5,2–5

Ein Seher hatte vorausgesagt, der Präfekt Macrinus und sein Sohn Diadumenianus seien für den Kaiserthron bestimmt. Als Macrinus davon erfuhr, mußte er fürchten, daß Caracalla ihn aufgrund der Mitteilung hinrichten werde. Nun wollte er keine Zeit mehr verstreichen lassen. Er sicherte sich die Hilfe zweier Tribunen der Prätorianer, der Brüder Nemesianus und Apollinaris, sowie des Julius Martialis, der einen persönlichen Groll gegen Caracalla hegte, weil dieser ihm die Stelle eines Centurio verweigert hatte.

Am 8. April war der Kaiser von Edessa nach Carrhae aufgebrochen. Als er vom Pferd stieg, um seine Notdurft zu verrichten, näherte sich ihm Martialis, als wolle er ihm etwas sagen, und versetzte ihm mit einem Dolch einen Stich. Der Attentäter flüchtete sofort, wurde aber er von einem Skythen aus der Umgebung Caracallas durch einen Lanzenstoß getötet. Was den Kaiser selbst betraf, so eilten die Tribunen, wie wenn sie ihm helfen wollten, herbei und machten ihn nieder.

JULIA MAESA UND IHRE TÖCHTER UND ENKEL Herodian 5, 3,2–3

Julia Maesa, die Schwester der Julia Domna, hatte während der langen Zeit, in der Severus und Caracalla regierten, am Kaiserhof gelebt. Nach dem Tod ihrer Schwester[7] hatte Macrinus sie aufgefordert, in ihre Heimat zurückzukehren. Die Frau zog also heim und lebte auf ihren Besitzungen in Emesa. Sie hatte zwei Töchter, die ältere hieß Soaemias, die zweite Mamaea. Soaemias besaß einen Sohn namens Varius Avitus[8], Mamaea einen namens Bassianus Alexianus[9]; sie wuchsen bei ihren Müttern und der Großmutter auf. Avitus wer damals 14 Jahre alt, Bassianus stand im 10. Lebensjahr.

Julia Maesa

DER GOTT VON EMESA Herodian 5, 3,4–6

Die Leute von Emesa verehren den Sonnengott und nennen ihn Elagabal. Für ihn ist ein sehr großer Tempel erbaut, der mit viel Gold und Silber und kostbaren Steinen geschmückt ist. Der Gott wird nicht nur von den Landesbewohnern verehrt, auch alle benachbarten Satrapen und Fürsten der Barbaren senden ihm Weihegaben. Ein Kultbild gibt es dort nicht. Aber es befindet sich dort ein sehr großer Stein, unten rund und oben in eine Spitze auslaufend; er ist von schwarzer Farbe. Nach der Legende ist er vom Himmel gefallen, und er soll ein nicht von Menschen gefertigtes Abbild der Sonne sein.

Diesem Gott war Varius Avitus als Priester geweiht.

AVITUS WIRD KAISER Herodian 5, 3,9–12

Die Soldaten, die in der Nähe von Emesa lagen, besuchten immer wieder die Stadt und gingen, um ihren Kult zu verrichten, zum Tempel, wo sie den jungen Priester stets mit Freuden anschauten. Einige von ihnen waren auch Klienten der Maesa. Diese hatte, ob erfunden oder wahrheitsgemäß, einigen, die den Knaben bewunderten, gesagt, er sei ein natürlicher Sohn Caracallas, auch wenn er als Sohn eines anderen gelte. Die Soldaten erzählten es unverzüglich ihren Kameraden, und die Kunde durchdrang das ganze Heer. Maesa, hieß es, besitze haufenweise Geld, und sie sei bereit, den Soldaten dies alles zu überlassen, wenn sie ihrer Familie das Kaisertum wiederverschafften. Als die Soldaten ihr vorschlugen, ihnen, wenn sie bei Nacht heimlich aus der Stadt kämen, die Lagertore zu öffnen, ihre ganze Familie ins Lager aufzunehmen und den Avitus als Sohn Caracallas zum Kaiser zu proklamieren, ging die Frau darauf ein und verließ heimlich bei Nacht die Stadt mit ihren Töchtern und deren Söhnen. Ihre Klienten unter den Soldaten geleiteten sie zum Lager, sie wurden ohne weiteres aufgenommen, und sofort rief die ganze Legion den Jungen zum Kaiser aus.

Er führte als Kaiser den Namen M. Aurelius Antoninus; nach dem Gott, dessen Priester er war, wird er gewöhnlich Elagabal genannt.

Herodian 5,
5,1.3.5–6

Nachdem das ganze Heer zu Elagabal übergetreten war, übernahm er die Regierung, wobei allerdings die dringenden Angelegenheiten von der Großmutter und den anwesenden Freunden erledigt wurden – er selbst war ja noch zu jung und unerfahren. Ohne lange zu zögern, machte er sich auf den Weg nach Rom, da Maesa sich nach dem ihr vertrauten Palast sehnte.

Er überwinterte in Nikomedia. Hier stürzte er sich in ein orgiastisches Treiben und die Tollheiten des Priestertums seines heimischen Gottes, kleidete sich in die aufwendigste Gewandung aus golddurchwirkten Purpurstoffen, schmückte sich mit Halsketten und Armbändern und trug eine aus Gold und bunten Edelsteinen gefertigte Krone in Form einer Tiara auf dem Kopf.

Maesa sah das mit Unwillen und versuchte ihn durch Bitten dahin zu bringen, sich in römische Tracht zu kleiden, damit er die Römer nicht durch einen fremdartigen Anblick von vornherein vor den Kopf stoße; aber er kümmerte sich nicht um ihre Worte und hörte überhaupt auf niemanden.

ELAGABAL IN ROM Herodian 5, 5,7–9

Elagabal ordnete an, daß alle, die von Staats wegen Opfer verrichteten, vor den anderen Göttern den neuen Gott Elagabal anzurufen hätten. Er erbaute dann für seinen Gott einen sehr großen und prachtvollen Tempel, um den herum er zahlreiche Opferaltäre errichtete. Jeweils am Morgen trat er auf, schlachtete ganze Hekatomben von Stieren und eine große Menge Schafe, häufte vielfältiges Räucherwerk dazu und goß zahlreiche Amphoren des ältesten und besten Weins vor den Altären aus. An den Altären führte er unter vielfältigen Klängen von Musikinstrumenten Kulttänze auf, und Tänzerinnen seiner Heimat tanzten mit ihm und trugen Zimbeln und Tympana in den Händen.

Elagabal ermordete viele von den Angesehenen und Reichen, die bei ihm angeschwärzt wurden, als ob sein Lebensstil ihnen mißfalle und sie darüber spotteten.

Kaiser Elagabal (218–222)

Herodian 5, 6,1

DIE ADOPTION DES ALEXIANUS Herodian 5, 7,1–3

Juni 221 n. Chr.
974 a. u. c.

Maesa ahnte, daß den Soldaten das Treiben des Kaisers mißfiel, und befürchtete, wenn ihm etwas zustieße, wieder ins gewöhnliche Privatleben zu stürzen; daher beredete sie ihren Enkel, seinen Vetter, den Sohn der Mamaea, zu adoptieren und zum Caesar zu ernennen. Dabei wurde er umbenannt und erhielt den Namen Alexander.

DAS ENDE ELAGABALS Herodian 5, 8,1–8

11. März
222 n. Chr.
975 a. u. c.

Als so alles, was vormals für ehrwürdig galt, verhöhnt und mit Füßen getreten wurde, waren vor allem die Soldaten verärgert; sie verabscheuten Elagabal, wenn sie sahen, wie er sich schminkte und sich mit goldenen Halsketten und abartig luxuriösen Gewändern so unmännlich ausstaffierte und dann in dieser Aufmachung vor aller Augen herumtanzte. Ihre Zuneigung gehörte Alexander, der anständig und vernünftig erzogen wurde.

Als Elagabal das merkte, schmiedete er Pläne gegen ihn und seine Mutter; aber Maesa vereitelte alle diese Anschläge. Daher suchte Elagabal Alexander aus dem Caesarenamt wieder zu entfernen, und dieser war bei den offiziellen Auftritten nicht mehr zu sehen. Hierdurch beunruhigt, forderten die Soldaten sein Erscheinen in der Kaserne. Elagabal geriet in große Furcht und ließ sich in der kaiserlichen Sänfte zusammen mit Alexander dorthin tragen. Die Soldaten begrüßten Alexander überaus freundlich, waren aber Elagabal gegenüber sehr zurückhaltend. Darüber war dieser verstimmt und befahl, diejenigen, die dem Alexander übermäßig zugejubelt hatten, festzunehmen. Die Soldaten, die ohnehin den verhaßten Kaiser beseitigen wollten, glaubten ihren verhafteten Kameraden zu Hilfe kommen zu müssen, sahen den passenden Moment und einen gerechten Anlaß gekommen und brachten Elagabal selbst und seine Mutter Soaemias um.

13. März 222 bis März 235 n. Chr. 975–988 a. u. c.

SEVERUS ALEXANDER KAISER Herodian 6, 1,1–2

Als Alexander die Herrschaft übernommen hatte, trug er zwar den Titel des Kaisers, die tatsächliche Macht lag aber in den Händen seiner Mutter und Großmutter, die den Versuch machten, alles wieder mehr zum Vernunftgemäßen und Würdigen umzulenken. So wählten sie aus dem Senat sechzehn Männer als Beisitzer und Ratgeber aus. Und nichts wurde verlautbart oder unternommen, ohne daß jene es beurteilt und mitbeschlossen hatten. Dies fand Zustimmung nicht nur bei Volk und Militär, sondern auch im Senat.

Herodian 6, 1,4.5.10

Nachdem die Herrschaft lange so ausgeübt worden war, starb Maesa (226), die inzwischen eine alte Frau geworden war. Mamaea aber, die mit ihrem Sohn allein übrig war, versuchte ihn zu leiten und zu beherrschen. Er tat alles, was seine Mutter von ihm verlangte. In seiner übergroßen Sanftheit und in seiner über das rechte Maß hinausgehenden Hochachtung vor der Mutter ließ er sich von ihr, auch wenn ihm etwas nicht gefiel, dennoch beeinflussen.

Kaiser Severus Alexander (222–235)

DIE GEFÄHRDUNG DER OSTGRENZE Herodian 6, 2,1–2

230 n. Chr.
983 a. u. c.

Von den Statthaltern in Syrien und Mesopotamien trafen Briefe ein, die besagten, der Perserkönig Ardaschir habe die Parther besiegt und ihre Herrschaft beseitigt[10] und das ganze umliegende Barbarenland in seine Gewalt gebracht und tributpflichtig gemacht; er gebe keine Ruhe und halte sich nicht innerhalb des vom Tigris begrenzten Gebietes, überschreite vielmehr dessen Ufer und die Grenzen des Römischen Reiches, falle in Mesopotamien ein, bedrohe schon Syrien und wolle ganz Kleinasien wiedererobern. Dabei sage er, von Kyros bis zu Dareios, dem letzten Perserkönig, dessen Herrschaft Alexander von Makedonien beendigte, habe das gesamte Gebiet bis nach Jonien und Karien unter persischen Satrapen gestanden; jetzt sei es seine Aufgabe, alles Land, das die Perser früher besessen hätten, für sie zurückzugewinnen.

DER EINFALL DER ALEMANNEN IN GERMANIEN UND RÄTIEN
Herodian 6, 7,2–4

233 n. Chr.
986 a. u. c.

Die Statthalter der illyrischen Provinzen meldeten, die Germanen hätten Rhein und Donau überschritten, verwüsteten das römische Reichsgebiet und durchstreiften die an den Ufern gelegenen Garnisonen, Städte und Dörfer mit starken Streitkräften;[11] die an Italien angrenzenden Gebiete seien in keiner geringen Gefahr. Sie bäten daher um die persönliche Anwesenheit des Kaisers und seines Heeres. Diese Meldungen beunruhigten Alexander; er selbst und seine Ratgeber fürchteten um Italien. Die Gefahr seitens der Perser schien ihnen nicht vergleichbar mit der seitens der Germanen: die Perser seien durch ein weites Landgebiet und ein breites Meer von Italien getrennt, die illyrischen Provinzen aber, die nicht viel Land umfaßten, machten die Germanen und die Bewohner Italiens beinahe zu Nachbarn.

SEVERUS ALEXANDER IN GERMANIEN Herodian 6, 7,9–10

234/235 n. Chr.
987/988 a. u. c.

Alexander beschloß, eine Gesandtschaft zu den Germanen zu schicken, um über Frieden zu verhandeln; und er versprach, ihnen alles zu gewähren, was sie forderten, auch mit Geld nicht zu sparen. Denn darauf sind die Germanen vor allem erpicht, da sie geldgierig sind und den Römern den Frieden meist für Geld verkaufen. Die Soldaten aber wurden unwillig, als Alexander keine Bereitschaft zum Krieg zeigte, wo es doch nötig war, die Germanen für ihre dreisten Untaten zu bestrafen.

Es gab im Heer einen Mann namens Maximinus, der aus einem Dorf im Innern Thrakiens stammte und ein halber Barbar war. Alexander hatte ihm wegen seiner militärischen Erfahrung das Kommando über die Rekruten[12] gegeben. Er erfüllte die ihm anvertraute Aufgabe mit aller Gewissenhaftigkeit und erwarb sich bei den Soldaten große Zuneigung; über Alexander dagegen spotteten die jungen Leute, weil er immer noch von seiner Mutter gegängelt wurde und sich mit dem Militärischen nur sehr oberflächlich abgab. Sie beschlossen daher, Alexander abzusetzen und Maximinus zum Kaiser auszurufen, der für den anstehenden Krieg aufgrund seiner Erfahrung und Tapferkeit geeignet schien. Sie versammelten sich also mit ihren Waffen wie üblich auf dem Exerzierplatz, und als Maximinus erschien, warfen sie ihm den kaiserlichen Purpur über und proklamierten ihn zum Kaiser.

Als man Alexander in der Morgendämmerung des nächsten Tages meldete, daß Maximinus heranrücke, rief er die Soldaten zusammen, bat sie, für ihn zu kämpfen und ihn zu retten, und gab den Befehl zum Ausrücken. Die Soldaten zogen sich in kleinen Gruppen zurück und wollten nicht zu den Waffen greifen. Als das Heer des Maximinus in Sichtweite war und die Rekruten die älteren Kameraden mit lauten Rufen aufforderten, das feige Bürschchen, das der Mutter sklavisch gehorche, zu verlassen und zu dem wackeren Mann überzutreten, da ließen sich die Soldaten überreden und traten zu Maximinus über, der dann von allen zum Kaiser proklamiert wurde.

Alexander gelangte zitternd und niedergeschlagen kaum bis zu seinem Zelt zurück. Dort klammerte er sich an seine Mutter und erwartete jammernd seinen Mörder. Maximinus entsandte einen Militärtribunen und einige Centurionen; diese drangen in das Zelt ein und töteten Alexander und seine Mutter und wen sie sonst noch von denen antrafen, die zu seinen Anhängern und Freunden zu gehören schienen.

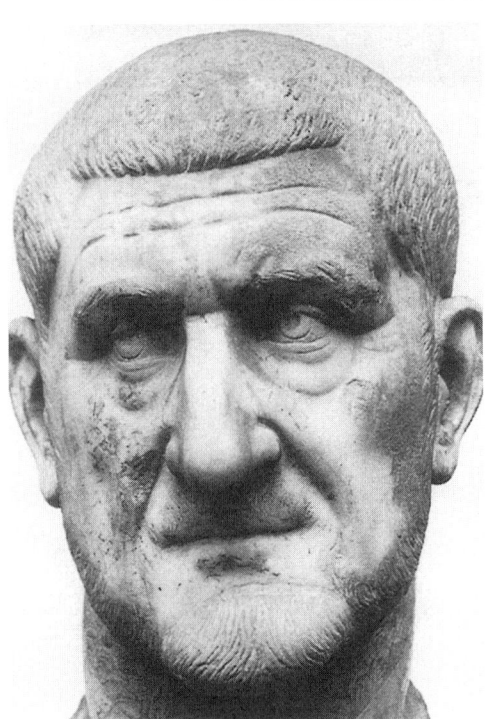

Kaiser Maximinus Thrax (235–238)

Aur. Vict. 25,2 Die Senatoren bestätigten die Wahl des Maximinus, da sie es für gefährlich hielten, sich unbewaffnet dem Bewaffneten zu widersetzen.

DIE TYRANNENHERRSCHAFT DES MAXIMINUS

Zos. 1, 13,3; Herodian 7, 3,1–3.5.6

März 235 bis April 238 n. Chr. 988–991 a. u. c.

Mit dem Augenblick seines Regierungsantritts ließ Maximinus seine angeborenen Fehler deutlich erkennen und war für jedermann unerträglich. Er ließ in Rom selbst und in den unterworfenen Provinzen viele ermorden. Und er nahm seinen Mitbürgern ihren Besitz weg. Es mußte nur jemand von einem Denunzianten vor Gericht gezogen werden, sofort wurde er verurteilt und all seiner Habe beraubt. Täglich konnte man Leute sehen, die gestern noch steinreich gewesen waren und einen Tag später sich durchbettelten: so groß war die Geldgier dieses Tyrannen unter dem Vorwand des unaufhörlichen Bedarfs für die Soldaten. Nachdem er die meisten angesehenen Familien in Armut gestürzt hatte, brachte er auch die Gelder der Gemeinden an sich. Dies vor allem verstimmte die Bevölkerung. In den Städten und Provinzen wuchs die Unzufriedenheit der Massen. Sogar die Soldaten waren verstimmt, da ihre Verwandten und Bekannten sie beschimpften, daß Maximinus das alles ihretwegen tue.

DIE ERNENNUNG ZWEIER KAISER DURCH BÜRGER DER PROVINZ AFRICA Herodian 7, 4,2; 5,1; Hist. Aug., Gord. 7,2; 8,5; 9,6

Januar 238 n. Chr. 991 a. u. c.

Im Gebiet der Karthager übte ein Prokurator sein Amt mit brutaler Härte aus: mit aller Grausamkeit verurteilte er und trieb er das Geld ein, weil er bei Maximinus einen guten Namen bekommen wollte. Aber die Africaner wollten solche dreisten Übergriffe nicht länger ertragen und erschlugen den Mann.

Danach erst wurde den Leuten klar, daß ihre einzige Rettung darin bestand, den Statthalter der Provinz als Teilhaber an ihrem gefährlichen Unternehmen hinzuzugewinnen. Sie zogen daher zum Haus des Prokonsuls Gordianus – er war fast 80 Jahre alt und hatte sich vorher in vielen Provinzen bewährt. Nur widerwillig ließ sich der alte Mann zum Kaiser ernennen. Sein Sohn und Legat wurde mit der gleichen Machtvollkommenheit ausgestattet.

Der Senat erkannte Mitte Januar die Wahl der beiden Gordiane an, erklärte Maximinus zum Staatsfeind und beauftragte eine Kommission von 20 ehemaligen Konsuln mit der Verteidigung Italiens.

Die Herrschaft der Gordiane dauerte jedoch nicht lange: Capellianus, der von Maximinus eingesetzte Statthalter Mauretaniens, der mit Gordian verfeindet war, zog gegen diesen und besiegte dessen Anhänger. Gordian II. fiel in der Schlacht, Gordian I. nahm sich das Leben (Ende Januar).

Das Fünfkaiserjahr · Die Dynastie der Severer · Soldaten- und Senatskaiser 357

DIE ERNENNUNG ZWEIER KAISER DURCH DEN SENAT

Herodian 7, 10,1–3.5–7.9; Hist. Aug., Gord. 22,2–3; Max. Balb. 2,5

Als der Tod des alten Gordian in Rom gemeldet wurde, war das Volk bestürzt, vor allem aber die Senatoren. Sie wußten ja, daß Maximinus ein unversöhnlicher Gegner war und niemanden schonen würde. Da sie sich ja nun einmal in die Gefahr gestürzt hatten, beschlossen sie, den Krieg offen zu beginnen und zwei Kaiser an die Spitze zu stellen, von denen der eine in Rom residieren, der andere den Banditen entgegenziehen solle. Zur Stimmabgabe versammelten sie sich im Jupitertempel auf dem Kapitol. Die meisten Stimmen fielen auf Maximus Pupienus und Balbinus. Während dies auf dem Kapitol geschah, rottete sich das Volk zusammen und verlangte die Wahl eines Kaisers aus der Familie Gordians. Daraufhin wurde ein Sohn von Gordians Tochter, der 13 Jahre alt war, zum Caesar ernannt (Gordian III.).

Von den Nachrichten aus Africa und Rom aufgeschreckt, eilte Maximinus nach Italien. Als er Aquileja nicht einnehmen konnte, sank sein Ansehen bei der Truppe, und er wurde von den eigenen Leuten im April 238 umgebracht.

Pupienus und Balbinus wurden Anfang Mai das Opfer einer Revolte der Prätorianer, die verärgert waren, daß die Kaiser vom Senat, nicht von ihnen, ernannt worden waren. Der junge Gordian erhielt jetzt den Augustus-Titel.

DER PERSERKRIEG GORDIANS III. PHILIPPUS KAISER Zos. 1, 18,1 – 19,2

Schapur I. hatte 241 die Nachfolge Ardaschirs angetreten, und man mußte mit einem Angriff der Perser auf die östlichen Provinzen rechnen. So zog Gordian mit seiner gesamten Heeresmacht gegen die Perser, und die römische Armee schien in der ersten Schlacht einen Sieg davongetragen zu haben; doch da starb der Prätorianerpräfekt Timesitheus. Die Ernennung des Philippus zum Präfekten ließ die Ergebenheit der Truppen ihrem Kaiser gegenüber allmählich dahinschwinden. Philippus war seiner Abkunft nach ein Araber. Gleich nach der Übernahme des Amtes richtete er sein ehrgeiziges Streben auf die Kaiserwürde. Als er sah, daß zwar Lebensmittel in hinreichender Menge herangeschafft worden waren, der Kaiser sich aber noch mit dem Heer bei Carrhae und Nisibis aufhielt, befahl er den Schiffen, welche die Verpflegung für die Armee beförderten, etwas tiefer ins Land hinein auszubiegen, damit die Truppen unter Hunger litten und infolge Mangels an Lebensmitteln revoltierten. Sein Plan hatte Erfolg: Die Soldaten nahmen das Fehlen von Proviant zum Vorwand, umringten Gordian in wildem Aufruhr, machten ihn als den am Untergang des Heeres angeblich Schuldigen nieder und bekleideten, wie verabredet, Philippus mit dem Purpur (Anfang 244).

Er schloß einen Freundschaftsvertrag mit Schapur und begab sich nach Rom. Dabei vergaß er nicht, durch reiche Geschenke die Soldaten an sich zu binden und Boten mit der Meldung vorauszuschicken, daß Gordian einer Krankheit erlegen sei. In Rom brachte er durch maßvolle Erklärungen die Spitzen des Senats auf seine Seite. Die höchsten Ämter vergab er an seine nächsten Angehörigen: das Kommando über die syrischen Legionen übertrug er seinem Bruder Priscus, die Streitkräfte in Mösien und Makedonien vertraute er seinem Schwager Severianus an.

Aus dem Tatenbericht Schapurs:
Als wir zu Herrschaft gelangt waren, hob Kaiser Gordian im gesamten Römischen Reich eine Steitmacht aus und marschierte gegen uns. An der Grenze Babyloniens, in Mesikhe, fand eine große Feldschlacht statt. Kaiser Gordian wurde getötet und die römische Streitmacht vernichtet. Und die Römer erhoben Philippus zum Kaiser. Sodann kam Kaiser Philippus zu uns, um über Frieden zu verhandeln, und um das Leben der Kriegsgefangnen zu retten, gab er uns 500 000 Denare, und er wurde uns tributpflichtig.

Res gestae Saporis

DAS ENDE VON PHILIPPUS' HERRSCHAFT Zos. 1, 20,2 – 22,3

Die Ostgebiete litten schwer unter den Steuereintreibungen, und Priscus erschien allen als eine unerträgliche Last. Infolgedessen sannen sie auf einen Umsturz und erhoben Jotapianus zum Kaiser; die Truppen in Mösien und Pannonien taten das gleiche mit Marinus (248).

Diese Ereignisse versetzten Philippus in starke Unruhe. Obwohl Jotapianus und Marinus ohne große Mühe beseitigt werden konnten, lebte Philippus nicht minder in Ängsten; er wußte ja um den Haß der Soldaten gegen ihre höheren Offiziere und Generäle. Deshalb übertrug er Decius, der sich durch vornehme Herkunft und großes Ansehen auszeichnete, das Kommando in Mösien und Pannonien mit dem Auftrag, die Anhänger des Marinus zur Räson zu bringen.

Als die Soldaten dort sahen, daß Decius

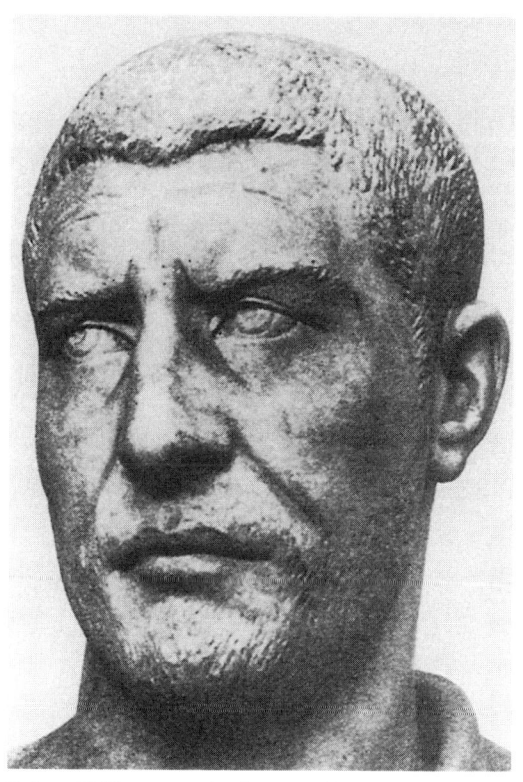

Kaiser Philippus Arabs (244–249)

gegen die Schuldigen einschritt, glaubten sie, es sei für sie vorteilhafter, der drohenden Gefahr zu begegnen und gleichzeitig einen Kaiser zu küren, der besser für das allgemeine Wohl sorgte und als tüchtiger Politiker wie als erfahrener Kriegsmann mühelos über Philippus den Sieg davontragen werde.

Daher bekleideten sie Decius mit dem Purpur (Juni 249) und zwangen ihn wider seinen Willen zur Übernahme der Regierung. Philippus sammelte daraufhin seine Legionen und ging zum Angriff vor. Obwohl Decius und seine Leute von der zahlenmäßigen Überlegenheit ihrer Gegner wußten, verloren sie nicht den Mut. Beim Zusammenstoß beider Heere (im September/Oktober 249 bei Verona), von denen das eine an Zahl, das andere dank der Kriegskunst seines Feldherrn überlegen war, fanden viele auf seiten des Philippus den Tod; auch er selbst samt den Seinen kam ums Leben.

250–251 n. Chr. 1003–1004 a. u. c. DER GOTENKRIEG DES DECIUS Jord., Get. 101–103

Kniva, der König der Goten, rückte (250) mit 70 000 Mann vor Novae. Durch den Feldherrn Gallus[13] zurückgeschlagen, zog er weiter nach Nikopolis am Iatrus. Als hier unvermutet der Kaiser Decius erschien, wich Kniva zurück in den Teil des Haemus-Gebirges, der nicht fern davon war; von hier eilte er nach

Kaiser Decius (249–251)

Philippopolis. Als Kaiser Decius von seinem Abzug erfuhr, stieg er, da er der Stadt Hilfe bringen wollte, über das Haemus-Gebirge und kam nach Beroea[14]. Während er sein müdes Heer hier ausruhen ließ, fiel Kniva mit seinen Goten plötzlich wie der Blitz über sie her, schlug das römische Heer und jagte den Kaiser mit den wenigen, die entkommen konnten, wieder über die Berge nach Mösien zurück, wo Gallus als Grenzhüter mit einer großen Kriegsmacht stand. Decius rüstete sich hier für den kommenden Kampf. Kniva aber nahm nach langer Belagerung Philippopolis und machte große Beute.

Bei Abrittus, einer Stadt in Mösien, kam es erneut zum Kampf;[15] dabei wurde der Sohn des Decius gleich von einem Pfeil getroffen und fiel. Als der Vater das sah, soll er, um den Mut seiner Leute zu festigen, gesagt haben: »Keiner traure hierum; der Verlust eines einzelnen Soldaten bedeutet keine Schwächung für den Staat.« Gleichwohl drang er in seinem

Vaterschmerz auf die Feinde ein, um entweder zu sterben oder seinen Sohn zu rächen; er wurde von den Goten umzingelt und getötet (Anfang Juni 251).

Der Platz heißt noch heute »Altar des Decius«, weil er dort vor der Schlacht den Göttern sonderbare Opfer dargebracht hatte.[16]

AUFTEILUNG DER VERTEIDIGUNGSAUFGABEN Zos. 1, 30,1–2

253 n. Chr.
1006 a. u. c.

Angesichts der allseits auf dem Römerreich lastenden Gefahr machte Valerianus seinen Sohn Gallienus zum Mitregenten und begab sich wegen der schwierigen Gesamtlage persönlich in den Osten, um den Persern entgegenzutreten; seinem Sohn überließ er die Heeresverbände in Europa mit dem Auftrag, gestützt auf die dortigen Streitkräfte die überall angreifenden Barbaren abzuwehren. Gallienus sah, daß die germanischen Stämme gefährlicher waren als die sonstigen Völkerschaften. Daher stellte er sich selbst den Feinden am Rhein entgegen und übertrug die Bekämpfung der Barbaren, welche die Gebiete Italiens und Illyriens sowie Griechenland auszuplündern suchten, den örtlichen Befehlshabern und ihren Streitkräften.

DIE GEFANGENNAHME VALERIANS Zos. 1, 36,1–2

Juni/Juli
260 n. Chr.
1013 a. u. c.

Als eine Pest bei den Legionen ausbrach und den größten Teil von ihnen hinwegraffte, ging Schapur zum Angriff vor und unterwarf sich alles. Energielos und schlaff, wie Valerian war, verzweifelte er daran, der allgemeinen Lage, die sich zur Katastrophe entwickelt hatte, abzuhelfen, und wollte durch Geldzahlungen dem Krieg ein Ende setzen; Schapur schickte jedoch die zu ihm entsandten Unterhändler zurück und forderte, der Kaiser selbst solle wegen der ihm nötig erscheinenden Regelungen zu einer Aussprache kommen. Ohne Bedenken ging Valerian auf die Forderung ein und eilte mit nur ein paar Begleitern zu Schapur, um mit ihm in Friedensverhandlungen einzutreten. Hierbei wurde er plötzlich von den Feinden festgenommen und mußte in der Rolle eines Kriegsgefangenen bei den Persern sein Leben beschließen.

Aus dem Tatenbericht Schapurs:
Während wir gegen Edessa und Carrhae marschierten und die Städte belagerten, überfiel uns Kaiser Valerian. Er führte eine Streitmacht von 70 000 Mann mit sich. Eine große Schlacht fand statt bei Carrhae und Edessa zwischen uns und Kaiser Valerian, und wir nahmen Kaiser Valerian mit eigenen Händen gefangen, ebenso die übrigen Generale, den Prätorianerpräfekten, die Senatoren und Würdenträger. Sie alle nahmen wir gefangen und deportierten sie in die

Res gestae Saporis

Siegesrelief Schapurs I.: Kaiser Valerian gerät in persische Gefangenschaft (260).

Persis. Wir brandschatzten, verwüsteten und plünderten Syrien, Kilikien und Kappadokien.

Lact., mort. pers. 5,2.3.5

Valerian führte in der Gefangenschaft ein entehrendes Leben. Sooft nämlich der Perserkönig Schapur den Wagen oder das Roß besteigen wollte, mußte sich der Römer vor ihm niederkrümmen und ihm den Rücken darbieten; dann setzte ihm der König den Fuß auf den Nacken.

Dazu kam noch, daß Valerian, der doch einen Kaiser zum Sohn hatte, für seine Gefangenschaft und Knechtschaft keinen Rächer fand und daß niemand seine Rückgabe verlangte.

DER ZUSAMMENBRUCH DER REICHSVERTEIDIGUNG Aur. Vict. 33,3

253–268 n. Chr.
1006–1021 a. u. c.

Die Goten zogen ungehindert durch Thrakien und besetzten Makedonien, Achaia und die benachbarten Gebiete Kleinasiens, die Perser ebenso Mesopotamien. Im Osten waren Räuber oder eine Frau die Herren[17], eine Streitmacht der Alemannen damals in gleicher Weise in Italien.[18] Frankenstämme plünderten Gallien und setzten sich in Spanien fest, wo sie Tarraco verwüsteten und nahezu ausplünderten; ein Teil von ihnen drang sogar auf Schiffen, die ihnen im rechten Augenblick in die Hände fielen, bis nach Afrika vor. Und was Trajan jenseits der Donau erobert hatte, ging verloren.[19]

Während Gallienus seinen Pflichten gegen den Staat nicht nachkam, wurde das Römische Reich im Westen durch Postumus, im Osten durch Odaenathus gerettet.

Eutr. 9, 11,1

POSTUMUS. DAS GALLISCHE SONDERREICH
Hist. Aug., Gall. 4, 3.5; Eutr. 9, 9,1

260–269 n. Chr.
1013–1022 a. u. c.

Während Gallienus sein würdeloses Genußleben fortsetzte und sich seinen Vergnügungen und der Schwelgerei hingab, beriefen die Gallier in angeborener Abneigung gegen leichtsinnige, dem römischen Mannesideal entfremdete, ausschweifende Regenten im Einvernehmen mit den Heeren Postumus, den Statthalter von Niedergermanien, zur Herrschaft. Er regierte neun Jahre lang[20] und schützte Gallien tatkräftig vor allen Barbareneinfällen.

Er wurde bei einer Meuterei getötet, weil er Moguntiacum, das im Zusammenhang mit dem Umsturzversuch des Laelianus[21] gegen ihn rebellierte, den Soldaten nicht zur Plünderung überlassen wollte.

Kaiser Gallienus (253–268)

ODAENATHUS, DER RETTER DES OSTENS Hist. Aug., trig. tyr. 15,1–5

Hätte nicht der Palmyrenerfürst Odaenathus nach Valerians Gefangennahme, als die Kraft des römischen Staates erschöpft war, das Kommando übernommen, so wäre es um den Osten geschehen gewesen. So aber zog er ein Heer zusammen, rückte gegen die Perser ins Feld, brachte zunächst Nisibis und große Teile des Ostens mit ganz Mesopotamien in seine Gewalt und zwang dann den geschlagenen König selbst zur Flucht. Schließlich verfolgte er Schapur bis nach Ktesiphon, nahm dessen Harem gefangen und machte auch große Beute. Nachdem er im Osten großenteils die Ordnung wiederhergestellt hatte, wurde er von seinem Vetter Maeonius ermordet (267).

271 n. Chr.
1024 a. u. c.

ALEMANNENGEFAHR. DIE AURELIANISCHE MAUER Zos. 1, 49,1–2

Auf die Nachricht hin, die Alemannen und ihre Nachbarvölker planten einen Angriff auf Italien, machte sich Aurelian (270–275) Sorgen um Rom und um die in Stadtnähe gelegenen Gebiete. Er ließ daher eine für Pannonien genügende Hilfstruppe zurück, nahm Richtung auf Italien, lieferte den Barbaren in den Grenzgebieten an der Donau eine Schlacht und vernichtete viele Zehntausende von ihnen. Damals wurde auch Rom befestigt, das bis dahin keine Mauern gekannt hatte. Deren Bau, durch Aurelian begonnen, wurde während er Regierung des Probus (276–282) vollendet.

Rom dankt Aurelian für die Mauer.

267–272 n. Chr.
1020–1025 a. u. c.

DAS REICH DER ZENOBIA Zos. 1, 50,1

Die Palmyrener herrschten schon über die ägyptischen Provinzen und den gesamten Orient bis nach Ankyra in Galatien, ja sie wollten auch Bithynien und Chalkedon in Besitz nehmen, doch hatte die dortige Bevölkerung von der Thronbesteigung des Aurelian gehört und lehnte die Herrschaft der Palmyrener ab.

DIE SCHLACHT BEI EMESA. DER KULT DES SOL INVICTUS

Hist. Aug., Aurelian. 25,2–6; Zos. 1, 61,2

Sommer
272 n. Chr.
1025 a. u. c.

Bei Emesa kam es zur Entscheidungsschlacht mit Zenobia und ihrem Feldherrn Zabas. Schon war die erschöpfte Reiterei Aurelians drauf und dran zu weichen und kehrtzumachen, da wurden plötzlich durch Einwirken eines Gottes, durch Zuspruch einer göttlichen Erscheinung, mit Hilfe des Fußvolks auch die Reiter wieder zum Stehen gebracht. Zenobia und Zabas wurden in die Flucht geschlagen, und ein vollständiger Sieg wurde errungen.

Nachdem Aurelian so den Osten wieder in seine Gewalt gebracht hatte, zog er als Sieger in Emesa ein und eilte alsbald in den Tempel Elagabals, als wolle er im Namen der Allgemeinheit eingegangene Gelübde erfüllen. Hier entdeckte er die Gestalt der Gottheit, die er im Kampf als Helfer erblickt hatte. Deshalb errichtete er hier Tempel, in die er wertvolle Weihgeschenke stiftete, und baute auch in Rom dem Sonnengott einen Tempel, den er mit noch größerer Ehrerbietung weihte (wahrscheinlich am 24. Dezember 274); er stattete ihn mit den aus Palmyra mitgebrachten Weihegaben prächtig aus. Außerdem ehrte er den Sonnengott durch die Errichtung von Standbildern.

DAS ENDE DES GALLISCHEN SONDERREICHES

Hist. Aug., Aurelian. 32,3; trig. tyr. 24,2; Eutr. 9, 13,1; Aur. Vict. 35,4

Anfang
274 n. Chr.
1027 a. u. c.

In heftiger Wut darüber, daß Tetricus[22] noch immer die gallischen Lande in Händen habe, begab sich Aurelian nach dem Westen. Tetricus, der die ständige Meutereien seines Heeres nicht mehr zu ertragen vermochte, führte sein Heer zum Schein in der Katalaunischen Ebene in die Schlacht, ließ seine Truppen dann aber im Stich und ergab sich dem Kaiser.

DIE WAHL DES TACITUS ZUM KAISER Hist. Aug., Aurelian. 40,2–4; 41,15

275 n. Chr.
1028 a. u. c.

Nach der Ermordung Aurelians (September/Oktober 275) wandte sich das Heer in Sachen der Kaiserwahl an den Senat; dies geschah in der Überzeugung, daß keiner der Männer in Frage kam, die einen so trefflichen Kaiser beseitigt hatten. Doch der Senat schob die Angelegenheit der Wahl wieder dem Heere zu, weil er wohl wußte, daß das Militär sich nur ungern vom Senat bestellte Kaiser gefallen ließ. Dies geschah dreimal. Schließlich wurde aufgrund eines Senatsbeschlusses Tacitus zum Kaiser gewählt (Ende November/Anfang Dezember 275).

DAS ZEITALTER DIOCLETIANS UND CONSTANTINS

284 – 337 n. Chr.

SIEG DES CHRISTENTUMS

Probus heißt »tüchtig«, und Marcus Aurelius Probus (276–282) verdiente diesen Beinamen wahrhaftig; er drängte Alemannen und Franken über den Rhein zurück, warf Vandalen und Burgunder aus Rätien hinaus, kümmerte sich um Kleinasien und Ägypten und fand daneben Zeit für die Befestigung bedrohter Städte und für die Förderung des Weinanbaus im heutigen Ungarn und Frankreich. Wenn seine Soldaten gerade einmal nicht kämpfen mußten, setzte er sie für gemeinnützige Arbeiten ein und zog sich dadurch derartigen Haß zu, daß er trotz seiner beträchtlichen Erfolge wie seine Vorgänger umgebracht wurde. Wieder war es ein Kommandant der Prätorianergarde, den die Soldaten zum Kaiser ausriefen; er nannte sich Marcus Aurelius Carus (282–283), teilte die Macht mit seinen beiden Söhnen und errang beträchtliche Erfolge gegen die Perser – da traf ihn am Tigris in seinem Zelt der Blitz! Seinen Sohn Numerian, der ihn begleitet hatte, beseitigte – schon wieder – sein Prätorianerpräfekt, der seinerseits dem Gajus Aurelius Valerius Diocletianus zum Opfer fiel, dessen ursprünglicher Name, wenn man den dürftigen Quellen glauben darf, Diocles war; er trat vermutlich als freigelassener Sklave ins Heer ein und arbeitete sich allmählich hoch. Nach seiner Erhebung mußte er auf Konkurrenten gefaßt sein, doch einen illyrischen Insurgenten namens Julian erledigte der zweiten Sohn des Carus, Carinus, und diesen töteten die eigenen Leute. Nun wurde Diocletian auch vom Senat anerkannt und erwies sich als ausgesprochen milder Sieger. Er sah sich nach dem vorangegangenen Chaos vor schwierigen Aufgaben: Bei den Truppen mußte die Disziplin wiederhergestellt, der Kampf gegen die Germanen fortgeführt und ein Aufstand gallischer Bauern, der Bagauden, niedergeschlagen werden. Als Helfer und Mitregenten wählte Diocletian einen Freund von gleich niedriger Herkunft, Marcus Aurelius Valerius Maximianus. Auch dieser tat nach Kräften seine Pflicht und konnte, wo er mit Gewalt nicht weiterkam, auch nachgeben. So siedelte er Germanen auf dem Reichsgebiet an und nahm es hin, daß sein einstiger Flottenkommandeur Carausius sich als Gegenkaiser in Britannien selbständig machte.

293 n. Chr. teilten die Kaiser (»Augusti«) Diocletian und Maximian ihre Macht mit zwei neu ernannten Caesares, Gajus Galerius Valerius Maximianus und Marcus Flavius Valerius Constantius Chlorus, die sie adoptierten und mit ihren Töchtern vermählten, so daß die Tetrarchen (»Vierherrscher«) eine große Familie bildeten.

Ungeachtet der erfolgreichen Aufgabenverteilung – u. a. konnte Britannien zurückgewonnen werden – behielt Diocletian als »Familienoberhaupt« das Heft in der Hand, schaltete den Senat völlig aus und verwandelte den von Augustus geschaffenen Principat in das, was schon Domitian angebahnt hatte, den Dominat. Äußere Zeichen dieser »Herrschaft« waren die orientalisch-prunkvollen Gewänder, das Diadem und ein strenges Hofzeremoniell.

297 erreichten Diocletian und Galerius einen günstigen Frieden mit den Persern – weil ihnen der Harem des Königs in die Hände gefallen war. (Eutropius 9, 22 ff.)

Als durch Siege über äußere Feinde der Friede gewonnen war, wurde die Reichsverwaltung tiefgreifend reformiert. Italien wurde steuerrechtlich den übrigen Reichsteilen gleichgestellt, die Verwaltung lag in den Händen kaiserlicher Beamter.

Im Interesse des Fiskus wurden die Gewerbe genossenschaftlich organisiert – so daß alle Mitglieder für die geforderten Abgaben hafteten – und die freien Bauern (*coloni*) an die Scholle gebunden. Der galoppierenden Inflation, bedingt durch stetige Münzverschlechterung, suchte Diocletian durch eine Höchstpreisverordnung, das *edictum de pretiis venalium rerum*, zu begegnen, förderte aber damit nur den Schwarzhandel und mußte das Edikt schließlich wieder aufheben.

Als ziemlich wirkungslos erwiesen sich auch die Maßnahmen gegen die Christen, obwohl diese keine geschlossene Gemeinschaft bildeten, sondern bereits innere Auseinandersetzungen mit Sektierern austrugen. Wiewohl viele Gläubige, darunter auch Bischöfe, als Märtyrer starben, blieb der neue Glaube am Ende siegreich.

Am 1. Mai 305 zogen sich die beiden Augusti ins Privatleben zurück; sie hatten immerhin zwanzig Jahre die Macht ausgeübt. Diocletian hatte sich an der dalmatinischen Küste einen festungsähnlichen Palast errichtet, dessen Mauern noch heute die Altstadt von Split umgeben. Von diesem sicheren Alterssitz aus konnte er miterleben, wie sein ausgeklügeltes System der Tetrarchie allmählich zerbrach und der Sohn des Constantius Chlorus nach dessen Tod in Eburacum (York) von den Legionen Britanniens zum Kaiser ausgerufen wurde.

In Rom führte der Unmut über Galerius, der durch seinen Caesar Severus die bisher bevorzugte Stadt wie alle anderen besteuern wollte, zur Erhebung von Marcus Aurelius Valerius Maxentius, dem Sohn des Ruheständlers Maximian, der seinerseits recht gern wieder ins politische Geschehen mit eingriff. Der Versuch des Severus, Maxentius zu stürzen, scheiterte kläglich, weil seine Truppen zum Gegner überliefen, der ihn bald beseitigte. Da Galerius mit dem Usurpator nicht fertig wurde, lud er Diocletian und den alten Maximian, der sich mit seinem Sohn zerstritten hatte, nach Carnuntum, um ihn als Helfer bei den anstehenden Auseinandersetzungen zu gewinnen. Der aber weigerte sich standhaft. Auch Maximian hätte besser daran getan, in seinem

Alterssitz zu bleiben; er fiel Constantin in die Hände und gab sich – angeblich – selbst den Tod.

Galerius nahm nun, widerwillig genug, den Aufstieg des Konkurrenten zur Kenntnis, gestand ihm den Rang eines Augustus zu und gab, dazu gedrängt, sogar seine feindselige Haltung gegen die Christen auf: 311 n. Chr. erließen Galerius, Constantin und der dritte Augustus Licinius ein Edikt, das der neuen Religion Duldung zusicherte. Wenig später starb Galerius, und Constantin wandte sich gegen Maxentius, der über Spanien, Afrika und Italien gebot und in Rom als Hüter der alten Vorrechte auftrat. Von der regen Bautätigkeit, die er entfaltete, legen heute noch der große Circus an der Via Appia und der Tempel für seinen früh verstorbenen Sohn Romulus Zeugnis ab.

Constantin siegte mehrfach in Norditalien und schlug Maxentius, der sich ihm an der Milvischen Brücke, dem heutigen Ponte Molle, entgegenstellte und auf der Flucht im Tiber ertrank. Sein Herrschaftsgebiet fiel rasch an Constantin, der sich mit Licinius einigte und 313 das zweite, berühmte Toleranzedikt von Mailand erließ.

»Um die innere Eintracht zu festigen, haben wir vor allem angeordnet, daß den Christen und allen anderen die freie Entscheidung überlassen wird, sich der Glaubensrichtung anzuschließen, der ein jeder folgen will.«
(Aus dem Toleranzedikt bei Lactantius, De mortibus persecutorum 48)

Licinius konnte danach den Neffen des Galerius, Maximinus Daja, ausschalten, so daß nur noch zwei Augusti übrig waren, die wiederum ihre Söhne zu Caesaren erhoben.

Auch diese Tetrarchie sollte nicht lange halten: Constantin provozierte Licinius, indem er in dessen Gebiet einmarschierte, entledigte sich seiner und war nun alleiniger Herr des Imperiums.

Ehe er dieses Ziel erreichte, hatte er zeitweilig in Trier residiert, woran noch heute die sogenannte Constantinsbasilika erinnert; nun entschloß er sich, den Regierungssitz nach Byzanz zu verlegen, das er in Konstantinopolis, Constantins Stadt, umbenannte.

Aus diesem »Umzug« des Kaisers leitete eine spätere Legende die sogenannte Constantinische Schenkung ab, derzufolge der Kaiser – zum Dank für seine Heilung vom Aussatz – dem Papst Silvester den Westen seines Reichs überlassen habe.
In der Kirche SS IV Coronati in Rom ist diese Geschichte in aussagekräftigen Wandgemälden festgehalten.

Was Diocletian begonnen hatte, setzte er fort und entwickelte ein klar gegliedertes Beamtentum, an dessen Spitze sieben oberste »Minister« standen. Deren unmittelbare Untergebene waren, wie einst die Volkstribunen in Rom, *sacri*; Angriffe auf sie wurden als Hochverrat geahndet. Außerdem wurden abgestufte Ehrentitel vergeben: *viri illustres, spectabiles, clarissimi, perfectissimi*, woraus zum Teil die in Europa üblichen Adelsprädikate hervorgingen, z. B. Erlaucht (= erleuchtet, *illustris*) oder Durchlaucht. Das Reich wurde in vier Präfekturen, 14 Diözesen und 117 Provinzen eingeteilt, das Münzwesen vereinheitlicht, die Steuerschraube durch eine zusätzliche Gewerbesteuer weiter angezogen und das Christentum gefördert, freilich ohne Einschränkung der alten Kulte.

325 berief Konstantin das erste ökumenische Konzil nach Nicaea, um die Kirchenspaltung zu verhindern, die wegen des zwischen Arius und Athanasius ausgebrochenenen Streits über die Natur Christi drohte. Er hielt dabei eine viel beachtete Rede, in der er u. a. die 4. Ekloge Vergils als prophetischen Hinweis des »frommen Heiden« auf die Geburt Jesu deutete.

Wenig später ließ Constantin seinen Sohn Crispus und seine zweite Frau Fausta umbringen, angeblich, weil die beiden intime Beziehungen unterhielten. Es gab aber auch Leute, die meinten, er sei nur auf den Kriegsruhm des Crispus neidisch gewesen. Der Kaiser starb 337 während der Vorbereitung eines Perserkriegs, nachdem er sich hatte taufen lassen.

DIE MACHTERGREIFUNG DIOCLETIANS Hist. Aug., Car. 12,1 – 13,2

Numerian begleitete seinen Vater Carus[1] in den Perserkrieg. Als ihn nach dessen Tod (Juli/August 283) ein Augenleiden befiel und er sich in einer Sänfte tragen ließ, wurde er auf Anstiften seines Schwiegervaters, des Prätorianerpräfekten Aper, der die Herrschaft an sich zu bringen versuchte, ermordet (November 284). Aber als die Soldaten sich geraume Zeit Tag für Tag nach dem Befinden des Kaisers erkundigten und Aper erklärte, Numerian könne sich nicht zeigen, weil er seine angegriffenen Augen nicht dem Wind und der Sonne aussetzen dürfe, kam der wahre Sachverhalt durch den Leichengeruch

Kaiser Diocletian (284–305)

heraus. Nun stürzten sich alle auf Aper, dessen falsches Spiel nicht verborgen bleiben konnte, und schleppten ihn auf den Hauptplatz des Lagers. Dann wurde eine große Heeresversammlung einberufen und ein Tribunal errichtet. Und als sich nun die Frage erhob, wer der berufene Rächer Numerians werden und wer dem Staat als guter Herrscher gegeben werden solle, riefen alle einmütig wie auf göttliche Eingebung Diocletian, den Befehlshaber der kaiserlichen Leibwache, zum Kaiser aus.

Als er das Tribunal bestiegen hatte und man fragte, auf welche Weise Numerian ermordet worden sei, deutete er mit dem gezückten Schwert auf den Prätorianerpräfekten Aper und durchbohrte ihn mit den Worten: »Das ist der Mörder Numerians.«

DAS ENDE DES CARINUS Aur. Vict. 39,9–12

Als Carinus von den Vorfällen unterrichtet wurde, zog er in der Erwartung, daß sich die erst losbrechenden Aufstände leicht würden beschwichtigen lassen, eilends, mit einem Umweg über Italien, nach Illyrien. Dort schlug er Julians Heer in die Flucht und tötete ihn (Anfang 285); denn der hatte als Statthalter von Venetien auf die Kunde vom Tode des Carus hin die Herrschaft an sich zu reißen gesucht und war dem herannahenden Feinde entgegengerückt.

Sobald Carinus Mösien erreicht hatte, ließ er sich alsbald am Margus auf eine Schlacht mit Diocletian ein. Während er den Besiegten heftig nachsetzte, fand er durch ein Attentat seiner eigenen Leute den Tod, weil er, sexuell unbeherrscht, den Frauen der Soldaten nachstellte, deren aufgebrachte Männer indes den Zorn und Schmerz bis zum Ausgang des Krieges hatten unterdrücken wollen. Als der Krieg aber einen recht glücklichen Verlauf nahm, fürchteten sie, ein Charakter dieser Art möchte durch den Sieg mehr und mehr in Maßlosigkeit verfallen, und rächten sich.[2]

Diocletian wurde nach dem Tode des Carinus auch vom Senat als Kaiser anerkannt.

Fast alle Feinde behielten ihren Posten, vor allem ein hervorragender Mann namens Aristobulus, der Prätorianerpräfekt. Das war seit Menschengedenken etwas Neues und Unerwartetes: daß nach einem Bürgerkrieg niemand seines Vermögens, seiner Ehre und seines Amtes beraubt wurde, während wir uns sonst schon freuen, wenn man bei Verbannung und Ächtung und auch bei Hinrichtungen und Morden Maß hält.

Aur. Vict. 39,14–15

MAXIMIAN ZUM CAESAR ERNANNT Aur. Vict. 39,17; Eutr. 9, 20,3; Oros. 7, 25,2

13. Dezember 285 (?) n. Chr. 1038 a. u. c.

Sobald Diocletian erfuhr, daß Aelianus und Amandus nach dem Untergang des Carinus (August/September 285) in Gallien mit einem aufgewiegelten Haufen von Landleuten und Räubern, welche die Bewohner »Bagauden« nennen, weithin das Ackerland verwüsteten und zahlreiche Städte angriffen, ernannte er unverzüglich Maximianus, einen zwar halbbäurischen, aber durch Kriegserfahrung und Charakter tüchtigen Mann, der ihm in Freundschaft treu ergeben war, zum Caesar und schickte ihn gegen sie, um sie zu unterwerfen; in kleinen Gefechten zähmte er das Bauernvolk und stellte den Frieden in Gallien wieder her.

DIE ERHEBUNG MAXIMIANS ZUM AUGUSTUS Cons. Const., p. 229

Maximian wurde am 1. April 286 zum Augustus erhoben.

Maximian erhielt den Beinamen Herculius (der dem Hercules Nahestehende), Diocletian den Beinamen Jovius (der dem Jupiter Nahestehende).

Aur. Vict. 39,18

Diocletian residierte im bithynischen Nikomedia, Maximian in Mediolanum und Aquileja; Rom war nur noch Sitz des Senats.

DIE REBELLION DES CARAUSIUS Aur. Vict. 39,20.39.42; Eutr. 9, 21; 22,2

Auf dem Feldzug gegen die Bagauden zeichnete sich der Menapier Carausius durch überaus beherzte Taten aus; deswegen und weil er als kundiger Steuermann galt – mit dieser Tätigkeit hatte er als junger Mann sein Geld verdient –, betrauten ihn die Kaiser mit der Aufgabe, eine Flotte aufzustellen und die Franken und Sachsen, die die Meere unsicher machten, zu vertreiben. Er nahm oft viele Barbaren gefangen, gab aber weder die Beute den Bewohnern der Provinzen vollständig zurück noch schickte er sie den Kaisern. So geriet er allmählich in den Verdacht, er lasse die Barbaren absichtlich durch, um sie, wenn sie mit ihrer Beute vorbeifuhren, abzufangen und sich bei dieser Gelegenheit zu bereichern. Maximian befahl daher, ihn zu töten. Daraufhin griff Carausius nach dem Purpur und besetzte Britannien (Ende 286).

Nachdem man gegen den äußerst kriegserfahrenen Mann vergeblich Krieg geführt hatte, kam es schließlich zu einer Verständigung (289). Man beließ Carausius die Herrschaft über die Insel, nachdem er sich als recht geeignet erwiesen hatte, die Bewohner gegen kriegerische Völker zu schützen. Nach sieben Jahren tötete ihn allerdings sein Gefährte Allectus (Ende 293) und beherrschte selbst nach ihm noch für drei Jahre Britannien. Dann unterlag er Asclepiodotus, dem Prätorianerpräfekten des Constantius. So wurde Britannien im zehnten Jahr zurückgewonnen.

1. März 293 n. Chr. 1046 a. u. c. ## DIE TETRARCHIE[3] Aur. Vict. 39,24–26.28–30; Eutr. 9, 22,1

Weil über den ganzen Erdkreis hin Unruhe herrschte,[4] ernannten die Kaiser ihre Prätorianerpräfekten Constantius und Galerius zu Caesaren und knüpften mit ihnen verwandtschaftliche Bande: der Erstgenannte erhielt Theodora, die Stieftochter Maximians[5], der andere Valeria, die Tochter Diocletians, zur Frau, nachdem sie ihre früheren Ehen aufgelöst hatten.

Dazu adoptierten die Augusti ihre Caesaren, Diocletian den Galerius, Maximian den Constantius. Galerius residierte in Sirmium und Thessalonike, Constantius in Eboracum und Augusta Treverorum.

Sie waren alle vier in Illyrien beheimatet, mit Bildung zwar wenig, mit den Drangsalen der Landwirtschaft und des Kriegsdienstes jedoch hinlänglich vertraut. Die Eintracht unter diesen Männern bewies, daß zur Tüchtigkeit Begabung und Erfahrung in ordentlichem Militärdienst, wie sie sie in der Schule des Aurelian und des Probus erworben hatten, nahezu genügt. Schließlich blickten sie zu Diocletian wie zu ihrem Vater auf oder als wäre er eine große Gottheit.

Da die Last der Kriege immer härter drückte, wurde in der Tetrarchie alles, was jenseits der Alpen zu Gallien gehört, dem Constantius, Afrika und Italien dem Maximian, die illyrische Küste und das Gebiet bis zum Schwarzen Meer dem Galerius anvertraut; den Rest behielt Diocletian.

KAISERORNAT UND HOFZEREMONIELL
Aur. Vict. 39,2.4; Eutr. 9, 26

Die Tetrarchen Diocletian, Maximian, Galerius und Constantius I. Porphyrgruppe an San Marco in Venedig

Diocletian trug als erster ein Gewand aus Gold und verlangte für seine Füße die Kostbarkeit von Seide, Purpur und Edelsteinen. Auch ließ er sich als allererster nach Caligula und Domitian offiziell »Herr« nennen und anbeten und anrufen wie einen Gott; und er führte im Römischen Reich als erster ein Zeremoniell ein, das eher königlicher Gewohnheit als römischem Freiheitssinn entsprach: er ließ sich fußfällig verehren, während vor ihm alle nur begrüßt worden waren.

REGIERUNGSMASSNAHMEN DER TETRARCHEN Aur. Vict. 39,44–45

Mit nicht geringem Eifer regelte man die inneren Angelegenheiten durch möglichst gerechte Vorschriften, und man beseitigte das verderbliche Gezücht der Getreidetaxierer. Man hatte sie offenbar eingesetzt, auszukundschaften und anzuzeigen, ob etwa irgendwo in den Provinzen Unruhen aufkämen; indem sie jedoch auf niederträchtige Weise Anschuldigungen erfanden und überall, zumal bei denen, die weit abseits lebten, Furcht verbreiteten, unterwarfen sie alle Welt schändlichen Erpressungen.

Zugleich wurden der städtische Getreidepreis und das Wohl der Unterstützungsempfänger peinlich und sorgfältig überwacht, und die Förderung der Anständigen sowie andererseits die Bestrafung der Bösewichter steigerte das Streben nach guten Sitten.

Für alle Provinzen und Städte wurde gleichzeitig eine Kopf- und Vermögenssteuer eingeführt. Die Äcker wurden vermessen, Weinstöcke und Bäume gezählt; jede Art von Haustieren wurde verzeichnet, bei den Menschen die Zahl der Köpfe vermerkt. Lact., mort. pers. 23,1–2; Aur. Vict. 39,31

Jetzt wurde auch einem Teil Italiens[6] die ungeheure Last der Abgaben auferlegt.

Lact., mort.
pers. 7,6–7

Durch mannigfache Ungerechtigkeiten hatte Diocletian eine ungeheure Teuerung hervorgerufen, und nun unternahm er es, den Preis der Verkaufsobjekte
durch Gesetz zu bestimmen (November/Dezember 301). Jetzt kam es wegen
geringfügiger und unbedeutender Dinge zu vielem Blutvergießen. Aus Furcht
brachte man nichts Verkäufliches mehr auf den Markt, und die Teuerung nahm
in weit schlimmerem Maße zu, bis die Notwendigkeit selbst das Gesetz nach
dem Untergang vieler außer Gebrauch setzte.

RÜCKKEHR ZU DEN ALTRÖMISCHEN SITTEN Coll. 6,4,1

Aus dem Eheedikt von 295:
Unserem frommen und gottesfürchtigen Sinn erscheint das, was durch die römischen Gesetze als rein und heilig bestimmt ist, höchst verehrenswürdig und
wert, in ewiger Gottesfurcht bewahrt zu werden. Wenn es etwas zu verhindern
oder zu strafen gibt, mahnt uns die Zucht unseres Zeitalters einzuschreiten.
Zweifellos werden nur dann die unsterblichen Götter selbst, wie schon immer,
so auch in Zukunft dem römischen Volk, wie es immer war, günstig und gnädig gesinnt sein, wenn wir uns davon überzeugt haben, daß alle Menschen unter unserer Herrschaft in jeder Hinsicht ein frommes, gottesfürchtiges, ruhiges
und reines Leben in lauterer Gesinnung führen.

RELIGIONSPOLITIK Aur. Vict. 39,45

Pflege der alten Kulte:
Die ältesten Kulte wurden in größter Reinheit gepflegt.

Aus dem Manichäeredikt von 297:

Coll. 15,3,2–4.6.8

Die alte Religion darf nicht von einer neuen getadelt werden. Es ist das größte
Verbrechen, zu widerrufen, was einmal von den Alten bestimmt und festgesetzt
ist und seinen sicheren Gang innehält. Darum sind wir eifrig darauf bedacht, die
böswillige Hartnäckigkeit schlechter Menschen zu bestrafen, die neue und
unerhörte Sekten den alten Götterdiensten entgegensetzen, um nach ihrer
schändlichen Willkür zunichte zu machen, was uns einst von den Göttern gewährt wurde. Es ist zu fürchten, die Manichäer könnten im Laufe der Zeit
durch ruchlose Bräuche und verschrobene Gesetze der Perser Menschen einer

unschuldigeren Natur, das bescheidene und ruhige römische Volk, und unseren ganzen Erdkreis mit ihren üblen Gifttränken gleichsam anstecken. Daher befehlen wir, daß die Begründer und Häupter dieser Sekte mit ihren abscheulichen Schriften strengster Bestrafung – der Verbrennung im Feuer – unterworfen werden; ihre Anhänger, vor allem die Fanatiker, sollen mit dem Tode bestraft, ihr Besitz zugunsten des Fiskus eingezogen werden. Die Seuche dieser Bosheit soll mit der Wurzel ausgerottet werden aus unserm glücklichen Zeitalter.

Eine mißglückte Eingeweideschau (299), Maßnahmen gegen die Christen:
Diocletian, der aus Furcht gerne nach der Zukunft forschte, brachte häufig Opfer dar und suchte in der Leber der Opfertiere nach Hinweisen auf kommende Ereignisse. Da machten einige der Diener, die Gott kannten und dem Kaiser beim Opfer zur Seite standen, auf ihre Stirn das Zeichen des Kreuzes. Die Folge war, daß die Dämonen verscheucht und die Opfer gestört wurden. Die Opferschauer wandten sich nervös hin und her und konnten in den Eingeweiden nicht die gewohnten Zeichen erblicken; und als hätten sie nicht den Göttern genehm geopfert, wiederholten sie mehrmals das Opfer. Aber auch das wiederholte Schlachten von Opfertieren ließ keine Zeichen erkennen, bis der Vorsteher der Opferschauer, sei es auf Verdacht hin oder nach dem Augenschein, erklärte, die Opfer gäben darum nicht Bescheid, weil bei den heiligen Handlungen unheilige Menschen zugegen seien. Da geriet Diocletian in Wut, und es mußten nicht bloß die beim Opfer Anwesenden, sondern sämtliche Palastbewohner opfern. Wer sich weigerte, wurde mit Ruten gezüchtigt. Auch an die Befehlshaber sandte er Schreiben mit dem Auftrag, die Soldaten zu den verruchten Opfern zu zwingen; wer nicht gehorchte, sollte aus dem Heer ausgestoßen werden.

Lact., mort. pers. 10,1–4

Das Drängen des Galerius auf eine Verfolgung der Christen:
Die Mutter des Galerius war eine sehr abergläubische Frau. Sie veranstaltete fast täglich Opfermahlzeiten und zog die Dorfbewohner hinzu. Die Christen enthielten sich der Teilnahme, und während die Frau mit den Heiden schmauste, oblagen diese dem Fasten und Gebeten. Darum begann sie die Christen zu hassen und reizte ihren nicht minder abergläubischen Sohn, ihr diese Leute vom Halse zu schaffen.

Lact., mort. pers. 11,1–4.6–8

So hielten die beiden Kaiser den ganzen Winter (302/303) über Beratungen. Lange widerstand Diocletian dem Drängen des Galerius: Es sei gefährlich, den Erdkreis zu beunruhigen und das Blut vieler zu vergießen; die Christen pflegten gerne zu sterben; es genüge, wenn man die Palastbeamten und die Soldaten von dieser Religion fernhalte. Doch er konnte Galerius nicht dazu bringen, daß er nachgab. Man beschloß daher, die Ansicht der Freunde einzuholen. Einige stimmten aus persönlichem Haß gegen die Christen dafür, die Feinde der Götter und Widersacher der Staatsreligion auszurotten; andere schlossen sich aus Furcht oder Gefälligkeit der Meinung des Galerius an. Aber auch so ließ sich Diocletian noch nicht zur Erteilung seiner Zustimmung bewegen. Er beschloß vielmehr, zunächst die Götter zu befragen, und schickte einen Opferschauer zum Apollo nach Milet. Der Gott antwortete, wie es von einem Feinde der göttlichen Religion zu erwarten war. Nachdem Diocletian gegen die Freunde, gegen den Caesar und gegen Apollo nicht ankommen konnte, versuchte er noch Mäßigung einzuhalten und befahl, die Sache ohne Blutvergießen abzumachen, während Galerius alle lebendig verbrannt wissen wollte, die sich gegen das Opfer sträubten.

Die Christenverfolgung

Lact., mort. pers. 12,2.5; 13,1; 15,6.7; Eus., hist. eccl. 8, 2,4.5; 8, 6,10; mart. Pal. 3

Im Morgengrauen des 23. Februar 303 kam plötzlich der Prätorianerpräfekt mit den Kommandeuren, Tribunen und Schatzmeistern zur Kirche[7], die Türen wurden aufgerissen und nach dem Bildnis Gottes gesucht. Die aufgefundenen Schriften wurden verbrannt; es wurde allen gestattet zu plündern; man raubte, lief und stürzte durcheinander. In wenigen Stunden machten die Prätorianer das hochragende Heiligtum mit Beilen und Brecheisen dem Erdboden gleich.

Am folgenden Tag wurde ein Edikt angeschlagen, welches befahl, die Kirchen bis auf den Grund niederzureißen und die heiligen Schriften zu verbrennen; ferner verfügte es, daß die Inhaber von Ehrenstellen ihre Würden und die Bediensteten des Kaiserpalastes, sofern sie im Bekenntnis des Christentums verharrten, die Freiheit verlieren sollten. Die Christen sollten der Folter unterworfen sein, welchem Range und Stande sie auch angehörten; gegen sie sollte jede Klage angenommen werden, sie selbst aber keine Klage erheben können.

Bald darauf (Ende April) erschien ein zweites Edikt, wonach alle Vorsteher allerorts zunächst verhaftet und dann mit allen Mitteln zum Opfern gezwungen werden sollten.

Es folgte ein weiterer Erlaß (gegen Ende des Jahres 203), welcher den Gefangenen, wenn sie opferten, die Freiheit gewährte, die Hartnäckigen aber mit unzähligen Foltern bedrohte.

Im Verlauf des Jahres 304 entbrannte der Kampf gegen die Christen noch furchtbarer. Es erging nämlich ein Schreiben der Kaiser, das den allgemein verpflichtenden Befehl enthielt: »Allenthalben haben alle Einwohner den Götterbildern Opfer und Trankspenden zu entrichten.«

Auch an Maximian und Constantius waren Schreiben ergangen, die zu gleichem Verfahren mahnten; ihr Gutachten war nicht abgewartet worden. Gern gehorchte für Italien Maximian, ein Mann, dem Milde nicht gerade eigen war. Constantius, der den Schein des Abweichens von den Vorschriften der Höheren vermeiden wollte, gestattete zwar das Niederreißen der Versammlungsstätten, aber den wahren Tempel Gottes, der in den Menschen besteht, ließ er unversehrt.

RÜCKTRITT DIOCLETIANS UND MAXIMIANS Aur. Vict. 39,48; Eutr. 9, 27,2

1. Mai
305 n. Chr.
1058 a. u. c.

Nachdem Diocletian den zwanzigsten Jahrestag seiner Herrschaft gefeiert hatte, legte er, obwohl er noch ziemlich rüstig war, die Leitung des Staates nieder; nur mit größter Mühe hatte er auch Maximian, der ein Jahr weniger an der Macht gewesen war, zu demselben Entschluß bringen können. An ein und demselben Tag vertauschten beide den Herrschaftsornat mit privater Kleidung, Diocletian zu Nikomedia, Maximian zu Mediolanum; dann zogen sie sich zurück, der eine nach Salona, der andere nach Lukanien.

DIE ZWEITE TETRARCHIE Aur. Vict. 40,1

1. Mai
305 n. Chr.
1058 a. u. c.

Nach dem Rücktritt Diocletians und Maximians rückten Constantius und Galerius zu Augusti auf; Flavius Severus und Maximinus Daja, beide aus Illyrien gebürtig, wurden Caesares, der erstere für Italien, der letztere für die Gebiete, die Diocletian innegehabt hatte.

DAS AUSEINANDERBRECHEN DER ZWEITEN TETRARCHIE Anon. Vales. 2.4

Constantin, der Sohn des Constantius von Helena, einer Frau niedersten Standes,[8] wurde bei Diocletian und Galerius als Geisel festgehalten[9] und leistete unter ihnen in Asien Kriegsdienst.

Nach der Abdankung Diocletians und Maximians forderte Constantius den Galerius auf, ihm seinen Sohn zurückzuschicken. Aber Galerius setzte ihn vorher noch einer Reihe von Gefahren aus. Dann schickte er ihn seinem Vater zurück. Um beim Weg durch Italien ein Zusammentreffen mit Severus zu vermeiden, überquerte Constantin in höchster Eile die Alpen; dabei ließ er die Postpferde hinter sich töten. So gelangte er zu seinem Vater nach Bononia, das die Gallier früher Gesoriacum nannten. Nach einem Sieg über die Picten starb Constantius in Eboracum (25. Juli 306), und Constantin wurde nach dem einhelligen Willen aller Soldaten zum Kaiser erhoben.

Constantin beanspruchte den Augustustitel, den sein Vater gehabt hatte. Aber Galerius erkannte ihn nur als Caesar an und ernannte Severus zum Augustus.

Maxentius, der Sohn Maximians, fand es unerträglich, daß Constantin als Sproß einer Frau von niedriger Herkunft sein Ziel erreichen solle, während er selbst als Abkömmling eines so bedeutenden Kaisers ohne Aussicht bleibe und andere das väterliche Reich innehätten. So gewann er sich als Helfer bei seinem Unternehmen zwei höhere Offiziere sowie den Lucianus, der mit der Verteilung des vom Staat an das römische Volk verabreichten Schweinefleisches betraut war, und die Prätorianer. Diese erhoben ihn auf den Thron, nachdem er versprochen hatte, sie mit reichen Geschenken zu belohnen.

Als Galerius von diesen Ereignissen erfuhr, gab er Severus den Auftrag, Maxentius zu bekriegen. Dieser schickte seinem Vater, der nach seiner Abdankung in Kampanien lebte, den Purpur und ernannte ihn zum zweitenmal zum Augustus. Maximian, der nur ungern abgedankt hatte und sich nach Veränderung sehnte, ergriff mit Freuden die Gelegenheit.

Severus zog inzwischen heran und kam mit seinen Truppen an die Mauern der Stadt. Sogleich verließen ihn die Soldaten mit erhobenen Feldzeichen und ergaben sich dem, gegen den sie gekommen waren. Was blieb dem Verlassenen übrig als die Flucht? Schon zog ihm Maximian entgegen, der die Herrschaft wieder übernommen hatte. Bei dessen Ankunft flüchtete er nach Ravenna und schloß sich dort mit schwachen Kräften ein (Anfang 307). Weil er sah, daß man ihn Maximian ausliefern werde, ergab er sich und schickte ihm das Purpurgewand zurück, das er von ihm empfangen hatte. Doch erreichte er damit nichts anderes als einen ehrenhaften Tod. Man öffnete ihm die Adern und zwang ihn so zu sanftem Sterben (März/April 307).

Maxentius nahm danach den Augustustitel an.

Maximian bedachte, daß Galerius auf die Nachricht vom gewaltsamen Tod des Severus die Feindseligkeiten eröffnen und mit dem Heer erscheinen, vielleicht auch noch den Caesar Maximin an sich ziehen und so sein Heer verdoppeln werde; dann sei jeder Widerstand aussichtslos. Er befestigte daher die Hauptstadt und versah sie sorgfältig mit allen Dingen. Dann machte er sich auf den Weg nach Gallien, um Constantin durch Vermählung mit seiner Tochter Fausta auf seine Seite zu bringen.

Bei dieser Gelegenheit erkannten sich Constantin und Maximian gegenseitig als Augusti an.

Das Schicksal des Severus ließ Galerius nicht ruhen. Er beschloß, sich aus dem Osten nach Rom zu begeben und Maxentius für sein Verbrechen gebührend zu bestrafen. Bei seinem Eintreffen in Italien mußte er indessen feststellen, daß seine Truppen ihm nicht mehr treu ergeben waren, und so kehrte er, ohne es auf eine Schlacht ankommen zu lassen, in den Orient zurück (Sommer 307).

Nach dem Rückzug des Galerius kehrte Maximian aus Gallien zurück und führte die Herrschaft gemeinsam mit seinem Sohn. Aber man gehorchte dem jungen Mann mehr als dem alten. Der war darüber erbost und gedachte seinen Sohn zu verdrängen. Er berief also Volk und Heer zur Versammlung, als wolle er über die augenblicklichen Mißstände im Staat reden. Nachdem er sich darüber des längeren verbreitet hatte, wies er mit der Hand auf seinen Sohn, bezeichnete diesen als den Urheber der Übel und Anstifter des Unheils, das auf dem Staat laste, und riß ihm den Purpur von der Schulter. So entblößt, stürzte dieser sich von der Tribüne hinab und wurde von den Soldaten aufgefangen. Deren wütendes Geschrei brachte den verruchten Alten außer Fassung, und er wurde wie ein zweiter Superbus aus Rom verjagt (April 308). Er kehrte wieder nach Gallien zurück und hielt sich dort eine Zeitlang auf.

Lact., mort. pers. 28,1 – 29,1

DIE KONFERENZ VON CARNUNTUM Epit. de Caes. 39,6

November 308 n. Chr. 1061 a. u. c.

Als Maximian und Galerius Diocletian baten, die Regierung wieder zu übernehmen, antwortete er, dieselbe wie eine Pest verabscheuend, also: »Wenn ihr doch in Salona den Kohl sehen könntet, den ich mit eigenen Händen gepflanzt habe; dann würdet ihr mich mit einem derartigen Ansinnen verschonen.«

Er fand sich nur bereit, mit den beiden Kaisern zu einer Konferenz zusammenzutreffen.

Im Herbst 308 begab Maximian sich zu Galerius, um sich mit ihm über die Beilegung der Wirren im Staate zu besprechen. Auch Diocletian hatte sich in Carnuntum eingefunden; Galerius hatte ihn herbeigerufen, um, was er früher nie getan hatte, in seiner Gegenwart Licinius an Stelle des Severus zum Augustus zu ernennen. So geschah es auch in Gegenwart beider (11. November 308).

Lact., mort. pers. 29,1–2

Maxentius mußte erneut abdanken, Constantin wurde der Augustustitel aberkannt, von den Ansprüchen des Maxentius nahm man keine Notiz.

**Sommer
310 n. Chr.
1063 a. u. c.** | **DAS ENDE MAXIMIANS** Lact., mort. pers. 29,3–8; 30,5

Voll von frevlerischen Gedanken kehrte Maximian nach Gallien zurück, um Kaiser Constantin, seinen Schwiegersohn, arglistig zu umgarnen. Das Volk der Franken stand eben unter Waffen. Maximian beredete den arglosen Schwiegersohn, nicht das ganze Heer mit sich zu führen, eine geringe Anzahl genüge zur Überwältigung der Barbaren. Maximian wollte selbst ein Heer in die Hand bekommen, und Constantin sollte mit seinen schwachen Truppen dem Feind unterliegen. Der junge Mann glaubte ihm als dem Erfahrenen und Älteren, ließ den größten Teil des Heeres zurück und brach auf.

Maximian wartete einige Tage; als er glaubte, Constantin habe das Gebiet der Feinde schon betreten, legte er plötzlich den Purpur wieder an, bemächtigte sich des Staatsschatzes und schenkte freigebig nach seiner gewohnten Art; über Constantin verbreitete er Lügen, die sogleich auf sein eigenes Haupt zurückfallen sollten. Dem Kaiser wurden die Vorgänge schleunigst gemeldet, in bewundernswerter Schnelligkeit eilte er mit dem Heere zurück. Der Mensch wurde überrascht, da er noch nicht hinreichend gerüstet war. Die Soldaten kehrten zu ihrem Kaiser zurück. Maximian hatte Massilia besetzt und die Tore verschlossen. Der Kaiser trat näher heran und redete den auf der Mauer Stehenden an, nicht barsch und feindselig, sondern er fragte ihn, was er gewollt habe, was ihm gefehlt habe, warum er Dinge tue, die sich gerade für ihn nicht ziemten. Jener aber schleuderte Verwünschungen von der Mauer herab. Da wurden plötzlich hinter seinem Rücken die Tore geöffnet, die Soldaten eingelassen. Man schleppte den aufrührerischen Kaiser, den gewissenlosen Vater, den treulosen Schwiegervater vor den Kaiser; er bekam seine Verbrechen zu hören; schließlich gestattete man ihm die Wahl der Todesart. Er erhängte sich an einem Strick.

**30. April
311 n. Chr.
1064 a. u. c.** | **DAS TOLERANZEDIKT DES GALERIUS**
Eus., hist. eccl. 8, 16,1–3; app. 1; Lact., mort. pers. 34,1–5

Durch Gottes Gnade hörte die Verfolgung auf. Die Ursache hiervon war aber nicht, wie man meinen könnte, in menschlichen Regungen, in Mitleid oder in der Güte der Herrscher zu suchen. Weit entfernt! Vielmehr war es das in die Augen fallende Wirken der göttlichen Vorsehung selbst, die den Urheber der Leiden ergriff und ihren Grimm ausgoß gegen den, der das Unglück der ganzen Verfolgung vor allem angestiftet. Es ereilte ihn eine von Gott verhängte Strafe, welche an seinem Körper anhub und ihm schließlich ans Leben griff.

Im Kampfe mit solchen Leiden wurde er sich der Verbrechen bewußt, die er gegen die Gottesfürchtigen begangen hatte. Er ging in sich und bekannte zuerst vor dem Gott des Alls seine Schuld. Sodann berief er seinen Hofstaat zu sich und befahl, ohne Zögern die Verfolgung der Christen einzustellen. In den Städten wurde ein kaiserlicher Erlaß angeschlagen, der in folgender Weise die Verfolgung widerrief:

»Unter den übrigen Verordnungen, die wir immer zu Nutz und Frommen des Staates erlassen, hatten wir seinerzeit den Willen bekundet, alles entsprechend den alten Gesetzen und der staatlichen Ordnung der Römer einzurichten und dafür zu sorgen, daß auch die Christen, die die Religion ihrer Väter verlassen hatten, wieder zur Vernunft zurückkehrten. Aus irgendeinem Grunde hatte diese Christen ein solcher Eigensinn erfaßt und solche Torheit befallen, daß sie nicht mehr den Grundsätzen der Alten folgten, die vielleicht ihre eigenen Vorfahren zuerst eingeführt hatten, sondern sich nach eigenem Gutdünken und Belieben selbst Gesetze machten, an die sie sich hielten, und da und dort bunte Menschenmengen zu einer Gemeinde vereinigten. Nachdem dann von uns der Befehl ergangen war, daß sie zu den Grundsätzen der Alten zurückkehren sollten, wurden viele in Prozesse auf Leben und Tod verwickelt, viele auch von Haus und Herd vertrieben. Da aber die meisten bei ihrem Vorsatz beharrten und wir sahen, daß sie weder den Göttern den Kult und die Verehrung zollten, die ihnen gebührt, noch den Kult des Christengottes ausübten, so haben wir in Anbetracht unserer großen Milde und im Hinblick auf unsere ständige Gepflogenheit, allen Menschen Verzeihung zu gewähren, diese unsere bereitwilligst gewährte Nachsicht auch auf die Christen ausdehnen zu müssen geglaubt. Sie sollen also erneut Christen sein und ihre Versammlungsstätten wiederherstellen, jedoch unter der Bedingung, daß sie nicht der Ordnung zuwider handeln. In einem weiteren Schreiben werden wir den Provinzstatthaltern Weisung erteilen, wie sie sich zu verhalten haben. In Ansehung dieser unserer Gnade sollen die Christen daher zu ihrem Gott für unser Wohlergehen, das des Staates und ihr eigenes beten, auf daß der Staat in jeder Hinsicht unversehrt bleibe und sie sorglos in ihren Wohnsitzen leben können.«

Bald nach dieser Friedenserklärung wurde der Urheber des Schriftstückes von seinen Schmerzen befreit und starb (Anfang Mai).

DIE BESETZUNG DER GEBIETE DES GALERIUS DURCH MAXIMINUS DAJA UND LICINIUS Lact., mort. pers. 36,1–2

Sommer
311 n. Chr.
1064 a. u. c.

Auf die Nachricht vom Ableben des Galerius eilte Maximin auf der kaiserlichen Post schleunigst herbei, um sich der Provinzen zu bemächtigen und, während Licinius säumte, alles Land bis zur Meerenge von Chalkedon in Besitz zu nehmen. Darüber entstand Zwietracht zwischen den beiden Kaisern und beinahe Krieg. Mit Heeresmacht hielten sie die gegenüberliegenden Ufer besetzt; doch einigte man sich unter bestimmten Bedingungen zu Frieden und Freundschaft. Mitten auf der Meerenge wurde das Bündnis geschlossen und durch Handschlag bekräftigt.

DER SIEG CONSTANTINS ÜBER MAXENTIUS Zos. 2, 14,1; 15,1 – 17,2

In nicht-christlicher Darstellung:

Maxentius suchte nach Vorwänden, um mit Constantin einen Krieg zu beginnen. Er tat so, als sei er vom Tode seines Vaters, den Constantin verschuldet habe, schmerzlich berührt, und plante, sich nach Rätien zu begeben, da diese Provinz Gallien benachbart ist. Constantin war auch zuvor schon voll Mißtrauen gegen Maxentius gewesen und rüstete damals noch mehr zum Kriege gegen ihn. Mit neunzigtausend Fußsoldaten und achttausend Reitern drang er von den Alpen her in Italien ein. Das Aufgebot des Maxentius belief sich auf einhundertsiebzigtausend Fußsoldaten und achtzehntausend Reiter.

Maxentius ließ nun eine Brücke über den Tiber schlagen, führte sie aber nicht vollständig von dem der Stadt zugekehrten Ufer auf die Gegenseite hinüber, sondern teilte sie in zwei Abschnitte, und zwar derart, daß genau in der Mitte des Flusses die Stege, welche die beiden Brückenteile verbanden, sich irgendwie mit Eisenklammern zusammenfügten; diese waren zum Herausziehen, wenn man die Brücke sperren wollte. Den Ingenieuren erteilte Maxentius den Auftrag, sie sollten, sobald sie das Heer Constantins auf der Verbindungsstelle stehen sähen, die Klammern herausziehen und die Brücke durchtrennen, so daß alle, die sich darauf befänden, in den Fluß stürzten.

Constantin rückte mit seinem Heer bis nach Rom vor und schlug in der Ebene vor der Stadt sein Lager auf. Weithin dehnte sich die Fläche und war für Reitermanöver wohlgeeignet. Maxentius schloß sich indes ein, brachte den Göttern Opfer dar, befragte die Haruspices über die Kriegsaussichten und ließ in den Sibyllinischen Büchern nachforschen. Dabei fand er einen göttlichen Orakelspruch, der besagte, daß jeder, der irgendwie zum Schaden der Römer handle, mit einem jammervollen Tod rechnen müsse. Er faßte nun die Weissagung zu seinen Gunsten auf: er werde jene, die Rom angriffen und es erobern wollten, zurückschlagen. Der Ausgang ließ jedoch erkennen, was in Wahrheit gemeint war. Als nämlich Maxentius sein Heer vor die Stadt herausgeführt und die von ihm selbst angelegte Brücke überschritten hatte, ließen sich Eulen in unendlicher Menge nieder und bedeckten die Mauer. Constantin sah dies und befahl seinen Leuten, sich zum Kampfe zu ordnen. Sowie nun die Armeen einander gegenüberstanden, schickte Constan-

Kaiser Constantin (306–337)

tin seine Reiterei vor, die im Sturm die feindliche Kavallerie besiegte. Und nun wurde auch dem Fußvolk das entsprechende Zeichen gegeben, worauf dieses ebenfalls wohlgeordnet die Feinde angriff. Es kam zu einer gewaltigen Schlacht, doch zögerten die Römer selbst und ihre italischen Bundesgenossen, sich in Gefahr zu begeben, und suchten nach einer Möglichkeit, sich der bitteren Tyrannis zu entledigen; was die anderen Soldaten anlangte, so fiel eine riesige Masse, niedergeritten von der Reiterei und niedergemäht vom Fußvolk. Solange die Berittenen standhielten, schien für Maxentius noch einige Hoffnung zu bestehen. Doch als auch die Kavallerie zu weichen begann, wandte er sich mit dem Rest zusammen zur Flucht und sprengte über die Flußbrücke in Richtung auf die Stadt. Die Holzplanken konnten indes die Last nicht tragen, sie brachen, und samt dem restlichen Haufen stürzte auch Maxentius selbst in den Fluß.

Sowie die Siegesnachricht zu den Einwohnern der Stadt gelangte, wagte keiner, sich über die Ereignisse zu freuen, und zwar geschah dies aus Furcht; glaubten doch einige, es handle sich um eine Falschmeldung. Indes als man das Haupt des Maxentius auf einer Lanze zurückbrachte, verlor sich die Angst der Bürger, und ihre Mutlosigkeit verwandelte sich in Freude.

Der Constantin-Bogen, 313 vom Senat und Volk von Rom errichtet, »weil Constantin auf Eingebung der Gottheit ... den Staat an dem Tyrannen wie an seinem gesamten Anhang gerächt hat«

Goldmedaillon Constantins mit der Aufschrift »Der unbesiegbare Constantin, der größte Augustus«. Das Medaillon ist 313 anläßlich der Zusammenkunft Constantins mit Licinius in Mailand geprägt. Es zeigt Constantin mit dem Sonnengott als seiner Schutzgottheit.

Nachdem dieser Krieg einen solchen Ausgang genommen hatte, bestrafte Constantin nur einige wenige der engsten Vertrauten des Maxentius, löste die Prätorianer auf und zerstörte ihre Kasernen; nachdem er die Dinge in Rom geordnet hatte, machte er sich auf den Weg nach Gallien. Dabei entbot er Licinius nach Mediolanum und vermählte ihm dort seine Schwester Constantia (Ende Januar/Februar 313), die er ihm schon früher zugesagt hatte, als er in ihm einen Bundesgenossen bei seinen Streitigkeiten mit Maxentius gesucht hatte.

In christlicher Darstellung:

Lact., mort. pers. 44,3–10

Zu Sieg oder Tod entschlossen, rückte Constantin mit seiner ganzen Streitmacht an die Stadt heran und lagerte sich gegenüber der Milvischen Brücke. Es stand der Tag bevor, an dem Maxentius die Herrschaft angetreten hatte. Es war der 27. Oktober; die Feierlichkeiten seiner fünfjährigen Regierungszeit gingen zu Ende. Constantin wurde im Traume ermahnt, das himmlische Zeichen Gottes auf den Schilden anzubringen und so die Schlacht zu beginnen. Er kommt der Aufforderung nach, und indem er den Buchstaben X waagerecht legt und die oberste Spitze umbiegt, bezeichnet er Christus[10] auf den Schilden. Mit diesem Zeichen gewappnet, greift das Heer zum Schwert. Der Feind rückt ihnen ohne Oberfeldherrn entgegen und überschreitet die Brücke. Die Heere stoßen in gleicher Ausdehnung aufeinander; mit äußerster Energie wird auf beiden Seiten gekämpft; »zur Flucht kommt es weder hüben noch drüben« (Verg., Aen. 10,757).

In der Stadt bricht ein Aufruhr los. Man schimpft auf Maxentius als einen Verräter am Staatswohl, und als man seiner ansichtig wurde – er führte gerade Circusspiele durch wegen des Jahrestags seiner Erhebung –, da schreit plötzlich das Volk wie mit einer Stimme, Constantin könne nicht besiegt werden. Durch diesen Zuruf außer Fassung gebracht, stürzt er davon, beruft einige Senatoren und läßt die Sibyllinischen Bücher nachschlagen. In diesen findet man, daß an jenem Tag ein Feind der Römer umkommen werde. Dieser Ausspruch erweckt in ihm Siegeshoffnung, er bricht auf und zieht in die Schlacht. Hinter ihm wird die Brücke eingerissen. Bei seinem Anblick wird der Kampf heftiger, und die Hand Gottes waltete über dem Schlachtfeld. Das Heer des Maxentius wird von Panik ergriffen; er selbst wendet sich zur Flucht und eilt der Brücke zu, die teilweise abgebrochen war. Die Masse der Fliehenden stürzt ihm nach und drängt ihn in den Tiber hinab. So war endlich der erbitterte Krieg zu Ende, und Constantin wurde unter großer Freudenbezeugung des Senats und des Volkes von Rom als Kaiser empfangen.

DAS SIEGESDENKMAL CONSTANTINS Eus., vita Const. 1, 40,2

Constantin ließ seinem eigenen Standbild, das an einem der belebtesten Plätze Roms errichtet wurde, eine lange Lanze in Form eines Kreuzes in die Hand geben und folgende Inschrift anbringen: »Durch dieses heilbringende Zeichen, das wahrhaftige Zeichen der Tapferkeit, habe ich eure Stadt vom Joch der Tyrannei errettet und ihr die Freiheit wiedergebracht; zudem habe ich auch durch diese Befreiung dem Senat und dem Volk von Rom seinen alten Glanz und Ruhm wiedergegeben.«

DER KRIEG ZWISCHEN LICINIUS UND MAXIMINUS DAJA Zos. 2, 17,3

Zwischen Licinius und Maximinus Daja entbrannte ein Bürgerkrieg, und in Illyrien kam es zu einer heftigen Schlacht (30. April 313). Zunächst schien Licinius den kürzeren zu ziehen; doch als er plötzlich den Kampf wieder aufnahm, schlug er Maximinus in die Flucht. Dieser zog durch die Ostprovinzen in Richtung auf Ägypten ab und machte sich Hoffnung, zur Weiterführung des Krieges hinreichende Streitkräfte sammeln zu können; doch er schied in Tarsos aus dem Leben (Sommer 313).

DER MACHTKAMPF ZWISCHEN CONSTANTIN UND LICINIUS
Zos. 2, 18,1; 20,1–2

So war denn das Kaisertum in die Hände des Constantin und Licinius gelangt; es währte indessen nur kurze Zeit, und die beiden gerieten miteinander in Streit. Licinius hatte hierzu keine Veranlassung gegeben, Constantin hingegen zeigte sich, wie es seiner Art entsprach, in der Einhaltung von Verträgen als unzuverlässig und wollte einige von den Provinzen, welche zum Machtbereich des Licinius gehörten, an sich reißen. Als ihre Feindschaft offenkundig wurde, sammelten die beiden Kaiser ihre Streitkräfte und trafen sich zum Kampf (316).

Nachdem zwei Schlachten in Pannonien und Thrakien keine Entscheidung gebracht hatten, kam es am 1. März 317 in Serdica zu einer Verständigung:

Beide Parteien hielten es für angezeigt, einen Vertrag und ein Bündnis zu schließen. Danach sollte Constantin über Pannonien und alle jenseits davon gelegenen Provinzen herrschen. Nachdem das Abkommen beschlossen und eidliche Versicherungen ausgetauscht worden waren, daß beide Parteien die genannten Bedingungen getreulich erfüllen würden, erhob Constantin, um der Einhaltung der vertraglichen Abmachungen mehr Glaubwürdigkeit zu verleihen, Crispus, den Sohn von einer Nebenfrau namens Minervina, einen noch jungen Mann, sowie den Constantin, der erst einige Tage zuvor in der Stadt Arelate geboren worden war, zu Caesaren; mit ihnen zusammen wurde auch Licinianus, der Sohn des Licinius, der zwanzig Monate zählte, zum Caesar bestellt.

In den kommenden Jahren bereiteten beide Seiten sich auf die endgültige Auseinandersetzung vor. Diese begann 324. Constantin erwies sich von Anfang an zu Lande und zu Wasser als der Überlegene, schloß Licinius in Byzanz ein, folgte dem Fliehenden nach Kleinasien und bedrängte ihn auch hier.

Zos. 2, 28,1–2   Constantin belagerte den Licinius auch in Nikomedia, worauf dieser alle Hoffnung aufgab und im Bewußtsein, daß er über keine ausreichende Macht mehr verfüge, eine Schlacht zu wagen, vor die Stadt hinausging und in der Rolle eines Schutzflehenden vor Constantin erschien. Er brachte sein Purpurkleid mit, bezeichnete ihn als Kaiser und Herr und verband damit die Bitte um Verzeihung für alles Vergangene. Er war nämlich des festen Glaubens, mit dem Leben davonzukommen, da seine Gattin eine entsprechende eidliche Zusicherung erhalten hatte. Constantin schickte Licinius nach Thessalonike, auf daß er dort sein Leben in Sicherheit verbringen könne (19. September 324). Es währte indes nicht lange, da brach er schon seinen Eid – war doch dies seine gewöhnliche Art[11] – und ermordete seinen Gegner, indem er ihn erdrosseln ließ (Frühjahr 325).

324 n. Chr.   **DIE ALLEINHERRSCHAFT CONSTANTINS** Eus., hist. eccl. 10, 9,6–9
1077 a. u. c.

Constantin, der mächtigste Sieger, ausgezeichnet durch jegliche Tugend der Gottesfurcht, nahm mit seinem Sohn Crispus, der dem Vater in allem ähnlich war, den Osten in Besitz und schuf so wieder nach alter Weise ein einziges und einheitliches Reich der Römer, indem sie ringsum alle Lande des Erdkreises vom Aufgang der Sonne bis zum äußersten Westen samt dem Norden und Süden ihrem friedlichen Szepter unterwarfen. Genommen war nun von den Menschen jegliche Furcht vor denen, die sie einst bedrängt. In Glanz und Prunk begingen sie festliche Tage. Alles war von Licht erfüllt. Und die zuvor niedergeschlagen einander anblickten, sahen sich an mit freudelächelndem Antlitz und strahlenden Auges. In Reigen und Liedern gaben sie in Städten wie auf dem Lande vor allem Gott, dem König der Könige, die Ehre, wie sie gelehrt wurden, sodann dem frommen Kaiser mit seinen gottgeliebten Söhnen. Die alten Leiden waren vergessen, und begraben jede Erinnerung an Gottlosigkeit. Man freute sich der gegenwärtigen Güter und harrte dazu der künftigen. Und an jeglichem Orte wurden Erlasse des siegreichen Kaisers, voll von Menschenfreundlichkeit, angeschlagen und Gesetze, die da Zeugnis gaben von seiner Freigebigkeit und echten Gottesfurcht.

Da so alle Tyrannei beseitigt war, verblieb Constantin und seinen Söhnen allein, fest und unangefochten, das Reich, das ihnen gehörte. Und diese tilgten zu allererst den Gotteshaß aus dem Leben und zeigten, eingedenk des Guten, das sie von Gott erfahren, ihre Liebe zur Tugend und zu Gott und ihre Frömmigkeit und Dankbarkeit gegen die Gottheit durch Taten, die sie offen vor den Augen aller Menschen vollbrachten.

Die Palastaula in Trier, um 310 errichtet

DIE LEHRE DES ARIUS Soz. 1,15,1.3

318 n. Chr.
1071 a. u. c.

Die Kirche ließ sich in Verwirrung stürzen durch bestimmte zänkische Diskussionen, die unter dem Vorwand angeblicher Frömmigkeit und der vollkommenen Erkenntnis Gottes bislang nicht untersuchte Dinge in Frage stellten. Begonnen hat mit diesen Lehrer Arius, ein Presbyter im ägyptischen Alexandria. Er wagte es, die zuvor von keinem anderen vertretene Doktrin zu verkünden, daß der Sohn Gottes aus Nicht-Seiendem geworden sei; es habe eine Zeit gegeben, da er nicht war; er sei ein Geschöpf.

KAISER CONSTANTIN AUF DEM KONZIL VON NICAEA

Eus., vita Const. 3, 10,3.5; 13,1–2; Soz. 1, 20,1; 21,3

Bei dem Zeichen, das die Ankunft des Kaisers verkündete, erhoben sich alle, und nun trat er selbst mitten in die Versammlung, wie ein Engel Gottes vom Himmel her, leuchtend in seinem glänzenden Gewande wie von Lichtglanz, strahlend in der feurigen Glut des Purpurs und geschmückt mit dem hellen Schimmer von Gold und kostbaren Edelsteinen. Als er bis zur vordersten Reihe gegangen war und dort, wo ein kleiner Sessel aus Gold hingestellt war, mitten in der Versammlung stand, wollte er sich nicht setzen, bevor die Bischöfe ihn durch Winke dazu aufgefordert hatten.

Nachdem die Sitzung durch Reden eines Bischofs und des Kaisers eröffnet worden war, erteilte Constantin dem Vorsitzenden des Konzils das Wort.

Da begannen die einen die anderen anzuklagen, diese aber verteidigten sich und erhoben Gegenbeschuldigungen. Als nun so von beiden Seiten sehr viel vorgebracht wurde und anfänglich ein großer Streit tobte, hörte der Kaiser allen mit großer Geduld zu, und indem er sich in einzelnen Punkten für das aussprach, was von jeder Partei gesagt wurde, brachte er allmählich die streitsüchtigen Gemüter einander näher. Und weil er sich in ruhiger Milde an die einzelnen wandte, konnte er die einen überzeugen, andere durch seine Worte beschämen, alle aber zur Eintracht anfeuern, bis er es schließlich erreichte, daß sich die Bischöfe miteinander verständigten und den Sohn für wesensgleich mit dem Vater erklärten. Ferner verurteilte die Synode die Glaubensformulierungen des Arius, exkommunizierte ihn und die ihm Gleichgesinnten und untersagte ihm den Aufenthalt in Alexandria.

KRISE IM KAISERHAUS Zos. 2, 29,2

Constantins Sohn Crispus geriet in Verdacht, mit seiner Stiefmutter Fausta Umgang zu haben, und deshalb ließ ihn Constantin ohne jede Rücksicht auf das Naturrecht beseitigen. Helena, die Mutter des Kaisers, war tiefbetrübt über eine solch furchtbare Gewalttat und härmte sich sehr über die Hinrichtung des jungen Mannes. Doch gleich als wollte er ihr Trost gewähren, heilte Constantin das Übel mit einem noch größeren: Er befahl nämlich, ein Bad zu überhitzen und Fausta dorthin zu bringen, worauf man sie nur noch als Leiche heraustrug.

DIE FEIER DER ZWANZIGJÄHRIGEN REGIERUNG CONSTANTINS

Hier., chron. p. 231 H.; Zos. 2, 29,5

Der zwanzigste Jahrestag von Constantins Regierungsantritt wurde (am 25. Juli 325) in Nikomedia begangen und ein Jahr später (am 25. Juli 326) in Rom gefeiert. Als das Heer zum Kapitol hinaufsteigen und die traditionellen Riten erfüllen sollte, hielt sich der Kaiser von der heiligen Handlung fern und erregte so den Haß des Senats wie des Volkes gegen sich.

Constantin hat Rom danach nie wieder betreten.

DIE GRÜNDUNG VON KONSTANTINOPEL Soz. 2, 3,2–6

324–330 n. Chr.
1077–1083 a. u. c.

Da für den Kaiser alles nach Wunsch ging, er auch bei den fremden Völkern mit Kriegen und Verträgen Erfolg hatte, beschloß er eine Stadt zu gründen, die seinen Namen tragen und mit Rom gleichrangig sein sollte. Er begab sich zur Ebene vor Ilion am Hellespont, wo die Achäer, die einst gegen Troja in den Krieg zogen, ihren Hafen und ihre Zelte gehabt haben sollen, legte die Art und die Größe der Stadt fest und ließ ringsherum Tore erbauen. Während dieses Vorhabens erschien ihm des Nachts Gott und forderte ihn auf, sich nach einem anderen Ort umzusehen. Er brachte ihn im Traum nach Byzanz und schlug ihm vor, diese Stadt für sich auszubauen. Constantin gehorchte den Worten Gottes, dehnte die bisher Byzanz genannte Stadt auf ein weites Gebiet aus und umgab sie mit gewaltigen Mauern. Weil er die Zahl der Einheimischen bei der Größe der Stadt nicht für ausreichend hielt, ließ er Leute aus Rom und den Provinzen kommen. Nachdem er die Stadt mit allem ausgestattet und mit einem Hippodrom, mit Brunnen, Säulenhallen und weiteren Gebäuden prachtvoll ausgeschmückt hatte, gab er ihr den Namen Konstantinopel und bestimmte sie zur Hauptstadt für sämtlichen Einwohner im Norden, Süden und Osten des Römischen Reiches. Er setzte auch einen Senat ein und verlieh ihm die gleichen Ehren und Rechte, die der Senat in Rom besaß.

Die neue Hauptstadt wurde am 11. Mai 330 feierlich eingeweiht.

LETZTE ERKRANKUNG, TAUFE UND TOD CONSTANTINS

Eus., vita Const. 4, 61,1–3; 62,4.5; 63,3; 64,1.2; Soz. 2, 34,5

Frühjahr
337 n. Chr.
1090 a. u. c.

Constantin befiel zuerst ein Unwohlsein, dann trat eine Verschlimmerung ein, er begab sich von Konstantinopel in ein Thermalbad und ging von dort nach Helenopolis. Hier verweilte er einige Zeit in dem Bethaus der Märtyrer und sandte flehentliche Gebete und Bitten zu Gott empor. Da er aber bedachte, daß sein Ende nahe, meinte er, jetzt sei die rechte Zeit, sich von allen Sünden des ganzen Lebens zu reinigen; denn er glaubte, daß er alles, was er in menschlicher Schwachheit gefehlt habe, durch die Kraft der geheimnisvollen Worte und das heilsame Bad von seiner Seele abwaschen könne. In diesen Gedanken flehte er, auf der Erde kniend, zu Gott, bekannte in ebendieser Märtyrerkirche seine Sünden und wurde dort auch zum erstenmal der Handauflegung teilhaftig.

Von da begab er sich in die Vorstadt von Nikomedia, und hier spendeten ihm die Bischöfe die geheimnisvolle Gnade, nachdem sie die gehörige Unterweisung vorausgeschickt hatten. So wurde Constantin als einziger von den Kaisern seit Menschengedenken durch die Geheimnisse Christi wiedergeboren und vervollkommnet.

Als er aber verrichtet hatte, was ihm oblag, hüllte er sich in prächtige kaiserliche Gewänder, die gleich dem Lichte strahlten, und er ruhte auf einem ganz weißen Lager, da er keinen Purpur mehr berühren wollte. Darauf ordnete er noch das Nötige an und übergab seinen Söhnen wie ein väterliches Vermögen die Kaiserwürde als ihr Erbteil.

Dies alles trug sich in der heiligen Pfingstzeit zu. An ihrem letzten Tage (22. Mai 337) wurde er um die Mittagszeit zu seinem Gott aufgenommen. Der Leichnam wurde in einem goldenen Sarkophag nach Konstantinopel überführt und auf einem hohen Podest im Palast aufgebahrt. Als der im Orient weilende Constantius vom Tod seines Vaters erfuhr, begab er sich auf dem schnellsten Weg nach Konstantinopel und ließ ihn in der Apostelkirche bestatten.

VON CONSTANTINS TOD BIS ZUM TOD DES THEODOSIUS

337 – 395 n. Chr.

Die Folgen der Theodosianischen Religionspolitik aus der Sicht
    eines heidnischen Historikers
Arbogast und Valentinian II.

NEUE KRISEN

Constantin hatte vorgesehen, daß seine nach und nach zu Caesaren erhobenen Söhne Constantinus, Constantius und Constans sowie zwei Neffen sich die Verwaltung des Reichs teilen sollten, doch diese Neffen überlebten ihn nur um wenige Monate: Sie fielen samt ihrem Vater und einer Reihe weiterer Verwandter und Vertrauter des toten Kaisers Unruhen in Konstantinopel zum Opfer, die dem herrschsüchtigen Constantius zumindest nicht unwillkommen waren.

Auch der Streit zwischen Constantinus und Constans um den Besitz Afrikas und Italiens kam ihm auf lange Sicht zugute, weil dabei erst Constantinus den Tod fand und einige Jahre später auch Constans, der sich durch Ausschweifungen und Willkürakte höchst unbeliebt gemacht hatte. Constans wurde durch seinen fränkischen Heermeister, Magnus Magnentius, gestürzt und von dessen Häschern auf der Flucht umgebracht.

Zur gleichen Zeit erhob sich auf dem Balkan ein weiterer Usurpator namens Vetranio und verband sich mit Magnentius. Das rief Constantius auf den Plan, der in einen wenig glücklichen Perserkrieg verwickelt war, aber darüber nicht den Westen des Reiches verlieren wollte: Er wußte die Verbündeten zu entzweien und Vetranio zum Verzicht auf den Herrscherpurpur zu bewegen. Über Magnentius siegte er in einer blutigen Schlacht; darauf schmolz dessen Anhang allmählich zusammen, und er endete durch Selbstmord.

So war Constantius wieder Herr über das Gesamtreich und hätte seine wichtigste Aufgabe darin sehen sollen, im Inneren Frieden zu stiften. Er tat aber das glatte Gegenteil, indem er, selbst ein Anhänger der Lehre des Arius, sich in den Streit mit dem mehrfach verbannten Bischof Athanasios von Alexandria einmischte, diesen erneut vertreiben ließ und damit schwere Krawalle auslöste.

Da es gleichzeitig zu neuen, heftigen Germaneneinfällen in Gallien kam und die Bedrohung durch den Perserkönig fortbestand, wuchsen die Probleme dem alternden Kaiser über den Kopf, und er bestimmte, wegen seines ausgeprägten Mißtrauens widerwillig genug, einen seiner Vettern zum Caesar.

Dieser Flavius Claudius Julianus, dem seine antichristlichen Maßnahmen den Beinamen Apostata, der Abtrünnige, eingetragen haben, war zusammen mit seinem älteren Stiefbruder Gallus glücklich dem Massaker unter Con-

stantins Verwandten entgangen und hatte sich, fernab aller Politik, hinge-
bungsvoll philosophischen Studien gewidmet. Nun bewies er, daß er auch
zum Heerführer taugte: Er eroberte das von Franken besetzte Köln zurück,
schlug die Alemannen, die sich links des Rheins festgesetzt hatten, in einer
großen Schlacht bei Straßburg und stieß selbst mehrfach über den Rhein
vor.

Einen solchen Mann und von ihm mit neuer Siegeszuversicht erfüllte Soldaten konnte Constantius angesichts des Vordringens der Perser im Osten
gut brauchen und verlangte daher von Julian die Stellung von Truppen für
den Kampf mit König Schapur II.

Dieses Ansinnen stieß bei Julians Legionen auf wenig Gegenliebe; sie
meuterten und riefen ihren fähigen General zum Augustus aus. Julian war
das nicht unwillkommen, zumal er die üblen Eigenschaften seines Vetters
Constantius kannte, der auch seinen Stiefbruder auf dem Gewissen hatte.
Doch statt sich gleich gegen ihn zu wenden, ersuchte er ihn zunächst
darum, ihn als Augustus anzuerkennen und ihm den Westen des Reichs zu
überlassen. Constantius tobte und war dazu unter keinen Umständen bereit.

Nun erst setzte Julian seine Truppen nach Osten in Marsch, bereit, mit
dem störrischen Vetter um die Krone zu kämpfen. Der Tod des Constantius
und eine bei seinem Charakter erstaunliche Entscheidung verhinderten das:
Er hatte sterbend Julian zu seinem Nachfolger ernannt!

Dieser hob zunächst die von Constantius gegen das »Heidentum« getroffenen Maßnahmen und Beschränkungen auf; zugleich zwang er die Christen, in Kirchen verwandelte Tempel zurückzugeben, und ließ selbst neue
bauen; die von Constantin verfügte Steuerfreiheit der christlichen Priester
nahm er zurück und verbot den Unterricht durch christliche Lehrer. Jede Verfolgung der Christen lehnte er aber ab. Vielleicht ahnte er im Grunde seines
Herzens, daß der neue Glaube schon zu tiefe Wurzeln geschlagen hatte und
sein Versuch, den alten durch Anleihen aus der neuplatonischen Philosophie
wieder zu beleben, zum Scheitern verurteilt war.

Nach sorgfältiger Vorbereitung führte Julian seine Truppen gegen die Perser und stieß siegreich bis zu deren Hauptstadt Ktesiphon vor; hier vergab
er die Chance eines günstigen Friedensschlusses. Geblendet von der Vorstellung, gleich Alexander dem Großen das ganze Perserreich
unterwerfen zu können, setzte er den Kampf fort, geriet
in Bedrängnis, mußte zurückweichen und fand bei einem
Gefecht den Tod.

»Du hast doch gesiegt, Galiläer!«
(Angeblich letztes Wort des Julian
Apostata)

Der von den Truppen auf den Schild erhobene Nachfolger Jovianus sah
sich zu einem schmählichen Verzichtfrieden mit den Persern gezwungen, den
er nicht lange überlebte. Der wiederum vom Heer und führenden Staatsbeamten bestimmte Valentinianus I. teilte die Regierung mit seinem Bruder Valens und erhob seinen Sohn Gratianus zum Mitregenten. Valens suchte im

Osten den erschütterten Staat zu reorganisieren und die von den dauernden Kriegen hart bedrückte Bauernschaft zu entlasten. Dabei drohte bereits ein neuer Perserkrieg, und in Konstantinopel schwang sich ein Verwandter Julians, Prokopios, mit Unterstützung der Goten zum Gegenkaiser auf. Auf den Sturz dieses Usurpators folgte eine Welle von Hochverratsprozessen und ein Krieg mit den Goten, den Valens bei einem Zusammentreffen mit deren König beilegen konnte. Er trug als eifriger Arianer dazu bei, daß die Goten sich allmählich dieser Glaubensrichtung zuwandten.

Valentinian kämpfte im Westen glücklich mit den Alemannen, während sein Feldherr Theodosius sich in Britannien mit Pikten, Skoten und Sachsen herumschlug. Kaum hatte er einigermaßen Ordnung geschaffen, wurde er nach Afrika beordert, um dort eine von der christlichen Sekte der Donatisten getragene Erhebung niederzukämpfen.

Als Valentinian 375 starb, folgte ihm Gratian auf den Thron; zugleich wurde dessen vierjähriges Brüderchen als Valentinian II. zum Augustus erhoben.

Aus dem immer noch schwelenden Streit zwischen Arianern und Athanasianern hatte sich Valentinian I. klugerweise herausgehalten; Gratian tat das nicht und erwies sich als athanasianischer Eiferer, bekämpfte Häretiker und suchte die noch bestehenden heidnischen Kulte nach Kräften einzuschränken.

Valentinians Todesjahr, 375, markiert den Beginn der Völkerwanderung. Damals trieb das Reitervolk der Hunnen, das aus der Mongolei nach Westen vorgestoßen war, die Goten vor sich her, die sich hilfesuchend an Kaiser Valens wandten.

»Die Hunnen sind alle untersetzt, kräftig gebaut, mit feistem Nacken, von monströser, furchterregender Gestalt, so daß man sie für zweibeinige Bestien halten könnte.«
(Ammianus Marcellinus, römischer Historiker, 31, 2,2)

Valens war bereit, die bedrängten Goten auf Reichsgebiet anzusiedeln, konnte aber nicht verhindern, daß sie, von seinen Beamten schikaniert und bis aufs Blut gereizt, zu den Waffen griffen und nach ersten Siegen weite Gebiete des Balkans verwüsteten.

Noch ehe ihm sein Neffe Gratian beistehen konnte, ließ sich Valens 378 bei Adrianopel auf eine Schlacht mit den Goten ein und verlor Sieg und Leben.

Gratian entsandte daraufhin einen erfahrenen General, den gleichnamigen Sohn des schon erwähnten Theodosius, als Augustus in den Osten. Diesem gelang es, indem er einen Teil der Goten auf seine Seite zog, die Raubzüge der anderen zu beenden und die einzelnen Stämme anzusiedeln. Als *foederati*, »Verbündete«, leisteten sie in den späteren Kriegen wertvolle Hilfe.

Theodosius war gleich Gratian überzeugter Athanasianer und verhalf dieser Glaubensrichtung auch im Osten zum Sieg. Zugleich ging er streng gegen die noch bestehenden heidnischen Kulte und Heiligtümer vor, ließ Tempel niederreißen, verbot Tieropfer und untersagte auch die Abhaltung der olympischen Spiele.

Weil Gratian durch einen Usurpator gestürzt und ermordet wurde, wandte sich Theodosius nach Westen und rächte Gratian mit Hilfe eines heidnischen Franken namens Arbogast. Diesen empfahl er Valentinian II. als Heermeister und Berater.

Er hielt sich noch im Westen auf, als es in Thessalonike zu einem Aufruhr kam. Der vom Kaiser gegebene und zu spät widerrufene Befehl, die rebellische Bevölkerung blutig büßen zu lassen, trug ihm selbst eine schwere Demütigung durch den selbstbewußten Bischof Ambrosius von Mailand ein.

Nachdem Valentinian II., wie man annimmt, nicht ohne Zutun Arbogasts ums Leben gekommen war und der Franke einen gewissen Eugenius zum Kaiser küren ließ, mußte Theodosius erneut eingreifen, wurde mit beiden fertig und vereinigte zum letzten Mal das ganze Imperium unter seiner Herrschaft. Dieser Leistung konnte er sich kaum ein Jahr freuen: Er starb, ohne Konstantinopel wiedergesehen zu haben, 395 in Mailand. Sein Reich wurde unter seine beiden Söhne, Honorius und Arcadius, aufgeteilt.

DIE NACHFOLGER CONSTANTINS Zos, 2, 39,1–2

Nach Constantins Tod übernahmen seine drei Söhne die Regierung. Zunächst verteilten sie die Provinzen: Constantin II., der Älteste, erloste zusammen mit Constans, dem Jüngsten, sämtliche Länder jenseits der Alpen, außerdem Italien und Illyrien, dazu die Gebiete um das Schwarze Meer und Afrika; Constantius II. erhielt Asien, den Osten sowie Ägypten. In Gemeinschaft mit ihnen regierten Dalmatius, der von Constantin zum Caesar erhoben worden war, und Hannibalianus[1].

MORDTATEN CONSTANTIUS' II.
IN DEN ERSTEN MONATEN SEINER REGIERUNG Zos. 2, 40,1–3

Obwohl die Herrschaft so unter ihnen aufgeteilt worden war, wollte Constantius aller Welt seine Männlichkeit beweisen, und zwar mit dem Blut seiner Verwandten. Zuerst ließ er Constantius, einen Halbbruder seines Vaters, durch Soldaten ermorden, sodann inszenierte er auch gegen den Caesar Dalmatius den gleichen Anschlag. Auch Hannibalianus mußte das Los der beiden teilen; Constantius stiftete nämlich die Soldaten zu der Erklärung an, sie wollten niemand anderen als die Söhne Constantins als Befehlshaber über sich dulden.[2]

Kaiser Constantius II. (337–361)

CONSTANS BESEITIGT CONSTANTIN II. Zos. 2, 41,1

April 340 n. Chr.
1093 a. u. c.

Dann kam es zwischen Constantin II. und Constans zum Streit um den Besitz Afrikas sowie Italiens. Da Constans seinen Bruder überfallen wollte, wenn er ohne Schutz war, verbarg er drei Jahre lang seinen Groll und wartete den Augenblick ab, bis dieser ein ihm selbst befreundetes Gebiet betrat. Bei seiner Ankunft schickte Constans Soldaten, angeblich mit dem Auftrag, Constantius im Krieg gegen die Perser zu unterstützen, in Wirklichkeit aber, um Constantin zu überfallen, der mit nichts dergleichen rechnete. Die Leute erledigten den Befehl und töteten Constantin.

FRHEBUNG DES MAGNENTIUS UND ENDE DES CONSTANS Zos. 2, 42,1–5

350 n. Chr.
1103 a. u. c.

Sowie Constans seinen Bruder aus dem Weg geräumt hatte, verfuhr er gegen seine Untertanen mit aller Grausamkeit und überbot selbst die unerträglichste Tyrannis. Er kaufte sich nämlich hübsche Barbaren, die er als eine Art Geiseln in seiner Umgebung behielt, und erlaubte ihnen, sofern sie nur ihre Jugendfrische von ihm mißbrauchen ließen, jedwedes Verbrechen gegen seine Untertanen. Damit stieß er alle von ihm beherrschten Provinzen ins tiefste Unglück.

Die Leute an seinem Hofe empörten sich über diese Zustände. Als sie einmal sahen, daß Constans sich den Freuden der Jagd hingab, bedienten sie sich der Hilfe seines Schatzmeisters Marcellinus sowie des Magnentius, des Befehlshabers der Jovianer und Herculianer,[3] und gingen bei ihrem Anschlag gegen ihn folgendermaßen zu Werke: Marcellinus erklärte, er wolle den Geburtstag seines Sohnes feiern, und lud neben vielen anderen führenden Militärs auch den Magnentius zum Gastmahl. Als sich das Gelage bis gegen Mitternacht ausdehnte, erhob sich Magnentius von der Tafel, anscheinend wegen eines dringenden Bedürfnisses, und erschien kurz darauf unter den Zechgenossen wie auf einer Bühne in kaiserlichem Ornat. Die Teilnehmer am Gastmahl riefen ihn zum Kaiser aus, und die Einwohner der Stadt Augustodunum, wo sich das Ereignis abspielte, stimmten ihnen zu. Als sich dann die Kunde weiter verbreitete, strömte die Landbevölkerung in die Stadt, und zugleich mischten sich Reiter aus Illyrien, die zur Auffüllung der gallischen Kontingente abgestellt waren, unter die Versammelten. Wie sie die Anführer der Verschwörung laute Rufe ausstoßen sahen, da antworteten sie alle, fast ohne etwas von den Vorgängen zu begreifen, ihrerseits mit Geschrei und riefen Magnentius zum Augustus aus (18. Januar 350).

Als Constans von den Ereignissen erfuhr, versuchte er, zu einem am Rande der Pyrenäen gelegenen Städtchen namens Helene zu entkommen. Er wurde jedoch von Gaiso, den man mit einigen ausgesuchten Männern dazu entsandt hatte, festgenommen und getötet; denn jede Hilfe hatte ihn verlassen.

MISSTRAUEN UND GNADENLOSIGKEIT DES CONSTANTIUS
Amm. Marc. 14, 5,2–5

Constantius glaubte in seiner Empfindlichkeit, alles, was ihm zu Ohren kam, sei zu seinem Untergang geschehen oder ausgedacht, und darum löste sein Sieg[4] durch die Hinrichtung Unschuldiger viel Trauer aus. Denn wenn ein Militär oder höherer Beamter oder sonst ein Vornehmer aus seiner näheren Umgebung auf bloßes Gerücht hin in den Verdacht kam, die feindliche Partei unterstützt zu haben, wurde er in Ketten gelegt, wie ein wildes Tier herumgezerrt und mit dem Tod oder Einziehung seiner Güter oder Verbannung auf eine öde Insel bestraft.

Der Kaiser war an sich schon zu Härte, Jähzorn und leeren Verdächtigungen geneigt; es kamen aber auch noch die blutdürstigen Schmeicheleien seiner Höflinge hinzu, welche die Vorfälle aufbauschten und Schmerz über den Verlust heuchelten, wenn des Kaisers Leben in Gefahr geraten sollte, an dessen Wohlergehen ihren gleisnerischen Worten nach der Bestand des ganzen Erdkreises hing. Daher soll der Herrscher auch niemand, wenn über ihn eine Strafe ausgesprochen war, begnadigt haben. Dieser verhängnisvolle Fehler wurde mit zunehmendem Alter noch schlimmer, und die Schar der Schmeichler bestärkte den Kaiser noch in seinem Starrsinn.

355 n. Chr.
1108 a. u. c.
DER KAISER UND DER BISCHOF VON ROM Amm. Marc. 15, 7,7–10

Athanasios, der Bischof von Alexandria (328–373), erhob sich, wie dauernde Gerüchte behaupteten, über seinen Stand und versuchte, sich in fremde Dinge einzumischen. Daher enthob ihn eine Synode seines Amtes. Auf kaiserlichen Befehl sollte nun Liberius, der Bischof von Rom, ihn durch ein amtliches Schreiben für abgesetzt erklären; er verweigerte dies aber mit aller Entschiedenheit, wobei er immer wieder laut erklärte, einen Menschen ungesehen und ungehört zu verurteilen, sei bitterstes Unrecht. Damit stellte sich Liberius in offenen Widerspruch zum kaiserlichen Entscheid. Obwohl nämlich Constantius, stets ein Feind des Athanasios[5], genau wußte, daß seinem Befehl Genüge getan worden war, wünschte er doch brennend, daß die Absetzung durch das höhere Ansehen des Bischofs der Ewigen Stadt gestützt werde. Als dieses Verlangen unerfüllt blieb, konnte Liberius aus Furcht vor dem Volk, das ihm in besonderer Verehrung anhing, nur mit großer Mühe mitten in der Nacht aus der Stadt weggeholt werden.[6]

DIE ERHEBUNG JULIANS ZUM CAESAR Zos. 3, 1,1–2; 2,1–2

6. November
355 n. Chr.
1108 a. u. c.

Constantius mußte feststellen, daß allenthalben die den Römern untertänigen Gebiete Angriffen der Barbaren ausgesetzt waren und Franken, Alemannen wie auch Sachsen bereits vierzig Städte am Rhein erobert und völlig zerstört, ihre Einwohner aber, eine riesige Menschenmenge, samt einer Beute von unschätzbarem Werte mit sich weggeführt hatten; außerdem waren die Quaden und Sarmaten ganz ungestört dabei, Pannonien und das obere Mösien heimzusuchen, während die Perser von einer Bedrohung des Ostens nicht abließen, mochten sie sich auch zuvor aus Furcht vor einem Angriff des Gallus ruhig verhalten haben.

Constantius wußte nicht, wie er mit den Schwierigkeiten fertig werden solle. Einerseits fühlte er sich außerstande, allein einer so bedenklichen Lage abzuhelfen, andererseits wagte er nicht, einen Mitregenten zu bestellen wegen seiner Herrschsucht und des gegen alle gerichteten Verdachts, daß ihm auch nicht ein einziger Mensch ganz und gar loyal sei. Ob dieser Bedrängnisse fühlte er sich in arger Not; doch da das Römische Reich in höchster Gefahr schwebte, riet Eusebia, die Gemahlin des Constantius, eine hochgebildete und kluge Frau, ihrem Gatten, Julian als Caesar an die Spitze der Provinzen jenseits der Alpen zu stellen. Er war ein Enkel Constantius' I.

Der Kaiser ließ Julian aus Athen, wo er mit den dortigen Philosophen verkehrte und seine Lehrer auf jedem Wissensgebiet übertraf, an den Hof kommen. Als er in Italien eingetroffen war, ernannte ihn der Kaiser zum Caesar, vermählte ihn mit seiner Schwester Helena und entsandte ihn in die Provinzen jenseits der Alpen. Aber von Natur aus mißtrauisch und noch nicht sicher, daß Julian sich ihm gegenüber loyal und treu verhalten werde, gab er ihm Marcellus und Salustius mit auf den Weg und vertraute ihnen, nicht aber dem Caesar, die Verwaltung der dortigen Gebiete an.

Danach begab Constantius sich selbst nach Pannonien und Mösien, regelte dort die mit den Quaden und Sarmaten zusammenhängenden Fragen und wandte sich dann dem Osten zu, wohin ihn die Angriffe der Perser riefen.

JULIAN IN GALLIEN Oros. 7, 29,15

355–360 n. Chr.
1108–1113 a. u. c.

Julian stellte in den vom Feind verwüsteten und zu Boden geworfenen gallischen Provinzen sehr tatkräftig die Ordnung wieder her, schlug mit einer kleinen Streitmacht eine große Menge von Alemannen[7] und überwältigte die Germanen am Rhein.

PREIS JULIANS Amm. Marc. 16, 1,4

Im Krieg wie im Frieden verbreitete sich Julians Ruhm so rasch, daß er wegen seiner Klugheit für einen zweiten Titus, den Sohn Vespasians, wegen seiner ruhmreichen Kriegszüge für das Ebenbild Trajans gehalten wurde; auch galt er als ebenso gütig wie Antoninus und wegen seines Suchens nach richtigem und vollkommenem Denken als wesensgleich mit Marc Aurel, den er in seinen Taten und Sitten zum Vorbild nahm.

357 n. Chr.
1110 a. u. c.

ANGEMASSTER RUHM Amm. Marc. 16, 12,70

Obwohl Constantius während der Schlacht von Straßburg vierzig Poststationen entfernt war, sagte er doch in der Schilderung der Schlacht, er habe das Treffen geordnet, habe unter den Feldzeichenträgern gestanden und habe die Barbaren kopfüber in die Flucht gejagt; lügenhaft berichtete er des weiteren, der Alemannenkönig Chnodomar sei ihm vorgeführt worden, während er für die Ruhmestaten Julians kein einziges Wort fand.

RELIGIONSPOLITIK CONSTANTIUS' II. Cod. Theod. 16, 10,4

Ein kaiserlicher Erlaß vom 1. Dezember 354:
Wir haben beschlossen, daß überall und in allen Städten auf der Stelle die Tempel geschlossen werden und daß dadurch, daß allen der Zutritt verboten wird, den Verworfenen die Freiheit genommen wird, sich zu vergehen. Wir wollen auch, daß sich alle der Opfer enthalten. Wenn aber jemand etwas derartiges begehen sollte, so soll er durch das rächende Schwert hingestreckt werden. Das Vermögen der Hingerichteten soll dem Fiskus anheimfallen, und die Leiter der Provinzen sollen ähnlich bestraft werden, wenn sie es versäumen, diese Verbrechen zu ahnden.

28. April bis
29. Mai
357 n. Chr.
1110 a. u. c.

CONSTANTIUS II. IN ROM Amm. Marc. 16, 10,1.2.4–7.9–10

Damals drängte es Constantius, Rom zu besuchen; er wollte dem Volk einen überlangen Festzug, goldstarrende Fahnen und ein prächtiges Gefolge vor Augen führen. Nachdem die Vorbereitungen viele Unkosten verursacht hatten, zog er, von furchterweckenden Kriegerscharen umringt, wie an der Spitze einer schlagfertigen Armee einher, und aller Augen waren starr auf ihn gerichtet. Als er sich der Hauptstadt näherte und mit gnädiger Miene die Aufwartungen des Senats und der ehrwürdigen Gestalten patrizischer Herkunft betrachtete, glaubte er nicht wie Kineas, der Gesandte des Pyrrhos, eine Versammlung von Königen, sondern die Zufluchtsstätte der ganzen Welt vor sich zu haben. Als er sich von ihnen weg dem Volke zuwandte, mußte er staunen, wie zahlreich doch Menschen aller Art von überall her in Rom zusammengeströmt waren. Und gleich als wollte er den Euphrat oder Rhein mit dem Glanz seiner Waffen schrecken, zogen links und rechts Feldzeichen voran; er selbst saß allein auf einem goldenen Wagen, der in der Pracht farbiger Edelsteine blitzte. Ein bunter Zug ging dem Kaiser voraus; ihn selber umgaben Drachenfahnen aus Purpurgewebe, die an den Spitzen von vergoldeten und edelsteingeschmückten Lanzen befestigt waren.

Mit Heilrufen wurde der Kaiser begrüßt; doch der Jubel, von dem Berge und Ufer widerhallten, rührte ihn nicht; vielmehr zeigte er die gleiche unbewegliche Haltung, wie man sie von den Provinzen her an ihm kannte; als wäre sein Hals gepanzert, schaute er starr geradeaus und wandte sein Antlitz weder nach rechts noch nach links. Einer menschlichen Bildsäule gleich, wankte er auch nicht, wenn ein Wagenrad anstieß; ebensowenig spuckte er aus oder wischte oder rieb er sich Mund und Nase, ja man konnte nicht einmal eine Handbewegung an ihm wahrnehmen.

DIE HÖFLINGE UNTER CONSTANTIUS II. Amm. Marc. 21, 16,16

Den dünnen Stimmen seiner Eunuchen sowie einigen Höflingen war Constantius über die Maßen zugetan; diese klatschten dann auch bei jedem seiner Worte Beifall und paßten, um ihm beipflichten zu können, gut auf, wozu er ja oder nein sagte.

Der größte Teil der Höflinge bildete eine Pflanzschule aller möglichen Laster in üppigster Form, so daß sie mit ihren gemeinen Lüsten den Staat vergifteten und durch ihr Beispiel noch mehr als durch die Hemmungslosigkeit ihrer Verbrechen für viele ein Ärgernis waren. Mästeten sich doch einige von ihnen an Tempelraub und witterten bei jeder Gelegenheit Gewinn. Aus tiefster Armut zum höchsten Gipfel unermeßlicher Reichtümer emporgestiegen, kannten sie im Schenken, Rauben und Vergeuden kein Maß und hatten sich daran gewohnt, unablässig nach fremdem Gut zu greifen. Keime ausschweifenden Lebens, Meineide sowie Geringachtung von Ehre und Ruf nahmen von dort ihren Ausgang, während ihr unsinniger Stolz seine Glaubwürdigkeit durch schimpfliche Gewinnsucht besudelte. Unter solchen Umständen nahmen Völlerei und widerliche Schlemmerei bei den Gastmählern zu; statt Triumphe auf dem Schlachtfeld feierte man solche an der Tafel. Und man pflegte mehr und mehr Seidengewänder zu tragen, die Kunstweberei nahm zu, und was die

Amm. Marc. 22, 4,2–5

Küche anlangt, so widmete man ihr ganz besondere Fürsorge; für ihre prächtig ausgeschmückten Häuser aber wurden riesige Grundstücke ausgesucht.

BESCHIMPFUNGEN JULIANS DURCH DIE HÖFLINGE Amm. Marc. 17, 11,1

Als man am Hoflager des Constantius von den Taten Julians erfuhr, zogen alle einflußreichen Chargen seine wohldurchdachten Entscheidungen und seine erfolgreich durchgeführten Unternehmen ins Lächerliche und ließen unaufhörlich geschmacklose Bemerkungen fallen wie diese: »Widerlich wird einem noch mit seinen Siegen dieser Ziegenbock, der ja gar kein Mensch ist«; dabei spielten sie auf Julians Behaarung an. Sie nannten ihn auch einen »geschwätzigen Maulwurf«, »einen Affen im Purpurmantel«, »ein griechisches Schulmeisterlein« und vieles dergleichen. Dem Kaiser, der so etwas und ähnliches nur zu gerne hörte, versuchten sie mit unverschämten Reden die Leistungen des Caesars zu verdunkeln; sie schalten ihn untätig, ängstlich, einen Stubengelehrten, der mit gedrechselten Redewendungen seine Taten übel ausschmücke.

Februar/März
360 n. Chr.
1113 a. u. c.

JULIANS ERHEBUNG ZUM AUGUSTUS Zos. 3, 8,1.3–4; 9,1–2

Constantius weilte damals im Osten. Um die Provinzen jenseits der Alpen stand es dank der fürsorglichen Leitung Julians gut. Auch ganz Italien und Illyrien waren ungefährdet, da sich die Barbaren jenseits der Donau ruhig verhielten; sie mußten ja fürchten, Julian könne von Gallien aus die Donau überqueren und über sie herfallen.

Da Julians Leistungen in aller Munde waren, wurde Constantius von heftigem Neid befallen. Das in Gallien und Spanien herrschende Glück setzte ihm zu und ließ ihn nach Vorwänden suchen, unter denen er allmählich und unbemerkt die Streitkräfte seines Caesars vermindern und ihn so um sein Ansehen bringen könne. Er wies Julian daher an, ihm zwei der in Gallien stehenden Legionen zuzuschicken, weil er deren Unterstützung benötige. Ohne seine Absicht zu erkennen und um ihm keinen Grund zur Verärgerung zu geben, kam Julian dem Auftrag sogleich nach. Da er sein Heer fortlaufend verstärkte und die in Grenznähe wohnenden Barbaren in solchem Schrecken hielt, daß sie von Krieg nicht einmal zu träumen wagten, verlangte Constantius von seinem Caesar noch weitere Truppenteile und befahl nach Erfüllung dieser Forderung bald danach die Abstellung von vier anderen Schwadronen. Und auf der Stelle gab Julian den Soldaten Befehl, sich zum Abmarsch fertigzumachen.

In Paris feierten die zum Ausrücken bereiten Soldaten bis tief in die Nacht hinein in der Nähe des Palastes ein Bankett und begriffen nicht im mindesten, was sich gegen den Caesar anbahnte. Einige von den Tribunen durchschauten jedoch aufgrund der Tatsachen das schon seit langem gegen den Caesar betriebene Spiel und ließen anonyme Schriftstücke unter den Soldaten zirkulieren. Darin zeigten sie, daß der Caesar, da ihm der Kaiser Stück für Stück heimlich die Macht entziehe, in äußerste Gefahr geraten werde, wenn sie sich nicht zusammenrotteten und den Abzug der Soldaten verhinderten.

Einige Soldaten lasen diese in Umlauf gesetzten Schreiben, ließen die Masse von dem Vorhaben wissen und versetzten alle in Wut. Hocherregt erhoben sich die Leute vom Trunk und stürmten, die Becher noch in Händen, zum Palast, brachen dort die Tore auf, führten den Caesar vor die Truppe, hoben ihn auf einen Schild, riefen ihn zum Kaiser aus und setzten ihm gewaltsam das Diadem aufs Haupt.

JULIANS BEMÜHEN UM WIEDERHERSTELLUNG DER ALTRÖMISCHEN GESITTUNG UND DER ALTEN GRÖSSE ROMS Jul., epist. 89a

Aus einem Brief Julians an Theodoros, den Oberpriester von Asien:
Ich bin überzeugt, daß man die von unseren Vätern ererbten, von Urbeginn an bestehenden Gesetze beibehalten muß, die offensichtlich ein Geschenk der Götter sind: sie wären nicht so gut, wenn sie nur von Menschen geschaffen worden wären. Nachdem es aber dahin gekommen ist, daß sie unter dem Einfluß des überhandnehmenden Reichtums und Wohllebens vernachlässigt und untergraben werden, müssen wir uns, glaube ich, gleichsam um eine grundlegende Neugestaltung bemühen.

Wenn ich die große Geringschätzung der Götter sehe, wie alle fromme Scheu gegenüber den höheren Mächten von einem unreinen und gemeinen Wohlleben völlig verdrängt worden ist, kann ich nur immer wieder diese betrüblichen Zustände beklagen.

Aus einer Rede Julians: Amm. Marc. 23, 5,22
Ich verspreche allen: Wenn dieses Unternehmen[8] glücklich zu Ende gebracht ist, will ich auf jegliches Vorrecht der Fürsten verzichten, die kraft ihrer Macht jedes Wort und jede Entscheidung für gerechtfertigt halten, und will über jeden Entschluß auf Wunsch Rechenschaft ablegen, ob er richtig oder falsch war.

Kaiser Julian (361–363)

Der Eid Julians:

Amm. Marc. 24, 3,9
Julian schwor immer wieder feierlich bei den riesigen Vorhaben, die er in Angriff genommen hatte: So wahr er die Perser unterjochen, so wahr er das erschütterte römische Weltreich wiederherstellen wolle.

DIE RELIGIONSPOLITIK JULIANS Amm. Marc. 21, 2,4–5

Julian gab sich zunächst, um alle ohne Widerstand für sich zu gewinnen, als Anhänger des christlichen Glaubens aus. Von diesem war er indessen schon längst heimlich abgefallen und beschäftigte sich mit Opfer- und Vogelschau und all dem anderen, was die Verehrer der Götter stets betrieben. Dies sollte aber vorläufig geheim bleiben, und so begab er sich an dem Festtag, den die Christen im Januar begehen und Epiphanie nennen, in eine ihrer Kirchen und entfernte sich erst wieder nach einem feierlichen Gebet (6. Januar 360).

Amm. Marc. 22, 5,2
Sobald Julian jedoch nichts mehr zu fürchten hatte,[9] da enthüllte er die Geheimnisse seiner Brust und verlangte in klaren, bestimmten Anordnungen, die Tempel zu öffnen, Opfertiere zu den Altären zu bringen und den Götterkult wieder einzuführen.

25, 4,20
Julians Gesetze waren maßvoll bis auf wenige Ausnahmen; dazu gehört die harte Anordnung, daß christliche Rhetoren und Grammatiklehrer nicht unterrichten durften, wenn sie sich nicht zur Verehrung der Götter bequemten (17. Juni 362).

Soz. 5, 3,4; 5, 5,2
Wenn Julian erfuhr, daß Gemeinden dem Hellenentum zuneigten, ermutigte er sie zur Beantragung von Vergünstigungen; den christlichen Gemeinden dagegen zeigte er deutlich seine Abneigung, indem er es ablehnte, sie zu besuchen und ihre Delegationen zu empfangen, wenn sie sich über Mißstände beschweren wollten.

Den Klerikern nahm er jede Abgabenfreiheit, jede Auszeichnung und die Lebensmittelzuteilungen, indem er die dazu erlassenen Gesetze aufhob, und er ließ die Zuwendungen wieder eintreiben, die sie vom Fiskus erhalten hatten.

Aus einem Brief Julians an den Statthalter Atarbios (362/363):
Bei den Göttern, ich will weder den Tod der Galiläer noch daß sie wider Recht und Gerechtigkeit mißhandelt werden noch daß sie sonst etwas Schlimmes erdulden; aber doch wird man unbedingt Männer, die die Götter verehren, ihnen vorziehen müssen. Denn durch der Galiläer Wahnsinn wäre beinahe alles umgestürzt worden, durch der Götter Gnade aber werden wir alle gerettet. Darum muß man die Götter und die Männer und Städte, die sie werthalten, ehren.

Jul., epist. 83

❖

Aus einem Brief Julians an die Bürger von Bosra in Arabien:
Ihr Diener der Götter, hütet euch, die Häuser derer zu beschädigen oder zu plündern, die mehr aus Unwissenheit als aus Überzeugung im Irrtum leben. Man muß die Menschen durch Vernunft zu überzeugen und zu belehren suchen, nicht durch Schläge und Beleidigungen und körperliche Mißhandlungen.

Jul., epist. 114

EINE VERHÄNGNISVOLLE ENTSCHEIDUNG Amm. Marc. 24, 7,3–7

Julian jagte immer höheren Zielen nach, mißachtete alle warnenden Stimmen und schalt seine Befehlshaber, weil sie aus Feigheit und Bequemlichkeit zur Aufgabe des fast schon eroberten Perserreiches rieten. So ließ er den Tigris links liegen und beschloß, geleitet von unseligen Führern, in Eilmärschen den Weg ins Landesinnere einzuschlagen. Und gleich als hätte Bellona ihre verhängnisvolle Fackel entzündet, ließ er zuvor noch Feuer an die Schiffe legen außer an zwölf kleinere, welche für den Fall künftiger Brückenbauten auf Lastwagen mitgeführt werden sollten. Jedermann fühlte nun Angst und äußerte seine Bedenken, und kein Soldat durfte mehr mit einem Rückweg zum Wasser rechnen, wenn etwa Wüstenlandschaften oder hohe Berge zur Umkehr zwangen.

Beim Vordringen ins Landesinnere lieferten reiche Gegenden Julian den nötigen Proviant in Fülle. Doch die Feinde merkten dies bald und verbrannten, um uns mit Hunger zu treffen, alles Gras samt den reifen Getreidefeldern; die Brände hinderten uns am Weitermarsch, so daß wir bis zum Erlöschen der Flammen Standlager beziehen mußten. Die Perser setzten uns weiterhin zu, indem sie sich bald absichtlich zerstreuten, zuweilen aber auch dichtgeschart Widerstand leisteten.

JULIANS TOD Oros. 7, 30,6

Als das Heer durch den quälenden Durst, durch die Glut der Sonne und dazu
durch die Mühsal mit den Sandmassen erschöpft und dem Untergang nahe war,
streifte der Kaiser, durch die so außerordentlich gefährliche Entwicklung beunruhigt, ziemlich unvorsichtig in der Weite der Wüste umher; dabei wurde er
von einem entgegenkommenden feindlichen Reiter mit einen Wurfspieß getroffen und starb.

Der christliche Autor bemerkt dazu:
So machte der barmherzige Gott die gottlosen Pläne durch den Tod des Gottlosen zunichte.

JOVIAN Zos. 3, 30,1–2

Nach dem Tod Julians versammelten sich alle höheren Offiziere und berieten
über die Frage, wem man die höchste Gewalt übertragen solle; denn es schien
ja unmöglich, ohne einen Oberkommandierenden den mitten im Feindesland
drohenden Gefahren zu entgehen. Eine einhellige Abstimmung bestellte Jovianus, der die Gardetruppen befehligte, zum Kaiser. Nachdem er den Purpurmantel angezogen und sich das Diadem aufs Haupt gelegt hatte, trat er den
Rückzug an.

Auf dem Rückmarsch wurde das römische Heer von den Persern unaufhörlich bedrängt.

Zos. 3, 31,1–2 Obwohl sich das Heer in solcher Notlage befand, eröffneten die Perser doch
Unterhandlungen, die auf eine friedliche Regelung abzielten, und entsandten
zu diesem Zweck den Surenas[10] und andere maßgebliche Persönlichkeiten.
Jovian ging auf diese Friedensangebote ein und bestimmte seinerseits als Unterhändler den Prätorianerpräfekten Salustius und den Arintheus, worauf sie nach
gegenseitigen Besprechungen einen dreißigjährigen Vertrag schlossen. Man
einigte sich darauf, daß die Römer den Persern die Provinz Zabdikene abtreten
sollten, außerdem die Provinzen Karduene, Rhemene und Zalene und zu allem
noch hinzu die dortigen Festungen, fünfzehn an Zahl, samt ihren Einwohnern,
Gütern, Vieh und allem, was sich sonst noch vorfand. Nisibis hingegen sollte
ohne seine Einwohner übergeben werden; sie durften nämlich umsiedeln, wohin es den Römern gefiel. Was Armenien betraf, so konnten die Perser auch
davon den Großteil in Besitz nehmen, während sie den Römern nur ein kleines Stück beließen. Aufgrund dieser Abmachungen kam der Vertrag zustande.
Den Römern sicherte er volle Freiheit zu, in die Heimat zurückzukehren; sie

sollten dabei in den persischen Grenzgebieten keinerlei Schaden anrichten und die Perser ihnen keinen Hinterhalt legen.

Auf dem Weg von Antiochia nach Konstantinopel überfiel Jovian plötzlich eine Krankheit, die seinem Leben zu Dadastana in Bithynien ein Ende setzte. Er hatte nur acht Monate regiert und hatte keine der großen politischen Aufgaben lösen können. **Zos. 3, 35,3**

VALENTINIAN UND VALENS WERDEN KAISER Zos. 3, 36,1–3; 4, 1,1–2

364 n. Chr.
1117 a. u. c.

Bei der Beratung der Frage, wer nach dem Tod Jovians an die Spitze des Staates treten solle, äußerten sich die Truppen und die Befehlshaber in vielen Reden über zahlreiche Anwärter, bis schließlich alle Stimmen auf Salustius fielen. Doch dieser schützte sein hohes Alter vor und erklärte, aus diesem Grunde der schwierigen Lage nicht gewachsen zu sein. Nun sollte wenigstens sein Sohn das höchste Amt übernehmen. Der wieder verwies auf seine Jugend und seine Unfähigkeit, die Last eines so schwierigen Amtes auf seine Schultern zu nehmen. Da gaben die Wähler ihre Stimmen dem Valentinian, der aus der pannonischen Stadt Cibalis stammte und an nicht wenigen Kriegen teilgenommen hatte, jedoch über keinerlei Bildung verfügte. Da er nicht zugegen war, ließen sie ihn kommen, und so verstrich ein Zeitraum von einigen Tagen, ohne daß der Staat ein Oberhaupt hatte. Als dann Valentinian in Nicaea zum Heere stieß, trat er dort die Herrschaft an (25. Februar 364) und setzte den Rückmarsch fort.

Unterwegs befiel den neuen Kaiser eine Krankheit. Als diese nachließ, zog er weiter nach Konstantinopel. Hier verlangten die Truppen und die ihm sonstwie nahestehenden Persönlichkeiten, er solle sich einen Mitkaiser wählen, damit sie, wenn es zu einer Gefährdung des Staates kommen sollte, einen Nachfolger hätten und nicht in die gleichen Schwierigkeiten wie beim Tode Julians gerieten. Valentinian kam dem Wunsch nach und wählte seinen Bruder Valens; er glaubte, dieser werde ihm am treuesten ergeben sein, und so ernannte er ihn zum Teilhaber an der Macht (28. März 364).

Kaiser Valentinian I. (364–375)

ERSTE REGIERUNGSMASSNAHMEN DER BEIDEN KAISER
Zos. 4, 2,1.3–4; 4,3,1; 4,3,4–5

Während die beiden Herrscher in Konstantinopel weilten, streuten Leute, die gegen die Anhänger Julians intrigierten, vor dem Kaiserpalast unablässig Gerüchte aus, die Genannten planten Anschläge gegen die Kaiser. Die Kaiser aber, an sich schon den Anhängern Julians gram, verstärkten ihren Haß gegen sie und leiteten gänzlich unbegründete Prozesse ein. Aus Sorge um die politische wie militärische Lage wandten sich die Kaiser dann der Aufgabe zu, die Provinzen unter die Statthalter zu verteilen und zu prüfen, welchen Persönlichkeiten sie den Schutz des kaiserlichen Hofes anvertrauen sollten. So wurden denn all jene, denen Julian die Leitung von Provinzen oder andere Ämter übertragen hatte, dieser Dienste enthoben. Nachdem die Kaiser diese Entscheidungen getroffen hatten, beschloß Valentinian, das Reich mit seinem Bruder zu teilen; ihm überließ er den Osten bis hin nach Ägypten, Bithynien und Thrakien; für sich selbst aber nahm er die Städte Illyriens in Besitz, ging dann nach Italien hinüber und behielt die dortigen Städte, dazu die Provinzen jenseits der Alpen, ferner Spanien, Britannien und das ganze Afrika für sich.

DIE LAGE NACH DEM REGIERUNGSANTRITT
DES VALENTINIAN UND VALENS Amm. Marc. 26, 4,5–6

Um diese Zeit ertönten beinahe über das gesamte Römerreich hin die Kriegstrompeten, und die wildesten Volksstämme erhoben sich, um die ihnen benachbarten Grenzgebiete zu überrennen. Die Alemannen plünderten gleichzeitig Gallien und Rätien, die Sarmaten und Quaden Pannonien, während die Picten, Sachsen, Scotten und Attacotten den Briten dauernd Schaden zufügten. Die Austorianer wiederum und andere Maurenstämme bedrängten Africa mit ungewöhnlich heftigen Einfällen, und Thrakien litt unter plündernden gotischen Raubscharen. Der Perserkönig endlich legte Hand an Armenien und bemühte sich mit aller Gewalt, die Einwohner wieder unter seine Herrschaft zu bringen. Dazu hatte er keinerlei Recht, nahm aber als Vorwand, daß nach dem Tode Jovians, mit dem allein er einen Friedensvertrag geschlossen habe, ihn nichts mehr an der Rückgewinnung der Gebiete hindern dürfe, die einst, wie er behauptete, seinen Vorfahren gehört hätten.

DIE RELIGIONSPOLITIK DES VALENTINIAN UND DES VALENS Soz. 6, 6,10

Beide Kaiser waren Christen, doch gegensätzlich im Glauben und im Wesen. Valens engagierte sich für den Glauben des Arius und hielt es für unerträglich, nicht alle zur Glaubensgemeinschaft mit ihm zu zwingen. Valentinian dagegen, der den Glauben der in Nicaea Zusammengetretenen teilte, förderte diese, die Andersgläubigen aber ließ er in Ruhe.

DER HUNNENSTURM Zos. 4, 20,3

um 375 n. Chr.
1128 a. u. c.

Auf die jenseits der Donau wohnenden Völker warf sich plötzlich ein Barbarenstamm, der, zuvor unbekannt, damals überraschend erschien. Man nannte sie Hunnen.

Das Volk der Hunnen ist über alle Maßen wild. Sie ernähren sich von den Wurzeln wildwachsender Kräuter und von dem halbrohen Fleisch irgendeines Tieres, das sie zwischen ihre Schenkel und den Pferderücken legen und ein wenig warmreiten. Niemals haben sie ein Hausdach über dem Kopf; unstet durchziehen sie Gebirge und Wälder und gewöhnen sich von frühester Jugend daran, Hunger, Kälte und Durst zu ertragen.

Die Hunnen eignen sich nicht für Kämpfe zu Fuß, dagegen sind sie mit ihren zwar abgehärteten, doch unansehnlichen Pferden wie verwachsen. Wenn sie ein Gefecht beginnen, lassen sie ein vielstimmiges, wildes Gebrüll ertönen. Leichtbewaffnet und plötzlich zum allgemeinen Verderben auftauchend, stieben sie absichtlich auch schnell wieder auseinander; hin und her sprengend, richten sie ein entsetzliches Blutbad an, und bei ihrer blitzartigen Geschwindigkeit bekommt man sie kaum zu Gesicht, wenn sie in eine Befestigung einbrechen oder ein Lager ausplündern. Aus der Ferne schießen sie mit Pfeilen, die statt der herkömmlichen Spitzen kunstvoll mit scharfen Knochenstücken versehen sind; im Nahkampf hingegen setzen sie sich ohne eigene Schonung mit der Waffe ein und fangen, während sie sich selbst vor den gefährlichen Schwertstreichen in acht nehmen, ihre Gegner mit geflochtenen Lassos und nehmen ihnen so die Möglichkeit zu reiten oder zu gehen.

Amm. Marc. 31,
2,1.3.4.6.8.9

Die Hunnen überrannten das Land der Alanen, der Grenznachbarn der Greutungen, töteten und beraubten viele und gliederten sich den Rest durch einen Beistandsvertrag ein. Zusammen mit ihnen überfielen sie (um 375) verwegen in einem plötzlichen Angriff die weitgedehnten, reichen Gaue Ermenrichs, des sehr kriegerischen Königs der Greutungen, der durch zahlreiche Heldentaten bei den Nachbarvölkern gefürchtet war.

Amm. Marc. 31,3,1

Ermenrich versuchte eine Zeitlang Widerstand zu leisten, nahm sich dann aber das Leben. Sein Nachfolger Vithimir fiel im Kampf. Alatheus und Saphrax, die für seinen kleinen Sohn Vitherich die Regentschaft führten, gaben den aussichtslosen Widerstand auf, verließen ihre Wohnsitze und gelangten an den Dnjestr.

DIE AUFNAHME DER TERVINGEN IN DAS RÖMISCHE REICHSGEBIET
Amm. Marc. 31, 3,8; 4,1.4.5

Der Tervingenherrscher Athanarich hoffte, die Hunnen von seinem Gebiet fernhalten zu können, suchte aber nach dem ersten Treffen mit einem Teil seines Stammes Zuflucht in den Karpaten.

Indessen verbreitete sich bei den übrigen Gotenstämmen das Gerücht, eine bisher noch unbekannte Menschenrasse habe sich aus einem verborgenen Winkel erhoben und reiße alles nieder, was ihr in den Weg komme. Daraufhin suchte der größte Teil der Tervingen, der Athanarich verlassen hatte, nach einer neuen, den Barbaren unbekannten Bleibe und kam nach langer Überlegung, welche Wohnsitze man wählen solle, auf Thrakien als Zufluchtsort.

So besetzten sie unter Führung von Alaviv und Fritigern die Donauufer, schickten Gesandte an Valens und baten demütig um Aufnahme, wobei sie versprachen, sie wollten ein friedliches Leben führen und, wenn nötig, Hilfstruppen stellen. Die Angelegenheit weckte mehr Freude als Angst; die erfahrenen Schmeichler priesen in höchsten Tönen des Kaisers Glück, das ihm aus den fernsten Gegenden so viele Jungmannschaft zuführe und ihm wider Erwarten die Möglichkeit biete, die eignen und fremdstämmigen Streitkräfte zu vereinigen und dadurch ein unbesiegbares Heer zu gewinnen; außerdem fließe mit der Abgabe, die die Provinzen jährlich anstelle des Mannschaftsersatzes zahlten, eine gewaltige Menge Gold in die Staatskasse. In dieser Hoffnung schickte man verschiedene Beamte mit dem Auftrag ab, die wilde Menschenmenge samt ihren Fahrzeugen über den Fluß herüberzuholen. Die Goten bekamen auf diese Weise mit Erlaubnis des Kaisers die Möglichkeit, die Donau zu überqueren und Teile Thrakiens zu bewohnen, und Tag und Nacht kamen sie nun truppweise auf Schiffen, auf Flößen und auch auf Einbäumen herüber.

DER ÜBERGANG DER GREUTUNGEN INS REICHSGEBIET
Amm. Marc. 31, 4,12–13; 5,1–3

In diesen Tagen traf auch der Greutungenkönig Vitherich samt seinen Vormündern Alatheus und Saphrax am Donauufer ein und ließ durch eine eilige Gesandtschaft den Kaiser um eine ähnlich freundliche Aufnahme ersuchen. Ihre Bitten wurden jedoch abgewiesen – so schien es im Staatsinteresse zu sein –, und sie wußten in ihrer Bedrängnis weder aus noch ein.

Die Tervingen indessen, die schon längst den Fluß hatten überschreiten dürfen, trieben sich auch damals noch in der Nähe der Ufer herum und fühlten sich in doppelter Weise bedrängt: Zum einen erhielten sie durch das verderbliche Falschspiel der römischen Heerführer nicht das zum Lebensunterhalt Nötige, und dann hielt man sie absichtlich mit schmählichen Handelsgeschäften hin.[11] Als ihnen das klar wurde, erklärten sie murrend, sie würden es, um der drohenden Not abzuhelfen, auf einen Vertragsbruch ankommen lassen, worauf Lupicinus Truppen heranholte und sie zu schnellstem Abmarsch veranlaßte.

Diesen günstigen Augenblick machten sich die Greutungen zunutze. Als sie bemerkten, daß unsere Truppen anderwärts in Anspruch genommen waren und die Schiffe, die sonst hin- und hergefahren waren und ihnen den Übergang verwehrt hatten, vor Anker lagen, setzten sie auf schlecht gezimmerten Flößen über den Fluß und schlugen weit entfernt von Fritigern ihr Lager auf.

DER AUSBRUCH DES GOTENKRIEGES Amm. Marc. 31, 5,5–8

377 n. Chr.
1130 a. u. c.

Lupicinus hatte Alaviv und Fritigern zu einem Gastmahl eingeladen, ließ aber gleichzeitig das einfache Barbarenvolk durch militärisches Aufgebot weit von den Mauern fernhalten, obwohl die Leute unablässig baten, man möge sie doch als römische Untertanen, die in Eintracht mit uns lebten, zum Besorgen von Lebensmitteln in die Stadt lassen. Dabei kam es zwischen den Einwohnern und den Abgewiesenen zu heftigem Streit, und daraus entwickelte sich ein Handgemenge. Als die Barbaren nun sahen, wie man ihre Angehörigen feindselig wegschleppte, fühlten sie sich aufs äußerste gereizt, töteten eine Anzahl Soldaten und nahmen die Rüstungen an sich.

Lupicinus erfuhr durch einen Geheimboten von diesem Zwischenfall, während er schon lange an üppiger Tafel bei rauschender Musik ausgestreckt dalag und von Wein und Schlaf wie benommen war. Er bedachte den mutmaßlichen Ausgang der Sache und befahl, das gesamte Gefolge der Häuptlinge, das als Ehrenwache und zu ihrem persönlichem Schutz vor dem Prätorium stand, umzubringen. Das Volk, das die Mauern umlagerte, nahm die Nachricht mit Erbitterung auf; um die gewaltsam, wie sie meinten, festgehaltenen Könige zu befreien, rotteten sich die Leute zusammen und ergingen sich in vielen schrecklichen Drohungen. Fritigern aber, rasch entschlossen, wie er war, und in der Furcht, er möchte zusammen mit den anderen als Geisel festgehalten werden, rief mit lauter Stimme, es werde einen blutigen Kampf geben, wenn man ihn und seine Gefährten nicht herauslasse, um das Volk zu beruhigen; dieses sei nur deshalb so empört, weil es glaube, man habe seine Führer unter dem Schein einer freundlichen Einladung in den Tod gelockt. Das wurde gestattet, woraufhin alle die Stadt verließen und mit Beifall und Freudenkundgebungen empfangen wurden. Dann bestiegen sie ihre Pferde und jagten davon.

Sobald die Fama diese Vorgänge verbreitete, entbrannte das ganze Tervingen-volk in Kampfeslust; sie erhoben nach ihrem Brauch die Feldzeichen und ließen die schrecklichen Klänge der Kriegstrompeten erschallen, und es bildeten sich Streifkommandos, welche die Gutshöfe ausplünderten und in Brand steckten und überall schreckliche Verwüstungen anrichteten.

378 n. Chr.
1131 a. u. c.

DAS ENDE DES VALENS Amm. Marc. 31, 13,12.14–15

Am 9. August 378 erlitten die Römer durch die Tervingen und Greutungen bei Adriano-pel eine vernichtende Niederlage.

In der ersten Dunkelheit wurde der Kaiser von einem Pfeil getroffen. Er war aber nicht sofort tot, sondern wurde mit einigen Leibwächtern und Eunuchen in ein nahegelegenes Landhaus geschafft, das mit einem zweiten Stockwerk meisterhaft befestigt war. Dort wurde er, während ihn ungeschickte Hände versorgten, von Feinden umstellt, die um seine Person nicht wußten, blieb aber vor der Schmach der Gefangenschaft bewahrt. Als nämlich seine Verfolger die verriegelten Türen zu erbrechen versuchten und dabei von einer Altane des Hauses aus mit Pfeilen beschossen wurden, schleppten sie, um nicht durch unvermeidliche Verzögerungen am Plündern gehindert zu werden, Stroh- und Reisigbündel zusammen, legten Feuer daran und verbrannten das Haus mit allen, die darin waren.

Kaiser Theodosius I. (379–395). Ausschnitt aus dem Missorium des Jahres 388

RELIGIONSPOLITIK DES THEODOSIUS (I): BEKÄMPFUNG DER HÄRETIKER
Cod. Theod. 16, 1,2

Edikt vom 28. Februar 380:
Es ist unser Wille, daß alle Völker, über die wir ein mildes und maßvolles Regiment führen, in der Religion leben, die der heilige Apostel Petrus den Römern überliefert hat; wir meinen damit, daß wir gemäß der apostolischen Unterweisung und der Lehre der Evangelien an eine Gottheit von Vater, Sohn und Heiligem Geist in gleicher Majestät und frommer Dreieinigkeit glauben. Wer dieses Gesetz befolgt, soll den Namen eines katholischen Christen führen; die anderen aber, die wir für töricht

und wahnsinnig halten, müssen den Schimpf einer häretischen Lehre tragen, und ihre Versammlungsstätten dürfen nicht den Namen »Kirchen« führen; sie selbst aber sollen zunächst der göttlichen Vergeltung anheimfallen, dann aber auch der Strafe, die wir nach dem Willen Gottes verhängen.

DER VERTRAG MIT DEN GOTEN Cons. Const., p. 243; Jord., Get. 145

382 n. Chr.
1135 a. u. c.

Am 3. Oktober 382 stellte sich das ganze Volk der Goten mit seinem König unter die Herrschaft der Römer und bildete mit den römischen Soldaten gleichsam einen Körper. Der Kriegsdienst der Verbündeten, der schon unter Constantin eingerichtet worden war, wurde erneuert und sie selbst »Verbündete« (foederati) genannt.

DER STREIT UM DEN VICTORIA-ALTAR Symm., Rel. 3,3.7.9.10

384 n. Chr.
1137 a. u. c.

Gratian hatte im Winter 382/383 den Altar der Victoria aus dem Sitzungssaal des Senats entfernen lassen. 384 bat Symmachus, der Stadtpräfekt von Rom, die Kaiser Valentinian II., Theodosius und Arcadius um Aufhebung dieser Maßnahme und Duldung der alten Kulte.

Wir bitten Euch, daß Ihr die Religion in der Form wieder einführt, wie sie dem Staat so lange nützlich war. Gewiß kann man Herrscher nennen von dieser und von jener Glaubensrichtung, mit dieser und mit jener Meinung; die früheren haben die Rituale der Väter vollzogen, die späteren haben sie nicht abgeschafft. Wenn Ihr Euch die Religion der älteren Herrscher nicht zum Vorbild nehmt, so haltet Euch wenigstens an die Duldsamkeit der letzten!

Constantius hat den Vestalinnen keines ihrer Privilegien genommen, er hat den Adligen Priesterämter zugewiesen, er hat den römischen Kulten ihre Zuschüsse nicht verweigert und er ist durch die Straßen der Ewigen Stadt hinter den erfreuten Senatoren einhergeschritten. Mit ruhigem Antlitz hat er die Heiligtümer angesehen und die auf den Giebeln eingemeißelten Götternamen gelesen. Er hat uns nach dem Ursprung der Tempel gefragt, ihre Erbauer bewundert und, obwohl er selbst einer anderen Religion anhing, hat er die unsere dem Reich erhalten.

Wollen wir uns einmal vorstellen, daß Roma selbst herantritt und mit diesen Worten zu Euch spricht: Beste der Herrscher, Väter des Vaterlandes, ehret mein Alter, in das mich fromme Pflichterfüllung gelangen ließ! Ich möchte bei den überkommenen Bräuchen bleiben; denn ich habe keinen Grund, sie zu bereuen. Nach meiner eigenen Art möchte ich leben, weil ich frei bin! Diese Form der Götterverehrung hat den Erdkreis meinen Gesetzen unterworfen, diese Opfer haben Hannibal von meinen Mauern und die Senonen vom Kapitol zurückgeschlagen.

Wir bitten um Frieden für die Götter unserer Väter und für die Götter unserer Heimat. Es ist billig, daß das, was alle Menschen verehren, als Eines angesehen wird. Wir sehen die gleichen Sterne, der Himmel ist uns gemeinsam, das gleiche Weltall schließt uns ein. Warum ist es so wichtig, nach welcher Lehre jeder die Wahrheit sucht? Man kann nicht nur auf einem einzigen Weg zu einem so erhabenen Geheimnis finden. Aber solche Fragen mögen Leute erörtern, die dafür Zeit haben. Jetzt tragen wir Euch keine Streitfragen, sondern Bitten vor.

Aus einem Brief des Mailänder Bischofs Ambrosius an Valentinian:

Ambr., epist. 17,1–3.7.13 Während alle Menschen, die unter römischer Herrschaft stehen, Euch, den Kaisern und Beherrschern des Erdkreises, dienen, dient Ihr selbst dem allmächtigen Gott und dem heiligen Glauben. Ein sicheres Heil gibt es nur, wenn jeder den wahren Gott, das heißt den Gott der Christen, der die ganze Welt regiert, aufrichtig verehrt.

Jeder dient diesem wahren Gott, und wer ihn annimmt, um ihn mit innigster Liebe zu verehren, ist nicht gleichgültig und duldsam, sondern voll Eifer im Glauben und in der Frömmigkeit. Wenn er das nicht ist, so darf er jedenfalls nicht damit einverstanden sein, daß die Götterbilder der Heiden verehrt und ihre gottlosen Bräuche gepflegt werden.

Da Du also, christlichster Kaiser, an den wahren Gott glauben und in diesem Glauben Eifer, Achtsamkeit und Frömmigkeit beweisen sollst, wundere ich mich, wie manche Leute von Dir erwarten konnten, Du würdest den heidnischen Göttern die Altäre wieder errichten lassen.

Wenn es um die Religion geht, muß man sich auf Gott besinnen. Keinem geschieht ein Unrecht, wenn der allmächtige Gott den Vorrang hat. Falls aber etwas anderes beschlossen wird, können wir Bischöfe dies nicht gleichgültig hinnehmen und dazu schweigen. Du kannst dann zwar noch in die Kirche kommen, aber Du wirst keinen Priester finden oder nur einen, der dich hinausweist.

In einem späteren Brief berichtet Ambrosius über die entscheidende Beratung:

Ambr., epist. 57,3 Meine Schreiben wurden im kaiserlichen Rat verlesen. Anwesend waren dort die Heermeister Bauto und Rumorides. Valentinian hörte auf meinen Rat und tat nichts anderes als das, was die Lehre unseres Glaubens forderte. Auch seine Gefolgsleute gaben nach.

KAISER UND KIRCHE

Aus einem Brief des Ambrosius:
Der Kaiser steht innerhalb der Kirche, nicht über ihr.

Ambr., epist.
75a, 36

DIE BLUTTAT VON THESSALONIKE UND DIE BUSSE
DES THEODOSIUS Soz. 7, 5,1.2.7

390 n. Chr.
1143 a. u. c.

Butherich, der Kommandant der in Thessalonike stationierten Truppen, hatte im Frühjahr 390 einen beim Volk sehr beliebten Wagenlenker wegen Unzucht verhaften lassen. Da er der Forderung der Bevölkerung nach Freilassung des Mannes nicht nachgab, kam es zu einem Aufruhr, bei dem er erschlagen wurde. Theodosius ordnete eine Vergeltungsaktion an: eine bestimmte Anzahl beliebiger Einwohner sollte hingerichtet werden. Er widerrief die Entscheidung zwar kurz darauf, doch es war zu spät; inzwischen hatten die über die Ermordung ihres Anführers aufgebrachten Soldaten die Bevölkerung ins Hippodrom gelockt und dort Tausende niedergemetzelt.

Als der Kaiser in Mailand in die Kirche kam, um zu beten, trat ihm Ambrosius, der Bischof der Stadt, an der Tür entgegen, faßte ihn bei seinem Purpurmantel und sagte in Anwesenheit der Volksmenge: »Halt, einem Mann, von Sünde verunreinigt und mit durch Unrecht blutbefleckten Händen, steht es nicht an, ohne Buße die heilige Schwelle zu betreten oder an den göttlichen Mysterien teilzuhaben.« Der Kaiser, erstaunt ob der Freimütigkeit des Bischofs, wurde nachdenklich und von Reuegefühlen gequält. Er bekannte öffentlich in der Kirche seine Sünde und legte während der ganzen ihm auferlegten Bußzeit den kaiserlichen Ornat nicht an.

Weihnachten 390 wurde Theodosius daraufhin wieder zur Kommunion zugelassen.

RELIGIONSPOLITIK DES THEODOSIUS (II):
BEKÄMPFUNG DES HEIDENTUMS Cod. Theod. 16, 10,12

Edikt vom 8. November 392:
Niemand darf an irgendeinem Orte, in irgendeiner Stadt den vernunftlosen Götterbildern ein unschuldiges Opfertier schlachten oder im geheimen zur Sühne seinen Lar mit Feuer, seinen Genius mit Wein, seine Penaten mit Räucherwerk verehren oder ihnen Lichter anzünden, Weihrauch streuen oder Kränze aufhängen. Wenn aber jemand in der Absicht, ein Tier zu opfern, es mit Opfermehl zu bestreuen oder die Eingeweide zu befragen wagt, gegen den soll jedermann eine Klage gestattet sein wie bei einem Majestätsverbrechen, und er

Valentinian II. (375–392)

soll die entsprechende Strafe erleiden, auch wenn er nichts gegen das Heil oder über das Heil der Herrscher herausfinden wollte. Wenn aber einer Götterbilder, die von Menschenhand gemacht sind und der Vergänglichkeit unterliegen, mit Weihrauch verehrt, der soll, als der Religionsverletzung schuldig, mit dem Verlust des Hauses oder Besitztums bestraft werden, in dem er erwiesenermaßen in heidnischem Aberglauben einen Götzendienst verrichtet hat. Denn alle Stätten, die einmal von Weihrauchduft erfüllt gewesen sind – vorausgesetzt, daß sie den Weihrauchspendern rechtmäßig gehörten –, bestimmen wir hiermit zur Einziehung für den Fiskus. Wenn aber jemand sich unterfängt, in Tempeln oder öffentlichen Heiligtümern bzw. in fremden Gebäuden oder Ländereien ein solches Opfer durchzuführen, soll er, sofern das Bauwerk nachweislich ohne Wissen des Herrn in Anspruch genommen ist, als Strafe 25 Pfund Gold zahlen; denjenigen aber, der zu diesem Frevel seine Genehmigung erteilt hat, wird die gleiche Strafe treffen wie den, der das Opfer vollzieht.

geschrieben
um 500 n. Chr.
1253 a. u. c.

DIE FOLGEN DER THEODOSIANISCHEN RELIGIONSPOLITIK AUS DER SICHT EINES HEIDNISCHEN HISTORIKERS Zos. 4, 59,3

Der Opferritus fand damals sein Ende, und all die von den Vorfahren überkommenen Kulte verfielen der Mißachtung. Die Folge aber war: Das Römerreich wurde Stück für Stück kleiner und zu einem Wohnsitz der Barbaren, es verlor schließlich seine Einwohner und geriet in einen Zustand, daß man nicht einmal die Plätze mehr feststellen konnte, wo ehedem die Städte gestanden hatten.

385 n. Chr.
1138 a. u. c.

ARBOGAST UND VALENTINIAN II. Zos. 4, 53,1–3

Arbogast, ein gebürtiger Franke, war durch Kaiser Gratian zum Unterfeldherrn des Bauto ernannt worden; nach Bautos Tod (385) hatte er die Heeresführung an sich gerissen, ohne daß der Kaiser sie ihm übertragen hätte. Da er den ihm untergebenen Soldaten ob seiner Tapferkeit, seiner Kenntnisse im Kriegswesen und seiner Geringschätzung allen Reichtums für diese Stellung geeignet erschien, gelangte er zu großer Macht, so daß er sich sogar dem Kaiser gegenüber ein freies Wort erlauben konnte und alles, was ihm nicht recht und passend dünkte, zu verhindern wußte. Valentinian fand ein solches Verhalten unerträglich und wehrte sich wiederholt dagegen, richtete aber nichts aus; war doch Arbogast durch die Zuneigung sämtlicher Soldaten geschützt. Da nun Valentinian die Unterordnung unter ihn nicht länger hinnehmen wollte, übergab er, während er auf dem Kaiserthron saß und Arbogast herantreten sah, diesem sein Entlassungsschreiben. Der las es und sagte: »Du hast mir das Amt nicht gegeben und wirst es mir auch nicht nehmen können!« Mit diesen Worten zerriß er das Schriftstück, warf es auf den Boden und entfernte sich. Von da an wuchs ihr Mißtrauen nicht nur im geheimen, ihre gegenseitige Feindschaft ward vielmehr der gesamten Öffentlichkeit deutlich.

DIE LETZTEN JAHRZEHNTE DES WESTRÖMISCHEN REICHES

395 – 476 n. Chr.

Die letzten Jahrzehnte des Weströmischen Reiches   427

ALARICUS AD PORTAS!

»Dem General Stilicho, der aus dem feigen, habgierigen, wortbrüchigen und arglistigen Volk der Vandalen stammte, genügte es nicht, der mächtigste Mann eines Kaisers zu sein, nein, er wollte seinen Sohn Eucherius auf dem Thron sehen! Deswegen behielt er Alarich und das Gotenvolk in der Hinterhand, um das Römerreich zu schwächen und zu schrecken!« Dieses Urteil des zeitgenössischen, christlichen Historikers Orosius ist gewiß haßerfüllt, aber wohl nicht ganz unzutreffend. Wie soll man es sich sonst erklären, daß Stilicho die sengend und brennend durch die Peloponnes ziehenden Westgoten stellte, einkesselte, durch Mangel an allem in äußerste Bedrängnis brachte – und sie dann nach Norden entkommen ließ? Alarich mit seinen halbverhungerten Leuten fiel nun in Epirus ein und hörte mit Morden und Plündern erst auf, als der oströmische Kaiser Arcadius ihn 396 offiziell in seine Dienste nahm, vielleicht, um seinem Bruder Honorius in Rom und dem ehrgeizigen Stilicho den Appetit auf seine eigene Reichshälfte zu verderben.

Tatsächlich setzte Alarich seine Leute bald nach Westen in Marsch, erschien in Oberitalien und belagerte Mailand, wo sich gerade Honorius mit seinem Hofstaat aufhielt. Die hohen Herren standen ziemliche Angst aus, bis Stilicho mit seinem durch Vandalen verstärkten Heer erschien und die Goten vertrieb. Während er ihnen nachsetzte und verlustreiche Schlachten schlug, verlegte Honorius 402 in aller Eile seine Residenz nach Ravenna, das durch sein sumpfiges Umland geschützt war. Diese Maßnahme war nur zu berechtigt, denn Alarich, kaum vertrieben, kam wieder und bedrohte Verona. Erneut gelang es Stilicho, das Gotenheer zu schlagen und einzukesseln, und wieder sah er davon ab, es zu vernichten. Er schloß vielmehr mit Alarich einen Bündnisvertrag, in dem er den Goten Land an der Save überließ und sie dazu ermunterte, die oströmische Provinz Illyricum, das heutige Dalmatien, für das Westreich zu erobern. Auch er selbst wollte sich an diesem Feldzug beteiligen, doch da erschien »Radagais, von allen früheren und gegenwärtigen Gegnern Roms bei weitem der schrecklichste, an der Spitze von 200 000 Goten und wollte das Blut aller Römer seinen Götzen weihen«. Orosius, der ein wahres Horrorszenario entwirft und die Angst, die in Rom umging, in grellen Farben malt, schreibt den Sieg über den gewaltigen Heerhaufen einem Hunnen und einem Goten zu und verschweigt, daß es Stilicho war, der die Germanen auf den Höhen bei Florenz einschloß und zur Kapitulation zwang. Die Folge war ein totaler Preisverfall für Germanensklaven, Stilicho aber stand auf der Höhe seines Ruhms. Er rüstete nun das Heer Alarichs, seines Bundesgenossen, ganz offen auf und plante die Invasion des Ostreichs – aber neue Germanenscharen, die in Gallien eindrangen, machten ihm einen Strich durch die Rechnung, zumal die bedrohte Provinz einen Gegenkaiser namens Constantin ausrief. Der konnte nicht verhindern, daß in der Folge auch Spanien in die Hände der wandernden Germanen fiel.

Auch Alarich nützte die Gunst der Stunde: Er forderte und erhielt von Stilicho unverschämt hohe Hilfsgelder, was die Germanenfeinde in der Umgebung des Honorius in helle Empörung versetzte. Konnte es sein, daß der Vandale und der Gote jenen Constantin, immerhin einen echten Römer, der eben gegen andere Barbaren kämpfte, bekriegen wollten?

Als 408 Arcadius starb und einen unmündigen Sohn hinterließ, machte Honorius Stilicho auf dessen Drängen zum Vormund des kleinen Theodosius. Bevor er aber ins Ostreich abreisen konnte, löste die grenzenlose Wut der Germanenfeinde bei einer Truppenparade in Pavia ein wüstes Massaker aus. Stilicho zögerte, gegen die mörderischen Römer vorzugehen, und der von seiner Umgebung aufgehetzte Honorius befahl, ihn zu verhaften. Die Flucht in eine Kirche rettete den angeblichen Verräter nicht: Er wurde herausgelockt und enthauptet.

Noch aber war Alarich da, stellte seine Forderungen und zog, als diese nicht erfüllt wurden, gegen Rom! Dort war man weder auf eine Belagerung eingestellt noch hinreichend mit Lebensmitteln versorgt. So blieb dem Stadtpräfekten, wenn er Schlimmeres verhindern wollte, nichts anderes übrig, als Alarich zu geben, was dieser verlangte: 5000 Pfund Gold, 30 000 Pfund Silber, 7000 prachtvolle Gewänder und Pelze und – als größte Kostbarkeit – 3000 Pfund Pfeffer, dazu alle Sklaven, die ins Gotenheer eintreten wollten.

Der Kaiser im fernen Ravenna sah sich ebenfalls mit Maximalforderungen konfrontiert, doch ging er nicht darauf ein, auch nicht, als Alarich den römischen Stadtpräfekten Attalus zum Gegenkaiser erhob. Er setzte ihn darum bald wieder ab und griff, empört über die Unnachgiebigkeit des Honorius, Rom erneut an.

Am 24. August 410 fiel die Stadt, die seit 800 Jahren keinen fremden Eroberer in ihren Mauern gesehen hatte, in die Hände der Goten, die sie gründlich plünderten. Schätze fanden sie genug, dazu eine junge und schöne Halbschwester des Kaisers, Galla Placidia, aber kaum Getreide. So zogen sie schon nach wenigen Tagen wieder ab, um nach Sizilien überzusetzen. Der Versuch mißlang, und zu allem Unglück starb auch noch Alarich, ihr König. Der Sage nach bestatteten sie ihn mit ungeheuren Grabbeigaben im Flußbett des Busento, den sie vorher gestaut und abgeleitet hatten. Dann ließen sie den Strom wieder in sein altes Bett fließen und töteten alle an den Arbeiten beteiligten Gefangenen, damit niemand verraten könne, wo der Eroberer Roms seine letzte Ruhestatt gefunden hatte.

Alarichs Nachfolger Athaulf machte eine erstaunliche Verwandlung vom Todfeind zum Retter Roms durch, schlug einen in Gallien aufgetretenen Gegenkaiser und heiratete Galla Placidia, ohne dadurch bei seinem Schwager Honorius Zugeständnisse zu erreichen. Er wurde vom kaiserlichen General Constantius aus Gallien vertrieben und fiel einem Mordanschlag zum Opfer. Sein Nachfolger Vallia gab Galla Placidia zurück und kämpfte für den Kaiser gegen Vandalen, Alanen und Sueben.

Honorius zwang unterdessen Galla Placidia in eine Ehe mit dem ihr unsympathischen Constantius, der zu ihrem Glück nicht mehr lange lebte. 421 floh sie mit ihren Kindern wegen eines Zerwürfnisses mit ihrem Bruder Honorius nach Konstantinopel zu Theodosius.

Da Honorius bald ohne Erben starb, wurde in Rom ein hoher Beamter namens Johannes zum Kaiser erhoben. Gegen ihn stellten sich Bonifatius, der Afrika verwaltete, und Theodosius, der Galla Placidia zurückführte und dafür sorgte, daß ihr kleiner Sohn Valentinian III. als Augustus ihrer Vormundschaft unterstellt wurde.

Als es aufgrund einer Intrige zu Spannungen zwischen dem Kaiserhof und Bonifatius kam, faßte dieser den fatalen Entschluß, die Vandalen zu Hilfe zu rufen, die 429 große Teile der Provinz Africa an sich rissen. Bonifatius mußte sich wieder Galla Placidia annähern und war zeitweilig ihr Heermeister, bis ihn Aëtius in diesem Amt ablöste. Der schlug sich, von Hunnen unterstützt, mit Franken, Goten und Burgundern herum und konnte Gallien einigermaßen stabilisieren. Da zogen neue Gewitterwolken auf: Das unter Attilas Herrschaft durch Eroberungen immer mächtiger gewordene Volk der Hunnen hatte sich sein Wohlverhalten durch Theodosius teuer bezahlen lassen; nun trat Attila an Valentinian mit dem Ansinnen heran, ihm seine Schwester Honoria, die ihm offenbar Avancen gemacht hatte, und die Hälfte seines Reichs als Mitgift zu überlassen.

Als ihm dieser Wunsch nicht erfüllt wurde, setzte er seine Scharen nach Westen in Marsch; 451 kam es zur berühmten Schlacht auf den Katalaunischen Feldern zwischen den Hunnen und Aëtius mit seinen westgotischen Verbündeten. Das große Ringen ging unentschieden aus; immerhin zog sich Attila zurück, um im nächsten Jahr nach Italien einzufallen, wo ihn Papst Leo der Große zum Abzug bereden konnte.

Bald darauf starb Attila plötzlich, die Hunnengefahr war gebannt. Der tapfere Aëtius aber, der ihnen in Gallien Paroli geboten hatte, erntete wenig

»Nächtlich am Busento lispeln, bei Cosenza dumpfe Lieder, / Aus den Wassern schallt es Antwort, und in Wirbeln klingt es wider! / Und den Fluß hinauf, hinunter, ziehn die Schatten tapfrer Goten, / Die den Alarich beweinen, ihres Volkes besten Toten.« Die Ballade des Grafen August von Platen stand früher in allen Lesebüchern. Wo aber ist die Geschichte von jenem mit Gold und edlen Steinen überreich gefüllten Grab überliefert? Orosius, der Zeitzeuge, berichtet nichts davon und erwähnt auch Alarichs Tod nur nebenher, erst der Westgote Jordanes, der im 6. Jh. eine Gotengeschichte verfaßte, und Paulus Diaconus, ein langobardischer Geschichtsschreiber des 8. Jahrhunderts, bringen die faszinierende Story. Kam sie wegen der Ermordung so vieler Zeugen erst später ans Licht? Schweigt Orosius vielleicht aus Haß auf Alarich? Wir wissen es nicht, doch eines ist gewiß: Die Goten haben ihren toten König ganz sicher in kein schlichtes Grab gelegt. Wenn man ihn eines Tages findet, wird das eine echte Sensation!

Dank dafür: Er wurde von Valentinian getötet, den seinerseits ein Jahr später Anhänger des Aëtius umbrachten.

Der neue Kaiser, Petronius Maximus, war noch keine zwei Monate im Amt, als auf Bitten der von ihm zur Ehe gezwungenen Kaiserwitwe Eudoxia der Vandalenkönig Geiserich vor Rom erschien. Petronius wurde 455 bei einem Fluchtversuch vom Volk gelyncht, die Stadt von den Vandalen erobert und gründlich geplündert.

Als Herrscher des Westreichs traten nacheinander einstige Parteigänger des Aëtius auf, die sich auf germanische Truppen stützten; als mächtiger Heermeister bewährte sich einige Zeit der Suebe Flavius Ricimer und betätigte sich schließlich sogar als Kaisermacher. Nach seinem Tod und dem seines Prätendenten Olybrius ließ der Patricius Orestes, der Stadtherr von Rom, sein Söhnchen Romulus zum Augustus ausrufen. Gegen beide erhoben sich die germanischen Söldner unter ihrem Führer Odoacer, machten diesen zum König und erschlugen Orestes.

Den unmündigen Romulus, der in den Quellen spöttischerweise Augustulus, Kaiserlein, genannt wird, verschonten sie, wiesen ihm ein Gut in Kampanien zu und setzten sogar eine Jahresrente für ihn aus. Dort führt ihn Friedrich Dürrenmatt als »Romulus den Großen« vor, der friedlich unter seinen Hühnern lebt.

DIE MACHTVERHÄLTNISSE NACH DEM TOD DES THEODOSIUS Zos. 5, 1,1

Das höchste Amt war nun auf Arcadius und Honorius übergegangen,[1] doch schienen beide nur dem Namen nach die Gewalt zu besitzen; in Wirklichkeit lag die ganze Macht der Regierung, was den Osten anlangte, bei dem Prätorianerpräfekten Rufinus, während über den Westen der Heermeister Stilicho entschied.

DIE SITUATION AN DER DONAUGRENZE IM JAHRE 396 Hier., epist. 60,16

Seit mehr als zwanzig Jahren wird zwischen Konstantinopel und den Julischen Alpen tagtäglich römisches Blut vergossen. Skythien, Thrakien, Makedonien, Thessalien, Dardanien, Dakien, Epirus, Dalmatien und ganz Pannonien werden von Goten, Sarmaten, Quaden, Alanen, Hunnen, Vandalen und Markomannen verwüstet, geplündert und ausgeraubt.

DER ERSTE EINFALL ALARICHS IN ITALIEN
Fasti Vind. prior., p. 299; Jord., Get. 147.152

Am 18. November 401 überquerten die Goten unter Führung Alarichs die Julischen Alpen und drangen in Italien ein, das sozusagen von Männern ganz entblößt war; ohne Widerstand zu finden, näherten sie sich der Kaiserstadt Mediolanum[2]. Als ihr Heer in die Nähe der Stadt gekommen war, schickten sie zum Kaiser Honorius, der dort seine Residenz hatte, eine Gesandtschaft und fragten an, ob er gestatte, daß sich die Goten friedlich in Italien niederließen. In diesem Fall wollten sie in solcher Eintracht mit den Römern leben, daß man sie für ein Volk halten könne; andernfalls solle der Stärkere den Schwächeren vertreiben und der Sieger in Ruhe die Herrschaft besitzen.

Mit Truppen, die er von der Rheingrenze abzog, und mit angeworbenen Germanen vertrieb Stilicho gegen Ende des Winters Alarich aus dem Gebiet um Mediolanum. Am 6. April 402 kam es bei dem ligurischen Pollentia, im Herbst des Jahres bei Verona zur Schlacht. Danach zog Alarich aus Italien wieder ab. Die Römer wiesen ihm Land im dalmatisch-pannonischen Raum an.

Kaiser Honorius (393–423) mit seiner Gattin Maria, der Tochter Stilichos
(Kameo von 398)

DER EINFALL DES OSTGOTEN RADAGAIS IN ITALIEN Zos. 5, 26,3–4

Radagais sammelte unter den jenseits von Donau und Rhein wohnenden Kel-
ten- und Germanenstämmen gegen vierhunderttausend Mann und schickte
sich an, mit ihnen in Italien einzubrechen. Als die Nachricht davon eintraf,
versetzte die erste Kunde alle in große Unruhe; die Städte gaben jede Hoffnung auf, und auch Rom selbst geriet in Panik, als schwebte es in äußerster
Gefahr. Stilicho aber zog das gesamte bei Ticinum in Ligurien lagernde
Heer – dort waren gegen dreißig Einheiten zusammengezogen – und was er
an Bundesgenossen aus den Reihen der Alanen und Hunnen gewinnen konnte,
an sich.

Mit diesem Heer rückte er gegen die Feinde, die Florentia belagerten, zwang sie, sich auf die Höhe von Faesulae zurückzuziehen, schloß sie dort ein und zwang sie zur Kapitulation. Radagais wurde am 23. August 406 hingerichtet.

Die Reaktion der heidnischen Bevölkerung Roms:

Oros. 7, 37,6–7 Als Radagais in bedrohlicher Nähe der römischen Bollwerke stand, liefen alle Heiden in der Stadt zusammen: Der Feind sei gewiß durch die Menge seiner Streitkräfte mächtig, vor allem aber durch den Schutz der Götter; die Stadt dagegen sei verlassen und werde zugrunde gehen, weil sie die Götter und die Kulte verloren habe. In großen Klagen erging man sich überall, und unaufhörlich erörterte man die Wiedereinführung und Feier der Opfer. In der ganzen Stadt waren heftige Gotteslästerungen zu hören, vor aller Welt wurde der Name Christi mit beschimpfenden Vorwürfen belastet.

Eine christliche Deutung von Radagais' Untergang:

Oros. 7, 37,11 Gott wollte, daß der heidnische Feind zugrunde ging, damit die lästernden heidnischen Römer durch seinen Untergang verwirrt würden. Vor allem aber geschah dies, weil die bei einem Herrscher bewundernswerte Selbstbeherrschung und der fromme Glaube des Kaisers Honorius nicht wenig göttliches Erbarmen verdiente.

Ende 406/407 n. Chr. 1159/1160 a. u. c. **DER EINFALL DER VANDALEN, ALANEN UND SUEBEN IN GALLIEN. DIE ERHEBUNG CONSTANTINS III.** Oros. 7, 40,3.4; Zos. 6, 2,1.2.6; 3,1.3

Zu Ende des Jahres 406 überquerten die Völkerschaften der Alanen, Sueben und Vandalen und mit ihnen viele andere den Rhein, fielen in Gallien ein und gelangten in direktem Ansturm bis zur Pyrenäenkette. Durch diesen Riegel für den Augenblick zurückgewiesen, strömten sie in die umliegenden Provinzen zurück.

Als sie in Gallien wild umhertobten, setzten sie durch ihre Mordtaten selbst die Heere in Britannien in Schrecken. In ihrer Angst, die Eindringlinge möchten auch zu ihnen noch vorstoßen, schritten sie zur Wahl eigener Herrscher. Zunächst erhoben sie Marcus auf den Thron. Da er jedoch ihrer Denkweise nicht entsprach, ermordeten sie ihn und bekleideten Gratian, einen römischen Bürger dieser Insel, mit Purpurmantel und Diadem. Indes waren sie auch mit ihm unzufrieden, setzten ihn deshalb nach vier Monaten wieder ab und nahmen ihm das Leben. Darauf übertrugen sie Constantin, einem einfachen Soldaten, allein wegen der in seinen Namen gesetzten Hoffnung die Kaiserwürde. Dieser verließ Britannien, setzte auf das Festland über, brachte die in Gallien stehenden Truppen auf seine Seite und legte starke Garnisonen in die Alpen, um die Übergänge nach Italien zu sperren. Auch am Rhein, wo man es seit den Tagen Julians an der nötigen Vorsorge hatte fehlen lassen, schuf er volle Sicherheit.[3]

STILICHOS PLAN ZUR ANGLIEDERUNG VON ILLYRIEN AN DAS WESTREICH. BEWILLIGUNG VON GELDZAHLUNGEN AN ALARICH

Zos. 5, 26,2

Als Stilicho sah, daß die Leute, die für Arcadius die Regierungsgeschäfte führten, ihm nicht wohlgesonnen waren, nahm er sich vor, mit Alarichs Unterstützung sämtliche illyrischen Provinzen dem Reichsteil des Honorius anzugliedern, schloß deshalb mit Alarich ein Abkommen und rechnete damit, seinen Plan alsbald ins Werk setzen zu können (405).

Der Einfall des Radagais in Italien verhinderte jedoch eine rasche Ausführung des Planes. 407 wies Stilicho Alarich an, im Sommer nach Epirus zu ziehen und sich dort bereitzuhalten. Die Erhebung Constantins III. zum Kaiser in Britannien und Gallien erzwang dann jedoch erneut einen Aufschub.

Zos. 5, 29,1.4–7.9

Zu Anfang des Jahres 408 erhielt Stilicho die Nachricht, Alarich habe Epirus verlassen und nähere sich Noricum. Von dort aus schickte Alarich eine Gesandtschaft an Stilicho und forderte Geld für seinen Aufenthalt in Epirus, zu dem es, wie er betonte, auf Stilichos Veranlassung hin gekommen sei, und für seinen Zug nach Italien und Noricum.

Stilicho empfing die Gesandtschaft, ließ sie aber dann in Ravenna zurück und begab sich selbst nach Rom, um mit dem Kaiser und dem Senat das weitere Vorgehen zu erörtern. Als sich daraufhin der Senat im Kaiserpalast versammelt hatte und über Krieg oder Frieden

Stilicho (um 400)

beriet, waren die meisten für Krieg; lediglich Stilicho und einige wenige, die sich ihm aus Furcht anschlossen, stimmten für Frieden mit Alarich. Die Kriegspartei wollte nun von Stilicho wissen, weshalb er dem Frieden den Vorzug gebe und es über sich bringe, diesen zur Schmach des römischen Namens für Geld zu erkaufen. Die Antwort lautete: Weil Alarich sich zum Vorteil des Kaisers so lange Zeit in Epirus aufgehalten habe, um zusammen mit ihm den Kaiser des Ostens zu bekriegen und Illyrien von dessen Herrschaftsbereich abzutrennen und es dem des Honorius hinzuzufügen. Stilichos Ausführungen erschienen allen wohlbegründet, worauf der Senat beschloß, man solle Alarich für den Frieden 4000 Pfund Gold zahlen. Die Mehrzahl stimmte allerdings nicht aus freiem Ermessen dafür, sondern nur aus Furcht vor Stilicho. Lampadius, ein Mann von vornehmer Herkunft und hohem Ansehen, bemerkte dazu leise: »Das ist kein Friede, sondern nur die Besiegelung unserer Knechtschaft.«[4]

408 n. Chr.
1161 a. u. c.

DER STURZ STILICHOS Zos. 5, 31,1.3–4; 32,1

Nach dem Tode des Kaisers Arcadius (1. Mai 408) wollte Stilicho in den Osten gehen und die Angelegenheiten von Arcadius' Sohn Theodosius regeln, der eine Vormundschaft benötigte.[5] Doch Kaiser Honorius wollte sich selbst auf den Weg machen und alles in Ordnung bringen, was die Herrschaft des Knaben sichern konnte. Damit war Stilicho gar nicht einverstanden, und er brachte den Herrscher von seinem Plan ab.

Ein gewisser Olympius, der aus der Gegend des Schwarzen Meeres stammte und am Kaiserhofe eine glänzende Stellung innehatte, überschüttete den Kaiser mit vielen lebensbedrohlichen Worten gegen Stilicho: Dieser plane die Reise nach Osten nur, um auf tückische Weise den jungen Theodosius zu töten und dann die Herrschaft im Osten seinem Sohn Eucherius zu übergeben.

Honorius glaubte ihm, ließ Stilicho fallen und am 23. August 408 hinrichten.

Ende
408 n. Chr.
1161 a. u. c.

DIE ERSTE BELAGERUNG ROMS DURCH ALARICH
Zos. 5, 36,1–3; 37,1; 39,1–2; 40,1.3.4; 41,4.6.7; 42,1.2

Alarich schickte Gesandte und forderte gegen Zahlung einer nicht eben hohen Summe den Abschluß eines Friedensvertrags. Als Geiseln sollte man ihm den Aëtius und den Jason überlassen, während er selbst einige seiner Edelinge stellen, dann Ruhe halten und sein Heer aus Noricum nach Pannonien verlegen wolle. Der Kaiser lehnte die Forderung ab. Er hätte jedoch entweder den Krieg durch den Abschluß eines Vertrages bei maßvollen Zahlungen aufschieben oder sich für den Krieg entscheiden, alles, was er an Truppen besaß, aufbieten und den Barbaren den Vormarsch verlegen müssen. Honorius aber setzte seine Hoffnungen auf die Luftschlösser eines Olympius und stellte Feldherren an die Spitze des Heeres, welche hinreichten, die Feinde mit Geringschätzung zu erfüllen. Alarich konnte über die Vorkehrungen des Honorius nur lachen und trat seinen Marsch auf Rom an (Herbst 408).

Ohne auf Widerstand zu stoßen, zog er durch Ober- und Mittelitalien.

Dann schloß er Rom von allen Seiten ein und unterbrach durch Sperrung des Tibers die Lebensmittelzufuhr vom Hafen her. Doch entschlossen sich die Römer durchzuhalten, da sie jeden Tag mit dem Eintreffen eines Hilfskorps aus Ravenna rechneten. Als jedoch niemand eintraf, beschlossen die Einwohner, die Getreideration zu verringern und gegenüber der bisher täglich verbrauchten Menge nur noch die Hälfte und später, als der Mangel zunahm, nur noch ein Drittel zu verbacken. Zu der Hungersnot kam noch eine Seuche, und sämtliche Plätze waren voll von Toten.

Als die Not den Höhepunkt erreichte, beschloß man, eine Gesandtschaft zum Feind zu schicken. Diese sollte erklären, die Einwohner seien zu einem maßvollen Frieden bereit, noch entschlossener indes zum Krieg; habe doch das Römervolk Waffen angelegt und zögere, da es in deren dauerndem Gebrauch geübt sei, nicht mehr länger, in den Krieg zu ziehen. Alarich hörte sich das an und überschüttete die Gesandten mit lautem Gelächter. Als man dann auf die Friedensbedingungen zu sprechen kam, gebrauchte er Wendungen, die alle Barbarenfrechheit überstiegen; erklärte er doch, die Belagerung nur dann aufheben zu wollen, wenn er alles Gold erhalte, über das die Stadt verfüge, ebenso das Silber, dazu alles, was er an beweglicher Habe in der Stadt finde, und auch die Sklaven barbarischer Herkunft. Da meint einer von den Gesandten: »Wenn du das alles bekommst, was läßt du dann noch den Stadtbewohnern übrig?« »Das Leben!« war die Antwort.

Die Gesandten kehrten zurück und teilten den Bürgern Alarichs Forderungen mit.

Erneut machten sich dann die Gesandten auf den Weg, und nachdem sehr viele Worte auf beiden Seiten gefallen waren, kam man überein, die Stadt solle fünftausend Pfund Gold entrichten, dazu dreißigtausend Pfund Silber, viertausend Seidengewänder sowie dreitausend scharlachrot gefärbte Felle und schließlich Pfeffer im Gewicht von dreitausend Pfund. Da aber die Stadt nicht über öffentliche Gelder verfügte, so mußten sämtliche vermögenden Senatoren zu dieser Abgabe ihren Beitrag leisten. Den fehlenden Rest ergänzte man durch den an den Götterbildern angebrachten Schmuck; es wurden sogar Götterbilder eingeschmolzen, sofern sie aus Gold und Silber waren. Auf diese Art und Weise kamen die Gelder zusammen.

Auch der Kaiser hielt es für angemessen, daß unter diesen Bedingungen der Friede zustande komme, und so wurden die Gelder den Barbaren ausgehändigt. Alarich aber gewährte den Stadtbewohnern einen Markt von drei Tagen; dazu gestattete er, vom Hafen her Getreide heranzuführen. Die Bürger konnten nun aufatmen. Sie verkauften alle überflüssigen Habseligkeiten und erstanden dafür das Nötige oder tauschten es für andere Gegenstände ein. Die Barbaren zogen von Rom ab und schlugen ihre Zelte in Etrurien auf.

Aus einem Brief des Hieronymus vom Jahre 409:

Hier., epist. 123,16,1   Seit geraumer Zeit waren wir vom Schwarzen Meer bis zu den Julischen Alpen nicht mehr Herren des uns gehörenden Gebietes. Nachdem die Feinde die Donau, den uns schützenden Damm, überschritten hatten, wurde dreißig Jahre lang im Herzen des Römischen Reiches Krieg geführt. Rom mußte innerhalb seiner Grenzen kämpfen, nicht zur Mehrung seines Ruhmes, sondern zur Rettung seiner Existenz. Nein, es kämpft nicht einmal mehr, sondern es erkauft sich mit Gold und seinem gesamten Besitze das Leben.

409 n. Chr. 1162 a. u. c. VERSTÄNDIGUNG ZWISCHEN HONORIUS UND CONSTANTIN III.
Zos. 5, 43,1–2

Zu dieser Zeit sandte der Usurpator Constantin Eunuchen zu Honorius und bat um Verzeihung dafür, daß er die Kaiserwürde angenommen habe; er habe sich diese nicht absichtlich angeeignet, sie sei ihm vielmehr von den Soldaten aufgenötigt worden. Honorius nahm diese Bitte zur Kenntnis, und da es ihm nicht einfach erschien, bei der Nähe Alarichs und seiner Barbaren an weitere Kriege zu denken, ging er auf die Bitten ein und schickte Constantin sogar einen Kaisermantel.

409 n. Chr. 1162 a. u. c. GALLIEN IM JAHRE 409 Hier., epist. 123,15,2–3

Zahllose wilde Völker haben von Gallien Besitz ergriffen. Alles Land zwischen den Alpen und den Pyrenäen, zwischen dem Ozean und dem Rhein haben Quaden und Vandalen, Sarmaten und Alanen, Gepiden und Heruler, Sachsen, Burgunder und Alemannen und die Feinde aus Pannonien[6] verheert. Mainz, einst eine hochberühmte Stadt, haben sie eingenommen und völlig zerstört; in der Kirche wurden viele tausend Menschen niedergemetzelt. Worms mußte eine lange Belagerung aushalten, bis es dem Untergang anheimfiel. Die mächtige Stadt Reims, ferner Amiens, Arras, das an der äußersten Grenze liegende Gebiet der Moriner, Tournay, Speyer, Straßburg, all das ist in den Besitz der Germanen übergegangen. Die Städte Aquitaniens, des Pyrenäenvorlandes, des Gebietes um Lyon und der Provinz Narbonne sind bis auf einige wenige zerstört; und vor deren Toren wütet das Schwert, drinnen aber der Hunger.

DAS EINDRINGEN DER ALANEN, VANDALEN UND SUEBEN IN SPANIEN UND DIE VERTEILUNG DES LANDES Oros. 7, 40,5–9

409 n. Chr.
1162 a. u. c.

Constantin III. schickte Statthalter nach Spanien (408). Zwei vornehme und reiche junge Männer, die Brüder Didymus und Veranius, nahmen sich vor, sich und ihr Heimatland für den rechtmäßigen Kaiser gegen den Usurpator sowie die Barbaren zu verteidigen, sammelten Sklaven von ihren eigenen Gütern und zogen zu den Pässen der Pyrenäen. Gegen sie entsandte Constantin seinen Sohn Constans mit Barbaren, die man ehedem für den Kriegsdienst gewonnen hatte. Nach Ermordung der beiden Brüder wurde die getreue und nützliche Wachmannschaft der Bauern entfernt und die Sicherung der Pyrenäenpässe den Barbaren anvertraut. Diese öffneten ihrem Auftrag zuwider die Pässe, ließen die Völkerschaften, die in Gallien umherstreiften, in die spanischen Provinzen hinein und taten sich mit ihnen zusammen (Herbst 409).

411 teilten die Eindringlinge das Land unter sich durch Losen: die hasdingischen Vandalen besetzten Gallaecien, die Sueben den äußersten Westen bis zum Ozean, die Alanen erlosten die Provinzen Lusitanien und Neu-Karthago, die silingischen Vandalen Baetica.

Hydat., p. 18

ALARICHS ZWEITER MARSCH AUF ROM Zos. 5, 48,3; 50,3; 6,6,1–3

409 n. Chr.
1162 a. u. c.

Die Forderungen Alarichs bei den Friedensverhandlungen des Jahres 409:
Alarich forderte die jährliche Bezahlung eines bestimmten Betrages in Gold sowie die Lieferung einer gewissen Getreidemenge; außerdem wollte er mit all seinen Leuten in Venetien, Noricum und Dalmatien Quartiere beziehen.

Als diese Forderungen abgelehnt wurden, drohte Alarich mit einem Angriff auf Rom, ging dann aber mit seinen Forderungen herunter:

Er begnüge sich mit Noricum, das irgendwo weit draußen an der Donau liege, dauernden Einfällen ausgesetzt sei und der Staatskasse nur geringen Abgaben liefere; außerdem sei er zufrieden, alljährlich nur so viel Getreide zu empfangen, wie der Kaiser für ausreichend erachte. Was das Gold anlange, so wolle er gleichfalls Zugeständnisse machen, und schließlich solle zwischen ihm und den Römern Freundschaft und Waffenbrüderschaft gegen jedermann bestehen, der Krieg mit dem Kaiserreich beginne.

Auch diese Forderungen wurden abgelehnt; die nach Stilichos Tod am Kaiserhof herrschende Partei war entschlossen, mit Alarich keinen Frieden zu schließen.

Alarich rückte daher wiederum gegen Rom (Ende 409) und drohte, die Stadt mit Gewalt einzunehmen, wenn die Bewohner nicht seine Partei ergriffen und gegen Kaiser Honorius zögen. Da sie seinen Forderungen gegenüber Bedenken trugen, belagerte er die Stadt, überfiel den Hafen und bemächtigte sich seiner nach mehrtägiger Einschließung. Dort fand er den gesamten Lebensmittelvorrat für die Stadt aufgespeichert und drohte nun, diesen für sein eigenes Heer aufzubrauchen, sofern die Römer nicht ungesäumt auf seine Forderungen eingingen. Daraufhin trat der Senat zusammen und willigte in alle Auflagen Alarichs ein.

Auf Befehl Alarichs wurde der Stadtpräfekt Attalus zum Gegenkaiser ernannt. Da er sich nicht in allem den Wünschen Alarichs fügte, wurde er im Juli 410 wieder abgesetzt.

24.–26. August 410 n. Chr. 1827 a. u. c. **DIE PLÜNDERUNG ROMS DURCH ALARICH** Oros. 7, 39,1

Im Jahre 410 belagerte Alarich Rom und versetzte es in Schrecken.

Prok., Vand. 1, 2,14.27

Nachdem mit der Belagerung schon viel Zeit vergangen war, empfand eine Frau namens Proba, die dank ihrem Reichtum und Ansehen die glanzvollste Stellung in den römischen Senatorenkreisen bekleidete, Mitleid mit den Römern, die an Hunger und anderen Drangsalen dahinstarben und sich gegenseitig auch schon auffraßen. Sie sah, daß keinerlei Hoffnung auf Rettung mehr bestand – Fluß und Hafen waren ja vom Feinde besetzt –, und befahl daher ihren Dienern, bei Nacht die Tore zu öffnen.

Jord., Get. 156

Die Goten drangen in Rom ein und plünderten es; sie legten jedoch nicht, wie es wilde Völkerschaften gewöhnlich tun, Feuer, und duldeten nicht, daß die heiligen Orte irgendwie verunehrt wurden.

Oros. 7, 39,15

Am dritten Tag, nachdem die Barbaren in die Stadt eingedrungen waren, zogen sie von selbst wieder ab.

Bei dieser Invasion wurde Galla Placidia, die Tochter des Kaisers Theodosius, die Schwester der Kaiser Arcadius und Honorius, als Gefangene mitgenommen.

Oros. 7, 40,2; Marcell. Comes, p. 70

REAKTIONEN AUF DIE PLÜNDERUNG ROMS Hier., epist. 127,12

Hieronymus in einem Brief:
Die Stimme stockt mir, und vor Schluchzen kann ich nicht weiterdiktieren: die Stadt Rom ist eingenommen, die zuvor die ganze Welt besiegt hatte.

Augustinus im »Gottesstaat«:
Als ich mich anschickte, das Werk »Vom Gottesstaat« zu schreiben, schien es mir angebracht, zunächst denen zu entgegnen, die die Schuld an den zur Zeit die Welt zerrüttenden Kriegen und zumal der vor kurzem stattgefundenen Plünderung der Stadt Rom der christlichen Religion zuschreiben, die ihnen verbietet, mit frevlem Opferdienst Dämonen zu verehren.

Aug., civ. 2,2

Wie man sich erzählt, meldete damals in Ravenna ein Eunuch, offenbar ein Vogelwärter, dem Kaiser Honorius, daß Roma zugrunde gegangen sei. Und der Herrscher soll mit lauter Stimme gerufen haben: »Aber er hat doch gerade noch aus meinen Händen gefressen!« Der Kaiser besaß nämlich einen sehr großen Hahn namens Roma. Als nun der Eunuch dies hörte, erklärte er, die Stadt Rom sei durch Alarich zugrunde gegangen, worauf Honorius erleichtert aufatmete und zur Antwort gab: »Ich glaubte, lieber Freund, mein Vogel Roma sei eingegangen.«

Prok., Vand. 1, 2,25–26

DER TOD ALARICHS Jord., Get. 156–158

410 n. Chr.
1163 a. u. c.

Hierauf zogen die Goten durch Kampanien und Lukanien, die sie gleichermaßen heimsuchten, und kamen zu den Bruttiern. Hier saßen sie lange und dachten daran, nach Sizilien und von da in die Länder Afrikas hinüberzugehen. Mehrere ihrer Schiffe aber verschlang jenes furchtbare Meer, die meisten verschlug es. Dieses Mißgeschick entmutigte Alarich, und während er noch darüber nachdachte, was er tun solle, wurde er plötzlich von einem frühen Tod dahingerafft und schied von dieser Welt. Seine Leute, die ihn außerordentlich geliebt hatten, leiteten den Fluß Busentus bei der Stadt Consentia aus seinem Bett und ließen mitten in seinem Bett durch eine Gruppe Gefangener ein Grab ausheben. Im Schoß dieser Grube bestatteten sie Alarich mit vielen Schätzen.

Dann leiteten sie die Wassermassen wieder in ihr altes Bett zurück. Und damit von keinem je die Stelle entdeckt werde, töteten sie alle, die mitgegraben hatten.

411 n. Chr. DAS ENDE CONSTANTINS III. Oros. 7, 42,1; Greg. Tur. 2,9
1164 a. u. c.

Da Kaiser Honorius sah, daß angesichts soviel widerspenstiger Usurpatoren[7] nichts gegen die Barbaren unternommen werden konnte, befahl er im Jahre 411, zuerst die Usurpatoren selbst zu vernichten. Dem Comes Constantius wurde der Oberbefehl in diesem Krieg übertragen. Damals begann der Staat zu spüren, welchen Nutzen er von einem Feldherrn hatte, der endlich einmal ein Römer war, und welche Schädigung er bis dahin erlitten hatte, als er lange Zeit hindurch barbarischen Comites preisgegeben war. Der Comes Constantius brach mit dem Heer nach Gallien auf, schloß Kaiser Constantin in der Stadt Arelate ein und nahm ihn gefangen; als er dann sogleich nach Italien abgeführt wurde, kamen ihm vom Kaiser abgesandte Mörder entgegen und hieben ihm am Mincius das Haupt ab.

412–423 n. Chr. DIE WESTGOTEN UNTER ATHAULF UND VALLIA. GALLA PLACIDIA.
1165–1176 a. u. c. CONSTANTIUS III. Jord., Get. 158–160; Oros. 7, 43,5–6.12–13

Nach Alarichs Tod übertrugen die Westgoten Athaulf, einem Blutsverwandten Alarichs, die Königswürde. Nachdem er die Herrschaft übernommen hatte, kehrte er nach Rom zurück, schor alles, was von der ersten Heimsuchung übriggeblieben war, kahl ab wie die Heuschrecken[8] und beraubte Italien nicht nur seiner privaten Reichtümer, sondern nahm auch die des Staates weg, ohne daß der Kaiser Honorius imstande gewesen wäre, Widerstand zu leisten. Schließlich zog er weiter nach Gallien (412).

Da er hier Land zur Ansiedlung zu erhalten hoffte, bot er Honorius seine Unterstützung gegen Jovinus an, der 411 in Gallien zum Augustus ausgerufen worden war.

Athaulf zog jetzt vor, dem Kaiser Honorius treu Kriegsdienst zu leisten und für die Verteidigung des Römischen Staates die Streitkräfte der Goten einzusetzen. Zuvor hatte er mit glühendem Eifer danach getrachtet, den römischen Namen auszulöschen und das ganze römische Reichsgebiet zu einem Reich der Goten zu machen. Durch reichliche Erfahrung war er aber zu der Erkenntnis gelangt, daß die Goten wegen ihrer zügellosen Wildheit den Gesetzen nicht gehorchen könnten, andererseits jedoch die Gesetze des Staates, ohne die der Staat kein Staat sei, nicht verboten werden könnten; so hatte er sich wenigstens dafür entschieden, sich durch die völlige Wiederherstellung und Mehrung des römischen Namens mit Hilfe der gotischen Streitkräfte Ruhm zu erwerben, um bei der Nachwelt als der Urheber der Erneuerung Roms zu gelten.

413 besiegte Athaulf den Jovinus und lieferte ihn an Honorius aus, gab aber Galla Placidia nicht zurück, sondern heiratete sie selbst zu Beginn des Jahres 414. Constantius rückte im Lauf des Jahres auf Befehl des Honorius gegen Athaulf, schnitt ihm die Zufuhr ab und zwang ihn im Jahre 415, nach Spanien abzuziehen. Hier fiel er bald darauf einem Attentat zum Opfer. Nachdem ein Versuch der Goten, nach Afrika überzusetzen, gescheitert war, schloß Athaulfs zweiter Nachfolger Vallia 416 einen Vertrag mit den Römern:

Er schloß mit Kaiser Honorius einen sehr günstigen Frieden. Placidia, die Schwester des Kaisers, die er ehrenvoll und standesgemäß behandelt hatte, gab er dem Bruder zurück. Für die römische Sicherheitsgarantie bot er an, auf sein Risiko gegen die übrigen Völker, die sich in Spanien niedergelassen hatten, zu kämpfen und für die Römer zu siegen.

Nachdem Vallia den Alanen und den silingischen Vandalen schwerste Verluste zugefügt hatte, schloß Constantius 418 mit ihm einen neuen Vertrag und wies den Westgoten Wohnsitze in Aquitanien zu.
417 hatte Honorius seine Schwester Placidia mit Constantius verheiratet. Am 8. Februar 421 wurde Constantius zum Mitregenten erhoben; er starb aber schon am 2. September dieses Jahres. Das Verhältnis zwischen Honorius und Placidia verschlechterte sich in der Folgezeit; 423 floh Placidia mit ihren beiden Kindern Honoria und Valentinian nach Konstantinopel.

DER SENATSKAISER JOHANNES Prok., Vand. 1, 3,4–9

Am 15. August 423 starb Honorius. Die Mitglieder der kaiserlichen Hofhaltung in Rom erwählten einen der dortigen Militärs namens Johannes zum Kaiser[9]. Dies war ein Mann von milder Art, sehr klug und tüchtig. Er regierte in maßvoller Weise, lieh weder den Verleumdern sein Ohr noch ließ er von sich aus jemand ungerecht hinrichten oder riß Vermögenswerte an sich. Gegen die Barbaren freilich vermochte er nichts auszurichten, da er Byzanz zum Feinde hatte.[10]

Gegen diesen Johannes sandte Theodosius II., der Sohn des Arcadius, ein starkes Heer unter den Feldherrn Aspar und seinem Sohn Ardabur, machte seiner Herrschaft ein Ende und übertrug die Kaiserwürde an Valentinian III., der noch im Knabenalter stand. Dem Johannes aber ließ er nach seiner Gefangennahme eine Hand abhauen und ihn dann auf einem Esel im Hippodrom von

Aquileja herumführen. Der Unglückliche mußte dort viele Mißhandlungen und Schmähungen über sich ergehen lassen, bis man ihn schließlich hinrichtete (Mai/Juni 425).

Am 23. Oktober 425 wurde Valentinian III. durch den Gesandten des Theodosius in Rom zum Augustus ernannt. Seine Mutter Galla Placidia führte für ihn die Geschäfte.

427/429 n. Chr. EINE INTRIGE GEGEN BONIFATIUS.
1180/1182 a. u. c. DER ÜBERGANG DER VANDALEN NACH AFRIKA Prok., Vand. 1, 3,16–31

Placidia ernannte Bonifatius zum Oberbefehlshaber von Afrika[11]. Das war nicht im Sinne des Felix; aber er ließ sein Mißfallen in keiner Weise erkennen. Als Bonifatius abgereist war, verleumdete Felix[12] ihn bei Placidia, er wolle sie und den Kaiser ganz Afrikas berauben und sich dann zum Gewaltherrscher aufschwingen. Die Richtigkeit dieser Behauptung könne sie leicht bestätigt finden; wenn sie nämlich Bonifatius nach Rom berufe, werde er auf keinen Fall kommen. Als Placidia das hörte, glaubte sie, Felix meine es gut mit ihr, und handelte dementsprechend. Felix hatte indessen schon zuvor heimlich an Bonifatius geschrieben, die Mutter des Kaisers führe Böses gegen ihn im Schilde und wolle ihn aus dem Weg räumen; er werde einen gewichtigen Beweis dafür erhalten: Ohne jede Veranlassung werde man ihn abberufen.

Bonifatius nahm das Schreiben sehr ernst und verweigerte, als die Boten eintrafen und ihn zum Kaiser bescheiden wollten, diesem und seiner Mutter den Gehorsam, ohne dabei etwas von der Warnung des Felix durchblicken zu lassen. Auf diese Nachricht hin glaubte Placidia, Felix habe recht, und überdachte die von Bonifatius her drohende Gefahr.

Ein Heer, das nach Afrika geschickt wurde, erreichte nichts, da es seine Führer verlor; doch Felix schickte dann ein zweites Heer, das für Bonifatius gefährlicher wurde.

Bonifatius hielt sich weder für stark genug, um den Kampf mit dem Kaiser aufzunehmen, noch rechnete er damit, bei einem Gang nach Rom mit dem Leben davonzukommen; daher beschloß er, mit den Vandalen, die sich in Spanien unweit von Afrika niedergelassen hatten, ein Bündnis einzugehen.

Dort aber war Godigisel gestorben, und seine Söhne hatten die Herrschaft übernommen, Gunderich, der von seiner Ehefrau stammte, und Geiserich, ein Bastard. Von ihnen stand der erstere noch im Kindesalter und besaß wenig Tatkraft, während Geiserich im Kriegswesen bestens geübt und überhaupt der allertüchtigste Mann war. Bonifatius schickte nun seine engsten Vertrauten nach Spanien und gewann beide Söhne des Godigisel für einen Vertrag, wonach jeder ein Drittel von Afrika erhalten und über die Einwohner seines Gebietes herrschen sollte; wolle aber jemand einen von ihnen bekriegen, so würden sie gemeinsam die Angreifer abwehren. Gestützt auf dieses Abkommen setzten die Vandalen über die Straße von Gibraltar und gelangten nach Afrika.

In Rom konnten die Vertrauten des Bonifatius ein solches Vorgehen bei seinem Charakter nicht verstehen und wunderten sich sehr über sein Streben nach Gewaltherrschaft. Einige von ihnen kamen im Auftrag Placidias nach Karthago. Hier trafen sie mit Bonifatius zusammen und bekamen den Brief des Felix zu Gesicht. Als sie den Sachverhalt erfahren hatten, kehrten sie so rasch wie möglich nach Rom zurück, um der Kaiserin über Bonifatius und seine Einstellung zu ihr zu berichten. Die Frau geriet darüber in Bestürzung, tat aber dem Felix nichts zuleide und machte ihm auch wegen seiner Vergehen gegen das Kaiserhaus keine Vorwürfe; denn er verfügte über große Macht, während es um die Sache des Kaisers schlecht stand. Sie ersuchte indessen die Freunde des Bonifatius, ihn zu bewegen, ins Vaterland zurückzukehren und nicht zu dulden, daß das Römerreich unter Barbarenherrschaft komme.

Als Bonifatius dies vernahm, reute ihn sein Vorgehen und der mit den Barbaren geschlossene Vertrag. Er suchte sie daher unter zahllosen Versprechungen auf gütliche Weise für eine Räumung Afrikas zu gewinnen. Die Vandalen wollten jedoch nichts davon wissen, fühlten sich vielmehr durch seine Worte nur beschimpft, und so mußte er zu den Waffen

Der Konsul Felix; er war 425–430 der mächtigste Mann im Reich.

greifen. Dabei erlitt er eine Niederlage, die ihn zum Rückzug nach Hippo Regius zwang. Die Vandalen schlugen dort unter Führung Geiserichs ein Lager auf und begannen mit der Belagerung (Juni 430).

Als schon viel Zeit verstrichen war[13] und die Feinde weder durch Gewalt noch durch eine Übereinkunft Hippo Regius in ihre Hand bringen konnten, vielmehr selbst unter Hunger litten, hoben sie die Einschließung auf (Juli 431). Kurz darauf kam ein starkes Heer unter Aspars Führung aus Byzanz Bonifatius und den Römern zu Hilfe; sie beschlossen, den Kampf wieder aufzunehmen, erlitten aber in einer großen Schlacht durch die Feinde eine schwere Niederlage und mußten ihr Heil in der Flucht suchen. Während nun Aspar nach Byzanz zurückkehrte, begab sich Bonifatius zu Placidia (432) und zerstreute den auf ihm ruhenden Verdacht als unbegründet.

AËTIUS Greg. Tur. 2,8

Aëtius' Vater Gaudentius stammte aus einem vornehmen Geschlecht in der Provinz Skythien[14]; er stieg bis zum Heermeister der Reiterei auf. Seine Mutter war aus Italien, eine vornehme und reiche Frau. Aëtius, ihr Sohn[15], wurde drei Jahre dem Alarich, später den Hunnen als Geisel gegeben.[16]

Greg. Tur. 2,8; Prosp., p. 471

Von Johannes wurde er zum Aufseher des Palastes ernannt. Als dessen Gesandter von Theodosius verächtlich behandelt worden war und ihm drohende Botschaft brachte, schickte er Aëtius mit einer ungeheuren Summe Goldes zu den Hunnen, die ihm von der Zeit her, da er als Geisel bei ihnen weilte, bekannt und freundschaftlich verbunden waren, und gab ihm den Auftrag, den Feinden, sobald sie in Italien eingedrungen seien, in den Rücken zu fallen; er selbst werde sie von vorn angreifen.

Er führte 60 000 Mann heran, traf aber erst ein, als Johannes bereits tot war.

Aëtius wurde begnadigt, weil die Hunnen, die er für Johannes herangeführt hatte, durch sein Bemühen wieder in ihre Heimat zurückkehrten.

Aëtius wurde dann als Feldherr nach Gallien geschickt; hier kämpfte er erfolgreich gegen die Goten und die Franken.

Prosp., pp. 472.473; Agnellus, p. 301

429 erhielt Felix die Würde eines Patricius, Aëtius wurde zum Heermeister ernannt.

Aëtius tötete im Mai 430 den Felix samt seiner Frau Padusia und dem Diakon Grunitus, da er vermutete, sie planten einen Anschlag[17] gegen ihn.

Hydat., p. 22; Prosp., p. 473; Add. Havn., p. 301; Chron. Gall. a. 452, p. 658; Marcell. Comes, p. 78

Bonifatius wurde 432 von Placidia als Gegengewicht gegen Aëtius aus Afrika nach Italien gerufen und kehrte an den Kaiserhof zurück. Nachdem Aëtius abgesetzt worden war, wurde er sein Nachfolger und erhielt den Rang des Heermeisters. Wenige Monate später kam es bei Ariminum zu einer Schlacht zwischen Aëtius und Bonifatius; aus ihr ging Bonifatius als Sieger hervor, starb aber zwei Monate später an einer Wunde, die er erhalten hatte. An seine Stelle trat sein Schwiegersohn Sebastianus.

Nachdem Aëtius seine Macht eingebüßt hatte, lebte er auf seinem Landgut. Als hier einige seiner Gegner[18] ihn in einem plötzlichen Überfall zu töten versuchten, floh er nach Rom und von dort nach Dalmatien; dann gelangte er durch Pannonien zu den Hunnen; mit ihrer freundschaftlichen Hilfe erlangte er Frieden mit dem Kaiserhaus und nahm die Machtstellung wieder ein, die man ihm genommen hatte (433). *(Prosp., pp. 473 sq.; Prisk., frg. 11,1; Hydat., p. 22; Joh. Ant., frg. 201,3)*

Aëtius hatte dem Hunnenkönig Pannonien abgetreten.[19]

Sebastianus wurde von Aëtius besiegt[20] und vom Kaiserhof vertrieben.

Gestützt auf sein Bündnis mit den Barbaren, bevormundete Aëtius Placidia und ihren jungen Sohn.

DER VERTRAG MIT DEN VANDALEN Prosp., p. 479

442 n. Chr.
1195 a. u. c.

Kaiser Valentinian schloß mit Geiserich einen Friedensvertrag; dabei wurde Afrika zwischen beiden in bestimmte Gebiete aufgeteilt. Geiserich sollte jährlich Abgaben entrichten.[21] Er stellte auch Hunerich, einen seiner Söhne, als Geisel.

445 erhielt Geiserich seinen Sohn Hunerich wieder zurück, da sich die Beziehungen zwischen ihm und dem Kaiser sehr freundschaftlich gestalteten. *(Prok., Vand. 1, 4,13)*

Damals wurde Hunerich auch mit der sechsjährigen Kaisertochter Eudocia verlobt.

DER HUNNENKÖNIG ATTILA Jord., Get. 180–182

434–445 n. Chr.
1187–1198 a. u. c.

Attila war der Sohn Mundiucs, dessen Brüder Octar und Ruas vor Attila die Herrschaft bei den Hunnen hatten, wie man erzählt. Nach ihrem Tod (434) folgte er ihnen mit seinem Bruder Bleda in der Herrschaft über die Hunnen. Nachdem er seinen Bruder Bleda heimtückisch ermordet hatte (445), der über einen großen Teil der Hunnen herrschte, vereinigte er das ganze Volk unter seinem Szepter; und nachdem er die anderen Völker, die ihm untertan waren, in großer Zahl versammelt hatte, war sein sehnlichster Wunsch, die ersten Völker der Welt, die Römer und die Westgoten, zu unterwerfen. Sein Heer soll fünfhunderttausend Mann stark gewesen sein.

HONORIA

Jord., Rom. 328; Marcell. Comes, p. 79; Joh. Ant., frg. 199,2; Jord., Get. 224; Prisk., frgg. 20,1.3

Honoria, die Schwester Valentinians, wurde zum Ruhm des Hofes gezwungen, ihre Jungfräulichkeit zu wahren. Sie hatte aber Verkehr mit ihrem Vermögensverwalter Eugenius und wurde schwanger. Für diese Verfehlung wurde Eugenius hingerichtet, Honoria aus dem Palast gewiesen und mit Flavius Bassus Herculanus verlobt, einem Mann konsularischen Ranges. Daraufhin schickte Honoria heimlich den Eunuchen Hyacinthus zu Attila und bat ihn, sie gegen die Macht ihres Bruders in Schutz zu nehmen (449).

Als Attila gemeldet wurde, was mit Honoria geschehen war, ließ er Kaiser Valentinian durch eine Gesandtschaft sagen, er werde nicht dulden, daß man Honoria, die er zu seiner Frau ausersehen habe, ein Unrecht zufüge. Er werde sie rächen, wenn man sie von der Herrschaft ausschließen wolle.

Die Gesandtschaft kehrte unverrichteterdinge zurück. Der Kaiser antwortete, Attila könne Honoria nicht heiraten, da sie schon einem anderen angetraut sei. Ein Anteil an der Herrschaft stehe ihr nicht zu, da das Römerreich nur eine männliche, nicht aber eine weibliche Erbfolge kenne.

Da Attila Honoria und ihre Reichtümer gewinnen wollte, schickte er, ehe er zum Feldzug aufbrach, abermals Gesandte nach Italien, um die Herausgabe Honorias zu verlangen, die ihm die Ehe versprochen habe; zum Beweis gab er den Gesandten einen Ring mit, den Honoria ihm geschickt hatte und den sie vorweisen sollten. Auch müsse Valentinian ihm die Hälfte des Reiches abtreten, dessen rechtmäßige Erbin Honoria sei. Da aber die Römer nicht nachgeben wollten und die Forderungen Attilas zurückwiesen, bot dieser sein ganzes Heer auf und rüstete zum Kriege.

RÖMISCH-GOTISCHES BÜNDNIS GEGEN ATTILA Jord., Get. 189–191

Die Gesandten Valentinians gewannen Theoderich, den König der Westgoten, für ein Bündnis. Er brachte eine Unmasse Volkes auf.

Auf Seiten der Römer besaß der Patricius Aëtius, der damals die Stütze des Westreiches war, solche Umsicht, daß er, nachdem er seine Truppen zusammengezogen hatte, der wilden, unzählbaren Menge, gegen die er zog, wohl gewachsen war; denn folgende Hilfsvölker waren dabei: Franken, Sarmaten, Armoricianer, Liticianer, Burgunder, Sachsen, Riparer, Olibrionen, welche ehemals römische Soldaten gewesen, jetzt aber zu den Hilfsvölkern gestellt waren, und einige andere keltische und germanische Stämme.

ATTILA IN GALLIEN. DIE SCHLACHT IN DER KATALAUNISCHEN EBENE

Greg. Tur. 2,6.7; Prosp., pp. 481 sq.; Jord., Get. 217

451 n. Chr.

1204 a. u. c.

Die Hunnen zogen also von Pannonien aus und kamen am Vorabend vor dem heiligen Osterfest, alles verwüstend, nach Metz; sie warfen Feuer in die Stadt, töteten das Volk mit der Spitze des Schwertes und mordeten selbst die Priester des Herrn vor den geweihten Altären.

Nachdem Attila von Metz abgezogen war, verheerte er noch viele andere Städte Galliens. Er kam auch nach Orleans und berannte es mit Sturmböcken, um es zu erobern. Als die Mauern der Stadt schon einzustürzen drohten, da erschienen Aëtius und Theoderich der Gotenkönig mit ihren Heeren vor der Stadt, warfen den Feind und trieben ihn fort. Attila zog in die Katalaunische Ebene[22].

Hier kam es zur Schlacht. In ihr wich keine Seite, es gab unzählbare Haufen von Toten – man spricht von 165000 Gefallenen auf beiden Seiten. Es steht jedoch fest, daß die Hunnen insofern besiegt wurden, daß ihnen die Lust zu kämpfen verging und sie in ihre Heimat zurückkehrten.

ATTILA IN ITALIEN Jord., Get. 219–223

452 n. Chr.
1205 a. u. c.

Im folgenden Jahr brach Attila auf zur Unterwerfung der Römer. Im ersten Ansturm belagerte er Aquileja, die Hauptstadt Venetiens. Die Belagerung kam lange nicht voran; als seine Leute aber Belagerungsmaschinen bauten und Geschosse jeder Art einsetzten, drangen sie unverzüglich in die Stadt ein, plünderten, zerstörten und verwüsteten mit solcher Grausamkeit, daß sie kaum eine Spur von ihr übrigließen. Danach tobten sich die Hunnen, schon mutiger und noch nicht gesättigt am Blute der Römer, in den übrigen Städten Venetiens aus. Auch Mailand, die Hauptstadt Liguriens, einst die Kaiserstadt, verwüsteten sie in gleicher Weise und stürzten auch Pavia in dasselbe Unglück, vernichteten in ihrer Wut die Nachbarorte und verheerten fast ganz Italien. Als Attila auf Rom losrücken wollte, hielten ihn seine Leute davon ab, nicht aus Rücksicht auf die Stadt, deren Feinde sie waren, sondern im Hinblick auf das Schicksal Alarichs um das Leben ihres eigenen Königs besorgt; denn jener hatte Roms Sturz nicht lange überlebt, sondern war gleich darauf aus dem Leben geschieden.

Während Attila noch unschlüssig war und überlegte, ob er gehen oder nicht gehen sollte, kam eine Friedensgesandtschaft von Rom zu ihm; Papst Leo begab sich nämlich persönlich zu ihm auf das Ambuleische Gefilde in Venetien, wo eine Übergangsstelle ist für den Verkehr über den Mincius. Alsbald ließ Attila von seiner Raserei ab, versprach Frieden und kehrte dahin zurück, von wo er gekommen war.

Attila heiratete nach unzähligen Frauen, wie es bei jenem Volk Sitte war, ein sehr schönes Mädchen namens Ildico. Nachdem er sich bei der Hochzeit allzu großer Fröhlichkeit hingegeben hatte, lag er, schwer von Wein und Schlaftrunkenheit, auf dem Rücken. Ein Blutstrom, wie er ihm häufig aus der Nase schoß, nahm den todbringenden Weg in den Schlund und erstickte ihn. So brachte dem durch seine Kriege berühmten König seine Trunkenheit ein schmähliches Ende.

Am folgenden Morgen, als bereits ein großer Teil des Tages verstrichen war, vermuteten die königlichen Diener ein Unglück, erbrachen die Tür und fanden Attila tot, ohne Wunde, infolge des Blutsturzes verschieden, das Mädchen aber mit niedergeschlagener Miene und verhülltem Haupt weinend.

Jord., Get. 259–260.263

Danach brach unter den Nachfolgern Attilas ein Streit um die Macht aus; da sie töricht alle zu herrschen begehrten, verloren sie alle zugleich die Herrschaft. Denn die Söhne Attilas forderten, daß die Völkerschaften zu gleichen Teilen unter ihnen aufgeteilt würden: die kriegerischen Könige mit ihren Völkern sollten wie Gesinde verlost werden. Als dies der Gepidenkönig Ardarich erfuhr, war er empört, daß über so viele Völkerschaften wie über das Schicksal billigster Sklaven verhandelt wurde, und erhob sich als erster gegen die Söhne Attilas, schüttelte das schmähliche Joch der Knechtschaft glücklich ab, und erlöste durch seinen Abfall nicht nur sein Volk, sondern auch die übrigen, die ebenso gedrückt wurden. Dieser Erfolg des Gepidenkönigs Ardarich brachte verschiedenen Völkern Glück, die widerwillig der Herrschaft der Hunnen dienten. Viele schickten Gesandte ins Römische Reich, wurden von Kaiser Marcian sehr freundlich aufgenommen und erhielten Wohnsitze zugeteilt.

Die unheilvollen Spannungen zwischen Kaiser Valentinian und dem Patricius Aëtius nahmen nach den gegenseitigen Treueschwüren und der Absprache über die Verbindung ihrer Kinder[23] wieder zu; und wodurch das gute Einvernehmen hätte wachsen sollen, daraus entbrannte glühender Haß, den der Eunuch Heraclius noch schürte, der den Kaiser durch seine unaufrichtige Dienstbeflissenheit so für sich eingenommen hatte, daß er ihn mit Leichtigkeit zu allem, was er wollte, verleiten konnte. Da Heraclius also den Kaiser von allen finsteren Absichten des Aëtius überzeugte,[24] glaubte man, daß nur eins dem Wohl des Herrschers nützen werde: wenn er den Ränken des Feindes mit einer eigenen Tat zuvorkomme. Während also Aëtius nachdrücklich an die Abmachung erinnerte und leidenschaftlich die Sache seines Sohnes vertrat, wurde er von der Hand des Kaisers und den Schwertern seiner Umgebung im Innersten des Palastes grausam ermordet, zusammen mit ihm der Prätorianerpräfekt Boetius, der ihm in tiefer Freundschaft verbunden war.

Als der Kaiser einen Römer fragte, ob er mit der Hinrichtung des Aëtius richtig gehandelt habe, antwortete er, er könne es nicht wissen, ob der Herrscher gut oder anders vorgegangen sei; doch darüber bestehe bei ihm völlige Klarheit, daß der Herrscher seine rechte Hand mit der linken abgeschlagen habe.

Prok., Vand. 1, 4,28

DAS ENDE VALENTINIANS III. Prosp., pp. 483 sq.

**16. März
455 n. Chr.
1208 a. u. c.**

Auf den Tod des Aëtius folgte nach nicht langer Zeit der Tod Valentinians, der so unklug und so unvorsichtig war, daß er als Aëtius' Mörder dessen Freunde und Gefolgsleute um sich scharte. Diese lauerten, ohne sich etwas anmerken zu lassen, auf eine Gelegenheit, ihre Tat auszuführen. Als der Kaiser aus der Stadt herauskam und sich im Reiten übte, durchbohrten sie ihn mit unerwarteten Stößen; zugleich wurde auch Heraclius getötet. Keiner aus dem kaiserlichen Gefolge sah sich veranlaßt, ein so schweres Verbrechen zu ahnden.

PETRONIUS MAXIMUS KAISER. DIE PLÜNDERUNG ROMS DURCH DIE VANDALEN Prosp., p. 484; Hydat., p. 27; Prok., Vand. 1, 4,38

**455 n. Chr.
1208 a. u. c.**

Sobald dieser frevelhafte Mord verübt war, ergriff Maximus die Herrschaft, ein Mann, der zweimal Konsul gewesen war und die Würde eines Patricius besaß; am 17. März wurde er zum Kaiser erhoben. Man glaubte, er werde dem gefährdeten Staat bei allem nützen. Doch nicht lange, da zeigte er, was für eine Gesinnung er hatte: nicht nur, daß er die Mörder Valentinians nicht bestrafte, er schloß sogar mit ihnen Freundschaft; die Kaiserin Eudoxia, die Gattin Valentinians, hinderte er, den Verlust ihres Mannes zu betrauern, und zwang sie nach ganz wenigen Tagen, die Ehe mit ihm einzugehen; und Palladius, den Sohn aus seiner ersten Ehe, machte er zum Caesar und gab ihm Eudocia, die Tochter Valentinians,[25] zur Frau.

Eudoxia schickte Boten nach Karthago und ließ Geiserich bitten, ihr, die von einem Tyrannen solch schimpfliche Behandlung erfahre, seinen Schutz zu gewähren.

Prosp., p. 484;
Marcell. Comes,
p. 86

Als nach zwei Monaten die Ankunft König Geiserichs aus Afrika gemeldet wurde, flohen viele hochgestellte und einfache Leute aus der Stadt. Da alle die Möglichkeit zum Weggehen hatten, wollte auch Maximus sich ängstlich davonmachen; doch er wurde am 77. Tag seiner Herrschaft (am 31. Mai 455) von kaiserlichen Bediensteten in Stücke gerissen und Glied um Glied in den Tiber geworfen.

Auf dieses Ende des Maximus folgte am 2. Juni die vieler Tränen würdige Besetzung Roms. Geiserich bemächtigte sich der Stadt, die völlig ungeschützt war. Vor den Toren trat ihm der heilige Bischof Leo entgegen. Dessen Bitten stimmten ihn durch das Einwirken Gottes insofern sanfter, daß es, nachdem Geiserich alle Gewalt übertragen worden war, nicht zu Brandstiftung, Mord und Hinrichtungen kam. 14 Tage lang wurde Rom gefahrlos und ungestraft durchstöbert und seiner Reichtümer beraubt, und viele tausend Gefangene, wie jeder seinem Alter oder seiner Fertigkeit nach gefiel, mitsamt der Kaiserin und ihren beiden Töchtern nach Karthago verschleppt.

DIE LETZTEN KAISER IM WESTEN

Fasti Vind. prior., p. 306; Anon. Vales. 36.37.38; Prok., Got. 1, 1,2.5–6; Jord., Get. 242

Am 5. März 473 wurde Glycerius[26] in Ravenna zum Kaiser erhoben. Der Patricius Nepos, der im Juni 474 überraschend im Hafen von Rom erschien, setzte Glycerius ab; man machte ihn zum Bischof, und Nepos[27] wurde zum Kaiser erhoben.

Diesen griff (im August 475) der Patricius Orestes[28] mit seinem Heere an. Nepos, der sich vor der Ankunft des Orestes fürchtete, bestieg ein Schiff und floh nach Salona (28. August).[29]

Nach seiner Flucht wurde Romulus von seinem Vater, dem Patricius Orestes, zum Kaiser erhoben (31. Oktober 475). Er hatte bei den Römern den Spottnamen Augustulus (Kaiserchen); denn er war noch ein Kind; für ihn führte sein Vater Orestes die Regierungsgeschäfte.

Im folgenden Jahr forderten die germanischen Hilfstruppen, die mit Orestes gegen Nepos gezogen waren, ihren Lohn.

Sie verlangten von Orestes die Abtretung von einem Drittel des italischen Ackerlandes. Orestes weigerte sich entschieden. Nun war unter den Barbaren auch einer aus der kaiserlichen Garde mit Namen Odoacer; dieser erklärte sich bereit, ihre Wünsche zu erfüllen, wenn sie ihn

Romulus, der letzte Kaiser (475–476)

zum König machten (23. August 476). Er tötete den Patricius Orestes bei Placentia (28. August). Dann kam er nach Ravenna und setzte Romulus ab (4. September), erbarmte sich jedoch seines zarten Alters und schenkte ihm das Leben, gab ihm auch noch 6000 Solidi Einkünfte und schickte ihn nach Kampanien, damit er dort zusammen mit seinen Angehörigen lebe. So ging die Herrschaft des römischen Volkes im Westen zu Ende.

Als Odoacer hörte, daß Zenon die Herrschaft im Osten wiedererlangt habe,[30] veranlaßte er den Senat, eine Gesandtschaft an Zenon zu schicken und ihm mitzuteilen, sie brauchten keinen eigenen Kaiser; ein Herrscher genüge für beide Reichsteile. Sie hätten sich entschieden, ihre Interessen durch Odoacer vertreten zu lassen; der sei dazu geeignet, da er über politischen wie militärischen Sachverstand verfüge. Sie bäten Zenon, ihm die Würde eines Patricius zu verleihen und ihm die Diözese Italien zu überlassen.

Malch., frg. 14

ANHANG

ANMERKUNGEN

Vorgeschichte (vor 753) und Königszeit (753–509)

1 Um mehr Bürger für seine Stadt zu gewinnen, hatte Romulus jedem, der ein neues Leben beginnen wollte, eine Zuflucht angeboten, ohne nach seinem Vorleben zu fragen.
2 Der vierte König von Rom (640–616).
3 Numa Pompilius, der zweite König von Rom (715–672).
4 Er war Numas Enkel.
5 Von Norden, aus der Himmelsrichtung, die Glück verhieß.
6 Der Adler galt als der Vogel Jupiters.
7 Er war der Sohn des Tullius, des Fürsten von Corniculum, der bei der Einnahme seiner Stadt den Tod gefunden hatte. Dessen Gattin hatte das Kind als Kriegsgefangene im Haus des Tarquinius Priscus zur Welt gebracht.
8 Tarquinius hatte die Söhne des Ancus zum Zeitpunkt der Wahl auf die Jagd geschickt.
9 Nach Livius die Söhne, nach anderen die Enkel des Tarquinius Priscus.

Die frühe Republik (509–367)

1 Die Überlieferung von der Besetzung Roms durch Porsenna hat sich bis in die Kaiserzeit erhalten. Tacitus schreibt: Den Tempel Jupiters, des Größten und Besten, haben weder Porsenna nach der Übergabe der Stadt noch die Gallier nach deren Einnahme entweihen können (Historien 3,72,1). Und der Ältere Plinius: In dem Vertrag, den Porsenna nach der Vertreibung der Könige mit den Römern schloß, finden wir ausdrücklich erwähnt, sie sollten Eisen nur zur Bestellung der Felder gebrauchen (Naturkunde 34,139).
2 Eine *evocatio*: Postumius bittet die in Tusculum hochverehrten Dioskuren Castor und Pollux, den Feind zu verlassen und den Römern den Sieg zu schenken. Vgl. S. 60.
3 Menenius Agrippa war Patrizier; er war 503 Konsul gewesen. Livius nimmt wahrscheinlich an, daß er zu den Plebejern gehörte, die im ersten Jahr der Republik in den Senat aufgenommen und zu Patriziern erhoben wurden.
4 Die Zahl der Volkstribunen wurde 471 auf fünf, 457 auf zehn erhöht.
5 Er hatte das Kommando gegen die Sabiner.
6 Er war 460 Konsul gewesen.
7 Im Kampf gegen die Aequer.
8 Verginia ist entweder eine Sklavin des M. Claudius, oder sie steht in der *manus* ihres Vaters, d. h., sie untersteht seiner Obhut. Nach der Argumentation des Appius kann kein Dritter ihr Recht vertreten.
9 Während des Decemvirats gab es keine Volkstribunen.
10 Auch bei den Galliern herrschten Versorgungsschwierigkeiten; dazu hatte eine Seuche viele von ihnen dahingerafft.
11 Das Militärtribunat mit konsularischer Vollmacht war 445 als Alternative zum Konsulat eingeführt worden.

12 Das Gesetz über die Obergrenze des Besitzes an Staatsland ist erst wesentlich später erlassen worden, s. S. 152.

Mittlere Republik (367–264)

1 Ob der Lacus Curtius (Curtius-Tümpel) auf dem Forum nach M. Curtius oder nach dem Sabiner Mettius Curtius (s. S. 23) hieß, war umstritten. Es gab noch eine dritte Erklärung des Namens: 445 sei dort ein Blitz eingeschlagen und der Konsul C. Curtius habe die Stelle auf Senatsbeschluß gegen die Umgebung abgegrenzt.

2 Das erste Treffen der römischen Schlachtordnung.

3 Das zweite Treffen.

4 Der eine Zipfel der Toga wurde dabei über den Kopf geschlagen, der andere um die Hüfte gegürtet, so daß die Arme frei blieben. Wer ein Opfer darbrachte, mußte die Toga auf diese Art tragen (s. S. 242).

5 Die Römer suchten u. a. durch die Beobachtung des Fressens junger Hühner den Willen der Götter zu erkunden. Der Hühnerwärter erkannte jetzt aus dem Verhalten der Hühner, daß die Auspizien beim Aufbruch zum Feldzug nicht in Ordnung gewesen waren.

6 Die Soldaten mit der längsten Dienstzeit.

7 Der Tempel wurde am 1. Januar 291 eingeweiht.

8 In den Diadochenkämpfen hatte Pyrrhos seine Stellung zunächst im Bund mit Demetrios Poliorketes, dann mit Ptolemaios I. gefestigt.

9 Pyrrhos war 288 König von Makedonien geworden. 287 mußte er einen Teil des Landes an Lysimachos abtreten, 284 wurde er von diesem ganz aus Makedonien vertrieben.

Rom und Karthago (264–201)

1 Vor wichtigen Entscheidungen pflegten die Römer den Willen der Götter zu erkunden. Das geschah u. a. durch die Beobachtung des Fressens junger Hühner, die eigens zu diesem Zweck in Käfigen gehalten wurden.

2 Die erste römische Flotte war 255 bei Camarina durch einen Sturm zum größten Teil vernichtet worden; auch die neue Flotte, die die Römer gleich danach bauten, hatte schwere Verluste erlitten: 253 in einem Sturm beim Kap Palinurus, 249 in der Schlacht bei Drepanum und in einem Sturm bei Camarina.

3 225–222 unterwarfen die Römer die Bojer und die Insubrer.

4 An der Trebia (218), am Trasumennischen See (217) und bei Cannae (216).

5 Der höchste Beamte des Bundes.

6 In dem Brief forderte er seinen Bruder auf, sich in Umbrien mit ihm zu vereinigen.

7 Diese Überlieferung ist erst in der Zeit Caesars aufgekommen. Dessen Verhalten (s. S. 205) ist hier auf Scipio übertragen.

8 In Kleinasien.

9 Zum Dank für den Sieg am Metaurus.

10 Für die Wahl zum Quästor war ein Mindestalter von 27 Jahren Voraussetzung.

11 Nach der griechischen Benennung der Göttin (Métēr Megálē).

1 Spiele, die auf dem Isthmos, der Landenge von Korinth, alle zwei Jahre zu Ehren des Poseidon gefeiert wurden.

2 Das Staatspferd konnte einem nicht nur wegen irgendwelcher verwerflicher Handlungen entzogen werden, sondern auch, wenn man wegen Alter, Krankheit, Schwächlichkeit oder Schwerfälligkeit zum Dienst in der Reiterei ungeeignet erschien. Es war allerdings üblich, verdienten Senatoren auch im Alter das Staatspferd zu lassen.

3 L. Quinctius hatte 192 in seinem Konsulat Gallien als Aufgabengebiet erhalten.

4 Wortspiel; eine bestimmte Art von Gladiatoren wurde nach ihrer Bewaffnung Gallier genannt.

5 Der Verlierer mußte dem Gewinner nach dem Spruch des Schiedsrichters eine vereinbarte Summe bezahlen.

6 Der normale Steuersatz betrug ein Promille.

7 Um den 186 ausgebrochenen Krieg zwischen Bithynien und Pergamon zu beenden.

8 Hannibal war kurz nach der Schlacht bei Magnesia (Ende 190) aus dem Reich des Antiochos geflohen, um den Römern nicht ausgeliefert zu werden. Er hatte sich zunächst nach Kreta, dann nach Armenien und schließlich zu Prusias nach Bithynien begeben.

9 Wir wissen nicht, ob Flamininus vom Senat den Auftrag hatte, die Auslieferung Hannibals zu verlangen, oder ob er eigenmächtig handelte.

10 Siehe S. 92 f.

11 Q. Fabius Maximus Aemilianus und der Jüngere Scipio.

12 Polybios gehörte zu den 1000 Achäern, die 167 nach Rom deportiert wurden.

13 D. h. Osker; so nannten die Griechen ursprünglich alle Italiker, da sie in Cumae, ihrer ältesten Kolonie in Italien, zuerst mit den Oskern in Berührung kamen. In Rom galten die Osker als ungebildet.

14 Die Athener glaubten, Ansprüche auf Oropos zu haben, und griffen um 157 das Gebiet der Stadt an. Die Oropier beschwerten sich in Rom, der Senat übertrug die Untersuchung der Angelegenheit den Bewohnern von Sikyon. Diese verurteilten die Athener zu einer Buße von 500 Talenten.

15 Der Senat setzte die Buße auf 100 Talente herab.

16 Der römische Befehlshaber in Illyrien.

17 Die vom Senat eingesetzte Kommission hatte die Einzelheiten der Friedensregelung festgelegt.

18 D. h., die Monarchie werde abgeschafft.

19 152 wurde eine Kommission aus zehn Senatoren, darunter Cato und Scipio Nasica, nach Karthago geschickt.

Die Krise der römischen Republik I (133–78)

1 Beispielsweise die Gracchen.

2 Zwischen 180 und 167 v. Chr.

3 Ein Klient des Tib. Gracchus, der an Stelle des abgesetzten M. Octavius Volkstribun geworden war.

4 Er war Tib. Gracchus wohlgesonnen.

5 P. Mucius Scaevola.

6 Jugurtha hatte sich im Krieg gegen Numantia an der Spitze der numidischen Hilfstruppen ausgezeichnet.

7 107 an der Garumna und 105 bei Arausio (Orange) und bei Vienna (Vienne); zuvor war schon 113 ein römisches Heer im Ostalpengebiet bei Noreja von den Germanen geschlagen worden.

8 Er hatte sich im Krieg gegen Jugurtha 109–108 als Legat des Metellus, 107–105 als Oberbefehlshaber bewährt.

9 Er war 102 Konsul, 101 Prokonsul.

10 Die Kimbern wußten noch nichts von der Katastrophe, die die Teutonen und Ambronen ereilt hatte.

11 Die Römer hatten einen konkreten Hinweis erhalten, daß Asculum sich gemeinsam mit anderen Italikern gegen sie erheben wolle. Q. Servilius, der dies verhindern sollte, behandelte die Bewohner der Stadt herablassend und drohte ihnen schreckliche Strafen an. Daraufhin erschlugen sie ihn und seinen Legaten Fontejus sowie alle anderen Römer, deren sie habhaft werden konnten.

12 Durch einen Volksbeschluß.

13 Etwa 40 km vor Rom.

14 Marius war auf seiner Flucht bis nach Afrika gelangt, konnte sich aber nirgends sicher fühlen.

15 Wie Kleinasien hatten sich 88 auch weite Teile Griechenlands und Makedoniens von den Römern losgesagt.

16 Der Bund der Stämme und Gemeinden, die sich zum Schutz des Heiligtums zusammengeschlossen hatten.

17 Kroisos hatte dem Orakel vier solcher Fässer geschenkt.

Die Krise der römischen Republik II (78–63)

1 Q. Caecilius Metellus Pius war 80 Konsul zusammen mit Sulla, 79–71 Prokonsul des Jenseitigen Spanien.

2 L. Manlius eilte 78 mit drei Legionen und 1500 Reitern Metellus zu Hilfe, wurde aber von L. Hirtulejus, dem Quästor des Sertorius, bei Ilerda geschlagen und verlor fast sein ganzes Heer.

3 Im Jahre 77.

4 Die Plurale sind Übertreibungen. Verres hatte dem Syrakusaner Kleomenes, dem Ehemann einer seiner Geliebten, das Kommando über eine Flotte gegeben. Die Schiffe waren unzureichend bemannt und nicht ausreichend verproviantiert; sie wurden von Seeräubern überfallen, und alle Schiffe gingen verloren. Die Seeräuber liefen dann dreist in den Hafen von Syrakus ein, ohne auf Widerstand zu stoßen.

5 Consa in Samnium.

6 Verres sperrte zahlreiche Menschen, vor allem Seefahrer und Kaufleute, in die Steinbrüche von Syrakus, um sich so leichter ihrer Habe bemächtigen zu können. Als Vorwand diente ihm die Behauptung, sie seien Kumpane der Seeräuber oder sie gehörten zu den Leuten des Sertorius.

7 Es war seit der Frühzeit der Republik verboten, einen römischen Bürger hinzurichten oder auszupeitschen, ohne ihm Gelegenheit zur Berufung an das Volk zu geben.

8 Aus dem Heer des Spartacus.

9 Die Kreuzigung eines römischen Bürgers war grundsätzlich verboten.

10 Er war 74–67 Oberbefehlshaber im Krieg gegen Mithridates.

11 Für ihren Abfall im Jahre 88.

12 Privat: Zuwendungen der Patrone an ihre Klienten; Zuwendungen reicher Privatleute,

die so ihr Prestige erhöhen wollten: öffentliche Speisungen; Verteilung von Lebensmitteln, vor allem Öl; Geldspenden. – Staatlich: Abgabe von Getreide an die ärmere Bevölkerung zu einem herabgesetzten, staatlich subventionierten Preis (123 durch C. Gracchus gesetzlich geregelt; 81 durch Sulla abgeschafft; 78 durch Lepidus wieder eingeführt).

13 Sulla hatte den Kindern der Geächteten das passive Wahlrecht entzogen.

Das Zeitalter Caesars (62–44)

1 Pompejus hatte seine Truppen gleich nach der Landung in Brundisium entlassen.

2 Caesar ging im März 61 als Propraetor ins Jenseitige Spanien; Anfang Juni 60 kehrte er von dort nach Rom zurück.

3 Caesar griff damit den im Jahr zuvor gescheiterten Antrag des L. Flavius wieder auf.

4 Tage, an denen Volksversammlungen (*comitia*) stattfinden durften.

5 Nach dem Gesetz des Vatinius konnte der Senat erst nach dem 1. März 54 wieder über diese Provinzen verfügen.

6 Das Gebiet der Santonen liegt nördlich der Gironde, von Tolosa 250–280 km entfernt.

7 Im Jahre 57 hatte Caesar die belgischen Stämme bezwungen.

8 Nach dem Sieg über die Helvetier hatte Caesar die Germanen des Ariovist geschlagen, die sich seit mehr als zehn Jahren in Gallien festgesetzt hatten.

9 Die Provinz Gallia Narbonensis, seit 121 in römischer Hand.

10 Caesar hatte zuvor schon in Ravenna eine Besprechung mit Crassus gehabt.

11 Pompejus und Crassus sorgten mit Hilfe des Volkstribunen C. Porcius Cato dafür, daß die Wahlen erst im Januar 55 stattfanden.

12 Da die Konsuln des Vorjahres nicht mehr im Amt waren, mußte die Wahl durch einen Interrex durchgeführt werden.

13 Bis zum 1. März 50.

14 M. Favonius, Gefolgsmann Catos.

15 L. Ninnius Quadratus, Vertreter der optimatischen Sache; er war 58 Volkstribun gewesen und hatte sich damals für Cicero eingesetzt.

16 Die Verlängerung seiner Statthalterschaft bis zum 1. März 50; vorher durfte über seine Nachfolge auch nicht verhandelt werden. Da über die Provinzen der Konsuln vor den Wahlen entschieden werden mußte, kamen somit erst die Konsuln des Jahres 49 als Nachfolger für Caesar in Frage. Es war also gesichert, daß er seine Provinzen bis zum Ende dieses Jahres behalten konnte. Am 1. Januar 48 sollte sich sein zweites Konsulat dann lückenlos daran anschließen.

17 Mit dem Fall von Alesia im Spätsommer 52 war der Widerstand in Gallien zusammengebrochen.

18 Marcellus stellte sich auf den Standpunkt, das Plebiszit mit der Ausnahmegenehmigung für Caesar sei durch das später beschlossene Gesetz des Pompejus außer Kraft gesetzt worden und der Nachtrag zu diesem Gesetz sei nicht rechtsgültig, da er erst erstellt worden war, nachdem das Gesetz bereits beschlossen und im Staatsarchiv deponiert war.

19 55 war beschlossen worden, über die Nachfolge Caesars dürfe nicht vor dem 1. März 50 verhandelt werden. Marcellus hatte sich mit seinem Antrag darüber hinweggesetzt.

20 Cn. Pompejus wurde etwa 3 ½ Wochen nach der Schlacht auf der Flucht getötet. Sein jüngerer Bruder Sextus konnte entkommen und setzte den Kampf gegen die Statthalter Caesars fort.

21 Eine weiße Binde, im Hellenismus das Zeichen der Königsherrschaft.

22 Es gab in Rom eine Familie mit dem Beinamen Rex. Mit der Umdeutung wird dem Wort »rex« seine Bedeutung als Titel genommen.

1 Den Bürgern, die staatliche Getreidespenden erhielten; es handelte sich um 150 000.
2 Die heute übliche Benennung des von Caesar adoptierten C. Octavius. Er selbst nannte sich seit der Adoption C. Caesar, ebenso die antiken Historiker.
3 Octavian hatte in Kampanien Soldaten angeworben und zwei Legionen des Antonius durch Bestechungsgelder zum Übertritt veranlaßt.
4 M. Antonius und seine Anhänger.
5 Gegen Antonius, der D. Brutus aus dem Diesseitigen Gallien zu verdrängen suchte, um sich selbst dort eine Machtbasis zu schaffen.
6 Er war Statthalter des Narbonensischen Gallien und des Diesseitigen Spanien und verfügte über sieben Legionen.
7 Hirtius war am 21. April gefallen, Pansa am 23. April an den Folgen einer schweren Verwundung gestorben.
8 Er war damals 19 Jahre alt. Sein Vetter Q. Pedius wurde mit ihm Konsul.
9 Das Gesetz wurde von seinem Kollegen Q. Pedius eingebracht.
10 Bei Misenum.
11 Die Peloponnes hat Pompejus nie erhalten.
12 Für den Kampf gegen Sex. Pompejus.
13 Für den Partherkrieg; Antonius hat diese 20 000 Mann allerdings nie erhalten.
14 Die Amtszeit der Triumvirn war am 31. Dezember 38 abgelaufen.
15 Bis zum 31. Dezember 33.
16 Das Gebiet um Jericho.
17 In den Jahren 35 bis 33 hatte Octavian in Illyrien gegen die Japyden, die Dalmater und die Pannonier erfolgreich gekämpft.
18 Das erstemal am 11. Januar 29, das zweitemal im Jahre 25 oder 24 nach dem Kantabrerkrieg; das Datum der dritten Schließung ist umstritten.
19 Geweiht wurde der Altar am 30. Januar 9 v. Chr.
20 Etwa: der Erhabene, Verehrungswürdige.
21 Der Lorbeer vor seinem Haus und der Kranz aus Eichenlaub über seiner Tür sollten ihn als »den ständigen Sieger über seine Feinde und den Retter der Bürger« kennzeichnen (Cassius Dio).
22 *Die Machtbasis Octavians bis zum 13. Januar 27:* 44 Aufstellung einer eigenen Streitmacht; Januar 43 prätorisches Imperium gegen M. Antonius; August 43 Konsul; Oktober/November 43 Triumvir; 37 Verlängerung des Triumvirats; 33 Konsul; Mitte 32 Gefolgschaftseid Italiens und der westlichen Provinzen; 31–27 Konsul.
   Die Machtbasis des Princeps: 27–23, 5 und 2 v. Chr. Konsul; seit dem 16. Januar 27 prokonsularische Machtbefugnis (*imperium proconsulare*); seit Juli 23 eine alle anderen Imperien übergeordnete Befehlsgewalt (*imperium proconsulare maius*); seit dem 26. Juni 23 tribunizische Amtsbefugnis (*tribunicia potestas*); seit Herbst 19 konsularische Machtbefugnis (*imperium consulare*).
23 Eine Loge, von der aus die Götter, deren Bilder hier auf einem Polster standen, an den Darbietungen im Circus teilnehmen sollten.
24 Dieses Gesetz aus dem Jahre 18 v. Chr. verpflichtete die Männer vom 25. bis zum 60. und die Frauen vom 20. bis zum 50. Lebensjahr zur Ehe. Beim Tode des Ehepartners war der Überlebende verpflichtet, innerhalb eines Jahres wieder zu heiraten. 9 n. Chr. wurden durch die *lex Papia Poppaea* die Strafen für Ehelosigkeit verschärft.
25 Die Erbfähigkeit wurde eingeschränkt.
26 Für Leute mit drei und mehr Kindern.

27 Germanicus heiratete 5 n. Chr. im Alter von 20 Jahren Agrippina und hatte mit ihr neun Kinder.

28 Das Forum Romanum und das Caesar-Forum.

29 Den Römern als den Nachkommen des Aeneas.

30 Juno verfolgt den Aeneas noch mit ihrem Haß.

31 Die Römer als Nachkommen der Trojaner.

32 Augustus.

33 Vgl. S. 24 f.

34 53 bei Carrhae.

35 Antonius' Legat L. Decidius Saxa war 40, Antonius selbst 36 von den Parthern geschlagen worden.

36 17 v. Chr. kamen Sugambrer, Usipeter und Tencterer über den Rhein, plünderten im Norden Galliens und fügten dem römischen Statthalter M. Lollius eine schwere Niederlage zu. – 9 n. Chr. vernichtete der Cherusker Arminius im Teutoburger Wald (wahrscheinlich nördlich des Wiehengebirges in der Kalkrieser-Niewedder Senke) die drei Legionen des P. Quintilius Varus.

37 Claudia Marcella, eine Tochter aus der ersten Ehe der Octavia.

38 Sie wurden mit Verbannung bestraft.

Die Zeit der Julisch-Claudischen Kaiser (14–68 n. Chr.)

1 Nero kam 31, Drusus 33 zu Tode.

2 31 Nach dem Sturz des Sejanus (s. S. 264 f.).

3 Agrippina wurde 29 nach Pandateria verbannt; am 18. Oktober 33 nahm sie sich das Leben.

4 Siehe S. 262.

5 Caligula war schon am 18.März in Abwesenheit vom Senat zum Augustus ernannt worden (CIL VI 2028c, Z. 10).

6 U. a. Auszahlung der von Tiberius und Livia festgelegten Legate, Amnestie für alle in Majestätsprozessen Verurteilten, Abschaffung der Majestätsprozesse, freie Rechtsprechung.

7 Beim Tode Caligulas wäre ihm wahrscheinlich die Herrschaft zugefallen.

8 D. h. die Republik wiederherzustellen.

9 Er hinkte.

10 Um 39 hatte Claudius Messalina geheiratet.

11 Der Sohn aus ihrer ersten Ehe mit Cn. Domitius Ahenobarbus. Er wurde 49 mit Octavia, der Tochter des Claudius verlobt und heiratete sie 53; am 25. Februar 50 wurde er von Claudius adoptiert und erhielt den Namen Nero Claudius Caesar.

12 Fest vom 19. bis 23. März zu Ehren der Minerva.

13 Siehe S. 279.

14 Die mit Otho verheiratete Poppaea war seit 58 Neros Geliebte; Anfang 62 hatte er sie geheiratet.

15 Es ist nicht erwiesen, daß Nero den Brand gelegt hat.

16 Der Text läßt offen, ob sie sich als Brandstifter oder als Christen bekannten.

17 Als der Senat Agrippina wegen ihres angeblichen Anschlags auf das Leben Neros verdammte und Maßnahmen zum Dank für dessen Errettung beschloß.

18 Bei denen Nero selbst und auf sein Drängen auch viele andere Vornehme als Künstler auftraten.

19 Im Jahre 65; L. Junius Silanus wurde nach Naxos in die Verbannung geschickt, aber auf

dem Weg dorthin umgebracht; L. Antistius Vetus entzog sich durch Selbstmord der sicheren Verurteilung.

20 Der berühmte Jurist C. Cassius Longinus, ein Nachkomme des Caesarmörders, war 65 nach Sardinien verbannt worden.

Das Vierkaiserjahr. Die Flavischen Kaiser (68–96)

1 Wahrscheinlich ist damit die Präfektur in Ägypten gemeint.

2 In Mogontiacum (Mainz).

3 Er war im Dezember 68 von Galba zum Statthalter in Niedergermanien ernannt worden.

4 In Bonna (Bonn), Novaesium (Neuss) und Vetera (Xanten).

5 In Bonna.

6 Er war 68 als Statthalter von Lusitania als einer der ersten auf die Seite Galbas getreten.

7 Vitellius wurde am 19. April vom Senat anerkannt, nachdem die Nachricht vom Selbstmord Othos in Rom eingetroffen war; am 17. Juli zog er in Rom ein.

8 Die Wagenlenker waren in Vereinen (*factiones*) organisiert, die sich durch die Farben der Trikots unterschieden (weiß, rot, grün und blau). Jeder dieser Vereine hatte seine Fan-Gemeinde; Vitellius hielt zu den Blauen.

9 Die letzten Truppen des Vitellius hatten am 17. Dezember bei Narnia kapituliert.

10 Treppe vom Kerker zur Arx.

11 M. Antonius Primus, der Oberbefehlshaber der pannonischen und moesischen Legionen, der auf die Seite Vespasians getreten war, besiegte am 24. Oktober 69 bei Cremona die Truppen des Vitellius.

12 Nach dem Tode des Vitellius wurde Vespasian am 21. Dezember 69 als Kaiser bestätigt. Nach Rom kam er erst im Oktober 70.

13 Die Soldaten Vespasians.

14 Die Soldaten des Vitellius.

15 Bei den Kämpfen in der Stadt vor dem Eintreffen der Truppen Vespasians war das Kapitol am 19. Dezember 69 in Flammen aufgegangen.

16 Die Walker benutzten den Urin zum Gerben der Stoffe.

17 Vespasian kannte diese Situation aus eigener Erfahrung; er war in der Neronischen Zeit verarmt.

18 Er war der Schwiegersohn des Thrasea Paetus.

19 Im Jahre 70.

20 Helvidius Priscus verfocht auch dem Kaiser gegenüber die Autonomie des Senats.

21 Titus hatte von seinem Vater das Kommando über die Prätorianer erhalten. In diesem Amt hatte er alle, die ihm gefährlich schienen, beseitigen lassen und war dadurch in den Ruf der Grausamkeit geraten. Außerdem warf man ihm ausschweifenden Lebenswandel und Habsucht vor. Dazu erregte sein Verhältnis mit Berenike, der Schwester des jüdischen Königs Herodes Agrippa II., Anstoß.

22 Zwischen 12 und 1 Uhr.

23 Er war 77–84 Statthalter von Britannien und stieß bis zur Landenge zwischen dem Firth of Forth und dem Firth of Clyde und noch weiter vor.

24 Im Jahre 80 war Rom erneut von einer Feuersbrunst heimgesucht worden, die drei Tage und Nächte wütete.

25 Domitian überlebte, als Isispriester verkleidet, den Untergang der Flavischen Partei auf dem Kapitol am 19. Dezember 69 (s. S. 292); er schrieb seine Rettung dem Eingreifen Jupiters zu.

26 In der Straße »Beim Granatapfel« (*Ad malum Punicum*) auf dem Quirinal.

27 Für musische Veranstaltungen und Vorträge; der Bau lag gegenüber dem Eingang zum Stadion.

28 Eine Anlage zur Aufführung von Seeschlachten.

29 82 oder bald danach.

30 Domitian hatte den Jahressold von 800 auf 1200 Sesterzen erhöht.

31 Arulenus Rusticus und Herennius Senecio wurden wahrscheinlich im Jahre 94 hingerichtet.

32 Domitians Zorn richtete sich vor allem gegen die Kyniker, die jede Autorität ablehnten, und die Stoiker, die den Tyrannenmord als letztes Mittel gegen Despoten zuließen.

33 Er war der Bruder des oben erwähnten Flavius Sabinus.

34 Domitian ging nicht gegen gebürtige Juden, sondern nur gegen Konvertiten vor.

35 Nerva, der Domitians Nachfolger werden sollte, war in den Plan eingeweiht.

36 Eine weiße Gesteinsart aus Kappadokien (s. Plin., nat. 36,163).

Nerva. Die Adoptivkaiser. Commodus (96–192)

1 Nerva war damals 65 Jahre alt.

2 Petronius hatte als Prätorianerpräfekt bei der Ermordung Domitians eine wichtige Rolle gespielt.

3 L. Licinius Sura und andere Senatoren hatten Nerva zu diesem Schritt geraten.

4 Er errichtete 112 auf seinem Forum eine griechische und eine lateinische Bibliothek.

5 Augustus hatte in seinen nachgelassenen Papieren den Rat gegeben, das Reich innerhalb der bei seinem Tod bestehenden Grenzen zu belassen (s. S. 246). Seine Nachfolger hatten sich bisher weitgehend an diesen Rat gehalten.

6 101–102 Erster Dakerkrieg; 105–106 Zweiter Dakerkrieg; danach wurde Dakien römische Provinz.

7 Im Nabatäerreich waren nach dem Tod des Königs Rabilos Unruhen ausgebrochen. Daraufhin hatte 106 A. Cornelius Palma, der Statthalter von Syrien, das Gebiet besetzt und als Provinz Arabien in das Römische Reich eingegliedert.

8 Die Parther hatten Axidares, den von den Römern eingesetzten König von Armenien, vertrieben und Parthamasiris dort zum König gemacht. Dadurch kam es 113–116 zum Partherkrieg. Trajan zwang Parthamasiris, Armenien zu verlassen, und machte das Land 114 zur römischen Provinz. Parthamasiris wurde bald darauf nach einem Fluchtversuch hingerichtet.

9 Albaner, Iberer, Kolcher: Völker im Kaukasusgebiet; Sauromaten, Bosporaner: an der Nordküste des Schwarzen Meeres; Osdroenen: am Oberlauf des Euphrat; Karduener: östlich des Tigris.

10 Am Ostufer des Persischen Golfes.

11 Im Januar 116.

12 Im Mündungsgebiet des Euphrat.

13 Assyrien und Mesopotamien wurden 115 römische Provinzen.

14 Der Aufstand der Juden wurde 117 durch Q. Marcius Turbo niedergeschlagen.

15 Sie wollten die Abkehr Hadrians von der Expansionspolitik Trajans nicht hinnehmen. Der Prätorianerpräfekt Acilius Attianus ließ sie durch den Senat verurteilen.

16 Unter anderem am Obergermanischen und am Rätischen Limes.

17 Der Hadrianswall vom Solway Firth bis zur Tyne-Mündung, 127 fertiggestellt.

18 Hadrian hat mehr als die Hälfte seiner Regierungszeit in den Provinzen des Reiches verbracht.

19 Er war der nächste männliche Verwandte Hadrians.

20 Sohn des T. Aurelius Fulvus und der Arria Fadilla; von seinem Großvater mütterlicher- seits hatte er die Beinamen Arrius und Antoninus übernommen. – Antoninus war damals 51 Jahre alt.

21 Sohn des L. Cejonius Commodus (= L. Aelius Caesar); nach der Adoption L. Aelius Aurelius Commodus.

22 Sohn des M. Annius Verus; nach der Adoption M. Aurelius Antoninus. – Der hoch- begabte Junge hatte schon früh die Aufmerksamkeit Hadrians auf sich gezogen. Als di- rekter Nachfolger kam er noch nicht in Frage, da er erst 18 Jahre alt war. Für Hadrian war es bei seiner Entscheidung für Antoninus nicht unwichtig, daß dieser mit Marcus' Tante Faustina verheiratet war.

23 Antoninus hatte zwei Söhne und zwei Töchter gehabt; die Söhne und eine Tochter waren vor der Adoption gestorben.

24 Vor allem die Konsekration.

25 Den Antoninuswall zwischen dem Firth of Forth und dem Firth of Clyde; s. auch S. 301 und S. 320. Um 165 wurde der Antoninuswall aufgegeben und die Grenze auf den Hadrianswall zurückgenommen.

26 Danach drangen Barbarenscharen bis tief nach Griechenland vor.

27 Die 12. Legion, die aus Melitene am Oberlauf des Euphrat kam.

28 Er hatte sich im Partherkrieg ausgezeichnet und war seit 170(?) Oberbefehlshaber in den Ostprovinzen.

29 Caesar am 12. Oktober 166, Imperator am 27. oder 28. November 176, Teilhabe am Triumph am 23. Dezember 176, Konsul für 177. Die Vorentscheidung für Commodus als Nachfolger bedeutet die Abkehr vom Adoptivkaisertum.

30 Die *secutores* waren mit Helm, Schild und Schwert bewaffnet.

Das Fünfkaiserjahr 193. Die Dynastie der Severer.
Soldaten- und Senatskaiser (193–284)

1 Er versprach jedem Prätorianer 12 000 Sesterzen.

2 Sie war die Tochter des Sonnenpriesters Julius Bassianus aus Emesa.

3 Die beiden Völkerschaften hatten zunächst Niger unterstützt, dann römisches Gebiet besetzt.

4 Der Partherkönig Vologaesus leistete seinen Vasallen keine nennenswerte Unterstützung.

5 Septimius Severus litt an der Gicht.

6 Durch die Constitutio Antoniniana von 212.

7 Julia Domna hatte sich nach dem Tod Caracallas das Leben genommen.

8 Sohn des Syrers Sex. Varius Marcellus aus Apameia.

9 Sohn des Syrers Gessius Marcianus aus Arca.

10 Der Sasanide Ardaschir hatte am 28. April 224 den Partherkönig Artabanos IV. bei Hor- mizdaghan geschlagen und 227 Ktesiphon besetzt.

11 Wegen des Perserkrieges war ein Teil der Truppen aus Germanien und Rätien abgezogen worden.

12 Rekruten aus Pannonien und Illyrien, die für den Krieg in Germanien ausgehoben wor- den waren.

13 Trebonianus Gallus, der Statthalter der beiden mösischen Provinzen; er wurde der Nach- folger des Decius (251–253).

14 Das mösische Beroea, heute: Stara Zagora.

15 Decius stellte sich hier den Goten bei ihrem Abzug in den Weg.

16 Wie P. Decius Mus in der Schlacht am Fuß der Vesciner Berge (340 v. Chr.) und sein Sohn in der Schlacht bei Sentinum (295 v. Chr.) scheint Kaiser Decius sich selbst und das Heer der Feinde nach dem alten Devotionsritus dem Tode geweiht zu haben; vgl. S. 77 f.

17 Die Usurpatoren Macrianus und Quietus (260/261) und Ballista (261); Odaenathus, der Herr von Palmyra (260–267); dessen Witwe Zenobia (267–272) machte Palmyra zu einem selbständigen Staat.

18 Sie drangen 259 bis in die Nähe von Rom vor; 260 wurden sie von Gallienus bei Mailand geschlagen.

19 Formell wurde Dakien als Provinz erst 271 durch Aurelian aufgegeben.

20 Neben den gallischen und germanischen Provinzen erkannten auch Rätien, Britannien und Nordspanien seine Herrschaft an.

21 Er war Statthalter von Obergermanien.

22 Der letzte Herrscher des gallischen Sonderreiches (271–274).

Das Zeitalter Diocletians und Constantins (284–337)

1 Carus war im August/September 282 als Gegenkaiser gegen Probus zum Augustus erhoben worden; er hatte seine beiden Söhne Carinus und Numerianus zu Caesaren ernannt. Als er Anfang 283 gegen die Perser zog, übertrug er seinem ältesten Sohn Carinus den Schutz des Westens. Nach Erfolgen gegen die Germanen erhielt dieser bald darauf den Augustustitel.

2 Carinus wurde von einem Tribunen umgebracht, dessen Frau er verführt hatte.

3 Vier-Kaiser-Herrschaft.

4 An Rhein und Donau, in Asien und Afrika bedrohten fremde Völkerschaften die Grenzen des Reiches.

5 Constantius war schon mehrere Jahre (mindestens seit 289) mit Theodora verheiratet.

6 Das nördliche Italien.

7 In Nikomedia.

8 Sie war die Inhaberin einer Herberge.

9 Als Unterpfand für Constantius' Loyalität.

10 ☧ (=XP) ist Abkürzung für ΧΡΙΣΤΟΣ (Christos).

11 Das negative Bild von Constantin ist bezeichnend für die nicht-christliche Geschichtsschreibung.

Von Constantins Tod bis zum Tod des Theodosius (337–395)

1 Dalmatius und Hannibalianus waren Söhne von Constantins Halbbruder Flavius Dalmatius. Dalmatius hatte Thrakien, Makedonien und Achaia als Herrschaftsgebiet, Hannibalianus war seit 335 König von Armenien und den angrenzenden Gebieten.

2 Nach einer anderen Darstellung hat Constantius diese Morde nicht selbst veranlaßt, aber geduldet.

3 Eliteeinheiten, die nach Diocletian-Jovius und Maximian-Herculius benannt waren.

4 Magnentius hatte das Ausweglose seiner Lage erkannt und seinem Leben am 10. August 353 ein Ende gesetzt.

5 Athanasios war ein entschiedener Verfechter der Orthodoxie, Constantius Arianer.

6 Liberius mußte die Jahre 355–358 im Exil in Beroia verbringen.

7 Im August 357 bei Straßburg.

8 Der Krieg gegen die Perser (363).

9 Ende 361 nach dem Tod des Constantius.

10 Der höchste Würdenträger der Perser nach dem König.

11 Die römischen Heerführer Lupicinus und Maximus boten den hungernden Goten das Fleisch von Hunden an und verlangten für jedes Tier einen Sklaven oder ein Kind.

Die letzten Jahrzehnte des Weströmischen Reiches (395–476)

1 Arcadius war damals 18, Honorius 10 Jahre alt. Theodosius hatte Arcadius schon 383, Honorius 393 zum Augustus ernannt.

2 Nicht Ravenna, wie Jordanes schreibt; die Residenz wurde erst im Lauf des Jahres 402 infolge des Goteneinfalls nach Ravenna verlegt, das größere Sicherheit bot.

3 Er verständigte sich mit den Franken, Alemannen und Burgundern und übertrug ihnen den Schutz der Rheingrenze gegen weitere Eindringlinge.

4 Zitat aus Cic., Phil. 12,14.

5 Er war beim Tode seines Vaters sieben Jahre alt.

6 Die Hunnen.

7 Neben Constantin und seinem Sohn Constans der rebellierende General Gerontius und der von diesem 409 in Spanien zum Kaiser ausgerufene Maximus.

8 Daß Rom durch Athaulf erneut geplündert wurde, wird allgemein bezweifelt.

9 Der Senat wartete mit der Wahl bis zum Dezember 423, da nicht klar war, wie Theodosius II. sich entscheiden würde. Johannes war nicht Militär, sondern der höchste der kaiserlichen Notare.

10 Theodosius erkannte ihn nicht an und ernannte nach langem Zögern am 23. Oktober 424 den fünfjährigen Valentinian zum Caesar.

11 Bonifatius hatte 422 den Oberbefehl in Afrika eigenmächtig an sich gebracht. Nach dem Sieg über Johannes betraute Placidia ihn offiziell mit diesem Amt.

12 Der Heermeister Felix Flavius Constantius, seit 425 der mächtigste Mann am kaiserlichen Hof. – Prokop läßt die Intrige irrtümlich von Aëtius ausgehen.

13 Während der Belagerung starb am 28. August 430 Augustinus, der Bischof der Stadt.

14 An der unteren Donau.

15 Um 390 geboren.

16 Wahrscheinlich 405–408 bei Alarich, ab 409 bei den Hunnen

17 Placidia, die über Felix' Intrige gegen Bonifatius verärgert war und der Felix überdies zu mächtig wurde, hatte diesen Verdacht in ihm geweckt.

18 Leute des Sebastianus.

19 Ein Datum ist nicht überliefert; die Abtretung Pannoniens scheint der Preis für die Unterstützung seiner Rückkehr durch die Hunnen gewesen zu sein.

20 Er hatte versucht, mit gotischen Hilfstruppen die Rückkehr des Aëtius zu verhindern.

21 Die für Rom unentbehrlichen Getreidelieferungen.

22 Bei Châlons sur Marne.

23 Das Verhältnis zwischen dem schwachen Kaiser und dem mächtigen und eigenwilligen Heermeister war seit je gespannt. 453 kam es zu einer oberflächlichen Versöhnung; dabei wurde Gaudentius, der Sohn des Aëtius, mit Placidia, der jüngsten Tochter des Kaisers, verlobt.

24 Nachdem Placidia zwölf Jahre alt und damit nach römischem Recht heiratsfähig gewor-

den war, drängte Aëtius 454 auf eine baldige Heirat. Heraclius überzeugte den Kaiser davon, daß Aëtius seinen Sohn zum Kaiser machen und ihn selbst zu diesem Zweck beseitigen wolle.

25 Sie war mit Geiserichs Sohn Hunerich verlobt (s. S. 447).

26 Glycerius war der Befehlshaber der kaiserlichen Gardetruppen.

27 Er war Heermeister in Dalmatien und mit einer Nichte der Kaiserin verheiratet. Kaiser Leo (457–474), der die Wahl des Glycerius nicht anerkannte, gab Nepos den Auftrag, Glycerius abzusetzen, und übersandte ihm den kaiserlichen Purpur.

28 Orestes war ein Pannonier, der sich Attila angeschlossen hatte und dessen Sekretär geworden war. Nepos hatte ihn zum Heermeister für Gallien und zum Patricius ernannt. Er sollte Ecdicius, den bisherigen Heermeister für Gallien, ablösen, führte seine Truppen dann aber gegen Nepos.

29 Dort lebte er noch fünf Jahre; dann wurde er von seinen eigenen Leuten ermordet.

30 Zenon (474–491) war 475/476 vorübergehend von dem Gegenkaiser Basiliskos verdrängt worden.

VERZEICHNIS DER QUELLENAUTOREN

Die herangezogenen Texte sind teilweise überarbeitet.

Benutzte Abkürzungen:
T:	Text-Ausgabe
Ü:	Übersetzung
BAW:	Bibliothek der Alten Welt
BGL:	Bibliothek der griechischen Literatur
BKV:	Bibliothek der Kirchenväter
BO:	Scriptorum Classicorum Bibliotheca Oxoniensis
BT:	Bibliotheca Teubneriana
CB:	Collection Budé
CG:	Classiques Garnier
CSEL:	Corpus Scriptorum Ecclesiasticorum Latinorum
CSHB:	Corpus Scriptorum Historiae Byzantinae
FC:	Fontes Christiani
FHG:	Fragmenta Historicorum Graecorum
GCS:	Die griechischen christlichen Schriftsteller der ersten Jahrhunderte
LCL:	Loebs Classical Library
Recl.:	Reclams Universal-Bibliothek
Tusc.:	Sammlung Tusculum
WBG:	Wissenschaftliche Buchgesellschaft

ADDITAMENTA AD PROSPERUM HAVNIENSIA, Kopenhagener Zusätze zur Chronik Prospers für die Zeit von 388 bis 455, um 625 aus einer älteren italischen Chronik exzerpiert.
T: Th. Mommsen, Chronica minora 1,266 f.; 298–304, Berlin 1892 (Nachdruck 1961).

AGNELLUS verfaßte um 846 eine Bischofschronik von Ravennna, für die er u. a. die Chronik des 556/557 verstorbenen Bischofs Maximian von Ravenna benutzte.
T: Th. Mommsen, Chron. min. 1,273; 301–336, Berlin 1892 (Nachdruck 1961).

AMBROSIUS (um 339–397), seit 374 Bischof von Mailand.
T der Briefe: O. Faller / M. Zelzer, 3 Bände, CSEL 1968–1990;
T + Ü der Briefe 17 und 57: R. Klein, WBG 1972.

AMMIANUS MARCELLINUS aus Antiochia (um 330–395) stellte nach seiner Übersiedlung nach Rom (um 381) als Fortsetzung der »Historien« des Tacitus die Geschichte des römischen Reiches vom Tode Nervas bis zum Tode des Valens in 31 Büchern dar. Erhalten sind die Bücher 14–31 mit den Ereignissen der Jahre 353–378.
T: W. Seyfarth / L. Jacob-Karau / I. Ulmann, 2 Bände, BT 1999;
Ü: O. Veh, BAW 1974.

ANONYMI VALESIANI, zwei 1636 von Henri de Valois veröffentlichte Schriften: ein gegen Ende des 4. Jh.s entstandener Bericht über Constantin und eine aus der Mitte des 6. Jh.s stammende Darstellung der Zeit von 473 bis 526.
T + Ü: I. König, 2 Teile, Trier 1987 und WBG 1997.

APPIAN (vor 100 n. Chr. – um 165) aus Alexandria; seine »Römische Geschichte« umfaßt in 24 Büchern die Ereignisse von den Anfängen bis zu den Eroberungen Trajans; sie ist nach einzelnen Völkern und Ländern in der Reihenfolge ihres Zusammenstoßes mit Rom gegliedert. Nahezu die Hälfte des Werkes ist erhalten, darunter eine zusammenhängende Darstellung der römischen Revolutionszeit und der Bürgerkriege von 133 bis 35 v. Chr.
T: 2 Bände, P. Viereck / A. G. Roos / E. Gabba und L. Mendelssohn / P. Viereck, BT 1962 und 1986.
Ü: O. Veh / K. Brodersen / W. Will, 2 Bände, BGL 1987–1989.

AURELIUS AUGUSTINUS (354–430), seit 395 Bischof von Hippo Regius, verfaßte neben zahlreichen Schriften vor allem theologischen Inhalts 397/398 die »Confessiones« (Bekenntnisse) in 13 Büchern und 413–426 »De civitate Dei« (Vom Gottesstaat) in 20 Büchern.
T des Gottesstaates: B. Dombart / A. Kalb, 2 Bände, BT 1993;
Ü des Gottesstaates: W. Thimme / C. Andresen, 2 Bände, BAW 1955/1956 (auch: dtv 1977/1978).

AUGUSTUS (63 v. Chr. – 14 n. Chr.) verfaßte wahrscheinlich nach seiner Rückkehr aus Spanien im Jahre 24 eine Selbstbiographie in 13 Büchern (Commentarii de vita sua), aus der einige Stellen durch Zitate erhalten sind, dazu in seinem letzten Lebensjahr einen Tatenbericht, der auf zwei ehernen Pfeilern vor seinem Grabmal aufgestellt wurde; diesen Tatenbericht kennen wir durch Kopien aus Ancyra (Monumentum Ancyranum) und den pisidischen Städten Apollonia und Antiochia.
T der Werke und Fragmente: H. Malcovati, Turin [4]1962;
T + Ü des Tatenberichts: E. Weber, Tusc. [6]1999; M. Giebel, Recl. 1975 u. ö.

SEX. AURELIUS VICTOR gab 360 oder 361 n. Chr. die »Caesares«, eine kurzgefaßte Geschichte der römischen Kaiser von Augustus bis Constantius II., heraus.
T + Ü: M. Fuhrmann / K. Groß-Albenhausen, Tusc. [2]2002.

C. JULIUS CAESAR (100–46 v. Chr.) war nicht nur als Staatsmann und Feldherr bedeutend, sondern auch als Schriftsteller (Bellum Gallicum / Der Gallische Krieg; Bellum civile / Der Bürgerkrieg). Sein »Gallischer Krieg« dient zu einem erheblichen Teil der Rechtfertigung der von ihm geführten Kriege gegen die verschiedenen Völkerschaften und dem Herausstreichen seiner Taten im Dienst des römischen Volkes.
T + Ü: O. Schönberger, Der Gallische Krieg, Tusc. [3]2003; Der Bürgerkrieg, Tusc. [3]1999.

M. PORCIUS CATO (234–149 v. Chr.), Politiker und Redner, Verfasser eines Geschichtswerks (Origines / Ursprünge) und anderer Schriften.
T + Ü: O. Schönberger, Tusc. [2]2000.

C. VALERIUS CATULLUS (84–54 v. Chr.), römischer Lyriker.
T + Ü: M. v. Albrecht, Recl. 1995.

CHRONICA GALLICA ANNI 452, in Gallien, wahrscheinlich in Massilia, entstandene Fortsetzung und Ergänzung der Chronik des Hieronymus bis 452.
T: Th. Mommsen, Chron. min. 1,617–625; 631; 646–662, Berlin 1892 (Nachdruck 1961).

M. TULLIUS CICERO (106–43 v. Chr.), der bedeutendste Redner Roms; außer seinen Reden verfaßte er philosophische Schriften (u. a. De re publica / Der Staat; De officiis / Vom rechten Handeln) und Werke zur Rhetorik (u. a. De oratore / Über den Redner).
T + Ü der Reden: M. Fuhrmann, 7 Bände, Tusc. 1995 1997 [u. ö.];
T + Ü von »De re publica«: K. Büchner, Tusc. [5]1993;
T + Ü von »De officiis«: K. Büchner, Tusc. [4]1994;
T + Ü von »De oratore«: H. Merklin, Recl. [2]1981.

COLLATIO LEGUM MOSAICARUM ET ROMANARUM, Vergleich alttestamentlicher und römischer Gesetze, zusammengestellt von einem unbekannten Verfasser wahrscheinlich um die Mitte des 4. Jahrhunderts n. Chr.; hier sind u. a. einige Edikte Diocletians angeführt.

T: J. Baviera, in: S. Riccobono u. a., Fontes iuris Romani anteiustiniani 2, 541–589, Florenz 1940.

CONSULARIA CONSTANTINOPOLITANA, eine Konsulliste von 509 v. Chr. bis 468 n. Chr. mit historischen Notizen zu einzelnen Jahren. Der erste Teil (bis 330 n. Chr.) ist in Rom entstanden; er kam dann nach Konstantinopel, wurde hier überarbeitet und bis 395 fortgeführt und gelangte schließlich nach Spanien, wo der Schlußteil entstand.

T: Th. Mommsen, Chron. min. 1,197-247, Berlin 1892 (Nachdruck 1961).

CASSIUS DIO COCCEJANUS (etwa 155 – etwa 235 n. Chr.) aus Nicaea in Bithynien; die 80 Bücher seiner »Römischen Geschichte« reichten von der Urzeit bis 229 n. Chr. Erhalten sind die Bücher 36–60, die die Zeit von 68 v. Chr. bis 47 n. Chr. darstellen, und Teile der Bücher 78 und 79; von den übrigen Büchern besitzen wir Exzerpte aus byzantinischer Zeit.

T: Ph. Boissevain, 5 Bände, BT 1895–1931 [u. ö.];

Ü: O. Veh, 5 Bände, BAW 1985–1987.

DIODOR aus Agyrion in Sizilien verfaßte wahrscheinlich in Rom in der Mitte des 1. Jh.s v. Chr. eine Universalgeschichte von der Erschaffung der Welt bis 54 v. Chr. in 40 Büchern; die Bücher 1–5 und 11–20 sind vollständig, die übrigen in Exzerpten erhalten. Für die römische Geschichte stützte er sich auf die Annalistik sowie auf Polybios und Poseidonios.

T + Ü (engl.): C. H. Oldfather / C. L. Sherman / C. B. Welles / R. M. Geer / F. R. Walton, 12 Bände, LCL 1933–1967 [u. ö.].

DIONYSIOS aus Halikarnaß wirkte von 30 bis 8 v. Chr. als Rhetor in Rom und verfaßte eine Reihe Schriften zu rhetorischen Themen. 7 v. Chr. veröffentlichte er, basierend auf den Werken der römischen Annalisten, eine Geschichte der Frühzeit Roms bis zum Beginn des 1. Punischen Krieges in 20 Büchern, von denen die ersten zehn ganz, Buch 11 zum Teil erhalten ist; von den restlichen Büchern sind einige Exzerpte auf uns gekommen.

T + Ü (engl.): E. Cary, 7 Bände, LCL 1937–1950 [u. ö.].

Q. ENNIUS (239–169 v. Chr.), römischer Dichter; sein Hauptwerk waren die »Annalen« (Jahrbücher), ein Epos über die römische Geschichte von den Anfängen bis auf seine Zeit in 18 Büchern; von diesem Werk sind etwa 600 Verse erhalten.

T: O. Skutsch, Oxford 1985;

Ü: R. Till, BAW 1976.

EPITOME DE CAESARIBUS, ein kurz nach dem Tode des Theodosius (395 n. Chr.) entstandener Abriß der Kaisergeschichte von Augustus bis Theodosius; sie wird in der Überlieferung fälschlich als »Auszug aus der Kaisergeschichte des Sex. Aurelius Victor« bezeichnet, geht aber nur zu einem kleinen Teil auf diesen zurück.

T: Fr. Pichlmayr / R. Gründel, BT 1993;

Ü: A. Forbiger, Stuttgart 1866.

EUSEBIOS aus Caesarea (um 260 – um 340 n. Chr.), Theologe und Historiker (Chronik, Kirchengeschichte bis 324, Von den Märtyrern in Palästina, Leben Constantins).

T der Kirchengeschichte und der »Märtyrer in Palästina«: Ed. Schwartz / Th. Mommsen / F. Winkelmann, 3 Bände, GCS [2]1999;

Ü der Kirchengeschichte: Ph. Haeuser / H. Kraft / H. A. Gartner, WBG [5]2006;

Ü der »Märtyrer in Palästina«: A. Biglmair, BKV 1913;

T der Constantin-Biographie: F. Winkelmann, GCS [2]1991;

Ü der Constantin-Biographie: J. M. Pfättisch, BKV 1913.

EUTROP verfaßte im Auftrag des Kaisers Valens (364–378) einen Abriß der römischen Geschichte, der von den Anfängen der Stadt bis zum Tode Jovians (364) reichte.

T + Ü: F. L. Müller, Stuttgart 1995.

FASTI VINDOBONENSES PRIORES, Königs- und Konsulliste von der Gründung der Stadt bis

493 n. Chr. mit historischen Notizen zu einzelnen Jahren, erhalten in einer Wiener und einer St. Gallener Handschrift.

T: Th. Mommsen, Chron. min. 1,263 f.; 274–320, Berlin 1892 (Nachdruck 1961).

FERIALE DURANUM, ein in Dura-Europos gefundener Festkalender aus der Zeit des Severus Alexander.

T: R. O. Fink, Cleveland (Ohio) 1971.

SEX. JULIUS FRONTINUS, von 97 n. Chr. bis zu seinem Tod (um 103) als *curator aquarum* für die Wasserversorgung Roms verantwortlich, Verfasser einer Schrift über die Wasserleitungen der Stadt Rom.

T + Ü (frz.): P. Grimal, CB 1961;

Ü: M. Hainzmann, Zürich/München 1979.

A. GELLIUS (geb. um 130 n. Chr.), Verfasser der »Noctes Atticae« (Attische Nächte), einer Sammlung von in Kurzartikeln dargebotenen Exzerpten, die er während eines Athenaufenthalts (etwa 165–167) gemacht hat.

T: C. Hosius, 2 Bände, BT 1903 [u. ö.];

Ü: F. Weiss, 2 Bände, Leipzig 1875/76 (Nachdruck WBG 1975).

GREGOR (538/539 – 594), seit 573 Bischof von Tours, Verfasser einer »Geschichte der Franken« in 10 Büchern.

T + Ü: R. Büchner, 2 Bände, WBG [8]2000.

HERODIAN (um 180 – um 250 n. Chr.) schildert in den um 240 n. Chr. entstandenen acht Büchern seiner »Geschichte des Kaisertums nach Marc Aurel« die Ereignisse vom Tode Marc Aurels (180) bis zum Regierungsantritt Gordians III. (238).

T + Ü: F. L. Müller, Stuttgart 1996.

HIERONYMUS (347/348 – 429/430 n. Chr.), v. a. bekannt als Bibelübersetzer und Verfasser exegetischer und polemischer Schriften, hat auch die bis 303 n. Chr. reichende »Chronik« des Eusebios ins Lateinische übersetzt, erweitert und bis 378 n. Chr. fortgeführt.

T der Chronik: R. Helm, GCS [2]1956;

T der Briefe: I. Hilberg, 3 Bände, CSEL 1996;

Ü der Briefe: L. Schade, Auswahl in 2 Bänden, BKV 1936.

HISTORIA AUGUSTA, an der Wende vom 4. zum 5. Jh. angeblich von sechs Autoren, in Wirklichkeit von einem Unbekannten verfaßte Biographien der Kaiser von Hadrian bis Carinus; die Biographien der Herrscher von 244 bis 253 sind verloren, die der Valeriani und der Gallieni unvollständig erhalten.

T: E. Hohl, 2 Bände, BT 1927 [u. ö.];

Ü: E. Hohl [u. a.], 2 Bände, BAW 1976/1985.

Q. HORATIUS FLACCUS (65–8 v. Chr.), römischer Lyriker.

T + Ü der Oden und Epoden: G. Fink, Tusc. 2002

T + Ü der Satiren und Briefe: G. Herrmann / G. Fink, Tusc. 2000.

HYDATIUS, Bischof von Aquae Flaviae (in Gallaecia), Fortsetzer der Hieronymus-Chronik für die Zeit von 379 bis 468.

T: Th. Mommsen, Chron. min. 2,1-36, Berlin 1894 (Nachdruck 1961).

JOHANNES AUS ANTIOCHIA verfaßte im Anfang des 7. Jh.s n. Chr. eine Weltchronik von Adam bis Phokas (602–610); sie ist nur in Exzerpten aus dem 10. Jahrhundert überliefert.

T: C. Müller, FHG 4, 535–622; 5, 27–38, Paris 1851 und 1870.

JORDANES vollendete 551 eine »Weltchronik« und eine auf Cassiodor (um 530) zurückgehende »Gotengeschichte«.

T beider Werke: Th. Mommsen, Berlin 1882 (MGH AA 5.1);

T der Gotengeschichte: F. Giunta / A. Grillone, Rom 1991;

Ü der Gotengeschichte: W. Martens, Leipzig 1884 [u. ö.].

JULIAN »DER ABTRÜNNIGE« (331–363), Enkel Constantius' I., seit dem 6. November 355
Caesar, seit Februar/März 360 Kaiser.
  T der Briefe: J. Bidez, CB 1924 [u. ö.].
  Ü der Briefe (Auswahl): L. Goessler, BAW 1971.

LAKTANZ (geboren um 260 n. Ch.) verfaßte um 314 eine Schrift »Über den Tod der Verfol-
ger«.
  T + Ü: A. Städele, FC 2003;
  Ü: A. Hartl, BKV 1919.

T. LIVIUS (59 v. Chr. – 17 n. Chr.) verfaßte die klassische Darstellung der römischen Geschichte von der Gründung der Stadt (Ab urbe condita) bis 9 v. Chr. Von den 142
Büchern des Werkes sind die Bücher 1–10 (von den Anfängen bis 293) und 21–45 (219
bis 167) erhalten; die übrigen Bücher kennen wir durch Inhaltsangaben und ihre Benutzung bei späteren Historikern.
  T + Ü: H. J. Hillen / J. Feix, 11 Bände, Tusc. 1974–2000 [u. ö.].

MALCHOS schrieb um 500, wohl als Fortsetzung des Priskos, eine Geschichte der Jahre 473
bis 580, der ein Überblick über die Zeit von Constantin bis 473 vorausgeht. Das Werk
umfaßte sieben Bücher, von denen umfangreiche Exzerpte erhalten sind.
  T + Ü (engl.): R. C. Blockley, S. 401–462, Liverpool 1983.

MARCELLINUS COMES, Kanzler Kaiser Justinians, verfaßte als Fortsetzer des Hieronymus eine
Chronik der Zeit von 379 bis 518, die er später bis 534 weiterführte.
  T: Th. Mommsen, Chron. min. 2,37-104, Berlin 1894 (Nachdruck 1961).

OROSIUS verfaßte auf Anregung des Augustinus in den Jahren 416–418 n. Chr. eine Univer-
salgeschichte.
  T: C. Zangemeister, Wien 1882 (Nachdruck Hildesheim 1967);
  Ü: A. Lippold, 2 Bände, BAW 1985/1986.

C. PLINIUS SECUNDUS D. Ä. (23/24 n. Chr. – 79 n. Chr.) verfaßte u. a. eine Enzyklopädie
(Naturalis historia / Naturkunde) in 37 Büchern, in der er das Wissen seiner Zeit nach
älteren Quellen zusammenstellte.
  T + Ü: R. König / K. Bayer / G. Winkler / J. Hopp / K. Brodersen, 37 Bände, Tusc.
  1973–1996 [u. ö.].

C. PLINIUS SECUNDUS D. J. (61 oder 62 – vermutlich 112 oder 113 n. Chr.), Neffe des vori-
gen, Verfasser von Briefen und einer Lobrede auf Kaiser Trajan.
  T + Ü der Briefe: H. Kasten, Tusc. [8]2003;
  Ü der Briefe: A. Lambert, BAW 1969;
  T + Ü der Lobrede: W. Kühn, WBG 1985.

PLUTARCH aus Chaironeia (um 46 – nach 120 n. Chr.), Priester Apollons in Delphi; neben
zahlreichen popularphilosophischen Schriften schrieb er Parallelbiographien berühmter
Griechen und Römer.
  T der Biographien: C. Lindskog / K. Ziegler, 6 Bände, BT 1914–1939 u. ö.;
  Ü der Biographien: K. Ziegler / W. Wuhrmann, 6 Bände, BAW 1954–1965; Auswahl,
  griechisch-deutsch, Tusc. [2]2001.

POLYBIOS aus Megalopolis (um 200 – um 120 v. Chr.) kam 167 v. Chr. nach dem 3. Makedonischen Krieg mit 1000 anderen Griechen als Geisel nach Rom. In seinen »Historiai«
beschreibt er die Geschichte Roms und der hellenistischen Staaten bis 146. Das Werk
umfaßte 40 Bücher; davon sind die ersten fünf fast ganz, von den übrigen 35 umfangreiche Exzerpte erhalten.
  T: Th. Büttner-Wobst, 5 Bände, BT 1889–1904 [u. ö.];
  Ü: H. Drexler, 2 Bände, BAW 1961–1963.

PRISKOS aus Panion (Thrakien) verfaßte um 472 eine in Auszügen erhaltene Geschichte seiner Zeit in 8 Büchern.

 T + Ü (engl.): R. C. Blockley, S. 221–400, Liverpool 1983;

 Ü: E. Doblhofer, Graz/Wien/Köln 1955.

PROKOP aus Caesarea in Palästina (um 500 – nach 555), Verfasser einer Geschichte der Kriege Justinians mit den Persern, Vandalen und Goten, in denen auch über die früheren Kämpfe mit diesen Völkern berichtet wird.

 T + Ü der Vandalenkriege: O. Veh, Tusc. 1971:

 T + Ü der Gotenkriege: O. Veh, Tusc. [2]1978.

PROSPER TIRO aus Aquitanien, Sekretär von Papst Leo I., verfaßte eine Chronik der Weltgeschichte, in der er Hieronymus und andere exzerpierte und zunächst bis 433 und dann in einer späteren Ausgabe bis 455 weiterführte.

 T: Th. Mommsen, Chron. min. 1,341-485, Berlin 1892 (Nachdruck 1961).

C. SALLUSTIUS CRISPUS (86–34 v. Chr.), Politiker und Historiker (Coniuratio Catilinae / Die Verschwörung Catilinas; Bellum Iugurthinum / Der Krieg mit Jugurtha; Historiae / Zeitgeschichte von 78 – 67 v. Chr.).

 T + Ü: W. Eisenhut / J. Lindauer, Tusc. [3]2006.

Der Perserkönig SCHAPUR I. (241–271 n. Chr.) ließ auf den Felswänden von Naqsch-i Rustam bei Persepolis seine Taten in persischer, parthischer und griechischer Sprache verherrlichen.

 T + Ü: M. Back, Leiden 1978.

SOZOMENOS aus Bethelia bei Gaza (um 380 – kurz nach 446) schrieb als Fortsetzung des Eusebios eine Kirchengeschichte für die Zeit von 324 bis 439 in neun Büchern.

 T + Ü: G. C. Hansen, 4 Bände, FC 2004.

C. SUETONIUS TRANQUILLUS (geb. um 70 n. Chr., Todesjahr unbekannt) wurde 118 unter Hadrian Sekretär der kaiserlichen Kanzlei; als solcher hatte er Zutritt zu den kaiserlichen Archiven. Er verfaßte Biographien der ersten zwölf Kaiser von Caesar bis Domitian.

 T + Ü: H. Martinet, Tusc. [3]2006;

 Ü: A. Lambert, BAW 1955; M. Heinemann, Stuttgart [7]1986.

Q. AURELIUS SYMMACHUS (etwa 340 – etwa 402), Redner und Politiker, führender Kopf der an den alten Traditionen festhaltenden Senatorengruppe, 384/385 Stadtpräfekt von Rom.

 T + Ü der 3. Relation: R. Klein, WBG 1992.

P. CORNELIUS TACITUS (um 55 – um 120 n. Chr.), römischer Historiker; er verfaßte drei Monographien (eine Biographie seines Schwiegervaters Cn. Julius Agricola, eine Schrift über das Leben und die Sitten der Germanen, einen Dialog über den Niedergang der Beredsamkeit) und stellte in zwei größeren Werken die römische Geschichte vom Regierungsantritt des Tiberius bis zum Ende Domitians dar (Historien für die Jahre 69–96, Annalen für die Jahre 14–68). Von den 12 Büchern der »Historien« sind die ersten 4½ Bücher (mit den Jahren 69–70) erhalten, von den wahrscheinlich 18 Büchern der »Annalen« sind der größte Teil des 5. und der Anfang des 6. Buches, die Bücher 7–10 und das Ende des Werkes verloren.

 T + Ü des Agricola und der Germania: A. Städele, Tusc. [2]2001;

 T + Ü der Historien: J. Borst, Tusc. [4]2002; H. Vretska, Recl. 1984;

 T + Ü der Annalen: E. Heller, Tusc. [4]2002;

 Ü der Annalen: A. Horneffer, Stuttgart 1957; W. Sontheimer, 2 Bände, Recl. 2003.

CODEX THEODOSIANUS, 438 auf Anordnung von Theodosius II. publizierte Sammlung der nach 312 ergangenen Gesetze in 16 Büchern.

 T: Th. Mommsen / P. M. Meyer, 2 Bände, Berlin 1905 (Nachdruck Hildesheim 1990);

Ü (einzelner Texte): H. Rinn, Tübingen/Leipzig 1904; W. Arend, München 1975; H. Leppin, WBG 2003.

VALERIUS MAXIMUS schrieb zwischen 28 und 32 n. Chr. nach älteren Quellen eine thematisch geordnete Exempelsammlung »Denkwürdige Taten und Aussprüche« in 9 Büchern.
T + Ü (frz.): P. Constant, 2 Bände, CG 1935.

C. VELLEJUS PATERCULUS (um 20 v. Chr. – nach 30 n. Chr.), Verfasser eines Abrisses der römischen Geschichte von den Anfängen bis zur Zeit des Tiberius.
T + Ü: M. Giebel, Recl. 1989.

P. VERGILIUS MARO (70–19 v. Chr.), römischer Dichter, Verfasser u. a. der »Aeneis«.
T + Ü: G. Fink, Tusc. 2005.

JOHANNES ZONARAS stellte in der 1. Hälfte des 12. Jh.s eine Chronik von der Erschaffung der Welt bis 1118 n. Chr. zusammen; für die römische Geschichte stützte er sich dabei vor allem auf Cassius Dio.
T + Ü (lat.): M. Pinder / Th. Büttner-Wobst, 3 Bände, CSHB 1841–1897.

ZOSIMOS schrieb in den ersten Jahren des 6. Jh.s n. Chr. eine »Neue Geschichte« in 6 Büchern. Die Darstellung beginnt nach einem kurzen Rückblick auf die vorausgegangene Zeit mit der Regierung des Septimius Severus und endet abrupt im Sommer 410 kurz vor der Einnahme Roms durch Alarich; offensichtlich wurde Zosimos durch den Tod daran gehindert, sein Werk weiterzuführen. Der überlieferte Text weist einige Lücken auf.
T: L. Mendelssohn, BT 1887 (Nachdruck Hildesheim 1963);
Ü: O. Veh, BGL 1990.

LITERATURHINWEISE

Allgemeines

H. BELLEN, Grundzüge der römischen Geschichte, 3 Bände, Darmstadt 1994–2003.

H. BENGTSON, Grundriß der römischen Geschichte mit Quellenkunde, Erster Band: Republik und Kaiserzeit bis 284 n. Chr., München ³1982.

J. BLEICKEN, Geschichte der römischen Republik, München ⁵1999.

K. BRINGMANN, Geschichte der römischen Republik. Von den Anfängen bis Augustus, München 2002.

K. CHRIST, Römische Geschichte. Einführung, Quellenkunde, Bibliographie, Darmstadt ⁵1994.

A. HEUSS, Römische Geschichte, herausgegeben, eingeleitet und mit einem neuen Forschungsbericht versehen von J. BLEICKEN, W. DAHLHEIM und H.-J. GEHRKE, Paderborn ⁶1998.

K.-J. HÖLKESKAMP / E. STEIN-HÖLKESKAMP (Hrsg.), Von Romulus zu Augustus. Große Gestalten der römischen Republik, München 2000.

PH. MATYSZAK, Geschichte der römischen Republik. Von Romulus bis Augustus, Stuttgart 2004.

TH. MOMMSEN, Römische Geschichte, dtv-Nachdruck der 9. Auflage von 1902–1904, 8 Bände, München 1976 (zuerst Berlin 1854–1856. 1885).

F. COARELLI, Rom. Ein archäologischer Führer, Neubearbeitung von Ada Gabucci, Übersetzung von Agnes Allroggen-Bedel und Michaela Heissenberger, Mainz 2000.

F. KOLB, Rom. Die Geschichte der Stadt in der Antike, München ²2002.

D. FLACH, Einführung in die römische Geschichtsschreibung, Darmstadt ³1998.

O. LENDLE, Einführung in die griechische Geschichtsschreibung, Darmstadt 1992.

M. V. ALBRECHT, Geschichte der römischen Literatur, 2 Bände, Bern/München 1992.

M. FUHRMANN, Geschichte der römischen Literatur, Stuttgart 1999.

Vorgeschichte und Königszeit

L. AIGNER-FORESTI, Die Etrusker und das frühe Rom, Darmstadt 2003.

A. ALFÖLDI, Das frühe Rom und die Latiner, Darmstadt 1977.

F. BURANELLI (Hrsg.), La tomba François di Vulci, Rom 1987.

E. BURCK, Die Frühgeschichte Roms im Lichte der Denkmäler, in: Gymn. 75, 1968, 74–110.

A. CARANDINI, Die Geburt Roms, Düsseldorf/Zürich 2002.

M. CRISTOFANI (Hrsg.), La grande Roma dei Tarquini, Ausstellungskatalog Rom 1990.

J. HEURGON, Die Etrusker, Stuttgart 1971 [u. ö.]

H. J. HILLEN, Von Aeneas zu Romulus. Die Legenden von der Gründung Roms, Düsseldorf/Zürich 2003.

W. KUHOFF, »La grande Roma dei Tarquini«: Die früheste Expansion des römischen Staates im Widerstreit zwischen literarischer Überlieferung und historischer Wahrscheinlichkeit, Augsburg 1995.

H. MÜLLER-KARPE, Vom Anfang Roms, Heidelberg 1959.

H. MÜLLER-KARPE, Zur Stadtwerdung Roms, Heidelberg 1962.

R. M. OGILVIE, Das frühe Rom und die Etrusker, München 1983.

M. PALLOTTINO, Etruskologie. Geschichte und Kultur der Etrusker, Basel/Boston/Berlin 1988.

J. POUCET, Les origines de Rome. Tradition et histoire, Brüssel 1985.

Die frühe Republik

A. ALFÖLDI, Rom und der Latinerbund um 500 v. Chr., in: Gymn. 67, 1960, 193–196.

G. ALFÖLDY, Römische Sozialgeschichte, Wiesbaden ³1984.

J. BLEICKEN, Die Verfassung der römischen Republik, Paderborn ⁷1995.

K. V. FRITZ, The Reorganisation of the Roman Government in 366 B.C. and the so-called Licinio-Sextian Laws, in: Hist. 1, 1950, 3–44.

Les origines de la république romaine, Vandœvres-Genf 1967 (Entretiens sur l'antiquité classique, Tome XIII).

K. E. PETZOLD, Die beiden ersten römisch-karthagischen Verträge und das foedus Cassianum, in: Aufstieg und Niedergang der römischen Welt I 1, Berlin / New York 1972, 364 bis 411.

K. RAAFLAUB (Hrsg.), Social Struggles in Archaic Rome. New Perspectives on the Conflict of Orders, Berkeley / Los Angeles 1986.

E. T. SALMON, Rome and the Latins, in: Phoenix 7, 1953, 93–104. 123–135.

F. SCHACHERMAYR, Die Gallische Katastrophe, in: Klio 23, 1930, 277–305.

R. WERNER, Der Beginn der römischen Republik, München/Wien 1963.

J. WERNICKE, Die Kelten in Italien. Die Einwanderung und die frühen Handelsbeziehungen zu den Etruskern, Stuttgart 1991.

Das Zwölftafelgesetz, lateinisch und deutsch, herausgegeben, übersetzt und kommentiert von D. FLACH in Zusammenarbeit mit A. FLACH, Darmstadt 2004.

Die mittlere Republik

A. AFZELIUS, Die römische Eroberung Italiens (340–264 v. Chr.), Aarhus/Kopenhagen 1942.

E. BAYER, Rom und die Westgriechen bis 280 v. Chr., in: Aufstieg und Niedergang der römischen Welt I 1, Berlin/New York 1972, 305–340.

K. J. BELOCH, Römische Geschichte bis zum Beginn der Punischen Kriege, Berlin 1926.

H. BENGTSON, Pyrrhus, König der Molosser, in: Herrschergestalten des Hellenismus, München 1975, 91–109.

M. CRAWFORD, Die römische Republik, München 1984.

TH. HANTOS, Das römische Bundesgenossensystem in Italien, München 1983.

W. V. HARRIS, Rome in Etruria and Umbria, Oxford 1971.

W. V. HARRIS (Hrsg.), The Imperialisme of Mid-Republican Rome, Rom 1984.

W. HOFFMANN, Rom und die griechische Welt im 4. Jahrhundert, Leipzig 1934 (Phil., Suppl. 27, Heft 1).

K.-J. HÖLKESKAMP, Die Entstehung der Nobilität. Studien zur sozialen und politischen Geschichte der Römischen Republik, Stuttgart 1987.

P. LÉVÊQUE, Pyrrhos, Paris 1957.

K. LOMAS, Rome and the Western Greeks 350 B.C. – A.D. 200, London 1993.

F. MÜNZER, Römische Adelsparteien und Adelsfamilien, Stuttgart 1920 (Nachdruck Darmstadt 1963).

E. T. SALMON, Samnium and the Samnites, Cambridge 1967.

E. T. SALMON, The Making of Roman Italy, London 1982.

Rom und Karthago

K. CHRIST (Hrsg.), Hannibal, Darmstadt 1974 (WdF 371).

K. CHRIST, Hannibal, Darmstadt 2003.

A. HEUSS, Der Erste Punische Krieg und das Problem des römischen Imperialismus, Darmstadt ³1970.

W. HOFFMANN, Hannibal, Göttingen 1962.

W. HUSS, Geschichte der Karthager, München 1985.

S. LANCEL, Hannibal. Eine Biographie, Düsseldorf/Zürich 1998.

J. F. Lazenby, Hannibals's War. A Military History of the Second Punic War, Warminster 1978.

W. SCHUR, Scipio Africanus und die Begründung der römischen Weltherrschaft, Leipzig 1927.

K. H. SCHWARTE, Der Ausbruch des Zweiten Punischen Krieges – Rechtsfrage und Überlieferung, Wiesbaden 1983 (Historia-Einzelschriften 43).

H. H. SCULLARD, Scipio Africanus: Soldier and Politician, Bristol 1970.

J. SEIBERT, Hannibal, Darmstadt 1993.

J. SEIBERT, Forschungen zu Hannibal, Darmstadt 1993.

J. SEIBERT, Hannibal. Feldherr und Staatsmann, Mainz 1997.

K. ZIMMERMANN, Rom und Karthago, Darmstadt 2005.

Die Ausdehnung der römischen Macht im östlichen und westlichen Mittelmeer

A. E. ASTIN, Scipio Aemilianus, Oxford 1967.

E. BADIAN, Rom und Antiochos der Große, in: Welt als Geschichte 20, 1960, 203–225.

E. BADIAN, Foreign Clientelae (264–70 B.C.), Oxford ²1967.

E. BADIAN, Titus Quinctius Flamininus. Philhellenism and Realpolitik, Cincinnati 1970.

E. BADIAN, Römischer Imperialismus in der späten Republik, Stuttgart 1980.

K. CHRIST, Krise und Untergang der römischen Republik, Darmstadt ⁴2000.

J. DEININGER, Der politische Widerstand gegen Rom in Griechenland 217–86 v. Chr., Berlin 1971.

E. S. GRUEN, The Hellenistic World and the Coming of Rome, 2 Bände, Berkeley / Los Angeles 1984.

A. HEUSS, Die römische Ostpolitik und die Begründung der römischen Weltherrschaft, in: Neue Jahrbücher für Antike und deutsche Bildung 1, 1938, 337–352.

W. HOFFMANN, Die römische Politik des 2. Jahrhunderts und das Ende Karthagos, in: Historia 9, 1960, 309–344.

D. KIENAST, Cato der Zensor. Seine Persönlichkeit und seine Zeit, Darmstadt ²1979.

P. MELONI, Perseo e la fine della monarchia macedone, Rom 1953.

H. SIMON, Roms Kriege in Spanien 154–133 v. Chr., Frankfurt a. M. 1962.

H. E. STIER, Roms Aufstieg zur Weltmacht und die griechische Welt, Opladen 1957.

F. W. WALBANK, Philip V of Macedon, Cambridge (Mass.) 1967.

E. WILL, Histoire politique du monde hellénistique (323–30 av. J.-C.), 2 Bände, Nancy 1966 bis 1967.

Die Krise der römischen Republik I

E. BADIAN, Tiberius Gracchus and the Beginning of the Roman Revolution, in: Aufstieg und Niedergang der römischen Welt I 1, Berlin / New York 1072, 668–731.

K. BRINGMANN, Die Agrarreform des Tiberius Gracchus. Legende und Wirklichkeit, Wiesbaden/Stuttgart 1985.

K. CHRIST, Sulla. Eine römische Karriere, München ²2003.

E. ERDMANN, Die Rolle des Heeres in der Zeit von Marius bis Caesar. Militärische und politische Probleme einer Berufsarmee, Neustadt a. d. Aisch 1972.

K. V. FRITZ, Sallust und das Verhalten der römischen Nobilität zur Zeit der Kriege gegen Jugurtha (112–105 v. Chr.), in: V. PÖSCHL (Hrsg.), Sallust, Darmstadt 1970, 155–205 (WdF 94).

E. KOESTERMANN, Der Zug der Cimbern, in: Gymnasium 76, 1969, 310–329.

CHR. MEIER, Res publica amissa, Frankfurt a. M. ³1997.

B. LINKE, Die römische Republik von den Gracchen bis Sulla, Darmstadt 2005.

E. OLSHAUSEN, Mithridates VI. und Rom, in: Aufstieg und Niedergang der römischen Welt I 1, Berlin / New York 1972, 806–815.

J. VAN OOTEGHEM, Caius Marius, Brüssel 1964.

H. SCHNEIDER (Hrsg.), Zur Sozial- und Wirtschaftsgeschichte der späten römischen Republik, Darmstadt 1976 (WdF 413).

A. SCHULTEN, Sertorius, Leipzig 1926.

W. SCHUR, Das Zeitalter des Marius und Sulla, Leipzig 1942 (Klio-Beiheft 46).

D. STOCKTON, The Gracchi, Oxford 1979.

H. VOLKMANN, Sullas Marsch auf Rom, München 1958.

Die Krise der römischen Republik II

H. DREXLER, Die Catilinarische Verschwörung. Ein Quellenheft, Darmstadt 1976.

M. FUHRMANN, Cicero und die römische Republik. Eine Biographie, Düsseldorf/Zürich ⁴1997 (Paperback-Ausgabe 2005).

M. GELZER, Cicero. Ein biographischer Versuch, Wiesbaden 1969.

M. GELZER, Pompeius, Neudruck der 2. Auflage von 1959 mit Nachträgen, Wiesbaden 1984.

A. GUARINO, Spartakus. Analyse eines Mythos, München 1980.

W. HOFFMANN, Catilina und die römische Revolution, in: Gymnasium 66, 1959, 459–477.

Das Zeitalter Caesars

K. BALTRUSCH, Caesar und Pompeius, Darmstadt 2004.

H. BRUHNS, Caesar und die römische Oberschicht in den Jahren 49–44 v. Chr., Göttingen 1978.

K. CHRIST, Caesar. Annäherung an einen Diktator, München 1994.

R. FEHRLE, Cato Uticensis, Darmstadt 1983.

M. GELZER, Caesar, der Politiker und Staatsmann, Wiesbaden ^{6}1966.

H. GESCHE, Caesar, Darmstadt ^{3}1980 (Erträge der Forschung 51).

K. KRAFT, Der goldene Kranz Caesars und der Kampf um die Entlarvung des Tyrannen, Darmstadt ^{2}1969.

CHR. MEIER, Caesar, Berlin ^{2}1986.

R. SYME, Die Römische Revolution. Machtkämpfe im antiken Rom, Neue Ausgabe der Übersetzung von F. W. ESCHWEILER und H. G. DEGEN mit einem Nachwort von W. DAHLHEIM und einem Essay von U. WALTER, hrsg. von CHR. SELZER und U. WALTER, Stuttgart 2003.

D. TIMPE, Caesars gallischer Krieg und das Problem des römischen Imperialismus, in: Hist. 14, 1965, 189–214.

Das Zeitalter des Augustus

H. BENGTSON, Marcus Antonius. Triumvir und Herrscher des Orients, München 1977.

H. BENGTSON, Kaiser Augustus, sein Leben und seine Zeit, München 1981.

G. BINDER (Hrsg.), Saeculum Augustum, 3 Bände, Darmstadt 1987–91 (WdG 266. 512. 632).

J. BLEICKEN, Verfassungs- und Sozialgeschichte der römischen Kaiserzeit, 2 Bände, Paderborn ^{4}1995/^{3}1994.

J. BLEICKEN, Augustus. Eine Biographie, Berlin 1998.

K. BRINGMANN / TH. SCHÄFER, Augustus und die Begründung des römischen Kaisertums, Berlin 2002.

K. CHRIST, Geschichte der römischen Kaiserzeit. Von Augustus bis zu Konstantin, München ^{4}2002.

M. CLAUSS, Kleopatra, München 1995.

W. DAHLHEIM, Geschichte der römischen Kaiserzeit, München ^{3}2003.

W. ECK, Augustus und seine Zeit, München 1998.

R. HEINZE, Die Augusteische Kultur, Darmstadt ^{3}1960.

D. KIENAST, Augustus. Prinzeps und Monarch, Darmstadt ^{3}1999.

F. MILLAR / E. SEGAL (Hrsg.), Caesar Augustus. Seven Aspects, Oxford 1984.

R. M. OGILVIE, ... und bauten die Tempel wieder auf. Die Römer und ihre Götter im Zeitalter des Augustus, München 1984.

K. RAAFLAUB / M. TOHER (Hrsg.), Between Republic and Empire. Interpretations of Augustus and his Principate, Berkeley 1990; Paperback-Ausgabe 1995.

H. SCHLANGE-SCHÖNINGEN, Augustus, Darmstadt 2005.

W. SCHMITTHENNER (Hrsg.), Augustus, Darmstadt ^{2}1985 (WdF CXXVIII).

E. SIMON, Augustus. Kunst und Leben in Rom um die Zeitenwende, München 1986.

F. VITTINGHOFF, Kaiser Augustus, Göttingen 1950; ^{3}1991.

H. VOLKMANN, Kleopatra. Politik und Propaganda, München 1953.

C. WELLS, Das Römische Reich, München 1985.

P. S. WELLS, Die Schlacht im Teutoburger Wald, Düsseldorf/Zürich 2005.

P. ZANKER, Augustus und die Macht der Bilder, München ^{3}1997.

Die Zeit der Julisch-Claudischen Kaiser

A. A. BARRETT, Caligula. The Corruption of Power, London 1989.

M. FUHRMANN, Seneca und Kaiser Nero. Eine Biographie, Berlin 1997.

M. GRANT, Nero, London 1970.

M. T. GRIFFIN, Nero. The End of a Dynasty, London 1984.

P. GUYOT / R. KLEIN, Das frühe Christentum bis zum Ende der Verfolgungen. Eine Dokumentation (Texte und Kommentierung), 2 Bände, Darmstadt 1993–94 (TzF 60. 62).

TH. KISSEL, Kaiser zwischen Genie und Wahn. Caligula – Nero – Elagabal, Düsseldorf 2006.

E. KORNEMANN, Tiberius, Stuttgart 1960.

B. LEVICK, Tiberius the Politician, London 1976.

B. LEVICK, Claudius, London 1990.

J. MALITZ, Nero, München 1999.

G. MARANON, Tiberius. Geschichte eines Ressentiments, München 1952.

H. D. STÖVER, Christenverfolgung im Römischen Reich. Ihre Hintergründe und Folgen, Düsseldorf/Wien 1982 (TB-Ausgabe Munchen 1984).

G. WALTER, Nero. Der Kaiser und Tyrann im Licht der Geschichte, Zürich 1956.

TH. WIEDEMANN, The Julio-Claudian Emperors: A.D. 14–70, Bristol 1989.

A. WINTERLING, Caligula. Eine Biographie. München ²2003.

Z. YAVETZ, Tiberius. Der traurige Kaiser. Eine Biographie, München 1999.

Das Vierkaiserjahr. Die Flavischen Kaiser

H. BENGTSON, Die Flavier, München 1979.

FLAVIUS JOSEPHUS, De bello Judaico – Der Jüdische Krieg. Griechisch und deutsch herausgegeben von O. MICHEL und O. BAUERNFEIND, 3 Bände, Darmstadt ³1982.

H. GRASSL, Untersuchungen zum Vierkaiserjahr 68/69 n. Chr., Wien 1973.

B. W. HENDERSON, Five Roman Emperors (Vespasian to Trajan). Cambridge 1927 (Nachdruck 1969).

B. W. JONES, The Emperor Titus, London 1984.

B. W. JONES, The Emperor Domitian, London 1992.

B. LEVICK, Vespasian, London 1999.

B. L. MURISON, Galba, Otho and Vitellius. Careers and Controversies, Hildesheim 1993.

Pompeji. Leben und Kunst in den Vesuvstädten, Ausstellungskatalog Essen 1973.

K. WELLESLEY, The Year of the Four Emperors, London 2000.

Nerva. Die Adoptivkaiser. Commodus

A. R. BIRLEY, Marcus Aurelius. A Biography, London ²2000.

A. R. BIRLEY, Hadrian, London ²2000.

A. GARZETTI, Nerva, Rom 1950.

M. GRANT, Das Römische Reich am Wendepunkt. Die Zeit von Mark Aurel bis Konstantin, München 1972 (TB-Ausgabe München 1984).

M. GRANT, The Antonines, London 1994.

R. KLEIN (Hrsg.), Marc Aurel, Darmstadt 1979 (WdF 550).

A. NÜNNERICH-ASMUS (Hrsg.), Trajan. Ein Kaiser der Superlative am Beginn einer Umbruchzeit?, Mainz 2002.

S. Perowne, Hadrian. Sein Leben und seine Zeit, München ²1977.

P. Schäfer, Der Bar Kokhba-Aufstand, Tübingen 1981.

Das Fünfkaiserjahr. Die Dynastie der Severer. Soldaten- und Senatskaiser

A. Alföldi, Studien zur Geschichte der Weltkrise des 3. Jahrhunderts n. Chr., Darmstadt ³1980.

F. Altheim, Der unbesiegte Gott. Heidentum und Christentum, Hamburg 1958.

J. Balsdon, The impératrices Syriennes, Paris 1957.

A. Bellezza, Massimino il Trace, Genua 1964.

A. Birley, Septimius Severus. The African Emperor, London ²1988.

M. Fuhrmann, Rom in der Spätantike. Porträt einer Epoche. München/Zürich 1994.

F. Hartmann, Herrscherwechsel und Reichskrise, Frankfurt a. M. 1982.

E. Kettenhofen, Die römisch-persischen Kriege des 3. Jahrhunderts n. Chr., Wiesbaden 1982.

R. Klein (Hrsg.), Das frühe Christentum im römischen Staat, Darmstadt 1971 (WdF 267).

F. Millar, Das römische Reich und seine Nachbarn, Frankfurt 1966.

R. T. Saunders, A Biography of the Emperor Aurelian, Cincinnati 1991.

R. Selinger, Die Religionspolitik des Kaisers Decius. Anatomie einer Christenverfolgung, Frankfurt a. M. 1995.

M. Sommer, Die Soldatenkaiser, Darmstadt 2004.

P. Southern, The Roman Empire from Severus to Constantine, London 2001.

Das Zeitalter Diocletians und Constantins

B. Bleckmann, Konstantin der Große, Hamburg 1996.

H. Brandt, Geschichte der römischen Kaiserzeit. Von Diokletian und Konstantin bis zum Ende der konstantinischen Dynastie (284–363), Berlin 1998.

A. Cameron, Das späte Rom, München 1994.

A. Demandt, Geschichte der Spätantike. Das Römische Reich von Diocletian bis Justinian 284–565 n. Chr., München 1998.

H. Dörries, Konstantin der Große, Stuttgart 1958.

H. Dörries, Das Selbstzeugnis Kaiser Konstantins, Göttingen 1954.

K. M. Girardet, Die Konstantinische Wende, Darmstadt 2006.

A. H. M. Jones, The Later Roman Empire 284–602, 3 Bände, Oxford 1964 (Nachdruck Baltimore 1986).

F. Kolb, Diocletian und die Erste Tetrarchie, Berlin / New York 1987.

F. Kolb, Herrscherideologie in der Spätantike, Berlin 2001.

H. Kraft (Hrsg.), Konstantin der Große, Darmstadt 1974 (WdF 131).

W. Kuhoff, Diokletian und die Epoche der Tetrarchie, Frankfurt a. M. 2001.

J. Martin, Spätantike und Völkerwanderung, München ⁴2001.

K. Piepenbrink, Konstantin der Große und seine Zeit, Darmstadt 2002.

O. Seeck, Geschichte des Untergangs der antiken Welt, 6 Bände, Nachdruck der Ausgabe 1920 bis 1922, Darmstadt 2000.

Trier. Kaiserresidenz und Bischofsstadt. Ausstellungskatalog Mainz 1984.

L. Voelkl, Der Kaiser Konstantin. Annalen einer Zeitenwende, München 1957.

J. Vogt, Constantin der Große und sein Jahrhundert, München ²1960.

Von Constantins Tod bis zum Tod des Theodosius

J. BIDEZ, Julian der Abtrünnige, München 1940.

K. BRINGMANN, Kaiser Julian, Darmstadt 2004.

W. ENSSLIN, Die Religionspolitik des Kaisers Theodosius des Großen, München 1953.

M. GIEBEL, Kaiser Julian Apostata. Die Wiederkehr der alten Götter, Düsseldorf 2002 (Paperback-Ausgabe 2006).

R. KLEIN, Die Kämpfe um die Nachfolge nach dem Tode Constantins des Großen, in: Byzantinische Forschungen 6, 1979, 101–150.

R. KLEIN, Julian Apostata. Ein Lebensbild, in: Gymnasium 93, 1986, 273–292.

R. KLEIN (Hrsg.), Julian Apostata, Darmstadt 1978 (WdF 509).

R. KLEIN, Symmachus. Eine tragische Gestalt des ausgehenden Heidentums, Darmstadt ²1986.

R. KLEIN, Der Streit um den Victoria-Altar, Darmstadt 1972.

H. LEPPIN, Theodosius der Große, Darmstadt 2003.

A. LIPPOLD, Theodosius der Große und seine Zeit, München ²1980.

H. WOLFRAM, Das Reich und die Germanen, Berlin 1990.

H. WOLFRAM, Die Goten. Von den Anfängen bis zur Mitte des 6. Jahrhunderts, München ⁴2001.

Die letzten Jahrzehnte des Weströmischen Reiches

F. ALTHEIM, Attila und die Hunnen, Baden-Baden 1951.

B. BLECKMANN, Honorius und das Ende der römischen Herrschaft in Westeuropa, in: Historische Zeitschrift 265, 1997, 561–595.

J. B. BURY, History of the Later Roman Empire from the Death of Theodosius I to the Death of Justinian, 2 Bände, London 1923.

K. CHRIST (Hrsg.), Der Untergang des Römischen Reiches, Darmstadt 1970 (WdF 269).

M. E. JONES, The End of Roman Britain, Ithaca 1996.

S. MAZZARINO, Stilicone. La crisi imperiale dopo Teodosio, Rom 1942.

TH. MOMMSEN, Aëtius, in: Hermes 36, 1901, 516–547.

TH. MOMMSEN, Stilicho und Alarich, in: Hermes 38, 1903, 101–115.

E. NISCHER-FALKENHOF, Stilicho, Wien 1947.

S. I. OOST, Galla Placidia Augusta. A Biographical Essay, Chicago 1968.

B. und P. SCARDIGLI (Hrsg.), Germani in Italia, Rom 1994.

L. SCHMIDT, Geschichte der Wandalen, München ²1942 (Nachdruck 1970).

M. A. WES, Das Ende des Kaisertums im Westen des Römischen Reiches, Den Haag 1967.

G. WIRTH, Attila. Das Hunnenreich und Europa, Stuttgart/Berlin/Köln 1999.

VERZEICHNIS DER EIGENNAMEN

Um das Register nicht zu umfangreich werden zu lassen, sind weniger wichtige Namen nicht berücksichtigt.

Abkürzungen der Vornamen: A. = Aulus; App. = Appius; C. = Gajus; Cn. = Gnaeus; D. = Decimus; L. = Lucius; M. = Marcus; M'. = Manius; P. = Publius; Q. = Quintus; Ser. = Servius; Sex. = Sextus; Sp. = Spurius; T. = Titus; Tib. = Tiberius

ERLÄUTERUNG WICHTIGER BEGRIFFE

Ädil: In Rom wurden seit dem 5. Jahrhundert jährlich zwei plebejische Ädilen gewählt; 366 v. Chr. kamen zwei kurulische Ädilen dazu (die das Privileg hatten, bei ihren Amtshandlungen wie die Konsuln und die Prätoren auf der *sella curulis*, einem mit Elfenbein verzierten Klappstuhl zu sitzen). Die Ädilen hatten polizeiliche Aufgaben und waren für die Versorgung der Bevölkerung mit Lebensmitteln sowie für die Durchführung der öffentlichen Spiele zuständig.

Aufseher des Palastes (*magister officiorum*): Seit Constantin Leiter der Zentralverwaltung und Kommandant der Palastgarden (*scholae palatinae*).

Augustus: Der Erhabene, Verehrungswürdige; Titel der Kaiser.

Auspizien: Die Römer suchten durch Auspizien den Willen der Götter zu erkunden. Sie unterschieden erbetene Zeichen (*auspicia oblativa*, z. B. beim Vogelflug, beim Fressen der heiligen Hühner und aus den Eingeweiden der Opfertiere) und nicht erbetene Zeichen (*auspicia oblativa*, z. B. ungewöhnliche Naturereignisse).

Caesar: Beiname des Kaisers; seit Hadrian Titel des designierten Thronfolgers.

Comes: Seit Constantin Titel für Vertraute des Kaisers, die mit wichtigen militärischen oder zivilen Aufgaben betraut wurden (z. B. *comes domesticorum*, Kommandant der kaiserlichen Leibwache; *comes sacrarum largitionum*, Finanzminister, benannt nach den Schenkungen [*largitiones*] an die Soldaten; *comes Africae*, Statthalter für Afrika). Der Titel wurde auch als persönliche Auszeichnung verliehen.

Diktator: In Notsituationen wurde von einem der Konsuln ein Diktator ernannt, der allein die höchste zivile und militärische Gewalt ausübte. Alle anderen Beamten, auch die Konsuln, waren ihm unterstellt. Wenn die Gefahr beseitigt war, spätestens aber nach sechs Monaten, mußte er sein Amt niederlegen. – Von dieser in der Verfassung verankerten Diktatur sind die eigenmächtigen Diktaturen Sullas und Caesars zu unterscheiden.

Feuerwehr (*cohortes vigilum*): 23 v. Chr. stellte Augustus eine Feuerwehrtruppe von 600 Sklaven auf. 6 v. Chr. traten an ihre Stelle 700 Freigelassene, die dem Feuerwehrkommandanten (*praefectus vigilum*) unterstellt waren. Bei politischen Unruhen übernahmen die *vigiles* auch Polizeifunktionen.

Heermeister (*magister militum*): Von Constantin geschaffener höchster militärischer Rang. Neben den am Hof amtierenden Heermeistern (*magistri militum praesentales*) standen seit Constantin II. auch Heermeister an der Spitze einzelner Bezirke des Reiches. Nach den Waffengattungen unterschied man Heermeister der Fußtruppen (*magistri peditum*), Heermeister der Reiterei (*magistri equitum*) und Heermeister beider Waffengattungen (*magistri utriusque militiae*). Seit dem ausgehenden 4. Jahrhundert bestimmten mächtige Heermeister wie Arbogast, Stilicho, Aëtius und Ricimer als Reichsfeldherren unter schwachen Kaisern weitgehend die Geschicke des Reiches.

Immunität: Die Amtsträger (*magistratus*) konnten während ihrer Amtszeit nicht vor Gericht gestellt werden. Sie waren aber an die Gesetze gebunden und konnten nach Niederlegung ihres Amtes zur Rechenschaft gezogen werden.

Interrex: Senator aus patrizischem Stand, der zur Durchführung der Wahlen eingesetzt wurde, wenn kein Konsul da war, um die Wahlen durchzuführen.

Kammerherr, Kämmerer (*cubiculo praepositus, praepositus sacri cubiculi*): Er hatte die Aufsicht über die kaiserlichen Kammerdiener (*cubicularii*). Durch den ständigen Umgang mit dem Kaiser hatte er oft großen Einfluß auf diesen. Seit Constantin war das Amt ausschließlich Eunuchen vorbehalten.

Konsul: Im republikanischen Rom wurden alljährlich zwei Konsuln gewählt, die die höchste zivile und militärische Gewalt ausübten. Sie leiteten die Senatssitzungen und die Volksversammlungen und führten im Krieg die Truppen.

Konsularlegat: Legat mit konsularischem Rang.

Konsulartribun, Militärtribun mit konsularischer Vollmacht (*tribunus militum consulari potestate*): Zwischen 433 und 367 v. Chr. wurden statt der Konsuln in vielen Jahren drei bis sechs Militärtribunen mit konsularischer Vollmacht gewählt.

Legaten: In der Republik mit politischen oder militärischen Sonderaufgaben, vor allem zur Unterstützung der regulären Beamten, beauftragte Senatoren. In der Kaiserzeit Heerführer und Statthalter der Provinzen als Vertreter des Kaisers (*legati Augusti*).

Magister equitum: Amtsgehilfe des Diktators in der Republik; er wird von diesem ernannt.

Nobilität: Die Familien der dem Senat angehörenden patrizischen und plebejischen Geschlechter.

Notare: Kaiserliche Sekretäre, oft mit Sonderaufgaben betraut.

Optimaten: Politiker, die sich für die Interessen der Führungsschicht (der Besten, *optimi*) einsetzten.

Patricius: Seit Constantin von den Kaisern an verdiente hohe Beamte wie Konsuln und Heermeister und an Könige verliehener Titel.

Patrizier: Die Angehörigen der alten Adelsfamilien.

Plebs: Die breite Masse, die nicht zum Patriziat gehörte.

Popularen: Politiker, die sich für die Interessen der breiten Masse des Volkes (*polupus*) einsetzten.

Prätor: Seit 367 v. Chr. wurde alljährlich ein Prätor gewählt, der für die Rechtsprechung zuständig war (*praetor urbanus,* Stadtprätor); seit 242 kam ein Fremdenprätor (*praetor peregrinus*) für die Rechtsprechung zwischen Römern und Ausländern dazu. Nach der Einrichtung der Provinzen Sizilien und Sardinien/Korsika wurden 227 eine dritte und vierte, für die beiden spanischen Provinzen 196 eine fünfte und sechste Prätorenstelle geschaffen. Mit Ausnahme des Stadtprätors konnten die Prätoren auch für selbständige militärische Kommandos eingesetzt werden.

Prätorianer (*praetoriae cohortes*): Von Augustus eingerichtete Elitetruppe, die zunächst in und um Rom lag; seit 23 n. Chr. waren sie in der Prätorianerkaserne in Rom (*castra praetoria*) zusammengezogen. Ihnen war u. a. der Schutz des Kaisers anvertraut. Die Prätorianer spielten bei der Einsetzung vieler Kaiser eine entscheidende Rolle. Constantin löste nach der Schlacht an der Milvischen Brücke die Prätorianerkohorten auf.

Prätorianerpräfekt (*praefectus praetorio*): Die Prätorianer unterstanden bis zum Jahre 2 v. Chr. dem Kaiser persönlich; dann übertrug Augustus das Kommando zwei Prätorianerpräfekten. Im Laufe der Zeit wurden sie auch mit zivilen Aufgaben betraut, u. a. in der Gerichtsbarkeit. Nach der Auflösung der Prätorianerkohorten machte Constantin die Prätorianerpräfekten zu reinen Zivilbeamten und betraute sie mit wichtigen Aufgaben in der Verwaltung und Rechtsprechung.

Prätorium: Feldherrenzelt; Kommandantur; Hauptquartier; Statthalterpalast.

Princeps: Rangerster unter Gleichen.

Procurator: Statthalter einer kleineren Grenzprovinz.

Prokonsul, Proprätor: Römischer Bürger, der als Heerführer oder Statthalter konsularische bzw. prätorische Gewalt ausübte, ohne Konsul oder Prätor zu sein (*pro consule, pro praetore*). So konnten die Aufgaben bei der wachsenden Zahl der Provinzen bewältigt werden. Die Übertragung dieser Gewalt geschah durch einen Beschluß des Senats oder des Volkes.

Quästor: Für die Finanzen zuständig.

Ressorts der kaiserlichen Administration bis Constantin:

ab epistulis – Kanzleichef, für den gesamten Schriftverkehr des Kaisers zuständiger Amtsleiter; seit dem 2. Jahrhundert n. Chr. aufgeteilt in die Ämter *ab epistulis Latinis* und *ab epistulis Graecis;*

a rationibus – Finanzminister;

a libellis – kaiserlicher Sekretär für die Ausarbeitung der kaiserlichen Reskripte zu Rechtsfragen;

a studiis – Hofgelehrter, der die gewünschten Sachinformationen zu liefern hatte;

a cognitionibus – Leiter der Rechtsprechung am Hof;

a commentariis – für das Urkundenwesen und das Archiv zuständig.

Ritter (*equites*): a) Die vornehmste Klasse der »Servianischen Zenturienordnung« mit 18 Zenturien, deren Mitglieder in der Reiterei dienten. b) Seit der zweiten Hälfte des 3. Jahrhunderts v. Chr. gelangte eine Reihe römischer Bürger durch Geld- und Handelsgeschäfte sowie durch unternehmerische Tätigkeit zu beträchtlichem Vermögen. Im Laufe des 2. Jahrhunderts entwickelten sie sich zu einem eigenen Stand (*ordo equester*).

Stadtpräfekt (*praefectus urbi*): In der Königszeit leitete er bei Abwesenheit des Königs die Staatsgeschäfte. In der Kaiserzeit vertrat er den Kaiser im Stadtgebiet von Rom vor allem in der Rechtsprechung. Ihm unterstand die Stadtpolizei (*cohortes urbanae*). In der Spätantike fungierte der Stadtpräfekt auch als Senatspräsident.

Tribus: Einteilung der römischen Bürgerschaft nach Wohngebieten. Die Zahl der Tribus wuchs von anfänglich vier bis zum Jahre 241 v. Chr. auf 35 an; bei späteren Erweiterungen des Gebietes wurden die Neubürger einer der bestehenden Tribus zugewiesen. Die Tribusversammlungen (*comitia tributa*) traten vor allem zur Wahl der kurulischen Ädilen, der Quästoren und der Militärtribunen sowie zur Gesetzgebung zusammen; bei den Abstimmungen hatte jede Tribus eine Stimme.

Volkstribun (*tribunus plebis*): 493 v. Chr. erstritten die Plebejer durch den Auszug auf den Heiligen Berg die Einrichtung des Volkstribunats (zunächst zwei, seit 457 fünf, seit 449 zehn Tribunen. Die Volkstribunen sollten die Plebejer gegen Übergriffe der patrizischen Beamten schützen und besaßen dazu das Recht zum Einschreiten (*ius intercedendi*), durch das sie jede Amtshandlung und sogar Senats- und Volksbeschlüsse verhindern konnten. Außerdem besaßen sie das Recht, die Versammlungen der Plebs zu leiten, und hatten dadurch auch Einfluß auf die Gesetzgebung.

Zensor: 443 v. Chr. eingerichtetes Amt. Im allgemeinen wurden alle fünf Jahre zwei Zensoren gewählt, die dann 1½ Jahre im Amt blieben. Sie führten die Schätzung (*census*) durch, bei der die Bürger erfaßt wurden und Angaben über ihre Vermögensverhältnisse und die Erfüllung ihrer militärischen Dienstpflicht machen mußten. Die Zensoren stellten auch die Liste der Senatoren auf (*lectio senatus*) und führten die Musterung der Ritter durch (*recognitio equitum*). Kraft ihres Sittenrichteramtes (*regimen morum*) prangerten sie Verhaltensweisen an, die dem allgemeinen Sittencodex widersprachen; die Betroffenen konnten aus dem Senat und dem Ritterstand oder ihrer Tribus ausgestoßen werden. Schließlich oblagen ihnen die Verpachtung der Staatseinkünfte und die Vergabe der öffentlichen Bauaufträge. Am Ende ihrer Amtszeit stand ein feierliches Reinigungsopfer (*lustrum*), durch das alle Schuld des römischen Volkes gesühnt wurde.

BILDNACHWEIS

Seite 16   Bildarchiv der Soprintendenza dell'Etruria meridionale, Rom

Seite 18   aus: Paul Zanker, Forum Romanum. Die Neugestaltung durch Augustus, Tübingen 1972, Tafel 18

Seite 20   links aus: Heinz Kähler, Rom und seine Welt. Bilder zur Geschichte und Kultur, München 1958
rechts aus: Pierre Grimal, Auf der Suche nach dem antiken Italien, Bergisch Gladbach 1978

Seite 23   aus: Ludwig Curtius / Alfred Nawrath, Das antike Rom, Wien/München 1944, Tafel 18

Seite 26   aus: Giovannangelo Camporeale, Die Etrusker. Geschichte und Kultur, Düsseldorf/Zürich 2003, Tafel 119

Seite 31   Foto: Alinari

Seite 33   aus: Ezio Renda, Tarquinia, Florenz 1984, S. 54

Seite 48   aus: Das antike Rom, Tafel 11

Seite 49   aus: Krüger, Lateinisches Unterrichtswerk, Erster Teil, Frankfurt a. M. 1984 (Foto: Moritz Diesterweg-Archiv)

Seite 54   aus: Etruskische Kunst, Zürich 1955 (Fotos von Walter Dräyer und Martin Hürlimann), Tafel 101

Seite 60   aus: Giovannangelo Camporeale, Die Etrusker. Geschichte und Kultur, Düsseldorf/Zürich 2003, Tafel 50b

Seite 73   Bildvorlage: Hans Jürgen Hillen

Seite 84   Museo delle Terme, Rom, Foto: Alinari

Seite 86   Foto: Gunter Giebel

Seite 87   aus: Das antike Rom, Tafel 112

Seite 90   Museo dei Conservatori, Rom, Foto: Araldo De Luca, Rom

Seite 91   Bildvorlage: Hans Jürgen Hillen

Seite 92   aus: Arne Eggebrecht (Hrsg.), Albanien: Schätze aus dem Land der Skipetaren, Mainz 1988, S. 267

Seite 101   aus: Lionel Casson, Ships and Seamanship in the Ancient World, Baltimore/London 1995, S. 113

Seite 106   British Museum, London

Seite 110   aus: German Hafner, Bildlexikon antiker Personen, Düsseldorf/Zürich [2]1997, S. 21

Seite 112   Staatliche Museen Berlin, Stiftung Preußischer Kulturbesitz

Seite 116   British Museum, London

Seite 126   aus: John P. C. Kent / Bernhard Overbeck / Armin U. Stylow, Die römische Münze, München 1973, Tafel 1

Seite 127   aus: Bildlexikon antiker Personen, S. 41

Seite 136   Foto: Giovanni Caselli

Seite 138   aus: G. K. Jenkins / Harald Küthmann (Hrsg.), Münzen der Griechen, München 1972, Tafel 542

Seite 142   aus: Martin Price, Coins of the Macedonians, Edinburgh/London 1974, Tafel
             XIV, Nr. 82
Seite 153   aus: Ludwig Voit (Hrsg.), Lesebuch der Antike, Band 2: Griechischer Hellenis-
             mus und römische Republik von Menander bis Cicero, München 1980, S. 399
Seite 160   cartomedia, Karlsruhe
Seite 163   aus: Die römische Münze, Tafel 13, Nr. 46
Seite 164   British Museum, London
Seite 170   Staatliche Museen Berlin, Stiftung Preußischer Kulturbesitz
Seite 185   aus: Lexicon Iconographicum Mythologiae Classicae, Band II 2, S. 460, Nr. 190
             (Paris, Louvre)
Seite 187   aus: Lesebuch der Antike, Band 2, S. 388
Seite 189   aus: Bildlexikon antiker Personen, S. 226
Seite 204   Museo Archeologico Nazionale, Neapel
Seite 209   British Museum, London
Seite 216   Campo Santo, Pisa
Seite 219   oben aus: Leonard von Matt / Hans Kühner, Die Cäsaren, Würzburg 1964, S. 50;
             unten aus: Theodor Kissel, Das Forum Romanum, Düsseldorf/Zürich 2004
Seite 230   aus: Die römische Münze, Tafel 37, Nr. 145
Seite 236   Seminar für Griechische und Römische Geschichte, Abt. II, Frankfurt a. M.
Seite 237   Fitzwilliam Museum, Cambridge
Seite 238   aus: Die Cäsaren, S. 52
Seite 239   aus: Das antike Rom, Tafel 141
Seite 240   aus: Paul Zanker, Augustus und die Macht der Bilder, München 1987, S. 165
Seite 241   Centre Camille Jullian, Aix-en-Provence
Seite 242   Rom, Thermenmuseum
Seite 247   Thermenmuseum, Rom
Seite 248   aus: Bildlexikon antiker Personen, S. 107
Seite 249   aus: Römisches Erbe, Tafel 38
Seite 258   aus: Die römische Münze, Tafel IV, Nr. 157v
Seite 259   aus: Römisches Erbe, Tafel 42
Seite 266   aus: Bildlexikon antiker Personen, S. 78
Seite 269   aus: Römisches Erbe, Tafel 43
Seite 271   aus: Bildlexikon antiker Personen, S. 24
Seite 275   aus: Römisches Erbe, Tafel 44
Seite 287   aus: Die Cäsaren, S. 68
Seite 291   aus: Römisches Erbe, Tafel 45
Seite 294   aus: Das antike Rom, Tafel 40
Seite 295   aus: Peter Conolly, Colosseum. Romes Arena of Death, London, S. 165
             © Christopher Tinker
Seite 300   Bildvorlage: Hans Jürgen Hillen
Seite 302   aus: Bildlexikon antiker Personen, S. 106
Seite 313   aus: Die Cäsaren, S. 76
Seite 315   Museum Ostia antica, Ostia
Seite 317   aus: Das antike Rom, Tafel 71
Seite 321   aus: Römisches Erbe, Tafel 59
Seite 323   aus: Das antike Rom, Tafel 145
Seite 325   aus: Die Cäsaren, S. 84
Seite 329   aus: Römisches Erbe, Tafel 69
Seite 333   Palazzo dei Conservatori